충북대학교 법학전문대학원 총서 ②

특허법의 이론과 실무

신 혜 은 저

진 원 사

이 책은 충북대학교 법학전문대학원 법학연구소의 지원에
의하여 출판되었음

머 리 말

특허법의 세계는 참으로 오묘하다. 하나의 법속에 절차법과 실체법이 혼재되어 있는가 하면, 특허권이라는 재산권을 규율하는 측면에서는 사법으로서의 특성을 그리고 국가에 대한 특허출원절차를 규율하는 측면에서는 공법적인 특성을 가진다. 특허법의 목적이 기술발전의 촉진을 통한 산업발전에 있다 보니 국가의 과학기술정책과 밀접한 관련을 가질 수밖에 없고 기술의 발전속도가 더해질수록 그에 대응하기 위한 법의 진화속도 또한 빨라질 수밖에 없다. 그와 같은 특성을 반영하듯 우리 특허법은 1961년 제정된 이래 2009년 1월 30일 법률 제9381호로 개정되기까지 총 36회의 일부 및 전문개정이 있었다. 평균 1.5년에 1회의 개정이다. 현행 법률 중 가장 자주 개정되는 법 중 하나로 생각된다. 그래서인지 특허법을 처음 공부하는 많은 학생들이 특허법은 너무 어렵다고 말한다.

이 책은 특허법을 공부하는 학생들이 특허의 세계를 좀 더 쉽게 이해할 수 있고 특허실무를 담당하는 실무가들이 실제 실무에서 참고할 수 있었으면 좋겠다는 생각으로 집필하였다. 여러 훌륭한 특허법 교재들이 많이 나와 있는 상황에서 특별하지도 않은 교재를 하나 더 보탠다는 생각에 부담도 있었지만 이 책이 특허법의 훌륭한 이론들을 구슬 꿰듯이 엮어 줄 수 있는 하나의 도구가 되었으면 한다. 이 책을 읽는 독자들의 지적과 충고가 앞으로 부족한 부분을 채워나가는 큰 힘이 될 것으로 생각된다.

특허의 세계에 처음 입문하던 때부터 오늘까지 감사드릴 분들이 너무도 많다. 부족한 저에게 기꺼이 멘토가 되어주신 실무계 및 학계의 여러 선배님들, 함께 토론하면서 공부하는 기쁨을 일깨워주던 동료들, 가르치는 기쁨을 준 후학들에게 감사한다. 충북대학교 법학전문대학원 노병호 원장님을 비롯한 교수님들께도 감사의 인사를 전하고 싶다. 진원사 사장님과 편집을 위해 수고해주신 편집직원들,

바쁜 시간을 쪼개어 교정을 보아준 심미랑 선생께 감사드린다. 그리고 세상을 살아가는 원동력이 되어주는 사랑하는 명인, 명선, 남편, 양가 부모님, 가족들에게 사랑과 감사의 말을 함께 전하고 싶다.

2010년 3월

저자 신 혜 은

주요 참고문헌

김원준, 「특허법원론」, 박영사, 2009.
사법연수원, 「부정경쟁방지법」, 2006.
사법연수원, 「특허법」, 2009.
송영식외 6인 공저, 「지적소유권법(상)」, 육법사, 2008.
송영식·이상정 공저, 「저작권법개설 제4판 증보판」, 세창출판사, 2009.
윤선희, 「지적재산권법 10정판」, 세창출판사, 2009.
이시윤, 「신민사소송법」, 박영사, 2009.
이은영, 「물권법 제4판」, 박영사, 2006.
이창훈·김인순 공저, 「미국특허청구범위 작성과 해석」, 한빛지적소유권센터, 2005.
임병웅, 「이지 특허법」, 한빛지적소유권센터, 2009.
정상조, 「지적재산권법」, 홍문사, 2004.
조영선, 「특허법」, 박영사, 2009.
천효남, 「특허법」, 법경사21c, 2009.
특허법원 지적재산소송실무연구회, 「지적재산소송실무」, 박영사, 2006.
특허청, 「우리나라 특허법제에 대한 연혁적 고찰 - 조문별 특허법 해설」, 2007.
특허청, 「조문별 특허법해설」, 2002.
특허청, 「특허·실용신안 심사지침서」, 2002.
한국정보법학회, 「정보법 판례백선(i)」, 박영사, 2006.
한국특허법학회편, 「특허판례연구」, 박영사, 2009.

中山信弘편, 비교특허판례연구회 역, 「판례특허백선 제3판」, 박영사, 2005.
中山信弘, 「第2版 增補版 工業所有權法(上) 特許法」, 弘文堂, 2000.
吉藤幸朔저, YOU ME 특허법률사무소 역, 「특허법개설」, 대광서림, 제13판, 2003.
竹田和彦(역자 김관식외 5명), 「特許의 智識 제6판」, 도서출판 명현, 2002.
江口 裕之, 「解說 特許法-弁理士本試驗合格を目指して」, 經濟産業調査會, 2005.
Julie E. Cohen, 「Copyright in a Global Information Economy」, Aspen Law & Business, 2002.

목 차

제1장 총 론 / 21

제5장 특허심판 및 소송 / 345

제7장 실용신안법 / 440

제1장 총 론

제1절 지적재산권법 총설

I. 지적재산권의 개념

일반적으로 재산권이라 할 때는 특정의 물건에 대한 지배권인 "물권"과 특정인에 대한 일정행위의 청구권인 "채권"을 지칭하며, 현대에 이르기까지 이들 물권, 채권은 사유재산을 구성하는 가장 중요한 재산권으로서의 기능을 가지고 있다. 민법은 이상의 재산권을 효과적으로 보호하기 위해 제정된 재산권에 관한 기본법이다. 그러나 민법전이 보호대상으로 하고 있는 재산권 이외에 또 다른 재산적 가치가 있는 인간의 정신적 창작이라는 재화가 등장하여 권리로서 보호를 요구하기에 이르렀는데, 이러한 창작가치에 대한 지배권을 "지적재산권"이라 한다.

근대적 의미의 지적재산권은 프랑스 대혁명(1789.7.14~1794.7.28) 이후 인간의 정신적 창작의 결과물 또한 소유권과 마찬가지의 천부불가양의 권리라는 이론적 기초를 얻어 새롭게 탄생함으로써 전세계적으로 확산되었다고 할 수 있는데, 지적재산권은 그 창작가치가 산업발전에 기여할 수 있는 것일 때는 산업재산권으로서, 문화생활의 향상에 기여할 수 있는 것일 때는 저작권으로서 각각 보호되어왔다.

산업재산권이란 널리 산업의 영역에서 유용하게 사용될 수 있는 무형의 재화를 총칭하는 개념으로 이해될 수 있는데, 크게 창작에 대한 권리와 영업표지에 대한 권리로 구별할 수 있다. 산업재산권은 특허법, 실용신안법, 디자인보호법 및 상표법에 의해 배타적인 권리가 부여된 것만을 지칭하는 것으로 사용되는 경우도 있으니, 파리조약은 "산업재산권의 보호는 특허, 실용신안, 디자인, 상표, 서비스표, 상호, 원산지표시 또는 원산지명칭 및 부당경쟁의 방지를 그 대상으로 한다."[1]고 규정함으로써 산업재산권의 의미를 넓게 해석하고 있다.

창작에 대한 권리는 특허권, 실용신안권, 디자인권으로 나눌 수 있고, 영업표지에 대한 권리는 상표, 서비스표, 상호, 원산지표시 등 각종 표지에 관한 권리로 나눌 수 있는데 기본적으로 표지에 대한 권리는 창작행위에 대한 보호권이 아니

1) 파리조약 제1조 제3호.

라 표지를 선택하여 그 표지에 자신의 영업상 신용을 화체시킨 상인을 보호하고 아울러 거래의 유통질서를 보호함으로써 소비자를 보호하기 위한 것이다.

저작권은 인간의 사상 또는 감정을 표현한 창작물, 즉 저작물에 대한 저작자의 권리를 말한다. 저작물은 그 저작물을 창작한 저작자의 정신적 자식이라고도 할 수 있을 정도로 저작자의 인격이 화체되어 있는 것이어서 저작권은 다른 지적재산권과 차이가 있고 저작재산권과 저작인격권으로 구성된다. 오늘날의 정보경제에서 저작권은 정보와 미디어의 흐름에 중심적인 역할을 담당한다.

Ⅱ. 지적재산권법의 존재이유

많은 사람들은 지적재산권제도의 존재이유를 타인의 정신적 창작물을 무단이용하려는 자로부터 창작자를 보호하기 위한 것이라고 생각한다. 이 또한 지적재산권이 의도하는 효과이기는 하나 이것이 지적재산권제도가 존재하는 궁극적인 이유는 아니다. 헌법 제22조 제2항은 "저작자·발명가·과학기술자와 예술가의 권리는 법률로써 보호한다."고 규정하고 있고 그에 따라 특허법(실용신안법)은 새로운 기술을 창작한 창작자에게 특허권(실용신안권)을 부여하고, 저작권법은 저작자에게 저작물을 배타적으로 이용할 수 있는 권리를 인정한다. 특허법과 저작권법은 헌법정신에 따라 각각 "발명을 보호·장려하고 그 이용을 도모함으로써 기술의 발전을 촉진하여 산업발전에 이바지"하는 것과(특허법 제1조), "저작자의 권리와 이에 인접하는 권리를 보호하고 저작물의 공정한 이용을 도모함으로써 문화 및 관련 산업의 향상발전에 이바지"하는 것(저작권법 제1조)을 목적으로 한다. 따라서 지적재산권법의 궁극적인 존재이유는 창작자의 권리보호를 통한 산업발전과 문화발전에 있다고 할 수 있다. 한편 상표, 서비스표와 같은 영업표지 또한 산업활동에 극히 중요하여 보호할 가치가 있는 산업재산권이라고 할 수 있는데, 상표법은 다른 산업재산권과 달리 창작이 아닌 표장을 선택한 상표사용자의 업무상 신용을 보호한다는 점에서, 그리고 산업발전에의 이바지뿐만 아니라 수요자의 이익보호를 목적으로 한다는 점에서 특색이 있다.

■ 생각해 보기

㉠ 왜 지적재산권제도가 필요한 지를 이해하기 위해 지적재산권 보호가 없는 세상을 가정해 보자.

새로운 기술을 개발하거나 소설을 창작한 자는 그 기술의 개발이나 소설의 창작을 위해 짧게는 수개월에서 길게는 수년을 소비하고, 그의 노력에 상응하는 대가로 안정적인 수입을 기대할 것이다. 예컨대 신제품개발업자나 출판업자는 해당 노력에 상응하는 적절한 대가인 이만원에 그것을 판매함으로써 그 동안의 노고를 보상받을 수 있다. 그런데 지적재산권제도가 없는 세상에서는 제품이 일단 출시되거나 소설이 한번 공표되면 제3자가 이를 공짜로 복제하는 것을 막을 법적장치가 없다. 물론 제품이 판매되더라도 역분석을 위해서 일정한 시간이 필요한 경우에는 역분석에 필요한 시간만큼은 최초 기술개발자의 독점적인 사용을 기대할 수 있을 것이나 그렇다고 최초 개발자에게 독점배타권이 인정되는 것은 아니다. 다른 제품 판매업자나 출판업자가 해당 제품이나 소설을 복제하여 이만원보다 싼 만오천원에 판매한다면 다른 제품 판매업자나 출판업자는 기술의 개발을 위해 투자한 비용이 없거나 인세를 지불하지 않아도 되기 때문에 여전히 이익이 남을 것이다. 똑같은 제품을 이만원이 아닌 만오천원에 구입할 수 있다면 누가 이만원을 지불할 것인가? 결국 제품의 가격은 똑같은 제품을 생산할 수 있는 가장 싼 값까지 계속해서 내려갈 수 있다. 이와 같은 세계에서는 유형의 제품을 판매한 자는 그들의 생산비용을 모두 회수할 수 있는 반면, 정신적인 창작을 한 창작자는 어디에서도 자신의 노력에 상응하는 보상을 받을 수 없다. 이와 같은 세상은 일견 일반공중이 혜택을 누릴 수 있는 것으로 보이나, 아무도 새로운 기술을 개발하려고 하지 않을 것이고 작가들은 작품을 덜 쓰게 될 것이어서 사실은 공중들은 피해를 입게 된다.

㉡ 지적창작물의 재산권으로서의 보호는 절대적인가?

Ⅲ. 지적재산권의 유형과 보호의 본질

1. 산업재산권

(1) 특허권과 실용신안권

특허권은 고도한 발명에 대해 보호를 부여하는 것을 말하며, 실용신안권은 고도한 발명에는 이르지 못하나 보호의 필요성이 있는 고안에 대해 보호를 부여하는 것을 말한다. 실용신안권은 소발명에 대한 보호권이므로 소특허권 또는 간이특허권이라고도 한다. 특허법 제2조 제1호에 따르면, 특허법에 의해 보호되는 발명의 정의를 "자연법칙을 이용한 기술적 사상의 창작으로서 고도한 것"으로 규정하고 있다. 반면 실용신안법 제2조 제1호는 보호될 수 있는 고안을 "자연법칙을 이용한 기술적 사상의 창작"으로 규정하고 있어 특허와 실용신안은 본질적으로는 보호의 대상이 동일하다고 할 수 있고, 고도성의 정도의 차이만 존재한다는 것을 알 수 있다. 또한 실용신안권은 방법이나 물질에 대한 것을 제외한 물품의 형상·구조 또는 조합에 관한 고안을 보호대상으로 하는 점에서 특허권과 차이가 있으나 그 밖의 점에 있어서는 모두 특허권과 동일하다고 할 수 있다.

(2) 디자인권

디자인권은 기술의 보호를 목적으로 하는 것이 아니라 물품의 미적 외관, 즉 디자인을 보호하기 위한 것이다. 과학과 기술이 발달함에 따라 물품에 화체되는 기술적인 창작의 수준은 점점 균질화되는 경향이 나타나고, 그에 따라 디자인의 중요성이 점점 커진다고 할 수 있다. 산업재산권의 보호를 위한 파리조약(이하, '파리조약'이라 한다) 제5조의5는 "디자인은 모든 동맹국에서 보호된다."고 규정하여 동맹국에서의 디자인보호를 의무화하고 있고, 무역관련 지적재산권에 관한 협정(이하, 'WTO/TRIPS'라 한다) 제25조는 회원국에 대해 새롭거나 독창성 있는 독립적으로 창작된 디자인의 보호를 요구하면서도 그 보호방법에 대해서는 디자인보호법에 의하던 혹은 저작권법에 의하던 회원국에 일임하고 있다.

디자인을 보호하는 방법은 크게 두 가지로 나눌 수 있는데 하나는 특허법적 보호체계이고, 다른 하나는 저작권법적 보호체계이다. 특허법적 보호체계는 다른 산업재산권과 마찬가지로 해당 디자인이 법에서 정하고 있는 등록요건을 구비하고 있는지에 대해 심사하여 등록요건을 구비한 디자인에 대해 설정등록을 통하여 독점배타적인 권리를 부여하는 것이다. 이에 반해 저작권법적 보호체계 하에서는 주로 무심사주의를 채용하고 있고, 독자적으로 창작한 자의 이용은 금지할 수 없어 차단효가 없는 모방금지권만으로 권리를 구성하는 것으로 하고, 그 권리의 유효성에 대해서는 사후에 분쟁발생시 법원이 판단하도록 하는 것이 특징이다.

특허법적 보호는 권리의 대상, 존재여부가 명백하고 독자적으로 창작한 디자인에 대해서도 독점배타적 권리의 효력이 미치므로 권리가 안정적이다. 반면 디자인권의 설정등록을 위한 출원, 심사, 등록에 장기간이 소요되어 특히 유행성이 강한 디자인 보호에는 부적절하고 권리취득을 위한 비용이 많이 든다는 단점이 있다.

저작권법적 보호방법은 보호기간이 장기간이고, 구체적인 물품의 동일, 유사성에 국한되지 않으며 즉각적인 권리의 보호가 가능하다는 점에서 특허법적 보호에 비해 유리하나 모든 디자인이 저작권법에 의한 보호를 받을 수 있는 것은 아니다. 산업상 대량생산에 이용할 목적으로 창작되는 응용미술품은 원칙적으로 디자인보호법에 의해 보호되고 저작권법에 의한 보호는 부정된다.[2] 중첩적 보호가 일반적으로 인정되게 되면 신규성 요건이나 등록 요건, 단기의 존속기간 등 디자인보호법의 여러 가지 제한 규정의 취지가 몰각되고 기본적으로 디자인보호법에 의한 보호에 익숙한 산업계에 많은 혼란이 우려되기 때문이다. 다만 예외적으로 중첩보호가 인정되는 경우가 있는데, 우리 대법원 판례는 "저작권법에 의하여 보호되는 저작물이기 위하여는 어디까지나 문학, 학술 또는 예술의 범위에 속하는 창작물이어야 하고, ... 산업상의 대량생산에의 이용을 목적으로 하여 창작되는 모든 응용미술작품이 곧바로 저작권법상의 저작물로 보호된다고 할 수는 없고, 그 중에서도 그 자체가 하나의 독립적인 예술적 특성이나 가치를 가지고 있어 위에서 말하는 예술의 범위에 속하는 창작물에 해당하여야만 저작물로서 보호된다."고 한다.[3]

디자인보호법에 의해 보호될 수 있는 디자인은 "물품의 형상·모양·색채 또는 이들을 결합한 것으로서 시각을 통하여 미감을 일으키게 하는 것"이어야 하는데, 2001년 부분디자인 등록제도가 도입됨에 따라 물품의 부분도 디자인보호법에 의해 보호받을 수 있게 되었고, 2004년 법 개정에서는 글자체의 물품성을 의제함으로써 "기록이나 표시 또는 인쇄 등에 사용하기 위하여 공통적인 특징을 가진 형태로 만들어진 한 벌의 글자꼴" 또한 디자인보호법에 의해 보호받을 수 있게 되었다(디자인보호법 제2조).

(3) 상 표 권

상표권은 등록상표를 독점적으로 사용할 수 있는 권리이다. 상표권은 특허권, 실용신안권, 디자인권과 같이 산업재산권의 일부로서 특허청에 출원하여 심사를 거쳐 권리를 취득한다는 점에서 다른 산업재산권과 동일하나, 상표보호의 본질은 창작행위에 있는 것이 아니므로 상표의 선택이나 구성에 있어서 신규성이나 독창성은 불필요하다. 상표법은 상품을 생산·가공·증명 또는 판매하는 것을 업으로

---

2) 저작권법 제2조 제1호의 저작물의 정의규정에 따르면, 저작권법에 의하여 보호되는 저작물이기 위하여는 인간의 사상 또는 감정을 표현한 창작물이어야 한다.

3) 대법원 1996.2.23. 선고 94도3266 판결.

영위하는 자가 자기의 업무에 관련된 상품을 타인의 상품과 식별되도록 하기 위하여 사용하는 표장을 등록을 통해 독점적으로 사용할 수 있도록 한다. 상표권자는 독점적인 상표사용에 의해 상표에 화체된 자신의 명성이나 신용을 보호받을 수 있게 되고, 아울러 경쟁자에 의한 부정사용을 금지할 수 있어서 공정한 거래질서를 유지할 수 있게 된다. 따라서 상표법은 산업재산권법의 일부를 구성함과 동시에 경쟁법으로서의 성격을 가진다.

상표법의 보호대상인 상표에는 협의의 상표뿐만 아니라 서비스표, 단체표장, 업무표장을 포함하는 광의의 상표 개념이 포함되나, 원칙적으로 상표법에 의해 보호되는 상표는 등록상표만이다. 다만 미등록상표도 주지, 저명성을 획득하게 되면 타인에 의한 상표등록을 배제하는 힘을 갖게 되므로 상표법에 의해 간접적으로 보호된다고 할 수 있고, 국내에 널리 인식된 상표의 경우에는 부정경쟁방지법에 의해서도 보호받을 수 있다.[4] 상표는 상표법과 부정경쟁방지법에 의해 중복보호를 받을 수 있지만 상표법에 의한 보호는 상표등록을 통해 상표권자에게 소유권에 유사한 독점배타권을 부여함으로써 이루어지는 반면, 부정경쟁방지법에 의한 보호는 등록을 요하지 않으며 널리 인식된 타인의 상표 등을 모용하여 오인 혼동을 초래하는 행위를 금지시키는 형태를 취하고 있어 상표법과는 보호의 내용이나 방법이 상이하다.

2. 저 작 권

저작권이란 인간의 사상 또는 감정을 표현한 창작물을 창작한 저작자에게 주어지는 권리를 말한다. 저작권은 원칙적으로 출원, 심사, 등록에 의해 권리가 발생하는 산업재산권과 달리 창작의 완성과 동시에 발생하며 어떠한 절차나 형식의 이행을 필요로 하지 않는다. 저작물은 저작자의 정신노동의 산물임과 동시에 저작자의 정신세계와 인격에 바탕을 두는 것이어서 우리 저작권법에서는 저작자에게 저작재산권과 별도로 저작인격권을 부여하고 있다. 저작재산권은 복제권, 공

4) 부정경쟁방지 및 영업비밀보호에 관한 법률 제2조 제1호 가목은 "국내에 널리 인식된 타인의 성명, 상호, 상표, 상품의 용기·포장, 그 밖에 타인의 상품임을 표시한 표지와 동일하거나 유사한 것을 사용하거나 이러한 것을 사용한 상품을 판매·반포 또는 수입·수출하여 타인의 상품과 혼동하게 하는 행위"를 부정경쟁행위 유형의 하나로 규정하고 있다.

연권, 공중송신권[5], 전시권, 배포권, 2차적저작물 작성권 등과 같이 저작자가 창작한 저작물을 경제적으로 이용하여 이익을 추구할 수 있는 재산적 권리를 말하고, 저작인격권은 공표권, 성명표시권, 동일성 유지권과 같이 저작자의 인격과 밀접한 관련이 있는 인격적 권리를 말한다. 저작재산권은 재산권의 일종이어서 타인에게 이전할 수 있으나, 저작인격권은 저작자의 일신전속적 권리이므로 타인에게 이전할 수 없다. 따라서 저작자가 자신의 저작권을 모두 타인에게 양도하는 경우에도 저작인격권은 여전히 저작자에게 남게 되므로 저작물의 이용자로서는 자신의 이용행위가 저작인격권을 침해하는 것이 되지 않도록 하여야 한다.

저작권법은 기술의 발전에 가장 민감한 법이라고 할 수 있다. 저작권의 보호는 처음에는 인쇄술의 발달에 따른 출판물의 보호로 시작되었으나 과학기술의 발전에 따라 저작권의 보호영역은 점점 넓어지고 있고, 특히 최근의 디지털기술의 발전은 저작권 영역에 커다란 변혁을 요구하고 있다. 인쇄술 이후 나타난 사진, 영화, 방송, 음반과 같은 기술의 발달은 저작물의 범위를 확대시켰지만, 한편으로는 일반공중에게 문명의 이기를 이용한 저작물 이용의 접근성을 확보해 줄 필요가 있다는 측면에서 저작권이 제한되기도 하였다. 또한 실연자, 음반제작자, 방송사업자와 같이 직접 저작물을 창작하지는 않았지만 저작물을 전달하여 문화의 향상발전에 기여한 저작인접권자에 대해서도 보호가 요청되게 되었다. 기존의 저작권법은 디지털기술까지를 고려한 것은 아니어서 발전하는 디지털 기술에 따라 저작권제도가 어떻게 변화해 나가야 할 것인지 근본적인 의문을 던질 수밖에 없다.

3. 특허법적 보호와 저작권법적 보호

지적재산권 제도가 창작을 보호하는 방법은 크게 특허법적 보호와 저작권법적인 보호 두 가지로 나누어 볼 수 있다.

5) "공중송신"은 저작물, 실연·음반·방송 또는 데이터베이스(이하 "저작물등"이라 한다)를 공중이 수신하거나 접근하게 할 목적으로 무선 또는 유선통신의 방법에 의하여 송신하거나 이용에 제공하는 것을 말하고, 방송, 전송 및 디지털음성송신 등을 모두 포괄하는 개념이다.

(1) 보호의 대상

저작권은 창작적인 '표현'에 주어지는 것이므로 아이디어 그 자체에 대해서는 저작권법에 의한 보호를 받을 수 없으나[6] 특허는 '기술적 사상'의 창작에 해당하는 발명을 보호하는 것이므로 아이디어도 특허법에 의한 보호를 받을 수 있다.

(2) 방식주의와 무방식주의

특허권을 부여받기 위해서는 출원, 심사 및 등록절차를 이행하여야 하나 저작권은 창작의 완성과 동시에 발생하는 것이어서 어떠한 절차나 형식의 이행을 필요로 하지 않는다.

(3) 신규성과 창작성

특허법적인 보호를 받기 위해서는 절대적인 신규성(novelty)을 필요로 하는 반면, 저작권은 독창성(originality)요건만을 충족하면 족하다. 즉 신규성이란 발명을 한 자가 타인의 것을 베끼지 않았다는 것만으로는 부족하고 지금까지 존재하던 기술과 동일성 범위 내의 것이 아닌 새로운 것이어야 하는 반면, 저작권법에서 요구하는 독창성이란 비록 기존의 것과 동일하다고 하더라도 그것으로부터 복제한 것이 아니라 저작자가 스스로 창작한 것으로서 족하다.

(4) 절대적인 독점권과 상대적인 독점권

특허권은 독자적 창작인지의 여부에 관계없이 보호범위에 속하는 영역을 이용하는 경우 침해에 해당하게 되나, 저작권은 독자적인 창작에 대해서는 효력이 미치지 않아 저작권침해에 해당하지 않는다.

(5) 보호기간

특허권과 같은 산업재산권은 비교적 단기간 보호되나, 저작권법에 의한 보호는 저작자 사후 50년까지여서 산업재산권에 비해 장기간 보호된다.

---

6) 아이디어는 저작물로 보호되지 아니하고 표현만이 저작물로 보호된다고 하여 저작권의 보호대상을 개념적으로 한정하는 원리를 '아이디어 표현 이분법(idea/expression dichotomy)'이라고 한다.

(6) 재산권과 인격권

특허권은 재산권으로서의 성격이 강하나, 저작물은 그 저작물을 창작한 저작자의 정신적 자식이라고도 할 수 있을 정도로 저작자의 인격이 화체되어 있는 것이어서 저작권은 저작재산권과 저작인격권으로 구성된다.

4. 신지적재산권

저작권과 산업재산권(특허권, 실용신안권, 상표권, 디자인권)을 바탕으로 발전해 왔던 전통적 지적재산권제도는 새로운 지적재산의 등장으로 그 미비점을 노출시켰다. 가령 반도체 배치설계나 컴퓨터프로그램의 경우 그것을 저작권으로 보호할 것인지 산업재산권으로 보호할 것인지의 문제는 간단한 것이 아니다. 예컨대 특허법에 의하여 보호받기 위해서는 "자연법칙을 이용한 기술의 창작"이라는 발명으로서의 성립성 요건을 만족시켜야 하나, 반도체 직접회로의 회로기판상에 소자를 어떻게 배열, 설치할 것인가 하는 반도체 배치설계나 컴퓨터프로그램 자체가 그와 같은 요건을 만족하는 것으로 보기는 어렵다. 신지적재산권에 대한 정의는 아직 확립되어 있지 않다. 다만, 그 공통적인 특징을 종합해보면, 과학기술의 급속한 발달과 사회여건의 변화에 따라 종래의 지적재산권법규의 보호범주에 포함되지 않으나 경제적 가치를 지닌 인간의 지적 창작물에 대한 권리를 의미한다고 할 수 있는데, 아래에서 살펴보는 바와 같이 신지적재산권에 대해서는 기존의 지적재산권법의 합리적 해석에 의하거나 새로운 법의 입법을 통해 합리적인 보호를 꾀하고 있다.

(1) 반도체집적회로 배치설계

반도체는 현대산업의 백미라고 불리만큼 현대산업에서 중요한 역할을 담당하고 있다. 반도체 강국인 미국에서 반도체집적회로 배치설계는 특허나 저작권법에 의한 보호는 부적절하다는 지적에 따라 독자적인 법을 제정함으로써 등록 또는 산업상 이용일로부터 10년간 독점배타권을 부여하는 것으로 보호하기 시작하였다. 우리나라 또한 1992년 「반도체집적회로의 배치설계에 관한 법률」을 제정함으로써 영리를 목적으로 그 배치설계를 최초로 이용한 날부터 10년 또는 그 배치설계의 창작일로부터 15년을 초과하지 않는 범위에서 설정등록일부터 10년간 보호하는 것으로 하고 있다. 반도체 배치설계는 등록을 보호요건으로 하나 심사를 요하지는 않는다. 배치설계를 창작한 자 또는 그 승계인은 영리를 목적으로 그 배치설계를 최초로 이용한 날부터 2년 이내에 특허청장에게 그 배치설계권의 설정등록을 신청할 수 있고,[7] 배치설계권자는 침해행위자에 대해 민, 형사적 구제조치를 취할 수 있다.

특이한 점은 동법에 따른 배치설계권의 효력은 배치설계권자가 아닌 자가 제작한 것으로서 창작성이 있는 동일한 배치설계에는 미치지 않는다는 점이다.[8] 즉 배치설계권은 창작성이 있는 배치설계를 설정등록함으로써 발생한다는 점에서는 특허권과 유사하나 독립적인 창작에 대해서는 효력이 미치지 않는다는 점에서는 저작권법의 보호체계와 유사하다.

(2) 컴퓨터프로그램 및 컴퓨터프로그램 관련발명

2009.4.22. 법률 제9625호로 폐지된 컴퓨터프로그램보호법 하에서는 컴퓨터프로그램이란 '특정한 결과를 얻기 위하여 컴퓨터 등 정보처리능력을 가진 장치 안에서 직접 또는 간접으로 사용되는 일련의 지시·명령으로 표현된 창작물'을 의미하여[9] 컴퓨터에 사용되는 언어의 일종으로 보아 컴퓨터프로그램 자체는 컴퓨터프로그램보호법에 의해 보호되는 것으로 하였었다. 그런데 최근 성격이 유사한 일반저작물과 컴퓨터프로그램저작물을 「저작권법」과 「컴퓨터프로그램보호법」에서 각각 규정하고 있어 정책 수립과 집행에 효율성이 떨어진다는 지적에 따라 2개의 법을 통합하고, 저작권법 내에 컴퓨터프로그램저작물에 대한 특례규정[10]을 신설하였다. 따라서 컴퓨터프로그램 자체는 저작권법에 의한 보호를 받을 수 있다.

한편 컴퓨터프로그램 자체는 저작권법에 의해 보호되나 컴퓨터프로그램이 가지는 이중성과 저작권법에 의한 보호가 갖는 한계로 인해 특허법적으로 보호를 꾀하는 시도가 있어 왔는데, 컴퓨터프로그램 관련발명의 특허성에 대해서는 오랜 논란이 있었다. 현재 특허청은 컴퓨터프로그램 관련발명도 특허법의 보호대상이

7) 반도체집적회로의 배치설계에 관한 법률 제19조 제1항.
8) 반도체집적회로의 배치설계에 관한 법률 제9조 제1항 제1호.
9) 구 컴퓨터프로그램보호법 제2조 제1호.
10) 저작권법 제101조의2 내지 제101조의7.

될 수 있다는 판단아래 「컴퓨터 관련 발명 심사기준」을 마련하여 운영하고 있다. 따라서 비즈니스 관련 발명을 포함한 컴퓨터 관련 발명도 "청구항에 관련된 발명이 특허법상 발명에 해당하기 위해 자연법칙을 이용한 기술적 사상의 창작 중 고도한 것"에 해당하고,[11] 특허요건을 갖추는 한 특허를 받을 수 있다.

비즈니스 관련 발명[12]이란 컴퓨터, 통신망 및 소프트웨어를 이용하여 비즈니스 아이디어를 실현한 새로운 비즈니스 시스템이나 비즈니스 방법에 관한 발명을 말하고, 이러한 비즈니스 관련 발명에 해당하려면 컴퓨터상에서 소프트웨어에 의한 정보처리가 하드웨어를 이용해 구체적으로 실현되고 있어야 한다.[13] 최근 정보기술의 급속한 발달과 보급으로 비즈니스 관련 발명의 출원이 활발하게 이루어지고 있다. 이러한 출원이 광고, 유통, 금융 등 서비스 분야에 급증함으로써 특허권에 익숙하지 않은 관련 업계에 광범위한 영향을 미치고 있고, 특허청은 이와 같은 비즈니스 관련 발명의 심사기준을 명확히 하여 심사의 공정성과 예측가능성을 높이기 위해 2005년 관련심사기준을 개정한 바 있다.

(3) 디지털콘텐츠

디지털기술(digital technology)이 급속히 발전함에 따라 디지털신호에 의해 표현된 정보내용(digital contents)들이 다양하게 개발, 이용되고 있다. 디지털콘텐츠는 기존의 아날로그 방식의 책이나 영화, 음반 등과 달리 복제와 변경이 극히 용이하고 인터넷과 같은 전자통신망을 통해 쉽게 사용자들에게 전달되는 특성을 가져 유통경로가 기존의 저작물과 다르다. 또한 디지털콘텐츠 중에는 기존의 저작권법에 의해 보호가 가능한 것도 있지만 기존의 저작권법으로는 보호할 수 없는 경우도 있어서 특별법에 의한 보호의 필요성이 대두되었다. 이에 2002년에 온라인디지털콘텐츠산업의 발전에 필요한 사항을 정함으로써 온라인디지털콘텐츠산업의 기반을 조성하고 그 경쟁력을 강화하여 국민생활의 향상과 국민경제의 건전한 발전에 이바지함을 목적으로[14] 「온라인디지털콘텐츠산업발전법」이 제정

11) 특허청, 「컴퓨터 관련 발명 심사기준」, 2005, 12면.

12) 소위 'BM 특허(business model 또는 business method)'라고도 불리며, 인터넷상에서의 영업방법이 컴퓨터 기술과 결합한 것으로서, 인터넷 비즈니스에서 행하여지는 다양한 영업방식이나 사업 아이디어를 특허로서 보호하는 것이다.

13) 특허법원 2001.9.21. 선고 2000허5438 판결, 대법원 2003.5.16. 선고 2001후3149 판결 참조.

되었다. 동 법에 따르면, "디지털콘텐츠"라 함은 부호·문자·음성·음향·이미지 또는 영상 등으로 표현된 자료 또는 정보로서 그 보존 및 이용에 있어서 효용을 높일 수 있도록 전자적 형태로 제작 또는 처리된 것을 말하고, "온라인디지털콘텐츠"라 함은 정보통신망이용촉진및정보보호등에관한법률 규정에 의한 정보통신망에서 사용되는 디지털콘텐츠를 말한다.[15]

(4) 데이터베이스

"데이터베이스"는 소재를 체계적으로 배열 또는 구성한 편집물로서 개별적으로 그 소재에 접근하거나 그 소재를 검색할 수 있도록 한 것을 말하고(저작권법 제2조), 종전에는 창작성 있는 데이터베이스에 한하여 편집저작물로서 보호하였다. 그러나 지식정보사회의 진전으로 데이터베이스에 대한 수요가 급증하였고, 데이터베이스의 제작 등에 드는 투자노력을 고려해 보면 비록 소재의 선택·배열에 창작성이 인정되지 않는 데이터베이스의 경우에도 보호할 필요성이 있다고 할 것이어서 저작권법은 2003년 법개정을 통해 데이터베이스제작자에 대해 그의 데이터베이스의 전부 또는 상당한 부분을 복제·배포·방송 또는 전송할 권리를 인정하였다.

개정 저작권법에 따르면 데이터베이스제작자의 권리는 데이터베이스의 제작을 완료한 때부터 발생하며, 그 다음 해부터 기산하여 5년간 존속한다(저작권법 제95조 제1항). 또한 데이터베이스의 갱신등을 위하여 인적 또는 물적으로 상당한 투자가 이루어진 경우에 당해 부분에 대한 데이터베이스제작자의 권리는 그 갱신 등을 한 때부터 발생하며, 그 다음 해부터 기산하여 5년간 존속하도록 함으로써(저작권법 제95조 제2항) 저작물에 주어지는 저작권자의 권리와 달리 짧은 기간 동안만 데이터베이스에 관한 권리를 향유할 수 있도록 하고 있다.

(5) 생명공학 관련기술

생명공학 관련기술에 대해서는 초기에는 생명체는 신의 창조물이지 인간의 창조물이 아니라는 이유로 특허적격성을 부정하였으나 유전공학기술이 발달하면서 생명체도 공학적으로 조작하는 것이 가능해짐에 따라 단지 생물이라는 이유만으

---

14) 온라인디지털콘텐츠산업발전법 제1조.
15) 온라인디지털콘텐츠산업발전법 제2조.

로 특허적격성을 모두 부정할 것인지에 대한 논란이 대두되었다.[16] 현재의 특허제도는 근대적 특허제도가 확립된 19세기에 공업, 특히 기계와 화학을 중심으로 한 공업을 중심으로 설계되었다. 그러나 특허법 자체는 기술을 총망라하여 포함하도록 설계되어 있고 생물을 제외한다는 것과 같은 규정은 존재하지 않는다. 특허법상 공업제품과 생물을 다르게 취급하여야 할지의 문제는 '멘델의 시대'에는 별 문제가 되지 않았으나, 유전공학기술이 급격히 발전함에 따라 이를 둘러싼 특허보호의 상황 또한 급변했다. 유전공학적 성과물을 특허법상 어떻게 취급해야 할 것인지의 문제가 중요한 논점으로 떠올랐고, 유전공학 관련기술을 다수 확보한 선진국을 중심으로 새롭게 등장한 다양한 형태의 기술들을 지적재산으로 보호하려는 경향이 나타났다.

1980년 미국 연방대법원이 판결한 *Diamond v. Chakrabarty* 판결[17]을 시작으로 미국이 최초로 미생물에 대한 특허를 인정하여 정책적 특허성 승인의 포문을 열게 되었고, 선진국을 필두로 여러 나라들이 유전공학 관련 기술을 이용한 미생물에 대한 특허적격성을 인정하기 시작하였다. 이어서 고등동물에 대해서까지 그 보호의 범위를 확대함으로써 최근에는 특허의 보호대상이 명백히 넓어지고 있어, 유전공학기술과 관련한 발명에서 특허적격성이 인정되지 않는 경우는 거의 없다고 보아도 좋을 것이다. 따라서 생명윤리에 관한 부분은 별론으로 하고, 유전공학 산물들도 화학물질과 같은 '물(物)'로서 취급할 수 있게 되었다. 그러나 유전자는

---

16) 유전공학(genetic engineering)이란 유전자(gene)를 공학적으로 조작(engineering)하여 인간에게 이로운 산물을 얻어내거나 생명체의 특성을 개량하는 기술을 말한다. 흔히 생명공학(biotechnology)이라는 용어와 혼동해서 사용되기도 하지만 유전공학이란 생명체를 유전자 레벨에서 다루는 기술을 의미하는데 반해 생명공학이란 자기복제를 할 수 있는 생명체와 관련된 기술을 모두 총칭하는 것이기 때문에 생명공학은 유전공학(genetic engineering)보다 더 포괄적인 개념이라 할 수 있다. 생명공학 〉 유전공학

17) Diamond v. Chakrabarty, 447 U.S. 303, 100 S.Ct. 2204, 65 L.Ed.2d 144, 206 U.S.P.Q. 193 (1980); 미국 GE 사에서 연구원으로 근무하던 미생물학자 아난다 차크라바티는 1971년에 미국특허청에 유전자 조작 미생물에 대한 특허를 출원하였다. 이 미생물은 원래 자연계 중에 존재하던 것이 아니고, 차크라바티가 원유를 분해할 수 있는 유전자를 박테리아에 도입함으로써 새롭게 만들어 낸 것이었다. 이 미생물은 해양오염을 제거할 수 있기 때문에 매우 유용한 것이었지만 미국특허청은 생물은 특허대상이 되지 않는다는 이유로 이 특허출원을 거절했다. 차크라바티는 특허청의 결정에 불복해서 특허항소법원에 항소하였고 승소하였다. 이번에는 미국특허청이 연방대법원에 상고하였으나, 미국 연방대법원은 인간에 의해 만들어진 모든 것은 특허대상에 포함된다고 하면서 '인간의 연구결과', '인간이 만들어 낸 발명'에 대해서는 특허적격성이 인정된다고 판결하였다.

'물'로서의 성질뿐만 아니라 '정보'로서의 성질도 함께 가지고, 유전자·단백질로 대표되는 유전공학적 산물들은 일반적인 화학물질과 같이 정체되어 있는 것이 아니라 개별적 유전자나 단백질의 해석을 통해서는 설명할 수 없는 다양한 가능성을 지닌 하나의 동적인 시스템을 형성하는 등 일반적인 화학물질과는 다른 특성을 가진다. 따라서 특허요건의 판단이나 침해요건 판단에 있어서도 그러한 특성을 고려하지 않으면 안 된다. 특허청은 급속히 발전하고 있는 생명공학분야의 새로운 기술을 보호하기 위해 1998년 3월에 생명공학 특허심사 기준을 제정하였고, 이후 휴먼게놈프로젝트의 진전에 따라 새로운 형태의 발명을 보호하고 생명윤리 문제의 판단기준을 제시하고자 몇 차례에 걸쳐 심사기준을 개정하였다.

(6) 도메인네임

도메인네임이란 인터넷 상의 주소를 사람들이 사용하기 쉬운 영어 단어나 알파벳, 숫자 등으로 표현한 것을 말한다. 이처럼 도메인네임은 원래는 인터넷상의 주소에 불과하지만, 때로는 그 등록인의 상호, 명칭, 상표, 서비스표 등을 반영하기도 하고 전자상거래의 발전에 따라 사실상 등록인이나 그의 상품, 서비스를 식별하는 기능을 가지는 경우도 있다. 이와 같은 경우에는 도메인네임의 사용이 상표권 침해가 되거나 부정경쟁행위에 해당하게 되어 민, 형사상 책임을 부담하는 경우가 있을 수 있다.

(7) 영업비밀

"영업비밀"이란 공공연히 알려져 있지 아니하고 독립된 경제적 가치를 가지는 것으로서, 상당한 노력에 의하여 비밀로 유지된 생산방법, 판매방법, 그 밖에 영업활동에 유용한 기술상 또는 경영상의 정보를 말하고,[18] 여기서 공연히 알려져 있지 아니하다고 함은 그 정보가 간행물 등의 매체에 실리는 등 불특정 다수인에게 알려져 있지 않기 때문에 보유자를 통하지 아니하고는 그 정보를 통상 입수할 수 없는 것을 말한다.[19] 부정경쟁방지법은 영업비밀 침해행위에 대해 금지청구권, 손해배상책임과 같은 민사적 구제수단을 인정하고,[20] 나아가 부정한 이익을

18) 부정경쟁방지 및 영업비밀보호에 관한 법률 제2조 제2호; 영업비밀에 해당하기 위해서는 ㉠ 비밀성, ㉡ 경제적 가치, ㉢ 비밀로서 유지, 관리, ㉣ 유용성이라는 요건이 필요하다.

19) 대법원 2008.4.10. 선고 2008도679 판결.

얻거나 기업에 손해를 입힐 목적으로 그 기업에 유용한 영업비밀을 취득·사용하거나 제3자에게 누설한 자에 대한 형사처벌규정을 두고 있다.[21)]

영업비밀은 특허와 달리 보호받을 수 있는 대상에는 제한이 없다고 할 수 있다. 즉 특허로서 보호받을 수 있는 기술뿐만 아니라 기술발전과 직접적인 관련이 없는 고객정보 등도 영업비밀의 보호대상이 될 수 있다. 특허와의 차이점을 살펴보면 다음과 같다. 즉, ㉠ 영업비밀이란 비밀정보를 보호객체로 하는데 반해 특허는 공개된 정보를 보호객체로 한다. ㉡ 영업비밀은 비밀유지 노력에 대해 보호이익을 받는데 반하여, 특허는 공개를 대가로 일정기간(출원일로부터 20년) 독점배타권을 갖는다. ㉢ 영업비밀은 두 사람 이상이 동일한 영업비밀을 보유하더라도 각자가 비밀로 유지만 하고 있으면 보유자 모두에게 영업비밀로서 인정되는데 반해, 동일한 기술에 대한 특허권은 가장 먼저 출원하여 특허권을 취득한 자에 대해서만 인정된다. ㉣ 영업비밀의 취득에는 어떠한 절차나 형식의 이행이 필요없지만, 특허권을 취득하기 위해서는 출원, 심사, 등록을 거쳐야 한다. ㉤ 영업비밀은 그 침해행위에 대한 구제수단을 둠으로서 얻어지는 재산적 이익임에 반해 특허권은 재산권이다. ㉥ 영업비밀은 공개되지 않는 한 영구히 독점적으로 사용할 수 있는 반면, 특허권은 존속기간이 만료되면 누구라도 자유롭게 사용할 수 있다.[22)]

자신이 개발한 기술을 특허출원하여 특허로서 보호받을 것인지, 비밀로서 유지하여 영업비밀로서 보호받을 것인지는 전적으로 발명자의 판단에 달린 문제이다. 예컨대 역분석에 의해 비밀이 쉽게 밝혀질 수 있는 성질의 기술에 대해서는 특허권을 취득하는 것이 보다 유리하겠지만 때로는 기술의 성질상 또는 기업의 전략상 영업비밀로 관리하는 것이 보다 유리한 경우도 있다. 기술을 영업비밀로 간직하는 경우에는 그것이 비밀로서 유지되는 한 권리를 향유할 수 있지만 일단 비밀상태가 벗겨지게 되면 법은 발명자에 대해 아무런 보호를 해 주지 않는다. 따라서 발명자는 자신의 발명을 공개하고 그 대가로서 비록 한정된 기간이지만 특허권이라는 안정적인 독점권을 향유하는 방법을 택하는 경우가 많은데, 그와 같은 점에서 특허제도는 기술의 공개를 유도하여 기술의 발전을 촉진시키는 역할을 담당한다고 할 수 있다.

---

20) 부정경쟁방지 및 영업비밀보호에 관한 법률 제10조 내지 제12조.

21) 부정경쟁방지 및 영업비밀보호에 관한 법률 제18조 내지 제19조.

22) 사법연수원, 「부정경쟁방지법」, 2006, 75면.

■ **노하우(know-how)**

노하우(know-how)라는 말은 미국에서 처음 사용된 것으로, 우리말로 정확하게 번역할 만한 용어가 없어 노하우라는 용어 그대로 사용되는 경우가 많다. 노하우는 그 개념이 극히 다의적으로 사용되고 있고 확립된 정의도 없어서, 그 구체적인 의미나 범위 등은 그것이 사용된 법률관계의 목적이나 필요 등에 따라 개별적으로 확정할 수밖에 없다. 대법원판례[23]에 따르면, "노하우라 함은 공업목적에 도움이 되는 어느 종류의 기술을 단독 또는 결합하여 작성하고 그것을 실제로 응용하는 데 필요로 하는 비밀의 기술적 지식, 경험 또는 그것들의 집적"을 말하고, 일반적으로 영업비밀 중 경영상의 정보를 제외한 기술상의 정보를 칭하는 것으로 사용된다.

[지적재산권의 분류]

- 지적재산권
  - 산업재산권
    - 특허권
    - 실용신안권
    - 디자인권
    - 상표권
  - 신지적재산권
    - 반도체직접회로
    - 컴퓨터프로그램
    - 디지털 콘텐츠
    - 데이터베이스(D/B)
    - 생명공학기술
    - 도메인네임
    - 영업비밀 등
  - 저작권 : 문학·학술 또는 예술의 범위에 속하는 창작물 (시, 소설, 음악 등)

제2절 지적재산권으로서의 특허권

I. 특허제도의 존립근거

1. 특허제도의 의의

오늘날은 특허제도의 존재의의 자체를 부정하는 견해는 거의 없지만 과거에는

23) 대법원 1993.7.27. 선고 93누364 판결.

특허제도 무용론 내지는 폐지론이 강력히 주장되었던 적도 있고, 실제로 네덜란드에서는 1817년 채택한 특허법을 1869년에 폐지하고 약 40년간의 공백이 지난 1910년에야 다시 특허제도를 시행한 경험이 있다.

오늘날에는 특허제도의 폐해를 지적하는 자들은 특허제도의 폐지론보다는 비판을 통한 수정을 요구한다. 예컨대 특허제도는 최선출원인에게만 특허권을 부여하고 후원자에게는 아무런 권리도 부여하지 않을 뿐 아니라 선원자의 특허권에 의해 실시마저 금지되므로 양자간의 균형을 잃게 되어 불합리하다는 것이다. 그러나 이는 유용한 발명을 최초로 공개한 자에게 공개의 대가로서 일정기간동안 독점배타권을 부여함으로써 산업발전에 기여하게 한다는 특허제도의 취지상 부득이한 것이라 할 수 있다. 다만 그와 같은 불합리를 최소화하기 위해 일정한 요건 하에 선사용권을 부여하는 등 합리적인 해결책을 마련하고 있는 것이다.

2. 특허제도의 본질

특허제도를 긍정하는 근거로는 자연권설과 산업정책설이 있다.

(1) 자연권설(기본권설)

'자연권설'은 발명자는 본래 자신의 발명에 대하여 당연히 독점권을 가질 수 있다는 설을 말하며 ㉠ 기본적 재산권설과 ㉡ 기본적 수익권설로 나뉜다.

'기본적 재산권설'이란 새로운 기술사상은 원래 이를 생각해 낸 자에게 속하고 따라서 사회는 이것을 재산권으로 인정해야 한다는 것이다. 유체물을 제작한 노동자가 유체물에 대해 소유권을 취득하는 것과 같이 발명자가 정신적 노고의 결과 발명을 하였다면 그에 대한 재산권을 인정하여야 한다는 것을 근거로 한다.

'기본적 수익권설'이란 사람은 사회에 대해 기여한 공헌의 정도에 비례하여 본래 사회로부터 그 보상을 받을 권리가 있다는 생각 하에, 발명은 사회에 대해 극히 유익한 공헌을 하는 것이므로 사회는 이에 대한 최적의 보상으로 발명을 전용할 수 있는 권리를 주어야 한다는 것이다.

(2) 산업정책설

'산업정책설'은 특허제도는 산업정책상의 견지에서 채택되는 것이라는 설이다. 현재 가장 유력하게 지지받고 있으며, ㉠ 비밀공개설(대상설), ㉡ 발명장려설(자극설), ⓒ 과당경쟁방지설(경업질서설) 등이 있다.

비밀공개설(대상설)은 발명자에게 발명의 이용에 대한 독점권을 부여하지 않는다면 많은 시간과 비용, 노력을 들여 완성한 발명을 타인에게 모방당할 것을 두려워하여 발명자는 그 발명을 공개하지 않고 비밀로 하려 할 것이므로 이를 방지하기 위한 수단으로 발명을 공개한 자에게 독점권을 부여하는 것이 가장 유용하다는 것이다. 공개에 대한 대가라는 의미에서 대상설이라고도 한다.

'발명장려설(자극설)'은 발명자에게 특허권을 부여함으로써 발명의욕을 고취시킬 수 있고, 아울러 발명의 실시화, 기업화에 있어서도 유리한 위치를 점할 수 있게 되어 그 결과 발명의 실시화, 기업화를 위한 투자도 활성화시킬 수 있다는 것이다. 이에 국가는 발명의 탄생을 장려하고, 발명의 실시화, 기업화를 장려하기 위한 정책으로 특허제도를 채택한다고 한다.

'과당경쟁방지설(경업질서설)'에 따르면, 오늘날과 같은 기술혁신시대에는 인위적 제도를 마련하지 않더라고 기술적·경제적·사회적 요청이 있는 한 발명은 필연적으로 탄생되고 이어서 실시화되어 그 비밀도 조만간 벗겨지는 것이지만, 특허제도가 존재하지 않는다면 국·내외적으로 불공정한 경쟁이 야기될 것은 필연적이므로, 과당경쟁을 유효하게 방지하여 공정한 경쟁질서를 확립하기 위해 오늘날에도 발명자에 대해 독점권을 부여하는 특허제도가 필요하다고 한다.

(3) 정 리

기본적 재산권설과 기본적 수익권설로 대표되는 기본권설은 17세기 경 자연법학설에 근거를 두고 제창된 설로서 18, 9세기에 가장 유력한 설이었다. 오늘날에는 오히려 '산업정책설'이 유력하다고 할 수 있으나 기본권설은 산업정책설을 지지하는 기둥으로서의 역할을 한다고 할 수 있다. 또한 산업정책설이 현재의 특허제도를 정당화시키는 이론적 근거라고 할 수 있으나 어느 하나의 설만으로 산업정책설이 대표될 수는 없으며, 이들 세 가지 견해를 종합적으로 고려하여 특허제도의 존재의의를 이해하는 것이 타당할 것이다.

Ⅱ. 특허제도의 연혁

1. 특허제도의 기원

유럽대륙에서 1236년에 다색무늬직물에 대해 부여된 독점권이 세계 최초의 특허라고 말하는 자도 있으나, 이는 당시 국왕 등의 은혜에 의해 부여된 특권에 불과하고 세계최초로 특허제도를 도입한 것은 1474년 베네치아(베니스) 특허법이라는 견해가 유력하다. 이는 15세기 중엽부터 16세기에 걸쳐 상당히 많은 사례가 기록되어 있는 것으로 보아[24] 분명하지만 그 후 중단되고 있고, 베네치아 특허법은 네덜란드를 경유하여 영국으로 전해져 현재 특허제도의 기초가 되었다고 한다.

14세기 당시 영국에서는 길드조직에 의해 외국인은 영국 내에서 영업을 할 수 없었는데 국왕은 당시 유럽대륙에 비해 뒤처진 공업을 진흥시킬 목적으로 대륙기술자가 국내에서 안전하고 자유롭게 영업을 할 수 있도록 특허장(letters patent)을 부여하였다.

그러나 16세기 후반 엘리자베스 여왕시대(1558~1603 재위)부터는 이 제도를 남용하는 자가 나타나고, 왕실 또한 자신에 대한 충성의 상으로 또는 수입원으로 소금이나 기름 등 생필품에까지 독점권을 부여하는 사태가 발생하여 국민들로부터 비난을 받았고 1601년에는 마침내 하원의 항의로 폭발하였다. 이에 여왕은 심한 폐해가 있는 특허의 취소를 선언하고, 또 국민은 언제든지 부당한 권리행사에 대해서는 재판에 의해 구제받을 수 있다는 취지를 선언하였다. 그 후 제임스 1세(1603~1625 재위)는 엘리자베스 여왕의 선언의 취지를 확인한 '은혜의 서(Book of Bounty)'를 공포하였고(1610년) 그 취지는 1624년에 '전매조례(Statute of Monopolies)'로 성문화되었다.

이 전매조례는 ㉠ 특허는 진정한 최초의 발명자에게 부여된다(특허요건), ㉡ 특허권자는 국내에서 독점적으로 그 발명에 관계되는 물건이나 방법을 제작하여 사용할 수 있다(특허권의 효력), ㉢ 특허는 상품가격의 폭등을 초래하고 거래를 저해하는 등 법률에 반하거나 국가에 대해 유해해서는 안된다(특허의 공익성), ㉣ 특허기간은 14년 이하로 한다(존속기간의 유한성)는 점 등을 규정하고 있다.

많은 나라들이 영국의 제도를 본떠 특허제도를 시행하게 되었는데, 영국특허법

24) 갈릴레오의 특허(양수·관계용 기계)도 그 중 하나이다.

은 오늘날까지 계속 시행되고 있는 가장 오래된 특허법이라고 할 수 있다.

2. 우리나라 특허제도의 연혁

(1) 서

우리나라에서는 1882년(고종 19년) 경에 지석영 선생이 특허제도의 필요성을 주장한 바 있으나 그것이 제도화에는 이르지 못하였고, 그 후 당시 열강들의 압력에 의해 비자주적으로 명목상의 특허제도를 두게 됨으로써 특허법의 태동을 보게 되었으며, 일제 강점기와 미군정기 등의 과도기를 거쳐 오늘날의 특허법에 이르게 되었다. 특허제도의 역사 또한 근대 우리나라의 역사를 그대로 반영하고 있다고 할 수 있다.

(2) 구한말 및 일제강점기

청일전쟁(1894~1895)과 노일전쟁(1904~1905)에서 승리한 일본이 한국 내에서의 자국기술보호 수단으로 체결한 것이 1908년 8월 12일 「한국에 있어서 발명·디자인·상표 및 저작권에 관한 한일조약」이다. 이 조약에 의해 1908년 8월 12일 「한국특허령」이 공포되어 1908년 8월 16일부터 일본 특허법이 한국에 의용되었다. 그 후 한국특허령은 1910년 8월 29일 경술국치(한일합방)로 폐지되고 일제강점기에는 일본특허법이 한국에서 직접 시행되는 불운을 맞이하였다.

(3) 미군정기

미군정 초기에는 일제강점기의 산업재산권제도가 잠정적으로 시행되다가 1946년 10월 5일 일본의 특허제도와 미국의 특허제도를 반영한 특허법이 미군정 법령 제91호로 제정·공포되었다. 이것이 우리나라 최초의 특허법이라고 할 수 있고, 특허에 관한 것 이외에도 실용신안 및 디자인에 관한 내용까지 모두 규정하고 있어서 산업재산권보호제도로서 기능할 수 있는 체계를 갖추었다고 할 수 있다. 그러나 1950년 6월 25일 사변의 발발로 인해 기대만큼 활용되지는 못하였다.

(4) 특허법의 제정

1960년 5·16 군사혁명으로 수립된 혁명정부는 1961년 국가재건최고회의의 주도 아래 구법령의 정비사업을 추진하였다. 구법하 단일법에 규정된 발명과 실용신안, 디자인은 그 대상과 보호법익이 다를 뿐 아니라 출원절차나 심사절차 등이 다름에도 불구하고 단일법에서 규정하고 있어서 법체제상 불합리할 뿐만 아니라, 모순되거나 불분명한 규정이 많다는 지적에 따라 이를 각각 별개의 법으로 정리하기로 하고, 1961년 특허법에서는 특허에 관한 사항만을 규정하게 되었다. 이로써 탄생한 것이 1961년 12월 31일 제정 법률 제950호이고, 우리 현실에 부합되는 자주적인 특허제도의 시발점이라고 할 수 있다. 주요내용은 다음과 같다.

① 산업에 이용할 수 있는 신규한 발명을 특허의 대상으로 함.
② 특허를 불허하는 발명과 특허권의 한계를 정함.
③ 특허를 받을 수 있는 자가 시험이나 발명전시회 출품등으로 신규성을 상실한 경우에는 그를 보호하기 위하여 예외규정을 두도록 함.
④ 동일한 발명에 대하여는 선출원자에게 우선권을 주도록 함.
⑤ 특허를 출원한 발명이 국방상 또는 공익상 필요한 때에는 공용징수할 수 있도록 함.
⑥ 특허에 관한 절차에 있어서 국내에 주소나 거소가 없는 자는 국내에 주소나 거소를 가진 대리인을 통하도록 함.
⑦ 대리인이 부적당한 경우에는 특허국장의 직권으로 대리인을 개임할 수 있도록 함.
⑧ 특허출원 당시에 선의의 발명자가 선사용하는 경우에는 그 범위안에서 실시권을 가질 수 있도록 함.
⑨ 특허를 받은 자가 계속하여 3년이상 실시하지 아니할 때에는 특허국장은 직권으로 타인에게 실시권을 허여하거나 특허권의 취소를 할 수 있도록 함.
⑩ 특허권의 존속기간을 특허일로부터 12년으로 하고, 특허출원일로부터 15년을 초과하지 못하게 함.

(5) 특허법의 개정

1961년 특허법이 제정된 이래, 사회상황의 변화와 특허제도의 국제적 변화에 능동적으로 대처하기 위해 2009년 1월 30일 일부개정 법률 제9381호를 포함하여 현재까지 총 36회의 일부 및 전문개정이 있었다. 그 중 중요 개정내용을 살펴보면 다음과 같다.

1) 1963년 **개정법**(법률 제1293호, 1963.3.5, 일부개정)

발명의 정의와 특허에 관한 절차 등을 명료하게 하는 등 새로운 특허법 시행에 따른 미비점을 보완하기 위한 것이다. 특허의 대상인 발명을 "산업에 이용할 수 있는"것에 한하던 제한을 없애고 발명의 정의규정을 신설하였다.

2) 1973년 **개정법**(법률 제2505호, 1973.2.8, 전부개정)

① 물질의 용도발명에 대하여는 선진기술의 단순한 정보수입만으로 국내인이 용이하게 이용·개발할 수 있고 원자핵분열 및 변환에 의하여 제조된 물질은 막대한 특허료를 지불하지 아니하고는 사용할 수 없으므로 특허대상에서 제외함.

② 선진국에서는 낡은 기술이 위장출원, 등록되는 것을 방지하기 위하여 출원 전에 외국간행물에 게재된 것도 신규성이 없는 것으로 판단하는 이른바 준국제주의를 채택함.

③ 공무원의 직무발명에 대한 보상과 관리의 근거규정을 두도록 함.

④ 특허발명의 적극적인 활용과 산업화를 위하여 사업실시와 실시보고를 의무화함.

⑤ 특허권의 부실권리의 정리를 위하여 무효심판청구의 제척기간을 원칙으로 폐지함.

⑥ 심사관·심판관의 자격요건을 대통령령으로 정하도록 함.

3) 1980년 **개정법**(법률 제3325호, 1980.12.31, 일부개정)

파리조약의 가입에 따른 태세를 정비하고, 선진제국에서 채택하고 있는 특허제도 중 우리 실정에 맞는 제도를 도입하기 위한 것이다.

① 다항제의 채택.

② 중복연구와 2중 투자를 방지하기 위하여 특허출원일로부터 1년 6월이 경과한 때에는 계속 중에 있는 특허출원으로서 출원공고를 한 경우를 제외하고는 그 특허출원에 대하여 특허공보에 출원공개를 하도록 함.

③ 심사처리의 신속을 기하기 위하여 심사청구가 있는 출원에 대하여만 심사를 하도록 함.

4) 1986년 **개정법**(법률 제3891호, 1986.12.31, 일부개정)

산업재산권제도에 관한 국제적 추세에 따라 물질특허제도를 인정하는 등 특허를 받을 수 있는 발명의 범위를 넓히고, 출원중인 발명을 신속히 권리화하고 항고심판을 원활하게 처리하기 위하여 심사전치제도를 도입하였다.

① 특허대상에서 제외되던 의약 또는 의약조제방법의 발명, 물질 또는 물질용도의 발명을 특허받을 수 있는 발명으로 함.

② 의약 및 의약조제방법의 발명에 관한 특허권의 효력은 약사법에 의한 조제행위와 그 조제에 의한 의약에는 미치지 아니하는 것으로 함.

③ 12년으로 되어 있는 특허권의 존속기간을 3년 연장하여 15년으로 하되, 의약품등과 같이 그 특허발명을 실시하기 위하여 안전성검사와 그 제조허가등에 장기간이 소요되는 특허권에 대하여는 5년의 범위 안에서 특허권의 존속기간의 연장을 허용할 수 있도록 함.

④ 거절사정에 불복하는 항고심판의 청구가 있은 날로부터 30일내에 그 청구에 관련된 특허출원서에 첨부된 명세서 또는 도면에 대한 보정이 있는 때에는 항고심판을 하기 전에 심사관에게 그 청구를 다시 심사하게 하는 심사전치제도를 도입함.

5) 1995년 1차 **개정법**(법률 제4892호, 1995.1.5, 일부개정)

개정 전 구법하의 특허심판제도는 특허청내의 심판소와 항고심판소에서 1심과 2심을 다루고 상고심만 대법원에서 다루도록 되어 있는 바, 이는 쟁송절차로서 부적절하고 위헌의 소지가 있다는 논란이 있어 이를 시정하기 위한 것임.

① 항고심판소와 심판소를 통합하여 특허심판원을 신설.

② 항고심판으로 청구하던 심사관의 거절사정 및 보정각하결정에 대한 불복을 심판으로 청구하도록 함.

③ 심판에서의 심결, 보정각하결정 또는 심판청구서나 재심청구서의 각하결정에 대한 소는 특허법원의 전속관할로 함.

④ 특허법원에의 소는 당사자, 참가인 또는 당해 심판이나 재심에 참가를 신청하였으나 그 신청이 거부된 자가 제기할 수 있도록 소제기권자를 명시함.

6) 1995년 2차 **개정법**(법률 제5080호, 1995.12.29, 일부개정)

WTO/TRIPS에 따른 의무를 이행하기 위한 것이다.

① 특허권의 실시의 개념에 '그 물건의 양도 또는 대여의 청약' 행위를 포함시켜 특허권의 보호를 강화.
② 특허를 받을 수 없는 발명에서 '원자핵변환방법에 의하여 제조될 수 있는 물질의 발명'을 제외함.
③ 신청에 의한 조기공개제도의 도입.
④ 특허권의 존속기간을 공고일부터 15년에서 출원일부터 20년으로 함.

7) 1998년 **개정법**(법률 제5576호, 1998.9.23, 일부개정)

① 전산망을 이용한 출원관련 규정을 신설.
② 특허협력조약에 의한 국제조사기관 및 국제예비심사기관으로 지정됨에 따라 관련규정을 정비.
③ 실용신안제도를 심사주의에서 무심사주의로 전환함에 따라 변경출원제도를 폐지하고 이중출원제도를 도입.
④ 기존에는 2년 이상 특허발명을 실시할 수 없었던 경우에 한하여 그 특허권의 존속기간이 연장될 수 있도록 하고 있으나, 시험으로 인하여 특허발명을 실시할 수 없었던 기간이 2년 이하인 경우에도 특허권의 존속기간이 연장될 수 있도록 함.

8) 2001년 **개정법**(법률 제6411호, 2001.2.3, 일부개정)

특허출원에 관한 보정제도 및 특허무효심판에 관한 정정제도 등을 보완하여 특허에 관한 절차에 소요되는 시간을 단축하고, 특허권 등의 침해로 인한 손해액을 쉽게 산정할 수 있는 규정을 마련하여 특허권자 등에 대한 보호를 강화하였다.

① 종전에는 특허출원을 한 후 1년 3월까지는 특허출원서에 첨부된 명세서나 도면을 자유롭게 보정할 수 있도록 하였으나, 거절이유통지서를 송달하기 전까지만 보정을 허용함으로써 심사의 신속을 도모함.
② 보정의 허용범위를 요지변경금지에서 신규사항추가금지로 함.
③ 특허권 등의 침해에 대한 손해액을 쉽게 산정할 수 있도록 제128조 제1항을 신설.
④ 특허무효심판시 정정청구를 신설하여 특허무효심판절차의 신속을 도모함.

9) 2002년 개정법(법률 제6768호, 2002.12.11, 일부개정)

특허료의 일부를 부족하게 납부한 경우 보전(補塡)할 수 있는 기회를 부여함으로써 특허에 관한 권리가 상실되는 경우를 방지하는 한편, 특허협력조약(PCT)의 개정에 따른 관련조항을 정비하였다.

① 종전에는 특허출원인 또는 특허권자가 특허료의 일부를 부족하게 납부한 경우에는 특허출원을 포기하거나 특허권이 소멸된 것으로 보았으나, 이와 같은 경우에는 특허청장이 특허료의 보전명령을 하도록 하고, 보전기간 내에 특허료를 보전한 경우에는 특허출원 또는 특허권의 효력이 지속되는 것으로 보도록 하여 특허권자 등을 보호하도록 함.

② 국제특허출원의 원문과 번역문이 서로 달라 국제출원된 원래의 발명이 아닌 발명이 특허된 경우 특허이의신청 및 특허무효심판을 제기할 수 있도록 함.

10) 2005년 개정법(법률 제7554호, 2005.5.31, 일부개정)

개발도상국 및 최빈국의 공중보건문제를 해결하기 위하여 세계무역기구(WTO)에서 WTO/TRIPS의 일부규정의 효력을 유보하도록 결정함에 따라 동 결정내용을 반영하기 위한 것이다. 아울러 실시중인 특허발명의 특허권자가 특허료를 납부하지 아니하여 그 특허권이 소멸된 경우에 일정기간 내에 이를 회복할 수 있는 제도를 마련함으로써 권리자의 보호를 강화하였다.

① 특허권의 회복(제81조의3 제3항 신설)

추가납부기간 이내에 특허료를 납부하지 아니하였거나 보전기간 이내에 보전하지 아니하여 실시중인 특허발명의 특허권이 소멸된 경우에 그 특허권자는 추가납부기간 또는 보전기간 만료일부터 3월 이내에 특허료의 3배를 납부하고 그 소멸한 권리의 회복을 신청할 수 있도록 함.

② 통상실시권 설정의 재정(제107조)

특허발명을 실시하고자 하는 자는, 자국민 다수의 보건을 위협하는 질병을 치료하기 위하여 의약품을 수입하고자 하는 국가에 그 의약품을 수출할 수 있도록 특허발명을 실시할 필요가 있는 경우에는 특허청장에게 통상실시권 설정에 관한 재정을 청구할 수 있도록 하고, 이에 대하여 특허청장이 재정을 함에 있어서는 재정을 받는 자에게 생산된 의약품 전량을 수입국에 수출할 것을 조건으로 부과하도록 함.

11) 2006년 **개정법**(법률 제7871호, 2006.3.3, 일부개정)

특허출원에 대한 심사처리기간이 단축됨에 따라 출원공개 전에 특허심사가 이루어지는 등의 특허심사 환경의 변화에 대비하고, 실용신안제도가 무심사선등록주의에서 심사주의로 돌아감에 따라 이중출원제도를 폐지하는 대신 변경출원제도를 도입하며, 특허이의신청제도를 특허무효심판제도로 통합하는 등 특허제도를 개선하였다.

12) 2007년 **개정법**(법률 제8197호, 2007.1.3, 일부개정)

특허출원인의 편의증진을 위해 특허출원 명세서의 작성시 '발명의 상세한 설명' 기재요건을 완화하고, 특허청구범위제출 유예제도를 도입하여 특허출원 후 출원공개 전까지 충분한 시간을 가지고 청구범위를 기재할 수 있도록 하며, 심사관이 특허출원에 대하여 거절이유를 통지할 때에는 거절이유가 있는 사항을 모두 명시하고 그 거절이유를 구체적으로 기재하도록 하는 한편, 그 밖에 현행 제도의 운영상 나타난 일부 미비점을 개선·보완하려는 것이다. 그 주요내용은 다음과 같다.

① 특허출원 명세서에 기재하는 '발명의 상세한 설명' 사항의 기재요건 완화(제42조 제3항)

㉠ 명세서에 기재하는 '발명의 상세한 설명' 사항에는 그 발명의 목적·구성 및 효과로 구분하여 기재하여야 하나, 발명 기술의 다양화·복잡화 추세에 따라 특허출원인이 현재의 기재요건에 따라서는 충분하게 그 사항을 작성할 수 없는 경우가 발생함.

㉡ '발명의 상세한 설명' 사항의 기재요건에서 발명의 목적·구성 및 효과로 구분하는 것을 삭제하고, 특허출원인이 산업자원부령이 정하는 기재방법에 따라 편리하고 다양하게 그 사항을 기재할 수 있도록 함.

㉢ 특허출원인이 자신의 발명에 대하여 다양한 표현방법을 통하여 그 사항을 설명할 수 있게 됨으로써 특허출원인의 편의를 도모할 수 있을 것으로 기대됨.

② 특허출원 명세서에 특허청구범위 기재의 유예(제42조 제5항 신설)

㉠ 특허출원시에 반드시 특허청구범위를 기재한 명세서를 제출하도록 하고 있어, 발명자가 그 발명에 대하여 보호받고자 하는 특허청구범위의 세부항목 및 설명내용을 상세하게 기재하는데 시간적으로 어려움이 있음.

㉡ 특허청구범위를 특허출원서 제출 후 출원공개(1년 6개월) 전까지 명세서에 기재할 수 있도록 함.

㉢ 특허출원인이 특허청구범위 작성에 필요한 충분한 시간을 확보할 수 있게 되어 그 발명에 대한 특허청구범위를 효과적으로 기재할 수 있을 것으로 기대됨.

③ 특허출원의 거절이유에 대한 사전통지 내용의 명확한 기재(제63조 제2항 신설)

㉠ 특허심사관이 특허출원서의 특허청구범위에 2 이상의 청구항이 있는 특허출원에 대한 거절이유를 통지할 때에 거절이유가 있는 청구항 모두에 대하여 거절이유를 밝히지 아니함에 따라 특허출원인으로서는 거절이유가 통지되지 아니한 일부 청구항의 거절이유를 알지 못하는 불편이 있음.

㉡ 특허심사관은 2 이상의 청구항이 있는 특허출원에 대하여 거절이유를 통지할 때에는 거절이유가 있는 청구항 모두에 대하여 청구항별로 거절이유를 구체적으로 기재하도록 함.

㉢ 특허출원인이 거절이유가 있는 모든 청구항의 내용을 알 수 있게 되어 일부 청구항에 대한 권리 포기나 보완 조치 등을 쉽게 할 수 있을 것으로 기대됨.

13) 2008년 개정법(법률 제9249호, 2008.12.26, 일부개정)

구법상의 양벌규정은 문언상 영업주가 종업원 등에 대한 관리·감독상 주의의무를 다하였는지 여부에 관계없이 영업주를 처벌하도록 하고 있어 책임주의 원칙에 위배될 소지가 있으므로, 영업주가 종업원 등에 대한 관리·감독상 주의의무를 다한 경우에는 처벌을 면하게 함으로써 양벌규정에도 책임주의 원칙이 관철되도록 하였다.

14) 2009년 개정법(법률 제9381호, 2009.1.30, 일부개정)

국어가 세계 9번째로 「특허협력조약」에서 규정하는 국제공개어로 채택됨에 따라 국제공개에 관한 특례 규정을 정비하고, 특허출원인에게 특허를 받을 기회를 최대한 보장해 줄 수 있게 재심사 청구제도를 도입하며, 그 밖에 현행 제도의 운영상 나타난 일부 미비점을 개선·보완하려는 것이다. 그 주요내용은 다음과 같다.

① 특허출원 명세서 또는 도면의 보정에 대한 제한 요건 완화(제47조)

㉠ 최후거절이유통지 후에 특허출원인이 특허출원서에 첨부된 명세서 또는 도면을 보정함에 있어 명세서에 기재하는 특허청구범위를 감축하여 거절이유를 해소한 경우라도 특허청구범위가 실질적으로 변경되어 특허받지 못하는 경우가 발생함.

㉡ 최후거절이유통지 후의 보정에 대한 제한요건에서 특허청구범위를 감축하는 경우는 실질적 변경으로 보지 아니하도록 정비함으로써 특허출원인이 특허청구범위를 자유롭게 감축할 수 있는 기회를 확보할 수 있게 함.

② 재심사 청구제도 도입(제67조의2 신설)

㉠ 특허거절결정을 받은 경우 심사관에게 다시 심사를 받기 위하여는 반드시 특허거절결정 불복심판을 청구하도록 하고 있어 특허출원인으로서는 불가피하게 특허거절결정 불복심판을 청구하여야 하는 불편이 있음.

㉡ 특허거절결정 불복심판을 청구하지 아니하더라도 특허출원서에 첨부된 명세서 또는 도면의 보정과 동시에 재심사를 청구하면 심사관에게 다시 심사를 받을 수 있도록 하였고, 종래의 심사전치제도는 폐지함.

③ 추가납부료의 차등제도 도입(제81조 제2항 및 제81조의2 제3항)

㉠ 특허료의 납부기간이 경과되어 특허료를 추가납부할 때에는 납부기간의 경과일수에 관계없이 납부하여야 할 특허료의 2배의 금액을 일률적으로 추가납부하도록 하고 있어, 특허권의 설정등록을 받으려는 자나 특허권자에게 과도한 비용을 부담하게 하는 문제점이 있음.

㉡ 특허료를 추가납부할 때의 납부 금액을 특허료의 2배 이내의 범위에서 지식경제부령으로 정하는 금액에 따라 차등하여 납부할 수 있도록 함.

④ 보상금지급청구권 등에 관한 국제공개 효력과 국내공개 효력의 통일 (제207조)

㉠ 국어가 「특허협력조약」의 국제공개어로 채택되어 국어로 출원한 국제특허출원은 영어가 아닌 국어로 국제공개됨에 따라 「특허협력조약」의 자국어 국제공개 규정과 부합되도록 국제공개에 관한 특례 규정을 정비할 필요가 있음.

㉡ 국어로 출원한 국제특허출원인은 국제공개가 있은 후 그 국제공개된 발명을 업으로 실시한 자에게 보상금의 지급을 청구할 수 있도록 하고 국제공

개 시에 국어로 국제특허출원된 발명이 국내공개된 것으로 간주함.

Ⅲ. 특허법의 특성

1. 정책적 요소

저작권법은 문화발전을 위한 입법이므로 문화정책적인 요소가 강한 반면, 특허법의 궁극적인 목적은 기술발전의 촉진을 통한 자국의 산업발전에 있으므로 국가의 기술수준에 따른 산업정책에 영향을 많이 받는 법규범이다.

2. 사적독점의 보장과 공공적 제한

특허법은 새로운 기술을 개발한 자에게 공개를 조건으로 법이 정한 엄격한 심사절차를 거쳐 특허권이라는 독점권을 부여해 준다는 점에서 「독점규제 및 공정거래에 관한 법률」의 예외라고 할 수 있다. 특허법은 기술에 대한 사적독점을 인정하면서도 국가의 산업발전을 위해 소유권에 비해 공공적인 제한을 많이 가한다는 점이 특징이다. 첫째, 특허권은 일정기간(출원일로부터 20년) 동안만 존재하고 그 기간이 지나면 일반 국민의 공유재산(public domain)으로 되어 누구나 그 기술을 사용할 수 있도록 하고 있다. 둘째, 특허권자는 자신의 특허를 독점적으로 실시할 권리를 가지는 반면, 적극적으로 실시해야 할 의무 또한 부담한다. 셋째, 특허법은 법의 궁극적인 목적인 산업발전을 이루기 위해 다양한 효력제한규정을 두어 제3자와의 이익조정을 꾀하고 있다.

3. 공법과 사법의 혼재

특허법에는 공법과 사법의 특성이 혼재한다. 즉 특허법은 발명자 개인의 재산권에 관한 부분을 규율하는 측면(특허권, 보상금청구권 등)에서는 사법으로서의 특성을 가지고, 특허출원의 절차와 관련된 부분(출원절차, 심판절차 등)은 국가와 개인 간의 법률관계를 규율한다는 점에서 공법적인 성격을 갖는다. 이처럼 특허법은 공법과 사법이 혼재된 특수한 영역의 법률이다.

4. 절차법과 실체법의 혼재

실체법의 궁극적 목적은 구체적 타당성의 도모에 있고, 절차법의 궁극적 목적은 법적 안정성의 추구에 있다고 할 수 있다. 특허법은 발명의 적절한 보호를 위해 실체적인 부분(특허요건 등)과 절차적인 부분(특허출원·심사·결정·등록 및 심판절차 등)이 유기적으로 조화되어 단일법을 이루고 있다.

5. 국제적 요소

특허독립의 원칙에 의해 특허법은 국내에서만 적용된다. 그러나 특허법의 보호대상인 발명은 동시에 여러 나라에서 사용될 수 있는 특징을 가지고, 그와 같은 특성으로 인해 발명의 국제적 보호를 위한 많은 국제조약들이 체결되어 있고 각국 특허법 또한 통일화되어 가는 경향을 나타내는 등 특허법은 각 국가 간의 차이가 가장 적게 존재하는 법분야 중 하나라고 할 수 있다. 우리 특허법은 파리조약이나 WTO/TRIPS 규정의 대부분을 반영하고 있고, 특허법 제26조는 "특허에 관하여 조약에 이 법에서 규정한 것과 다른 규정이 있는 경우에는 그 규정에 따른다."고 하여 조약우선의 원칙을 천명하고 있다. 또한 특허법 제10장은 특허협력조약에 의한 국제출원에 관하여 규정하여 발명의 국제적 보호에도 일익을 담당하고 있다.

Ⅳ. 타법과의 관계

1. 헌법과의 관계

헌법 제22조는 "저작자·발명가·과학기술자와 예술가의 권리는 법률로써 보호한다."라고 규정하여 헌법이 특허법 제정의 근거가 됨을 분명히 하고 있다. 아울러 특허권의 행사는 헌법정신에 맞게 이루어져야 할 것이므로[25] 특허권의 행사는 공공복리에 적합하게 이루어져야 할 것이고, 공공필요에 의해 특허권이 수용될

---

25) 헌법 제23조 ① 모든 국민의 재산권은 보장된다. 그 내용과 한계는 법률로 정한다. ② 재산권의 행사는 공공복리에 적합하도록 하여야 한다. ③ 공공필요에 의한 재산권의 수용·사용 또는 제한 및 그에 대한 보상은 법률로써 하되, 정당한 보상을 지급하여야 한다.

수도 있을 것이며, 이 경우 특허권자 등은 헌법에 근거하여 정당한 보상을 받게 된다.[26]

2. 행정법과의 관계

특허법은 권리의 발생, 변경, 소멸에 행정처분이 필요하다는 점에서 행정법과 관련이 있다. 특허청은 행정조직의 일부이며, 특허청의 행정처분을 위한 절차, 조직과 운영은 모두 행정법의 영역에 속한다. 따라서 심사나 심판에 관하여 특허법을 운용함에 있어서는 특허법에 특별한 규정이 없는 한 일반 행정법의 원리가 적용된다고 할 것이다.

3. 민법 및 민사소송법과의 관계

특허권은 재산권으로서의 성격이 강하므로 특허법에 규정이 없는 경우 재산권에 관한 일반사법인 민법이 보충적으로 적용된다. 민법상 물권은 유체물에 대한 직접지배를 특징으로 하는데 반해 특허권은 점유가 불가능한 무형의 재산이라는 점에서 민법규정이 특허법에 그대로 적용되기에는 적합하지 않은 경우도 있으나 특허권의 성질에 반하지 아니하는 한 민법규정이 직접 적용되거나 준용되게 된다. 즉 특허법은 민법에 대하여 특별법적 지위에 있다고 할 수 있다.

또한 특허법은 민사소송법과 밀접한 관계를 가진다. 특허침해소송은 민사소송법의 규정에 따라 처리된다. 심결취소소송은 행정소송의 성질을 가지지만 민사소송법이 다수 준용된다. 특허부여를 위한 절차나 심판 절차 또한 대부분 민사소송법의 원리에 따라 규제되고 있으며 대리인에 관한 규정(특허법 제12조) 등 많은 규정이 민사소송법 규정을 준용하고 있다.

4. 형법과의 관계

특허법은 제12장에서 벌칙규정들을 두고 있는데 이 규정들은 형법에 대한 특별규정이다. 특허법이 형벌에 관하여 특별규정을 둔 것은 보호대상이 무체재산이라는 특수성 때문에 형법의 일반재산에 관한 벌칙규정을 그대로 적용하는 것이 부

26) 특허법 제106조 (특허권의 수용등).

적당하기 때문이다. 이 경우에도 형법 총칙규정이 보충적으로 적용된다.[27] 그러나 유체물의 침탈은 그 자체가 사회의 안녕질서를 해하는 것이지만 지식이나 정보는 원래 누구나, 언제 어디서나 이용할 수 있는 것이고 타인의 이용으로 인해 이용을 방해받는 것이 아니어서 사회의 안녕질서를 해치는 것은 아니다. 이와 같이 특허권은 국가의 산업발전이라는 법목적을 달성하기 위해 일정기간 동안 부여된 독점배타권에 불과하다는 점을 고려해 볼 때 특허권침해행위에 대해 형벌을 부가하는 것이 과연 합당한지 의문의 여지가 있다.

5. 부정경쟁방지법과의 관계

부정경쟁방지 및 영업비밀보호에 관한 법률 제15조 제1항은 "「특허법」, 「실용신안법」, 「디자인보호법」 또는 「상표법」에 제2조부터 제6조까지 및 제18조 제3항과 다른 규정이 있으면 그 법에 따른다."고 규정하고 있다. 그러나 상표법 등 다른 법률에 의하여 보호되는 권리라도 그 법에 저촉되지 아니하는 범위 안에서는 부정경쟁방지법을 적용할 수 있다.[28] 예컨대 상표의 등록이나 상표권의 양수가 자기의 상품을 타업자의 상품과 식별시킬 목적으로 한 것이 아니고, 국내에 널리 인식되어 사용되고 있는 타인의 상표가 상표등록이 되어 있지 아니함을 알고, 그와 동일 또는 유사한 상표나 상호, 표지 등을 사용하여 일반 수요자로 하여금 타인의 상품과 혼동을 일으키게 하거나 타인의 영업상의 시설이나 활동과 혼동을 일으키게 하여 이익을 얻을 목적으로 형식상 상표권을 취득하는 경우에는 상표의 등록출원이나 상표권의 양수 자체가 부정경쟁행위를 목적으로 하는 것으로서, 가사 권리행사의 외형을 갖추었다 하더라도 이는 상표법을 악용하거나 남용한 것이 되어 상표법에 의한 적법한 권리의 행사라고 인정할 수 없으므로, 부정경쟁방지법의 적용이 배제된다고 할 수 없다.

---

27) 형법 제8조 (총칙의 적용); 본법 총칙은 타법령에 정한 죄에 적용한다. 단 그 법령에 특별한 규정이 있는 때에는 예외로 한다.

28) 대법원 1993.1.19. 선고 92도2054 판결.

대법원 1993.1.19. 선고 92도2054 판결

[1] 구 부정경쟁방지법(1991.12.31. 법률 제4478호로 개정되기 전의 것) 제9조의 규정취지와 상표법 등 다른 법률에 의하여 보호되는 권리라도 그 법에 저촉되지 아니하는 범위 안에서는 부정경쟁방지법을 적용할 수 있는지 여부(적극)

구 부정경쟁방지법(1991.12.31. 법률 제4478호로 개정되기 전의 것) 제9조의 규정은 위 법률이 시행되기 전의 구 부정경쟁방지법(1986.12.31. 법률제3897호로 개정되기 전의 것) 제7조가 상표법 등에 의하여 권리를 행사하는 행위에 대하여는 부정경쟁방지법의 규정을 적용하지 아니한다고 규정하던 것과는 달리, 상표법, 상법 중 상호에 관한 규정 등에 부정경쟁방지법의 규정과 다른 규정이 있는 경우에는 그 법에 의하도록 한 것에 지나지 아니하므로, 상표법 등 다른 법률에 의하여 보호되는 권리일지라도 그 법에 저촉되지 아니하는 범위 안에서는 부정경쟁방지법을 적용할 수 있다.

[2] 상표의 등록출원이나 상표권의 양수 자체가 권리행사의 외형을 갖추었으나 부정경쟁행위를 목적으로 하는 경우 위 부정경쟁방지법 제9조에 해당하여 같은 법 제2조의 적용이 배제되는지 여부(소극)

상표의 등록이나 상표권의 양수가 자기의 상품을 타업자의 상품과 식별시킬 목적으로 한 것이 아니고, 국내에 널리 인식되어 사용되고 있는 타인의 상표가 상표등록이 되어 있지 아니함을 알고, 그와 동일 또는 유사한 상표나 상호, 표지 등을 사용하여 일반 수요자로 하여금 타인의 상품과 혼동을 일으키게 하거나 타인의 영업상의 시설이나 활동과 혼동을 일으키게 하여 이익을 얻을 목적으로 형식상 상표권을 취득하는 경우에는 상표의 등록출원이나 상표권의 양수 자체가 부정경쟁행위를 목적으로 하는 것으로서, 가사 권리행사의 외형을 갖추었다 하더라도 이는 상표법을 악용하거나 남용한 것이 되어 상표법에 의한 적법한 권리의 행사라고 인정할 수 없으므로, 위 부정경쟁방지법 제9조에 해당하여 같은 법 제2조의 적용이 배제된다고 할 수 없다.

6. 독점규제법과의 관계

「독점규제 및 공정거래에 관한 법률」(이하, '독점규제법'이라 한다) 제59조는 "이 법의 규정은 「저작권법」, 「특허법」, 「실용신안법」, 「디자인보호법」 또는 「상표법」에 의한 권리의 정당한 행사라고 인정되는 행위에 대하여는 적용하지 아니한다." 고 규정하고 있다. 그러나 본 규정은 특허권의 정당한 행사에 대해서는 독점규제법에 의한 제한을 하지 않겠다는 것을 의미하고 특허권의 권리남용적인 독점적 행사를 인정한다는 의미는 아니다. 구법은 "이 법의 규정은 「저작권법」, 「특허법」, 「실용신안법」, 「디자인보호법」 또는 「상표법」에 의한 권리의 행사라고 인정되는 행위에 대하여는 적용하지 아니한다."고 규정하고 있었으나, 위와 같은 법의 취지를 보다 명확히 하기 위하여 2004년 법개정시 "권리의 행사"를 "권리의 정당한 행사"로 변경하였다.

지적재산권의 부당한 행사에 대한 심사지침(2000.8.30 공정거래위원회예규 제12호)

제1조 【목적】 특허권, 실용신안권, 상표권, 의장권, 노우하우, 저작권 등 지적재산권에 의한 정당한 권리의 행사는 독점규제및공정거래에관한법률 제59조(무체재산권의 행사행위)의 규정에 의거 법의 적용이 배제된다. 그러나 외형상 또는 형식상으로는 지적재산권에 의한 권리의 행사로 보여지는 행위라도 발명과 창작을 장려하는 지적재산권 제도의 취지를 벗어나 정당한 권리의 행사로 볼 수 없는 일정한 행위는 기술시장 또는 상품시장 등에서의 경쟁을 제한하는 경우 법이 적용될 수 있다. 이 지침은 지적재산권의 행사와 관련하여 불공정거래행위로 인정될 수 있는 행위유형 및 위법으로 보기 어려운 행위유형들을 제시함으로써 법적용의 일관성과 예측가능성을 제고하고 공정한 거래관행을 촉진하는 데 그 목적이 있다.

제3절 특허법 일반

I. 특허법의 목적

특허법은 발명을 보호·장려하고 그 이용을 도모함으로써 기술의 발전을 촉진하여 산업발전에 이바지함을 목적으로 한다(제1조). 즉 특허법은 발명의 보호·장려라는 사익적 측면과 일반공중의 이용도모라는 공익적 측면을 조화시켜 궁극적으로는 산업발전을 이루려는 것이 목적이므로 특허법의 조문을 해석함에 있어서는 이와 같은 특허법의 목적에 맞게 합목적적으로 해석하여야 한다.

Ⅱ. 발명의 보호·장려

1. 실체적 보호

(1) 특허를 받을 수 있는 권리에 의한 보호

발명을 완성한 자 또는 그 승계인은 특허법에서 정하는 바에 의하여 특허를 받을 수 있는 권리를 가진다(제33조 제1항). 특허출원 전에는 이 권리에 따라 국가에 대하여 특허부여를 요구하는 특허부여청구권과 발명에 대한 일정한 이익상태를 지배하는 발명자권을 가지게 되며 특허출원 후 설정등록전에는 출원공개시 제3자의 실시에 의한 불이익을 보전하기 위하여 보상금청구권(제65조)을 가진다.

(2) 특허권에 의한 보호

발명자는 특허출원을 하여 특허권을 설정등록 받게 되면 업으로서 특허발명을 독점적으로 실시할 수 있다. 따라서 제3자가 정당한 권한 없이 특허발명을 업으로 실시하면 특허권자는 특허권에 기해 민, 형사상 구제조치를 취할 수 있다.

(3) 그 밖의 보호

발명자는 특허권을 취득하지 않더라도 ㉠ 선사용권(제103조), ㉡ 특허출원시부터 국내에 있던 물건(제96조 제1항 제3호) 등에 의하여 보호된다.

2. 절차적 보호

완성된 발명은 특허출원절차를 거쳐 심사·특허결정·등록절차를 밟아야 비로소 특허권을 취득하게 된다.

(1) 출원단계

특정한 사유로 출원 전에 신규성 또는 진보성을 상실한 발명을 보호하기 위해 신규성 상실의 예외규정을 두고 있고(제30조), 조약에 의한 우선권(제54조), 국내우선권(제55조)을 인정함으로써 출원절차상 불이익을 당하지 않도록 하고 있다. 그 밖에 분할출원(제52조), 변경출원(제53조), 출원에 대한 보정제도(제46조, 제47조, 제51조) 등을 규정하고 적법한 경우에는 소급효를 인정함으로써 발명을 보호하고 있다.

(2) 심사단계

우선심사신청제도(제61조), 신청에 의한 출원공개제도(제64조), 재심사의 청구제도(제67조의2) 등을 두고 있다.

(3) 설정등록 후

등록후 특허의 정정(제133조의2, 제137조 제3항), 정정심판(제136조) 제도를 두어 무효심판에 대해 특허권자가 적절히 대응할 수 있게 하고 있다.

3. 발명의 장려

특허법은 발명자의 의욕을 고취하기 위하여 학생이나 개인발명 및 소기업의 발명 등에 대해서는 출원료 및 최초 3년분의 특허권 설정등록료 등을 면제하거나 감면해 주고 있으며(제83조), 발명진흥법에서는 발명장려보조금의 지급, 우수발명의 발굴포상 및 사업화 지원제도 등을 규정하고 있다.

Ⅲ. 발명의 이용

발명의 이용에는 "발명의 공개"에 의한 이용과 "발명의 실시"에 의한 이용이 있다. 발명을 공개함으로써 일반공중이 발명의 존재를 알고 동일발명의 연구를 회피함과 아울러 그 공개된 발명을 기초로 하여 개량된 발명을 할 수 있도록 하며, 발명을 적극적으로 실시함으로써 발명자는 수익을 얻고 사회의 기술발전에 발명이 활용되어 산업발전에 이바지하게 된다.

"발명의 공개"는 특허제도를 유지하는 기본전제다. 따라서 출원시 발명의 내용을 상세히 기재한 명세서를 제출하여야 하며(제42조 제3항) 특허청에서는 출원공개(제64조) 또는 등록공고(제87조 제3항) 등을 통하여 발명을 공개하게 된다. 이렇게 함으로써 중복투자 및 중복연구를 방지하고 제3자가 기술문헌으로서 활용할 수 있게 되어 개량된 기술개발에 기여할 수 있다.

"발명의 실시"는 특허권자의 실시와 제3자의 실시로 나뉜다. 특허권자는 업으로서 특허발명을 실시할 권리를 독점한다(제94조). 하지만 정당한 이유 없이 특허발명을 실시하지 않거나 불충분하게 실시하는 경우에는 재정에 의한 강제실시권(제107조), 재정에 의한 특허권의 취소(제116조) 등의 불이익을 받게 된다. 그리고 제3자는 실시권 등의 정당한 권원이 있거나 설정등록된 특허권의 존속기간이 경과하여 특허권이 소멸된 경우에는 특허발명을 자유로이 실시할 수 있다.

발명의 보호·장려와 발명의 이용이라는 수단을 통하여 달성할 수 있는 특허법의 궁극적인 목적은 산업발전이다.

Ⅳ. 특허법의 보호대상인 발명

1. 발명의 성립성

특허법의 보호대상은 발명이다. 특허법은 제2조 제1호에서 "발명"을 "자연법칙을 이용한 기술적 사상의 창작으로서 고도한 것"으로 정의하고 있다. 일반적으로 정의규정을 두는 이유는 그 법에서 빈번히 사용되거나 중요한 용어 또는 당해 법률에서 일반적인(국어적인) 의미와 다르게 쓰고 있는 용어에 대하여 그 의미를 명확히 하여 의문이 생기지 않도록 함으로써 법 집행과정에서 발생할 수 있는 혼란을 방지하기 위해서다. "발명"의 정의 규정은 1963년 특허법 개정시 신설된 규정이다. 우리나라 특허법 제2조나 일본의 특허법 제2조와 같은 "발명"에 대한 정의 규정을 둔 입법례는 그다지 찾을 수 없다.[29] 미국 특허법 제101조는 "신규하고 유용한 방법(process), 기계(machine), 제품(manufacture), 조성물(composition of matter)을 발명(invent or discover)한 자…는, 특허를 받을 수 있다"고 규정하고 있지만, 무엇이 발명인가는 정의하고 있지 않다. 보호의 대상(subject matter)은 판례에 의하여 결정된다. 유럽특허조약 또한 "발명"에 대한 정의 규정을 두지 않고, "발명"에서 제외되어야 할 것을 규정하고 있다.[30] 우리법에서와 같이 특허법에 발명의 정의규정을 두는 경우 보호의 대상이 명확해 진다는 장점이 있으나 때로는 기술의 발전에 유연하게 대처할 수 없게 되는 단점도 있을 수 있다.

---

29) 일본 또한 특허법 제2조 제1항에 우리 특허법과 유사한 발명의 정의 규정을 두고 있으나, 우리나라나 일본과 같이 특허법에서 발명에 대해 정의하고 있는 입법례는 극히 적으며, 대부분의 나라는 판례나 학설에 맡기고 있다. 발명을 정의한 학설은 많으나, 그 중 Aller Kohler의 정의가 보편적인 것으로 여겨지고, 현행 특허법의 정의규정도 이를 답습한 것이라고 할 수 있다.

30) 유럽특허조약(EPC) 제52조 제2항에 따르면 "(a) 발견, 과학의 이론 및 수학적 방법, (b) 미적창조물, (c) 정신적인 행위, 유희 또는 사업활동의 수행에 관한 계획, 법칙 또는 방법, 및 컴퓨터프로그램, (d) 정보의 표시"는 발명으로 보지 않는다.

(1) 자연법칙의 이용

특허법상 발명으로 성립하기 위하여서는 자연법칙을 이용한 것이어야 한다. 따라서 자연법칙 자체나, 자연법칙을 이용하지 않는 인간의 정신활동에 해당하는 것은 발명이 될 수 없다. 예컨대 사람의 심리적 작용을 이용한 것(예컨대 최면술, 명상을 통한 피로퇴치법, 상품의 진열법, 암기 기억법, 진료법 등)이나 논리법칙, 경험법칙을 이용한 것(예컨대 암호의 작성방법, 보험제도, 광고방법 등)은 발명이 될 수 없다. 자연법칙에 반하는 것(예컨대 영구운동의 기계장치나 영구발동기 등) 또한 발명이라고 할 수 없다.

대법원 1998.9.4. 선고 98후744 판결

자연법칙에 어긋나는 발명에 대하여 특허를 받을 수 있는지 여부(소극)

양수조로부터 급수조로 낙하하는 물을 이용하여 수력발전기를 돌려 에너지를 얻고, 급수조에 낙하된 물은 다시 제네바 기어장치, 노즐회전관 및 복수의 공기실을 이용한 연속적인 수격작용(水擊作用)에 의하여 폐수되는 물이 없이 전량을 양수조로 끌어 올려서 재순환시킴으로써 계속적인 에너지 추출이 가능하도록 하는 것을 요지로 하는 출원발명은 일정한 위치에너지로 유지되는 수조의 물을 수격작용에 의하여 그 수조의 물의 자유표면보다 일정 높이 위에 위치한 수조로 끌어 올리는 공지된 양수펌프에서와 같이 수조로부터 낙하되는 물의 상당 부분을 폐수하고 남는 일부분의 물만을 높은 위치의 수조로 양수하는 것이 아니라, 외부의 에너지 공급 없이 급수조에서 낙하하는 물 전부를 폐수되는 물이 없이 보다 높은 위치의 양수조로 끌어 올린다는 것이 되어 에너지 보존 법칙에 위배되므로, 출원발명은 자연법칙에 어긋나는 발명으로서 특허법 제29조 제1항 본문에서 규정한 발명의 요건을 충족하지 못한다.

컴퓨터프로그램의 발명으로서의 성립성에 대해서는 논란이 있다. 부정설에 따르면, "컴퓨터프로그램은 인간이 머릿속에서 하는 정신적·지능적인 수단 또는 과정과 같은 것이므로 자연법칙을 이용하는 것이 아니며 본질적으로는 하나의 계산방법에 불과하기 때문에 특허적격성을 인정할 수 없다"고 한다. 반면 긍정설은 "컴퓨터프로그램이 입력되기 전의 컴퓨터는 물품의 창고(warehouse)에 불과하나 컴퓨터프로그램이 컴퓨터에 입력되면 그 물리적 구조의 일부가 되어 이것들이 부품을 유기적·일체적으로 결합시킴으로써 특정한 목적에 적합한 구체적인 장치를 완성시키는 배선 또는 접선수단과 동일시할 수 있으므로 컴퓨터프로그램은 자연법칙을 이용한 것"이라고 본다. 한편 절충설에 따르면 "컴퓨터프로그램의 종류에 따라 특허성을 긍정할 것과 부정할 것이 있다"고 한다. 국제적으로 절충설이 주류를 이루고 있다.

우리나라 특허청의 컴퓨터 관련 발명의 심사기준 또한 절충설의 입장에 서 있다고 할 수 있으나 현행법상 컴퓨터 소프트웨어 자체는 특허의 대상이 아니라고 판단된다.[31] 일본은 2002년 특허법의 개정으로 특허법 제2조 제3항이 개정되어 "물건"에 컴퓨터프로그램이 포함된다고 규정되었기 때문에 컴퓨터프로그램의 기술적 사상이라고 할 컴퓨터 소프트웨어가 특허보호의 대상으로서의 "발명"에 포함되는 것이 분명하게 되었다.

(2) 기술적 사상의 창작

발명은 기술적 '사상'의 창작이다. 기술이란 소정의 목적을 달성하기 위한 구체적인 수단이고, 사상이란 아이디어나 개념을 말한다. 따라서 특허법상 발명은 그 자체로서의 '기술'일 필요는 없으나 장차 기술로서 성립할 실현가능성 내지 반복가능성을 가지고 있어야 한다. 반복가능성이 가장 문제가 되는 것은 생물관련발명이다. 생물은 공업제품과 달리 개체차가 존재하고 돌연변이의 가능성이 존재하므로 반복가능성이 의문시되어 왔다. 생명공학관련발명에서는 서면만으로 충분한 기재가 곤란하거나 기재된 사항에 따라 발명을 반복하여 실시하기에는 과도한 시행착오가 뒤따르는 경우에는 벡터, 재조합벡터, 융합세포 등을 기탁기관에 기탁함으로써 그 발명의 반복재현성을 뒷받침할 수 있다. 다만, 그러한 생물학적 물질들이 일반인에게 공지되어 있어 쉽게 입수할 수 있거나, 과도한 실험 없이도 만들거나 분리할 수 있는 경우라면 기탁이 요구되는 것은 아니다.

발명은 기술적 사상의 '창작'이라는 점에서 단순한 발견과 다르고[32] 물품의

---

31) 특허청 심사실무는 컴퓨터 프로그램이 어떤 장치나 시스템 내에서 특정의 기술적 목적을 달성하는 기능실현의 수단으로 이용되는 경우 발명의 성립성을 인정하고, 소프트웨어를 기록한 기록매체의 경우에도 특허성을 인정한다.

32) 특허법에서 규정하는 발명은 인간에 의해 창작된 것이라는 점에서 이전부터 존재하는 것을 처음으로 찾아낸 것을 의미하는 "발견"과는 다르다. 다만, 발명은 자연법칙을 기술적으로 이용하는 것이고, 특정의 자연법칙을 찾아내는 것이 발명의 출발점으로 되는 것이므로, 양자는 밀접한 관련성이 있다. 미국 연방헌법 제1편 제8절 제8항은 "발명자(inventors)에게 일정기간 그 발견(discoveries)에 대하여 독점적 권리를 부여하는 것은 연방의회의 권한이다."라고 규정하고, 미국 연방특허법 제100조도 "발명이라 함은

외관에 대한 미적창작인 디자인보호법 상의 디자인과 구별된다.

(3) 고도한 창작

특허법상 발명은 자연법칙을 이용한 기술적 사상의 창작 중에서 어느 정도 고도한 것만을 말하고, 그 수준 이하의 것은 실용신안법의 보호대상인 고안에 속한다. 따라서 고도한 것이냐 아니냐의 여부는 결국 특허법에 의하여 보호할 것인지 아니면 실용신안법에 의하여 보호할 것인지 여부의 문제라고도 할 수 있다.

고도성의 일차적인 판단 주체는 발명자 또는 특허출원인이다. 발명자가 출원을 하면서 자신의 발명이 절대적이건 상대적이건 고도하다고 주관적인 판단을 내리면 특허출원을 하게 될 것이고, 그렇지 않다고 판단하면 실용신안을 출원하게 될 것이다. 그러나 고도성의 최종적인 판단주체는 심사관 또는 법관이 될 수밖에 없다. 즉 출원인이 고도하다고 판단하여 특허출원한 발명이 심사관 등의 판단으로 고도하지 않다고 결정되면 당해 출원은 거절될 수 있기 때문이다. 이와 같이 발명의 고도성에 대한 문제는 산업정책적으로 기술적 창작 중에서 고도한 것은 특허로 그렇지 못한 것은 실용신안으로 구분하여 그 보호에 차등을 두기 위한 판단기준에 불과하다. 영미법계 국가나 일부 대륙법계국가와 같이 특허와 실용신안을 구분하지 않고 모든 기술적 창작물에 대하여 특허로써 보호하는 법제에서는 발명의 고도성이란 논의할 실익이 없으며, 이를 구분하는 법제에서도 최근에는 실용신안 무용론이 대두되고 있기도 하다.

특허법원 1998.11.12. 선고 98허3156 판결

특허법 제2조 제1호는 발명이라 함은 자연법칙을 이용한 기술적 사상의 창작으로서 고도한 것을 말한다고 규정하고 있는 바, 특허법이 발명의 개념을 정의하면서 고도성을 드는 것은 실용신안의 고안과 구별하기 위한 것으로 기술적 사상의 창작 중 비교적 기술의 정도가 높은 것을 발명으로, 그렇지 못한 것을 고안으로 본다는 취지이다.

발명 및 발견을 말한다."라고 하여 발명과 발견을 구별하지 않고 특허법의 보호대상으로 하고 있다. 그렇지만 미국에서도 "인간에 의해 만들어진 것으로 태양 아래 있는 것은 어느 것이거나 특허대상으로 된다."고 해석되고 있듯이 특허대상이 인간에 의해 만들어진 것이어야 한다는 것은 당연한 전제이다.

2. 발명의 성립성이 부정되는 경우

(1) 의 의

발명의 성립성이 부정되는 경우는 출원시점에서 "자연법칙을 이용한 기술적 사상의 창작으로서 고도한 것"이라는 특허법상 발명의 정의규정에 부합하지 않는 '비발명'과 일단 발명다운 외관을 가지고 있으나 발명으로서의 구체성, 객관성이 결여된 '미완성발명'을 들 수 있다.

특허청의 심사지침서에 나타난 발명에 해당하지 않는 구체적인 유형으로는 ① 자연법칙 자체,[33] ② 발견,[34] ③ 자연법칙에 위반되는 것,[35] ④ 자연법칙을 이용하지 않는 것, ⑤ 기능,[36] ⑥ 정보의 단순한 제시,[37] ⑦ 미적창조물,[38] ⑧ 미완성발명을 들 수 있다.

(2) 미완성발명

미완성발명이란 발명의 과제를 해결하기 위한 구체적인 수단이 결여되어 있거나, 또는 제시된 과제해결수단만으로는 과제의 해결이 명백하게 불가능한 것을 말한다. 구체적으로는 ① 발명이 복수의 구성요건을 필요로 할 경우에는 어느 구성요건을 결여한 경우, ② 해결하고자 하는 문제에 대한 인식은 있으나 그 해결수단을 제시하지 못한 경우, ③ 해결과제·해결수단이 제시되어 있어도 그 수단으로 실행하였을 때 효과가 없는 경우, ④ 용도를 밝히지 못한 경우, ⑤ 발명의 기술

33) 발명은 자연법칙을 이용하여 주어진 과제를 해결하기 위한 기술적 사상의 창작에 의하여 목적하는 바가 달성될 수 있는 것이므로 자연법칙 자체는 발명에 해당하지 않는다. 따라서 열역학의 법칙, 에너지 보존의 법칙 등 자연법칙 자체는 발명이 아니다.

34) 발견이란 자연계에 이미 존재하는 것을 단순히 찾아내는 것으로 창작이 아니므로 발견은 발명에 해당하지 않는다.

35) 청구항에 기재된 발명의 일부에라도 자연법칙에 위배되는 부분이 있으면 발명에 해당하지 않게 된다.

36) 기능은 개인의 숙련에 의해서 달성될 수 있는 것으로 지식으로 제3자에게 전달될 수 있는 객관성이 결여되어 있으므로 기능은 발명에 해당하지 않는다.

37) 녹음된 음악에만 특징이 있는 CD, 컴퓨터프로그램 리스트 자체 등과 같이 단순히 제시되는 정보의 내용에만 특징이 있는 것으로 정보의 제시를 주된 목적으로 하는 경우에는 발명에 해당하지 않는다.

38) 미적 창작물은 기술적인 면 이외의 면을 가지며 그 평가도 주관적인 물품에 대하여 이루어지는 것이므로 미적효과 그 자체는 특허성이 없고, 따라서 미적창작물은 발명에 해당하지 않는다.

적 사상이 실현가능하도록 완성된 것이지만 그 실시의 결과가 사회적으로 용납되지 않는 위험한 상태로 방치되는 경우 등을 들 수 있다.39)

(3) 미생물관련발명의 특수성

우리 특허법은 서면주의를 취하고 있어 출원서, 명세서 등의 특허출원서류는 소정의 양식으로 작성되어야 하고, 구두에 의한 설명이나 실물의 제출로 특허출원에 대신할 수는 없다. 그런데 미생물 관련발명의 경우 명세서의 기재가 아무리 상세하고 완벽하더라도 당업자가 해당 발명을 용이하게 실시할 수 없는 경우가 있다. 이에 미생물에 관계되는 발명에 대하여 특허출원을 하고자 하는 자는 기탁기관에 그 미생물을 기탁하고 특허출원서에 그 사실을 증명하는 서류를 첨부하여야 하는데 이는 서면주의의 예외라고 할 수 있다.40) 다만, 당해 발명이 속하는 기술분야에서 통상의 지식을 가진 자가 그 미생물을 용이하게 입수할 수 있는 경우에는 이를 기탁하지 아니할 수 있다(특허법시행령 제2조). 아울러 미생물에 관계되는 발명에 대하여 출원하고자 하는 자는 명세서에 미생물을 기탁한 기관·수탁번호 및 수탁연월일 기재하고 미생물을 기탁하지 아니한 때에는 그 미생물의 입수방법을 기재하여야 한다(특허법시행령 제3조).

우리 대법원은 미생물관련발명에 있어서 그 발명이 속하는 기술분야에서 통상의 지식을 가진 자가 그 미생물을 용이하게 입수할 수 없는 경우 지정기관에 미생물이 기탁되어 있지 않다면 미완성발명으로 보고 있다.41) 따라서 미생물발명의 경우에는 반드시 특허출원 전에 특허법시행령 제2조의 규정에서 정하는 기관에 생물학적 물질을 기탁하여야 하고, 그 사실을 입증하는 서면을 출원과 동시에

---

39) 특허법원 2001.7.20. 선고 2000허7038 판결.

40) 미생물관련발명의 특수성을 고려하여 미생물의 기탁분양을 의무화하는 것이 국제적 추세이다. 여러 국가에 출원하는 경우 각 나라별로 지정기관에 미생물을 기탁해야 하는 불편을 해소하기 위해 국제기탁기관에 미생물을 기탁하면 동맹국의 각국에 미생물을 기탁한 것으로 인정하는 「특허절차상 미생물기탁의 국제적 승인에 관한 부다페스트 조약(Budapest Treaty on the International Recognition of the Deposit of Microorganisms for the Purposes of Patent Procedure)」이 1977년 부다페스트에서 체결되었고, 우리나라는 1988년 3월 28일에 동조약에 가입하였다. 동조약에 따라 국제기탁기관에 1회만 기탁하면 모든 체약국 내에서 인정을 받을 수 있으므로 비용을 절감할 수 있다. 국내에 설치된 국제기탁기관으로는 한국생명공학연구원 유전자은행(KCTC; Korean Collection for Type Cultures) 등이 있다.

41) 대법원 1992.5.8. 선고 91후1656 판결 등.

제출하여야 하며, 출원 후 그에 관한 정보(기탁번호 등)를 새로이 기재하는 보정은 인정하지 않는다. 특허출원 후에 기탁번호나 기탁일을 추가하는 것은 신규사항의 추가가 아니고 또한 개시를 확장하거나 한정하는 것이 아니라고 하면서 특허청이 요구하는 때에 제출할 수 있는 것이라면 출원일까지 기탁을 행할 필요가 없다고 하는 미국 등의 실무에 비추어 보면 개선의 필요가 있다.42) 즉 적어도 출원전에 미생물을 기탁하였으나 단지 출원서에 기탁사실만을 기재하지 않은 경우에는 이를 미완성발명으로 볼 것이 아니라 기재불비의 일유형으로 보아 보정을 인정하는 것이 타당할 것이다.

3. 흠결의 효과

(1) 발명의 미완성과 명세서 기재불비

'미완성발명'이란 출원시를 기준으로 발명이 성립에 이르지 못한 것을 의미하는 반면, '명세서 기재불비'란 발명이 출원시를 기준으로 완성에 이르렀으나 다만 상세한 설명에 그 발명에 대한 공개가 제대로 이루어지지 않은 것을 의미한다는 점에서 차이가 있다.

심사실무상 미완성발명은 특허법 제29조 제1항 본문의 산업상 이용가능성 위반을 이유로 거절된다. 한편 명세서에 출원의 공개가 제대로 이루어지지 않는 기재불비의 경우에는 특허법 제42조 제3항에서 규정하는 "발명의 상세한 설명에는 그 발명이 속하는 기술분야에서 통상의 지식을 가진 자가 그 발명을 쉽게 실시할 수 있도록 지식경제부령이 정하는 기재방법에 따라 명확하고 상세하게 기재하여야 한다."는 요건을 충족하지 못한 것이 되어 거절된다. 이처럼 발명의 미완성과 명세서 기재불비는 구별되는 개념이나, 서면의 심사만으로 특허요건이 판단되는 서면주의 하에서 양자를 명확히 구별하는 것은 매우 어렵다.

미완성 발명과 명세서 기재불비는 법적 근거가 상이한 거절사유일 뿐 아니라, 미완성발명에 해당되는 경우에는 보정에 의해서도 그 하자를 치유할 수 없고, 그와 같은 이유로 거절된 경우에는 선원으로서의 지위도 인정되지 않는 것임에 반하여, 명세서 기재불비에 해당되는 경우에는 보정에 의하여 그 하자를 치유할 수 있는 경우도 있고 그 출원에 선원으로서의 지위도 인정되는 것이어서 법률적

42) 773 F. 2d 1216, 227 USPQ 90 (Fed. Cir. 1985).

효과가 상이하므로, 양자의 거절사유를 혼용할 수 없다는 견해도 있으나[43] 서면주의 하에서 양자를 명확히 구별하는 것은 매우 어렵다는 점을 고려해 볼 때 어느 규정에 근거하여 출원을 거절하더라도 위법은 아니라고 보아야 할 것이다.

다만 상세한 설명에 기재된 발명이 당업자가 그 발명을 용이하게 실시할 수 있을 정도로 명확하고 충분히 기재되어 있지 아니하며 또한 동일한 이유로 그 발명이 미완성 발명인지 여부가 불분명한 경우에는 출원인의 이익을 고려하여 산업상 이용가능한 발명에 해당하지 않는다는 이유(제29조 제1항 본문)에 우선하여 특허법 제42조 제3항에 근거하여 거절이유를 통지하는 것이 바람직하다. 미완성 발명은 출원당시 발명이 완성되지 않은 경우에 적용되는 것이므로 출원 후 보정으로 그 하자를 치유할 수 없는데 비하여, 명세서 기재불비는 출원당시 발명은 완성하였으나 기재를 제대로 하지 못한 경우에 적용되는 것이므로 보정으로 그 하자를 치유할 가능성이 있기 때문에 그렇게 하는 것이 출원인의 이익보호에 부합한다.

(2) 미완성발명의 지위

발명(고안)의 신규성 또는 진보성 판단에 제공되는 대비 발명이나 고안은 반드시 그 기술적 구성 전체가 명확하게 표현된 것뿐만 아니라, 미완성 발명(고안) 또는 자료의 부족으로 표현이 불충분하거나 일부 내용에 흠결이 있다고 하더라도 그 기술분야에서 통상의 지식을 가진 자가 기술상식이나 경험칙에 의하여 쉽게 기술내용을 파악할 수 있는 범위 내에서는 대비대상이 될 수 있다.[44] 따라서 미완성발명이라고 하더라도 신규성이나 진보성 판단을 위한 선행자료로서의 지위를 가진다.

대법원 2006.3.24. 선고 2004후2307 판결

[1] 출원발명의 진보성 판단에 제공되는 선행기술은 반드시 기술 구성 전체가 명확하여야 하는지 여부(소극)

출원발명의 진보성 판단에 제공되는 선행기술은 기술 구성 전체가 명확하게 표현된 것뿐만 아니라, 자료의 부족으로 표현이 불충분하거나 일부 내용에 흠결이 있다고 하더라도 그 기술분야에서 통상의 지식을 가진 자가 기술상식이나 경험칙에

43) 특허법원 2001.7.20. 선고 2000허7038 판결.

44) 대법원 2000.12.8. 선고 98후270 판결, 대법원 2006.3.24. 선고 2004후2307 판결 등.

의하여 쉽게 기술내용을 파악할 수 있는 범위 내에서는 대비대상이 될 수 있다.

[2] 비교대상발명이 명세서의 일부 기재에 흠결이 있지만, 출원발명의 특허청구범위의 진보성 판단을 위한 선행기술로 삼을 수 있다고 한 사례.

그러나 미완성발명은 선원 또는 확대된 선원으로서의 지위는 인정되지 않는다.[45] 선원규정의 의의가 중복특허를 배제하기 위해 가장 먼저 출원한 자에게 권리를 인정하는 것이라는 점을 고려해 볼 때 선원으로서의 지위를 가지기 위해서는 당연히 발명으로서의 성립성을 갖추어야 하기 때문이다.

대법원 1992.5.8. 선고 91후1656 판결

구 특허법(1990.1.13. 법률 제4207호로 개정되기 전의 것) 제6조의2 제1항(현행법 제29조 제3항에 유사)은 특허출원한 발명이 당해 특허출원을 한 날 전에 한 타특허출원으로서 당해 특허출원 후에 출원공고 또는 출원공개된 출원서에 최초에 첨부한 명세서 또는 도면에 기재된 발명과 동일한 때에 그 발명에 대하여는 같은 법 제6조 제1항의 규정에 불구하고 특허를 받을 수 없다고 규정하고 있는바, 여기에서 타특허출원서에 첨부한 명세서 또는 도면에 기재된 발명이란 그 기술내용이 타특허출원서에 첨부한 명세서 또는 도면에 기재되어 있는 것으로서 그 기재정도는 당해 기술분야에 있어서 통상의 지식을 가진 자가 반복실시하여 목적하는 기술적 효과를 얻을 수 있을 정도까지 구체적, 객관적으로 개시되어 있는 완성된 발명을 말한다.

V. 발명의 종류와 실시행위

1. 물건발명과 방법발명

특허법 제94조는 “특허권자는 업으로서 그 특허발명을 실시할 권리를 독점한다.”고 규정하고 있고, 동법 제2조는 실시행위를 ‘물건의 발명’, ‘방법의 발명’ 및 ‘물건을 생산하는 방법의 발명’으로 구분하여 정의하고 있다. 발명의 종류에 따라 실시의 내용이 달라지고 그에 따라 특허권의 효력범위가 달라지므로 발명의 구분은 법적인 의미를 갖는다. 물건의 발명인 경우에는 그 물건을 생산·사용·양도·대여 또는 수입하거나 그 물건의 양도 또는 대여의 청약(양도 또는 대여를 위한 전시를

45) 대법원 1992.5.8. 선고 91후1656 판결.

포함한다. 이하 같다)을 하는 행위가 발명의 실시에 해당한다. 일반적인 방법발명인 경우에는 그 방법을 사용하는 행위가 발명의 실시에 해당한다. 물건을 생산하는 방법발명인 경우에는 그 방법을 사용하는 행위와 그 방법에 의하여 생산한 물건을 사용·양도·대여 또는 수입하거나 그 물건의 양도 또는 대여의 청약을 하는 행위가 실시행위에 해당한다. 따라서 물건발명에 대한 특허권의 효력은 어떤 방법으로 그와 같은 물건을 생산하든 사용하든 모두 미친다고 할 수 있어서 가장 강력하다고 할 수 있다.

2. 실시의 유형

"생산"이란 특허발명을 유형화하여 물건을 만들어 내는 행위를 말하며, 공업적 생산물의 제조뿐만 아니라, 조립·성형 등을 포함한다.

"사용"이란 발명의 목적을 달성하는 방법으로 발명을 이용하는 것을 의미한다. 따라서 예컨대 제조기계와 같은 물건발명의 경우에는 그 기계를 사용하여 일정한 제품을 만드는 행위를 들 수 있고, 방법발명의 경우에는 그와 같은 방법을 사용하여 목적하는 결과를 얻는 행위를 말한다.

"양도"는 생산된 발명품의 소유권을 타인에게 이전하는 것을 말하고, "대여"는 발명품을 일정한 시기에 반환할 것을 조건으로 타인에게 빌려주는 것을 말한다. 양도 및 대여에 있어서는 유상이든 무상이든 불문한다. 따라서 시제품을 배포하는 행위도 특허법상의 실시에 해당한다.

"양도 또는 대여의 청약"이란 특허권자가 특허제품을 양도 또는 대여할 목적으로 카탈로그나 팸플릿 등에 제품의 특징 등을 기재하여 배포하거나 양도 또는 대여를 위한 전시를 하는 것과 같이 양도 또는 대여를 위한 권유를 하는 것을 말한다. 따라서 특허품을 국내에서 직접 판매하지 않는 경우에도 카탈로그에 의한 권유, 상품의 진열 등을 통해 제품의 판매를 유도하는 행위는 "양도 또는 대여의 청약"에 해당하게 된다.

그 밖에 논란이 되는 행위로서 "수출", "소지", "수리·개조"가 있다. 수출이나 소지 그 자체는 실시행위가 아님은 명백하나 수출에 이르게 되는 과정에서 실시행위가 개입되는 것이 대부분일 것이며, 소지는 실시행위로 이어질 가능성이 많기 때문에 침해금지청구의 대상이 될 수 있을 것이다. 수리·개조의 경우에는 그 수리 또는 개조의 정도에 따라 판단되어야 하며, 행위가 특허권자만이 전유하고 있는 "생산"의 정도에 이르게 되면 특허발명의 실시에 해당될 것이다.

3. 실시행위의 독립성

실시행위는 각각 독립적이어서 하나의 행위가 적법하다고 하여 다른 행위가 적법하다고 할 수 없다. 예컨대 불법으로 특허품을 생산하였다면 판매 등 후속행위여부에 관계없이 그 자체로서 특허발명을 실시한 것이다. 따라서 엄격하게 해석하자면 특허품을 구입한 후에 실시에 해당하는 행위를 업으로서 하는 경우 특허권의 침해로 되는지가 문제될 수 있다. 하지만 판매가 정당하게 이루어진 후에는 당해 특허품에 관하여는 특허권이 소진되어 동일물에 대하여 또다시 특허권을 주장할 수 없게 된다(소진이론).

4. 생산방법의 추정

물건을 생산하는 방법의 발명에 관하여 특허가 된 경우에 ㉠ 특허출원전에 국내에서 공지되었거나 공연히 실시된 물건 ㉡ 특허출원전에 국내 또는 국외에서 반포된 간행물에 게재되거나 대통령령이 정하는 전기통신회선을 통하여 공중이 이용가능하게 된 물건에 해당하는 경우를 제외하고는 그 물건과 동일한 물건은 그 특허된 방법에 의하여 생산된 것으로 추정한다(제129조).

Ⅵ. 특수한 형태의 발명

1. 용도발명

앞서 살핀 바와 같이, 특허법이 상정하고 있는 발명의 종류는 크게 '물건발명', '방법발명', '물건을 생산하는 방법발명'으로 구별된다고 할 수 있다. 그런데 기술이 고도화, 복잡화됨에 따라 특허에 의한 보호가 요구되는 분야가 점점 다양화하게 되었는데, 물건 그 자체로는 신규하지 않으나 그와 같은 물건에 새로운 용도가 발견되는 경우 이를 어떻게 보호할 것인지가 문제가 된다. 원칙적으로 발견은 특허의 대상이 되지 않으나[46] 발견이라는 행위에 상당한 노력과 수고가 따르는

46) 오래전부터 화학물질특허를 인정해 오던 미국에서도 1934년의 Thuau 사건(57 USPQ 324, CCPA 1943)에서 종래물질의 신용도(new use of old matter)에 대해서는 "발견

것인 경우에는 단순한 발견과는 구별하여 발명으로서 보호할 필요가 있다.[47] 용도발명이란 "물건이 갖는 어떤 특정한 용도의 새로운 발견에 기인한 발명"으로서 지금까지 알려져 있지 않았던 새로운 용도가 발견되는 경우에 특허성을 인정하는 것이다.

기계나 기구 또는 장치관련발명의 경우에는 그 발명의 목적 자체가 일정한 용도에 사용하기 위한 물품인 경우가 대부분이어서 통상 그 '물건'과 용도가 불가분의 관계를 가지므로 용도발명이 적용될 가능성은 거의 없다. 그러나 화학물질의 경우에는 다양한 성질을 가질 수 있으므로 용도발명의 대상은 주로 화학 관련 발명이라고 할 수 있고 의약분야는 그 대표적인 분야라고 할 수 있다. 특히 최근 유전공학관련기술이 빠르게 발전함에 따라 의약용도발명의 중요성은 더욱 커지고 있다.

비록 물질 자체는 이미 공지의 것이라고 할지라도 그 물질이 가지는 새로운 용도를 밝혀낸 경우 '물건발명', '방법발명' 또는 '물건을 생산하는 방법발명'의 형태로 청구항을 작성할 수 있다. 실무상 용도발명으로 가장 대표적인 것은 의약품의 약리효과에 관한 발명(의약용도발명)이다. 그런데 현행 특허법은 인간을 치료하는 방법발명에 대해서는 특허성을 인정하지 않으므로[48] 의약용도발명의 경우에는 원칙적으로 물(物)의 형식으로 기재하여야 한다.[49]

용도발명에 있어서는 명세서에 용도를 뒷받침하는 기재가 없다면 당해 기술분

은 아무리 찬란하고 유용해도 특허될 수 없다(a discovery may be brilliant and useful, and not patentable)"는 견해에 따라 공지 화합물의 새로운 용도는 특허될 수 없다는 판단을 하였다. 그 후 미국은 1952년 특허법을 개정하여 제100조(b)를 신설함으로써 특허의 대상이 되는 방법(process)에는 공지의 방법(process), 기계(machine), 제품(manufacture), 조성물(composition of matter) 또는 물질(material)의 새로운 용도(a new use)가 포함된다는 것을 명확히 하였다.

47) 미국 특허법 제101조는 "누구든지 신규하고 유용한 방법(process), 기계(machine), 제품(manufacture) 또는 조성물(composition of matter)을 발명 혹은 발견하였거나 이에 대한 신규하고 유용한 개량을 한 경우 특허법에 규정된 제한 및 조건의 범위 내에서 그러한 대상물에 대해 특허를 받을 수 있다"고 규정하여 특허발명의 종류(category)를 매우 폭넓게 정의 하고 있다.

48) 치료방법발명의 특허성에 대해서는 오랜 논란이 있어왔다 (Miller, Todd R., "The international suture: a comparative approach to patenting methods of medical treatment", 78 Journal of the Patent and Trademark Office Society 443 (1996) 참조).

49) 특허청, 「의약분야 특허심사기준」, 2007, 20면.

야에서 통상의 지식을 가진 자가 용도발명이 실제로 사용가능한 것인지 여부를 이해할 수 없기 때문에 일반적으로는 그 용도를 뒷받침하는 실시예의 기재가 필요하다. 대법원 판례는 의약용도발명에 관한 특허출원 명세서의 약리효과의 기재정도에 대해, "특허출원서에 첨부하는 명세서에 기재될 '발명의 상세한 설명'은 그 발명이 속하는 기술분야에서 통상의 지식을 가진 자가 당해 발명을 명세서 기재에 의하여 출원시의 기술 수준으로 보아 특수한 지식을 부가하지 않고서도 정확하게 이해할 수 있고 동시에 재현할 수 있도록 기재하여야 하고, 특히 약리효과의 기재가 요구되는 의약의 용도발명에서는 그 출원 전에 명세서 기재의 약리효과를 나타내는 약리기전이 명확히 밝혀진 경우와 같은 특별한 사정이 있지 않은 이상 특정 물질에 그와 같은 약리효과가 있다는 것을 약리데이터 등이 나타난 시험예로 기재하거나 이에 대신할 수 있을 정도로 구체적으로 기재하여야만 명세서의 기재요건을 충족하였다고 볼 수 있다."고 한다.[50)]

2. 선택발명

선택발명이란 선행문헌에는 상위개념으로 표현되어 있으나 청구항에 기재된 발명에는 하위개념으로 표현된 발명으로, 선행문헌에는 직접적으로 개시되어 있지 아니한 사항을 발명의 구성에 없어서는 아니 되는 사항으로 하여 선택한 발명을 말한다.[51)] 특허법상 선택발명에 특허성을 인정할 수 있는가 하는 점 자체에 의문이 들 수 있다. 형식적으로 본다면 선택발명은 선행발명과 중복특허가 되는 것이기 때문이고, 특허법에서도 명료한 규정을 찾을 수 없기 때문이다. 하지만, 여러 판례 및 여러 국가에서 이미 선택발명의 특허성을 인정하고 있는 등 현대의 특허제도에 있어서는 선택발명에 특허성을 인정하는 것을 의문의 여지없이 받아들이고 있다고 할 수 있다.

이와 같이 특허법에 존재하지 않는 선택발명이라고 하는 개념에 특허권을 부여하는 이유는, 선행발명의 개시를 넓게 허여하여 발명활동을 장려하는 것과 함께

50) 대법원 2001.11.30. 선고 2001후65 판결, 대법원 2006.2.23. 선고 2004후2444 판결, 대법원 2007.3.30. 선고 2005후1417 판결, 대법원 2007.7.26. 선고 2006후2523 판결 등.

51) 예컨대 선행문헌에는 금속과 같은 총괄적인 상위개념으로 표현되어 있으나 당해 선행문헌에 구리가 구체적으로 개시되어 있지 않은 경우, 구리를 구성요건으로 선택하는 경우를 들 수 있다.

당해 선행발명을 기재한 선행문헌에 구체적으로 개시되어 있지 않은 유익한 발명에 특허권을 부여함으로써 산업의 발달과 공익의 증진을 도모하고자 함에 있는 것인데, 이는 산업발달을 목적으로 하는 특허법의 정신에 합치되기 때문이다.[52]

선택발명에 특허가 인정되기 위해서는, 첫째 선행발명을 기재한 선행문헌 등에 구체적으로 개시되어 있지 않아야 하고(신규성 판단기준), 둘째 선택발명에 포함되는 하위개념들 모두가 선행발명이 갖는 효과와 질적으로 다른 효과를 갖고 있거나, 질적인 차이가 없더라도 양적으로 현저한 효과를 가져야 한다(진보성 판단기준). 이 때 선택발명의 상세한 설명에는 선행발명에 비하여 위와 같은 효과가 있음을 명확히 기재하면 충분하고, 그 효과의 현저함을 구체적으로 확인할 수 있는 비교실험자료까지 기재하여야 하는 것은 아니며, 만일 그 효과가 의심스러울 때에는 출원일 이후에 출원인이 구체적인 비교실험자료를 제출하는 등의 방법에 의하여 그 효과를 구체적으로 주장·입증하면 된다.[53]

대법원 2003.4.25. 선고 2001후2740 판결

선행 또는 공지의 발명에 구성요건이 상위개념으로 기재되어 있고 위 상위개념에 포함되는 하위개념만을 구성요건 중의 전부 또는 일부로 하는 이른바 선택발명은, 첫째, 선행발명이 선택발명을 구성하는 하위개념을 구체적으로 개시하지 않고 있으면서, 둘째, 선택발명에 포함되는 하위개념들 모두가 선행발명이 갖는 효과와 질적으로 다른 효과를 갖고 있거나, 질적인 차이가 없더라도 양적으로 현저한 차이가 있는 경우에 한하여 특허를 받을 수 있고, 이 때 선택발명의 상세한 설명에는 선행발명에 비하여 위와 같은 효과가 있음을 명확히 기재하면 충분하고, 그 효과의 현저함을 구체적으로 확인할 수 있는 비교실험자료까지 기재하여야 하는 것은 아니며, 만일 그 효과가 의심스러울 때에는 출원일 이후에 출원인이 구체적인 비교실험자료를 제출하는 등의 방법에 의하여 그 효과를 구체적으로 주장·입증하면 된다.

3. 수치한정발명

발명의 구성요건 중 예컨대 온도나 배합비율과 같이 일정한 범위를 가지는 구

52) 東京高判 昭 56.11.5. 자 판결, 竹田稔 監修, "特許審査·審判の法理と課題", 発明協会, 2002, 273면.

53) 대법원 2003.4.25. 선고 2001후2740 판결.

성요소에 관하여 수치를 한정한 발명을 수치한정발명이라고 한다.

특허된 발명이 공지된 발명의 구성요건을 이루는 요소들의 수치를 한정함으로써 이를 수량적으로 표현한 것인 경우, 그것이 그 기술분야에서 통상의 지식을 가진 사람이 적절히 선택하여 실시할 수 있는 정도의 단순한 수치 한정으로서 그러한 한정된 수치범위 내외에서 이질적이거나 현저한 작용효과의 차이가 생기지 않는 것이라면 그 특허발명은 진보성의 요건을 갖추지 못하여 무효라고 보아야 한다.[54] 한편, 특허된 발명이 여러 개의 선행기술에 나타난 기술내용을 수치한정하여 구성한 것이 아니라 하나의 선행기술에 나타난 구성만을 수치한정한 경우에 그 수치한정에 아무런 임계적 의의가 없어 인용발명과 기술적 구성이 실질적으로 동일하다면 진보성에 앞서 신규성이 없다.[55]

수치한정발명에 대해 특허출원을 하는 자는 수치한정을 통해 얻고자 하는 현저한 작용효과를 명세서에 명확하게 기재하여야 하고, 그 출원발명의 명세서에 한정된 수치를 채용함에 따른 현저한 효과 등이 기재되어 있지 않다면 특별한 사정이 없는 한 그와 같이 한정한 수치범위 내외에서 현저한 효과의 차이가 생긴다고 보기 어렵다.[56]

---

54) 대법원 1993.2.12. 선고 92다40563 판결, 대법원 2001.7.13. 선고 99후1522 판결, 대법원 2005.1.28. 선고 2003후1000 판결 등.

55) 대법원 2000.11.10. 선고 2000후1283 판결.

56) 대법원 2007.11.16. 선고 2007후1299 판결.

제2장 특허요건

제1절 특허를 받을 수 있는 발명

특허는 공적계약의 일종으로 볼 수 있다. 그 계약에서 출원인은 공중이 그 발명으로부터 배우고 그 발명을 이용할 수 있도록 발명의 내용을 충분히 공개하여야 하고 그 대가로 국가로부터 독점, 배타적인 특허권을 부여받는다. 발명을 한 자, 또는 승계인은 특허청에 특허출원을 하게 되는데 미국을 제외한 대부분의 나라는 선출원주의를 취하고 있으므로, 동일한 발명에 대해서는 가장 먼저 출원한 자만이 특허를 받을 수 있다. 특허출원이 있으면 심사관은 그 발명이 특허를 받기에 합당한 것인지의 여부를 심사하여 요건을 갖춘 출원에 대해서는 반드시 특허를 부여해야하는 반면, 요건에 부합하지 않는 출원에 대해서는 거절을 하게 된다. 특허제도는 새롭고 진보성이 있는 기술의 개발과 공개를 촉진함으로써 산업발전을 이루기 위한 것이므로 산업상 이용가능한 것으로서 신규성, 진보성을 갖춘 발명만이 특허를 받을 수 있다. 아울러 비록 그와 같은 요건을 갖추고 있더라도 공서양속에 반하는 발명이나 국가의 정책상 특정한 발명에 대해서는 특허를 부여하지 않을 수 있다.

Ⅰ. 산업상 이용가능성

1. 의의 및 취지

특허법은 산업발전을 궁극적인 목적으로 하므로 산업상 이용할 수 없는 발명은 특허권으로 보호할 가치가 없다고 할 수 있고 특허법은 제29조 제1항에서 “산업상 이용할 수 있는 발명”에 한하여 특허성을 인정하고 있다.

여기에서 “산업”이라 함은 공업, 광업, 농업, 임업, 어업, 수산업, 목축업 등의 제조업만을 가리킨다는 견해도 있고, 그 이외에 생산을 동반하지 않는 운수업, 교통업 등도 산업에 포함시킨다는 견해도 있으나, 파리조약 제1조 제3호도 산업이라는 용어를 최광의로 해석하고 있고, 비즈니스 모델 특허의 등장으로 서비스 산업에서도 특허의 유용성이 확대되고 있는 등 사회의 변화를 고려하면 산업은 넓은 개념으로 해석되어야 할 것이다. 특허청의 심사지침서[1]는 “특허법 제29조 제1항 본문의 ‘산업’은 가장 넓은 의미의 산업으로 해석하여야 한다. 즉, 산업은 유용하고 실용적인 기술에 속하는 모든 활동을 포함하는 최광의(最廣義) 개념으로 해석된다”고 하면서 산업상 이용할 수 없는 발명으로서 ㉠ 의료행위, ㉡ 개인적 또는 실험적, 학술적으로만 이용할 수 있고 업으로서 이용될 가능성이 없는 발명, ㉢ 이론적으로는 그 발명을 실시할 수 있더라도 그 실시가 현실적으로 전혀 불가능하다는 사실이 명백한 발명을 들고 있어, 의료업을 제외한 어떠한 산업분야에서라도 업으로서 실시할 수 있는 발명은 산업상 이용가능성을 갖춘 발명이 되므로 일반적으로는 산업상 이용가능성이 문제가 되는 일은 거의 없다.

산업상 이용가능성은 그 발명이 실제로 또는 즉시 산업상 이용되는 것이 필요하지는 않고, 장래에 이용될 가능성이 있으면 산업상 이용할 수 있는 발명이라 판단한다. 다만 특허출원된 발명이 출원일 당시가 아니라 장래에 산업적으로 이용될 가능성이 있다 하더라도 특허법이 요구하는 산업상 이용가능성의 요건을 충족한다고 하는 법리는 해당 발명의 산업적 실시화가 장래에 있어도 좋다는 의미일 뿐 장래 관련 기술의 발전에 따라 기술적으로 보완되어 장래에 비로소 산업상 이용가능성이 생겨나는 경우까지 포함하는 것은 아니다.[2]

2. 의료방법발명과 산업상 이용가능성

(1) 현행 심사실무와 문제의 제기

앞서 살핀 바와 같이 특허청 심사지침서는 산업상 이용할 수 없는 발명의 대표적인 유형으로 의료행위를 들고 있고, 이에 따라 특허청의 심사실무는 인간을 수술하거나 치료하거나 또는 진단하는 방법의 발명, 즉, 의료행위에 대해서는 특허법 제29조 제1항에 기재된 산업상 이용할 수 있는 빌명이 아니라는 이유로 거절하고 있다. 이는 ‘의술은 인술’이라는 말에서도 알 수 있듯이, 어느 누구도 의료방법을 사용하는데 있어서 특허권에 의한 방해를 받아서는 안 된다는 사회윤리적 그리고 보건정책적 고려에서 출발한다.

그러나 특허법에 의료방법발명은 거절한다는 명시적인 규정이 있는 것은 아니

---

1) 특허청, 「특허·실용신안 심사지침서」, 2002, 제2부 제2장 산업상이용가능성.
2) 대법원 2003.3.14. 선고 2001후2801 판결.

어서 현행 실무에서와 같이 의료방법발명에 대한 특허성을 일률적으로 부정하는 것이 과연 타당한 것인지를 해석론적 관점에서 검토해 볼 필요가 있다.

(2) 의료행위의 특허성을 부정하는 방법

특허법은 발명을 보호·장려하고 그 이용을 도모함으로써 기술의 발전을 촉진하여 산업발전에 이바지하게 하기위해, 일정한 요건을 갖춘 발명에 대해서는 공개를 조건으로 한정된 기간 동안의 독점배타권을 인정하고 있다. 이와 같이 특허법은 기술을 보호하기 위한 법이기 때문에 우리 특허법은 제2조에서 발명의 정의규정을 두어 '자연법칙을 이용한 기술적 사상의 창작'에 해당하는 것에만 특허적격성을 인정하고 있다. 따라서 현행 특허법에 의한 보호를 받기 위해서는 기술적 요소가 가미된 창작에 해당하여야 하고, 그렇지 않은 경우에는 특허적격성이 부정된다. 아울러 특허법 제29조에는 특허요건이 규정되어 있고, 이에 따르면 신규하고, 진보성을 갖춘 것으로서 산업상이용할 수 있는 발명은 특허를 받을 수 있다고 규정되어 있다. 그러나 이와 같은 특허적격성을 포함한 특허요건을 갖춘 발명에 대해서도 자국의 산업발전이라는 특허법의 목적에 비추어 특허보호를 부여하지 않는 것이 바람직한 경우에는 산업정책적 또는 공익적 차원에서 불특허사유로 하는 등 특허법에 의한 보호를 부정하여 왔다.

현행 특허법에서 의료방법발명의 특허법에 의한 보호를 부정하거나 저지할 수 있는 규정으로는 제2조, 제32조 및 제29조 제1항을 들 수 있다. 즉 현행법상 의료행위가 특허법의 보호대상이 되지 않는다고 하는 이론을 구성하기 위해서는, 의료행위는 발명의 정의규정에 해당하지 않아 특허적격성이 없다거나, 의료행위가 불특허사유에 해당된다거나, 의료행위는 산업상 이용가능성이 없다는 해석이 가능해야 할 것이다. 그런데 의료기술은 자연법칙을 이용하는 기술에 해당하므로 제2조의 정의규정을 만족하고, 제32조는 불특허사유로서 의료행위를 명시적으로 규정하고 있지 않다. 따라서 현행법 하에서 의료방법발명을 거절하기 위해서는 제29조 제1항의 '산업상 이용할 수 있는 발명'에 해당하지 않는다고 할 수 밖에 없게 되나, 이와 같은 현행법의 운영방식은 문제가 있는 것으로 생각된다. 특허법 제29조의 특허요건에 해당하는 산업상이용가능성, 신규성, 진보성을 갖춘 발명에 대해서는 부등록 사유에 해당하지 아니하는 한 특허를 허용하는 것이 마땅함에도 불구하고, 특허청의 심사기준에 근거하여 의료방법발명에 대해서는 특허를 허용

하지 않는 것은 법적안정성을 해칠 우려가 있기 때문이다.[3)]

(3) 개선방안

유전자치료법을 포함하여 의료방법발명은 유전공학 기술의 비약적인 발전에 따라 21세기 가장 기대되는 분야 중 하나이고 고부가가치를 창출할 수 있는 분야이기 때문에, 특허제도를 통한 인센티브를 부여함으로써 신기술의 혁신을 이루게 할 필요가 있다고 생각되나, 이와 같은 기술들은 국민의 생명권과도 관련되는 것이어서 신중하게 대응해 나갈 필요가 있다. 특히 WTO/TRIPS 협정 제27조에서도 의료행위에 대해서는 회원국의 자유에 맡기고 있으므로, 기술의 진보와 제외국에서의 보호상황을 주시하면서 우리 산업 경쟁력에도 부합하면서 국제적인 보호의 정도와 조화를 이루어 나갈 수 있는 제도를 모색해 나가야 할 것이다.

사회윤리적 그리고 보건정책상의 이유로 의료행위에 대해서는 특허성을 부정하는 경우에도 의료행위는 산업상 이용가능성이 없다는 이유로 특허성을 부정하기 보다는 의료업은 인도적 차원에서 널리 이용되어야 하므로 특허대상에서 제외함으로써 그 특허성을 제한하는 것이 보다 타당할 것으로 보인다. 따라서 입법론적으로는, 개정 유럽특허조약(EPC)에서와 같이 특허법 제32조의 불특허사유에 '인간을 수술, 치료 또는 진단하는 방법(의료방법)'을 포함시키는 것을 고려해 봄직하다.[4)] 그와 같이 하는 것이 「특허는 신규성, 진보성 및 산업상 이용가능성이 있는 모든 기술분야의 발명에 대해 주어지는 것」이지만, 「회원국은 인간 또는 동물의 치료를 위한 진단방법, 치료방법 및 외과적 방법에 대해서는 특허대상에

3) 대법원은 1985.2.26. 선고 82후3 판결에서 "특허청의 심사기준은 그 내규에 불과하여 법원의 판단을 기속하는 것이라 할 수 없다"고 판단하였다.

4) 개정전 EPC 규정에 따르면, 의료행위에 관한 발명은 특허적격성에 관한 규정인 제52조 제4항에 의해 산업상이용가능성이 없는 발명에 해당되어 특허가 부여되지 않는 것으로 되어있었으나, 2000년 개정(2007년 12월 31일 발효)을 통해 이 규정은 특허성의 예외규정(제53조(c))으로 옮아가게 되어 있다. EPC 제53조는 불특허사유에 관한 것이다. 제53조(a)에 따르면, 공서양속에 반하는 발명(ordre public or morality)은 특허를 받을 수 없고, 제53조(b)에 따르면, 식물 또는 동물의 품종(varieties) 및 식물이나 동물을 생산하기 위한 본질적으로 생물학적인 방법(essentially biological processes)은 특허를 받을 수 없다. 다만 미생물학적 방법 또는 그 방법에 의한 생산물(미생물 자체)은 예외로 한다는 단서 조항을 두고 있다. EPC는 상기의 불특허사유 (a) 및 (b)에 더하여, 제53조(c)를 신설하여, 수술 또는 치료에 의한 인체 또는 동물의 처치방법 및 진단방법(해당 처치 또는 진단방법에 사용하기 위한 물건 또는 조성물에는 적용되지 않는다)에는 유럽특허가 부여되지 않는 것으로 하고 있다.

서 제외할 수 있다」고 규정하고 있는 WTO/TRIPS협정 제27조와의 정합성 면이나 법적 안정성 측면에서 보다 타당하다고 생각된다.

Ⅱ. 신 규 성

1. 의 의

특허제도는 발명을 공개하는 대가로 특허권을 부여하는 제도이므로 이미 일반에 알려진 발명에 대하여 독점권을 부여하지 아니한다. 이에 따라 특허법 제29조 제1항에서는 특허출원전에 ① 공지된 발명, ② 공연히 실시된 발명, ③ 간행물에 게재된 발명, ④ 대통령령이 정하는 전기통신회선을 통하여 공중이 이용가능하게 된 발명은 신규성이 없는 발명으로서 특허를 받을 수 없도록 하고 있다. 특허법이 신규성을 특허요건으로 하는 이유는, 그 기술이 특허출원 전에 이미 사회일반에게 알려져 있다면 이는 일반공중의 공동재산에 해당하고 특정인에게 특허권을 부여하여 독점시킬 필요가 없기 때문이다.

2. 신규성판단의 대상 및 기준

(1) 판단대상

신규성의 판단은 특허출원된 발명의 출원서에 첨부된 명세서의 특허청구범위에 기재된 발명과 특허출원전 국내 또는 국외에서 공지 또는 공연히 실시된 발명 및 특허출원전 국내 또는 국외에서 반포된 간행물에 기재된 발명과의 동일성유무를 그 판단의 대상으로 한다. 즉 그 판단에 있어서 위 출원명세서의 특허청구범위에 기재된 사항이 공지사항과 동일성이 있는 경우에 그 발명은 신규성을 잃고 공지로 되는 것이다.

(2) 판단의 시기적 기준(특허출원시)

발명이 신규한 것인가 여부의 판단은 당해특허의 출원시를 기준으로 한다. 즉 발명시나 공개시가 아니다. 우리 특허법 제29조 제1항이「특허출원전…」이라고 함이 이를 가리킨다. 이와 같이 신규성판단의 시기적 기준을 출원시로 하는 것은 발명시나 공개시를 기준으로 하는 경우 이론상으로나 실제상 난점이 있기 때문이고 또한 우리 특허법이 출원주의 및 서면주의를 채택하는 제도상의 이유에서도 기인한다. 출원시란 문자 그대로 출원의 시(時)이고 출원일이 아니므로 특허출원일의 선후만이 아니라 시, 분에 관하여도 판단된다. 오전에 갑이 어떤 발명을 공지로 하였다면 오후에 그와 동일한 발명을 을이 특허출원하여도 그 을의 발명은 "특허출원전" 공지이므로 신규성이 없는 것이 되어 특허를 받을 수 없는 것이 된다.

(3) 판단의 지역적 기준(국제주의)

신규성 판단의 지역적 기준과 관련하여 2006년 개정전 구법에서는 공지되었거나 공연히 실시된 발명(이하, '공지·공용'이라 한다)에 대하여는 국내의 사실만을 기준으로 하고(자국주의, 국내주의), '문헌공지'에 대하여는 세계 모든 국가의 간행물에 기재된 사실을 기준으로 하고 있었다. 그러나 2006년 개정법에서는 '공지·공용' 여부의 판단기준도 국내뿐 아니라 국외까지 범위를 확대하게 되었다. 본래 특허법은 그 나라의 산업발전을 목적으로 하고 있으므로 발명의 신규성은 그 나라에 있어서만 고려하면 된다고 할 수도 있지만 통신과 교통이 용이하고 신속하게 되었을 뿐 아니라 무역의 활성화와 경쟁의 격화에 따른 국제경쟁력의 강화가 요청되는 오늘날에 있어서는 산업정책상 세계주의가 바람직하므로 타당한 개정이라고 할 수 있다. 따라서 선행기술이 출원 당시 국내 또는 국외에서 공지·공용된 경우 모두 출원발명의 신규성이 부인된다.

3. 신규성 상실사유

특허법은 법이 목적으로 하는 산업발전을 이루기 위한 수단으로서 새로운 기술을 공개한 자에게 공개의 대가로서 일정기간 동안 특허권이라는 독점배타권을 허용하는 것이므로, 특허법이 정하고 있는 '공지' 및 '반포된 간행물에 기재된' 의미 또한 법문이 정하는 바에 따라 법의 목적에 맞게 합목적적으로 해석되어야 할 것이다.

(1) 공지발명

특허출원전에 국내 또는 국외에서 공지된 발명은 신규성이 없다(특허법 제29조 제1항 제1호 전단). '공지'라고 함은 반드시 불특정다수인에게 인식되었을 필요는 없다 하더라도 적어도 불특정다수인이 인식할 수 있는 상태에 놓여져 있음을 의미한다.[5] 판례에서는 불특정다수인이라는 용어를 사용하고 있으나, 비록 다수인이 인식할 수 있는 상태에 놓여져 있더라도 발명자를 위해 이것을 비밀로 해야 할 관계에 있는 사람뿐이라면, 즉 비밀유지의무가 있는 사람(이하, '특정인'이라 한다) 들이라면 그 발명은 '공지'되었다고 할 수 없을 것이나, 반대로 발명자를 위해 비밀로 해야 할 관계가 없는 사람(이하, '불특정인'이라 한다)의 경우에는 비록 한 사람일지라도 해당 발명은 '공지'되었다고 보아야 할 것이다. 왜냐하면, 불특정인에게 공개가 되는 경우에는 비록 한 명이라고 할지라도 불특정다수인이 인식할 수 있는 상태로 될 것이기 때문이다. 결국 발명이 불특정인이 인식할 수 있는 상태에 놓여 졌는지의 여부가 '공지'여부를 판단하는 기준이 될 것이다.

(2) 공연히 실시된 발명

특허출원전에 국내 또는 국외에서 공연히 실시된 발명은 신규성이 없다(제29조 제1항 제1호 후단). '공연히 실시된 발명'이란 그 발명의 내용이 공연히 알려진 또는 공연히 알려질 수 있는 상태에서 발명이 실시된 것을 의미한다. 이를 흔히 '공용(公用)'이라한다.

'공연'의 의미는 비밀이 해제된 상태를 말하는 것으로 비밀이 해제되면 그것으로 족하고 다른 사람이 해제된 비밀을 알고 있었는가는 불문한다. '실시'의 의의에 관하여는 법 제2조 제1항 제3호에서 규정하고 있다. '공연히 실시된 발명'이란 통상의 지식을 가진 자가 그 발명의 내용을 용이하게 알 수 있는 상태로 실시된 발명이다. 따라서 예컨대 기계내부에 특징이 있는 발명품을 그 외형만이 보이는 상태로 전시하는 경우에는 해당 발명은 공연히 실시된 것이라 할 수 없다.

(3) 반포된 간행물에 기재된 발명

1) 간행물의 의미

'간행물'이란 공개를 목적으로 복제된 문서, 도면, 사진 등을 말한다. 소위 인쇄물이 복제물중 대표적인 것이나 이에 한하지 않고 복사기에 의한 복사물은 물론 기타 어떠한 복제수단에 의한 것도 포함되며 따라서 손으로 쓰거나 타이핑을 하

---

5) 대법원 1996.6.14. 선고 95후19 판결, 대법원 2000.12.22. 선고 2000후3012 판결, 대법원 2002.6.14. 선고 2000후1238 판결 등 참조.

여 이를 기계, 화학, 전기적으로 복제한 복사물도 모두 간행물이 될 수 있다.

간행물은 공개를 목적으로 한 것이므로 공개성을 가져야 한다. 따라서 인쇄물의 내용을 비밀로 취급하고 있는 소위 비밀출간물은 간행물이 아니다. 반면, 학회지와 같은 것은 한정출판물이거나 비매품인 출판물이어도 공개를 목적으로 하는 것이므로 간행물에 해당한다. 아울러 간행물은 내용의 공개를 목적으로 하는 것인 이상 내용 자체가 널리 제3자에게 정보로서 유통될 수 있는 성질, 즉 정보성을 지니는 것이어야 한다. 실무에 있어서 간행물로서 가장 중요한 것은 국내 및 외국의 특허공보이다.

2) 반포의 의미

반포란 당해 간행물이 일반 대중에게 열람가능한 상태가 되도록 배포되는 것을 말한다. 즉 간행물이 불특정다수인의 일반공중이 그 기재내용을 인식할 수 있는 상태에 놓여져 있는 것을 말하고 누군가가 현실적으로 열람하였다는 사실은 필요하지 않다. '반포'는 간행물의 사회일반에의 배포를 의미하므로 배포목적이 아닌 간행물이거나 아직 배포되지 아니한 간행물, 특정인에게만 배포된 간행물은 특허법에서 규정한 반포된 간행물이 아니다. 반포시기는 그 반포시기를 인정할 다른 사실이 없는 한 간행물의 발행일이 된다. 반포된 간행물에 해당하기 위해서는 누군가가 현실적으로 열람했다는 사실까지는 필요하지 않으나 불특정 다수의 일반 공중이 그 기재내용을 인식할 수 있는 상태에 있는 간행물을 말한다.[6)]

대법원 1996.6.14. 선고 95후19 판결

[1] 구 특허법 제6조 소정의 "공지" 및 "반포된 간행물"의 의미

특허를 받을 수 있는 권리를 가진 자가 특허출원 이전에 출원발명을 간행물에 발표한 경우에 특허법(1990. 1. 13. 법률 제4207호로 전문 개정되기 전의 것) 제7조 제1항 제1호의 신규성 의제 규정이 적용되기 위하여는 우선 위 간행물에의 발표로 인하여 출원발명이 국내에서 공지되었거나 국내 또는 국외에서 반포된 간행물에 기재된 발명으로 되어야 하고, 여기에서 '공지되었다'고 함은 반드시 불특정다수인에게 인식되었을 필요는 없다 하더라도 적어도 불특정다수인이 인식할 수 있는 상태에 놓여져 있음을 의미하며, '반포된 간행물'이라 함은 불특정 다수의 일반공중이 그 기재내용을 인식할 수 있는 상태에 있는 간행물을 말한다.

---

6) 대법원 1996.6.14. 선고 95후19 판결.

[2] 박사학위논문의 반포 및 공지 시점

박사학위논문은 논문심사 위원회에서 심사를 받기 위하여 일정한 부수를 인쇄 내지 복제하여 대학원 당국에 제출하는 것이 관례로 되어 있다고 하더라도 이는 논문심사를 위한 필요에서 심사에 관련된 한정된 범위의 사람들에게 배포하기 위한 것에 불과하므로, 그 내용이 논문심사 전후에 공개된 장소에서 발표되었다는 등의 특별한 사정이 없는 한, 인쇄시나 대학원 당국에의 제출시 또는 논문심사 위원회에서의 인준시에 곧바로 반포된 상태에 놓이거나 논문내용이 공지된다고 보기는 어렵고, 일반적으로는 논문이 일단 논문심사에 통과된 이후에 인쇄 등의 방법으로 복제된 다음 공공도서관 또는 대학도서관 등에 입고되거나 주위의 불특정 다수인에게 배포됨으로써 비로소 일반 공중이 그 기재내용을 인식할 수 있는 반포된 상태에 놓이게 되거나 그 내용이 공지되는 것이라고 봄이 경험칙에 비추어 상당하다.

[3] 박사학위논문으로 발명의 내용을 발표한 자가 특허출원을 함에 있어 신규성 의제의 적용을 받기 위하여 필요한 논문의 반포 시점에 관한 입증 정도

특허출원 전에 발명 내용을 박사학위논문으로 발표한 출원인이 박사학위논문의 일반적인 반포형태의 하나인 해당 대학도서관에의 입고사실에 관하여 증명을 한 이상 출원인으로서는 신규성 의제의 적용을 받기 위한 구 특허법 제7조 제2항 소정의 입증을 하였다고 봄이 상당하다.

3) 기재된 발명의 의미

간행물에 발명이 기재되었다는 것은 발명내용의 기재 정도에 관하여 당업자가 그 간행물을 보고 특별한 사고를 요하지 않고 용이하게 실시할 수 있을 정도로 기재되어 있다는 것을 말하며, 당업자가 당연히 그 발명의 기술내용을 이해할 수 있다는 것을 포함하는 의미이다. 발명에 있어서 중요한 것은 발명의 구성이고 발명의 구성만 상세히 기재되어 있으면 그 발명의 작용효과를 알 수 있으므로 발명의 구성이 기재되어 있으면 그 목적이나 작용효과까지 기재되어 있을 필요는 없다. 간행물의 기재는 사용언어 기타 기재의 표현형식상 기재 그 자체를 이해하는데 용이하지 않은 경우라도 내용 자체가 명확한 한 기재된 발명이라고 보아야 한다. 예컨대 간행물에 기재된 언어가 우리나라에는 낯선 라틴어, 아랍어 등으로 기재되어 있는 경우나 복잡한 여러 도면으로써 기재되어 이해가 용이치 않아도 내용 자체가 명확한 한 기재된 발명이라고 해야 한다.

특허법원 1998.7.9. 선고 98허 3767 판결

고안이 간행물에 기재되어 있다고 하기 위해서는 적어도 고안이 어떤 구성을 가지고 있는가가 제시되어 있어야 할 것이고, 따라서 내부에 특징이 있는 고안에 대해 그 외형 사진만이 게재되어 있는 경우에는 그 고안은 기재된 것이 아니라고 할 것이다.

(4) 전기통신회선을 통하여 공중이 이용 가능하게 된 발명(2001.7.1. 이후 출원에 한하여 적용)

최근 정보전달수단의 발달로 인터넷을 통하여 발표되는 기술의 양이 급격히 증가하고 있으며, 이들 기술은 인터넷의 특성상 게재 후에 그 게재일 및 내용이 변조될 가능성이 있다는 점을 제외하고는 공중의 이용가능성과 전파속도의 측면에서 간행물과 비교하여 선행기술의 지위에 있어서 전혀 손색이 없는 바, 이러한 시대적 변화를 특허제도에 반영할 필요성이 제기되어 왔다. 그러나 법 제29조 제1항 제2호의 '간행물(printed publication)'이란 "인쇄 기타의 기계적, 화학적 방법에 의하여 공개할 목적으로 복제된 문서, 도화, 사진 등"에 한정하는 것으로 보고 있으므로(대법원 1992.10.27. 선고 92후377 판결), 인터넷을 통하여 공개된 기술은 법 제29조 제1항 제2호에서 규정하고 있는 간행물에 기재된 선행기술로서의 지위를 갖지 못하고, 법 제29조 제1항 제1호가 규정하는 '공지기술'로서의 지위만을 가지는 것으로 해석되어 왔다. 이에 따라 2001.2.3. 공포된 개정 특허법에서는 제29조 제1항 제2호를 개정하여 게재한 일자나 그 내용에 있어 공신력 있는 인터넷사이트를 통하여 공중이 이용가능하게 된 발명에 대해서도 간행물을 통하여 공개된 발명과 같은 지위를 부여할 수 있도록 하였다.

4. 신규성 상실의 예외

(1) 제도의 취지

특허법은 출원시를 기준으로 새롭지 않은 기술에 대해서는 특허를 부여하지 않는 것이 원칙이나 이 원칙을 너무 엄격하게 적용하면 발명자 등에게 지나치게 가혹할 뿐만 아니라 산업의 발달을 목적으로 하는 특허법의 취지에도 적합하지 않고 오히려 타당성을 잃는 경우가 있다. 따라서 비록 발명이 출원전에 공지되었다 하더라도 일정요건을 갖춘 경우 그 발명은 특허법 제29조 제1, 2항의 신규성이나 진보성에 관한 규정 적용시 선행기술로 사용하지 않도록 하는 예외적 취급이 인정되고 있다. 이것이 특허법 제30조가 규정하는 신규성이 있는 발명으로 보는 경우이다. 다만 이것은 어디까지나 신규성이나 진보성 판단에 대한 예외규정이고 출원일이 소급되는 것은 아니다. 이 제도는 자기의 발명의 공개로 인하여 자기의 발명이 특허를 받지 못하게 되는 것이 너무 가혹하다는 측면과 그러한 예외를 인정하지 않는 경우 연구결과를 신속히 공개하지 않아 결과적으로 국가산업발전을 저해한다는 측면을 고려한 것이다.

본 규정은 원칙에 대한 예외규정이고 특허제도의 목적에 비추어 발명자에게 부당한 보호를 부여한다거나 일반 공중에게 불측의 불이익을 주는 것은 타당하지 않으므로 위 예외의 적용에는 일정한 제한이 있다. 즉 이 조는 예외적으로 신규성을 인정할 수 있게 되는 모든 경우에도 공개 후 6월 이내에 당해 발명을 특허출원하지 않으면 이 규정의 혜택을 받을 수 없도록 규정하고 있다. 개정 특허법은 특허출원 전 6월 이내에 특허출원인이 행한 모든 공지행위를 특허거절이유에서 제외하여 그 공개된 기술에 대하여도 특허를 부여할 수 있도록 하였다. 종전에는 특허를 받을 수 있는 권리를 가진 자가 시험, 간행물에의 발표, 대통령령이 정하는 전기통신회선을 통한 발표, 산업자원부령이 정하는 학술단체에서의 서면발표, 박람회의 출품 등으로 제29조 제1항에 해당하게 된 경우에 한하여 공지되지 아니한 발명으로 보았다. 오늘날은 공개의 형태가 다양화되어 위와 같이 특정한 공개형태로 인정되지 않는 경우가 빈번하게 발생한다. 개정법은 공개 형태에 대한 제한을 없앰으로써 모든 형태의 자발적 공개행위에 대하여 특허를 받을 수 있도록 하여 입증 및 심사의 부담을 덜고 법규의 실효성을 확보하고자 한 것이다.

(2) 신규성 상실의 예외사유

공지 등이 되지 아니한 발명으로 보는 경우는 자기 의사에 의해 공지된 경우(제30조 제1항 제1호)와 자기 의사에 반해 공지된 경우(제30조 제1항 제2호)이다. 자기 의사에 의하여 공지된 경우는 특허를 받을 수 있는 권리를 가진 자에 의하여 그 발명이 특허법 제29조 제1항 각호의 어느 하나에 해당하는 경우를 말한다. 다만, 조약 또는 법률에 따라 국내 또는 국외에서 출원공개되거나 등록공고된 경우는 자기 의사에 의해 공지된 경우에 해당하지 않는다(제30조 제1항 제1호 단서).

자기 의사에 반해 공지된 경우는 발명자의 자발적인 의사에 기인된 것이 아니라 발명자의 고용인의 고의, 과실이나 다른 사람의 사기, 강박, 도용 혹은 자금조달을 위하여 한정된 몇몇 사람에게 비밀유지를 약속하게 하고 발명을 알려주었으나 상대방이 발명의 내용을 누설하여 버린 경우 등을 말한다. 이 경우에는 발명의 내용이 공지로 되어도 신규성을 상실한 것으로 보지 않는다. 의사에 반한 공지에 관한 입증책임은 이에 의하여 신규성을 주장하는 자, 즉 발명자 또는 그 승계인에게 있다.

(3) 신규성 상실의 예외요건

신규성 상실의 예외를 인정받기 위해서는 신규성 상실사유가 발생한 날로부터 6개월 이내에 출원하여야 하며(제30조 제1항), 신규성 상실의 예외를 적용받고자 하는 자는 특허출원서에 그 취지를 기재하여 출원하고, 이를 증명할 수 있는 서류를 특허출원일부터 30일이내에 특허청장에게 제출하여야 한다(제30조 제2항).[7] 의사에 반한 공지에 있어서는 출원시에 특허출원인이 그 발명이 공표되었다는 사실을 모르는 것이 보통이므로 특별한 절차는 규정되어 있지 아니하며, 출원인은 의사에 반한 공지 자료에 의해 신규성 등이 없다는 내용을 통지받았을 때에 자신의 의사에 반한 공지임을 주장하여 공지예외적용을 받을 수 있을 것이다.

(4) 신규성 의제의 효과

신규성 의제사유에 해당하는 행위에 의해 신규성이 상실된 것으로 보지 않는다. 그러나 신규성상실의 예외규정에 의해 특허출원일 자체가 소급되는 것은 아니므로 신규성을 의제 받은 특허출원의 출원일 보다 먼저 타인이 동일 발명에 대하여 출원한 경우에는 신규성을 의제 받은 특허출원은 선원주의에 의한 최선의 특허출원이 아니기 때문에 특허를 받을 수 없다. 또한 타인의 특허출원은 신규성 요건을 갖추지 못한 것이 되어 특허를 받을 수 없어 결국 아무도 해당발명에 대해서는 특허를 받을 수 없게 된다.

---

7) 다만 국제특허출원한 발명에 관하여 제30조 제1항 제1호의 규정을 적용받고자 하는 자는 그 취지를 기재한 서면 및 이를 증명할 수 있는 서류를 기준일 경과 후 30일 이내에 특허청장에게 제출할 수 있다(특허법 제200조, 특허법시행규칙 제111조).

Ⅲ. 진 보 성

1. 의 의

특허법은 신규성 있는 발명이라 하더라도 특허출원전에 그 발명이 속하는 기술분야에서 통상의 지식을 가진 자가 공지, 공용, 간행물기재의 기술로부터 용이하게 발명할 수 있는 것인 때에는 특허를 받을 수 없는 것으로 규정한다. 특허법 제29조 제2항에서 진보성 없는 발명에 대하여 특허를 부여하지 않도록 한 이유는 종래기술과 다를 뿐 기술적 효과에 있어서 더 나아진 것이 없거나, 진보의 정도가 미미한 기술에 대하여 특허권을 부여하는 것은 사실상 종래 기술과 동일한 기술에 대하여 독점권을 부여하게 되어 새로운 기술에 대한 공개 대가로 독점권을 부여하는 당초 특허제도의 취지와도 맞지 않게 될 뿐만 아니라 이러한 특허권에 의해 제3자의 기술 실시를 제한하게 됨으로써 산업발전에 기여하고자 하는 특허제도의 목적에 오히려 반하기 때문이다.

2. 판단의 전제

(1) 입증책임

특허출원에 대하여, 심사관은 거절의 이유를 발견하지 못한 때에는 특허결정을 하여야 하기 때문에(제66조) 거절이유로서의 진보성을 결한 것이라는 사실은 심사관측(소송에 있어서는 특허청장 또는 무효심판청구인)이 이를 주장·입증하여야 한다.

(2) 신규성과의 관계

특허발명의 진보성은 신규성이 있음을 전제로 하는 것이어서, 어느 발명이 공지기술에 비추어 새로운 것인가의 신규성 문제와 그것이 공지기술로부터 용이하게 생각해 낼 수 있는 것인가의 진보성 문제는 구별되어야 하고, 따라서 발명의 진보성을 판단하기 위해서는 먼저 그 발명의 신규성의 판단이 선행되는 것이 순서라고 할 것이다.[8]

이와 같이 신규성과 진보성은 명확히 구별되어야 할 관념이고 별개의 거절이유이나, 실제로 그 한계영역은 극히 불분명하고, 신규성과 진보성은 그 한계영역에

---

8) 대법원 1992.6.2. 자 91마540 결정.

서 접촉하고 있다고 볼 수 있다. 따라서 실무상 신규성이 없는 발명에 대해서는 진보성도 없다는 거절이유를 함께 통지하는 경우가 많다.

신규성은 하나의 선행문헌에 해당 발명의 구성요소가 모두 기재가 되어 있는 경우에만 부정될 수 있을 것이나, 진보성은 여러 선행문헌의 결합을 근거로도 부정될 수 있다는 점에서 차이가 난다.

대법원 1992.6.2. 자 91마540 결정

특허발명의 진보성은 신규성이 있음을 전제로 하는 것으로서, 어느 발명이 공지기술에 비추어 새로운 것인가의 신규성의 문제와 그것이 공지기술로부터 용이하게 생각해 낼 수 있는 것인가의 진보성의 문제는 구별되어야 하고, 따라서 발명의 진보성을 판단하기 위해서는 먼저 그 발명의 신규성의 판단이 선행되는 것이 순서라고 할 것이나, 발명의 신규성과 진보성은 서로 유기적인 관계에 있는 것으로서 구체적인 사례에서는 그 한계나 영역을 명확하게 구분하기 어려운 경우가 많을 것인바, 여기에서 발명이 공지공용의 것이라 함은 공지공용의 기술과 동일한 경우에 한정할 필요는 없고, 어느 발명이 선행의 공지공용의 기술로부터 이루어진 것이라고 하여도 이것이 공지공용의 기술에 근사한 것이 명백하여 특별히 새로운 기술이라고 볼 수 없는 경우에는 진보성에 앞서 그 신규성 자체를 부정할 수 있을 것이다.

(3) 사후적 고찰의 금지

진보성을 판단함에 있어서 주의해야 할 점은 기술을 사후적으로 분석, 고찰해서는 안된다는 점이다. 전문가가 당해 발명의 이론을 알고 난 후에는 공지기술로부터 당해 발명의 기술적 해결을 손쉽게 이끌어 낼 수 있는 경우가 많을 것이므로 진보성판단에 있어서 심사관이나 심판관은 특허발명의 출원전의 상태로 돌아가 당해 발명의 시식을 일지 못힌다는 상테에서 발명의 진보성여부를 따져보지 않으면 안된다. 콜럼버스의 달걀과 같이 해결 후에 생각해 보면 누구에게나 자명한 것 같지만 해당 발명전에는 그에 대한 기술적 문제가 설정된 일 조차도 없는 경우가 종종 있기 때문이다.

대법원 2007.8.24. 선고 2006후138 판결

통상의 기술자가 당해 발명의 명세서에 개시되어 있는 기술을 알고 있음을 전제로 하여 사후적으로 발명의 진보성이 부정되는지 여부를 판단하는 것이 허용되는지 여부(소극)

특허출원 전에 국내에서 공지되었거나 공연히 실시된 발명, 국내외에서 반포된 간행물에 게재된 발명 및 전기통신회선을 통하여 공중이 이용할 수 있게 된 발명(이하, '선행공지발명'이라 한다)으로부터 그 발명이 속하는 기술분야에서 통상의 지식을 가진 자(이하, '통상의 기술자'라고 한다)가 용이하게 발명할 수 있는 발명에 대해서는 특허를 받을 수 없다고 규정하고 있는바, 이 규정에 따라 어떤 발명의 진보성이 부정되는지 여부를 판단하기 위해서는 통상의 기술자를 기준으로 하여 그 발명의 출원 당시의 선행공지발명으로부터 그 발명을 용이하게 발명할 수 있는지를 보아야 할 것이고, 진보성이 부정되는지 여부의 판단 대상이 된 발명의 명세서에 개시되어 있는 기술을 알고 있음을 전제로 하여 사후적으로 통상의 기술자가 그 발명을 용이하게 발명할 수 있는지를 판단하여서는 아니 된다.

3. 판단기준

(1) 주체적 기준 – 그 발명이 속하는 기술분야에서 통상의 지식을 가진 자(당업자)

당해 발명이 진보성을 가지는 것인지 여부는 그 발명이 속하는 기술분야에서 통상의 지식을 가진 자(강학상 '당업자'라 한다)의 전문지식에 의하여 판단되어야 한다. 당업자란 해당 기술분야의 선행기술을 읽고 이해할 수 있으며 그 기술적 지식에 따라 통상의 창작능력을 발휘할 수 있는 평균적 전문가를 말한다.

(2) 시기적 기준 – 특허출원시

진보성판단의 시기적 기준은 당해 발명의 특허출원당시이다. 따라서 진보성 판단의 기준이 되는 것은 특허출원시에 있어서의 기술수준이고 이것이 출원발명과의 비교대상이 되는 것이다.

(3) 객체적 기준 – 용이성(자명성)

당업자가 그 발명을 하는 것이 용이하다는 의미로 특별한 생각을 요함이 없이 발명되었다는 것을 뜻한다. 이것은 출원시에 있어서의 그 분야의 기술수준과 출원발명의 기술수준이 통상의 기술진보속도의 범위 내에 있음을 의미한다. 구체적으로는 목적의 특이성(참신성), 구성의 곤란성, 효과의 현저성에 따라 진보성이 판단되는데, 해당발명의 특성을 고려하여야 한다. 통상 발명적 기여는 특정과제에 대한 구체적인 해결에 있고, 발명의 중심은 과제의 해결방법인 구성의 창작에 있으므로 일반적으로는 구성의 곤란성을 중심으로 진보성을 판단하고 목적의 특이성, 효과의 현저성을 참작한다. 그러나 기술분야에 따라서는 구성이 종래기술과 유사하더라도 놀랄만한 효과가 발생한 경우 진보성이 긍정될 수 있다. 예컨대 화학발명의 경우에는 화학구조가 현저히 다르면 그것만으로도 진보성이 인정된다. 아울러 공지화학물질과 유사한 화학구조를 가지고 있더라도 예측할 수 없는 효과를 나타내는 경우 진보성이 인정된다.

(4) 상업적 성공과 진보성

출원발명이 상업적 성공을 거두고 있거나 오랜 기간 미해결의 상태로 있었던 경우 이를 진보성을 긍정할 수 있는 보조자료로 인정할 수는 있을 것이다.

대법원 2008.5.29. 선고 2006후3052 판결

특허발명의 제품이 상업적으로 성공하였거나 특허발명의 출원 전에 오랫동안 실시했던 사람이 없었던 점 등의 사정은 진보성을 인정하는 하나의 자료로 참고할 수 있지만, 이러한 사정만으로 진보성이 인정된다고 할 수는 없고, 특허발명의 진보성에 관한 판단은 우선적으로 명세서에 기재된 내용, 즉 발명의 목적, 구성 및 효과를 토대로 선행 기술에 기하여 당해 기술분야에서 통상의 지식을 가진 자가 이를 용이하게 발명할 수 있는지 여부에 따라 판단되어야 한다.

대법원 1996.10.11.선고 96후559 판결

[1] 특허 발명의 진보성 유무의 판단 기준

구 특허법(1990. 1. 13. 법률 제4207호로 전문 개정되기 전의 것) 제6조 제2항의 규정은 특허출원된 발명이 선행의 공지기술로부터 용이하게 도출될 수 있는 창작일 때에는 진보성을 결여한 것으로 보고 특허를 받을 수 없도록 하려는 취지인바, 출원된 기술에 공지된 선행기술로부터 예측되는 효과 이상의 보다 나은 새로운 작용효과가 있는 것으로 인정되어 출원된 기술이 선행기술보다 현저하게 향상·진보된 것으로 판단되는 때에는, 기술의 진보발전을 도모하는 특허제도의 목적에 비추어 그 발명이 속하는 기술의 분야에서 통상의 지식을 가진 자가 용이하게 발명할 수 없는 것으로서 진보성이 있는 것으로 보아야 하며, 더욱이 출원 기술이 상업적으로 성공을 하였다면 진보성이 인정되어 특허를 받을 수 있다.

[2] 액제 우황청심원이 현저하게 향상된 새로운 작용효과가 있고 상업적으로 성공을 거두고 있다는 이유로 진보성을 인정한 사례

종래의 우황청심환제를 액제로 조제한 발명이 그 복용의 간편함과 효과의 신속성 등의 작용효과는 우황청심환제 자체가 가지는 작용효과와는 다르고, 더욱이 상업적으로 성공을 거두고 있으므로, 그 발명은 공지된 선행기술로부터 예측되는 효과 이상의 현저하게 향상·진보된 새로운 작용효과가 있는 것으로 인정되어 그 발명이 속하는 기술의 분야에서 통상의 지식을 가진 자가 용이하게 발명할 수 없는 것으로서 진보성이 인정된다.

Ⅳ. 선출원주의

1. 의 의

선출원주의란 동일한 발명에 대해 2 이상의 출원이 있는 경우 가장 먼저 출원한 자에게 특허를 허여하는 것을 말한다. 미국을 제외한 대부분의 나라는 선출원주의를 채택하고 있고, 우리나라 또한 선출원주의를 채택하고 있다.

2. 취 지

특허제도는 독점권을 부여하는 것을 기본 원칙으로 하고, 특허권의 소멸 후에는 일반 공중은 그 발명을 자유롭게 사용할 수 있는 권리를 가지므로 1개의 발명에 대해서는 한 개의 특허만을 부여해야 한다. 이것을 1발명1특허의 원칙이라고 한다. 특허법은 중복특허를 배제한다는 취지에서 1발명1특허의 원칙을 명확하게 함과 동시에 하나의 발명에 대하여 복수의 출원이 있을 때에는 소위 선출원주의에 의하여 먼저 출원한 사람만이 특허를 받을 수 있다는 것을 규정하고 있다.

3. 선출원주의의 내용

(1) 이일(異日)출원의 경우

동일한 발명에 대하여 다른 날에 2이상의 특허출원이 있는 때에는 가장 먼저

특허출원한 자만이 그 발명에 대하여 특허를 받을 수 있다(제36조 제1항).

(2) 동일(同日)출원의 경우

동일한 발명에 대하여 같은 날에 2이상의 특허출원이 있는 때에는 특허출원인의 협의에 의하여 정하여진 하나의 특허출원인만이 그 발명에 대하여 특허를 받을 수 있다. 협의가 성립하지 아니하거나 협의를 할 수 없는 때에는 어느 특허출원인도 그 발명에 대하여 특허를 받을 수 없다(제36조 제2항). 협의를 할 수 없을 때란 ㉠ 상대방이 협의에 응하지 않는 등의 이유로 협의를 할 수 없는 경우, ㉡ 동일한 발명에 대한 2 이상의 출원 중 어느 한 출원이 특허(실용신안등록)되었거나, 거절결정이나 거절한다는 취지의 심결이 확정된 경우를 말한다. ㉡의 경우 등록된 특허는 특허무효사유를 가지게 된다.

(3) 판단방법

1) 동일발명

발명이 동일한지 않은지 판단의 대상이 되는 발명은 '청구항에 기재된 발명'이다. 따라서 발명의 상세한 설명이나 도면에만 기재되고 특허청구범위에는 기재되어 있지 않은 발명은 선출원주의의 판단대상이 아니다.

2) 특허출원발명과 실용신안등록출원고안이 동일

특허법과 실용신안법은 그 보호대상(발명과 고안)이 자연법칙을 이용한 기술적 사상의 창작이라는 점에서 동일하므로 중복특허를 배제하기 위해 가장 먼저 출원한 최선출원인에게만 권리를 부여하는 선출원주의는 특허출원과 실용신안등록출원이 경합하는 경우에도 준용된다(제36조 제3항). 따라서 동일한 발명과 고안에 대하여 다른 날에 특허출원과 실용신안등록출원이 있는 때에는 먼저 출원한 자만이 그 발명 또는 고안에 대하여 등록을 받을 수 있고, 같은 날에 출원한 경우에는 협의에 의하여야 하고, 협의가 성립하지 아니하거나 협의를 할 수 없는 때에는 어느 출원인도 그 발명 또는 고안에 대하여 등록을 받을 수 없다(실용신안법 제7조, 특허법 제36조).

그러나 특허출원과 디자인등록출원 상호간에는 선출원주의가 적용되지 않는다. 특허법은 기술적 사상의 창작을 보호하기 위한 것인 반면 디자인보호법은 물품의 외관에 나타난 미적 창작을 보호하기 위한 것이어서 보호의 객체가 서로 상이하기 때문이다. 따라서 동일한 창작내용에 대해 특허권과 디자인권이 각각 설정등록되는 경우가 발생할 수 있는데, 이 경우의 권리관계는 선원우위의 원칙에 따라 조정되고, 후원권리자는 선원권리자의 허락을 얻지 아니하고는 자기의 특허발명 등을 업으로서 실시할 수 없다(제98조).

3) 특허청장의 협의명령

특허청장은 동일한 발명에 대하여 같은 날에 2이상의 출원이 있는 때에는 특허출원인에게 기간을 정하여 협의의 결과를 신고할 것을 명하고 그 기간 내에 신고가 없는 때에는 협의는 성립되지 아니한 것으로 본다(제36조 제6항). 따라서 누구도 특허를 받을 수 없게 되는바 협의가 성립하지 아니하거나 협의를 할 수 없는 때에는 특허청장이 행하는 추첨에 의하여 결정된 하나의 출원인만이 상표등록을 받을 수 있도록 규정하고 있는 상표법과 차이가 있다.[9]

4. 선원의 지위를 갖지 않는 출원

(1) 무효·취하 또는 포기되거나 거절결정이 확정된 출원

특허출원 또는 실용신안등록출원이 무효·취하 또는 포기되거나 거절결정이나 거절한다는 취지의 심결이 확정된 경우 그 특허출원 또는 실용신안등록출원은 선출원주의를 적용함에 있어서는 처음부터 없었던 것으로 본다. 다만, 거절결정이나 거절한다는 취지의 심결이 확정된 출원이라 하더라도 동일출원에 대한 협의불성립을 이유로 거절결정이나 거절한다는 취지의 심결이 확정된 때에는 선원의 지위를 가진다(제36조 제4항). 협의불성립을 이유로 거절결정이나 거절한다는 취지의 심결이 확정되었음에도 불구하고 선원의 지위를 가지지 않는다면 다시 먼저

9) 상표법의 경우에도 선출원주의가 적용되므로 동일 또는 유사한 상품에 사용할 동일 또는 유사한 상표에 관하여 다른 날에 2 이상의 상표등록출원이 있는 때에는 먼저 출원한 자만이 그 상표에 관하여 상표등록을 받을 수 있다. 아울러 동일 또는 유사한 상품에 사용할 동일 또는 유사한 상표에 관하여 같은 날에 2 이상의 상표등록출원이 있는 때에는 출원인의 협의에 의하여 정하여진 하나의 출원인만이 그 상표에 관하여 상표등록을 받을 수 있다. 다만 협의가 성립하지 아니하거나 협의를 할 수 없는 때에는 특허청장이 행하는 추첨에 의하여 결정된 하나의 출원인만이 상표등록을 받을 수 있다는 점에서 특허법과 차이가 있다(상표법 제8조 제1항, 제2항).

재출원하는 자에 의해 특허권이 성립되는 불합리가 발생하여 형평에 반하기 때문이다.

(2) 무권리자출원

발명자 또는 고안자가 아닌 자로서 특허를 받을 수 있는 권리 또는 실용신안등록을 받을 수 있는 권리의 승계인이 아닌 자(이하, '무권리자'라 한다)가 한 특허출원 또는 실용신안등록출원은 선출원주의를 적용함에 있어서는 처음부터 없었던 것으로 본다(제36조 제5항).

5. 선발명주의와의 비교

(1) 선출원주의

먼저 출원한 사람이 특허를 받는 것을 말한다. 미국을 제외한 대부분의 나라는 선출원주의를 채택하고 있다.

(2) 선발명주의

먼저 발명한 사람이 특허를 받는 것을 말한다. 선발명주의는 최선발명자에게 권리를 부여한다는 점에서 실체적 진실에 보다 부합하는 측면이 있으나, 특허를 받은 후에도 선발명자가 나타날 수 있으므로 권리가 불안정하고, 심사에 비용·시간·노력이 많이 들고, 발명내용의 공개가 늦어지는 문제가 있다.

V. 확대된 선출원의 지위

1. 의의 및 취지

확대된 선출원의 지위란 선출원으로서의 자격을 특허청구범위뿐만 아니라 명세서 또는 도면에 기재되어 있는 발명에까지 확대하는 것을 말한다. 명세서 또는 도면에 기재되어 있는 발명은 출원공개 또는 등록공고에 의하여 공개되므로 특허청구범위에 포함되어 있지 않아도 그 발명은 출원인의 입장에서 보면 대가 없이 사회에 공여한 발명이라 볼 수 있다. 따라서 특허법 제29조 제3항 및 제4항은 이렇게 공여된 발명을 후출원한 제3자의 전유물로 하는 것은 불합리할 뿐만 아니라, 새로운 발명에 대한 공개의 대가로 일정기간 동안 독점권을 부여하는 특허제도의 취지에도 부합되지 않으므로 특허를 허여하지 않겠다는 취지이다.

또한, 명세서 또는 도면에 기재된 발명을 보정에 의해 특허청구범위에 기재할 경우 특허법 제36조 규정에 의한 선출원이 될 가능성이 있어 후출원의 심사를 선출원의 심사 종결시까지 미뤄야하는 문제가 생기므로 이를 방지하기 위한 측면도 있다.

아울러 확대된 선출원의 지위를 인정함으로서 타인의 등록을 저지시키기 위해 명세서 또는 도면에만 기재된 발명을 특허청구범위에 기재하여 특허출원하는 방어출원을 줄여 심사부담을 경감시킬 수 있다.

2. 확대된 선출원의 범위

(1) 출원서에 최초로 첨부된 명세서 또는 도면에 기재된 발명

출원서에 최초로 첨부된 명세서 또는 도면에 기재된 발명에 까지 선출원의 지위가 확대된다. 따라서 '최초로' 첨부된 명세서에 기재된 발명에 한하고, 차후에 보정된 내용은 포함되지 않는다. 명세서에 기재되어 있었다면 특허청구범위에 기재되어 있지 않더라도 확대된 선원으로서의 지위가 인정된다.

(2) 당해 특허출원을 한 날 전에 특허출원 또는 실용신안등록출원을 하여 당해 특허출원을 한 후에 출원공개되거나 등록공고된 타특허출원

타출원은 당해 특허출원의 출원일(우선권주장을 수반하는 출원일 경우에는 우선권주장일) 이전에 출원된 특허출원 또는 실용신안등록출원으로 당해 특허출원 후에 출원공고 또는 출원공개된 것이어야 된다. 타출원이 분할출원 또는 변경출원인 경우 타출원의 출원일은 소급되지 않으며 실제출원일이다. 타출원이 파리조약에 의한 우선권주장을 수반하는 출원일 경우 그 출원이 우선기간 내의 출원으로 우선권 증명서를 제출한 것이면 제1국 출원의 명세서 등과 우리나라에 출원시의 출원서에 최초로 첨부한 명세서 또는 도면에 공통적으로 기재되어 있는 발명에 관해서는 제1국 출원일에 우리나라에 출원이 있었던 것으로 취급한다.

(3) 동일한 발명

청구항에 기재된 발명의 구성과 타출원의 당초 명세서 등에 기재된 발명 또는 고안의 구성 사이에 차이점이 없는 경우 또는 차이점은 있지만 과제 해결을 위한 구체화 수단에 있어서 미미한 차이인 경우(실질적 동일)를 말한다.

(4) 국제출원의 경우

타출원이 우리나라를 지정국에 포함하는 국제출원인 경우에는 타 국제출원이 출원공개되거나 국제공개되는 것을 요건으로, 국어로 출원한 경우에는 "국제출원일에 제출한 국제출원의 명세서, 청구의 범위 또는 도면에 기재된 발명 또는 고안"에 대해 외국어로 출원한 경우에는 "국제출원일에 제출한 국제출원의 명세서, 청구의 범위 또는 도면과 그 출원번역문에 다 같이 기재된 발명 또는 고안"에 대해 확대된 선출원의 지위를 인정한다.

3. 적용배제

확대된 선원 제도의 주취지는 기술의 진보에 기여한 바 없는 제3자에게 특허권이 부여되는 것을 막는 것이므로 발명자가 동일한 경우나, 후출원시를 기준으로 출원인이 동일한 경우에는 예외를 둘 필요가 있다. 자신의 선발명의 명세서에 기재된 내용을 개량하여 후속발명을 행하는 경우가 많기 때문이다.

제2절 특허를 받을 수 없는 발명

Ⅰ. 불특허발명

1. 취 지

산업상 이용할 수 있는 신규의 진보적인 발명이라 하더라도 특허법은 공익적 또는 산업정책적 이유에서 일정한 발명을 특허의 대상에서 제외하는 것으로 하고 있다. 이 불특허사유는 각국에 따라 차이가 있다. 대체로 선진국은 불특허사유를 공서양속이나 공중위생에 위반되는 정도로 제한하고 있으나 후진국은 자국산업을 보호하기 위해 가급적 많은 제한을 둔다.

우리나라는 "공공의 질서 또는 선량한 풍속을 문란하게 하거나 공중의 위생을 해할 염려가 있는 발명"에 한하여 특허를 부여하지 않는다.

2. 구체적인 예

(1) 공공의 질서 또는 선량한 풍속을 해칠 염려가 있는 발명

'공공의 질서'는 국가사회의 일반적 이익을 의미하고, '선량한 풍속'은 사회의 일반적·도덕적 관념을 가리킨다고 할 수 있을 것이다. 이처럼 공서양속을 해칠 염려가 있는 것에 대하여 특허를 허여해서는 안 된다는 것은 특허법의 목적을 생각할 필요도 없이 당연한 것이다. 본 규정에 해당하는 것은 당해 발명이 본래 공서양속을 해칠 목적을 가진 경우뿐 아니라, 당해 발명의 공개 또는 사용이 공서양속에 반하는 경우도 포함한다고 해야 할 것이다. 그러나 당해 발명의 본래의 목적 이외에 부당하게 사용한 결과 공서양속을 해칠 염려가 있는 경우까지를 말하는 것은 아니라고 보아야 할 것이다. 예를 들어 당해 발명에 관계되는 기구(빙고)가 순수한 오락용으로 제공되는 것을 목적으로 한 것이고, 도박행위 그 밖의 부정행위용으로 제공하는 것을 목적으로 한 것이 아님이 명세서의 기재내용상 분명하고, 또한 당해 발명의 내용에 비추어 당해 장치를 순수한 오락용으로 제공하고 부정행위용으로 제공하지 않는다는 것이 가능하다고 인정되는 경우에는 당해 장치가 부정행위의 용도로 제공될 수 있다는 이유만으로 공서양속을 해칠 염려가 있다고는 할 수 없다.

(2) 공중의 위생을 해 할 염려가 있는 발명

공중의 위생을 해칠 염려가 있는 발명에 대해서도 공서양속을 해칠 염려가 있는 발명의 경우와 동일하게 취급되며 이에 해당하는지 아닌지의 판단도 전술한 공서양속을 해치는 경우에 준하여 고려해야 할 것이다. 당해 발명이 제조방법인 경우 그 방법 자체가 공중위생을 해칠 염려가 있는지 아닌지를 판단하여야 할뿐만 아니라 그 제조방법의 목적생성물이 공중위생을 해칠 염려가 있는지 아닌지에 대해서도 고려하여야 한다. 당해 발명의 방법에 의해 얻어진 물건이 학술서에서 유해하다고 되어있는 경우라도 복지부가 약사법에 근거해 제조를 허가하고 있는 경우에는 해당 학술서의 기재로 인해 공중위생을 해칠 염려가 있는 것에 해당한다고 할 수 없다. 또한, 발명 본래의 유익한 목적은 달성되지만 그 결과 공중의 위생을 해칠 염려가 있는 경우에는 그 해를 제거하는 수단은 있는지 아닌지, 그리고 그의 긍정적 효과와 부정적 효과를 비교 형량하는 것도 필요할 것이다.

3. 과거의 불특허사유

(1) 음식물 또는 기호물의 발명
(2) 의약 또는 2이상의 의약을 혼합하여 1의 의약을 제조하는 방법의 발명
(3) 화학방법에 의하여 제조될 수 있는 물질의 발명
(4) 원자핵 변환방법에 의하여 제조될 수 있는 물질의 발명
(5) 물질 자체가 지니는 성질에 따르는 용도의 발명

1961년 특허법[10]에서는 국민들의 먹을거리가 부족한 상황을 고려하여 음식물 또는 기호물에 대하여 특허를 인정하지 않았고, 관련 국내 산업을 보호하기 위하여 의약 또는 그 조합법, 화학방법에 의하여 제조할 수 있는 물질에 대하여 특허를 인정하지 않았다. 1973년 특허법 개정[11]에서 우리나라 기술 수준을 고려하고 국내 관련 산업의 보호를 위하여 특허를 받을 수 없는 발명에 "원자핵변환방법에 의하여 제조될 수 있는 물질의 발명", "물질 자체가 지니는 성질에 따르는 용도의 발명"을 추가하여 "① 음식물 또는 기호물의 발명, ② 의약 또는 2이상의 의약을 혼합하여 1의 의약을 제조하는 방법의 발명, ③ 화학방법에 의하여 제조될 수 있는 물질의 발명, ④ 원자핵 변환방법에 의하여 제조될 수 있는 물질의 발명, ⑤ 물질자체가 지니는 성질에 따르는 용도의 발명, ⑥ 공중의 질서 또는 선량한 풍속을 문란하게 하거나 공중의 위생을 해할 염려가 있는 발명"을 불특허 대상으로 정의하였다. 그러나 미국과의 통상협상에 따라 물질특허제도를 도입하게 됨에 따라 1986년 특허법[12]에서 위 ②, ③, ⑤를 삭제하여 화학물질의 발명 및 용도발명에 대해서도 특허받을 수 있도록 발명의 보호 범위를 넓히는 한편, 2이상의 의약을 혼합함으로써 제조되는 의약의 발명 또는 2이상의 의약을 혼합하여 의약을 제조하는 방법의 발명에 관한 특허권의 효력은 약사법에 의한 조제행위와 그 조제에 의한 의약에는 미치지 아니하는 것으로 효력제한규정을 두게 되었다.

---

10) 법률 제950호, 1961.12.31, 제정.
11) 법률 제2505호, 1973.2.8, 전부개정.
12) 법률 제3891호, 1986.12.31, 일부개정.

1990년 특허법[13]에서는 음식물 또는 기호물의 발명을 그리고 1995년 특허법[14]에서는 원자핵 변환방법에 의하여 제조될 수 있는 물질의 발명을 각각 불특허사유에서 삭제함으로써 '공공의 질서 또는 선량한 풍속을 문란하게 하거나 공중의 위생을 해할 염려가 있는 발명'만이 특허법 제32조의 '특허를 받을 수 없는 발명'으로 남게 되었다.

Ⅱ. 국방상 필요한 발명

1. 의의 및 취지

정부는 국방상 필요한 발명에 대해서는 외국에의 특허출원을 금지하거나 그 발명을 비밀로 취급하도록 명할 수 있다. 나아가 특허발명이 전시·사변 또는 이에 준하는 비상시에 있어서 국방상 필요한 때에는 특허권을 수용할 수도 있는 등 국방상 필요한 발명에 대해서는 특별취급을 하고 있다.

특허를 받을 수 있는 권리 또는 특허권에 대한 이와 같은 제한은 국방상의 필요라는 공익을 위한 것으로서, 이는 모든 국민의 재산권은 보장되고 그 내용과 한계는 법률로 정하도록 하면서도 재산권의 행사는 공공복리에 적합하도록 하여야 한다는 헌법규정[15]에 근거하는 제한이라고 할 수 있다.

2. 구체적인 취급

(1) 외국에의 출원금지 및 비밀취급명령

정부는 국방상 필요한 경우에는 외국에의 특허출원을 금지하거나 발명자·출원인 및 대리인에게 그 발명을 비밀로 취급하도록 명할 수 있다. 다만, 정부의 허가를 얻은 때에는 외국에 특허출원을 할 수 있다(특허법 제41조 제1항). 특허청장은 비밀로 분류하여 취급하여야 하는 발명의 선별에 필요한 분류기준을 방위사업청

---

13) 법률 제4207호, 1990.1.13, 전부개정.

14) 법률 제5080호, 1995.12.29, 일부개정.

15) 헌법 제23조; ① 모든 국민의 재산권은 보장된다. 그 내용과 한계는 법률로 정한다. ② 재산권의 행사는 공공복리에 적합하도록 하여야 한다. ③ 공공필요에 의한 재산권의 수용·사용 또는 제한 및 그에 대한 보상은 법률로써 하되, 정당한 보상을 지급하여야 한다.

장과 협의하여 정하여야 하고(특허법시행령 제11조), 비밀로 취급되고 있는 발명의 일정범위의 공개 또는 실시허가나 외국에의 특허출원 허가를 하고자 하는 경우에는 미리 방위사업청장과 협의하여야 한다(특허법시행령 제16조). 비밀취급을 요하는 특허발명에 대하여는 비밀취급의 해제시까지 출원공개 또는 등록공고를 보류하여야 하며, 그 비밀취급이 해제된 때에는 지체없이 등록공고를 하여야 한다(특허법 제87조 제4항).

외국에의 특허출원 금지 또는 비밀취급에 따른 손실에 대하여는 정부는 정당한 보상금을 지급하여야 한다(특허법 제41조 제3항). 외국에의 특허출원의 금지 또는 비밀취급명령을 위반한 경우에는 그 발명에 대하여 특허를 받을 수 있는 권리를 포기한 것으로 보고(특허법 제41조 제5항) 비밀취급명령을 위반한 경우에는 비밀취급에 따른 손실보상금의 청구권을 포기한 것으로 본다(특허법 제41조 제6항).

손실보상금청구권은 공공필요에 의한 재산권의 수용·사용 또는 제한 및 그에 대한 보상은 법률로써 하되, 정당한 보상을 지급하여야 한다는 헌법 제23조 제3항에 근거한 규정이다. 그런데 특허법 제41조 제3항에서 외국에의 특허출원 금지 또는 비밀취급에 따른 손실에 대하여는 정부는 정당한 보상금을 지급하여야 한다고 하면서 위반시의 손실보상금청구권의 포기에 대해서는 동조 제6항에서 외국에의 특허출원 금지에 대해서는 언급하지 않고 비밀취급명령을 위반한 경우에는 비밀취급에 따른 손실보상금의 청구권을 포기한 것으로 본다고만 규정하고 있는바 이는 입법의 불비로 보인다.

(2) 불특허 및 권리의 수용

정부는 특허출원한 발명이 국방상 필요한 경우에는 특허를 하지 아니할 수 있으며, 전시·사변 또는 이에 준하는 비상시에 있어서 국방상 필요한 경우에는 특허를 받을 수 있는 권리를 수용할 수 있다(특허법 제41조 제2항). 특허하지 아니하거나 수용한 경우에는 정부는 정당한 보상금을 지급하여야 한다(특허법 제41조 제4항).

(3) 특허권의 수용 및 강제실시권의 허여

정부는 특허발명이 전시·사변 또는 이에 준하는 비상시에 있어서 국방상 필요한 때에는 특허권을 수용하거나 특허발명을 실시하거나 정부외의 자로 하여금 실시하게 할 수 있고, 전시·사변 또는 이에 준하는 비상시에 있어서 공공의 이익을 위하여 비상업적으로 실시할 필요가 있을 때에는 특허발명을 실시하거나 정부외의 자로 하여금 실시하게 할 수 있다(특허법 제106조 제1항). 특허를 받을 수 있는 권리나 특허권의 수용을 전시·사변 또는 이에 준하는 비상시에 있어서 국방상 필요한 때로 한정한 것은 WTO/TRIPS 협정내용을 반영하여 특허권자 등의 이익이 필요이상으로 제한되지 않도록 한 것이라고 할 수 있다.

특허권이 수용되는 때에는 그 특허발명에 관한 특허권외의 권리는 소멸된다(특허법 제106조 제2항). 따라서 특허권이 수용되는 때에는 실시권이나 질권 등은 소멸하게 된다. 정부 또는 정부외의 자는 특허권을 수용하거나 특허발명을 실시하는 경우에는 특허권자·전용실시권자 또는 통상실시권자에 대하여 정당한 보상금을 지급하여야 한다(특허법 제106조 제3항).

제3절 특허를 받을 수 있는 자

I. 특허출원을 할 수 있는 자

1. 권리능력자

(1) 자 연 인

권리능력이란 권리·의무의 주체가 될 수 있는 법률상의 자격 또는 지위를 말한다. 내국인인 자연인과 법인은 당연히 권리능력이 인정된다. 문제는 외국인의 권리능력을 어디까지 인정할 것 인지이다. 외국인이라고 할지라도 재내자의 경우에는 우리나라의 산업발전에 기여할 가능성이 있으므로 제한없이 권리능력을 인정해도 될 것이나 재외자의 경우에는 산업입법이라는 특허법의 입법목적을 고려할 때 권리능력을 제한할 필요성이 있다. 특허법은 국내에 주소, 거소 또는 영업소를 가지지 않는 외국인의 권리능력에 대해서는 상호주의에 입각하여 권리능력을 제한하고 있고, 재외자중 외국인은 다음에 해당하는 경우를 제외하고 특허권 또는 특허에 관한 권리를 향유할 수 없다.

㉠ 그 자가 속하는 국가에서 대한민국 국민에 대하여 그 국민과 동일한 조건으로 특허권 또는 특허에 관한 권리의 향유를 인정하는 경우

㉡ 대한민국이 그 외국인에 대하여 특허권 또는 특허에 관한 권리의 향유를 인정하는 경우에는 그 자가 속하는 국가에서 대한민국 국민에 대하여 그 국민과 동일한 조건으로 특허권 또는 특허에 관한 권리의 향유를 인정하는 경우

㉢ 조약 및 이에 준하는 것(이하, '조약'이라 한다)에 의하여 특허권 또는 특허에 관한 권리의 향유를 인정하고 있는 경우

(2) 법 인

법인도 특허법상 권리능력이 인정된다. 따라서 법인명의로 특허출원을 하거나 특허권을 향유할 수 있지만 법인은 발명능력이 없으므로 법인이 특허출원을 하기 위해서는 특허를 받을 수 있는 권리의 적법한 승계인에 해당하여야 한다.

법률에 특별한 규정은 없지만 국가는 법인으로 의제되어 권리주체가 된다. 그러나 입법부, 사법부 및 행정기관임에 그치는 행정청이나 국립대학 등은 법인격이 없으므로 권리의 주체가 될 수 없다. 지방자치단체의 경우에는 지방자치법 제3조에서 "지방자치단체는 법인으로 한다."라고 규정하고 있으므로 권리의 주체가 될 수 있다.

대법원 1997.9.26. 선고 96후825 판결

특허법에서는 특허출원의 주체가 될 수 있는 자나 당사자능력에 관한 규정을 따로 두고 있지 아니하므로, 특허권과 특허법의 성질에 비추어 민법과 민사소송법에 따라 거기에서 정하고 있는 권리능력과 당사자능력이 있는 자라야 특허출원인이나 그 심판·소송의 당사자가 될 수 있다고 할 것인바, 경북대학교는 국립대학으로서 민사법상의 권리능력이나 당사자능력이 없음이 명백하므로 특허출원인이나 항고심판청구인, 상고인이 될 수 없다.

2. 권리적격자

(1) 발명자 및 승계인

1) 발명을 한 자

발명을 한 자란 자연법칙을 이용한 기술적 사상을 창작한 자를 의미하며 발명자는 발명의 완성과 동시에 특허를 받을 수 있는 권리를 원시적으로 취득하게

된다. 발명은 사실행위이므로 자연인만이 할 수 있고, 따라서 자연인만이 발명자가 될 수 있다. 법인은 발명자는 될 수 없으나 적법한 승계인인 경우 특허를 받을 수 있는 권리를 가질 수 있고, 현실에서 대부분의 직무발명은 법인에게 승계되어 법인의 이름으로 출원되고 있다.

발명자는 특허를 받을 수 있는 권리를 타인에게 양도하는 경우에도 출원서 및 특허증에 발명자로서 게재되는 권리를 가지는데 발명자 게재권은 일종의 명예권이라고 할 수 있고 일신전속적 권리이다.

2) 승 계 인

특허를 받을 수 있는 권리는 재산권의 일종이므로 당사자간의 계약이나 상속 기타 일반승계에 의해 발명자로부터 제3자에게 이전될 수 있다. 승계는 특허출원 전에도 가능하고 전부승계뿐 아니라 일부승계도 가능하다.

특허를 받을 수 있는 권리를 승계한 경우 승계인이 외국에의 특허출원권까지 승계한 것으로 볼 것인지가 문제될 수 있다. 긍정설과 부정설이 대립되나 속지주의 원칙상 부정설이 타당시되고 있다. 따라서 외국에의 특허출원권까지 모두 승계하고자 하는 경우에는 계약서에 이를 명시하여 둘 필요가 있다.[16)]

(2) 공동발명자

2인 이상이 공동으로 발명한 때에는 특허를 받을 수 있는 권리는 공유이며(특허법 제33조 제2항), 특허를 받을 수 있는 권리가 공유인 경우에는 공유자 전원이 공동으로 특허출원을 하여야 한다(제44조). 따라서, 이 경우에 그 중의 일부의 자만이 출원하는 경우에는 특허를 받을 수 없고, 착오로 특허된 경우에도 무효사유에 해당한다. 공동발명자가 되기 위하여는 발명의 완성에 기술적인 유익한 공헌을 하여야 한다. 특허출원인이 착오로 특허출원서에 발명자중 일부의 기재를 누락하거나 잘못 기재한 때에는 그 특허출원의 특허여부결정전까지 추가 또는 정정할 수 있다. 다만, 발명자의 기재가 오기임이 명백한 경우에는 특허여부결정 이후에도 정정할 수 있다(특허법시행규칙 제28조).

---

16) 임병웅, 「이지 특허법」, 한빛지적소유권센터, 2009, 229면.

(3) 특허청 직원 및 특허심판원 직원

특허청 직원 및 특허심판원 직원은 상속 또는 유증의 경우를 제외하고는 재직 중 특허를 받을 수 없다(특허법 제33조 제1항 단서). 특허청 직원 및 특허심판원 직원도 발명을 한 경우 자연인이기 때문에 특허를 받을 수 있는 권리를 가질 수 있으나, 업무의 특수성 때문에 모인출원의 가능성이 있을뿐더러 자신이 출원하여 자기에게 특허를 허여할 가능성도 있으므로 이러한 폐해를 방지하기 위해 특허를 받을 수 없도록 하고 있다. 그러나 특허청 직원 및 특허심판원 직원도 상속 또는 유증에 의해서는 특허를 받을 수 있도록 하고 있다. 이는 업무의 공정성을 고려하더라도 상속이나 유증까지 금지하는 것은 가혹하기 때문이다.

3. 무권리자의 특허출원과 정당권리자의 보호

(1) 의의 및 취지

무권리자란 발명자가 아닌 자로서 특허를 받을 수 있는 권리의 정당한 승계인이 아닌 자를 말한다. 무권리자 출원은 출원거절이유, 특허무효사유에 해당한다.

무권리자 출원이라는 이유로 출원이 거절되거나 무권리자에 대한 특허라는 이유로 특허권이 무효로 된 경우 정당권리자가 다시 출원하더라도 이미 그 출원내용이 공개되었거나 그 사이에 타인의 특허출원이 존재하여 특허를 받을 수 없는 불합리가 발생할 수 있다. 이와 같은 불합리를 해소하기 위해 특허법은 일정한 요건하에 정당권리자의 특허출원일을 무권리자의 출원일로 소급해 줌으로써 정당권리자를 보호하고 있다.

(2) 정당권리자의 보호요건

1) 무권리자의 특허출원 또는 무권리자에 대한 특허권의 설정등록이 있을 것

무권리자는 선의 또는 악의를 불문한다. 따라서 발명을 모용한 악의의 무권리자 뿐만 아니라 악의의 무권리자를 정당한 권리자로 믿고 그로부터 특허를 받을 수 있는 권리 또는 특허권을 양수한 자도 포함된다. 다만 선의의 무권리자는 일정한 요건하에서 특허법 제104조의 중용권을 가질 수 있다.

2) 발명의 동일성이 있을 것

정당권리자가 출원한 발명의 특허청구범위에 기재된 발명이 무권리자의 특허출원·특허청구범위에 기재된 발명과 동일성이 있어야 한다. 정당한 권리자의 출원에 무권리자의 출원이라는 이유로 거절된 발명과 다른 발명이 기재되어 있는 경우(정당한 권리자의 출원에 다수의 발명이 포함되어 있고 그 발명 중 일부의 발명만이 무권리자에 의하여 출원된 발명에 해당하는 경우) 정당한 권리자의 출원의 출원일은 소급되지 않는다. 다만 이 경우에도 삭제보정이나 분할출원을 하면 소급효를 인정받을 수 있다.[17]

3) 일정 기간 내의 출원일 것

무권리자의 출원이라는 이유로 특허를 받지 못하게 된 경우에는 그 무권리자의 특허출원후에 한 정당한 권리자의 특허출원이 무권리자가 특허를 받지 못하게 된 날부터 30일을 경과한 후가 아니어야 한다.

무권리자에 대한 특허라는 이유로 특허를 무효로 한다는 심결이 확정된 경우에는 정당한 권리자의 특허출원은 무권리자 특허의 등록공고가 있는 날부터 2년을 경과한 후 또는 심결이 확정된 날부터 30일을 경과한 후가 아니어야 한다. 정당한 권리자라 하더라도 자기의 발명에 대한 주의를 하지 아니하고 출원을 게을리 한 경우까지 보호할 필요는 없다는 점과 등록된 권리의 권리관계를 무한정 불확실한 상태로 존속시킬 수 없다는 점을 고려한 것이다.

(3) 절 차

정당한 권리자가 특허출원을 하고자 할 때에는 특허출원서에 정당한 권리자임을 증명하는 서류를 첨부하여 특허청장에게 제출하여야 한다(특허법시행규칙 제31조).

모인출원에는 정당한 권리자는 출원한 바 없음에도 무권리자가 출원한 경우와 정당한 권리자가 출원한 이후 무권리자 명의로 출원인 명의가 변경된 경우로 나누어 볼 수 있는데 판례는 후자의 경우에는 정당권리자에게 이전등록청구권을 인정한다.[18] 판례의 사안은 모인출원의 유형 중 정당한 권리자와 승계인 사이의

---

17) 심사실무상, 이 경우 심사관은 다른 거절이유가 있는 경우에는 거절이유통지서에 출원일을 소급할 수 없다는 취지를 기재하여 함께 통지하여 출원을 분할하거나 보정할 수 있도록 기회를 부여하고, 다른 거절이유가 없는 경우에는 출원일을 소급할 수 없는 취지만을 통지한 후, 특허결정한다(특허청, 「특허·실용신안 심사지침서」, 2002, 3116면).

출원인 명의변경 약정에 하자가 있어 결과적으로 특허를 받을 수 있는 권리를 승계한 자의 출원이 무권리자에 의한 출원으로 되는 경우이고, 정당권리자가 전혀 출원한 바가 없었다면 정당권리자에게 이전등록청구권을 인정할 수는 없고 특허법 제34조나 제35조에 의해 일정요건을 갖춘 경우에 한해 출원일 소급효를 인정받을 수 있을 뿐이다. 출원을 게을리한 정당권리자를 보호하는 것은 타당하지 않고, 명세서의 기재내용에 따라 특허권의 권리범위는 현저히 달라 질 수 있기 때문에 그와 같이 해석하는 것이 타당하다고 생각된다.[19]

대법원 2004.1.16. 선고 2003다47218 판결

양도인이 특허 또는 실용신안(이하, '특허 등'이라 한다)을 등록출원한 후 출원중인 특허 등을 받을 수 있는 권리를 양수인에게 양도하고, 그에 따라 양수인 명의로 출원인명의변경이 이루어져 양수인이 특허권 또는 실용신안권(이하, '특허권 등'이라 한다)의 설정등록을 받은 경우에 있어서 그 양도계약이 무효나 취소 등의 사유로 효력을 상실하게 되는 때에 그 특허 등을 받을 수 있는 권리와 설정등록이 이루어진 특허권 등이 동일한 발명 또는 고안에 관한 것이라면 그 양도계약에 의하여 양도인은 재산적 이익인 특허 등을 받을 수 있는 권리를 잃게 됨에 대하여 양수인은 법률상 원인 없이 특허권 등을 얻게 되는 이익을 얻었다고 할 수 있으므로, 양도인은 양수인에 대하여 특허권 등에 관하여 이전등록을 청구할 수 있다.

(4) 효 과

1) 출원일 소급효

무권리자의 특허출원 후에 한 정당한 권리자의 특허출원은 무권리자가 특허출원한 때에 특허출원한 것으로 본다(특허법 제34조, 제35조).

2) 정당권리자의 특허권의 존속기간

정당한 권리자의 특허출원에 대하여 제34조 및 제35조의 규정에 의하여 특허된 경우에는 특허권의 존속기간은 무권리자의 특허출원일의 다음날부터 기산한다(제88조 제2항).

---

18) 대법원 2004.1.16. 선고 2003다47218 판결.

19) 同志; 임병웅, 앞의 책, 320면.

3) 선출원 및 확대된 선출원의 지위

무권리자 출원은 선출원의 지위를 가지지 않는다. 즉 발명자 또는 고안자가 아닌 자로서 특허를 받을 수 있는 권리 또는 실용신안등록을 받을 수 있는 권리의 승계인이 아닌 자가 한 특허출원 또는 실용신안등록출원은 선출원주의를 적용함에 있어서는 처음부터 없었던 것으로 본다(제36조 제5항).

무권리자의 특허출원 또는 실용신안등록출원이 출원공개 또는 등록공고된 때에는 제3자의 출원에 대해서는 확대된 선출원의 지위가 인정된다(제29조 제3항). 그러나 정당권리자 출원에 대해서는 확대된 선출원의 지위가 인정되지 않는다. 발명자가 동일하기 때문에 확대된 선출원의 지위가 인정되지 않고, 게다가 정당권리자 출원은 출원일이 소급되므로 확대된 선출원의 지위가 인정될 여지가 없다.

4) 중용권의 발생

선의의 무권리자 특허출원 또는 실용신안등록출원이 설정등록된 후 무효심판에 의해 무효로 된 경우 무효심판청구 등록전에 자기의 특허발명 또는 등록실용신안이 무효사유에 해당되는 것을 알지 못하고 국내에서 그 발명 또는 고안의 실시사업을 하거나 그 사업의 준비를 하고 있는 경우에는 그 실시 또는 준비를 하고 있는 발명 또는 고안 및 사업의 목적의 범위안에서 원권리자 또는 실시권자는 유상의 법정통상실시권(중용권)을 가진다(제104조).

Ⅱ. 특허를 받을 수 있는 권리

1. 의 의

특허를 받을 수 있는 권리란 발명의 완성에 의해 발명자에게 원시적으로 귀속되는 권리로서 특허여부의 확정 전까지 인정되는 권리를 말한다.

2. 취 지

특허법은 발명완성 후 특허권이 발생하기 까지는 장기간이 소요되는 점을 감안하여 특허권 발생이전 단계에서 발명자 또는 출원인을 보호하기 위해 특허를 받을 수 있는 권리를 부여하고 있다.

3. 특허를 받을 수 있는 권리의 성질

국가에 대하여 특허를 청구할 수 있는 청구권이라는 공권설, 재산권이라는 사권설, 병합설 등이 대립하고 있다. 병합설에 따르면 발명의 완성에 의해 사권으로서 발생하고, 국가에 특허권의 부여를 청구할 수 있는 점에서 공권이라고 한다. 특허를 받을 수 있는 권리는 이전이 가능하다. 특허를 받을 수 있는 권리가 재산권이라고 본다면 별도의 금지규정이 없는 한 이전이 가능하다는 것은 당연한 것이나, 공권인 청구권이라고 보면 아무런 규정이 없을 때는 이전이 불가능하다고 해석될 수 있으므로 특허법은 "특허를 받을 수 있는 권리는 이전할 수 있다."고 주의적으로 규정하고 있다(제37조 제1항).

4. 특허를 받을 수 있는 권리의 이전

(1) 출원전 승계

특허출원전에 있어서 특허를 받을 수 있는 권리의 승계는 그 승계인이 특허출원을 하지 아니하면 제3자에게 대항할 수 없다(제38조 제1항). 특허권의 경우에는 등록이 이전의 효력발생 요건이지만(제101조 제1항) 출원전의 권리의 승계는 출원이 제3자 대항요건이다. 특허를 받을 수 있는 권리는 공시수단도 없고, 점유도 있을 수 없기 때문이다.

특허를 받을 수 있는 권리의 이중양도에 의하여 동일한 자로부터 승계한 동일한 특허를 받을 수 있는 권리에 대하여 같은 날 2이상의 특허출원 또는 실용신안등록출원이 있는 경우에는 특허출원인의 협의에 의하여 정한 자 이외의 자의 승계는 그 효력이 발생하지 않는다(제38조 제2항, 제3항).

특허청장은 동일한 자로부터 승계한 동일한 특허를 받을 수 있는 권리에 대하여 같은 날에 2 이상의 출원이 있는 경우에는 기간을 정하여 협의의 결과를 신고할 것을 명하여야 하고, 그 기간 내에 신고가 없는 때에는 협의는 성립되지 아니한 것으로 본다(제38조 제7항 준용 제36조 제6항). 협의가 성립되지 않은 경우에는 승계의 효력이 발생하지 않으므로 해당 출원은 무권리자 출원에 해당되고 따라서 특허법 제33조 제1항 위반으로 거절결정된다.

(2) 출원후의 승계

특허출원후에 있어서 특허를 받을 수 있는 권리의 승계는 상속 기타 일반승계의 경우를 제외하고는 특허출원인변경신고를 하지 아니하면 그 효력이 발생하지 아니한다(제38조 제4항). 상속 기타 일반승계의 경우에는 상속 기타 일반승계가 된 때와 특허출원인변경신고 사이에 권리의 단절을 막기 위해 상속 기타 일반승계된 때 승계의 효력이 발생한다. 다만, 특허를 받을 수 있는 권리의 상속 기타 일반승계가 있는 경우에는 승계인은 지체없이 그 취지를 특허청장에게 신고하여야 한다(제38조 제5항).

동일인으로부터 승계한 동일한 특허를 받을 수 있는 권리의 승계에 관하여 같은 날에 2이상의 특허출원인변경신고가 있는 때에는 신고를 한 자간의 협의에 의하여 정한 자 외의 자의 신고는 그 효력이 발생하지 아니한다(제38조 제6항).

특허청장은 동일인으로부터 승계한 동일한 특허를 받을 수 있는 권리의 승계에 관하여 같은 날에 2이상의 특허출원인변경신고가 있는 때에는 기간을 정하여 협의의 결과를 신고할 것을 명하여야 하고, 그 기간 내에 신고가 없는 때에는 협의는 성립되지 아니한 것으로 본다(제38조 제7항 준용 제36조 제6항). 협의가 성립되지 않은 경우에는 명의변경신고는 효력이 발생하지 않으므로 해당 출원은 출원인변경신고가 없었던 것이 되고, 그대로 원출원인에 대한 절차가 진행된다.

5. 권리의 비담보성

특허를 받을 수 있는 권리는 이전할 수 있으나, 질권의 목적으로는 할 수 없다. 권리의 이전성은 인정하면서 질권의 설정을 금지하는 이유에 대하여 제3자보호설, 발명자보호설, 권리성질설, 공시방법결여설 등의 학설이 있으나, 종합적으로 고려하면 특허를 받을 수 있는 권리는 확정적인 것이 아니므로 제3자에게 불측의 손해를 줄 우려가 있다는 점 및 자본가에게 헐값에 넘어갈 수 있다는 점, 경매 등에 의해 권리가 공개될 경우 권리 자체가 훼손될 염려가 있다는 점 등으로 인해 질권의 목적으로 할 수 없도록 규정하고 있는 것으로 보인다.

6. 특허를 받을 수 있는 권리의 공유

2인 이상이 공동으로 발명한 때에는 특허를 받을 수 있는 권리는 공유로 한다

(특허법 제33조 제2항). 민법상의 공유자는 각자가 자기의 지분을 양도할 때 타공유자의 동의가 불필요하나(민법 제263조) 특허를 받을 수 있는 권리의 공유의 경우에는 민법상의 공유와 달리 각 공유자는 다른 공유자의 동의를 얻지 아니하면 그 지분을 양도할 수 없다(특허법 제37조 제2항). 그 권리의 귀속관계가 명확한 재산권과는 달리 특허를 받을 수 있는 권리는 타공유자가 직접적으로 관여하여 발명을 완성했으므로 각 공유자의 관계가 밀착되어 있어 공유자 상호간에 신임관계가 있고 또 타공유자와 경업관계에 있는 제3자에게 지분이 양도되는 경우 다른 공유자는 불측의 손해를 입을 우려가 있기 때문이다. 이에 특허법은 특허를 받을 수 있는 권리가 공유인 경우에는 각 공유자는 타공유자의 동의 없이 자신의 지분을 제3자에게 양도할 수 없도록 규정하고 있다. 또한 특허출원도 공유자 전원이 공동으로 하여야 하고(제44조), 그 공유인 권리에 관하여 심판을 청구하는 때에는 공유자 전원이 공동으로 청구하여야 하는 등(제139조 제3항) 일정한 제한을 가하고 있다. 그 밖에 자세한 내용은 「특허권의 공유」 부분을 참고하기 바란다.

Ⅲ. 직무발명

1. 종업원발명의 중요성

산업구조가 단순한 시대에는 천재적인 개인발명가에 의한 발명도 많았으나, 현대에 있어서의 기술개발은, 신속한 정보의 입수, 다수의 전문가의 투입, 기업에 의한 막대한 자본 및 설비의 투입에 의한 조직적인 연구에 의존하지 않을 수 없다. 기업발명이 대다수를 이루는 현시점에서, 발명의 장려를 통한 산업발전을 이루기 위해서는 발명을 한 종업원에게는 정당한 보상을 하고, 인적·물적 지원을 한 기업에게는 투자한 자본을 회수할 수 있게 하는 제도적 장치마련이 필수적이다.

2. 종업원발명의 종류

종업원발명에는 종업원 등의 직무 및 사용자 등의 업무와 무관한 자유발명, 사용자 등의 업무범위에는 속하나 종업원의 직무와는 무관한 업무발명, 종업원 등의 직무 및 사용자 등의 업무범위에 속하는 직무발명이 있다. 발명진흥법은 직무발명에 대해서만 특별한 취급을 하도록 하고, 업무발명, 자유발명에 대해서는 동일하게 취급하여 전적으로 종업원의 자유영역에 속하는 것으로 하고 있다.

3. 직무발명의 성립요건

(1) 종업원 등이 한 발명일 것

1) 종 업 원

직무발명의 완성주체로서의 '종업원' 개념은 민법[20]이나 근로기준법[21]에서 말하는 고용관계와 일치할 필요는 없고, 보다 넓게 해석하여 계약의 종류나 내용에 관계없이 사실상 타인에게 노무를 제공할 의무를 부담하는 자라면 모두 포함된다. 통상의 의미의 종업원 이외에 기업의 임원, 국가공무원, 지방공무원도 포함하며, 상근인지 비상근인지 촉탁인지 일용직인지도 불문한다.

최근 근로자파견이라는 새로운 고용형태가 있고 이와 관련하여 누가 사용자인지의 문제가 발생할 수 있다. 근로자파견의 경우 일반적으로는 사용사업주가 근로의 대가를 지불하고 파견근로자는 사용사업주의 지휘·감독 하에 있을 것이므로 사용사업주의 종업원으로 보는 것이 타당할 것이다.

2) 발 명

발명진흥법상 "발명"이란 「특허법」·「실용신안법」 또는 「디자인보호법」에 따라 보호 대상이 되는 발명, 고안 및 창작을 말한다(발명진흥법 제2조 제1호). 따라서 직무발명규정이 적용되는 발명에는 특허법상의 발명뿐만 아니라 실용신안법상의 고안과 디자인보호법상의 창작까지 모두 포함된다. 직무발명을 한 종업원에 해당하기 위해서는 종업원은 발명적 기여를 한 자에 해당해야 한다. 따라서 예컨대 어떤 문제를 해결하기 위해 해당 발명을 착상한 자나 해당 착상을 구체화하여 발명을 완성한 자 등은 발명자에 해당하게 될 것이나, 발명자에게 발명을 완성할 것을 지시한 자나 발명의 과정에서 연구자의 지시로 단순히 데이터를 정리하거나 제시된 대로 실험 등을 한 것에 지나지 않는 단순보조자 등은 발명자에 해당하지

---

20) 민법 제655조 (고용의 의의); 고용은 당사자일방이 상대방에 대하여 노무를 제공할 것을 약정하고 상대방이 이에 대하여 보수를 지급할 것을 약정함으로써 그 효력이 생긴다.

21) 근로기준법 제14조 (근로자의 정의); 이 법에서 "근로자"라 함은 직업의 종류를 불문하고 사업 또는 사업장에 임금을 목적으로 근로를 제공하는 자를 말한다.

않는다. 누가 진정한 발명자인지를 결정하는 것과 각각의 발명자들의 기여율을 결정하는 것은 직무발명에 대한 보상과 관련하여 매우 중요하다.

(2) 사용자의 업무범위에 속하는 발명일 것

1) 사 용 자

사용자란 자연인만 아니라 법인, 국가, 지방자치단체를 모두 포함하며, 타인을 선임하여 어느 사무에 종사하게 하고, 그 지휘·감독을 하는 자를 말한다. 직무발명은 대부분 법인격을 갖춘 대규모 기업체에서 발생하므로 현실적으로 사용자의 대부분은 법인이며, 자연인이 직무발명과 관련하여 사용자가 되는 경우는 소규모 개인기업의 대표자일 경우 등이다. 그러나 개인회사의 대표자의 경우에는 일률적으로 단정할 수 없고, 법인격유무에 따라 판단해야 할 것이다. 예를 들어, 법인격을 갖춘 개인회사의 경우에는 대표자와 회사는 각각 법률상 독립된 인격체로서 대표자라 할지라도 사용자가 아니라고 보아야 하고, 따라서 그 회사의 대표자가 한 발명일지라도 그것이 직무발명에 해당하면 회사가 사용자가 된다. 그러나 법인격이 없는 사단은 대표자 또는 관리인이 정해진 경우에도 사용자에는 포함되지 않고 그 경우에는 대표자 개인이 사용자가 된다.

2) 업무범위

사용자의 업무범위란 사용자 등이 수행하는 사업의 범위로서 현재 행하거나 장래에 구체적으로 행할 것으로 예정되어 있는 것을 말한다. 사용자의 업무범위는 사용자가 개인인지 법인인지 또는 국가인지에 따라 각각 달리 해석된다.

먼저 사용자가 개인인 경우에는 그 개인이 추구하는 현실적인 사업내용을 중심으로 구체적으로 업무내용을 파악하여 업무범위를 결정하여야 한다. 예를 들어, 나사를 생산·판매하는 것을 목적으로 하는 개인사업자의 업무범위는 나사와 관련된 생산, 판매 등이다.

사용자가 법인인 경우 사용자의 업무범위를 판단하는 방법은, ① 기업의 정관에 기재된 기업의 목적과 관련해 해석하는 견해, ② 정관이 유력한 자료라는 견해, ③ 정관의 목적뿐만 아니라 널리 그 목적을 이루는데 필요한 사항도 포함한다는 견해, ④ 정관기재와 관계없이 사용자가 현재 행하거나 또는 장래 구체적으로 행할 것으로 예정된 업무로 보는 견해 등으로 나뉘어 진다. 사용자의 업무범위를 정관의 기재만으로 판단하는 것은 무리가 있다고 본다. 왜냐하면 정관에 의한 회사목적의 기재는 원래 주주를 보호하기 위해 회사와 그 거래상대방 간에서 회사의 권리능력을 정하는 것이고, 정관에 의해 회사와 그 종업원간의 권리관계를 규정하는 것은 원래 예정된 것이 아니며, 기업의 경영이 다각화되고 있는 현실을 고려하면 고정된 업무범위를 상정할 수 없기 때문이다. 따라서 우선은 정관에 기재된 내용을 중심으로 업무범위를 파악하면 되나, 법인의 정관에 기재된 목적에 한정하여 형식적으로 결정할 것은 아니며, 사안에 따라 구체적으로 판단해야 할 것이다. 사용자는 장래의 사업을 위해 연구를 진행하는 경우가 많은 현실을 감안해 볼 때 사용자가 현재 행하거나 또는 장래 구체적으로 행할 것으로 예정된 업무는 모두 사용자의 업무범위에 포함될 수 있을 것이다.

마지막으로 사용자가 국가나 지방자치단체인 경우에는 법인과 같이 해석한다면 그 범위가 지나치게 넓어지므로 국가나 지방자치단체의 업무범위는 해당 공무원이 속한 기관의 소관사항의 범위로 한정하는 것이 타당하다.

(3) 발명을 하게 된 행위가 종업원등의 현재 또는 과거의 직무에 속하는 발명일 것

1) 발명을 하게 된 행위

발명을 하게 된 행위란 발명을 착상하여 완성에 이르기까지의 모든 행위를 말한다. 여기에는 사색적 행위(이론적 추구, 문헌조사 등)뿐만 아니라 이에 부수하는 육체적 활동(연구소에서의 실험, 공장에서의 제조작업 등)도 포함된다.

2) 현재 또는 과거의 직무에 속하는 발명

발명을 하게 된 행위가 현재의 직무에 속하는 경우뿐만 아니라 과거의 직무를 바탕으로 발명이 이루어지더라도 직무발명은 성립한다. 따라서 연구소에 근무하던 자가 보직이 변경되어 해당 발명과는 전혀 무관한 다른 직무를 수행하던 중 과거의 직무에 속하는 발명을 한 경우도 이는 직무발명에 해당하고 발명을 완성한 후 퇴직을 하더라도 이 또한 직무발명이 된다.

특히 이와 관련하여 문제가 되는 것은 퇴직 후의 발명이다. 이에 대해 명문의 규정은 없으나 고용관계가 종료된 후 완성한 발명은 여기에 포함되지 않는다고 봄이 타당하다. 왜냐하면 과거의 직무에 속한 발명도 직무발명에 해당하지만, 발명진흥법 규정의 전체 취지로 볼 때 직무발명은 현재의 고용관계 등을 전제로 하고, 원칙적으로 퇴직한 후에 완성한 발명은 직무발명이 아니기 때문이다[22]. 따라서 비록 재직 중 발명의 주요내용이 어느 정도 이루어지기는 하였지만 퇴직 후 다른 기업에 취업해 발명을 완성하였다면 이는 새로운 기업에서의 직무발명이라 할 것이다.

현실적인 문제로서는 종전기업의 입장에서 본다면 발명의 완성에 대한 기초가 자신의 기업에서 이루어졌음에도 불구하고 아무런 권리를 보장받지 못하는 위치에 놓일 우려가 있다. 따라서 기업은 발명진흥법 제10조 및 일반적인 신의칙에 어긋나지 않는 범위 내에서 계약 또는 근무규정에 추적조항을 둘 필요가 있고 재직 중의 모든 발명과정에 대해 기록으로 남길 필요가 있다. 이를 위해 연구노트(laboratory note)의 작성을 의무화시키는 것도 바람직한 방법이라고 생각한다.

4. 직무발명에 대한 법적취급

(1) 이익조정의 필요성

직무발명은 사용자의 인적·물적 지원 하에 종업원의 정신적·육체적 노력에 의해 완성된 발명이어서 이와 같이 완성된 발명이 누구의 것인지가 문제된다. 노동법적 관점에서 본다면 발명도 종업원의 노동의 산물이므로 사용자에게 속하게 될 것이고, 특허법적 관점에서 본다면 발명은 종업원의 지적 창작의 산물이므로 그 권리가 원시적으로 창작자인 종업원에게 귀속하게 될 것이다. 직무발명의 권리귀속원칙에는 사용자주의와 발명자주의가 있다. 사용자주의는 근로자의 발명에 대한 권리는 사용자에게 원칙적으로 귀속한다는 주의이고, 발명자주의는 발명에 대한 권리는 원시적으로 종업원인 발명자에게 귀속한다는 주의이다. 발명은 원래 자연인만이 할 수 있는 것이고, 우리나라 헌법 제22조 제2항은 "저작자·발

22) 日本 特許法 제35조는 "사용자, 법인, 국가 또는 지방공공단체(이하, '사용자 등'이라 한다)는 종업원, 법인의 임원, 국가공무원 또는 지방공무원(이하, '종업원 등'이라 한다)이 그 성질상 해당 사용자 등의 업무범위에 속하고 또한 그 발명을 하게 된 행위가 그 사용자 등에 있어서의 종업원등의 현재 또는 과거의 직무에 속하는 발명(이하, '직무발명'이라 한다)에 대하여 특허를 받았을 때 또는 직무발명에 대해서 특허를 받을 수 있는 권리를 승계한 자가 그 발명에 대해서 특허를 받았을 때에는 그 특허권에 대하여 통상실시권을 가진다"라고 규정하고 있어 문리해석 상 우리 발명진흥법에 비해 명확한 것으로 보인다.

명가·과학기술자와 예술가의 권리는 법률로써 보호한다."라고 명시하고 있어 발명자주의가 헌법의 기본이념에도 합치한다고 생각되어 발명자주의가 보다 타당하다고 생각된다. 현재 대부분의 국가는 직무발명에 대해 발명자주의를 채택하고 있는 것으로 보이고, 우리 특허법도 발명자주의를 채택하고 있다.[23]

따라서 근로자가 한 발명은 자유발명이든 직무발명이든 원칙적으로 근로자의 것이며, 예외적으로 직무발명에 해당하는 경우에만 사용자에게 무상의 통상실시권을 부여하고, 예약승계 등을 통해 권리를 양도받을 수 있게 된다. 사용자는 실시권을 통해 투자에 대한 정당한 보상을 받게 되고, 아울러 권리의 예약승계도 가능하며, 또한 종업원은 정당한 보상이라는 인센티브를 통해 더욱 기술개발에 매진하게 되어 궁극적으로는 산업발전에 기여하게 된다.

(2) 사용자의 권리 및 의무

1) 무상의 통상실시권

사용자는 종업원이 행한 발명이 직무발명에 해당하는 경우, 종업원등이 특허를 받았거나 특허를 받을 수 있는 권리를 승계한 자가 특허를 받았을 때에는 그 특허권에 대하여 통상실시권을 가진다(발명진흥법 제10조). 이는 종업원이 발명을 완성하기까지 사용자가 공헌한 바가 크므로 그에 대한 보상으로 법률의 규정에 의하여 당연히 발생하는 무상의 법정통상실시권이다. 따라서 종업원은 이에 대해 실시료나 보상금을 청구할 수 없다. 직무발명에 대한 통상실시권은 무상의 법정실시권이라는 점에서는 특허법 제103조의 선사용에 의한 통상실시권과 유사하나, 선사용에 의한 통상실시권과는 달리 실시의 범위에 제한이 없다. 반대 견해도 있으나,[24] 사용자는 미래를 내다보고 투자하는 경우가 많고, 기술의 라이프사이클이 짧아지고 경영의 다각화가 이루어지는 현실과 법조문에 실시권의 범위에 대한 한정이 없는 것을 고려할 때 그렇게 해석하는 것이 합리적이기 때문이다.

이 통상실시권은 등록하지 않더라도 그 특허권 또는 전용실시권을 취득한 자에 대해 효력이 발생한다(특허법 제118조 제2항). 다만 사용자가 가지는 통상실시권의

---

23) 제33조 (특허를 받을 수 있는 자); ① 발명을 한 자 또는 그 승계인은 이 법에서 정하는 바에 의하여 특허를 받을 수 있는 권리를 가진다.

24) 직무발명의 경우에 있어서 사용자의 실시권은 그 성질상 그 사용자의 업무범위에 한정되고 그 업무의 목적에 필요한 한도에서만 행사되어야한다는 것이다.

제3자에 대한 효력에 있어서는 문제가 있다. 즉, 우리 특허법은 사용자가 가지는 통상실시권을 허락에 의한 통상실시권과 동일하게 취급하고 있어, 제3자가 직무발명에 기한 통상실시권을 침해하는 경우에 사용자는 법 제126조, 제128조에 의해 직접 침해금지청구권이나 손해배상청구권을 행사할 수 없고, 오로지 특허권자나 전용실시권자만이 권리를 행사할 수 있도록 되어 있어 그 한계가 있다.

직무발명에 관한 통상실시권을 취득하게 되는 사용자는 그 피용자나 종업원이 직무발명을 완성할 당시의 사용자이고, 그에 따른 특허권의 등록이 그 이후에 이루어졌다고 하여 등록당시의 사용자가 그 통상실시권을 취득하는 것은 아니다.[25]

2) 예약승계권

종업원등이 한 발명 중 직무발명에 대해서는 사용자등은 계약이나 근무규정 등에 의해 미리 특허를 받을 수 있는 권리 또는 특허권을 승계하거나 전용실시권을 설정할 수 있다.[26] 그러나 직무발명을 제외하고는 예약승계 조항은 무효가 된다.[27] 이는 발명의 완성 전 계약은 사회적, 경제적 약자인 종업원에게 불리하게 체결될 가능성이 많고, 따라서 본 조항은 상대적으로 약한 입장에 있는 종업원의 이익을 보호하고, 동시에 발명을 장려·보호하려는데 입법취지가 있다. 사용자에 의한 예약승계가 직무발명뿐 아니라 자유발명도 포함하는 경우에는 자유발명에 관한 부분만 무효라고 해석하는 것이 당사자의 의사나 법목적에 비추어 합리적이라고 본다. 이와 같이 사용자가 종업원의 특허 받을 수 있는 권리를 승계 취득하는 경우에는, 특허출원 전에는 사용자 명의로 특허출원을 하지 아니하면 제3자에게 대항할 수 없으며, 특허출원 후에는 출원인 변경신고를 하지 않으면 그 효력이 발생하지 않는다(특허법 제38조).

---

25) 대법원 1997.6.27. 선고 1997도516 판결.

26) 특허 받을 수 있는 권리를 승계 취득할 경우 특허출원전일 때에는 사용자 명의로 특허출원을 하지 아니하면 제3자에게 대항할 수 없으며, 특허출원 후에는 출원인명의변경신고를 하지 않으면 그 효력이 발생하지 않는다.

27) 발명진흥법 제10조 제3항; 직무발명 외의 종업원등의 발명에 대하여 미리 사용자등에게 특허등을 받을 수 있는 권리나 특허권등을 승계시키거나 사용자등을 위하여 전용실시권을 설정하도록 하는 계약이나 근무규정의 조항은 무효로 한다.

3) 승계여부 통지의무

직무발명의 완성사실을 통지받은 사용자등은 그 날부터 4월 이내에 그 발명에 대한 권리를 승계할 것인지의 여부를 종업원등에게 문서로 알려야 하며, 사용자등이 그 발명에 대한 권리의 승계 의사를 알린 때에는 그때부터 그 발명에 대한 권리는 사용자등에게 승계된 것으로 본다(발명진흥법 제13조 제1항, 제2항, 발명진흥법시행령 제7조).

사용자가 종업원의 발명신고를 받고 4개월 이내에 승계 여부를 알리지 아니한 경우에는 사용자등은 그 발명에 대한 권리의 승계를 포기한 것으로 본다. 이 경우 사용자등은 그 발명을 한 종업원등의 동의를 받지 아니하고는 통상실시권을 가질 수 없다(발명진흥법 제13조 제3항).

이와 같이 사용자에게 일정기간 이내에 승계할 것인지의 여부를 통지해야 하는 의무를 부여하는 이유는 사용자의 결정이 지연되는 경우 발명자인 종업원의 권리행사가 지장을 받기 때문이다. 한편 권리의 승계시점을 '권리의 승계의사를 알린 때'로 명문화함으로써 승계시점을 둘러싼 불필요한 분쟁을 미연에 방지하고 있다.

다만, 미리 사용자등에게 특허 등을 받을 수 있는 권리나 특허권 등을 승계시키거나 사용자등을 위하여 전용실시권을 설정하도록 하는 계약이나 근무규정이 없는 경우에는 사용자등이 종업원등의 의사와 다르게 그 발명에 대한 권리의 승계를 주장할 수 없다(발명진흥법 제13조 제1항 단서). 종업원의 직무발명의 예약승계에 관한 계약이나 근무규정이 없는 경우에는 종업원의 의사에 반하는 승계는 불가능하므로 이 경우 직무발명 완성사실의 통지는 승계여부를 묻는 통지가 아닌 '단순통지'에 불과하고, 사용자 등은 통지받은 직무발명을 승계할 것인지의 여부를 결정할 권한은 없으며 종업원 또는 승계인이 그 발명에 대해 특허를 받을 경우 무상의 통상실시권을 가질 뿐이다.

사용자 등이 직무발명의 완성사실을 통지받은 날부터 4월 이내에 승계여부를 통지하지 않은 경우에는 그 발명을 한 종업원등의 동의를 받지 아니하고는 통상실시권을 가질 수 없다(발명진흥법 제13조 제3항). 이 경우 종업원의 동의하에 인정되는 통상실시권은 허락실시권이어서 사용대가를 지불해야 한다. 법정통상실시권의 소멸은 사용자의 성실한 통지의무 이행을 유도하기 위한 일종의 제재조치라고 할 수 있다. 따라서 사용자는 승계의사가 없는 경우에도 반드시 이를 종업원에게 통지하여야 한다. 이에 대해서는 법정실시권은 직무발명의 완성에 기여한 사용자의 이익보호를 위해 인정된 권리이기 때문에 예약승계 계약 후 승계여부 미통지에 대한 제재조치로서 법정실시권을 인정해 주지 않는 것은 타당하지 않다. 특히 예약승계 계약을 하지 않는 경우에는 승계권한이 종업원에게 있기 때문에 승계여부 통지와 관계없이 법정실시권이 인정되는데, 예약승계 계약을 한 경우에만 제재조치를 가하는 것은 사용자의 권리를 너무 제한한다는 비판이 있다.[28]

4) 정당한 보상을 할 의무

종업원등은 직무발명에 대하여 특허 등을 받을 수 있는 권리나 특허권 등을 계약이나 근무규정에 따라 사용자등에게 승계하게 하거나 전용실시권을 설정한 경우에는 정당한 보상을 받을 권리를 가진다(발명진흥법 제15조 제1항). 이 규정은 사회적 경제적 약자인 종업원을 보호하기 위한 강행규정이다[29]. 따라서 사용자가 보상금 지급을 거절하거나 유보시키는 규정은 무효이며, 계약이나 근무규정에 예약승계에 관한 규정만 있을 뿐 보상에 관한 규정이 없는 경우에도 종업원은 발명진흥법 제15조 제1항 규정에 따라 정당한 보상금지급을 청구할 수 있다. 또한 종업원이 사용자로부터 보상금을 지급받았다고 할지라도 지급받은 보상금액이 정당한 보상기준에 미치지 못할 때에는 종업원은 부족분에 대해서 소구할 수 있다고 해석해야 할 것이다.

구특허법에서는 직무발명에 대한 보상과 관련하여 "종업원등은 직무발명에 대하여 특허를 받을 수 있는 권리 또는 직무발명에 대한 특허권을 계약 또는 근무규정에 의하여 사용자등으로 하여금 승계하게 하거나 전용실시권을 설정한 경우에는 정당한 보상을 받을 권리를 가진다(제40조 제1항). 보상의 액을 결정함에 있어서는 그 발명에 의하여 사용자등이 얻을 이익의 액과 그 발명의 완성에 사용자등 및 종업원등이 공헌한 정도를 고려하여야 한다. 이 경우 보상금의 지급기준에 관하여 필요한 사항은 대통령령 또는 조례로 정한다(제40조 제2항)."라고만 규정하고 있어 정당한 보상을 둘러싼 분쟁이 발생할 여지가 있었다.

이에 2006년 특허법 개정에서 해당 규정을 삭제하고, 발명진흥법 제15조에서 직무발명에 대한 보상을 규정하게 되었는데, 그에 따르면 계약이나 근무규정에서 직무발명에 대한 보상을 정하고 있는 경우 그에 따른 보상이 i) 보상형태와 보상

---

28) 임병웅, 앞의 책, 254면.
29) 서울지법 2003.7.3. 선고 2002가합3727 판결.

액을 결정하기 위한 기준을 정할 때 사용자등과 종업원등 사이에 행하여진 협의의 상황, ii) 책정된 보상기준의 공표·게시 등 종업원등에 대한 보상기준의 제시 상황, iii) 보상형태와 보상액을 결정할 때 종업원등으로부터의 의견 청취 상황 등을 고려하여 합리적인 것으로 인정되면 정당한 보상으로 본다(발명진흥법 제15조 제2항).

그러나 계약이나 근무규정에서 직무발명에 따른 보상에 대하여 정하고 있지 아니하거나 위의 i)~iii)과 같은 절차적 정당성을 가지는 정당한 보상으로 볼 수 없는 경우에는 그 보상액을 결정할 때에는 그 발명에 의하여 사용자등이 얻을 이익과 그 발명의 완성에 사용자등과 종업원등이 공헌한 정도를 고려하여야 한다(발명진흥법 제15조 제3항).

이와 같이 사용자와 종업원 사이에 적정절차를 거쳐 마련된 보상규정이 존재하는 경우에는 그것이 정당한 보상으로 간주되게 되어 기업들이 직무발명관련규정을 정비하는 계기가 되었고, 분쟁을 미연에 방지할 수 있게 되었다.

(3) 종업원의 권리 및 의무

1) 특허를 받을 수 있는 권리의 원시취득

우리법상 발명은 자연인만이 할 수 있고[30], 발명을 완성한 자는 어떠한 조건에서 그 발명을 하였는지에 관계없이 발명의 완성과 동시에 특허를 받을 수 있는 권리를 가진다. 따라서 그 발명이 직무발명인지 또는 자유발명인지에 관계없이 특허를 받을 수 있는 권리는 발명자인 종업원에게 원시적으로 귀속한다. 그러나 현실에 있어서는 대부분의 기업이 직무발명에 대해서는 고용계약이나 근무규칙 등에 의해 그 권리를 사용자에게 승계하도록 하고 있어 직무발명은 대부분 기업의 이름으로 출원된다.

2) 정당한 보상을 받을 권리

보상방법은 일반적으로 금전보상이나 정당한 보상의 방법에는 제한이 없다. 구체적인 보상방법은 종업원과 사용자 간의 계약 및 근무규칙과 상호협의 등에 의하여 정해진다. 종업원등의 직무발명에 대해서는 근로복지기본법[31]과 근로자참

---

30) 특허법 제33조 (특허를 받을 수 있는 자); ① 발명을 한 자 또는 그 승계인은 이 법에서 정하는 바에 의하여 특허를 받을 수 있는 권리를 가진다.

여및협력증진에관한법률에 이에 상응하는 정당한 보상을 하도록 노력하여야 한다는 근거조항이 마련되어 있다. 보상의 종류에는 아이디어의 제안단계에서 지급되는 '제안보상', 출원시에 지급되는 '출원보상', 특허로 등록된 때에 지급되는 '등록보상' 그리고 특허발명이 실시되어 이익이 생긴 경우에 지급되는 '실시 또는 실적보상' 등이 있다.

3) 발명완성사실의 통지의무

종업원등이 직무발명을 완성한 경우에는 지체 없이 그 사실을 사용자등에게 문서로 알려야 한다. 2명 이상의 종업원등이 공동으로 직무발명을 완성한 경우에는 공동으로 알려야 한다(발명진흥법 제12조).

4) 비밀유지의무

종업원 등은 사용자 등이 승계하지 아니하기로 확정된 경우를 제외하고는 사용자 등이 직무발명을 출원할 때까지 그 발명의 내용에 관하여 비밀을 유지하여야 하며, 이를 위반하여 부정한 이익을 얻거나 사용자 등에게 손해를 가할 목적으로 발명의 내용을 공개한 자는 사용자의 고소가 있을 경우 형사상 처벌을 받는다(발명진흥법 제19조).

5) 협력의무

종업원 등은 사용자 등에게 특허출원, 등록 또는 실시하거나 처분 시 직무발명에 관하여 기술적 사항에 대해 협력할 의무를 가진다.

5. 관련문제

(1) 공무원의 직무발명

공무원의 직무발명은 국가 또는 지방자치단체가 승계한다. 다만 고등교육법에

31) 근로복지기본법 제20조 (성과배분등에 대한 지원); ① 사업주는 당해 사업장의 근로자와 협의하여 정한 당해 연도 이익 등의 경영목표가 초과 달성된 경우 그 초과된 성과를 근로자에게 지급하거나 근로자의 복지증진을 위하여 사용하도록 노력하여야 한다. ② 사업주는 당해 사업장의 근로자가 직무와 관련하여 발명 또는 제안하거나 새로운 지식·정보·기술을 개발하여 회사의 생산성·매출액 등의 증가에 기여한 경우 이에 상응하는 정당한 보상을 하도록 노력하여야 한다. 이 경우 구체적인 보상기준은 근로자참여및협력증진에관한법률에 의한 노사협의회 등을 통하여 정한다.

의한 국·공립학교의 교직원의 직무발명은 기술의 이전 및 사업화 촉진에 관한 법률 제11조 제1항 후단의 규정에 의한 전담조직이 승계하며, 전담조직이 승계한 국·공립학교 교직원의 직무발명에 대한 특허권은 전담조직 소유로 한다(발명진흥법 제10조 제2항).[32)]

(2) 대학교수발명

대학교수의 발명과 관련하여서는 대학교수를 종업원으로 볼 수 있는지의 여부에 대해 많은 논란이 있어 왔고, 일반적으로 대학교수의 발명은 자유발명으로 보는 것이 우리나라의 통설이었다.[33)] 그러나 이에 대해서는, 대학이 우리나라 전체 연구 인력의 1/3 이상을 보유하고 전체 연구개발비의 10% 이상을 사용하고 있음에도 불구하고 특허권으로 이어지는 연구성과는 매우 저조하고, 이는 대학교수의 발명을 원칙적으로 자유발명으로 본 결과 그에 대한 조직적인 관리가 이루어지지 못한 결과라는 비판이 있어 왔다. 일반적으로 대학연구의 목적은 투하자본에 대한 수익을 얻는 것이 아니고 교육 및 학술연구에 있으며, 대학교수의 본래 직무는 교육과 연구에 있으므로, 대학교수의 발명을 직무발명으로 볼 것인지의 기준은 기업체의 종업원의 경우와는 다르다고 볼 것이나, 산학연계와 실용학문의 중요성이 강조되고 있고 대학에서의 벤처창업도 일반화되어 가고 있는 현시점에서 학문의 자유만을 내세워 대학발명을 특별히 취급해야 할 필요성은 점점 줄어들고 있다고도 보여 진다. 대학교수가 특정한 연구과제의 지정이나 연구비의 지정없이 발명을 완성한 경우에는 자유발명으로 인정되어야 할 것이나 대학으로부터 특별연구비를 지원받았거나 특별한 연구목적을 위해 설치된 대학의 연구설비를 이용해 발명을 완성한 경우에는 직무발명에 해당하는 것으로 해석해야 할 것이다. 또한 외부 기업체의 의뢰에 의해 연구비를 지원받아 완성한 발명은 대학교수와 기업 간에 체결된 연구용역계약에 의해 권리의 귀속이 결정될 것인데 계약에 따라 대학교수가 당해 기업에 특허를 받을 권리를 양도해야 할 의무를 부담하

---

32) 기술의 이전 및 사업화 촉진에 관한 법률 제11조 제1항; "대통령령이 정하는 공공연구기관의 장은 공공연구기관에 기술이전·사업화에 관한 업무를 전담하는 조직(이하, '전담조직'이라 한다)을 설치하여야 한다. 이경우 「고등교육법」 제3조의 규정에 따른 국립학교 및 공립학교(이하, '국·공립학교'라 한다)에 설치하는 전담조직은 법인으로 하여야 한다."

33) 김병일, "직무발명제도와 종업원과 사용자간의 법률문제", 지적소유권법연구 제4집(2000), 379면.

는 경우가 많을 것이다.

구특허법에서는 국·공립대교수의 직무발명의 경우 국·공립대교수가 공무원신분이어서 특허권이 국유로 되어, 대학이 특허권을 보유·활용하지 못한 결과 연구개발성과가 사장된다는 지적이 있었다. 이에 2001년 개정 특허법은 제39조 제2항 후단에 "고등교육법에 의한 국·공립학교 교직원의 직무발명은 기술이전촉진법 규정에 의한 전담조직이 승계하며, 전담조직이 승계한 국·공립학교 교직원의 직무발명에 대한 특허권은 전담조직 소유로 한다."라는 단서 조항을 신설하였다. 이에 따라 국·공립대학의 전담조직이 교수들의 직무발명을 소유하고 특허관리 및 기술이전업무를 수행할 수 있게 되었다. 한편 직무발명에 대한 특허법 규정이 2006년 발명진흥법으로 이관되면서 특허법 제39조 제2항 후단의 내용도 발명진흥법 제10조 제2항 후단에 규정되었다.

(3) 공동발명의 경우

종업원등의 직무발명이 제삼자와 공동으로 행하여진 경우 계약이나 근무규정에 따라 사용자등이 그 발명에 대한 권리를 승계하면 사용자등은 그 발명에 대하여 종업원등이 가지는 권리의 지분을 갖는다(발명진흥법 제14조). 공동발명자가 동일한 사용자에게 속하는 경우에는 문제가 없겠으나 종업원이 자연인 또는 다른 회사의 종업원과 공동으로 직무발명을 완성한 경우에는 문제가 발생할 수 있다. 특허법과 발명진흥법이 대립되는 경우 어떻게 해결할 것인지가 문제이다. 특허법에 따르면 특허를 받을 수 있는 권리가 공유인 경우에는 각 공유자는 다른 공유자의 동의 없이 그 지분을 양도할 수 없는데(특허법 제37조 제3항), 발명진흥법 제14조에 따르면 공동발명의 경우 계약이나 근무규정에 따라 사용자등이 그 발명에 대한 권리를 승계하면 사용자등은 그 발명에 대하여 종업원등이 가지는 권리의 지분을 갖는 것으로 규정되어 있어 사용자는 지분에 관한 특허권을 취득할 수 있고, 그에 따라 발명을 전면적으로 실시할 수 있게 된다. 이에 대해서는 특허법의 목적과 발명진흥법 제14조는 직무발명에 대한 특별규정이라는 점을 고려하여 공동발명자들의 명시적인 의사표시가 없는 한 별도의 동의절차를 밟을 필요가 없는 것으로 해석함이 타당하다. 즉 발명진흥법 제14조는 특허법 제37조 제3항에 대한 예외규정이라고 할 수 있다.

다만 발명의 가치는 누가 실시하는 지의 여부, 그리고 공동실시권자가 존재하는 지의 여부에 따라 크게 좌우되는 것을 생각해 볼 때, 공동 연구의 경우 사후의 권리귀속관계와 권리의 승계가능성 여부에 대해 미리 계약에 의해 확실히 해 둘 필요가 있다. 이는 특히 산학공동연구의 경우 보다 중요한 사안이 될 수 있다. 대학이나 순수연구기관의 경우에는 자신이 직접 발명을 실시하는 경우는 드물 것이고 실시권을 허여하거나 지분권을 다른 기업에게 양도함으로써 이익을 실현하는 것이 대부분일 것인 바, 그에 따른 공동권리관계를 미리 규율해 두지 않으면 공동으로 개발한 특허권이 기업의 단독소유와 같은 형태로 될 우려가 있기 때문이다.

(4) 권리의 이중양도의 경우

우리법 상으로는 비록 종업원의 발명이 직무발명에 해당하여 사용자에게 예약승계의 권리가 인정된다고 할지라도 이는 종업원과 사용자 사이의 채권적인 권리일 뿐이어서 권리의 이중양도의 경우나 발명자가 스스로 출원한 경우 다음과 같은 문제가 있다. 즉, 종업원이 계약 또는 근무규칙에 위반하여 자기의 직무발명에 관한 권리를 타인에게 양도하거나 스스로 출원한 경우 발명진흥법에 의한 '비밀유지의무 위반'으로 형사처벌할 수 있고[34], 해당 종업원에게는 채무불이행에 따른 손해배상책임을 부과할 수 있으며, 또한 경영비밀을 누설하는 경우에는 정당한 징계사유로 인정되어 징계처분도 할 수 있다. 그러나 출원 자체가 무효로 되는 것은 아니다. 따라서 사후의 문제발생을 예방하기 위하여 사용자는 지체없이 출원하는 것이 좋다. 다만 종업원과 제3자의 이중양도계약이 민법 제103조 위반의 반사회적 법률행위에 해당하여 무효인 경우(예컨대 특허를 받을 수 있는 권리가 이미 사용자에게 양도된 사실을 알면서도 발명자인 종업원과 이중계약을 체결하여 그 이중양도행위에 적극적으로 가담한 경우) 제3자의 출원은 무권리자 출원에 해당하여 특허법 제33조 제1항 본문위반으로 거절되고, 등록 후에는 무효사유에 해당된다.[35]

(5) 출원유보시의 보상

때로는 직무발명을 특허출원하는 것 보다 노하우로 관리하는 것이 사용자에게

---

34) 종업원이 비밀유지의무를 위반하여 부정한 이익을 얻거나 사용자등에 손해를 가할 목적으로 직무발명의 내용을 공개하게 되면 3년 이하의 징역 또는 3천만원 이하의 벌금에 처한다 (발명진흥법 제58조).

35) 특허법원 2006.12.28. 선고 2005허9282 판결.

보다 유리한 경우가 있다. 이 경우에도 사용자등은 정당한 보상을 하여야 하고, 그 발명에 대한 보상액을 결정할 때에는 그 발명이 산업재산권으로 보호되었더라면 종업원등이 받을 수 있었던 경제적 이익을 고려하여야 한다(발명진흥법 제16조).

제3장 특허출원절차

제1절 특허절차일반

I. 대 리 인

1. 의의 및 취지

대리인이란 특허출원행위 등 특허에 관한 절차에 대하여 본인을 대신하여 법률행위를 하는 자를 말하고 대리인이 행한 법률행위의 효과는 본인에게 직접 귀속된다. 특허법은 사적자치를 보충하는 측면에서 법정대리인 제도를, 그리고 사적자치를 확장하는 측면에서 임의대리인 제도를 두고 있다. 특허법상의 대리제도는 민법 또는 민사소송법상 대리제도와 유사하나 대리권의 서면증명(제7조), 대리권의 불소멸(제8조), 절차의 중단의 예외(제20조 단서) 규정을 두는 등 특허절차의 특수성을 고려하고 있다. 대리제도는 특허출원절차 이외의 특허법상의 절차행위 전반에 걸쳐 적용된다.

2. 종류 및 권한

(1) 법정대리인

법정대리인이란 본인의 의사에 의하지 아니하고 법률의 규정 또는 법원의 선임에 의하여 특정인과의 관계에서 대리권을 가지는 자를 말한다. 법정대리인에는 친권자와 후견인이 있다. 미성년자의 경우에는 친권을 행사하는 부 또는 모가 법정대리인이 되나(민법 제911조) 친권자가 없거나 친권자가 법률행위의 대리권 및 재산관리권을 행사할 수 없는 때에는 그 후견인을 두어야 한다(민법 제928조). 한편 한정치산자 또는 금치산자의 경우에는 금치산 또는 한정치산의 선고가 있는 때에는 그 선고를 받은 자의 후견인을 두어야 한다(민법 제929조).

민법에서는 법정대리인이 후견인인 경우에는 ㉠ 영업을 하는 일, ㉡ 차재 또는 보증을 하는 일, ㉢ 부동산 또는 중요한 재산에 관한 권리의 득실변경을 목적으로 하는 행위를 하는 일, ㉣ 소송행위를 하는 일에 대하여 후견인이 피후견인에 갈음하여 행위를 하거나, 미성년자나 한정치산자가 이러한 행위를 하는 것에 동의하는 때에는 친족회의 동의를 얻도록 함으로써(민법 제950조) 법정대리인이 친권자인 경우보다 그 권한을 제한하고 있다. 이는 후견인의 전횡으로부터 무능력자를 보호하기 위함이다.

친권자는 특별수권사항은 물론이고 심판 또는 재심을 포함한 모든 절차에 있어서 친족회의 동의 없이도 절차를 밟을 수 있는데 반해 후견인은 원칙적으로 친족회의 동의가 있어야 특허에 관한 대리행위를 할 수 있다. 다만 후견인이라 하더라도 상대방이 청구한 심판 또는 재심에 대한 절차와 같은 수동적인 절차에서는 친족회의 동의 없이 절차를 밟을 수 있도록 함으로써(특허법 제3조 제2항) 절차의 원활과 무능력자의 합리적인 보호를 도모하고 있다.

(2) 임의대리인

임의대리인이란 본인의 위임에 의하여 대리권이 발생하는 대리인을 말한다. 특허법상 임의대리인에는 국내에 주소 또는 영업소를 가지고 있는 자, 즉 재내자로부터 특허에 관한 절차를 밟을 것을 위임받은 '통상의 임의대리인'과 '재외자의 특허관리인'이 있다.

1) 통상의 임의대리인

'통상의 임의대리인'은 특별수권을 얻지 아니하면 특허출원의 변경·포기·취하, 특허권의 존속기간의 연장등록출원의 취하, 특허권의 포기, 신청의 취하, 청구의 취하, 국내우선권주장이나 그 취하, 거절결정불복심판의 청구 또는 복대리인의 선임을 할 수 없다(제6조). 이상의 특별수권사항은 당사자에게 중대한 불이익을 줄 수 있는 사항이어서, 위임장에 명시되어야 한다. 예컨대 대리권을 위임하는 난에 대리권의 범위를 "본원 OO출원에 관한 모든 절차" 등으로 포괄적으로 기재한 경우에는 특별수권사항을 포함하지 않는다.

2) 재외자의 특허관리인

① 의의 및 취지

재외자의 특허관리인이란 국내에 주소 또는 영업소를 갖지 아니하는 재외자의 특허에 관한 임의대리인으로서 국내에 주소 또는 영업소를 가지고 있는 자를 말한다. 특허법이 재외자에 대한 특허관리인제도를 두는 이유는 특허청 또는 상대방이 국내에 거주하지 않는 재외자와 직접절차를 행함에 따른 번잡과 지연을 피하게 함으로써 절차의 원활한 수행을 도모하기 위해서이다. 따라서 재외자는 국내에 체재하는 경우를 제외하고는 특허관리인에 의하지 아니하면 특허에 관한 절차를 밟거나 특허법 또는 특허법에 의한 명령에 의하여 행정청이 한 처분에 대하여 소를 제기할 수 없다(제5조 제1항).

② 국제출원의 특례

국제특허출원의 경우에는 예외를 인정하여 기준일까지는 특허관리인에 의하지 아니하고 특허에 관한 절차를 밟을 수 있으나, 출원번역문을 제출한 재외자는 기준일 경과 후 2월 내에 특허관리인을 선임하여 특허청장에게 신고하여야 하고, 그 기간 내에 선임신고가 없는 경우에는 그 국제특허출원은 취하된 것으로 본다(제206조).

③ 대리권의 범위

2001년 7월 1일 시행되기 이전의 특허법 하에서는 "특허관리인은 특히 수여된 권한외의 일체의 절차 및 특허법 또는 특허법에 의한 명령에 의하여 행정청이 한 처분에 관한 소송에 대하여 본인을 대리한다(구 특허법 제5조 제2항)."고 규정되어 있어 특허관리인은 특허출원인으로부터 명시적으로 위임받지 아니한 사항에 대하여도 특허에 관한 절차 전반에 관하여 광범위한 대리권이 허용되었었다. 그러나 이러한 입법은 특허관리인의 행위로 인하여 재외자의 권익이 침해될 가능성을 내포하고 있었다.[1] 이에 2001년 개정법은 "특허관리인은 수여된 범위 안에서 특허에 관한 모든 절차 및 이 법 또는 이 법에 의한 명령에 의하여 행정청이 한 처분에 관한 소송에 대하여 본인을 대리"하는 것으로 개정하였다.

개정된 법률에 따르더라도 특허관리인은 특별수권사항에 대해 명시적인 위임을 받지 않더라도 본인을 대리할 수 있는 것으로 해석하는 것이 재외자를 대신하여 특허관리인이 일할 수 있도록 충분한 권한을 부여하여 신속하게 절차를 수행할 수 있도록 하는 특허관리인제도의 취지에 부합할 것이다. 따라서 '재외자의 특허관리인'은 수여된 범위안에서 특허에 관한 모든 절차 및 특허법 또는 특허법

---

1) 개정전 구법에 따르면 재외자의 특허관리인은 통상의 위임에 의한 대리인과 달리 포괄적인 권한을 가지며, 특별한 수권이 없어도 출원취하 또는 심판청구 취하 등의 불이익행위를 할 수 있으며, 비록 당사자간 대리권을 제한하는 계약을 하거나, 특허청에 대하여 대리권을 제한하는 내용으로 대리인 위임신고를 하였다 하더라도 대리권 제한의 효력은 없다.

에 의한 명령에 의하여 행정청이 한 처분에 관한 소송에 대하여 본인을 대리하므로 포괄적인 권한을 가지며 특별수권이 없어도 특허출원의 취하와 같은 불이익행위를 할 수 있다고 해석된다(제5조 제2항).[2] 이는 재외자의 특허관리인도 수권행위에 의해서 대리권이 발생하는 임의대리인의 일종이지만 그 선임자체가 법령의 규정에 의해서 강제되고, 또한 실무상 절차진행의 특수성을 갖는다는 점에서 통상의 임의 대리인보다 폭넓게 대리권을 부여하고 있는 것이다. 다만 특허관리인의 선임신고시 위임장에 특별수권사항이나 특정사항에 대한 절차를 밟을 권한을 제외한 경우에는 그 절차에 대해서는 대리행위를 할 수 없다.

④ 재외자의 재판적

재외자의 특허권 또는 특허에 관한 권리에 관하여 특허관리인이 있는 때에는 그 특허관리인의 주소 또는 영업소를, 특허관리인이 없는 때에는 특허청 소재지를 「민사소송법」 제11조의 규정에 의한 재산소재지로 본다(제13조).[3] 재외자를 피고로 하는 특허권 등에 관한 소송의 예로서는 재외자의 특허침해 주장에 대하여 제기하는 권리침해에 대한 금지청구권부존재확인의 소 등을 들 수 있다.

3. 대리권의 내용

(1) 대리권의 증명

1) 원 칙

특허에 관한 절차를 밟는 자의 대리인(특허관리인을 포함한다. 이하 같다)의 대리

2) 예컨대 위임장에 "출원에 관한 모든 절차", "특허등록에 관한 모든 절차" 및 "심판에 관한 모든 절차" 라고 기재하였다면, 통상 위임에 의한 대리인은 특허법 제6조의 특별수권 사항은 위임받은 것으로 보지 않으나, 특허관리인은 특별수권 사항도 위임받은 것으로 본다.(특허청, 「특허·실용신안 심사지침서」, 2002, 1217면).

3) 민사소송법 제11조는 "대한민국에 주소가 없는 사람 또는 주소를 알 수 없는 사람에 대하여 재산권에 관한 소를 제기하는 경우에는 청구의 목적 또는 담보의 목적이나 압류할 수 있는 피고의 재산이 있는 곳의 법원에 제기할 수 있다."고 재외자의 재산소재지의 특별재판적을 규정하고 있다. 그러나 특허권 등은 무체재산권이고 그 실재는 특허청에서의 등록이라는 사실을 통해서만 확인된다는 점에서 재산의 소재지가 별도로 존재한다고 할 수 없다. 따라서 재외자의 특허권 또는 특허에 관한 권리에 관해서는 민사소송법 제11조와 별도로 특별히 재판적을 규정할 필요가 있기 때문에 그 기준을 정하는 특칙을 둔 것이다(특허청, 「우리나라 특허법제에 대한 연혁적 고찰 - 조문별 특허법 해설」, 2007, 67면).

권은 이를 서면으로써 증명하여야 한다(제7조). 대리권의 증명을 서면에 의하도록 한 취지는 대리권의 존재여부를 명확히 함으로써 추후 대리권이 없음을 이유로 특허법 제16조 및 제46조에 따라 절차가 무효로 되는 번잡과 법률적 불안정을 예방하기 위한 것이다.

대리권을 증명하는 서면(이하, '위임장'이라 한다)이 첨부되지 아니한 경우는 보정을 명하여야 하며 위임장이 제출되면 본인에 의하여 추인이 된 것으로 보아 행위시에 소급하여 그 효력이 발생한다(제7조의2). 추인이 되지 아니하였을 때는 대리인의 행위는 무효로 된다(제16조).

2) 포괄위임 제도

포괄위임제도란 특허에 관한 절차를 대리인에 의하여 밟는 경우에 있어서 현재 및 장래의 사건에 대하여 미리 사건을 특정하지 아니하고 포괄하여 위임하는 제도를 말한다. 일단 특허청에 포괄위임등록을 하면 포괄위임등록을 한 대리인이 그 포괄위임의 범위안에서 특허에 관한 절차를 밟는 경우에는 대리권을 증명하는 서류의 제출을 생략할 수 있다(특허법시행규칙 제10조 제3항).

(2) 대리권의 불소멸

특허에 관한 절차를 밟는 자의 위임에 의한 대리인의 대리권은 본인의 사망이나 능력의 상실, 본인인 법인의 합병에 의한 소멸, 본인인 수탁자의 신탁임무의 종료, 법정대리인의 사망이나 능력의 상실 또는 대리권의 소멸이나 변경으로 인하여 소멸하지 아니한다(제8조). 수권행위에 의하여 발생한 대리권에 대하여 민법은 본인의 사망, 대리인의 사망, 금치산 또는 파산에 의해 소멸하는 것으로 규정하고 있다(민법 제127조, 제128조). 대리권은 본인과 대리인 사이의 특별한 신임관계에 기초하여 수여되는 것이므로 본인이 선임한 대리인을 상속인의 대리인으로 하는 것은 적당하지 않기 때문이다. 그런데 특허법은 이러한 민법의 원칙에 대한 특칙을 정하여 본인의 사망 등의 경우에도 대리권이 소멸되지 않도록 규정하고 있는데 이는 특허에 관한 절차는 연속성이 요구되는 관계상 본인이 사망한 이후에도 대리인에게 절차진행의 계속적 권한을 부여하는 것이 오히려 그 절차의 수계자에게 이익이 보장될 수 있기 때문이다.[4] 아울러 특허절차에 관한 대리인의

---

4) 김원준, 「특허법원론」, 박영사, 2009, 56면; 민사소송법 제95조에서 "1. 당사자의 사망

경우 대리권의 범위가 서면에 의하여 명확하게 정하여져 있고 불이익행위를 할 경우 특별한 수권을 받도록 하는 등 본인 또는 승계인의 이익을 해칠 우려가 적다는 점도 반영된 것으로 볼 수 있다.

(3) 개별대리의 원칙

특허에 관한 절차를 밟는 자의 대리인이 수인이 있는 때에는 특허청 또는 특허심판원에 대하여 각 자가 본인을 대리한다(제9조). 특허에 관한 절차를 밟는 자의 대리인이 2인 이상 있을 경우에 대리인 각자가 본인을 대리한다는 소위 '개별대리의 원칙'을 규정하고 있다. 민사소송법도 제93조 제1항에서 개별대리의 원칙을 규정하고 제2항에서는 당사자간에 이와 다른 약정을 하여도 효력이 없다고 규정함으로써 개별대리의 원칙이 강행규정임을 명확히 하고 있다. 특허법에서는 강행규정성을 명시하고 있지는 않지만 같은 취지로 해석하여야 할 것이다. 이와 같이 개별대리제도를 채택한 것은 특허절차 또는 소송절차의 지연 및 상대방의 불편을 방지하기 위한 것이다.

개별대리의 원칙상 수인의 대리인이 있는 경우 특허에 관한 절차를 밟음에 있어서 2인 이상의 대리인 중 1인만이 개별적으로 절차를 수행하여도 본인을 대리한 것으로서 효력이 발생하며, 특허청 등은 2인 이상의 대리인 중 1인에게만 서류송달 등의 절차를 밟으면 그 절차행위는 유효하다. 다만 공동대리의 특약이 있는 경우 본인과 대리인간의 내부적인 의미는 있기 때문에 특약위반시 민사상 책임을 물을 수는 있을 것이다.

(4) 대리인의 선임 및 개임

특허청장 또는 심판장은 특허에 관한 절차를 밟는 자가 그 절차를 원활히 수행할 수 없거나 구술심리에서 진술할 능력이 없다고 인정되는 등 그 절차를 밟는데 적당하지 아니하다고 인정되는 때에는 대리인의 선임·개임을 명할 수 있고(제10조 제1항, 제2항) 이 경우에 변리사로 하여금 대리하게 할 것을 명할 수 있다(제10조 제3항). 이는 행정상 편의와 본인의 이익을 보호하기 위함이다. 특허청장 또는 심

또는 소송능력의 상실 2. 당사자인 법인의 합병에 의한 소멸 3. 당사자인 수탁자의 신탁임무의 종료 4. 법정대리인의 사망, 소송능력의 상실 또는 대리권의 소멸·변경의 경우에도 소송대리권은 소멸되지 아니한다."고 규정하고 있는 것과 동일한 취지라고 할 수 있다.

판장은 대리인의 선임·개임 명령 후 대리인의 선임 또는 개임전에 특허에 관한 절차를 밟는 자 또는 대리인이 특허청 또는 특허심판원에 대하여 한 특허에 관한 절차는 무효로 할 수 있다(제10조 제4항).

변리사가 대리인인 경우 개임 명령을 할 수 있는지 여부에 대해 특허법 제10조의 취지는 절차능력 때문에 행정절차를 원활히 수행할 수 없다고 인정되는 경우 등에는 행정상 편의와 본인의 보호를 위하여 대리인을 선임(개임)할 것을 강제하는 제도이므로 비록 그 대리인이 변리사라 하더라도 건강상의 이유 등으로 실질적으로 특허에 관한 절차를 원활히 수행할 수 없거나 구술심리에서 진술할 능력이 없는 경우에는 개임명령의 대상이 될 수 있다고 본다.

4. 대리권 흠결의 효과

(1) 절차의 무효 등

특허청장 또는 특허심판원장은 ㉠ 미성년자등이 법정대리인에 의하지 않고 절차를 밟거나, ㉡ 임의대리인의 특별수권이 흠결된 경우, ㉢ 위임장이 첨부되지 않은 경우와 같이 방식에 위반된 경우에는 기간을 정하여 보정을 명하여야 하고(법 46), 보정명령을 받은 자가 지정된 기간 이내에 그 보정을 하지 아니한 경우에는 특허에 관한 절차를 무효로 할 수 있다(제16조 제1항).

한편 심판장은 심판에 관한 절차가 상기 ㉠~㉢에 해당하는 경우에는 기간을 정하여 보정을 명하여야 하고 보정명령을 받은 자가 지정된 기간 이내에 보정을 하지 아니한 경우에는 결정으로 심판청구서를 각하하여야 한다(제141조 제1항, 제2항).

(2) 부적법한 서류 등의 반려

특허청장 또는 특허심판원장은 재외자가 특허관리인에 의하지 아니하고 출원서류 등을 제출한 경우에는 소명의 기회를 주고, 소명하지 않거나 소명이 적법하지 않은 경우 반려하여야 한다(특허법시행규칙 제11조).

(3) 절차의 중단

당사자의 법정대리인이 사망하거나 그 대리권을 상실한 경우 특허청 또는 특허심판원에 계속중인 절차는 중단된다. 다만, 절차를 밟을 것을 위임받은 대리인이 있는 경우에는 그러하지 아니하다(제20조).

(4) 재심사유

대리권의 흠결은 재심사유에 해당하며 대리권의 흠결을 이유로 하여 재심을 청구하는 경우에 '심결 확정후 재심의 사유를 안 날부터 30일'은 청구인 또는 법정대리인이 심결등본의 송달에 의하여 심결이 있는 것을 안 날의 다음날부터 기산한다(제180조 제2항).

5. 관련문제

(1) 복대리인

복대리인이란 대리인이 대리권의 범위 내에서 선임한 본인의 대리인을 말한다. 법정대리인은 그 책임으로 복대리인을 선임할 수 있지만(민법 제22조) 임의대리인이 복대리인을 선임하기 위해서는 본인으로부터 특별수권을 받아야 한다(특허법 제6조).

복대리인의 수권범위는 대리인의 수권범위를 초과할 수 없다. 만일, 대리인이 복대리인을 선임할 수 있는 권한(복임권)과 다른 특별수권사항(예컨대 출원의 취하)을 본인으로부터 함께 위임받았다면 복대리인에게 특별수권사항에 관하여도 수권할 수 있다. 하지만 복임권이 있더라도 다른 특별수권사항에 대해서는 수권을 받지 못했다면 복대리인의 대리권의 범위 또한 다른 특별수권사항을 포함할 수 없다.

(2) 복수당사자의 대표

1) 의의 및 취지

복수당사자의 대표란 2인이상이 특허에 관한 절차를 밟는 때에 복수당사자 중 특정인을 선정하여 특허청에 신고된 자를 말한다. 특허법은 절차의 신속을 도모하기 위해 2인 이상이 특허에 관한 절차를 밟을 때에 원칙적으로 각자가 전원을 대표할 수 있도록 하고, 출원인 전원에게 불이익으로 될 수 있거나 본인의 의사를 확인하는 것이 필요하다고 인정되는 행위에 대하여는 전원이 공동으로 해야 하는 것으로 하고 있다.

2) 대표자를 선정하지 않은 경우

복수당사자가 특허에 관한 절차를 수행하는 경우 ㉠ 특허출원의 변경·포기·취하 또는 특허권의 존속기간의 연장등록출원의 취하 ㉡ 신청의 취하·국내우선권 주장 또는 그 취하 ㉢ 청구의 취하 ㉣ 특허거절결정불복심판의 청구와 같이 다른 당사자에게 불이익을 초래할 수 있는 사항을 제외하고는 각 자가 전원을 대표한다(제11조 제1항). ㉠~㉣의 행위를 하기 위해서는 복수당사자 전원이 함께 절차를 밟아야 한다.

3) 대표자를 선정한 경우

대표자를 선정하여 특허청 또는 특허심판원에 신고한 때에는 대표자에 의해 특허에 관한 절차를 밟아야 하고, 그 외의 자는 대표할 권한이 없다. 이 경우 대표자는 2인 이상이라도 좋다. 대표자를 선정하여 특허청 또는 특허심판원에 신고할 때에는 대표자로 선임된 사실을 서면으로 증명하여야 한다(제11조 제2항). 대표자는 다른 당사자의 동의를 얻지 않고 단독으로 위 ㉠~㉣과 같은 불이익행위를 할 수 있을 것인지가 문제인데 다른 당사자의 동의를 얻지 않으면 불이익행위는 할 수 없다는 것이 실무의 태도이다.

4) 절차의 중단

복수당사자의 대표자가 사망하거나 그 자격을 상실한 경우에는 새로운 대표자 또는 각 당사자가 수계할 때까지 절차는 중단된다. 다만, 절차를 밟을 것을 위임받은 대리인이 있는 경우에는 그러하지 아니하다(제20조).

(3) 민사소송법의 준용

특허법에서 대리인에 관하여 특별한 규정이 있는 것을 제외하고는 「민사소송법」 제1편 제2장 제4절(소송대리인)의 규정을 준용한다(제12조).

Ⅱ. 기일과 기간

1. 기 일

(1) 의 의

기일이란 당사자와 심사관 또는 심판관이 특허절차를 밟기 위하여 일정한 장소에서 모이기 위해 정한 시점을 말한다.

(2) 기일의 지정 및 변경

기일은 심판장 또는 심사관이 미리 지정하여 통지하지만 심판장 또는 심사관은 이 법의 규정에 의하여 특허에 관한 절차를 밟을 기일을 정한 때에는 청구에 의하여 또는 직권으로 그 기일을 변경할 수 있다(제15조 제3항).

2. 기 간

(1) 의 의

기간이란 일정시점부터 다른 시점까지 계속되는 시의 구분으로서 일정한 법률효과를 발생시키는 행위를 할 수 있는 시간의 길이를 말한다. 특허에 관한 절차는 일정기간 내에 하여야 유효하게 되는 등 기간은 특허법상 절차진행에 있어서 중요한 의미를 갖는다.

(2) 종 류

1) 법정기간

법정기간이란 특허법 또는 특허법에 의한 명령에 규정된 기간을 말한다. 법정기간은 원칙적으로 기간의 연장이 불가능한 불변기간이나, 특허거절결정 불복심판 청구기간(제132조의3)은 예외적으로 가변기간이다.[5)]

2) 지정기간

지정기간이란 출원·청구·기타의 절차를 밟는 자에 대하여 특허청장, 특허심판원장, 심판관 또는 심사관이 특허법 또는 특허법에 의한 명령에 근거하여 정한 기간을 말한다. 지정기간은 가변기간이다.

---

5) 특허법 제15조 (기간의 연장등) ① 특허청장 또는 특허심판원장은 청구에 따라 또는 직권으로 제132조의3에 따른 심판의 청구기간을 1회에 한하여 30일 이내에서 연장할 수 있다. 다만, 교통이 불편한 지역에 있는 자의 경우에는 그 횟수 및 기간을 추가로 연장할 수 있다.

(3) 기간의 계산

기간의 계산방법은 특별한 경우를 제외하고는 보통 민법규정(민법 제155조 이하)이 정하는 바에 의하지만, 특허법은 기간계산에 대한 특칙을 따로 두고 있으므로(특허법 제14조) 특허법령상의 기간계산에 있어서는 민법의 규정은 보충적이며 특허법의 규정이 우선 적용된다. 기간의 계산방법에는 자연적 계산방법과 역에 의한 계산방법이 있으며 자연적인 계산방법은 정확한 반면 불편하고 역에 의한 계산방법은 다소 부정확하나 간편하다.

1) 초일불산입의 원칙

특허법상 기간의 계산에 있어서 기간의 초일은 이를 산입하지 아니한다. 다만, 그 기간이 오전 영시부터 시작하는 때에는 초일도 산입하도록 규정하고 있다(제14조 제1호). 따라서 예를 들어 2006년 4월 15일 특허거절결정등본의 송달이 있었고 특허법 제15조에 의하여 거절결정불복심판청구기간이 2개월 연장된 경우 심판청구기간의 만료일은 7월 15일이 된다. 즉 본래의 기간은 초일불산입원칙에 따라 4월 16일부터 기산하여 5월 15일에 만료되고, 연장기간은 초일이 산입되므로 5월 16일부터 2개월인 7월 15일에 만료된다.

2) 역법적 계산방법

기간을 월 또는 연으로 정한 때에는 역에 의하여 계산한다(제14조 제2호). 즉 기간을 월 또는 연으로 정한 때에는 월, 연의 장단에 관계없이 역에 의해 계산한다.

3) 기간의 만료일

월 또는 연의 처음부터 기간을 기산하지 아니하는 때에는 최후의 월 또는 연에서 그 기산일에 해당하는 날의 전일로 기간이 만료한다. 다만, 월 또는 년으로 정한 경우에 최종의 월에 해당 일이 없는 때에는 그 월의 말일로 기간이 만료한다(제14조 제3호). 예컨대 기산일인 1월 15일부터 1개월은 2월 14일이 기간의 만료일이고, 기산일인 3월 31일부터 3개월은 6월 30일로 기간이 만료된다.

기간의 만료일에 관한 유권해석 사례(법무부 법심 61010 - 221호, '95.4.24)

특허법 제63조의 규정에 의한 의견서 제출기간을 통지일로부터 1월로 정한 거절이유통지서를 1. 28과 1. 31에 각각 발송한 후 의견서 제출기간을 1월씩 연장한 경우, 연장기간의 만료일은 모두 3. 31이 된다.
"지정기간을 연장하는 연장기간은 지정기간에 별도로 추가하여 의견서 제출기간을 연장하는 것이어서 본래의 지정기간과는 다른 기간이며, 본래의 기간이 만료한 다음날부터 기산하여야 할 것이다(형사소송규칙 제98조 참조). 기간의 계산을 정한 제14조는 기간의 초일은 산입하지 아니하며, 기간을 월 또는 년의 처음부터 기간을 계산하지 아니하는 때에는 최후의 월 또는 년에서 그 기산일에 해당하는 날의 전일로 기간이 만료하되 최종의 월에 해당일이 없을 때에는 그 월의 말일로 기간이 만료한다고 규정하고 있으므로 통지일이 1. 28과 1. 31인 경우 1월의 기간 만료일은 모두 2. 28이 되고 다시 1월의 연장기간이 추가된 경우 연장기간의 기산일은 모두 3. 1이 되어 연장기간의 만료일은 모두 3. 31이 된다 할 것이다."

4) 기간의 말일에 대한 특례

특허에 관한 절차에 있어서 기간의 말일이 공휴일(「근로자의 날 제정에 관한 법률」에 의한 근로자의 날 및 토요일을 포함한다)에 해당하는 때에는 기간은 그 다음날로 만료한다(제14조 제4호). 이 규정은 절차를 밟는 자의 편의를 위한 규정이므로 특허권의 존속기간 등 절차와 무관한 기간의 말일이 공휴일인 경우에는 적용되지 않는다. 따라서 특허권의 존속기간 등 절차와 무관한 기간의 말일이 공휴일인 경우에는 적용되지 않는다. 예컨대 특허에 관한 절차에 있어서 기간의 말일이 토요일인 경우에는 그 기간은 그 다음 월요일로 만료하게 된다. 하지만 특허권존속기간의 말일이 토요일인 경우에는 그 날로 만료된다.

대법원 1991.2.8. 선고 90후1680 판결

말일이 공휴일인 경우 기간의 계산

특허법에 의한 기간을 계산함에 있어 기간의 초일은 산입하지 아니하고, 특허에 관한 출원·청구 기타의 절차에 관한 기간의 말일이 공휴일에 해당될 때에는 그 다음날을 기간의 말일로 한다고 규정하고 있는바, 1990년 曆에 의하면 원심이 명세서 보정기간이 만료되었다고 인정한 1990. 1. 27.은 설날 연휴이고, 1. 28.은 일요일로서 공휴일에 해당함이 명백하므로 위 보정기간은 그 다음날인 1. 29.에 만료된다고 할 것이고, 따라서 출원인의 1990. 1. 29.자 보정서는 적법한 기간 내에 제출되었다고 할 것이다.

■ **기간의 계산에 관한 구체적 사례**

[예1] 최종월에 해당일이 없는 경우

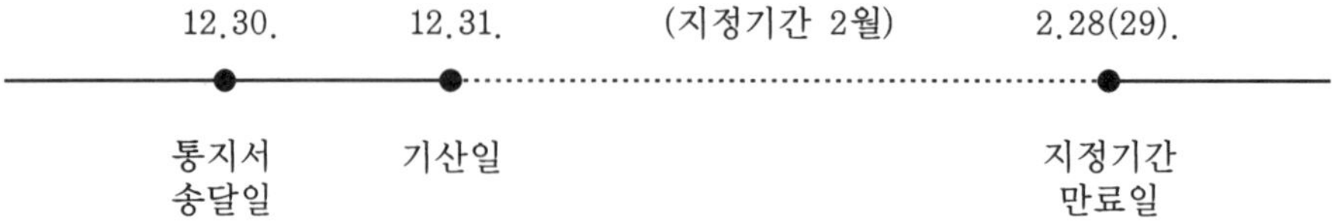

[예2] 기간 연장일이 月 또는 年의 초일부터 기간을 기산하는 경우

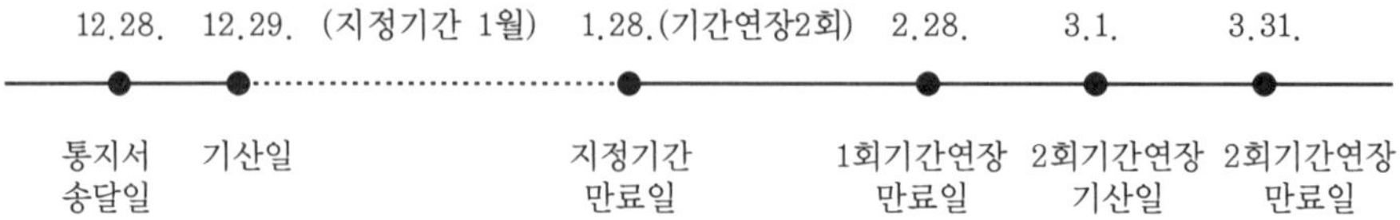

[예3] 지정기간 만료일이 공휴일인 경우로 기간연장하는 경우

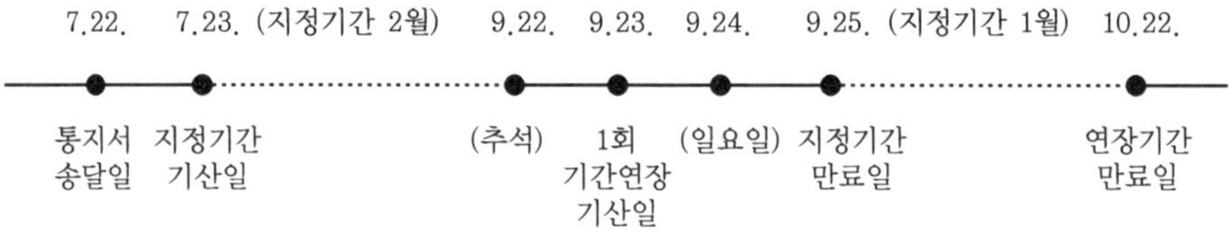

특허에 관한 절차에 있어서 기간의 말일이 공휴일인 경우에는 기간은 그 다음 날로 만료한다. 따라서 상기 [예3]에서 기간연장이 없었다면 기간은 9.25.로 만료된다. 기간의 기산일이 공휴일인 경우에도 기간의 기산일은 공휴일부터 시작된다. 따라서 기간연장의 만료일은 10.22.이 된다. 또한 상기 예에서 지정기간 만료일이 9.25.로 된 경우 9.25.까지 지정기간 연장 신청을 할 수 있으며, 신청이 비록 9.25.에 있었다 하더라도 기간연장의 기산일은 9.23.가 되고 기간연장 만료일은 10.22.이 된다.

(4) 기간의 연장 또는 단축

특허청장 또는 특허심판원장은 청구에 따라 또는 직권으로 거절결정불복심판의 청구기간을 1회에 한하여 30일 이내에서 연장할 수 있다. 다만, 교통이 불편한 지역에 있는 자의 경우에는 그 횟수 및 기간을 추가로 연장할 수 있다(제15조 제1

항). 특허청장·특허심판원장·심판장 또는 심사관은 이 법에 따라 특허에 관한 절차를 밟을 기간을 정한 때에는 청구에 따라 그 기간을 단축 또는 연장하거나 직권으로 그 기간을 연장할 수 있다. 이 경우 특허청장 등은 해당절차의 이해관계인의 이익이 부당하게 침해되지 아니하도록 단축 또는 연장 여부를 결정하여야 한다(제15조 제2항).

기간의 연장은 법정기간 또는 지정기간 내에 특허에 관한 절차를 밟아야 할 자가 교통이 불편한 지역에 거주하거나 그 절차를 밟기 위하여 상당한 준비기간이 소요되는 경우에 법정기간이나 특허청장 또는 심사관이 지정한 지정기간을 연장함으로써 절차를 제대로 밟도록 하기 위한 제도이다. 한편 기간의 연장만으로는 중간서류 제출기간 경과 전에 특허여부 결정을 바라는 출원인의 요구에 부응하지 못하는 경우가 있으므로, 청구에 따라 지정기간을 단축할 수 있도록 하는 단축 제도를 신설하였다.

■ **부가기간**

부가기간이란 본래의 기간 이외에 별도의 기간을 더 주는 것을 말하고, 본래의 기간을 늘려주는 기간의 연장과 구별된다. 예컨대 특허법은 제186조 제4항에서 심결 등에 대한 소를 제기할 수 있는 제소기간은 불변기간이란 점을 밝히고 있다. 따라서 이 제소기간을 늘이거나 줄일 수 없다. 한편 동조 제5항은 부가기간의 허용에 관한 규정으로 특허소송의 제기기간은 불변기간이지만 심판장은 원격 또는 교통이 불편한 지역에 있는 자를 위하여 직권으로 부가기간을 정할 수 있도록 하여 심결취소소송을 제기하는 자의 편의를 도모하고 있다.

(5) 기간의 해태와 구제방법

기간의 해태란 절차를 밟는 자가 소정의 절차를 밟아야 할 기간 내에 절차를 밟지 아니하고 기간이 경과한 것, 즉 기간의 불준수를 말한다. 기간의 해태에 대한 불이익은 절차를 밟는 자가 감수해야 하는 것이 원칙이나 당사자가 책임질 수 없는 사유로 당사자가 돌이킬 수 없는 치명적인 불이익을 받는 것은 가혹하기 때문에 일정한 경우에 구제수단을 인정하고 있다.

1) 무효처분의 취소

특허청장 또는 특허심판원장은 보정명령을 받은 자가 지정된 기간 이내에 그 보정을 하지 아니하여 특허에 관한 절차가 무효로 된 경우에도 지정된 기간을 지키지 못한 것이 보정명령을 받은 자가 책임질 수 없는 사유에 의한 것으로 인정되는 때에는 그 사유가 소멸한 날부터 14일 이내에 보정명령을 받은 자의 청구에 의하여 그 무효처분을 취소할 수 있다. 다만, 지정된 기간의 만료일부터 1년이 경과한 때에는 그러하지 아니하다(제16조 제2항).

'보정명령을 받은 자가 책임질 수 없는 사유'란 일반인이 보통의 주의를 다하여도 피할 수 없는 사유로 천재·지변 기타 불가피한 사유를 말한다. 심사 실무상 무효처분의 서류를 당사자가 아닌 자에게 송달한 경우에는 본인이 책임질 수 없는 사유에 해당되나, 공시송달사실을 몰랐다는 이유는 특별한 사유가 없는 한 책임질 수 없는 사유에 포함되지 않는다.[6]

2) 절차의 추후보완

특허에 관한 절차를 밟은 자가 책임질 수 없는 사유로 인하여 제132조의3의 규정에 의한 거절결정불복심판청구기간, 제180조 제1항의 규정에 의한 재심청구기간을 준수할 수 없을 때에는 그 사유가 소멸한 날부터 14일 이내에 지키지 못한 절차를 추후보완할 수 있다. 다만, 그 기간의 만료일부터 1년이 경과한 때에는 그러하지 아니하다(제17조).

특허에 관한 절차를 밟는 자가 책임질 수 없는 사유로 특허거절결정에 대한 심판 또는 재심의 청구기간을 준수할 수 없을 때를 구제하기 위한 것으로 특허거절결정 등에 대한 심판이나 재심의 청구기간에 한한다.

Ⅲ. 절차의 무효와 서류의 반려

1. 절차의 무효

(1) 의 의

절차의 무효란 특허청 또는 특허심판원에 수리되어 일단 유효하게 성립된 절차에 대해 흠결이 있다는 이유로 그 절차의 효력을 소급적으로 상실시키는 특허청장 등의 행정처분을 말한다. 당초부터 보정할 수 없는 사항에 대하여 행하여지는 「반려」(특허법시행규칙 제11조)와 구분된다.

---

6) 특허청, 「특허·실용신안 심사지침서」, 2002, 1417면.

(2) 법적성질

특허법은 "특허청장 또는 특허심판원장은 보정명령을 받은 자가 지정된 기간 이내에 그 보정을 하지 아니한 경우에는 특허에 관한 절차를 무효로 할 수 있다(제16조 제1항)"고 하여 특허청장 등에게 재량이 있음을 명확히 하고 있다. 따라서 기간 경과 후 곧바로 무효로 할 것인지 또는 다시 보정명령을 할 것인지 여부는 특허청장 등의 재량에 속하지만 그 재량권은 합리적이고 공평하게 행사되어야 할 것이다.

(3) 무효사유

특허청장 또는 특허심판원장은 ㉠ 법 제3조 제1항의 행위능력 없는 자 등이 법정대리인에 의하지 않고 절차를 밟거나, ㉡ 법 제6조의 대리권의 범위에 흠결이 있는 경우, ㉢ 법령이 정하는 방식에 위반된 경우, ㉣ 법 제82조의 규정에 의하여 납부하여야 할 수수료를 납부하지 아니한 경우에는 기간을 정하여 보정을 명하여야 하는데(제46조), 보정명령을 받은 자가 지정된 기간 이내에 그 보정을 하지 아니한 경우가 절차무효의 대상이 된다(제16조 제1항).

이때 제3자가 심사청구한 출원에 대하여 보정으로 청구항이 추가된 경우 출원인에 대하여 추가로 심사청구료를 납부하도록 보정명령을 하였음에도 불구하고 지정된 기간 이내에 추가 심사청구료를 납부하지 않은 경우에는 특허출원서에 첨부한 명세서에 관한 보정이 무효로 된다(제16조 제1항 단서).

(4) 무효처분 및 처분에 대한 불복

특허청장 또는 특허심판원장은 특허법 제46조의 규정에 해당되는 경우에는 기간을 정하여 보정을 명하여야 한다. 절차를 밟는 자에게 보정의 기회를 주지 않고 무효처분을 하는 것은 가혹하므로 보정명령은 보정사항에 해당하는 경우에는 반드시 하여야하는 기속적 행정행위이다. 특허청장 또는 특허심판원장은 무효처분 또는 무효처분의 취소처분을 할 때에는 그 보정명령을 받은 자에게 처분통지서를 송달하여야 한다(제16조 제3항).

특허청장 또는 특허심판원장의 무효처분에 대해서는 행정심판을 청구하거나 행정소송법에 의한 취소소송을 제기하여 그 당부를 다툴 수 있다.

(5) 무효처분의 효과

특허에 관한 절차가 무효로 된 경우에는 해당 절차는 처음부터 없었던 것으로 본다. 따라서 무효로 된 출원에 대하여는 특허법 제36조 제1항 내지 제3항(선원)의 규정을 적용함에 있어서는 처음부터 출원이 없었던 것으로 보며, 무효로 된 출원을 기초로 국내우선권주장출원을 할 수 없다(제55조). 다만, 조약에 의한 우선권의 경우에는 국내우선권과 달리 우선권주장의 기초출원이 적법하게 출원계속 중일 것을 요하지 않고 출원의 정규성만 인정되면 되기 때문에 무효처분된 특허출원을 기초로 조약우선권주장출원을 할 수 있다(제54조).

출원공개 후 출원이 무효로 된 경우에는 특허법 제65조 제2항의 출원공개에 따른 보상금청구권은 처음부터 발생하지 아니한 것으로 본다(제65조 제6항).

2. 서류의 반려

(1) 의 의

서류의 '반려'란 특허 출원·청구 등의 절차에 보정하기 어려운 중대한 하자가 있어 그 출원서나 청구서 등을 수리하지 않는 특허청장 등의 행정처분을 말한다(특허법시행규칙 제11조). '불수리'라고도 한다.

(2) 법적성질

특허청장 또는 특허심판원장은 특허법시행규칙 제11조에 해당하는 경우에는 반드시 출원서류 등을 반려하여야 하므로 특허청장 등의 재량이 인정되지 않는 기속적 행정행위이다.

(3) 불수리사유

부적법한 출원서류 등의 반려사유는 특허법시행규칙 제11조에서 규정하고 있다. 예컨대 출원 또는 서류의 종류가 불명확한 경우, 국어로 기재되지 아니한 경우, 출원서에 명세서(명세서에 발명의 상세한 설명이 기재되어 있지 아니한 경우를 포함한다)를 첨부하지 아니한 경우, 기간을 경과한 제출서류 등과 같이 보정에 의해서도 그 흠결을 치유할 수 없는 것들이 이에 속한다.

(4) 불수리처분절차 및 처분에 대한 불복

특허청장 또는 특허심판원장은 부적법한 것으로 보는 출원서류 등을 반려하고자 하는 경우에는 출원서류 등을 제출한 출원인등에 대하여 출원서류 등을 반려하겠다는 취지, 반려이유 및 소명기간을 기재한 서면을 송부하여 소명의 기회를 주고(특허법시행규칙 제11조 제2항), 출원인등이 소명기간 내에 소명서 또는 반려요청서를 제출하지 아니하거나 제출한 소명이 이유없다고 인정되는 때에는 소명기간이 종료된 후 즉시 출원서류 등을 반려하여야 한다(동규칙 제11조 제4항). 소명서 검토결과 불수리사유가 존재하지 않는다고 판단되면 해당 서류는 처음 제출한 날에 효력이 발생한 것으로 한다.

특허청장 또는 특허심판원장의 불수리처분에 대해서는 행정심판을 청구하거나 행정소송을 제기하여 그 당부를 다툴 수 있다.

Ⅳ. 절차의 효력승계 및 절차의 속행

1. 절차의 효력승계

특허권 또는 특허에 관한 권리(예컨대 특허를 받을 수 있는 권리, 실시권, 질권 등)에 관하여 밟은 절차의 효력은 그 특허권 또는 특허에 관한 권리의 승계인에게 미친다(특허법 제18조). 특허에 관한 권리관계에 변동이 있는 경우에 그때마다 동일한 절차를 반복하는 업무처리상의 불편을 피하고 절차의 신속한 진행을 도모하기 위함이다.

'특허권 또는 특허에 관한 권리에 관하여 밟은 절차'란 ㉠ 당사자 또는 출원인 등이 특허청에 대하여 밟은 절차, ㉡ 특허청이 당사자 또는 출원인 등에게 취한 절차를 모두 포함하는 개념이다. 따라서 예컨대 거절이유통지 후 출원인의 변경이 있는 경우 승계인에 대하여 재차 거절이유통지를 하지 않고 특허거절결정을 할 수 있게 된다.

2. 절차의 속행

특허청장 또는 심판장은 특허에 관한 절차가 특허청 또는 특허심판원에 계속중에 특허권 또는 특허에 관한 권리의 이전이 있는 때에는 그 특허권 또는 특허에 관한 권리의 승계인에 대하여 그 절차를 속행하게 할 수 있다(특허법 제19조).[7] 이 규정도 제18조와 마찬가지로 권리변동이 있을 때마다 동일한 절차를 반복해야 하는 번잡과 불편을 피하기 위한 것이다. 하지만 제18조는 승계 전에 밟은 절차의 효력이 승계인에게 미친다는 점을 규정한 데 반해 제19조는 승계후의 절차 진행에 대하여 규정한 것이라는 점에서 구별된다.[8] 특허청장 또는 심판장은 제19조의 규정에 의하여 승계인에 대하여 특허에 관한 절차를 속행하게 하고자 할 때에는 그 취지를 당사자에게 서면으로 통지하여야 한다(특허법시행규칙 제18조).

예컨대 심사 또는 심판이 종결의 단계에 이르러 권리승계인을 절차에 관여시킬 구체적인 필요성이 거의 없거나, 권리의 특정승계의 신고에 관하여 방식심사가 종료되지 않아 종전의 권리자로 하여금 그대로 절차를 수행하게 하는 것이 적절한 경우 등 당해 사건에 대한 심사 또는 심판의 상황에 비추어 적절하다고 인정하는 때에는 종전의 당사자로 하여금 절차를 수행하게 할 수 있다. 판례도 등록무효심판 계속중 피심판청구인이 그 등록권리를 제3자에게 이전하였다 하더라도 당사자로서의 지위에는 영향을 받지 아니한다고 하였다.[9]

Ⅴ. 절차의 정지

1. 의의 및 취지

절차의 정지란 특허에 관한 출원·청구 또는 기타 절차가 특허청 또는 특허심판원에 계속 중에 해당 절차가 법률상 진행할 수 없는 상태로 되는 것을 말한다. 절차의 정지에는 절차의 중단과 절차의 중지가 있다.

특허에 관한 절차의 진행이 불가능하거나 곤란한 경우에도 절차를 진행시키는 것은 당사자에게 불측의 손해를 줄 수 있으므로 당사자의 선의의 피해를 막고 심사·심판 및 재판의 공정을 도모하기 위해 절차의 정지제도를 두고 있다.

---

7) 승계인에 대해 절차를 속행하게 할 수 있다는 것은 원권리자(피승계인)로 하여금 절차를 수행하게 할 수도 있고, 상당하다고 인정하는 때에는 권리의 승계인에게 절차를 인계하도록 할 수도 있다는 것을 의미한다. 승계인에게 속행하게 하는 것은 재량행위이므로 반드시 절차의 속행을 명하여야 하는 것은 아니다.

8) 江口 裕之, 「解說 特許法-弁理士本試驗合格を目指して」, 經濟産業調査會, 2005, 606~607면.

9) 대법원 1967.6.27. 선고 67후1 판결.

2. 종 류

(1) 절차의 중단

'절차의 중단'이란 당사자에게 절차를 수행할 수 없는 사유가 발생했을 경우에 새로운 절차의 수행자가 나타나 절차를 수행할 수 있을 때까지 법률상 당연히 절차의 진행이 정지되는 것을 말한다. 따라서 중단사유가 발생하면 특허청이나 절차를 밟는 당사자의 의사와 관계없이 중단된다. 특허법이 규정하는 절차의 중단사유는 다음과 같고(제20조), 절차가 중단된 경우에는 다음의 자가 그 절차를 수계하여야 한다(제21조). 다만, 이에 해당하는 경우에도 절차를 밟을 것을 위임받은 대리인이 있는 경우에는 절차는 중단되지 않는다(제20조 단서).

① 당사자가 사망한 경우 - 당사자의 상속인·상속재산관리인 또는 법률에 의하여 절차를 속행할 자. 다만, 상속인은 상속을 포기할 수 있을 때까지 그 절차를 수계하지 못한다.

② 당사자인 법인이 합병에 의하여 소멸한 경우 - 합병에 의하여 설립되거나 합병후 존속하는 법인.

③ 당사자의 절차능력상실 또는 당사자의 법정대리인의 사망 또는 그 대리권을 상실한 경우 - 절차를 밟을 능력을 회복한 당사자 또는 법정대리인이 된 자

④ 당사자의 신탁에 의한 수탁자의 임무가 종료한 경우 - 새로운 수탁자

⑤ 복수당사자의 대표자가 사망하거나 그 자격을 상실한 경우 - 새로운 대표자 또는 각 당사자

⑥ 파산관재인 등 일정한 자격에 의하여 자기 이름으로 남을 위하여 당사자가 된 자가 그 자격을 잃거나 사망한 경우 - 같은 자격을 가진 자

중단된 절차에 관한 수계신청은 상대방도 할 수 있다(제22조 제1항). 특허청장 또는 심판장은 중단된 절차에 관한 수계신청이 있는 때에는 이를 상대방에게 통지하여야 한다(제22조 제2항). 특허청장 또는 심판관은 중단된 절차에 관한 수계신청에 대하여 직권으로 조사하여 이유없다고 인정한 때에는 결정으로 기각하여야 한다(제22조 제3항). 특허청장 또는 심판관은 결정 또는 심결의 등본을 송달한 후에 중단된 절차에 관한 수계신청에 대하여는 수계하게 할 것인가의 여부를 결정하여야 한다(제22조 제4항). 결정 또는 심결의 등본을 송달한 후에는 수계가 실익

이 없는 경우가 있기 때문이다.

수계자가 있음에도 불구하고 수계를 하지 않았다는 이유로 절차의 진행이 계속적으로 정지되어 있는 것은 절차의 안정성을 해하게 되므로 명령에 의한 수계를 인정할 필요가 있다. 따라서 특허청장 또는 심판관은 절차를 수계하여야 할 자가 중단된 절차를 수계하지 아니하는 경우에는 직권으로 기간을 정하여 수계를 명하여야 하고(제22조 제5항), 기간내에 수계가 없는 경우에는 그 기간이 만료되는 날의 다음날에 수계가 있는 것으로 본다(제22조 제6항). 이 경우 특허청장 또는 심판장은 이를 당사자에게 통지하여야 한다(제22조 제7항).

(2) 절차의 중지

'절차의 중지'는 특허청의 입장에서 절차를 속행할 수 없는 장애가 생겼거나 당사자에게 절차를 계속 진행하는데 부적당한 사유가 발생하는 경우 법률상 당연히 또는 특허청의 결정에 의하여 절차가 정지되는 것을 말한다.

특허청장 또는 심판관이 천재·지변 기타 불가피한 사유로 인하여 그 직무를 행할 수 없는 때에는 특허청 또는 특허심판원에 계속중인 절차는 절차중지사유가 소멸될 때까지 당연히 절차가 중지된다(제23조 제1항). 이는 민사소송법 제245조에 상응하는 특허법상 규정이다. 따라서 이 경우에는 따로 결정을 할 필요가 없으며 중지는 당연히 발생하고, 특허청장 또는 심판관의 직무집행불능상태가 소멸함과 동시에 중지도 해소된다.

특허청장 또는 심판관은 당사자가 부정기간의 장애로 특허청 또는 특허심판원에 계속중인 절차를 속행할 수 없는 때에는 결정으로 그 중지를 명할 수 있고(제23조 제2항), 그 결정을 취소할 수도 있다(제23조 제3항). 당사자의 부정기간의 장애[10]로 인한 중지는 신청 또는 직권으로 특허청장 또는 심판관의 결정에 의하여 발생하며, 그 취소결정에 의하여 해소된다. 특허청장 또는 심판장은 당연중지(제23조 제1항), 결정중지(제23조 제2항) 또는 결정중지의 취소결정(제23조 제3항)이 있는 경우에 당사자에게 통지하여야 한다(제23조 제4항). 당사자에게 절차보장의 기회를 충분히 부여하기 위함이다.

---

10) 당사자의 부정기간의 장애란 특허청은 직무를 수행할 수 있으나 당사자에게 특허에 관한 절차를 밟을 수 없는 장애사유가 발생한 경우를 말한다. 예를 들어, 당사자가 거주하는 지역에 전쟁 또는 기타의 사유로 통신이 두절되어 당분간 회복될 전망이 보이지 않거나 또는 당사자가 급작스러운 중병 등으로 특허청과 연락 등을 할 수 없게 된 때이다.

그 밖에도 제척·기피신청이 있는 때에는 그 신청에 대한 결정이 있을 때까지 심사·심판절차를 중지하여야 한다. 다만, 긴급을 요하는 경우에는 그러하지 아니 한다(제153조). 아울러 타절차와의 관계에서 절차가 중지되는 경우도 있는데, 특허출원의 심사에 있어서 필요한 때에는 심결이 확정될 때까지 또는 소송절차가 완결될 때까지 당해 심사의 절차를 중지할 수 있고, 법원은 소송에 있어서 필요한 경우에는 특허출원에 대한 결정이 확정될 때까지 그 소송절차를 중지할 수 있다(제78조 제1항, 제2항). 아울러 심판에 있어서 필요한 때에는 그 심판사건과 관련되는 다른 심판의 심결이 확정되거나 소송절차가 완결될 때까지 그 절차를 중지할 수 있고, 소송절차에 있어서 필요하다고 인정된 때에는 법원은 특허에 관한 심결이 확정될 때까지 그 소송절차를 중지할 수 있다(제164조 제1항, 제2항). 심사와 심판 또는 소송계속중인 사건들이 서로 연관성이 있을 경우에 이들 사건 사이에 상호 모순·저촉되는 결과를 예방하고, 나아가 심사·심판 및 소송경제를 도모하기 위해서다. 심판이나 소송의 중지는 재량사항이므로 이에 대해서는 불복할 수 없다.

(3) 중단 또는 중지의 효과

특허에 관한 절차가 중단 또는 중지된 경우에는 그 기간의 진행은 정지되고 그 절차의 수계통지를 하거나 그 절차를 속행한 때부터 다시 모든 기간이 진행된다(제24조). 예컨대 특허청장이 제46조의 규정에 따라 1개월 내에 특허에 관한 절차를 보정할 것을 명하였으나 보정명령 후 15일후 특허에 관한 절차가 중단되었고 이후 수계되었다면 수계 후 보정할 수 있는 기간은 잔존기간이 아닌 전체 기간인 1개월이 된다.[11] 이는 당사자에게 대등하게 절차에 관여할 기회를 보장하고 법적 안정성을 추구하기 위한 것이다.

공동심판의 청구인이나 피청구인 중 1인에 관하여 심판절차의 중단 또는 중지의 원인이 있는 때에는 전원에 관하여 그 효력이 발생하고(제139조 제4항), 심판의 참가인에 대하여 심판절차의 중단 또는 중지의 원인이 있는 때에는 그 중단 또는 중지는 피참가인에 대하여도 그 효력이 발생한다(제155조 제5항).

11) 특허청, 「특허·실용신안 심사지침서」, 2002, 1513면.

Ⅵ. 특허법의 기본원리

1. 권리주의

권리주의란 발명을 완성한 자는 특허를 받을 수 있는 권리를 가지고 국가는 이것을 확인하여 권리를 부여함에 불과하기 때문에 법정 요건을 구비한 발명에 대해서는 그 권리부여를 거절할 수 없다는 주의를 말하는 바, 은혜주의에 대립된다. 중세에는 발명에 대한 특권이 국왕 등 통치권자의 수권에 의하여 자의적으로 부여되었기 때문에 그 당시의 특허권 부여방식은 은혜주의라 할 수 있으나 현대의 특허제도 하에서는 은혜주의적 사상은 거의 찾아볼 수 없다.

우리 특허법 제33조 제1항은 "발명을 한 자 또는 그 승계인은 이 법에서 정하는 바에 의하여 특허를 받을 수 있는 권리를 가진다"고 규정하고 있고, 동법 제66조는 "심사관은 특허출원에 대하여 거절이유를 발견할 수 없는 때에는 특허결정을 하여야 한다"고 규정하고 있다.

2. 심사주의

특허출원에 대해 국가에서 특허를 부여하는 방식은 심사주의와 무심사주의가 있는데, '심사주의'는 특허출원이 방식적인 요건 및 실체적인 요건을 모두 구비하였는지를 심사한 뒤 특허부여여부를 결정하는 것을 말하고, '무심사주의'는 특허출원이 특허를 받는데 필요한 요건 가운데 비교적 간단한 방식이나 절차의 적법여부만을 심사하고 실질적인 사항은 심사하지 않은 채 일단 특허를 부여하고, 실체적인 권리의 유효성 여부는 후에 권리의 행사단계에서 심사하는 방식을 말한다. 우리나라 특허법은 심사주의를 채택한 결과, 산업상 이용가능성, 신규성, 진보성과 같은 실질적 특허요건의 판단에 대한 심사가 행해진 후 특허허여여부가 결정된다. 심사주의와 무심사주의는 각각 장·단점을 가지고, 그로 인해 수정된 심사주의도 등장한다. 우리나라는 실용신안에 대해 무심사등록제도를 채용한 적이 있었으나(1998년~2006년) 불안정한 권리와 권리의 오남용 등의 문제점과 심사기간 단축으로 인해 다시 심사주의로 돌아온 바 있다. 심사주의와 무심사주의의 장·단점과 실용신안무심사선등록제도에 대해서는 각각 해당부분을 참조하기 바란다.

3. 출원공개주의

심사주의에 충실하다 보면 발명의 공개는 심사처리기간에 소요되는 기간만큼 길어지게 된다. 특히 오늘날과 같이 기술수준이 향상되고 출원건수가 증가하는 추세 하에서는 이러한 현상을 피할 수 없고, 그 결과 동일기술에 대한 중복연구와 중복투자가 이루어져 국민경제에 손실을 초래하게 된다. 특허법은 이러한 문제점을 해결하기 위해 특허출원에 대한 심사여부에 관계없이 출원일로부터 일정기간이 경과한 후에는 발명내용을 공개하는 출원공개제도를 채택하여 심사주의의 폐단을 보완하고 있다.

4. 심사청구주의

특허법은 실질적 특허요건의 심사를 받기 위해서는 특허출원과는 별도의 절차로서 심사청구가 있어야만 그 청구의 순서에 따라 실체적 심사를 진행하는 출원심사청구제도를 두고 있다. 이는 모든 출원의 가치가 동일하지는 않다는 경험칙에 의해 심사를 촉진하고 심사의 질을 향상시키기 위해 도입된 제도이다.

5. 선출원주의

동일한 발명에 대해 2 이상의 특허출원이 있는 경우 누구에게 권리를 부여할 것인지에 대해서는 '선발명주의'와 '선출원주의'가 있다. 선발명주의란 가장 먼저 발명한 자에게 특허를 허여하는 것을 말하고, 선출원주의란 가장 먼저 출원한 자에게 특허를 허여하는 것을 말한다. 진정한 선발명자를 보호한다는 의미에서는 '선발명주의'가 더 이상적이지만 권리의 안정성이나 심사의 편리성 측면에서 '선출원주의'가 더 우월하다고 할 수 있다. 미국을 제외한 대부분의 나라는 선출원주의를 채택하고 있고, 우리나라 또한 선출원주의를 채택하고 있다.

6. 발명자주의

발명자주의란 특허는 진실한 발명자에게 부여되어야 한다는 것을 말한다. 우리 특허법은 발명자주의를 취하여 특허권을 취득하기 위해서는 발명을 한 자 또는 그 승계인에 해당하여야 한다(제33조 제1항). 따라서 어떠한 경위를 통해 발명을 완성했는지의 여부에 관계없이 발명자는 해당 발명의 완성과 동시에 특허를 받을 수 있는 권리를 취득하게 되고, 이와 같은 원칙은 직무발명이라고 하더라도 예외는 아니다. 다만 직무발명의 경우에는 그 특수성을 인정하여 사용자에게 예약승계권 등을 인정하고 있다.

한편, 무권리자 출원에 대해서는 거절이유, 무효사유로 하고 있고, 무권리자 출원이라는 이유로 특허를 받지 못하거나 특허권이 무효로 된 후 정당한 권리자가 출원하는 경우에는 출원일의 소급효를 인정하여 줌으로써 진정한 발명자를 보호하고 있다.

7. 서면주의

우리 특허법은 서면주의를 취하고 있어 출원서, 명세서 등의 특허출원서류는 소정의 양식으로 작성되어야 하고, 구두에 의한 설명이나 실물의 제출로 특허출원에 대신할 수는 없다.

제2절 특허출원

Ⅰ. 개 설

특허출원이란 발명에 대하여 특허를 받을 수 있는 권리를 가진 자가 국가에 대하여 발명의 공개를 조건으로 특허권의 부여를 요구하는 행위를 말한다. 이상의 의미가 실현되기 위해서는 특허출원은 엄격히 서식에 따라 작성되어야 함은 물론 요구하는 제원칙에 부합되게 출원절차가 행해져야 한다. 즉 발명을 한 자는 원칙적으로 그 발명에 대하여 특허를 받을 수 있으나(특허법 제33조), 발명을 한 것만으로 특허를 받을 수 있는 것은 아니고 실제로 특허를 받기 위해서는 특허출원서류를 제출하고 후속절차를 밟아야 한다.

출원서를 제출하여 출원이 수리되면 출원번호가 부여되고 해당출원은 출원일이 확정되어 그 날을 기준으로 선출원의 지위가 확정된다(특허법 제36조). 또한 특허권의 존속기간(특허법 제88조), 출원공개(특허법 제64조) 및 심사청구기간(특허법 제59조)의 기산일이 된다. 신규성과 진보성은 특허 출원시를 기준으로 판단된다

(특허법 제29조).

출원 또는 서류의 종류가 불명확한 것인 경우 등 부적법한 출원서류는 불수리(반려)처분을 받게 되고(특허법시행규칙 제11조), 불수리처분을 받게 되면 출원자체가 없었던 것이 된다. 당해 출원이 비록 법령에 정한 방식에 위반하였으나 불수리의 대상이 아닌 경우에는 보정명령을 받게 되고(특허법 제46조), 보정명령을 받은 자가 지정된 기간내에 보정을 하지 아니하는 경우에는 그 특허에 관한 절차는 무효가 될 수 있다(특허법 제16조).

Ⅱ. 특허출원에 필요한 서류

1. 특허출원서

특허를 받고자 하는 자는 ㉠ 특허출원인의 성명 및 주소(법인인 경우에는 그 명칭 및 영업소의 소재지) ㉡ 특허출원인의 대리인이 있는 경우에는 그 대리인의 성명 및 주소나 영업소의 소재지(대리인이 특허법인인 경우에는 그 명칭, 사무소의 소재지 및 지정된 변리사의 성명) ㉢ 발명의 명칭 ㉣ 발명자의 성명 및 주소를 기재한 특허출원서를 특허청장에게 제출하여야 한다(특허법 제42조 제1항). 특허출원서에는 법정사항을 기재한 명세서와 필요한 도면 및 요약서를 첨부하여야 하고(제42조 제2항), 출원서의 제출시 수수료(출원료)를 납부하여야 한다(제82조 제1항).

2. 명 세 서

명세서란 특허를 받고자 하는 발명의 기술적인 내용을 문장을 통해 명확하고 상세하게 기재한 서면을 말한다. 명세서에는 ㉠ 발명의 명칭, ㉡ 도면의 간단한 설명, ㉢ 발명의 상세한 설명, ㉣ 특허청구범위를 기재해야 한다(특허법 제42조 제2항).

특허제도는 발명의 보호·장려와 이용을 통한 산업발전을 목적으로 하고(특§1), 발명에 관한 보호 및 이용은 특허발명의 보호범위를 정확히 명시하는 권리서로서의 역할 및 기술적 내용을 공개하는 기술문헌으로서의 역할을 가진 명세서에 의하여 이루어지게 된다. 특허권의 권리로서의 한계인 특허발명의 보호범위는 특허청구범위에 기재된 사항에 의하여 정해지므로 특허청구범위는 매우 중요한 의미를 갖는다. 기술의 공개는 명세서의 상세한 설명에 의하여 이루어진다. 특허법 제42조는 발명의 상세한 설명과 특허청구범위의 기재요건에 관해서 규정함으로써 명세서가 기술문헌으로서의 역할과 권리서로서의 역할을 다 할 수 있도록 하고 있다.

3. 필요한 도면

도면은 명세서에 기재된 발명의 내용을 이해하기 쉽게 하기위해 명세서를 보조하는 것으로서 사용된다. '필요한 도면'이라는 말에서 알 수 있는 바와 같이 도면은 필요한 경우에만 첨부하면 되고 반드시 첨부해야 하는 것은 아니다.

4. 요 약 서

요약서는 특허출원서류의 일부로 필요적으로 제출되어야 할 서류이다(제42조 제2항). 출원서에 요약서가 첨부되지 않은 경우 출원서는 보정명령의 대상이 된다. 요약서 제도는 출원건수의 증가 및 기술내용의 복잡화 추세에 대응하여 특허정보의 효율적 이용을 위한 대책으로 도입된 제도이다. 요약서는 기술정보로서의 용도로 사용하여야 하며, 특허발명의 보호범위를 정하는 데에는 사용할 수 없다(제43조). 특허발명의 보호범위는 특허청구범위에 기재된 사항에 의하여 정하여진다는 규정이 별도로 있을 뿐만 아니라(제97조), 요약서는 발명의 보호범위를 정할 때 참작하는 명세서와는 달리 발명의 개요를 나타내는 기술정보로 제출되었기 때문이다. 따라서 요약서에만 기재된 사항은 특허법 제29조 제3항에 규정된 타출원의 지위를 가질 수 없으며, 요약서에만 기재되어 있던 내용을 보정에 의하여 명세서에 추가하는 것도 허용되지 않는다.

Ⅲ. 명세서 기재방법

1. 발명의 명칭

발명의 명칭은 출원발명을 분류하여 기술분야를 특정하고 정리 및 검색을 용이하게 하기 위해 기재되는 것이므로 그 발명의 내용에 따라 카테고리가 구분되도록 간단·명료하게 기재하여야 한다.

2. 도면의 간단한 설명

도면의 간단한 설명은 도면을 첨부하는 경우에만 기재하고, 첨부한 도면이 무엇을 표시하는가를 쉽게 파악할 수 있을 정도로 도면의 종류, 도시상태 및 도시부분에 대해 간단히 기재한다.[12)]

3. 발명의 상세한 설명

발명의 상세한 설명에는 그 발명이 속하는 기술분야에서 통상의 지식을 가진 자가 그 발명을 쉽게 실시할 수 있도록 지식경제부령이 정하는 기재방법에 따라 명확하고 상세하게 기재하여야 한다(제42조 제3항).

(1) '그 발명이 속하는 기술분야에서 통상의 지식을 가진 자'

「그 발명이 속하는 기술분야에서 통상의 지식을 가진 자(강학상 '당업자'라 한다)」란 "그 출원이 속하는 기술분야에서 보통 정도의 기술적 이해력을 가진 자, 즉 평균적 기술자"를 말한다.[13)] 특허제도에 의한 기술의 독점은 발명내용의 정확한 공개에 대한 대가라고 할 수 있으므로 해당기술의 개시는 해당 기술분야의 당업자가 용이하게 실시할 수 있을 정도가 되어야 한다. 표현상으로는 진보성 판단에서의 당업자와 동일하나 발명의 상세한 설명은 기술문헌으로서의 역할을 하는 것이므로 일정수준이상의 발명만 보호하기 위한 진보성 판단시의 당업자보다는 수준을 낮게 보아야 할 것이다.

(2) '쉽게' 실시할 수 있을 정도

'쉽게' 실시할 수 있을 정도란 그 발명이 속하는 기술분야에서 보통 정도의 기술적 이해력을 가진 자, 즉 평균적 기술자가 당해 발명을 명세서 기재에 의하여 출원시의 기술수준으로 보아 특수한 지식을 부가하지 않고서도 정확하게 이해할 수 있고 동시에 재현할 수 있는 정도를 뜻한다.[14)]

---

12) 예) 【도면의 간단한 설명】
도1은 전체를 조립한 평면도
도2는 어느 부분을 보인 정면도
도3은 어느 부분의 종단면도

13) 대법원 1996.6.28. 선고 95후95 판결.

(3) '실시할 수 있을 정도'

'실시할 수 있을 정도'는 물건의 발명에서는 그 물건을 제조할 수 있고, 그 물건을 사용할 수 있어야 하며, 방법의 발명에 있어서는 그 방법을 사용할 수 있고, 물건을 생산하는 방법의 발명에 있어서는 그 방법에 의하여 그 물건을 제조할 수 있을 정도를 말한다.

(4) 지식경제부령이 정하는 기재방법에 따라 명확하고 상세하게 기재

2007년 개정전 특허법에서는 발명의 상세한 설명에 발명의 목적, 구성 및 효과를 기재하도록 하였으나, 기술이 다양하고 복잡해짐에 따라 기술의 종류나 내용에 따라서는 발명을 목적, 구성 및 효과로 구분하여 기재하는 것이 부적절한 경우도 있어 해당 내용을 삭제하였다. 지식경제부령이 정하는 기재방법에 따르면, 발명의 상세한 설명에는 ㉠ 기술분야, ㉡ 해결하고자 하는 과제 ㉢ 과제의 해결수단, ㉣ 그 밖에 그 발명이 속하는 기술분야에서 통상의 지식을 가진 자가 그 발명의 내용을 쉽게 이해하기 위하여 필요한 사항을 포함하여야 한다. 다만 해당하는 사항이 없는 경우에는 그 사항을 생략할 수 있다(특허법시행규칙 제21조 제3항, 제4항). 이에 따라 발명이 명확하고 상세하게 기재된다면 기재형식에 얽매이지 않고 보다 자유롭게 발명내용을 기재할 수 있게 되었다.

발명의 상세한 설명은 기술개발의 성과를 제3자가 쉽게 이해하고 실시할 수 있도록 기재하면 족한 것이지 반드시 목적, 구성 및 효과로 구분하여 기재될 논리적 필연성은 없다. 특히 최근의 유전공학관련발명들은 목적이나 효과의 관점보다는 발명의 구조, 제법, 용도나 유용성의 관점에서 기재하는 것이 해당 발명을 이해하기에 더 적합하다고 할 수 있다. 또 발명의 목적과 효과는 발명의 구성과 과제의 해결수단에서 용이하게 이해할 수 있는 경우도 있다. 따라서 목적이나 효과의 기재를 필수적인 법정요건으로 하지 않는 것이 국제적 경향인바, 다양하고 편리하게 발명의 상세한 설명을 기재할 수 있도록 함으로써 출원인의 편의를 도모하고, 국제특허협력조약에서 규정한 기재형식과 일치시킴으로써 국내출원을 한 후 이를 바탕으로 쉽게 국제출원을 할 수 있도록 2007년 특허법에서 발명의 상세한 설명의 기재요건을 개정하였다.[15)]

---

14) 대법원 2005.11.25. 선고 2004후3362 판결 참조.

15) 2007년 개정전 특허법 하에서는 예컨대 외국의 특허출원인들이 그 나라의 법률에 따라

대법원 2005.11.25. 선고 2004후3362 판결

[1] 특허법 제42조 제3항, 제4항의 규정 취지 및 같은 조 제3항에 정한 '그 발명이 속하는 기술분야에서 통상의 지식을 가진 자가 용이하게 실시할 수 있을 정도'의 의미

특허법 제42조 제3항은 발명의 상세한 설명에는 그 발명이 속하는 기술분야에서 통상의 지식을 가진 자가 용이하게 실시할 수 있을 정도로 그 발명의 목적·구성 및 효과를 기재하여야 한다고 규정하고 있고, 같은 조 제4항은 청구항은 발명의 상세한 설명에 의하여 뒷받침될 것 등을 규정하고 있는바, 이러한 규정의 취지는 특허출원된 발명의 내용을 제3자가 명세서만으로 쉽게 알 수 있도록 공개하여 특허권으로 보호받고자 하는 기술적 내용과 범위를 명확하게 하기 위한 것으로서, 특허법 제42조 제3항의 규정상 '그 발명이 속하는 기술분야에서 통상의 지식을 가진 자가 용이하게 실시할 수 있을 정도'라 함은 그 출원에 관한 발명이 속하는 기술분야에서 보통 정도의 기술적 이해력을 가진 자, 평균적 기술자가 당해 발명을 명세서 기재에 의하여 출원시의 기술수준으로 보아 특수한 지식을 부가하지 않고서도 정확하게 이해할 수 있고 동시에 재현할 수 있는 정도를 뜻한다.

[2] 특허법 제42조 제4항의 규정상 '특허청구범위가 발명의 상세한 설명에 의하여 뒷받침되고 있는지 여부'의 판단 기준

특허법 제42조 제4항의 규정상 '특허청구범위가 상세한 설명에 의하여 뒷받침되고 있는지 여부'는 특허출원 당시의 기술 수준을 기준으로 하여 그 발명과 관련된 기술분야에서 평균적 기술 능력을 가진 사람의 입장에서 볼 때, 그 특허청구범위와 발명의 상세한 설명의 각 내용이 일치하여 그 명세서만으로 특허청구범위에 속한 기술구성이나 그 결합 및 작용효과를 일목요연하게 이해할 수 있는가에 의하여 판단하여야 할 것이다.

4. 특허청구범위

특허청구범위에는 보호를 받고자 하는 사항을 기재한 항(이하, '청구항'이라 한다)이 1 또는 2이상 있어야 하며, 그 청구항은 ㉠ 발명의 상세한 설명에 의하여 뒷받침되고, ㉡ 발명이 명확하고 간결하게 기재될 것이 요구된다(특허법 제42조 제4항).

발명의 목적이나 효과를 기재하지 않은 채로 출원을 하고 우리나라에도 같은 내용으로 특허출원을 하였는데 우리나라 특허법의 요건에 맞추기 위해 특허출원 후에 발명의 목적과 효과를 추가하는 보정을 하는 경우 신규사항추가에 해당하여 거절될 수도 있었다. 이 경우 실시가능한 기술의 충분한 개시가 있었음에도 특허가 거절된다는 결론이 되어 국제적인 조화의 관점에서 바람직하지 않은 문제가 있었다.

또한 특허청구범위를 기재할 때에는 보호받고자 하는 사항을 명확히 할 수 있도록 발명을 특정하는데 필요하다고 인정되는 구조·방법·기능·물질 또는 이들의 결합관계 등을 기재하여야 한다(제42조 제6항). 특허청구범위의 기재방법은 시행령에 위임되어 있다(제42조 제8항).

(1) 발명의 상세한 설명에 의하여 뒷받침될 것(제42조 제4항 제1호)

특허청구범위는 발명자가 권리로서 보호를 요구하는 범위이다. 따라서 발명의 상세한 설명에는 기재되어 있지만 청구범위에는 기재되어 있지 않은 기술은 특허청구를 하지 않은 것으로 취급되어 후에 권리로서 보호를 요구할 수 없다. 청구범위의 기재가 상세한 설명의 기재보다 넓은 경우에는 공개하지 않은 기술에 대해 권리를 요구하는 것이 되어 거절이유가 되고, 착오로 등록되는 경우에는 무효사유에 해당한다. 특허를 받고자 하여 청구항에 기재된 발명이 발명의 상세한 설명에 기재한 것인가는 그 발명이 속하는 기술분야에서 통상의 지식을 가진 자의 입장에서 청구항에 기재된 발명과 대응되는 사항이 발명의 상세한 설명에 기재되어 있는가에 의하여 판단한다.

대법원 2006.10.13. 선고 2004후776 판결

특허법 제42조 제4항 제1호의 규정 취지 및 발명의 상세한 설명

[1] 특허법 제42조 제4항 제1호의 취지는 특허출원서에 첨부된 명세서의 발명의 상세한 설명에 기재되지 않은 사항이 청구항에 기재됨으로써 출원자가 공개하지 않은 발명에 대하여 특허권이 부여되는 부당한 결과를 막기 위한 것으로서, 청구항이 발명의 상세한 설명에 의하여 뒷받침되고 있는지 여부는 특허출원 당시의 기술 수준을 기준으로 하여 그 발명이 속하는 기술분야에서 통상의 지식을 가진 사람의 입장에서 특허청구범위에 기재된 사항과 대응되는 사항이 발명의 상세한 설명에 기재되어 있는지 여부에 의하여 판단하여야 한다.

[2] 도면은 특허출원서에 반드시 첨부하여야 하는 것은 아니고 도면만으로 발명의 상세한 설명을 대체할 수는 없지만, 도면은 실시례 등을 구체적으로 보여줌으로써 발명의 구성을 더욱 쉽게 이해할 수 있도록 해주는 것으로서 도면이 첨부되어 있는 경우에는 도면 및 도면의 간단한 설명을 종합적으로 참작하여 발명의 상세한 설명이 청구항을 뒷받침하고 있는지 여부를 판단할 수 있다.

(2) 발명이 명확하고 간결하게 기재될 것(제42조 제4항 제2호)

특허청구범위는 공중에 대한 권리제시기능(public notice)을 가지며 특허권의 보호범위의 한계를 정하는 역할을 한다(제97조). 또한 특허요건을 판단하고(제29조), 특허권의 포기(제119조), 무효심판청구(제133조) 등에서 기본 단위가 된다. 그런데 청구항의 기재가 불명확하거나 그 기재내용이 간결하지 않은 발명에 대하여 특허권이 부여되면 발명의 보호범위가 불명확하여 특허발명의 보호범위를 결정하는 권리서로서의 역할을 다할 수 없으며, 또한 특허요건의 판단 등도 불가능하게 된다. 따라서 특허법 제42조 제4항 제2호는 이와 같은 문제를 방지하기 위한 규정이라고 할 수 있다.

(3) 구조·방법·기능·물질 또는 이들의 결합관계 등을 기재할 것 (제42조 제6항)

2007년 개정전 구법은 제42조 제4항 제3호에서 "발명의 구성에 없어서는 아니되는 사항만으로 기재될 것"을 요구하였다. 이 규정은 특허권이 부여된 후에 특허청구범위에 기재된 사항의 일부가 보호를 받고자 하는 발명의 구성에 없어서는 아니 되는 사항이 아니라고 하는 주장을 방지하기 위한 것이다. 즉 청구항에 기재된 사항이 발명을 특정하는 필수구성요건임을 명시적으로 정의하여 특허권의 보호범위를 명확히 하기 위한 것이다.

그런데 여기서의 '구성'은 두 가지로 해석될 수 있다. '구성'을 청구항을 이루는 구성요소(elements of claim)로 해석하는 경우에는 발명을 이루는 필수구성요소를 전부 기재해야 한다는 의미이고, 발명의 구조나 수단과 같은 구성(structural element)으로 해석하는 경우에는 발명을 특정하기 위한 물리적인 구조만을 기재해야 한다는 의미이다. 기술이 다양화됨에 따라, 특히 정보관련기술의 발전에 따라 물건(장치) 발명에 대해 물리적인 구조(structural element) 보다 그 장치의 작동이나 동작방법 등에 의해 발명을 기재하는 것이 바람직한 경우가 발생하게 되었는데, 후자로 해석할 경우에는 문제가 되었다. 따라서 개정법에서는 제42조 제4항 제3호를 삭제하고, 제42조 제6항을 신설하여 "특허청구범위를 기재할 때에는 보호받고자 하는 사항을 명확히 할 수 있도록 발명을 특정하는데 필요하다고 인정되는 구조·방법·기능·물질 또는 이들의 결합관계 등을 기재"하도록 하였다. 이는 청구항에는 발명의 필수구성요소를 기재하되, 청구항의 구성요소(elements of claim)로 물리적인 구조(structural element) 이외에 다양한 기재형태를 허용한다는 것을 의미한다.

특허청구범위에 기재된 사항은 발명의 상세한 설명에 개시한 발명 중 출원인이 스스로의 의사에 의하여 특허권으로 보호를 받고자 하는 사항으로 선택하여 기재한 사항인바, 발명의 상세한 설명에 의하여 뒷받침되고, 보호받고자 하는 사항을 명확하게 기재한다는 두 가지 요건을 충족하는 한 국가가 과도하게 관여할 성질의 것이 아니다. 따라서 개정법에서는 구법에서 제42조 제4항 제3호 위반을 거절이유, 무효사유로 한 것과 달리, 제42조 제6항은 거절이유, 무효사유에 해당하지 않는 것으로 하였다. 이는 뒷받침요건과 명확성요건만을 요구하는 국제적인 경향에도 부합한다.

(4) 구체적인 기재방법

특허법은 특허청구범위의 구체적인 기재방법에 대해서는 특허법 시행령에 위임하고 있고, 특허법시행령 제5조는 구체적인 기재방법을 규정하고 있다.

1) 독립항과 종속항

특허청구범위의 청구항(이하, '청구항'이라 한다)을 기재할 때에는 독립청구항(이하, '독립항'이라 한다)을 기재하여야 하며, 그 독립항을 한정하거나 부가하여 구체화하는 종속청구항(이하, '종속항'이라 한다)을 기재할 수 있다. 이 경우 필요한 때에는 그 종속항을 한정하거나 부가하여 구체화하는 다른 종속항을 기재할 수 있다(시행령 제5조 제1항). 청구항은 발명의 성질에 따라 적정한 수로 기재하여야 한다(시행령 제5조 제2항).

특허청구범위를 이루는 청구항은 독립항과 종속항이 있다. 독립항은 발명의 구성요소를 자족적으로 기재하고 있어 타청구항을 인용하지 않는 청구항을 말한다. 예컨대 "A공정, B공정 및 C공정으로 이루어지는 D의 제조방법"은 독립항이다. 이처럼 독립항은 다른 청구항을 인용하지 않는 형식, 즉 독립형식으로 기재한다. 다만, 독립항의 경우에도 동일한 사항의 중복기재를 피하기 위하여 발명이 명확하게 파악될 수 있는 범위 내에서 다른 청구항을 인용하는 형식으로 기재할 수 있다. 예컨대 "청구항 ○의 방법으로 제조된 물건을 이용하여 …… 하는 방법"의 경우에는 다른 항을 인용하는 형식을 취하고 있으나 독립항이다.

종속항은 독립항 또는 다른 종속항을 “한정하거나 부가하여 구체화”하는 청구항을 말한다. 여기서 “한정하거나 부가하여 구체화”한다는 의미는 상위개념을 하위개념으로 한정하거나 구성요소를 부가하여 발명을 구체화하는 것을 말한다. 예컨대 제1항이 “치환기 A 및 치환기 B를 가지는 화합물 X”이고, 제2항이 “제1항에 있어서, 치환기 A가 a인 화합물X”인 경우 제1항은 독립항이고, 제2항은 제1항을 한정하여 구체화하는 종속항이다. 또한 예컨대 제1항이 “연필심과 해당 연필심을 둘러싼 육각형 목재로 구성되는 연필”이고, 제2항이 “제1항에 있어서, 지우개를 부착한 연필”인 경우 제1항은 독립항이고, 제2항은 제1항을 부가하여 구체화하는 종속항이다. 이처럼 청구항은 처음에는 넓은 상위개념의 청구항으로 기재하고, 서서히 그 범위를 좁혀가며 기재하는 방식(역피라미드 모양)으로 기재하는 것이 일반적이다. 이는 청구항1이 무효로 되더라도 이를 한정한 청구항2에 신규성 및 진보성이 있는 경우 청구항2는 무효가 아니기 때문이다. 한편, 독립항인 청구항1에 신규성 및 진보성이 있어 유효한 발명인 이상 이를 전제로 하여 그 내용을 한정하거나 부가하여 구체화한 종속항인 청구항2는 논리적으로 당연히 신규성 및 진보성이 있다.

대법원 2007.11.29. 선고 2006후2097 판결

특허발명의 일부 청구항이 비교대상발명들에 비하여 진보성이 인정되는 경우, 그 종속항인 나머지 청구항에 대하여도 진보성이 인정된다고 한 사례

이 사건 특허발명의 청구항 1은 비교대상발명들에 비하여 목적에 특이성이 있고 구성의 곤란성이 있으며 효과의 현저성도 있으므로 그 진보성이 부정되지 않고, 청구항 1의 진보성이 부정되지 않는 이상, 그 종속항인 청구항 2 내지 9 역시 진보성이 부정되지 않는다.

2) 인용형식

종속항을 기재할 때에는 독립항 또는 다른 종속항중에서 1 또는 2 이상의 항을 인용하여야 하며, 인용되는 항의 번호를 기재하여야 한다(시행령 제5조 제4항). 독립항의 경우에는 원칙적으로 다른 청구항을 인용하지 않는 독립형식으로 기재하지만 기재의 중복을 피하기 위해 다른 청구항을 인용하는 형식으로 기재할 수 있다. 예컨대 다음의 청구항들은 모두 독립항이다.

예 1 : 청구항 ○의 방법으로 제조된 …… 물건

예 2 : …… 하여 청구항 ○의 물건을 제조하는 …… 방법

예 3 : 청구항 ○의 방법으로 제조된 물건을 이용하여 …… 하는 방법

예 4 : 청구항 ○의 장치로 제조된 물건

다른 청구항을 인용하고 있는 청구항이 독립항인지 종속항인지의 판단기준은 그 청구항을 한정하거나 부가하여 구체화하는지의 여부이다. 따라서 다른 청구항을 인용하고 있더라도 한정하거나 부가하여 구체화하지 않는다면 독립항으로 보아야 한다.[16]

대법원 2005.11.10. 선고 2004후3546 판결

실용신안의 등록청구범위에 있어서 독립항과 종속항의 구분 기준 및 인용하고 있는 청구항의 구성 일부를 생략하거나 다른 구성으로 바꾼 청구항을 독립항으로 볼 수 있는지 여부(적극)

실용신안의 등록청구범위에 있어서 다른 청구항을 인용하지 않는 청구항이 독립항이 되고 다른 독립항이나 종속항을 인용하여 이를 한정하거나 부가하여 구체화하는 청구항이 종속항이 되는 것이 원칙이지만, 독립항과 종속항의 구분은 단지 청구항의 문언이 나타내고 있는 기재형식에 의해서만 판단할 것은 아니므로 인용하고 있는 청구항의 구성 일부를 생략하거나 다른 구성으로 바꾼 청구항은 이를 독립항으로 보아야 한다.

3) 택일적 기재

2이상의 항을 인용하는 청구항은 인용되는 항의 번호를 택일적으로 기재하여야 한다(시행령 제5조 제5항).[17]

4) 다중청구항을 다중청구항에서 인용하는 것의 금지

2 이상의 항을 인용한 청구항에서 그 청구항의 인용된 항은 다시 2 이상의 항을

---

16) 독립항을 형식적으로는 인용하고 있다 하더라도 독립항을 한정하거나 부가하지 않는 경우(예: 청구항 ○에 있어서 A의 구성 요소를 B로 치환하는 물건)에는 종속항이라고 할 수 없다.

17) 인용하는 청구항을 택일적으로 기재한 예로는 다음과 같은 것들이 있다.
1 또는 청구항 2에 있어서, … 장치, ② 청구항 1 내지 청구항 3중 어느 하나의 항에 있어서, … 장치, ③ 청구항 1, 청구항 2 또는 청구항 3중 어느 한 항에 있어서, … 장치.

인용하는 방식을 사용하여서는 아니 된다.[18] 2 이상의 항을 인용한 청구항에서 그 청구항의 인용된 항이 다시 하나의 항을 인용한 후에 그 하나의 항이 결과적으로 2 이상의 항을 인용하는 방식에 대하여도 또한 같다(시행령 제5조 제6항).[19] 그 이유는 심사관 또는 제3자가 하나의 청구항을 해석하기 위해 너무 많은 수의 다른 청구항을 참조하여야 하는 어려움을 방지하기 위함이다.

5) 기재순서

인용되는 청구항은 인용하는 청구항보다 먼저 기재하여야 한다(시행령 제5조 제7항). 각 청구항은 항마다 행을 바꾸어 기재하고, 그 기재하는 순서에 따라 아라비아숫자로 일련번호를 붙여야 한다(시행령 제5조 제8항).

(5) 특허청구범위 기재의 유예제도

구법에서는 특허출원시에 반드시 특허청구범위를 기재한 명세서를 제출하도록 하고 있어, 발명자가 그 발명에 대하여 보호받고자 하는 특허청구범위의 세부항목 및 설명내용을 효과적으로 기재하는데 시간적으로 어려움이 있었으나, 2007년 특허법 개정시 특허청구범위 기재유예제도를 도입함으로써 특허출원인이 특허청구범위 작성에 필요한 충분한 시간을 확보할 수 있게 되었다.

이에 따라, 출원인은 특허출원시에 반드시 특허청구범위를 제출할 필요가 없으

---

18) 예컨대 청구항 4는 2이상의 항을 인용하는 종속항으로서 2이상의 항을 인용한 다른 청구항(청구항 3)을 인용하고 있어 청구범위 기재방법에 위배된다.
【청구항 1】 …… 장치
【청구항 2】 청구항 1에 있어서, …… 장치
【청구항 3】 청구항 1 또는 청구항 2에 있어서, …… 장치
【청구항 4】 청구항 2 또는 청구항 3에 있어서, …… 장치

19) 예컨대 청구항 5는 2이상의 항을 인용하는 종속항으로서, 2이상의 항을 인용하고 있는 제3항을 인용한 제4항을 인용하고 있어 청구범위 기재방법에 위배된다. 청구항 제4항은 청구항 제3항만 인용하고 있다고 하더라도 제3항이 2이상의 청구항을 인용하고 있어 실질적으로 2이상의 항을 인용하는 경우와 같기 때문에 특허청구범위 기재요건 위반으로 거절이유가 통지된다.
【청구항 1】 …… 장치
【청구항 2】 청구항 1에 있어서, …… 장치
【청구항 3】 청구항 1 또는 청구항 2에 있어서, …… 장치
【청구항 4】 청구항 3에 있어서, …… 장치
【청구항 5】 청구항 2 또는 청구항 4에 있어서, …… 장치
【청구항 6】 청구항 5에 있어서,..... 장치

나 출원공개제도나 심사청구제도와의 관계를 고려하여 원칙적으로 특허출원서 제출 후 출원공개(1년 6월) 전까지는 청구범위가 기재되도록 명세서를 보정하여야 하며, 제3자의 심사청구가 있는 경우에는 심사청구의 취지의 통지를 받은 날로부터 3개월 이내에 명세서 보정을 통하여 특허청구범위를 기재하여야 한다(제42조 제5항). 이 기한까지 명세서를 보정하지 아니하는 경우에는 그 기한이 되는 날의 다음 날에 해당 특허출원은 취하된 것으로 본다(제42조 제7항). 그 이전이라도 출원인이 심사청구나 출원공개신청을 하고자 하는 경우에는 미리 특허청구범위를 기재하는 보정을 하여야 심사청구나 출원공개신청이 가능하다(제58조 제2항 단서, 제64조 제1항 단서).

(6) 청구항의 기재형태

1) 일반적인 청구항 구성형식

기본적인 청구항 구성의 형식은 구성요소를 나열식으로 기재하는 방식으로서, 'X와 Y로 구성되는 것을 특징으로 하는 Z'라고 기재하는 형태이다. 여기서 'X와 Y'는 본체부(특징부)에 해당하고, '구성되는 것을 특징으로 하는'은 연결부('전환부'라고도 한다)에 해당하며, Z는 후단부에 해당한다. 본체부는 발명이 해결하고자 하는 과제를 해결하기 위한 수단으로서 청구항에서 가장 중요한 부분이며, 발명의 핵심적인 사항을 기술구성요소간의 상호 유기적인 결합관계가 되도록 기재한다. 연결부는 본체부와 후단부를 연결하는 표현으로, 본체부가 후단부에서 갖는 기술적인 관계를 나타내는 것이 일반적이다. 후단부는 보호받고자 하는 발명의 분야를 개략적으로 설명하거나 발명의 목적 등을 포함할 수 있고, 발명의 명칭과도 일치할 수 있는데, 독립항과 그 종속항에서는 서로 일치하여야 하며, 특허성을 판단할 때 완전히 무시되는 것은 아니고, 특허성 판단을 위한 고려 대상이 될 수 있다.[20]

2) 청구항 작성시 유의사항

연결부는 통상 '~을 특징으로 하는', '~을 포함하는', '~으로 이루어지는', '~로 구성되는', '~으로 필수적으로 이루어지는' 등과 같은 표현을 사용하는데, 이는

20) 김종석, "청구항에서 '연결부(전환부)'에 관한 소고", 특허법원 지적재산소송 실무연구회 발표자료, 2008.

미국에서 사용되는 'characterized by', 'comprising', 'consisting of', 'consisting essentially of' 등의 연결어들이 그대로 도입된 것으로 생각된다. 미국의 경우에는 연결부를 어떻게 기재하는지에 따라 청구항을 개방형(open-ended), 폐쇄형(close-ended) 및 반폐쇄형(semiclose-ended)으로 나눈다.

개방형 청구항의 연결부는 주로 '~을 포함하는(comprising)'으로 표현되는데, 해당 발명의 청구항에 기재된 구성요소 이외에 추가적인 구성요소를 갖는 발명도 해당 발명에 포함되는 것으로 해석된다. 예컨대, 'A 부품과 B 부품을 포함하는 장치'는 'A 부품과 B 부품 및 C 부품으로 이루어진 장치'와 같이 A 부품과 B 부품 이외에 추가적으로 다른 구성요소를 포함하는 경우에도 보호범위에 속하게 된다. 따라서 보호받고자 하는 발명의 범위를 본체부에 열거된 구성요소만으로 제한하기를 원하지 않는 이상 출원인은 연결부를 '~을 포함하는'이라는 형식으로 기재하게 될 것이나, 이 경우 심사단계에서는 신규성 및 진보성이 부정될 가능성이 그 만큼 높아진다고 할 수 있다.[21]

폐쇄형 청구항의 연결부는 '~으로 이루어지는, ~으로 구성되는(consisting of)'으로 표현된다. 이 경우는 원칙적으로 청구항에 나열된 구성요소만으로 이루어진 발명만이 그 권리범위에 포함되는 것으로 해석된다. 예컨대 'A 물질과 B 물질로 구성되는 화합물'에 관한 발명은 'A 물질과 B 물질 및 C 물질로 이루어지는 화합물'에 관한 발명에 대하여 이용침해에 해당되지 않는 한 그 권리범위를 주장할 수 없을 것이다. 폐쇄형 청구항은 권리범위가 가장 좁다고 할 수 있고, 따라서 아주 근접한 종래 기술이 있어서 이와 구별시켜야 할 필요성이 있다거나, 심사관으로부터 폐쇄형 연결부를 사용하도록 요구되지 않는 이상 출원인의 입장에서 미리 자진해서 사용할 필요는 없을 것이다.

반폐쇄형 연결부는 폐쇄형과 개방형의 중간 형태, 즉 '~으로 이루어지는' 보다는 권리범위가 넓고 '~을 포함하는' 보나는 권리범위가 좁은 연결부로서, '필수적으로 이루어지는(consisting essentially of)으로 표현된다. 반폐쇄형 연결부는 본체부에 열거된 구성요소 외에도 언급되지 않은 구성요소를 추가적으로 포함할 수 있지만, 추가적으로 포함되는 구성요소는 열거된 구성요소로만 이루어진 발명의

21) '~을 특징으로 하는' 연결부도 통상 개방형 청구항으로 해석되나 반드시 그러한 것은 아니고, 발명의 성격에 따라서는 폐쇄형으로 해석될 수 있는 여지도 있으므로, 특허법의 명문의 규정도 없고 관련판례도 없는 현시점에서는 해당 발명의 실체가 무엇인가의 관점에서 구체적으로 판단할 수밖에 없을 것이다.

특성에 물질적으로 변화를 주어서는 안 되며 그 입증책임은 출원인에게 있다.[22] 즉 반폐쇄형 연결부는 필수 구성요소의 부가는 권리범위에서 배제되고, 필수 구성요소가 아닌 다른 구성요소의 부가는 권리범위에 포함되는 것으로 해석된다.

이러한 미국에서의 해석방법이 우리나라에서도 그대로 받아들여질 수 있을 것인지가 문제인데, 판례[23]는 "특허발명의 청구항이 '어떤 구성요소들을 포함하는 것을 특징으로 하는 방법(물건)'이라는 형식으로 기재된 경우, 그 특허발명의 청구항에 명시적으로 기재된 구성요소 전부에 더하여 기재되어 있지 아니한 요소를 추가하여 실시하는 경우에도 그 기재된 구성요소들을 모두 포함하고 있다는 사정은 변함이 없으므로 그와 같은 실시가 그 특허발명의 권리범위에 속함은 물론이며, 나아가 위와 같은 형식으로 기재된 청구항은 명시적으로 기재된 구성요소뿐 아니라 다른 요소를 추가하여 실시하는 경우까지도 예상하고 있는 것이다."고 하여 '~을 포함하는' 형식의 개방형 청구항의 권리범위에는 청구항에 기재된 구성요소 이외에 추가적인 구성요소를 갖는 발명도 포함되는 것으로 해석하고 있다.

대법원 2006.11.24. 선고 2003후2072 판결

[1] 특허발명의 청구항이 '어떤 구성요소들을 포함하는 것을 특징으로 하는 방법(물건)'이라는 형식으로 기재된 경우, 그 권리범위의 한계

특허발명의 청구항이 '어떤 구성요소들을 포함하는 것을 특징으로 하는 방법(물건)'이라는 형식으로 기재된 경우, 그 특허발명의 청구항에 명시적으로 기재된 구성요소 전부에 더하여 기재되어 있지 아니한 요소를 추가하여 실시하는 경우에도 그 기재된 구성요소들을 모두 포함하고 있다는 사정은 변함이 없으므로 그와 같은 실시가 그 특허발명의 권리범위에 속함은 물론이며, 나아가 위와 같은 형식으로 기재된 청구항은 명시적으로 기재된 구성요소뿐 아니라 다른 요소를 추가하여 실시하는 경우까지도 예상하고 있는 것이다.

[2] 특허발명의 청구항에 '발명이 명확하고 간결하게 기재될 것'을 요구하는 특허법 제42조 제4항 제2호의 입법 취지

특허발명의 청구항에 '발명이 명확하고 간결하게 기재될 것'을 요구하는 특허법 제42조 제4항 제2호의 취지는 같은 법 제97조의 규정에 비추어 청구항에는 명확한 기재만이 허용되는 것으로서 발명의 구성을 불명료하게 표현하는 용어는 원칙적으로 허용되지 않으며, 나아가 특허청구범위의 해석은 명세서를 참조하여 이루

22) 이창훈·김인순 공저, 「미국특허청구범위 작성과 해석」, 한빛지적소유권센터, 2005, 83면.

23) 대법원 2006.11.24. 선고 2003후2072 판결.

어지는 것에 비추어 특허청구범위에는 발명의 상세한 설명에서 정의하고 있는 용어의 정의와 다른 의미로 용어를 사용하는 등 결과적으로 청구범위를 불명료하게 만드는 것도 허용되지 않는다는 것이다.

[3] 특허발명의 청구항에 '발명의 구성에 없어서는 아니 되는 사항만으로 기재될 것'을 요구하는 특허법 제42조 제4항 제3호의 의미

특허발명의 청구항에 '발명의 구성에 없어서는 아니 되는 사항만으로 기재될 것'을 요구하는 특허법 제42조 제4항 제3호는 출원발명에 대한 특허 후에 그 특허청구범위에 발명의 구성에 필요한 구성요소를 모두 기재하지 아니하였음을 들어 특허 당시 기재되어 있지 아니하였던 구성요소를 가지고 원래 기재되어 있던 듯이 포함하여 해석하여야 한다고 주장할 수 없음은 물론, 청구항에 기재된 구성요소는 모두 필수구성요소로 파악되어야 하며 일부 구성요소를 그 중요성이 떨어진다는 등의 이유로 필수구성요소가 아니라고 주장할 수 없다는 것을 확인하는 것으로 보아야 한다.

반면 반폐쇄형 청구항에 대해서는 "특허발명의 청구항에 '발명이 명확하고 간결하게 기재될 것'을 요구하는 구 특허법(2007. 1. 3. 법률 제8197호로 개정되기 전의 것) 제42조 제4항 제2호는, 청구항에는 명확한 기재만이 허용되고 발명의 구성을 불명료하게 표현하는 용어는 원칙적으로 허용되지 않는다는 의미이고, 국제특허출원을 외국어로 한 출원인이 같은 법 제201조에 의한 국내진입단계절차를 위하여 국내에 특허발명의 명세서, 청구의 범위 등에 관한 번역문을 제출할 때에도 이와 마찬가지이다."라고 하면서, "미국에서는 특허발명의 청구범위 해석시 특허청구항 중 전제부와 본체부 등을 연결하는 전환부 용어를 개방형인 'comprising', 폐쇄형인 'consisting of' 및 중간단계인 'consisting essentially of'로 구분하고 있는바, 미국을 특허지정국으로 하여 PCT 국제출원을 한 다음 국내진입단계절차를 위하여 명칭을 '암 관련 항원을 코딩하는 단리된 핵산분자, 그 항원 및 이들의 용도'로 하여 국내에 그 명세서, 특허청구범위 등에 관한 번역문을 제출한 사안에서, 그 청구항 중 '필수적으로 이루어지는(consisting essentially of)'이라는 부분이 의미가 불명료하여 기재불비에 해당한다."고 판시하였다.[24] 즉 미국의 경우에는

24) 특허청의 심사실무는 예컨대 「소망에 따라」, 「필요에 따라」, 「특히」, 「예를 들어」, 「및/또는」 등의 자구(字句)와 함께 임의 부가적 사항 또는 선택적 사항이 기재된 경우에는 청구항에 발명의 구성을 불명확하게 하는 표현이 기재되어 있는 경우에 해당한다고 하여 특허법 제42조 제4항 제2호 위반으로 거절한다(특허청, 「특허·실용신안 심사지침서」, 2002, 4127~4129면).

반폐쇄형 연결부인 '필수적으로 이루어지는(consisting essentially of)'이라는 표현을 권리범위해석의 문제로 다루고 있으나, 국내에서는 기재불비로 취급하고 있다.[25)]

발명자는 자신이 이룩한 발명을 충분히 보호받을 수 있도록 독립항과 종속항을 적절하게 이용하여 가능한 넓은 청구항을 작성할 필요가 있다. 독립항의 기재는 발명자의 아이디어로부터 얻을 수 있는 모든 실시태양을 포섭할 수 있을 만큼 넓게 작성하여야 하고, 필요없는 한정어를 부가하여 발명의 범위를 좁게 해서는 안된다. 기재하는 사항이 많을수록 권리범위는 좁아지게 되는데[26)] 예컨대 "지우개"라고 하면 모든 종류의 지우개에 대해 독점권을 가지게 되는 반면, "향기나는 지우개"의 경우에는 지우개 중에서도 향기가 나는 지우개에 대해, "장미꽃 향기 나는 지우개"의 경우에는 지우개 중에서도 장미꽃 향기가 나는 지우개에 대해서만 독점권을 누릴 수 있게 된다. 다만 심사단계에서는 권리범위가 넓을수록, 즉 한정하는 사항이 적을수록 신규성이나 진보성이 부정될 가능성은 그 만큼 높아지게 되므로, 청구항은 앞서 살펴본 바와 같이 처음에는 넓은 상위개념으로 기재하고 서서히 좁게 기재하는 역피라미드 방식으로 기재하는 것이 일반적이다.[27)] 심사단계에서는 상위개념의 청구항이 신규성이나 진보성이 부정되는 경우 삭제보정을 통해 하위개념의 청구항만을 남김으로서 특허를 취득할 수 있으며, 권리행사단계에서는 상위 청구항이 무효가 되더라도 하위개념의 청구항에 해당하면 침해가 긍정될 수 있기 때문이다.

3) 젭슨(Jepson) 청구항

통상 발명이란 종래기술을 바탕으로 종래기술의 문제점을 해결·개량하여 이루어진다. 젭슨 청구항은 공지의 물건, 방법 또는 조성물 등으로부터 개량된 부분을

---

25) 다만, 현재 '필수적으로 이루어지는' 표현을 사용한 많은 특허들이 등록되어 있는 상황인데, 이 경우 본 판례에 따라 이들 발명들이 기재불비에 해당하여 무효가 되는 것인지, 아니면 일반 화학분야가 아닌 유전공학분야에 대해서만 기재불비에 해당하는 지에 관하여도 고민해 보아야 할 것이다. 특허청 심사실무는 유전공학분야에 대하여는 연결부용어를 '이루어지는'으로 기재하는 것만 허용하고, 다른 분야에서는 '필수적으로 이루어지는'을 기재하더라도 기재불비가 아닌 것으로 처리해 왔다.

26) 이를 '다기재 협범위의 원칙'이라 한다.

27) 제1항; 치환기 A 및 치환기 B를 가지는 화합물 X
제2항; 제1항에 있어서, 치환기 A가 a인 화합물 X
제3항; 제1항 또는 제2항에 있어서, 치환기 B가 b인 화합물 X

청구하는 경우 발명의 전체 구성요소 중 공지부분에 속하는 사항은 청구항의 전제부에 기재하고 개량된 부분은 본체부에 기재하는 방식을 말한다.[28] 원칙적으로 특허청구범위에는 신규한 사항만을 기재하여야 하지만 선행기술을 기재하지 않으면 그 발명의 신규기술내용을 명확하게 한정할 수 없는 경우에 젭슨 청구항이 이용되고 있다. 이러한 젭슨 청구항은 종래의 기술로부터 어떤 점이 개량되었는지를 나타냄으로써 공지의 자유기술영역으로부터 독점권이 허여될 발명의 기술영역을 명백히 하는데 공헌하였다.[29]

예로서, 'A와 B를 반응시켜 화합물 Z를 제조하는 방법에 있어서(전제부), X 단계와 Y 단계를 순차적으로 거쳐(특징부) 이루어지는 것을 특징으로 하는(연결부) 화합물 Z의 제조방법'을 들 수 있다. 이 경우 전제부에 기재된 'A와 B를 반응시켜 화합물 Z를 제조하는 방법'은 당해 발명의 특징을 이루는 요소가 되지 않고, 본 발명의 특징은 'X 단계와 Y 단계를 순차적으로 거치는 것'에 있다고 할 수 있다. 이와 같이 젭슨 타입의 청구항에서 전제부에 포함시킨 구성은 대부분 발명의 특징을 이루는 부분이 아니어서 그 발명의 권리범위에서 제외되는 경우가 많을 것이나, 판례[30]는 "청구범위를 전제부와 특징부로 나누어 기재하는 방식{통상 젭슨 형식(Jepson type)으로 부르는 방식}에 있어서, 전제부의 의미는, ㉠ 고안의 기술분야를 한정하는 경우, ㉡ 고안의 기술이 적용되는 대상물품을 한정하는 경우, ㉢ 공지의 기술로 생각하여 권리의 보호범위에서 제외하는 경우 등 여러 가지 형태가 있을 수 있다."고 하면서 전제부에 기재되었다고 하여 반드시 이를 공지의 기술로 인정한다는 취지로 볼 수도 없다고 하고 있다. 다만 전제부의 해석과 관련하여 공지의 구성으로 보거나 권리의 보호범위에서 제외시켜야 하는지의 문제가 실무에서 종종 발생하므로, 전제부에 신규요소를 기재하지 않도록 주의하여야 한다.

4) 마쿠쉬(Markush) 청구항

마쿠쉬 청구항은 주로 화학분야발명에서 이용되는데, "A, B, C 또는 D" 혹은 "A, B, C 및 D로 이루어진 군으로부터 선택된"과 같은 형식으로 기재하는 청구항

28) 이창훈·김인순 공저, 앞의 책, 138면.
29) 이종완, 「특허법론」, 대한변리사회, 2004, 354면.
30) 특허법원 2007.10.5. 선고 2007허2469판결.

을 말한다. 특허청구범위에는 발명이 명확하고 간결하게 기재되어야 하므로 발명의 보호범위를 모호하게 하는 선택적 기재는 원칙적으로 인정되지 않지만, 특허를 받고자 하는 발명의 구성에 없어서는 아니되는 사항으로 상호 유사한 성질 또는 기능을 가지는 2이상의 구성요소가 있는 경우에는 제한된 범위 내에서 마쿠쉬 청구항을 허용하고 있다.[31)]

청구항이 마쿠쉬 형식으로 기재된 경우에는 그 중 하나를 선택하여 인용발명과 대비한 결과 진보성이 인정되지 않으면 그 청구항에 기재된 발명 전체에 대해 진보성이 없는 것으로 인정한다. 이 경우 진보성이 인정되지 않는 구성요소를 삭제함으로써 거절이유를 극복할 수 있다. 다만 예컨대 그 중 일부 구성요소에 대해서는 진보성이 부정되나 나머지 구성요소에 대해서는 그렇지 않은 경우와 같이 진보성이 인정되지 않는 구성요소와 나머지 구성요소와의 차이가 확연하다면 발명의 단일성 원칙에 반하는 경우가 생길 수 있을 것이다.

5) 방법적 물건 청구항

'방법적 물건 청구항'이란 물건의 발명에서 기술적 수단이 방법적으로 표현되어 있는 경우를 말한다. 즉 특허청구범위의 기재로부터 물건의 발명의 카테고리에 속하는 것이 명확하지만 제조방법에 의해 특정된 구성요소가 포함되어 있는 경우를 말한다. 특허법은 발명을 물건발명과 방법발명의 두 가지 카테고리로 분류하고 있고, 물건발명의 청구항은 예컨대 「A와 B와 C로 이루어지는 물질Y」와 같이 해당물질 Y를 구성하는 구성요소에 의해 특정되어야 하는 것이 원칙이다. 그러나 현대의 분석기술을 가지고도 발명한 물건의 구조를 특정할 수 없거나 곤란한 경우가 있다. 특히 생물이나 화학분야에 있어서는 물질의 구조를 물건으로서 직접 특정하는 것이 곤란하거나 혹은 불명확한 경우가 있다. 예컨대 '재조합단백질'과 같이 특정 생산방법을 통해 특정 물건을 새롭게 생산하였으나 아직 그 물건의 구체적인 구성을 밝히지 못한 경우이다. 이와 같은 경우에는 「제조방법 P에 의해 생산되는 물질」과 같이 발명한 물건의 제조방법을 기재함으로써 물건의

---

31) 특허청 심사기준에 따르면, 택일형식에 의한 기재가 화학물질에 관한 것일 경우에 다음 ㉠, ㉡의 요건을 모두 만족하면 그 구성요소는 유사한 성질 또는 기능을 가지는 것으로 볼 수 있다. ㉠ 모든 구성요소가 공통되는 성질 또는 활성(活性)을 가지며, ㉡ 모든 구성요소가 중요한 화학구조요소를 공유하고 있거나, 또는 모든 구성요소가 그 발명이 속하는 기술분야에서 하나의 그룹으로 인식되는 화학물질 군에 속할 경우(특허청, 「특허·실용신안 심사지침서」, 2002, 4127~4128면).

발명을 특정하는 청구항 형식을 인정한다면 신기술의 실질적 보호에 매우 유용한 방법이 될 수 있을 것이다.

특허청의 심사실무는 방법적 물건 청구항에 대해, 방법적인 표현 이외에 적절한 표현이 없고 방법적인 표현에 의해 그 물건이 정확하게 특정(特定)될 수 있는 경우를 제외하고는 특허법 제42조 제4항 제3호의 규정[32] 위반에 해당하는 것으로 하여 거절결정을 하여왔다. 그러나 동조항이 2007년 개정법에서 삭제됨에 따라 그와 같은 거절이유는 법적 근거를 상실하게 되었다. 따라서 현행법 하에서는 ㉠ 발명의 상세한 설명에 의하여 뒷받침되고, ㉡ 발명이 명확하고 간결하게 기재되어 있으며, ㉢ 보호받고자 하는 사항을 명확히 할 수 있도록 발명을 특정하는데 필요하다고 인정되는 구조·방법·기능·물질 또는 이들의 결합관계 등을 기재하는 등의 요건을 만족하면 방법적인 표현을 사용하여 물건 청구항을 기재하는 것도 널리 인정된다고 할 수 있다.

방법적 형식으로 기재한 물건에 관한 청구항에 있어서 보호받고자 하는 권리는 방법이나 장치가 아니라 물건자체로 해석되므로 진보성 등에 대한 판단 대상은 물건이다. 따라서 심사관은 신규성이나 진보성 판단 등에 있어 그 방법이나 장치가 특허성이 있는지 여부를 판단하는 것이 아니라 그러한 방법으로 제조된 "물건자체"의 구성이 공지된 물건의 구성과 비교하여 진보성 등이 있는지 여부를 판단하여 특허여부를 결정한다.[33] 그와 같은 판단원칙에 따라 "물건의 발명의 특허청구범위는 특별한 사정이 없는 한 발명의 대상인 물건의 구성을 직접 특정하는 방식으로 기재하여야 하므로, 물건의 발명의 특허청구범위에 그 물건을 제조하는 방법이 기재되어 있다고 하더라도 그 제조방법에 의해서만 물건을 특정할 수밖에 없는 등의 특별한 사정이 없는 이상 당해 특허발명의 진보성 유무를 판단함에 있어서는 그 제조방법 자체는 이를 고려할 필요 없이 그 특허청구범위의 기재에 의하여 물건으로 특정되는 발명만을 그 출원 전에 공지된 발명 등과 비교"하게 된다.[34]

반면 권리범위의 해석과 관련해서는 생산방법에 의한 한정이 있는 것으로 해석한다는 견해,[35] 방법적 물건 청구항은 물건의 발명에 해당하므로 그 권리범위도

---

32) "발명의 구성에 없어서는 아니되는 사항만으로 기재될 것"

33) 특허청, 「특허·실용신안 심사지침서」, 2002, 4132면.

34) 대법원 2006.6.29. 선고 2004후3416 판결, 대법원 2007.5.11. 선고 2007후449 판결.

출원인이 비록 방법을 제한하였지만 방법이 아니라 물건으로 청구한 이상 그 기준은 물건이 되어야 한다는 견해와[36] 방법적 물건 청구항의 신규성, 진보성을 판단함에 있어 물건으로서의 동일성이 전제가 되는 이상 그와 같이 폭넓은 위험을 감수하고 특허로 등록된 발명에 대해서는 권리행사면에서도 '물건의 발명'으로 보아 동일한 폭의 권리를 부여하는 것이 일관성 있는 사고라고 하면서도, 방법적 물건 청구항의 경우 일률적으로 권리범위의 해석기준을 설정하는 것보다는 발명의 종류와 성질에 따라 개별적으로 이를 평가함이 상당하다는 견해가 있다.[37] 기계, 장치 등의 발명의 경우에는 방법적 물건의 형태를 빌리지 않더라도 청구항을 작성하는데 어려움이 없는 경우가 대부분인데 그럼에도 방법적 물건의 형태를 빌렸다면 이는 출원인이 선행기술로 이미 존재하는 동일한 물건에 의해 당해 특허의 등록이 거절되는 것을 피하기 위하여 방법적 물건 청구항의 형태를 취하는 경우가 많으므로 이와 같은 사정을 침해의 판단이나 권리범위의 획정에 반영하는 것이 상당하다는 것이다. 타당한 견해라고 생각된다.

6) 기능식 청구항

'기능식 청구항(functional claim)'이란 발명의 목적 또는 효과를 달성하기 위하여 필요한 구성을 구체적으로 기재하지 않고 그 구성을 기능적으로 표현한 청구항을 말한다. 예컨대 발명의 구성이 "~하기 위한 수단"이라고 하는 것과 같이 "기능 플러스 수단"(means plus functional claim)의 형식으로 기재되어 있는 것을 말한다. 특허청구범위를 기능적으로 기재하려는 시도 때문에 특허청구범위의 기재가 너무 추상적이어서 불명료해지는 경우가 적지 않은바, 이는 청구범위가 명확하고 간결하게 기재되어야 한다는 특허법 제42조 제4항 제2호의 요건과 관련하여 과연 허용될 수 있는지 여부가 문제된다.

기능식 청구항은 특허법 제42조 제4항 제1호나 제2호 또는 2007년 법 개정으로 삭제되기 전의 동조 동항 제3호의 규정을 준수하지 못하므로 인정될 수 없다

---

35) 임병웅, 앞의 책, 294~295면.;그와 같은 견해에 따르면, "방법적 물건 청구항의 경우 생산방법에 관계없이 물질 그 자체가 특허성이 있어서 특허를 받았음에도 불구하고 실제로 권리행사를 함에 있어서는 특정 생산방법에 의하여 제조된 물질에 대해서만 권리를 행사하게 된다는 점에 주의해야 한다."

36) 주기동, "특별한 특허청구항의 권리범위", 법조 Vol.609 (2007.6), 90면.

37) 조영선, "Product by Process Claim을 둘러싼 법률관계", 「특허판례연구」, 박영사, 2009, 143~144면.

는 견해가 있었다. 기능식 청구항을 허용하지 않으려는 태도는 그 기능을 실시하기 위한 구체적인 과제해결방법인 발명의 구성요건을 기재하지 아니하여 보호범위를 명확히 할 수 없다는 것이고, 특허제도는 발명의 구성을 보호하기 위한 것이지 그 효과나 기능을 보호하기 위한 것은 아니라는 점을 강조한다. 그러나 발명요소의 기능적 관계나 효과를 설명하기 위하여 사용되는 기능적 용어의 사용을 전면적으로 배제할 수는 없다. 2007.1.3. 법률 제8197호로 개정되어 2007.7.1.부터 시행되고 있는 특허법 제42조 제6항은 청구항에 기능적인 표현을 할 수 있다는 취지로 규정하고 있다.

우리 대법원은 '기능식 청구항'의 개념을 명시적으로 사용하고 있지 아니하나, "특허청구범위가 기능, 효과, 성질 등에 의한 물건의 특정을 포함하는 경우, 그 발명이 속하는 기술분야에서 통상의 지식을 가진 자가 발명의 상세한 설명이나 도면 등의 기재와 출원 당시의 기술상식을 고려하여 특허청구범위에 기재된 사항으로부터 특허를 받고자 하는 발명을 명확하게 파악할 수 있다면 그 특허청구범위의 기재는 적법하다"고 하여[38] 기능식 청구항이 일정범위에서 허용됨을 밝히고 있다.

기능식 청구항이 허용된다면 권리범위를 어디까지 인정할 수 있을 것인지가 문제인데 기능식 청구항의 보호범위는 명세서 또는 도면에서 개시된 구체적 구성(실시례)에 한정하는 것이 바람직하다는 견해도 있고,[39] 미국과 같은 입법이 없는 상황에서 발명의 상세한 설명 등에 기재된 대응하는 구조, 재료 내지 행위 등에만 한정하는 태도를 취하는 것에 대해서는 신중을 기해야 한다는 견해도 있다.[40] 미국 특허법은 1952년 개정을 통하여 기능식 청구항을 정식으로 인정하기 시작하였는데,[41] 미국에서는 특허요건 판단이나 권리범위 판단 모두에서 기능식 청구항은 명세서에서 개시된 상응하는 구조 및 균등한 구조만을 포함하는 것으로 해석한다.

---

38) 대법원 2007.9.6. 선고 2005후1486 판결.

39) 정차호, "기능식 청구항의 해석에 관한 소고", 특허소송연구 제2집 (2001), 199면.

40) 한규현, "발명의 요지와 특허발명의 보호범위", 특허소송실무연구회 세미나자료, 2007, 56면.

41) 35 U.S.C. §112, para. 6 ("an element in a claim for a combination may be expressed as a means or step for performing a specified function without the recital of structure, material, or acts in support thereof, and such claim shall be construed to cover the corresponding structure, material, or acts described in the specification and equivalents thereof.").

최근의 대법원 판례[42]는 "특허청구범위는 특허출원인이 특허발명으로 보호받고자 하는 사항이 기재된 것이므로, 발명의 내용의 확정은 특별한 사정이 없는 한 특허청구범위에 기재된 사항에 의하여야 하고 발명의 상세한 설명이나 도면 등 명세서의 다른 기재에 의하여 특허청구범위를 제한하거나 확장하여 해석하는 것은 허용되지 않으며, 이러한 법리는 특허출원된 발명의 특허청구범위가 통상적인 구조, 방법, 물질 등이 아니라 기능, 효과, 성질 등의 이른바 기능적 표현으로 기재된 경우에도 마찬가지이다. 따라서 특허출원된 발명의 특허청구범위에 기능, 효과, 성질 등에 의하여 발명을 특정하는 기재가 포함되어 있는 경우에는 특허청구범위에 기재된 사항에 의하여 그러한 기능, 효과, 성질 등을 가지는 모든 발명을 의미하는 것으로 해석하는 것이 원칙이나, 다만, 특허청구범위에 기재된 사항은 발명의 상세한 설명이나 도면 등을 참작하여야 그 기술적 의미를 정확하게 이해할 수 있으므로, 특허청구범위에 기재된 용어가 가지는 특별한 의미가 명세서의 발명의 상세한 설명이나 도면에 정의 또는 설명이 되어 있는 등의 다른 사정이 있는 경우에는 그 용어의 일반적인 의미를 기초로 하면서도 그 용어에 의하여 표현하고자 하는 기술적 의의를 고찰한 다음 용어의 의미를 객관적, 합리적으로 해석하여 발명의 내용을 확정하여야 한다."고 기능식 청구항의 해석법리를 설시한 바 있다.

요컨대 미국과 달리 명문의 특별규정을 두고 있지 않은 우리나라에서는 기능적 표현이 기재되어 있는 청구항이라고 하여 다른 일반적인 청구항과 달리 제한 해석을 하는 것은 바람직하지 않다. 기능적 표현이 기재되어 있는 문언을 해석함에 있어서는, 그 문언의 일반적인 의미를 기초로 하면서도 발명의 상세한 설명 및 도면을 참작하여 그 문언에 의하여 표현하고자 하는 기술적 의의를 고찰한 다음 객관적 합리적으로 해석하면 되고, 나아가 특허청구범위에 기재된 용어의 의미가 명료하더라도, 그 용어로부터 기술적 구성의 구체적인 내용을 알 수 없는 경우에는 그 발명의 상세한 설명과 도면의 기재를 참작하여 그 용어가 표현하고 있는 기술적 구성을 확정하면 될 것이다.[43]

---

42) 대법원 2009.7.23. 선고 2007후4977 판결.

43) 한규현, "발명의 요지와 특허발명의 보호범위", 특허소송실무연구회 세미나자료, 2007, 56면.

Ⅳ. 명세서 및 도면의 보정

1. 의의 및 필요성

보정이란 특허출원의 내용이나 형식에 하자가 있는 경우 일정한 범위내에서 그에 대한 정정이나 보완을 인정하고 그와 같은 보정이 적법한 경우에는 그 효력을 출원시로 소급해 주는 제도를 말한다. 이러한 보정에는 절차적 보정[44]과 실체적 보정,[45] 직권에 의한 보정[46]과 자발적 보정이 있다.

---

44) 특허법 제46조는 특허에 관한 출원·청구 기타의 절차가 소정의 방식에 위배될 경우에 특허청장·특허심판원장은 기간을 정하여 보정을 명할 수 있음을 규정하고 있다. 절차는 처음부터 완전한 내용일 것이 요구되지만 절차를 밟는 자가 절차에 관한 지식부족 등으로 인해, 또는 선출원주의 하에서 출원을 서두른 관계로 불완전한 채로 절차가 이루어지는 경우도 적지 않으므로 일정한 경우 절차의 보정을 명할 수 있도록 하고 있다. 보정명령에 의해서 적법하게 보정이 된 경우 그 보정은 원칙적으로 당해 하자를 그 절차의 당초로 소급해서 치유하는 효과를 갖는다. 그러나 특허청장 또는 특허심판원장은 제46조 규정에 의한 보정명령을 받은 자가 지정된 기간이내에 그 보정을 하지 아니한 경우에는 당해 보정을 명한 특허에 관한 절차를 무효로 할 수 있으며, 무효가 된 경우에는 당해 절차는 처음부터 없었던 것으로 본다(제16조 제1항). 불복의 경우, 특허청장 또는 특허심판원장으로부터 무효처분을 받은 자는 행정심판을 청구하거나 행정소송법에 의한 취소소송을 제기하여 그 당부를 다툴 수 있다.

45) 실체보정이란 명세서 또는 도면의 내용에 불명료한 점이 있거나 오기 등이 있는 경우 이를 보충·정정해서 바르게 고치는 것을 말한다.

46) 2009.01.30 개정특허법(법률 제9381호)은 출원명세서 가운데 경미한 하자에 관해서는 출원인의 신청이 없더라도 직권으로 보정할 수 있도록 제66조의2(직권에 의한 보정 등)를 신설하였다. 기존에는 경미한 하자의 경우에도 거절이유를 통지한 후 출원인으로 하여금 이를 직접 보정하도록 할 수 밖에 없었으나, 동조의 신설로 절차의 신속 및 출원인의 편의를 도모할 수 있게 되었다. 그에 따르면, 심사관은 특허결정을 할 때에 특허출원서에 첨부된 명세서, 도면 또는 요약서에 명백히 잘못 기재된 내용이 있으면 직권으로 보정(이하, '직권보정'이라 한다)할 수 있다(개정특허법 제66조의2 제1항). 심사관이 직권보정을 하려면 제67조 제2항에 따른 특허결정의 등본 송달과 함께 그 직권보정 사항을 특허출원인에게 알려야 하며(동조 제2항), 특허출원인은 직권보정 사항의 전부 또는 일부를 받아들일 수 없으면 제79조 제1항에 따라 특허료를 납부할 때까지 그 직권보정 사항에 대한 의견서를 특허청장에게 제출하여야 한다(동조 제3항). 특허출원인이 제3항에 따라 의견서를 제출한 경우 해당 직권보정 사항의 전부 또는 일부는 처음부터 없었던 것으로 보며(동조 제4항), 다만 명백히 잘못 기재된 것이 아닌 사항에 대하여 직권보정이 이루어진 경우 그 직권보정은 처음부터 없었던 것으로 보아 심사관의 자의를 막고 있다(동조 제5항). 한편, 명세서 등을 명확하게 기재할 책임은 원칙적으로 출원인에게 있고, 특허법 제47조에서 보정할 수 있는 자, 보정이 가능한 기간 및 범위를 엄격하게 정하고 있는 점을 고려할 때, 심사관에 의한 직권 보정 제도는 출원인에 의한 보정의 예외로서 제한된 범위 내에서 보충적으로 운영될 필요가 있다.

[보정의 종류]

- 보 정
  - 절차보정 (제46조)
    - ㉠ 특허법 제3조 제1항(미성년자의 행위능력) 또는 제6조(대리권의 범위) 규정에 위반된 경우
    - ㉡ 특허법령이 정하는 방식에 위반된 경우
    - ㉢ 수수료를 납부하지 않은 경우
  - 실체보정 (제47조) — 명세서 또는 도면의 보정
  - 특허청의 보정명령 또는 직권에 의한 보정 — 절차나 형식에 대한 보정
  - 자발보정
    - 절차나 형식에 대한 보정
    - 실체보정

명세서 및 도면의 보정이라 함은 명세서 및 도면에 불명료한 점이 있거나 오기 등이 있어 이를 보충·정정해서 바르게 고치는 것을 말한다. 이른바 실체보정이라고 할 수 있다. 특허법은 특허등록여부 결정전에 명세서 또는 도면을 바르게 고치는 것을 보정이라고 하여 법 제47조 이하에서 규정하고 있고, 특허등록 후 명세서 또는 도면을 바로잡는 것을 정정이라고 하여 법 제133조의2(특허무효심판절차에서의 특허의 정정) 및 제136조(정정심판) 등에서 그 요건과 절차를 별도로 규정하고 있다. 이하에서는 보정에 대해 설명하고, 정정에 대해서는 해당 부분에서 살펴보기로 한다.

명세서와 도면은 처음부터 완전하게 작성되는 것이 가장 이상적일 것이나, 선출원주의 하에서는 가능한 빨리 출원하여야 할 필요성이 있으므로 출원 후에 일절 보정을 인정하지 않는다면 출원인에게 너무 가혹하다. 반면 보정을 제한없이 인정하게 되면 일단 출원하여 유리한 지위를 선점한 뒤 보정을 반복해 나감으로써 심사를 지연시킬 우려가 있고, 특히 보정의 소급효에 의해 제3자의 이익을 해할 우려가 있다. 따라서 특허법은 출원인의 이익과 제3자의 이익 그리고 심사의 효율성을 고려하여 일정한 경우 보정을 인정하면서도 시기적 및 내용적으로 엄격한 제한을 가하고 있다.

2001.2.3 법률 제6411호로 개정되기 전의 특허법은, 특허출원일로부터 1년 3개

월이 지나기 전에는 '요지변경'에 해당하지 않는 한 시기나 횟수에 제한없이 보정을 허용하고 위 기간이 경과한 후에는 보정이 가능한 시기를 제한하고 있을 뿐이어서 국제적으로 비교하여 보정을 널리 허용하여 왔다.[47] 이는 종래 우리나라가 단항제를 채택한 것과 관련이 있다. 단항제 하에서는 출원인은 자신의 발명을 하나의 청구항에 기재하여야 하므로 그 구체적 기술사상을 빠짐없이 기재하여 완전한 청구항을 작성하는 것이 어려울 수밖에 없다. 따라서 단항제 하에서는 이른바 중심한정주의를 채택하여 발명의 내용을 파악하거나 특허권의 권리범위를 설정함에 있어서 '발명의 요지' 또는 '핵심적인 기술사상'이라는 추상적 기준을 사용하기 쉬우며 비록 명세서에 명확히 나타나 있지 않더라고 위와 같은 발명의 요지에 포함되는 기술구성에는 권리범위를 인정할 여지가 많아진다. 반면 다항제 하에서는 출원인은 자신의 발명을 복수의 독립항과 종속항을 이용하여 세부적이고 구체적으로 표현할 수 있으므로 굳이 '발명의 요지' 또는 '핵심적인 기술사상'이라는 추상적 개념을 동원할 필요가 없고 명세서의 기재에 부여되는 규범적 의미도 한결 엄격해져서 명세서, 특히 특허청구범위에 나타나지 않은 사항에 관하여는 원칙적으로 권리를 인정하지 않는 '주변한정주의'의 경향을 띠게 된다.[48] 요컨대 '단항제-중심한정주의-발명의 요지중시-요지변경금지'를 하나의 사고의 틀로 묶을 수 있다면, '다항제-주변한정주의-명세서의 객관적 기재사항중시-신규사항 추가금지'를 그와 대비되는 또 다른 사고의 틀로 묶을 수 있을 것이다.[49]

종전의 규정에 따르면,[50] 특허사정등본의 송달 전에 특허출원서에 최초로 첨부된 명세서 또는 도면에 기재된 사항의 범위안에서 특허청구범위를 증가·감소 또는 변경하는 보정은 그 요지를 변경하지 아니하는 것으로 본다. 보정으로 새로운 사항이 추가되어도 그 새로운 사항이 그 특허출원시 당업자에게 자명한 사항이거

---

47) 구 특허법 제48조 (요지변경); 특허사정등본의 송달전에 특허출원서에 최초로 첨부된 명세서 또는 도면에 기재된 사항의 범위안에서 특허청구범위를 증가·감소 또는 변경하는 보정은 그 요지를 변경하지 아니하는 것으로 본다.

48) 다항제를 채택한 취지는 발명을 여러 각도에서 다면적으로 기재하여 발명을 충실히 보호할 수 있도록 하고, 발명자의 권리범위와 일반인의 자유기술영역과의 한계를 명확하게 구별하여 특허분쟁의 경우 특허침해 여부를 명확하고 신속하게 판단할 수 있도록 하기 위함이다(대법원 2001.5.29. 선고 98후515 판결).

49) 조영선, 「특허법」, 박영사, 2009, 257~258면.

50) 구 특허법 제48조 (요지변경)

나 특허청구범위에 영향을 주지 않을 경우에는 요지변경으로 되지 않는다. 이러한 판단기준은 새로운 사항이 특허청구범위에 영향을 주는 것인지 여부에 대한 판단을 수반하여야 하는 것이나 실질적으로 그 판단이 어렵고 번거로워 실무상 많은 혼란이 가중되었었다. 또한, 요지변경된 보정에 대하여는 그 보정을 각하한 후 보정각하불복심판을 청구하도록 하고 있어 그 보정각하불복심판이 확정될 때까지 후속처리를 할 수 없게 되어 심사처리를 지연시키는 요인이 되었다. 우리나라가 다항제를 도입한지도 상당기간 경과하였고,[51] 국내우선권제도의 도입으로 과거와 같은 광범위한 보정을 인정할 필요성도 적어져 위와 같은 문제점을 개선하고 국제적 추세에 부응하기 위해 요지변경제도를 신규사항추가금지제도로 변경하였다.

2. 보정의 시기

(1) 자진보정의 경우

특허출원인은 제42조 제5항 각 호에 따른 기한까지 또는 제66조에 따른 특허결정의 등본을 송달하기 전까지 특허출원서에 첨부된 명세서 또는 도면을 보정할 수 있다(제47조 제1항 본문). 이때 '제42조 제5항 각 호에 따른 기한'이란 특허출원인이 출원당시에 특허청구범위를 기재하지 않고 출원한 경우 특허청구범위가 기재되도록 명세서를 보정하여야 하는 기간을 말하고,[52] 이 기간 내에 보정하지 아니한 경우에는 그 기한이 되는 날의 다음 날에 해당특허출원은 취하된 것으로 보기 때문에(제42조 제7항), 그 후에는 보정을 할 수 없다는 확인적 성격을 지닌다. 즉 출원인은 제42조 제5항 각 호에 따른 기한까지 또는 제66조에 따른 특허결정의 등본을 송달받기 전까지는 시기의 제한없이 언제라도 명세서를 보정할 수 있다.

(2) 거절이유통지를 받은 후의 보정

법 제63조 제1항에 따른 거절이유통지(이하, '거절이유통지'라 한다)를 받은 후에

---

51) 다항제는 1980년 개정법 (법률 제3325호, 1980.12.31, 일부개정)에서 도입되었다.

52) 원칙적으로 출원일로부터 1년 6개월이 되는 날까지를 말하고, 그 전에 제3자에 의한 출원심사 청구의 취지를 통지받은 경우에는 통지를 받은 날부터 3개월이 되는 날 또는 출원일로부터 1년 6개월이 되는 날 중 빠른날까지를 의미한다.

는 다음에서 정하는 기간(재심사청구를 하는 경우에는 재심사청구를 할 때)에만 보정할 수 있다.

1) 최초거절이유통지에 따른 의견서제출기간 내

특허출원인은 최초거절이유를 통지받은 경우에는 해당 거절이유에 따른 의견서제출기간 내에 명세서 또는 도면을 보정할 수 있다(제47조 제1항 제1호).[53] '최초거절이유통지'란 거절이유통지(거절이유통지에 대한 보정에 따라 발생한 거절이유에 대한 거절이유통지는 제외한다)를 최초로 받거나 최후거절이유통지가 아닌 거절이유통지를 말한다. '최후거절이유통지'란 거절이유통지에 대한 보정에 따라 발생한 거절이유에 대한 거절이유통지를 말한다. 즉 '최초거절이유통지'란 심사관으로부터 최초로 통지되는 거절이유를 말하는 것으로서 심사관이 해당 거절이유를 처음 발견하여 행하였다면 그것이 언제 발견되었는지 와는 무관하고 최초거절이유에 대한 보정으로 생긴 거절이유가 아니라면 언제라도 '최초거절이유'에 해당하게 된다.

2) 최후거절이유통지에 따른 의견서제출기간 내

특허출원인은 최후거절이유를 통지받은 경우에는 해당 거절이유에 따른 의견서제출기간 내에 명세서 또는 도면을 보정할 수 있다(제47조 제1항 제2호). 최후거절이유통지에 대한 보정은 지금까지의 심사를 활용할 수 있는 범위내로 제한되므로 최초거절이유통지에 대한 보정과 비교하여 극히 제한된 범위 내에서만 보정이 인정된다.

3) 재심사를 청구할 때

2009년 개정 특허법[54]에서 재심사청구제도가 도입됨에 따라 특허출원인은 그 특허출원에 관하여 거절결정등본을 송달받은 날부터 30일(제15조 제1항에 따라 제132조의3에 따른 기간이 연장된 경우 그 연장된 기간을 말한다) 이내에 그 특허출원의

---

53) 의견서 제출기간은 2개월 이내로 지정하되 이 기간은 지정기간이므로 심사관은 청구에 따라 그 기간을 단축 또는 연장하거나 직권으로 그 기간을 연장할 수 있다(특허법 시행규칙 제16조). 다만 이 경우 해당절차의 이해관계인의 이익이 부당하게 침해되지 아니하도록 단축 또는 연장 여부를 결정하여야 하고 심사관은 지정기간의 연장을 허용하지 않을 수 있다(제15조 제2항).

54) 법률 9381호, 2009.1.30, 일부개정.

특허출원서에 첨부된 명세서 또는 도면을 보정하여 해당 특허출원에 관하여 재심사(이하, '재심사'라 한다)를 청구할 수 있게 되었는데(제67조의2 제1항),[55] 특허출원인은 재심사를 청구할 때에 명세서 또는 도면을 보정할 수 있다(제47조 제1항 제3호). 거절결정을 받은 자가 불복심판을 청구한 경우에는 재심사청구가 허용되지 않으므로 보정을 할 수 없다(제67조의2 제1항 단서).

3. 보정의 범위

(1) 원칙 – 신규사항 추가금지

명세서 또는 도면의 보정은 특허출원서에 최초로 첨부된 명세서 또는 도면에 기재된 사항의 범위 안에서 이를 할 수 있다(제47조 제2항). 즉 실체보정은 신규사항을 추가하지 않는 범위 내에서만 가능하다. '명세서 또는 도면에 기재된 사항의 범위'란 명세서 또는 도면에 실제로 기재된 사항 및 이로부터 당업자가 직접적이고 명확히(directly and unambiguously) 도출할 수 있는 사항을 말한다는 것이 국제적 경향이다.[56] 판례[57]에 따르면, "최초로 첨부된 명세서 또는 도면(이하, '최초 명세서 등'이라 한다)에 기재된 사항이란 최초 명세서 등에 명시적으로 기재되어 있는 사항이거나 또는 명시적인 기재가 없더라도 그 발명이 속하는 기술분야에서 통상의 지식을 가진 사람이라면 출원시의 기술상식에 비추어 보아 보정된 사항이 최초 명세서 등에 기재되어 있는 것과 마찬가지라고 이해할 수 있는 사항"이어야 한다.

신규사항을 추가하는 보정은 등록 전에는 거절이유(제62조 제5호), 착오로 등록된 경우에는 무효사유에 해당한다(제133조 제1항 제6호).

국제출원의 경우에는「특허출원서에 최초로 첨부된 명세서 또는 도면에 기재된 사항」은「국제출원일에 제출한 국제출원의 명세서, 청구의 범위 또는 도면(도

---

55) 구법하에서는 특허거절결정을 받은 경우 심사관에게 다시 심사를 받기 위하여는 반드시 특허거절결정 불복심판을 청구하도록 하고 있어 특허출원인으로서는 불가피하게 특허거절결정 불복심판을 청구하여야 하는 불편이 있었다. 이에 개정 특허법에서는 특허거절결정 불복심판을 청구하지 아니하더라도 특허출원서에 첨부된 명세서 또는 도면의 보정과 동시에 재심사를 청구하면 심사관에게 다시 심사를 받을 수 있도록 함으로써 절차의 간소화와 출원인의 편의를 도모하고 있다.

56) 송영식외 6인 공저, 지적소유권법(상), 육법사, 2008, 671면.

57) 대법원 2007.2.8. 선고 2005후3130 판결.

면 중 설명부분에 한한다)의 번역문 또는 국제출원일에 제출한 국제특허출원의 도면(도면 중 설명부분은 제외한다)에 기재된 사항」으로 한다(제208조 제3항). 특허법 제201조 제4항 및 제6항의 규정에 의하여 실체심사는 번역문에 의거하여 이루어지므로 심사관은 번역문의 기재사항을 기초로 신규사항의 추가여부를 판단하도록 하였다. 다만 국제출원의 경우 국제출원일에 제출된 원문과 그 출원번역문에 다 같이 기재되어 있는 발명이나 도면에 기재되어 있는 발명에 해당하지 아니하는 부분에 대해 특허가 부여된 경우 국제특허출원의 무효사유에 해당하게 된다(제213조).

(2) 최후거절이유통지 이후의 보정

최후거절이유통지에 따른 의견서제출기간내의 보정(제47조 제1항 제2호) 및 재심사청구시의 보정(제47조 제1항 제3호)은 신규사항 추가금지 이외에도 추가의 요건을 만족해야 한다. 구체적으로는 최후거절이유통지 이후의 보정 중 특허청구범위에 대한 보정은 ㉠ 청구항을 한정 또는 삭제하거나 청구항에 부가하여 특허청구범위를 감축하는 경우,[58] ㉡ 잘못된 기재를 정정하는 경우,[59] ㉢ 분명하지 아니한 기재를 명확하게 하는 경우,[60] ㉣ 특허출원서에 최초로 첨부된 명세서 또는 도면에 기재된 사항의 범위를 벗어난 보정(신규사항을 추가한 보정)에 대하여 그 보정

---

58) 특허청구범위의 감축이란 청구항을 한정 또는 삭제하거나 청구항에 부가하는 것을 말한다. 청구항을 한정하는 경우는 ㉠ 택일적으로 기재된 요소의 삭제(예컨대 'A 또는 B'라는 택일적 요소 중 A를 삭제하거나 B를 삭제하는 것), ㉡ 상위개념의 기재로부터 하위개념의 기재로의 변경(예컨대 금속을 구리로 변경), ㉢ 수치범위의 축소 등을 말한다. 청구항의 삭제란 청구항을 직접 삭제하는 경우뿐만 아니라 다수항을 인용하는 종속항에게 인용항수를 감소하는 것(예컨대 '제1항 또는 제2항에 있어서'를 '제1항에 있어서'로 보정하는 것)도 포함한다. 청구항에 부가하는 경우는 청구항의 구성요소를 직렬적으로 부가하는 것을 의미한다(예컨대 'A에 B를 부착시킨 병따개'를 'A에 B를 부착시키고 다시 B에 C를 부착시킨 병따개'로 하는 경우이다. 이 경우 C가 신규사항 추가금지에 해당하지 않아야 함은 물론이다).

59) 잘못된 기재를 정정하는 경우란 정정 전의 기재내용과 정정 후의 기재내용이 동일함을 객관적으로 인정할 수 있는 경우로서, 청구범위의 기재가 오기인 것이 명세서의 기재내용으로 보아 자명한 것으로 인정되거나, 주지의 사항 또는 경험칙으로 보아 명확한 경우에 그 오기를 정확한 내용의 자구나 어구로 고치는 것을 말한다.

60) 분명하지 않은 기재란 문리상 그 자체 의미가 분명하지 않은 기재로, ㉠ 청구항의 기재 그 자체가 문언상 의미가 불명료한 것, ㉡ 청구항 자체의 기재 내용이 다른 기재와의 관계에 있어서 불합리한 것, 또는 ㉢ 청구항 자체의 기재는 명료하지만 청구항에 기재한 발명이 기술적으로 정확하게 특정되지 않고 불명료한 것 등을 말한다.

전 특허청구범위로 되돌아가거나 되돌아가면서 특허청구범위를 ㉠~㉢에 따라 보정하는 경우에 한하여 할 수 있다.

2009.1.30 개정전 구법에서는 최후거절이유통지 이후의 보정에서는 “명세서 또는 도면의 보정은 특허청구범위를 실질적으로 확장하거나 변경하지 아니할 것, 보정후 특허청구범위에 기재된 사항이 특허출원을 한 때에 특허를 받을 수 있을 것(구 특허법 제47조 제4항)”[61]을 추가로 요구하였었는데, 개정법에서는 해당 조항을 삭제함으로써 명세서 및 도면의 보정에 대한 제한 요건을 완화하였다.

개정법에서는 최후거절이유통지 후의 보정에 대한 제한요건에서 특허청구범위를 감축하는 경우는 실질적 변경으로 보지 않게 되어 출원단계에서는 특허출원인이 특허청구범위를 보다 자유롭게 감축할 수 있는 기회를 확보할 수 있게 되었다. 보정의 허용범위를 어떻게 설정할 것인지는 ‘기술적 의미있는 발명을 한 출원인에게 그에 합당한 권리를 부여한다’는 실체적 가치와 ‘신속하고 적절한 심사의 진행을 도모하고 출원인이 보정제도를 악용하거나 절차를 지연시키는 수단이 되지 못하도록 한다’는 절차적 가치 사이에서 타협점을 찾는 문제이기도 하다. 이를 잘 보여주는 것이 ‘명세서 또는 도면의 보정을 통하여 특허청구범위가 실질적으로 확장되거나 변경되어서는 안된다’는 종래의 제한규정을 둘러싼 논의이다. 그

61) 구 특허법 제47조 제4항 제2호에 의하면, 최후거절이유통지에 따른 의견서제출기간 이내 및 특허거절결정 불복심판청구일로부터 30일 이내에 할 수 있는 보정의 경우 ‘보정후 특허청구범위에 기재된 사항이 특허출원을 한 때에 특허를 받을 수 있을 것’이어야 하는데, 이를 실무상 독립특허요건이라 한다. 본호의 취지는 보정의 다른 요건을 충족하여 보정된 명세서로 재심사한 결과 특허출원시 특허를 받을 수 없는 경우라면 심사관이 다시 거절이유를 통지하지 아니하고 보정각하를 한 후 최후거절이유통지시의 심사대상명세서로 거절결정을 할 수 있도록 하여 최후거절이유통지 후의 보정으로 새로이 발생되는 거절이유 등에 대하여 심사관이 다시 선행기술을 조사하거나 반복적으로 거절이유통지를 하게 되는 경우를 배제함으로써 심사절차의 신속한 진행을 도모하기 위한 것이다. 그와 같은 취지에 비추어 위 규정은 보정된 청구항이 여전히 거절이유를 해소하지 못한 경우와 거절이유를 해소하였으나 보정으로 인하여 새로운 거절이유가 발생한 경우에만 적용되고, 거절이유통지 이전에 존재하였으나 통지하지 아니한 거절이유에 해당할 뿐 보정에 의하여 새로이 거절이유가 발생하는 경우가 아닌 보정에는 적용되지 않는다. 따라서 특허출원인에게 거절이유 통지나 의견서 제출 및 보정의 기회를 준 바가 전혀 없는 새로운 거절이유를 근거로 특허출원인에게 이에 대한 별다른 거절이유 통지나 의견서 제출의 기회를 줌이 없이 바로 보정을 각하한 다음, 보정 이전의 청구항에 대한 거절결정을 그대로 유지하는 것은 실질적으로 특허출원인이 전혀 통지받은 바가 없는 거절이유에 의해 특허등록이 거절되는 것과 같은 결과에 이르게 되어 출원인의 정당한 절차적 이익을 해치는 것이어서 허용될 수 없다(특허법원 2009. 11.20. 선고 2009허4346 판결 참조).

런데 특허청구범위의 감축임이 명백한 보정에 대해서까지 '특허청구범위의 실질적 변경'이라는 이유로 허용하지 않는다면 사실상 가능한 보정의 여지가 매우 축소되어 출원인의 권리를 필요이상으로 해칠 우려가 있다. '실질적 변경'에 해당하는 보정을 허용하지 않는 이유는, ㉠ 이를 통해 때늦은 보정을 엄격히 통제함으로서 출원인이 심사과정에서 적절한 감축보정을 게을리 하며 절차를 지연시키는 것을 방지할 수 있고, ㉡ 예컨대 당초 출원인이 'a + b'와 같은 넓은 청구범위의 출원을 하였으나 이미 'a + b'로 이루어진 공지기술이 존재하는 경우, 제3자로서는 위 출원이 공지기술이라는 이유로 거절될 것으로 믿고 'a + b + c'를 실시할 수 있는데, 후에 출원인이 감축보정을 통해 'a + b + c'의 특허를 획득하면 제3자의 실시형태가 침해에 해당하게 되어 제3자의 신뢰에 반한다는 점이 거론되고 있었다. 그러나 어떠한 논거도 기술적 가치가 있는 발명을 한 출원인에게 그에 합당한 권리를 부여해야 한다는 특허법 본래의 당위에 앞설 수는 없는 것이라는 비판이 있었다. 이에 개정법에서는 권리취득 이전 단계인 '보정단계'에서는 '명세서 또는 도면의 보정은 특허청구범위를 실질적으로 확장하거나 변경하지 아니할 것'이라는 조항을 삭제함으로써 특허청구범위의 감축에 해당하는 한 '특허청구범위의 실질적 변경'이라는 이유로 보정을 배척하지 못하도록 제도를 개선하였다. 한편 출원인이 이미 획득한 권리를 사후에 '정정'하는 경우에는 이미 권리의 공시를 통하여 신뢰관계를 형성한 제3자를 보호할 필요성이 크기 때문에 그 허용여부는 '보정'에 비해 더 엄격한 기준을 적용할 필요가 있다. 따라서 '특허의 정정'에 관하여는 '특허청구범위의 실질적 변경금지원칙'이 여전히 유효하다.[62]

4. 보정의 효과

(1) 부적법한 보정의 취급

1) 기간을 경과한 경우

실체보정을 할 수 있는 기간을 경과한 보정서는 부적법한 출원서류에 해당하여 반려된다(특허법시행규칙 제11조).

62) 조영선, 앞의 책, 273~274면.

2) 자진 및 최초거절이유통지에 의한 보정이 부적법한 경우

심사관은 법 제42조 제5항 각호에 따른 기한까지 또는 특허거절결정등본 송달 전의 보정이 신규사항 추가금지 위반인 경우에는 최초거절이유를 통지하고, 최초거절이유통지에 따른 의견서 제출기간 내 보정이 신규사항추가금지 위반인 경우에는 최후거절이유를 통지한다.

3) 최후거절이유통지 이후의 보정이 부적법한 경우

심사관은 최후거절이유통지에 대한 보정(제47조 제1항 제2호)과 재심사청구시의 보정(제47조 제1항 제3호)이 신규사항 추가금지규정(제47조 제2항)에 위반하거나, 특허청구범위 보정제한규정(제47조 제3항)을 위반하거나, 그 보정(제47조 제3항 제1호 및 제4호에 따른 보정 중 청구항을 삭제하는 보정은 제외한다)에 따라 새로운 거절이유가 발생한 것으로 인정되면 결정으로 그 보정을 각하하여야 한다(제51조 제1항). 이때에는 의견서제출기회를 주지 않는다(제63조 제1항 단서). '보정에 따라 새로운 거절이유가 발생한 경우'란 보정된 청구항에 기재된 사항에 대해 새로운 거절이유가 발생한 것을 의미한다. 보정에 의해 새로운 거절이유가 발생한 경우라면 심사관이 다시 거절이유를 통지하지 않고 보정각하를 한 후 최후거절이유통지 당시의 심사대상 명세서로 거절결정을 할 수 있도록 하여 심사의 신속한 진행을 도모하기 위한 것이다. 다만 최후거절이유통지에 따른 보정을 하였으나 여전히 거절이유를 해소하지 못한 경우에는 보정은 적법하나 거절이유가 동일하여 거절결정된다. 보정각하결정에 대해서는 별도로 불복할 수 없고 이후 특허거절결정에 대한 불복심판절차에서 함께 다툴 수 있다. 다만 재심사의 청구가 있는 경우 그 청구 전에 한 각하결정은 거절결정불복심판에서 다툴 수 없다(제51조 제3항). 재심사청구전의 각하결정에 대해서는 이미 재심사단계에서 충분히 다툴 기회를 부여하였기 때문이다.

최후거절이유통지 이후의 보정이 범위를 벗어난 부적법한 것이거나 그 보정에 따라 새로운 거절이유가 발생한 것으로 인정되면 결정으로 그 보정을 각하하는 것이 원칙이지만 법 제47조 제3항 제1호 및 제4호에 따른 보정 중 청구항을 삭제하는 보정의 경우에는 새로운 거절이유가 발생한 경우에도 각하하지 않고 최후거절이유를 통지할 수 있도록 하고 있다. 이는 청구항을 삭제하는 보정을 하면서 삭제된 청구항을 인용하는 청구항이 있는 경우에는 보정시 인용사항을 수정하여야 하나 이를 간과하고 보정서를 제출한 경우에는 새로운 거절이유(기재불비)가 발생하게 되는데, 이 경우 보정각하결정을 하지 않고 다시 거절이유를 통지하여 보정할 수 있도록 기회를 주기 위함이다.

아울러 재심사의 청구전 최후거절이유통지에 따른 의견서제출기간 내에 한 보정이 보정의 범위를 벗어나거나 그 보정에 따라 새로운 거절이유가 발생했음에도 불구하고 일반심사단계에서 심사관이 이를 간과하여 보정각하결정을 하지 않고, 추후 재심사단계에서 심사관이 발견한 경우에는 보정각하를 하지 못하도록 하고 있다(제51조 제1항 단서). 이는 당해 보정이 인정되었음을 전제하고 재심사를 청구한 출원인의 이익을 보호하기 위함이다. 즉, 출원인은 심사관이 보정각하를 하지 않았기 때문에 보정된 명세서 또는 도면을 가지고 재심사청구여부를 결정하게 되는데, 재심사단계에서 바로 보정각하를 하게 되면 심사관의 행정처분을 신뢰한 출원인의 이익에 반하기 때문에 바로 보정각하를 하지 않고 다시 한 번 최후거절이유를 통지한다. 심사단계에서 보정각하결정을 한 후 거절결정을 하였더라면 재심사청구를 하면서 보정각하결정의 사유가 되는 사항을 삭제하는 보정을 할 수 있는데 반해 재심사단계에서 보정각하결정을 하는 경우에는 그와 같은 보정의 기회가 없기 때문이다.[63] 동일한 이유로, 심판청구 전 최후거절이유통지에 따른 의견서제출기간 내에 한 보정 또는 재심사 청구시의 보정이 보정의 범위를 벗어나거나 그 보정에 따라 새로운 거절이유가 발생했음에도 불구하고 일반심사단계 또는 재심사단계에서 심사관이 이를 간과하여 보정각하결정을 하지 않고, 추후 거절결정에 대한 불복심판단계에서 심판관합의체가 이를 발견한 경우에는 보정각하를 하지 않고 최후거절이유를 통지한다(제170조 제1항 괄호).

4) 착오로 등록된 경우

명세시 또는 도면의 보정이 신규사항 추가금지에 위반됨에도 불구하고 착오로 등록된 경우에는 특허무효사유에 해당한다(제133조 제1항 제6, 제47조 제2항). 그러나 최후거절이유 통지 이후의 보정이 신규사항 추가금지 이외의 다른 제한규정을 벗어난 경우, 즉 특허법 제47조 제3항의 범위를 벗어난 경우에는 일단 등록이 이루어지면 이를 독립된 무효사유로 삼을 수는 없다. 특허법 제47조 제3항에서 규정하는 특허청구범위의 보정제한은 특허의 실체와는 직접적인 관련이 없는, 절

63) 임병웅, 앞의 책, 344~345면.

차의 신속 및 효율성을 도모하기 위한 규정에 지나지 않으므로, 이를 이유로 이미 등록된 특허를 무효로 하는 것은 특허권자에게 지나치게 가혹하고, 그렇게 하더라도 일반인의 이익을 해하는 것도 아니기 때문이다.

(2) 적법한 보정

보정이 적법한 것으로 인정되면 처음부터 보정된 내용대로 출원이 이루어 진 것으로 간주된다. 즉 적법한 보정은 소급효가 있다. 따라서 명세서보정의 적법 여부를 심리하지 아니하고 보정 이전의 출원발명만을 심판대상으로 삼아 판결하는 것은 그 자체로서 위법하다.[64)]

대법원 1992.6.26. 선고 91후1823 판결

특허출원을 한 후 특허청으로부터 거절사정을 받은 다음 이에 불복하여 항고심판을 제기하여 항고심에 계속중 특허청구범위의 명세서를 보정하였음에도 위 항고심판 제기 이후의 명세서보정의 적법 여부를 심리하지 아니하고 보정 이전의 출원발명만을 심판대상으로 삼은 원심결은 명세서보정에 관한 법리오해 및 심리미진의 위법이 있다.

[보정의 시기 및 범위]

보정시기	보정범위		부적법한 보정의 취급
	발명의 상세한 설명	특허청구범위	
① 제42조 제5항 소정의 기한까지 또는 특허결정의 등본을 송달하기 전까지 언제든지 가능 ② 최초거절이유에 대한 의견서 제출기간 내	신규사항 추가금지		심사중; 등록거절 등록후; 무효사유
① 최후거절이유	신규사항 추가금지	① 신규사항 추가금지	심사중; 보정각하

64) 대법원 1992.6.26. 선고 91후1823 판결.

에 대한 의견서 제출기간 내 ② 재심사청구시		② ㉠ 청구항을 한정 또는 삭제하거나 청구항에 부가하여 특허청구범위를 감축하는 것이거나, ㉡ 잘못된 기재를 정정하는 것이거나, ㉢ 분명하지 아니한 기재를 명확하게 하는 것이거나, ㉣ 특허출원서에 최초로 첨부된 명세서 또는 도면에 기재된 사항의 범위를 벗어난 보정(신규사항을 추가한 보정)에 대하여 그 보정 전 특허청구범위로 되돌아가거나 되돌아가면서 특허청구범위를 ㉠~㉢에 따라 보정하는 것일 것 ③ 보정으로 인하여 새로운 거절이유가 생기지 않을 것	등록후; 무효사유(특허법 제47조 제3항의 요건은 제외)

V. 1특허출원의 범위

특허출원은 1발명을 1특허출원으로 한다. 다만, 하나의 총괄적 발명의 개념을 형성하는 1군의 발명에 대하여 1특허출원으로 할 수 있다(제45조 제1항). 이는 원칙적으로는 하나의 발명에 대해서는 하나의 출원으로 하되, 상호 기술적으로 밀접한 관계를 가지는 발명에 대하여는 복수의 출원이라도 하나의 출원서로 출원할 수 있도록 하여 출원인과 제3자 및 특허청의 편의를 도모하고자 하는 제도이다.

출원인의 입장에서는 가능한 한 다수의 발명을 하나의 출원서에 포함시켜서 출원하는 것이 출원료 측면이나 기타 특허 관리 측면에 있어서 유리하나, 제3자의 입장에서는 출원 절차의 형평성, 타인의 권리에 대한 감시와 선행기술자료로서의 이용 등의 면에서 가능한 한 1출원의 범위는 좁은 것이 유리하다. 한편, 특허청의 입장에서는 출원의 분류·검색 등 심사 부담 측면에서 1출원의 범위는 좁은 것이 바람직하다.

따라서, 이 규정은 상호 관련성이 없는 복수의 발명을 하나의 출원서에 다수 포함시키고자 하는 출원인과 이것을 허용할 경우에 불이익을 받게 되는 제3자 및 특허청과의 사이에 균형을 도모하고자 하는 규정이라고 할 수 있다.

1특허출원의 요건에 대하여는 특허법시행령 6조에서 "ⅰ) 청구된 발명 간에 기술적 상호관련성이 있을 것, ⅱ) 청구된 발명들이 동일하거나 상응하는 기술적 특징을 가지고 있을 것. 이 경우 기술적 특징은 발명 전체로 보아 선행기술에 비하여 개선된 것이어야 한다."고 규정하고 있다. 이러한 관점에서 보면 "하나의 총괄적 발명의 개념을 형성하는 1군의 발명"에 해당하는가 여부는 각 청구항에 기재된 발명들 사이에 하나 또는 둘 이상의 동일하거나 또는 대응하는 특별한 기술적인 특징들이 관련된 기술관계가 존재하는가(즉 기술적으로 밀접한 관계가 존재하는가)에 달려있고, 특별한 기술적인 특징이란 각 발명에서 전체적으로 보아 선행기술과 구별되는 개량부분을 말한다 할 것이다.[65]

1특허출원의 범위에 위반하는 특허출원은 거절결정의 대상이 되나(제62조), 정보제공사유(제63조의 2), 특허무효사유(제133조 제1항)에는 해당하지 않는다. 1특허출원의 범위 위반은 특허성과 무관한 절차적 요건이므로 이에 위반한 것을 이유로 이미 등록된 권리를 무효로 하는 것은 권리자에게 너무 가혹한 측면이 있기 때문이다. 심사관의 거절이유통지시 출원인은 의견서를 제출하여 해당 발명들이 1특허출원의 범위에 속한다고 주장할 수도 있고, 분할출원이나 보정을 통해 해당 거절이유를 극복할 수도 있다.

Ⅵ. 분할출원

1. 의 의

분할출원이란 2이상의 발명을 포함하는 특허출원(이하, '원출원'이라 한다)의 일부를 1 또는 2이상의 새로운 특허출원으로 하는 것으로, 이 새로운 특허출원이 적법한 출원으로 인정되면 출원일의 소급효를 인정하는 것을 말한다(제52조 제1항).

---

65) 특허법원 1999.1.14. 선고 98허5145 판결.

2. 취지 및 필요성

(1) 거절이유의 극복

특허출원된 청구항의 하나라도 거절이유가 존재하는 경우 해당 출원은 전체가 거절되는데, 이를 '출원일체의 원칙'이라고 한다. 이때 출원인은 해당 청구항을 삭제하는 보정을 함으로써 거절이유를 극복할 수도 있지만 거절이유가 없는 청구항에 기재된 발명에 대해 분할출원을 하여 먼저 등록을 받고, 거절이유가 있는 청구항에 기재된 발명은 별도로 다투는 방법을 선택함으로써 '출원일체의 원칙'에 따른 불이익을 회피할 수 있다. 또한 최초 출원의 특허청구범위가 1군의 발명에 해당하지 않아 특허법 제45조에 위반되는 경우, 형식적 하자를 이유로 발명의 보호를 막는 것은 출원인에게 가혹하므로 분할출원을 통해 거절을 피할 수 있도록 할 필요가 있다.

(2) 보호범위의 확대를 필요로 하는 경우

출원당시의 특허청구범위에는 기재되어 있지 않으나 발명의 상세한 설명 또는 도면에 기재되어 있는 발명을 후에 특허청구범위에 기재하고자 하는 출원인의 경우, 앞서 살펴본 보정제한규정으로 인해 보정할 기회를 놓치는 수가 있다. 분할출원을 통해 별개의 출원으로 할 수 있게 한다면 자신이 공개한 발명에 대해 합당한 보호를 받을 수 있는 절차적 이익을 보장할 수 있게 된다. 보정과 대비되는 분할출원의 이점으로는, 최후거절이유를 통지받은 후에는 보정은 한정적 감축이라는 제한을 받지만 분할에는 그와 같은 제약이 없다는 점이다.

특히 2009.1.30 법률 9381호로 개정 전 구법하에서는 'A + B'라는 청구항을 'A + B + C'로 보정하는 경우 특허청구범위의 실질적 변경을 초래하는 '외적부가'에 해당하여 부적법할 가능성이 높았으나 이러한 내용의 분할출원을 하는 경우에는 허용될 수 있다. 다만 개정 특허법은 최후거절이유통지후의 보정요건에서 '특허청구범위를 실질적으로 확장하거나 변경하지 아니할 것'을 삭제하였으므로 그와 같은 면에서는 분할출원의 이점이 반감되었다고도 할 수 있다.

(3) 특허권의 관리상 필요한 경우

일단 특허권이 설정등록되면 특허권의 분할은 불가능하다. 출원인은 1군의 발명에 해당하는 복수의 발명을 하나의 출원으로 한 경우라도 분할하는 것이 특허관리상 더 적절하다고 판단하는 경우 그와 같은 출원인의 의사를 존중하여 분할출원을 인정할 필요가 있다.

3. 분할출원의 요건

(1) 원출원이 특허청에 계속 중일 것

분할출원이 적법한 출원으로 인정되기 위해서는 분할출원시에 원출원이 특허청에 계속 중이어야 한다. 따라서, 원출원이 취하, 포기, 무효 또는 특허여부결정이 확정된 때에는 분할출원을 할 수 없다.

(2) 최초출원의 명세서 및 도면의 범위 내일 것

적법한 분할출원으로 인정받기 위하여 2이상의 발명이 하나의 특허출원서에 기재되어 있어야 하며, 원출원의 명세서에 기재된 발명의 일부를 분할출원으로 하여야 한다. 이때 분할출원의 명세서(도면 포함)에 포함된 발명 모두는 원출원의 명세서에 포함되어 있어야 하며, 분할출원에 포함된 발명중 일부라도 원출원에 포함되어 있지 않다면 그 분할출원은 부적합하다. 분할출원에는 소급효가 있기 때문에 분할된 발명에 원출원의 최초출원의 명세서에 기재되어 있지 않던 내용을 포함하고 있다면 그와 같은 출원에까지 소급효를 인정하는 것이 되어 부당하기 때문이다. 원출원에 기재된 발명과 분할출원에 기재된 발명이 동일한지 여부는 특허청구범위에 기재된 양 발명의 기술적 구성이 동일한가 여부에 의하여 판단하되 그 효과도 참작하여야 할 것인바, 기술적 구성에 차이가 있더라도 그 차이가 주지 관용기술의 부가, 삭제, 변경 등으로 새로운 효과의 발생이 없는 정도에 불과하다면 양 발명은 서로 동일하다고 하여야 한다.[66]

대법원 2004.3.12. 선고 2002후2778 판결

[1] 분할출원이란 단일발명, 단일출원의 원칙 아래 2 이상의 발명을 1 출원으로 한 경우 이를 2 이상의 출원으로 분할하는 것으로서 2 이상의 발명을 1 출원으로 한 경우란 2 이상의 발명이 반드시 특허청구의 범위에 기재된 경우뿐만 아니라 발명의 상세한 설명이나 도면에 기재되어 출원된 경우까지 포함하는

66) 대법원 2004.3.12. 선고 2002후2778 판결.

것이므로, 분할출원을 하면서 원출원 당시 제출한 발명의 상세한 설명이나 도면을 다시 사용할 수도 있다.

[2] 원출원 중 일부 발명이 실시례 등의 상세한 설명에 기재된 것으로서 원출원 발명과 다른 하나의 발명으로 볼 수 있는 경우에는 그 일부를 분할출원할 수 있으며, 이 경우 그 동일성 여부의 판단은 특허청구범위에 기재된 양 발명의 기술적 구성이 동일한가 여부에 의하여 판단하되 그 효과도 참작하여야 할 것인바, 기술적 구성에 차이가 있더라도 그 차이가 주지 관용기술의 부가, 삭제, 변경 등으로 새로운 효과의 발생이 없는 정도에 불과하다면 양 발명은 서로 동일하다고 하여야 한다.

(3) 분할출원을 할 수 있는 기간 내에 분할출원서를 제출할 것

특허출원인은 ㉠ 법 제47조 제1항에 따라 보정을 할 수 있는 기간 또는 ㉡ 특허거절결정등본을 송달받은 후 거절결정불복심판을 청구할 수 있는 기간 이내에 분할출원을 할 수 있다(제52조 제1항). '거절결정불복심판을 청구할 수 있는 기간'은 거절결정등본을 송달받은 날부터 30일 이내이나, 그 기간이 연장된 경우에는 분할출원할 수 있는 기간도 연장된 것으로 해석된다.

(4) 원출원의 출원인과 분할출원의 출원인이 동일할 것

분할출원을 할 수 있는 권리를 가진 자는 원출원을 한 자이다. 따라서 분할출원 당시 분할출원인은 원출원의 출원인 또는 그 승계인과 동일인이어야 한다. 원출원이 공동출원인 경우에는 출원인변경신고가 없는 한 분할출원 역시 공동출원을 하여야 한다.

4. 분할출원의 절차

분할출원을 하고자 하는 자는 분할출원서에 그 취지 및 분할의 기초가 된 특허출원의 표시를 하고(제52조 제3항), 명세서, 요약서 및 도면과 기타서류를 첨부하여 새로이 출원하여야 한다. 이 경우 일반적으로 새로운 출원과 동시에 원출원에 대하여 보정서를 제출하여 원출원과 분할출원의 청구범위에 기재된 발명을 다르게 하여야하나, 분할출원의 청구범위에 기재된 발명이 원출원의 발명의 상세한 설명이나 도면에만 기재되어 있고 청구범위에 기재되어 있지 않은 경우에는 원출원을 보정하지 않아도 된다.

5. 분할출원의 효과

(1) 적법한 분할출원의 효과

1) 출원의 소급효

분할이 적법한 때에는 분할된 특허출원은 원출원을 특허출원한 때에 출원한 것으로 본다(제52조 제2항 본문). 따라서 신규성, 진보성 및 선출원 판단과 같은 특허요건은 원특허출원의 출원시를 기준으로 판단한다. 또한 출원공개의 시기, 출원심사청구기간, 존속기간의 기산점과 선사용권에 대한 요건 판단 등도 원특허출원일을 기준으로 판단한다.

2) 예 외

분할출원의 출원일을 원출원의 출원일로 소급함으로써 생기는 불합리한 점을 없애기 위하여 특허법 제52조 제2항의 단서규정이 마련되어 있다. 따라서, 아래의 경우에는 분할출원의 출원시점이 기준이 된다.

① 분할출원이 특허법 제29조 제3항에 규정한 "타 특허출원" 또는 실용신안법 제4조 제3항에 규정한 "특허출원"에 해당하는 경우

이는 분할출원에 관한 발명은 원출원의 당초 명세서 또는 도면에 기재되어 있는 것이어야 하지만 분할출원하며 분할출원 하고자 하는 발명을 설명한 사항이 분할출원의 명세서 또는 도면에 기재되는 수가 있어 그 기재된 사항이 원출원일까지 소급하여 선원의 지위를 갖는 것은 불합리하므로 분할에 의한 새로운 출원이 특허법 제29조 제3항에서 규정하는 타출원으로 되는 경우에는 출원일을 소급하지 않는 것으로 하는 것이다. 이는 실용신안등록출원의 경우에도 마찬가지이다.

② 분할출원에 관한 발명에 대하여 특허법 제30조 제2항의 규정의 적용을 받고자 하는 자가 그 취지를 기재한 서면 및 이를 증명하는 서면을 특허청장에게 제출하는 경우

분할출원이 공지예외적용주장을 수반하는 경우 공지예외적용의 취지 및 증명서류제출기간이 원출원일로 소급된다면 이론적으로 공지예외적용주장절차를 밟을 수 없기 때문에 분할출원일이 기준일이 된다. 즉 분할출원서에 공지예외적용의 취지를 기재하여 출원을 하고, 그 날로부터 30일 이내에 증명서류를 제출하면 된다. 그런데, 공지예외를 적용받기 위해서는 공지된 날로부터 6개월 이내에 출원이 이루어져야 하는데 분할출원은 원칙적으로 소급효가 있으므로 원출원이 공지된 날로부터 6개월 이내에 이루어졌다면 분할출원도 공지예외를 적용받을 수 있다.

③ 분할출원에 대하여 우선권을 주장하고자 하는 자가 우선권을 주장한다는 취지의 서면 및 증명서류를 제출하는 경우

분할출원과 동시에 우선권주장의 취지를 기재하고, 조약에 의한 우선권주장의 경우에는 분할출원을 한 날부터 3개월 이내에 특허청장에게 우선권증명서류를 제출하여야 한다(제52조 제4항). 한편 우선권주장출원이 적법하기 위해서는 선출원일로부터 1년 이내에 출원이 이루어져야하는데 분할출원은 원칙적으로 소급효가 있으므로 원출원이 우선권주장의 기초가 된 선출원일로부터 1년 이내에 이루어졌다면 분할출원도 우선권주장의 혜택을 누릴 수 있다.

3) 심사청구의 특례

심사청구는 출원일로부터 5년 이내에 할 수 있다(제59조 제2항). 그런데 분할출원의 경우에는 분할출원시에 이미 심사청구기간이 경과한 경우가 있을 수 있으므로, 분할출원의 경우에는 원출원일로부터 5년이 경과한 후라도 분할출원을 한 날부터 30일이내에 출원심사의 청구를 할 수 있도록 하고 있다(제59조 제3항).

4) 원출원과의 관계

분할출원은 원출원과는 별개의 출원이다. 따라서 심사청구, 출원공개, 특허결정 또는 특허거절결정도 원출원과는 별개의 독립된 절차로 이루어진다. 다만 원출원과의 관련성을 고려하여 분할출원의 심사는 분할출원의 심사청구순이 아니라 원출원의 심사청구순에 따라 이루어지고(특허법시행규칙 제38조 제1항), 원출원시에 제출한 공지예외적용을 위한 증명서류나 우선권증명서류를 분할출원시에 원용할 수 있다. 또한 분할출원이 취할 수 있는 절차의 지위는 원출원절차에 종속되므로 원출원이 공지예외적용주장 또는 우선권주장을 하지 않은 경우에는 분할출원에서 이를 주장할 수는 없다.

(2) 부적법한 경우의 효과

1) 불 수 리

㉠ 분할할 수 있는 기간을 경과하여 제출된 분할출원, ㉡ 특허청구범위를 기재

하지 아니한 명세서를 특허출원서에 첨부하여 특허출원한 분할출원으로서 그 특허출원 당시에 이미 법 에 따른 명세서의 보정기간이 경과된 경우, ㉢ 원출원이 무효, 취하 또는 거절결정이 확정되어 원출원의 절차가 종료된 이후에 제출된 분할출원, ㉣ 분할출원 당시 분할출원의 출원인이 원출원의 출원인과 일치하지 않는 경우에는, 특허청장은 출원인에게 소명기회를 부여하고 이 기간 내에 소명하지 못한 경우 분할출원서를 불수리한다(특허법시행규칙 제11조 제1항).

2) 거절이유

분할출원이 원출원의 출원서에 최초로 첨부된 명세서 또는 도면의 범위를 벗어나는 경우는 거절이유(특허법 제62조), 정보제공사유(제63조의2), 특허무효사유(제133조)에 해당한다. 다만 보정할 수 있는 기간 내에 보정에 의해 흠결이 치유되면 적법한 분할출원으로 보아 출원일의 소급효를 인정한다. 이 경우 분할출원의 최초출원시 명세서에 기재되어 있지 않았던 사항이 추가된다면 신규사항추가금지에 해당될 수 있으므로 주의를 요한다.

6. 국제특허출원의 특례

국제출원의 경우 분할출원의 시기와 관련하여 직접적인 규정은 없으나, 분할출원은 보정을 할 수 있는 기간 내에 할 수 있으므로, 국제특허출원에 대해서는 ㉠ 수수료 납부, ㉡ 번역문 제출 및 ㉢ 기준일(기준일이 출원심사의 청구일인 경우 출원심사를 청구한 때를 말한다)이 경과한 후에 분할출원을 할 수 있다(제208조 제1항).

■ 분할출원의 분할출원은 가능한가?

선출원(父출원)에서 분할출원(子출원)을 하고, 다시 子출원을 선출원으로 하여 孫출원을 하는 것도 허용된다. 즉, 분할출원을 기초로 한 분할출원은 "① 손출원이 자출원에 대하여 분할출원의 요건을 충족할 것 ② 자출원이 부출원에 대하여 분할출원의 요건을 충족할 것"을 전제로 손출원의 출원일(또는 특허요건 판단일)은 부출원의 출원일로 소급된다. 후출원(子출원)을 선출원으로 하여 다시 후출원(孫출원)을 하는 것은 법문상 금지되어 있지 않으며, 실질적으로 출원인이 후출원 절차를 취하지 않을 수 없는 경우(시기의 제한 때문에 父출원으로부터 후출원을 할 수는 없으나 子출원으로부터 후출원이 가능한 경우 등)도 있을 것이기 때문이다.

Ⅶ. 변경출원

1. 의 의

실용신안등록출원인은 그 실용신안등록출원의 출원서에 최초로 첨부된 명세서 또는 도면에 기재된 사항의 범위 안에서 그 실용신안등록출원을 특허출원으로 변경할 수 있다(특허법 제53조 제1항). 마찬가지로 특허출원인은 그 특허출원의 출원서에 최초로 첨부된 명세서 또는 도면에 기재된 사항의 범위 안에서 그 특허출원을 실용신안등록출원으로 변경할 수 있다(실용신안법 제10조 제1항). 즉 변경출원이란 특허출원과 실용신안등록출원 간에 내용의 동일성을 유지한 채로 출원의 형식을 변경하는 것을 말한다.

2. 취지 및 필요성

2006. 3. 3. 법개정으로 실용신안 선등록제도가 심사후 등록제도로 전환됨에 따라 이중출원제도가 폐지되고 종전의 변경출원제도로 환원하여 특허출원과 실용신안등록출원간에는 출원변경을 인정하고 있다. 특허법의 보호대상인 발명과 실용신안법의 보호대상인 고안은 모두 '자연법칙을 이용한 기술적 사상의 창작'이라는 점에서 동일하다. '자연법칙을 이용한 기술적 사상의 창작'을 한 자는 자신의 판단에 따라 특허출원을 하거나 실용신안등록출원을 하게 되는데, 출원인이 선출원주의하에서 출원을 서두르거나, 제도에 대한 오해 또는 대상물에 대한 판단의 곤란성 등으로 인해 출원의 형식을 잘못 선택한 경우가 있다. 특히 변경출원제도는 물품성이 있는 물건발명에 대한 특허출원이 진보성결여를 이유로 거절될 우려가 있을 때 이를 실용신안등록출원으로 변경함으로써 진보성을 인정받을 수 있는 경우 그 의의가 크다. 다만 방법발명은 실용신안등록출원으로 변경할 수 없고, 특허출원시 도면이 필요 없었던 경우에도 실용신안등록출원으로 변경할 때에는 도면을 작성하여 첨부하여야 한다.

3. 변경출원의 요건

이하 설명에 대한 구체적 예는 분할출원에서 상술한 바와 같다.

(1) 원출원이 특허청에 계속중일 것

(2) 최초출원의 명세서 및 도면의 범위 내일 것

(3) 변경출원할 수 있는 기간 이내에 변경출원서를 제출할 것

변경출원은 그 특허출원이나 실용신안등록출원에 관하여 최초의 거절결정등본을 송달받은 날부터 30일이 경과한 때에는 할 수 없다(특허법 제53조, 실용실안법 제10조). '최초거절결정등본'에 한정되나, 원출원에 대하여 최초의 거절결정을 받은 자가 거절결정불복심판을 청구하는 경우 그 거절결정에 대한 불복심판을 청구할 수 있는 기간이 연장된 경우에는 그 연장된 기간 내에 변경출원을 할 수 있다. 국제출원의 경우에는 수수료를 납부하고 번역문(국어로 출원된 국제실용신안등록출원의 경우를 제외한다)을 제출한 후라야 변경출원을 할 수 있다(실용신안법 제37조, 특허법 제209조).

(4) 원출원의 출원인과 변경출원의 출원인이 동일할 것

4. 변경출원절차

변경출원을 하는 자는 그 취지 및 변경출원의 기초가 된 실용신안등록출원의 표시를 한 변경출원서에 명세서, 요약서 및 도면과 기타서류를 첨부하여 새로이 출원하여야 한다(특허법 제53조 제3항). 변경출원은 특별수권사항이므로, 특허관리인을 제외한 임의관리인은 특별수권이 없으면 변경출원을 할 수 없다(특허법 제6조). 이는 변경출원을 하는 경우 원출원이 취하간주되기 때문에 출원인에게 직접적인 이해관계가 있어 신중을 기하기 위함이다.

5. 변경출원의 효과

(1) 적법한 변경출원의 효과

1) 출원의 소급효

적법한 변경출원의 경우 그 변경출원은 원실용신안등록출원을 한 때에 출원한 것으로 본다(제53조 제2항).

2) 예 외

분할출원의 경우와 마찬가지로 출원일을 원출원의 출원일로 소급함으로써 생

기는 불합리한 점을 없애기 위하여 ㉠ 변경출원이 특허법 제29조 제3항에 규정한 “타 특허출원” 또는 실용신안법 제4조 제3항에 규정한 “특허출원”에 해당하는 경우, ㉡ 변경출원에 관한 발명에 대하여 특허법 제30조 제2항의 규정의 적용을 받고자 하는 자가 그 취지를 기재한 서면 및 이를 증명하는 서면을 특허청장에게 제출하는 경우, ㉢ 변경출원에 대하여 우선권을 주장하고자 하는 자가 우선권을 주장한다는 취지의 서면 및 증명서류를 제출하는 경우에는 현실의 변경출원일을 기준으로 판단한다(제53조 제2항 단서).

따라서 변경출원에 대해 공지예외를 적용받기 위해서는 변경출원서에 그 취지를 기재하여 출원을 하고, 그 날로부터 30일 이내에 증명서류를 제출하면 된다. 우선권주장의 경우에도 변경출원시에 우선권주장의 취지를 기재하면 되고, 조약에 의한 우선권주장의 경우에는 변경출원을 한 날부터 3개월 이내에 특허청장에게 우선권증명서류를 제출하여야 한다(제53조 제6항).

심사청구의 경우에도 원출원일로부터 5년이 경과한 후라도 변경출원을 한 날부터 30일이내에 출원심사의 청구를 할 수 있도록 하고 있다(제59조 제3항).

3) 원출원의 취하간주

변경출원이 있는 경우에는 그 실용신안등록출원은 취하된 것으로 본다(제53조 제4항). 동일한 발명에 대한 중복권리부여를 배제하기 위함이다.

4) 원출원과의 관계

변경출원은 원출원과는 별개의 출원이다. 따라서 심사청구, 출원공개, 특허결정 또는 특허거절결정도 원출원과는 별개의 독립된 절차로 이루어진다. 따라서 원출원이 공지예외적용주장 또는 우선권주장절차를 밟았다고 하더라도 변경출원이 이들 절차의 효력을 누리기 위해서는 다시 절차를 밟아야 한다. 다만 원출원과의 관련성을 고려하여 변경출원의 심사는 변경출원의 심사청구순이 아니라 원출원의 심사청구순에 따라 이루어지고(특허법시행규칙 제38조 제1항), 원출원시에 제출한 공지예외적용을 위한 증명서류나 우선권증명서류를 변경출원시에 원용할 수 있다. 또한 분할출원과 마찬가지로 원출원이 공지예외적용주장 또는 우선권주장을 하지 않은 경우에는 변경출원에서 이를 주장할 수는 없다.

(2) 부적법한 경우의 효과

1) 불 수 리

㉠ 변경할 수 있는 기간을 경과하여 제출된 변경출원, ㉡ 특허청구범위를 기재하지 아니한 명세서를 특허출원서에 첨부하여 특허출원한 변경출원으로서 그 특허출원 당시에 이미 법 에 따른 명세서의 보정기간이 경과된 경우, ㉢ 원출원이 무효, 취하 또는 거절결정이 확정되어 원출원의 절차가 종료된 이후에 제출된 변경출원, ㉣ 변경출원 당시 변경출원의 출원인이 원출원의 출원인과 일치하지 않는 경우에는, 특허청장은 출원인에게 소명기회를 부여하고 이 기간 내에 소명하지 못한 경우 변경출원서를 불수리한다(특허법시행규칙 제11조 제1항).

2) 거절이유

변경출원이 원출원의 출원서에 최초로 첨부된 명세서 또는 도면의 범위를 벗어나는 경우는 거절이유(특허법 제62조), 정보제공사유(제63조의2), 특허무효사유(제133조)에 해당한다. 다만 보정할 수 있는 기간 내에 보정에 의해 흠결이 치유되면 적법한 변경출원으로 보아 출원일의 소급효를 인정한다. 이 경우 변경출원의 최초출원시 명세서에 기재되어 있지 않았던 사항이 추가된다면 신규사항추가금지에 해당될 수 있으므로 주의를 요한다.

Ⅷ. 우선권제도

1. 조약에 의한 우선권제도

(1) 의 의

조약에 의한 우선권주장(이하, '조약우선권'이라 한다)제도는 '산업재산권의 보호를 위한 파리조약'(이하, '파리조약'이라 한다) 제4조를 통하여 최초로 도입된 것으로, 조약에 의하여 우리나라 국민에게 우선권을 인정하는 당사국 국민이 그 당사국 또는 다른 당사국에 특허출원을 한 후 동일 발명에 대하여 우리나라에 출원하여 우선권을 주장하는 때에는 특허법 제29조 및 동법 제36조의 규정을 적용함에 있어서, 그 당사국에 출원한 날을 대한민국에 출원한 날로 인정하는 제도이다(제54조 제1항).

(2) 취 지

특허독립의 원칙상 발명자가 여러 나라에서 동시에 보호를 받기 위해서는 각국마다 별개의 출원을 하여야 하는데 이 경우 언어 또는 법제상의 차이로 인하여 각국의 출원별로 시간적 간격이 존재하는 어려움이 따른다. 이에 진정한 선출원자의 지위를 보장하고 발명의 국제적 보호를 위해 조약우선권제도를 두고 있다. 이러한 조약에 의한 우선권제도는 파리조약에 의한 동맹국, WTO/TRIPS 협정에 의한 회원국 및 우리나라와 양자간 조약에 의하여 상호 우선권을 인정하기로 한 국가의 경우에도 적용된다. 한편 조약우선권제도에 의하더라도 특허독립의 원칙상 각 나라별로 각각 출원하여야 하는 번거로움이 남는바, 한 번의 출원으로 여러 나라에 한꺼번에 출원한 효과를 얻을 수 있는 편리한 제도로 특허협력조약(PCT)이 있다. 특허협력조약에 대해서는 해당부분에서 설명한다.

(3) 적용요건

1) 우선권주장을 할 수 있는 자

대한민국 국민, 조약에 의해 우리나라 국민에게 우선권을 인정하는 조약당사국 국민과 당사국에 거소(domicile) 또는 진정하고 실효적인 산업상 또는 상업상 영업소를 가지는 비당사국 국민이어야 하고, 제2국의 출원인은 제1국에 특허출원을 한 자 또는 그 승계인으로서 제2국에 출원을 할 권리를 가진 자이어야 한다. 우선권의 독립성으로 인해 승계인은 선출원을 승계하였다 하더라도 우선권을 별도로 승계하여야 하고, 제2국에 우선권주장출원을 할 수 있는 권리는 각기 다른 승계인에게 이전할 수 있다.[67]

---

67) 우선권은 복수성, 잠재성, 독립성, 부속성을 가진다. 즉, 동맹국에서의 최초의 정규출원으로 빌생된 우선권은 하나의 불가분적인 것이 아니라 (전체 동맹국수-1)의 수만큼의 복수개의 집합이다. 우선권은 복수의 집합이나 모든 동맹국에서 항상 행사되는 것이 아니고 행사되지 않은 채 소멸되거나 일부 동맹국에서 행사되는 것에 그치는 경우가 일반적이어서 현실화되지 않은 채 소멸될 가능성도 있는 잠재적인 것이다. 우선권은 최초 출원행위로부터 발생되지만 그 발생과 함께 당해 최초출원으로부터 분리되어 독립적이 된다. 이를 우선권의 '독립성'이라고 하는데, 이러한 독립성 때문에 우선권만의 양도가 가능하므로 제1국 출원의 승계인은 우선권을 별도로 승계하여야 우선권 주장출원을 할 수 있다. 우선권은 동맹국의 최초 정규출원으로부터 독립된 것이라고 하더라도 그 독립성은 어디까지나 제2국 출원의 기초로서 사용될 때까지 성립되는 것이다. 따라서 제2국 출원의 기초로서 일단 행사된 때에는 독립성을 잃는 것이며, 그 후에는 제2국 출원의 부속물로서 제2국 출원국에서의 출원과 그 운명을 함께 한다. 이를 우선권의

2) 출원의 최선성

우선권주장의 기초가 되는 출원은 동맹국에서의 최초 출원이어야 한다. 만일 최초 출원이 아닌 제2, 제3의 출원에 대해서도 이를 우선권주장의 기초로 할 수 있다면 우선기간이 연장되어 존속기간이 실질적으로 연장되는 결과가 되기 때문이다. 예를 들어 영국에 2001년 3월 1일 출원하고 동일한 발명을 우선권주장하며 미국에 2001년 5월 1일 출원하고 우리나라에 2002년 4월 1일 출원하는 경우 영국출원으로부터 12개월이 경과하였으므로 영국출원을 기초로 우선권주장을 할 수 없는 것은 당연하다. 또한, 미국출원으로부터 12개월이 경과되지 않았지만 미국출원은 동일한 발명에 대한 최초출원이 아니므로 동 출원을 기초로 우선권주장을 할 수는 없다. 만약, 최초출원이 그 국가의 출원을 기초로 우선권주장을 할 수 없는 국가에 출원된 것이라면 그 국가에의 출원은 최초출원의 의미에 포함되지 아니한다.

다만 예외적으로, 다음의 요건을 모두 만족하는 경우에는 후속출원을 기초로 우선권 주장을 할 수 있다(파리조약 제4조C(4)).

㉠ 후속출원이 같은 국가에서 같은 대상에 대하여 출원되어야 한다.
㉡ 후속출원이 출원되기 전에 전출원이 취하, 포기 또는 거절되어야 한다.
㉢ 전출원이 공개된 것이어서는 안된다.
㉣ 전출원이 어떠한 권리도 존속시켜서는 안된다.
㉤ 전출원이 같은 국가 혹은 타국에서 아직 우선권주장의 기초로 되지 않아야 한다.

3) 출원의 정규성

우선권 주장의 기초가 되는 출원은 정규의 출원이어야 한다. '정규의 출원'이란 동맹 제1국에서 방식심사를 한 결과 출원번호와 연월일이 부여된 출원을 말한다. 일단 정규의 출원으로 인정이 되면 우선권의 기초가 되는 최초출원의 출원의 계속 여부는 우선권의 효력에 영향을 미치지 않는다. 따라서 최초출원이 취하, 포기, 무효 또는 거절되어도 우선권은 여전히 유효하다. 이는 우선권의 독립성에 기인한 것으로 우선권주장출원 당시 선출원이 출원계속 중일 것을 요구하는 국내우선권주장과 구별된다.

'부속성'이라 한다.

4) 우선권주장출원을 할 수 있는 기간 내의 출원일 것

우선권을 주장하기 위해서는 우선기간 내에 출원하여야 한다. 우선기간은 특허·실용신안등록출원의 경우는 제1국 출원일로부터 1년, 디자인등록출원 및 상표출원의 경우는 제1국 출원일로부터 6개월이다.

제1국 출원은 특허출원, 실용신안등록출원 뿐만 아니라 디자인등록출원도 가능하다(파리조약 제4조A(1)). 다만, 상표출원을 기초로 특허출원 또는 실용신안등록출원으로 우선권을 주장하는 것은 성격상 부합하지 않는다. 제1국에서 실용신안등록출원을 하고 그 실용신안등록출원을 기초로 하여 우리나라에 특허출원을 하는 경우 우선권주장출원을 할 수 있는 기간은 제1국 출원일로부터 1년이며, 제1국에서 디자인등록출원을 하고 그 디자인등록출원을 기초로 하여 우리나라에 실용신안등록출원을 하는 경우의 우선권주장출원을 할 수 있는 기간은 제1국 출원일부터 6개월이다.

5) 발명의 동일성

우선권주장출원의 특허청구범위에 기재된 발명과 제1국 출원의 명세서 또는 도면 등으로부터 파악되는 발명은 실질적 동일성이 있어야 한다. 다만 부분우선[68]과 복합우선[69]권 주장도 가능하므로 우선권주장출원에 우선권의 기초가 되는 제1국출원에 포함되어 있지 않은 발명을 추가하는 것도 가능하고, 2이상의 제1국출원에 대하여 하나의 우선권주장출원을 하는 것도 가능하다. 즉, 우선권주장출원의 특허청구범위에 동일성이 없는 발명이 기재된 경우 이를 이유로 조약우선권 전체가 부적법하게 되는 것은 아니며 특허청구범위에 기재된 발명 중 동일성이 인정된 발명의 경우에는 우선권의 이익을 향유하여 특허요건 판단일을 소급받을 수 있게 되고, 그 이외의 발명은 우리나라 출원일을 기준으로 특허요건 등을 심사하게 된다. 아울러 복합우선의 경우에는 각 해당부분에 대한 신출원일을 기준으로 특허요건을 판단하게 된다.

---

68) '부분우선'이란 우선권을 주장하는 출원이 그 우선권이 주장되는 출원에 포함되지 않은 발명을 포함하는 것을 말한다.

69) '복합우선'이란 하나의 출원에 관하여 복수의 우선권을 주장하는 것을 말한다.

(4) 우선권주장절차

1) 출원과 동시에 우선권의 주장

우선권주장을 하고자 하는 자는 특허출원시에 출원서에 그 취지, 최초출원국명 및 출원년월일을 기재하여야 하며(특허법 제54조 제3항), 우선권주장의 기초가 되는 출원의 최초출원번호를 명시하여야 한다(파리조약 제4조D(5)). 파리조약에서는 제2국에 출원할 수 있는 기간인 우선기간은 1년이라고 규정하고 있지만(파리조약 제4조C(1)), 제2국에 출원한 후 우선권주장을 할 수 있는 기간인 우선권주장기간은 동맹국의 자국법에 일임하고 있다(파리조약 제4조D(1)). 그 결과 우선권주장기간은 각국에 따라 다르나, 우리 특허법은 예측가능성을 높이기 위해 출원시에 우선권주장을 하도록 하고 있다. 한편, 다른 동맹국에 비해 우선권주장출원을 하는 출원인에게 불이익한 점을 보완하여 우선기간은 만족하지만 우선권주장기간은 만족하지 못한 출원인을 보호하기 위해 법 제54조 제7항에서 우선권주장의 보정 또는 추가를 인정하고 있다.[70)]

2) 우선권 증명서류의 제출

최초출원국 정부가 인정하는 특허출원일을 기재한 서면과 발명의 명세서 및 도면의 등본(이하, '우선권증명서류'라 한다)을 다음에 해당하는 날 중 최선일(最先日)로부터 1년 4월 이내에 특허청장에게 제출하여야 하며, 기간내에 우선권 증명서류를 제출하지 아니한 경우에는 그 우선권주장은 효력을 상실한다(특허법 제54조

---

70) 특허법 제54조 제7항에 의한 우선권주장의 보정은 "법 제54조제1항의 규정에 의하여 우선권주장을 한 자 중 법 제54조 제2항의 요건을 갖춘 자"가 할 수 있도록 규정하고 있다. 따라서 우선권주장을 보정하거나 추가하기 위해서는 특허법 제54조 제1항의 규정에 따라 출원시에 우선권주장을 하여야 하며 제2항의 요건도 충족하여야 한다. 우선권주장을 하였는지의 여부는 출원시에 제출된 출원서의 【우선권주장】란의 우선권주장 관련 기재사항으로 보아 우선권주장을 하나 이상 특정할 수 있는지로 판단한다. 한편 특허법 제54조 제7항의 "제2항의 요건을 갖춘 자"란 제1항에 의한 우선권주장의 기초가 되는 최초출원의 출원일부터 1년 이내에 출원한 자를 말한다. 따라서 우선권주장을 보정하거나 추가하기 위해서는 특허법 제54조 제1항 및 제2항의 요건을 모두 갖추어야 하며 이들 요건을 갖추지 못하였다면 그 우선권주장은 치유할 수 없는 흠결을 가진 것이므로, 이 경우 우선권주장의 보정이나 추가는 허용되지 않는다. 또한, 우선권주장이 취하 또는 무효로 되었거나 후출원의 절차가 계속 중이 아닌 경우에는 우선권주장을 보정하거나 추가할 수 없다. 우선권주장의 보정이나 추가는 최선일로부터 1년 4개월 이내에 할 수 있다. 다만 최선일부터 1년 4월 후라도 우선권주장에 관한 기재사항에 명백한 오기가 있는 경우 이와 같은 오기를 바로잡는 보정은 허용된다.

제5항, 제6항).

㉠ 조약 당사국에 최초로 출원한 출원일

㉡ 그 특허출원이 국내우선권주장을 수반하는 경우에는 그 우선권주장의 기초가 되는 출원의 출원일

㉢ 그 특허출원이 다른 조약우선권주장을 수반하는 경우에는 그 우선권주장의 기초가 되는 출원의 출원일

다만, 2001. 7. 1. 이후 출원으로서 지식경제부령이 정하는 국가의 경우에는 최초로 출원한 국가의 특허출원의 출원번호를 기재한 서면의 제출로 우선권 주장 증명서류의 제출을 갈음할 수 있도록 하여 서류의 제출을 간소화하였다(특허법 제54조 제4항). 여기서 지식경제부령이 정하는 국가란 특허청과 외국의 특허업무를 담당하는 행정기관간에 우선권증명서류를 전자적 매체에 의하여 교환할 수 있는 체제가 구축된 국가로서 특허청장이 고시하는 국가를 말한다(특허법시행규칙 제25조 제2항).

분할출원, 변경출원의 경우에는 분할출원, 변경출원시에 그 출원서에 조약우선권주장의 취지, 최초출원국명 및 출원년월일을 기재하면 되고, 우선권증명서류는 분할출원이나 변경출원일로부터 3개월 이내에 제출하면 된다(특허법 제52조 제4항, 제53조 제6항).

(5) 우선권 주장의 효과 – 판단시점의 소급효

적법한 우선권주장의 경우에는 조약우선권주장출원의 특허청구범위에 기재된 발명 중 선출원의 최초 명세서 또는 도면에 기재된 발명은 법 제29조 및 제36조의 규정을 적용함에 있어서 선출원의 출원일로 판단시점이 소급된다(제54조 제1항). 또한 적법하게 이루어진 우선권 주장출원은 그 사이에 이루어진 제3자의 행위(출원, 공개, 실시 등)에 의해 불리한 취급을 받지 아니하고, 이 경우 제3자에게는 선출원권이나 선사용권 등 어떠한 권리도 인정되지 아니하므로, ㉠ 특허권의 효력이 미치지 아니하는 범위(제96조), ㉡ 이용·저촉관계(제98조), ㉢ 선사용권(제103조), ㉣ 디자인 존속기간 만료 후의 통상실시권(제105조), ㉤ 생산방법의 추정(제129조) 등을 판단할 때 판단시점이 소급된다. 다만 분할출원이나 변경출원과는 달리 조약우선권주장출원의 출원일은 실제의 제2국 출원일이며 출원일 자체가 제1국의 출원일로 소급되는 것은 아니다. 따라서 특허법 제30조의 공지예외주장 출원에

관한 규정을 적용함에 있어 공지 후 6월 이내에 우리나라에 우선권주장출원을 하지 않았다면 비록 제1국출원일부터 1년 내에 우선권주장출원을 하였다 하더라도 자신이 공지한 발명에 의하여 신규성이 상실될 수 있다.

심사청구기간의 기산일은 판단시점이 소급되는 경우 출원인에게 불리하므로 실제 조약우선권주장출원일을 기준으로 판단한다. 우선권의 혜택으로써 획득된 특허는 각 동맹국에서 우선권의 혜택없이 출원 또는 부여된 특허와 같은 존속기간을 갖는다(파리조약 제4조의2(5)). 따라서 특허권 존속기간 만료일의 기준일은 판단시점이 소급되지 않고 우리나라 출원일을 기준으로 한다. 또한 특허발명의 불실시 또는 불충분한 실시로 인한 재정청구에 있어서 '특허출원일로부터 4년'에 관하여도 출원인의 이익을 위하여 판단시점이 소급되지 않고 우리나라의 출원일을 기준으로 한다(파리조약 제4조의2(2)).

2. 국내우선권제도

(1) 의 의

특허출원 등을 기초로 한 우선권주장(이하, '국내우선권'이라 한다)제도는, 국내에서의 출원인이 출원계속 중인 특허출원 또는 실용신안등록출원(이하, '선출원'이라 한다)을 기초로 1년 이내에 새로운 출원을 하면서 우선권을 주장하는 경우, 우선권주장출원에 포함된 발명 중 그 우선권주장의 기초가 된 선출원의 출원서에 최초로 첨부된 명세서 또는 도면에 기재된 발명에 관하여 신규성, 진보성, 선출원 등을 판단함에 있어서는 그 선출원의 출원시에 특허출원한 것으로 취급해 주는 것을 말한다(특허법 제55조).

(2) 취 지

특허출원 등을 기초로 한 우선권주장은 조약에 의한 우선권과 구별하기 위해 국내우선권이라고 하는데, 조약에 의한 우선권이 갖는 기능을 국내출원제도에 도입한 것이다. 기술개발의 속도가 빨라지고 발명의 내용이 복잡해짐에 따라 개량발명이나 추가발명을 하는 경우가 많아졌지만 종래의 제도 하에서는, 출원을 하고 개량발명을 하여 보정을 하는 경우 요지변경이나 신규사항추가로 되거나, 별도의 출원을 하는 경우에는 먼저 한 출원에 의해서 거절되는 등의 문제가 있었다.

파리조약의 우선권은 동맹의 1국에 출원한 발명을 다른 동맹국에 출원하는 경우의 불합리함을 극복하는 것을 본래의 목적으로 하고 있다. 그러나 그 후의 개정에서 각국의 발명의 단일성의 차이를 고려한 복합우선, 부분우선제도가 도입되었기 때문에 우선권을 주장해서 출원한 나라의 국내법이 인정하는 발명의 단일성 범주 내에 있는 일련의 발명에 대해서는 포괄적인 권리를 취득할 수 있는 효과가 있다. 이러한 파리조약상의 우선권제도의 효과를 국내출원에도 도입하고자 하는 것이 국내우선권제도의 취지이다. 조약에 의한 우선권주장제도는 외국출원에 대해서만 인정되므로, 국내출원의 경우 국내에 한 선출원을 기초로 우선권 주장을 할 수 있는 길이 없어 상대적으로 불리한 입장에 있었으나, 국내우선권 제도는 위와 같은 문제를 해소하기 위하여 1990년 개정법에서 처음으로 도입되었다. 이에 따라 내·외국인의 불평등을 해소할 수 있게 되었을 뿐만 아니라 선출원을 구체화 또는 개량·추가하는 발명을 한 경우에 이들 발명에 대한 보호의 길이 마련되었다. 아울러 국내우선권주장제도를 도입함으로써 PCT에 의한 국제출원에 있어서 대한민국을 지정하여 우선권주장을 하는 것, 즉 자기지정을 하는 것도 가능하게 되어 PCT 이용의 활성화에도 기여할 수 있다.

(3) 국내우선권 주장의 요건

1) 우선권주장을 할 수 있는 자

국내우선권을 주장할 수 있는 자는 선출원의 출원인 또는 승계인이다(법 제55조 제1항). 이 경우 승계인은 조약에 의한 우선권주장의 경우와 달리 우선권의 별도승계는 필요없다. 조약우선권은 제1국 출원을 기초로 제2국에 출원하는 것이므로 특허독립의 원칙상 별도로 제2국 출원시 우선권을 주장할 수 있는 권리가 필요한 반면, 국내우선권은 국내에서의 특허를 받을 수 있는 권리의 승계만 있으면 족하기 때문이다.

2) 출원계속중일 것

국내우선권의 기초가 되는 선출원이 특허청에 적법하게 계속중이어야 하며, 선출원이 후출원의 출원시에 포기, 무효 또는 취하되거나 특허 여부의 결정, 실용신안등록여부의 결정이나 그에 대한 심결이 확정되지 않은 상태이어야 한다(제55조 제1항 제3호, 제4호).

3) 선출원이 분할출원, 변경출원이 아닐 것

국내 우선권 주장의 선출원은 분할출원 또는 변경출원이 아니어야 한다(제55조 제1항 제2호). 분할출원과 변경출원을 우선권주장의 기초로 할 수 없도록 한 것은 우선권주장의 적합여부를 심사함에 있어 원출원과 분할출원 또는 변경출원간에 출원인의 동일여부, 기간의 산정 및 우선권주장 발명의 동일성 판단 등에 있어서 심사사무처리의 번잡을 피하기 위하여 인정하지 않는 것이다.

4) 선출원은 특허출원 또는 실용신안등록출원일 것

개량발명 보호의 적정화라는 국내우선권주장제도의 취지에 비추어 디자인 등록출원은 선출원의 대상에 포함되지 않는다.

5) 선출원의 범위 내일 것

국내우선권의 기초출원으로 될 수 있는 대상 발명은 선출원의 출원서에 최초로 첨부된 명세서 또는 도면에 기재된 발명이다(제55조 제1항).

6) 우선권 기간 내일 것

국내우선권 주장을 하는 후출원은 우선권 주장의 기초가 되는 선출원일로부터 1년을 경과하지 않아야 한다(제55조 제1항 제1호). 즉, 기초출원의 출원일로부터 1년이내에 특허출원을 하면서 국내우선권을 주장해야 한다. 출원인의 이익과 제3자의 이익의 조화라는 관점에서 최초의 출원일로부터 1년 이내로 정하고 있다.

(4) 국내우선권 주장의 절차

1) 출원과 동시에 우선권의 주장

국내우선권의 주장을 하고자 하는 자는 그 취지 및 기초출원의 표시를 기재한 서면을 특허출원과 동시에 특허청장에게 제출하여야 한다. 그리고 국내우선권의 주장에 있어서는 그 주장의 기초가 되는 출원이 우리나라 특허청에 대하여 출원된 것이므로 이에 대한 우선권증명서류 등의 제출은 필요로 하지 않는다. 조약에 의한 우선권주장의 경우와 마찬가지로 국내우선권주장의 경우에도 제55조 제7항에서 우선권주장의 보정 또는 추가를 인정하고 있다.[71]

---

71) 특허법 제55조 제7항에 의한 우선권주장의 보정은 "법 제55조 제1항의 규정에 의하여 우선권주장을 한 자 중 법 제1항의 요건을 갖춘 자"가 할 수 있도록 규정하고 있다.

2) 특별수권사항

특허관리인을 제외한 임의대리인의 경우에는 특별수권이 없으면 국내우선권주장출원을 할 수 없다(제6조). 국내우선권주장출원을 하는 경우에는 선출원은 일정기간이 경과후 취하간주되기 때문에 출원인에게 직접적인 이해관계가 있어 신중을 기하게 하기 위함이다.

(5) 우선권 인정의 효과

1) 판단시점의 소급효

국내우선권의 주장을 수반하는 출원이 적법하게 우선권을 인정받은 경우에는 당해 출원의 발명중 우선권의 기초가 된 기초출원의 출원서에 최초 첨부된 명세서 또는 도면에 기재된 발명에 한하여, 특허요건 등의 판단시점이 선출원일로 소급된다(제55조 제3항). 따라서 우선권주장출원의 특허청구범위에 기재된 발명중 선출원과 동일한 발명은 선출원일로 판단시점이 소급되고, 이용·개량에 해당하는 부분은 국내우선권주장출원일을 기준으로 특허요건 등을 판단한다.

다만 조약우선권주장의 경우와 마찬가지로 ㉠ 심사청구의 기산일, ㉡ 특허권 존속기간 만료일의 기준일, ㉢ 재정청구에 있어서 출원일의 기산일은 출원인의 이익을 위하여 판단시점이 소급되지 않고 현실의 우선권주장출원일을 기준으로 한다.

한편 국내우선권주장출원의 경우에는 조약에 의한 우선권주장출원과 달리 공지 등이 된 날로부터 6월 이내에 공지예외적용을 받는 선출원을 한 경우에는 그 선출원일로부터 1년 이내에 국내우선권주장출원을 한 경우에도 공지예외의 적용을 받을 수 있다.

2) 중복 소급효의 불인정

국내 우선권주장의 선출원이 국내우선권 주장 또는 조약에 의한 우선권 주장을 수반하는 경우에는 그 주장의 기초가 된 출원의 출원시의 명세서 또는 도면에

제1항의 요건을 충족하였는지 여부는 ㉠ 선출원이 후출원의 출원일 이전 1년 이내에 출원된 것일 것, ㉡ 선출원이 분할출원이나 변경출원이 아닐 것, ㉢ 우선권주장 출원시에 선출원의 절차가 계속 중일 것, ㉣ 선출원의 출원인과 후출원인이 동일성이 있을 것, ㉤ 우선권주장을 특정할 수 있을 정도로 우선권주장관련 기재사항이 명확할 것 등을 기준으로 판단하여야 한다.

기재된 발명에 관하여는 우선권주장이 받아들여지지 않는다. 즉 A→A'→A"로 발명이 개량되어 가고 있을 때, A를 기초로 A'에서 우선권을 주장하고 다시 A'를 기초로 A"출원에서 우선권을 주장하는 경우 A출원의 명세서나 도면에 기재된 발명의 내용에 대해서는 우선권의 효과를 인정하지 않고 선출원에 대하여 새로 추가된 사항에 대하여만 우선권의 효과를 인정한다. 우선권은 선출원일로부터 1년의 기간 내에만 행사할 수 있는 것인데, 누적적 우선권주장을 인정하게 되면 우선기간이 무제한 연장될 수 있어 본 제도의 취지에 반하기 때문이다. 따라서 위와 같은 발명에 대해 우선권주장의 효과를 누리기 위해서는 선출원의 기초출원을 복합적으로 우선권주장을 하여야 한다.

3) 선출원의 취하간주

우선권주장의 기초가 된 선출원은 그 출원일로부터 1년 3개월이 경과한 때에 취하된 것으로 본다(제56조 제1항 본문). 다만, 선출원이 ㉠ 포기, 무효 또는 취하된 경우, ㉡ 특허여부의 결정, 실용신안등록여부의 결정 또는 심결이 확정된 경우, ㉢ 당해 선출원을 기초로 한 우선권주장이 취하된 경우에는 그러하지 아니하다(제56조 제1항 단서). 이 1년 3개월의 기간은 출원공개에 소요되는 시간을 고려하여 중복적인 출원공개를 회피함과 아울러 출원인에게 우선권주장을 유지할 것인지를 다시 한 번 점검할 수 있는 기회를 주는 기간이다. 그 기간 내에 우선권주장을 취하하면 선출원은 그대로 유지되고, 우선권주장출원은 통상의 특허출원이 된다. 우선권주장을 수반하는 특허출원의 출원인은 선출원의 출원일로부터 1년 3개월을 경과한 후에는 그 우선권주장을 취하할 수 없다(제56조 제2항). 우선권주장을 수반하는 특허출원이 선출원의 출원일부터 1년 3월이내에 취하된 때에는 그 우선권주장도 동시에 취하된 것으로 본다(제56조 제3항). 우선권주장은 우선권주장출원과는 별개의 절차이므로 이 규정이 없을 경우 우선권주장출원이 취하되었다고 하더라도 우선권주장의 절차가 존속하여 선출원이 취하되기 때문에 출원인의 이익을 고려하여 이를 방지하기 위함이다. 따라서 우선권주장을 수반하는 특허출원이 취하되면 선출원은 그 출원일로부터 1년 3개월이 경과한 후 취하간주되지 않는다.

4) 선출원의 출원공개의제에 의한 확대된 선출원의 지위

국내우선권 주장을 수반하는 특허출원(후특허출원)의 출원서에 최초로 첨부된 명세서 또는 도면에 기재된 발명 중 당해 우선권주장의 기초가 된 선출원의 출원서에 최초로 첨부된 명세서 또는 도면에 기재된 발명은 그 특허출원(후특허출원)이 출원공개되거나 등록공고된 때에 그 선출원에 관하여 출원공개가 된 것으로 보고 확대된 선출원의 지위의 규정을 적용한다(제55조 제4항). 국내우선권 주장출원의 선출원이 제56조의 규정에 의해서 출원일로부터 1년 3월이 경과한 때에 취하된 것으로 간주됨에 따라 선출원의 명세서에 기재된 내용과 동일한 내용의 후출원이 있을 경우 이 후출원에 대하여 선출원의 명세서에 기재된 내용을 근거로 확대된 선출원 규정인 제29조 제3항을 적용하기 위한 규정이다. 이때 선출원이 국제출원인 경우에는 '국제출원일에 제출한 국제출원의 명세서, 청구의 범위 또는 도면에 기재된 발명 또는 고안'에 대해 확대된 선출원의 지위가 인정된다(제55조 제6항). 선출원이 국제출원인 경우에는 선출원이 취하간주되어 국내단계로 진입하지 않고 따라서 별도의 번역문이 요구되지 않기 때문이다.

제3절 특허심사

I. 의 의

특허출원의 심사란 특허출원에 대해 그 방식과 내용을 심리하여 특허부여여부를 결정하는 심사관의 행위를 말한다.

특허출원에 대하여 특허를 부여하는 방식은 심사주의와 무심사주의가 있는데, '심사주의'는 특허출원이 방식적인 요건 및 실체적인 요건을 모두 구비하였는지를 심사한 뒤 특허부여여부를 결정하는 것을 말하고, '무심사주의'는 특허출원이 특허를 받는데 필요한 요건 가운데 비교적 간단한 방식이나 절차의 적법여부만을 심사하고 실질적인 사항은 심사하지 않은 채 일단 특허를 부여하고, 실체적인 권리의 유효성 여부는 후에 권리의 행사단계에서 심사하는 방식을 말한다.

권리의 안정성 및 신뢰성이나, 부실특허를 예방함으로써 특허분쟁을 사전에 방지할 수 있다는 점에서 심사주의가 바람직하고, 우리 특허법은 심사주의를 택하고 있다. 다만 심사주의 하에서는 출원건수 증가로 인한 심사적체현상, 공개지연에 따른 중복투자와 연구 등의 문제가 발생할 수 있는데 그와 같은 심사주의에 따른 문제점을 보완하기 위해 출원공개제도, 심사청구제도가 도입되었다. 출원공개제도와 심사청구제도는 종래의 전통적인 심사주의를 보완하는 것으로서 신심사주의제도라고 할 수 있다.

한편 최근에는 기술의 빠른 진보에 따른 출원의 양적·질적 증가에 따라 그와 같은 문제점을 보다 보완할 필요가 있어 출원후 1년 6개월이 경과하기 전이라도 출원인이 신청하면 공개할 수 있는 신청에 의한 조기공개제도를 신설하고(제64조 제1항), 출원인의 이익이나 공익상 필요한 경우로서 긴급한 처리를 요하는 특허출원에 대해서는 심사청구순서와 관계없이 우선적으로 심사해주는 우선심사제도를 도입하였다(제61조). 또한 심판의 적체를 해소하기 위해 재심사청구제도를 도입하고(제67조의2), 조속한 권리화를 도모하기 위해 출원공고제도를 폐지하는 한편 등록공고제도를 신설하였다. 또한 심사관의 심사부담을 경감하기 위해 심사에 있어서 필요한 경우 전문기관에 선행기술조사를 의뢰할 수 있도록 하는 선행기술조사제도를 도입하고(제58조), 누구든지 그 특허출원이 거절이유에 해당되어 특허될 수 없다는 취지의 정보를 증거와 함께 제공할 수 있도록 하는 정보제공제도를 도입하였다(제63조의2).[72]

Ⅱ. 출원공개제도

1. 제도의 취지

특허출원의 공개제도는 심사청구제도와 함께 도입된 제도로 출원심사와 발명의 출원공개를 분리하여 특허출원 후 일정기간이 경과한때에 특허출원의 심사와

---

72) 제63조의2 (특허출원에 대한 정보제공); 특허출원이 있는 때에는 누구든지 그 특허출원이 거절이유에 해당되어 특허될 수 없다는 취지의 정보를 증거와 함께 특허청장에게 제공할 수 있다. 다만, 제42조 제8항 및 제45조에 규정된 요건을 갖추지 아니한 경우에는 그러하지 아니하다.
정보제공제도는 출원심사에 내실을 기하기 위한 것이다. 구법하에서는 특허출원공개가 있는 때에는 누구든지 당해 발명이 무효사유(제42조 제5항(현행법 제42조 제8항에 해당) 및 제45조 제외)에 해당되어 특허될 수 없다는 취지의 정보를 증거와 함께 특허청장에게 제공할 수 있도록 규정하였으나, 특허심사처리기간이 출원 공개기간인 18개월보다 더 빠른 10개월 수준으로 단축됨에 따라 본조를 신설함으로써 출원공개 후에 가능했던 정보제공이 출원 후면 언제든지 가능하도록 변경되었다. 이는 대부분의 정보제공이 당해 출원에 관심을 갖는 당해 기술의 경쟁업체로부터 제공되고, 그에 따라 대부분의 정보제공이 출원공개 전에도 제출될 수 있음을 감안한 것이다.

관계없이 출원내용을 공개함으로써 중복투자 및 중복연구를 예방하기 위하여 도입된 제도이다. 종래 공개제도를 채택하기 이전의 특허제도에서는 공개공보를 통한 공개제도는 없고 특허출원이 등록되는 경우에만 출원된 발명을 공개하였다. 따라서 심사가 지연되면 출원의 공개가 늦어지고 이에 따라 출원된 발명의 기술정보로서의 가치도 떨어져 그 발명을 토대로 하여 더 나은 발명으로 개량함으로써 산업발전에 기여하도록 한다는 당초의 특허제도의 목적을 적절히 반영시키지 못하는 측면이 있었다. 이와 같은 문제를 해소하기 위하여 출원의 공개제도를 도입하여 특허출원후 일정기간이 경과되었을 때에는 특허출원의 내용을 공개하도록 함으로써 심사지연에 따른 폐해를 줄일 수 있도록 하였다.[73)]

2. 출원공개의 시기와 방법

출원공개의 시기는 특허출원일로부터 1년 6월이 경과된 때이다(제64조 제1항). 우선권주장을 수반하는 조약에 의한 우선권주장출원이나 국내우선권주장 출원에 있어서는 출원의 공개일을 제1국 출원일이나 선출원일로부터 기산하고, 2이상의 우선권주장을 수반하는 출원의 경우에는 최선의 제1국 출원일이나 선출원일로부터 기산한다. 또한 분할출원이나 변경출원 등에 대하여는 원출원일로부터 출원의 공개시점이 기산된다. 따라서 분할출원이나 변경출원이 1년 6월 이내에 출원된 경우에는 원출원일로부터 1년 6월이 된 시점에 공개하여야 하며, 분할출원이나 변경출원이 1년 6월이 경과된 후에 행하여진 경우에는 그 후 지체없이 출원을 공개하여야 한다. 출원일로부터 1년 6월이 경과하기 전이라도 출원인의 신청이 있는 경우에는 조기공개가 가능하다. 이와 같은 조기공개제도는 제3자의 무단실

73) 심사지연과 그에 따른 공개의 지연으로 나타날 수 있는 대표적 폐해로 소위 '잠수함특허(submarine patent)'를 들 수 있다. 이는 미국에서 특허허여되지 않은 출원에 대해 공개하지 않는 점을 이용하여 출원인이 장기간 특허청에 특허출원을 계류시키고 있다가 해당기술의 출원사실을 알지 못하는 제3자가 상당한 투자를 한 후에 비로소 특허를 받아 침해소송을 통해 막대한 로얄티를 받아 내는 특허를 말한다. 잠수함 특허는 이러한 방법을 많이 사용한 발명자의 이름을 본 따 일명 '레멜슨(Lemelson) 특허'라고도 한다. 그간 문제가 되었던 잠수함 특허는 주로 60~70년대의 전자공업 태동기에 출현한 전기·전자분야의 기본특허이며 이로 인해 90년대 관련업계에 한바탕 소동이 벌어졌다. 레멜슨은 우리나라 전자업체에도 특허분쟁을 일으켜 수백억원의 로얄티를 챙겨갔다고 한다. 한편 미국은 1999년 특허법개정을 통해 출원공개제도를 도입함으로써 잠수함특허의 문제점은 많이 해소되었으나, 여전히 출원공개를 하지 않는 예외가 남아 있어 잠수함특허에 의한 위험이 완전히 사라진 것은 아니다.

시가 있는 경우 발명의 조기공개를 통해 보상금청구권을 발생시켜 출원인을 보호하고자 하는데 그 취지가 있다.

출원공개의 대상이 되는 특허출원은 출원공개시 특허청에 계속중인 특허출원으로서 아직 등록공고 되지 않은 출원이다. 따라서 출원공개 전에 특허출원이 무효, 취하 또는 포기되거나 거절결정이 확정된 경우는 특허청에 계속중인 것이 아니므로 출원공개를 하지 않는다. 또한 출원이 계속되는 경우라도 공공의 질서 또는 선량한 풍속을 문란하게 하거나 공중의 위생을 해할 염려가 있다고 인정되는 사항은 특허공보에 게재하지 않는다(특허법 제64조, 특허법시행령 제19조 제3항). 국방상 비밀을 요하는 특허출원에 대해서는 비밀취급의 해제시까지 출원공개를 보류하여야 하며, 그 비밀취급이 해제된 때에는 지체없이 출원공개를 하여야 한다(특허법 제64조 제3항, 준용 제87조 제4항).

3. 출원공개의 효과

(1) 보상금청구권의 발생

1) 의의 및 취지

출원공개는 특허출원의 내용을 일반 공중에 알리는 것으로, 일반 공중은 이를 통해 기술개발에 대한 중복투자 및 중복연구를 방지할 수 있다. 대신에 제3자는 출원된 발명을 실시하는 것이 가능하게 되므로, 제3자의 모방이나 도용에 의해 출원인의 이익이 훼손될 수 있으므로, 이에 따른 출원인의 손실을 보전하기 위해 보상금지급 청구권을 인정하게 되었다.

2) 발생요건

특허출원인은 출원공개가 있은 후에는 그 특허출원 된 발명을 업으로 실시한 자에게 특허출원 된 발명임을 서면으로 경고할 수 있다(제65조 제1항). 출원의 내용이 공개되면 그 출원발명의 내용이 일반에게 알려져 누구나 실시할 수 있게 되므로 이에 따른 제도적 장치로 특허출원인에게 보상금 청구권을 인정하는데, 특허권자는 경고를 받거나 출원공개된 발명임을 알고 그 특허출원된 발명을 업으로 실시한 자에 대해 그 경고를 받거나 출원공개된 발명임을 안 때부터 특허권의 설정등록시까지 그 발명의 실시에 대하여 통상 받을 수 있는 금액에 상당하는 보상금의 지급을 청구할 수 있다(제65조 제2항).

3) 행사시기

제3자에 대한 보상금 지급청구권은 당해 특허출원에 대한 특허권의 설정등록이 있은 후가 아니면 이를 행사할 수 없다(제65조 제3항). 당해 특허출원의 출원심사가 미확정인 상태에서 행사하도록 하면 제3자의 이익을 부당하게 해칠 수 있기 때문이다. 보상금 지급청구권은 제3자가 출원공개된 발명을 무단으로 실시함에 대한 경과적인 보호규정으로서 설정등록으로부터 발생하는 특허권과는 성격을 달리하므로 보상금청구권의 행사는 특허권의 행사에 영향을 미치지 아니한다(제65조 제4항). 특허출원인이 제3자에게 보상금지급청구권을 행사하는 경우에는 특허법이 규정하고 있는 침해로 보는 행위(제127조), 생산방법의 추정(제129조), 침해행위로 인한 손해의 계산을 하는데 필요한 서류의 제출(제132조), 공동불법행위자의 연대책임(민법 제760조) 및 손해배상청구권의 소멸시효 3년(민법 제766조) 등 규정을 준용하도록 하고 있다(제65조 제5항).

4) 보상금청구권의 소멸

보상금지급청구권은 특허출원이 공개된 후에 그 출원이 포기, 무효 또는 취하된 때, 특허출원의 특허거절결정이 확정된 때 및 특허를 무효로 한다는 심결이 확정된 때에는 처음부터 발생하지 아니한 것으로 간주한다(제65조 제6항).

(2) 선출원의 범위의 확대

확대된 선원의 법리에 따라, 출원이 공개된 후에는 후출원의 특허청구범위와 비교되는 대상의 범위가 선출원의 특허청구범위 뿐만 아니라 선출원의 명세서 및 도면에 기재된 사항으로까지 확대된다(제29조 제3항).

(3) 우선심사의 신청

출원공개후 특허출원인이 아닌 자가 업으로서 특허출원된 발명을 실시하고 있다고 인정되는 경우에는 우선심사를 신청할 수 있다(제61조 제1호).

(4) 출원에 관한 서류의 열람 및 미생물시료의 분양

출원이 공개되면 그 특허출원에 관한 서류의 열람 등을 특허청장에게 신청할 수 있다. 다만 특허청장 등은 서류열람의 신청이 있더라도 공공의 질서 또는 선량한 풍속을 문란하게 할 염려가 있는 것은 이를 허가하지 아니할 수 있다(특허법 제216조). 또한 기탁된 미생물에 관계되는 발명을 시험 또는 연구를 위하여 실시하려는 자는 그 미생물에 관계되는 발명에 대한 특허출원이 공개된 후 기탁기관 등으로부터 그 미생물시료를 분양받을 수 있다(특허법시행령 제4조 제1항).

Ⅲ. 심사청구제도

1. 의 의

심사청구제도란 출원과 심사를 분리하여, 출원된 모든 특허출원에 대해 심사를 하는 것이 아니라 출원일로부터 5년이내에 심사청구가 있는 특허출원에 대해서만 이를 심사하는 제도를 말한다(제59조).

2. 취 지

출원된 발명의 가치나 출원인이 출원을 하는 이유는 다양하다는 경험칙으로부터, 출원된 모든 발명에 대해 일률적으로 심사하지 않고 심사청구를 기다려 선택적으로 심사함으로써 심사를 촉진시키기 위함이다. 대부분의 특허출원은 독점권을 얻기 위한 것이나, 특허출원 중에는 “특허성이 있는 발명이라도 출원인 자신은 반드시 독점권을 필요로 하지 않고 오로지 타인에게 독점되어 자기의 실시가 방해받을 것을 두려워하여 출원한 것”, “심사관의 진보성 판단 기준을 구체적으로 파악할 수 없기 때문에 출원인 자신은 진보성이 없다고 판단해도 타인이 출원하여 권리를 취득한 경우 무효심판 등의 번잡을 피하기 위해 출원한 것”[74]도 있어 특허출원마다 출원 목적이 다르다. 또한 “출원 당초에는 독점권을 얻고 싶어 출원했지만 그 후 신기술의 개발 등으로 출원한 기술의 가치가 없어져서 이미 독점권을 취득할 의사를 잃은 것”등도 있어[75] 경제적·기술적 가치 또한 출원 후에 변화될 수 있어서 출원인이 모든 출원에 대해서 조기에 특허등록을 원하는 것은 아니다. 이에 따라, 특허권을 취득하고자 하는 출원만을 선택적으로 심사하고 특허등록을 필요로 하지 않은 출원은 심사하지 않는다면 그 만큼의 심사건수가 감소하

---

74) 이와 같은 출원을 소위 ‘방어출원’이라 한다.

75) 竹田和彦(역자 김관식외 5명), 「特許의 智識 제6판」, 도서출판 명현, 2002, 313면.

게 되므로, 심사를 촉진하고 심사의 질 향상을 추구하기 위하여 심사청구제도가 채택되었다.

3. 심사청구의 요건

(1) 심사청구를 할 수 있는 자

심사청구는 '누구든지' 할 수 있으므로 당해 출원에 대하여 이해관계를 가지지 않는 제3자도 출원의 심사청구를 할 수 있고 법인이 아닌 사단이나 재단으로 대표자나 관리인이 정해져있는 경우에는 그 재단이나 사단의 이름으로도 심사청구를 할 수 있다. 종전에는 특허출원인이 보호받고자 하는 사항을 특허출원시에 특허출원서의 특허청구범위에 기재하도록 하였으나, 출원인이 충분한 시간을 가지고 특허청구범위를 기재할 수 있도록 특허출원 후 출원공개 전까지 특허청구범위의 제출을 늦출 수 있도록 제42조 제5항이 신설되었다. 그러나 명세서에 특허청구범위가 없을 때에는 현실적으로 심사관이 실체심사를 수행할 수 없으므로, 특허출원인의 경우에는 특허청구범위가 기재된 명세서가 첨부된 때에 한하여 출원심사를 청구할 수 있도록 단서조항을 추가하였다(제59조 제2항 단서).

(2) 심사청구기간

특허출원의 심사청구는 그 출원일로부터 5년 이내에 할 수 있다. 출원인의 입장에서는 심사청구에 대한 고려기간을 충분히 둘 필요가 있을 것이나, 심사청구기간을 너무 장기로 하게 되면 출원발명의 권리화여부가 불확실한 상태가 장기간 계속되는 문제가 있기 때문에 출원일로부터 5년 이내에 심사청구를 할 수 있도록 하고, 그 기간 내에 심사청구가 없는 경우에는 그 특허출원은 취하한 것으로 본다(제59조 제5항). 다만 분할출원이나 변경출원에 관하여는 원출원일로부터 5년의 기간이 경과된 후라 하더라도 분할출원을 한 날 또는 변경출원을 한 날부터 30일 이내에 심사청구를 할 수 있다(제59조 제3항). 분할출원 또는 변경출원의 경우 그 출원일이 원출원의 출원일로 소급되므로, 원출원일로부터 5년이 경과되어서 분할출원 또는 변경출원이 되는 때에는 심사청구를 할 수 없으므로, 이러한 경우를 고려하여 예외적으로 규정한 것이다.

4. 효 과

(1) 심사청구된 출원의 심사

특허출원의 심사청구가 있으면 심사청구순위에 따라 실체심사가 이루어진다. 다만, 심사청구된 특허출원이 분할출원이나 변경출원인 경우에는 원출원의 심사청구순위에 따라 심사를 하고, 우선심사대상인 경우에는 예외를 인정하여 우선적으로 심사한다.

(2) 출원심사청구의 취하 금지

출원심사의 청구는 취하할 수 없다(제59조 제4항). 이처럼 심사청구의 취하를 금지하는 이유는 심사청구절차에 대하여 취하를 인정하게 되면 심사청구절차 이후에 지금까지 한 심사절차가 무의미하게 되고, 심사진행상황이 자신에게 불리하다고 판단되면 취하했다가 다시 심사를 청구하는 경우도 발생할 수 있어 문제가 있고, 출원심사청구 이후에도 특허출원 자체의 취하가 가능하기 때문에 심사청구절차의 취하를 금지하고 있다.

(3) 특허청구범위의 보정

특허출원당시에 특허청구범위를 기재하지 아니한 명세서를 제출한 특허출원인은 제3자 출원심사 청구의 취지를 통지받은 날부터 3개월이 되는 날까지(출원일로부터 1년 3개월이 되는 날 후에 통지받은 경우에는, 출원일로부터 1년 6개월이 되는 날까지) 특허청구범위가 기재되도록 보정을 하여야 하며(제42조 제5항), 그 기한까지 보정을 하지 아니한 경우에는 그 기한이 되는 날의 다음 날에 해당특허출원은 취하된 것으로 본다(제42조 제7항).

5. 국제특허출원의 특례

국제특허출원의 출원인은 법 제201조 제1항의 규정에 의한 번역문(국어로 출원된 국제특허출원의 경우를 제외한다)을 제출하고, 제82조 제1항의 규정에 의한 수수료를 납부한 후라면 국내서면제출기간(우선일로 부터 2년 7월) 만료일 전이라도 그 국제특허출원에 대해 심사를 청구할 수 있다(제210조). 국내서면제출기간 내에 심사청구를 하게 되면 심사대상인 번역문이 확정되고, 더 이상 번역문의 교체는 불가능하게 된다.

한편 국제특허출원의 출원인이 아닌 자는 국내서면제출기간이 경과한 후가 아니면 그 국제특허출원에 관하여 출원심사의 청구를 할 수 없다. 즉, 국제출원에 대해 제3자가 심사청구를 할 수 있는 기간은 국내서면제출기간 경과 후부터 국제출원일로부터 5년이 되는 기간까지이다. 국내서면제출기간 전에 출원심사청구를 한 경우 국제출원의 명세서·청구의 범위·도면 및 요약서의 번역문은 확정되고, 심사관은 원문이 아닌 번역문에 의해 심사를 진행하게 된다.

Ⅳ. 우선심사제도

1. 의 의

우선심사란 출원공개후 특허출원인이 아닌 자가 업으로서 특허출원된 발명을 실시하고 있다고 인정되는 경우나 대통령령이 정하는 특허출원으로서 긴급처리가 필요하다고 인정되는 경우에 심사청구순서에 관계없이 타출원에 우선하여 심사하는 제도를 말한다.

2. 취 지

우선심사는 심사청구순위에 의한 특허출원 심사원칙에 대한 예외로 공익 또는 사익상 필요에 의하여 도입된 제도이다. 우선심사제도는 크게 3가지 측면에서 의의를 가진다. 첫째, 국가산업정책상의 측면이다. 발명 등이 방위산업에 관한 것이거나 수출촉진에의 기여 및 공해방지에 유용한 발명 등인 경우에는 조속히 권리화함으로써 국가방위산업과 수출촉진 등에 기여하게 할 필요가 있다. 둘째, 출원인의 권익 보호 측면이다. 출원인은 출원공개후에 심사와 관계없이 출원공개에 따른 보상금청구권을 취득하지만, 그 권리는 특허권 설정등록후가 아니면 행사할 수 없다. 따라서 출원심사에 장기간이 소요되고 상품의 수명이 짧은 경우에는 그 사이에 제3자의 모방으로 인해 결국 보상금청구권이나 특허권이 의미가 없어지는 경우가 있다. 이러한 경우 그 출원에 대하여 신속히 심사를 종결토록 함으로써 출원인의 권익을 적절히 보호할 필요가 있다. 마지막으로 제3자의 불이익을 방지하는 측면이다. 제3자가 출원인으로부터 경고를 받았을 경우에 그 출원발명 등이 종래기술에 지나지 않은 발명 등인 경우라 하더라도 그 출원의 심사가 확정되기 전까지는 제3자의 실시는 계속해서 제재 또는 방해를 받을 우려가 있고 실시를 주저하게 되므로 그 출원에 대한 심사를 조속히 확정지을 필요가 있다.

3. 우선심사 신청요건

(1) 우선심사 신청인

우선심사 신청은 출원인 또는 그 발명을 실시하고 있는 자가 할 수 있다. 우선심사의 시기는 제3자가 실시하고 있는 경우에는 당해 특허출원이 출원공개된 후이고, 대통령령으로 정하고 있는 특허출원인 경우에는 당해 특허출원의 출원공개 전이라도 할 수 있다.

(2) 심사청구가 있는 출원일 것

우선심사신청을 할 수 있는 출원은 심사청구가 되어 있어야 하며, 심사청구를 하면서 동시에 우선심사신청을 할 수도 있다. 따라서 출원과 동시에 심사청구 및 우선심사청구를 동시에 할 수 있다.

(3) 청구범위에 기재된 발명이 우선심사 대상일 것[76)]

우선심사는 ㉠ 출원공개 후 특허출원인이 아닌 자가 업으로서 특허출원된 발명을 실시하고 있다고 인정되는 경우와 ㉡ 대통령령이 정하는 특허출원으로서 긴급처리가 필요하다고 인정되는 경우에 신청할 수 있다. 특허법시행령 제9조에서 규정하는 우선심사대상은 다음과 같다.

1) 방위산업분야의 특허출원
2) 녹색기술[온실가스 감축기술, 에너지 이용 효율화 기술, 청정생산기술, 청정에너지 기술, 자원순환 및 친환경 기술(관련 융합기술을 포함한다) 등 사회·경제 활동의 전 과정에 걸쳐 에너지와 자원을 절약하고 효율적으로 사용하여 온실가스 및 오염물질의 배출을 최소화하는 기술을 말한다]과 직접 관

---

76) 우선심사를 신청한 발명은 청구범위에 기재되어 있어야 하며, 발명이 상세한 설명에만 기재되어 있고 청구범위에 기재되어 있지 않은 경우에는 우선심사대상이 아니다. 다만, 청구범위에 다수의 청구항이 있고 그 청구항 중의 하나가 우선심사대상으로 인정되는 경우에는 출원 전체가 우선심사대상으로 인정된다.

련된 특허출원

3) 수출촉진에 직접 관련된 특허출원

4) 국가 또는 지방자치단체의 직무에 관한 특허출원(「고등교육법」에 따른 국·공립학교의 직무에 관한 특허출원으로서 「기술의 이전 및 사업화 촉진에 관한 법률」 제11조 제1항에 따라 국·공립학교 안에 설치된 기술이전·사업화 전담조직에 의한 특허출원을 포함한다)

5) 「벤처기업육성에 관한 특별조치법」 제25조에 따른 벤처기업의 확인을 받은 기업의 특허출원, 「중소기업기술혁신 촉진법」 제15조에 따라 기술혁신형 중소기업으로 선정된 기업의 특허출원

6) 국가의 신기술개발지원사업 또는 품질인증사업의 결과물에 관한 특허출원

7) 조약에 의한 우선권주장의 기초가 되는 특허출원(당해 특허출원을 기초로 하는 우선권주장에 의하여 외국특허청에서 특허에 관한 절차가 진행중인 것에 한정한다)

8) 특허출원인이 특허출원된 발명을 실시하고 있거나 실시준비중인 특허출원

9) 전자거래와 직접 관련된 특허출원

10) 특허청장이 외국특허청장과 우선심사하기로 합의한 특허출원

11) 우선심사의 신청을 하려는 자가 특허출원된 발명에 관하여 법 제58조 제1항에 따른 전문기관에 선행기술의 조사를 의뢰한 경우로서 그 조사결과를 특허청장에게 통지하도록 해당 전문기관에 요청한 특허출원

(4) 신청서의 제출

우선심사를 신청하는 자는 신청서를 특허청장에게 제출하여야 하고(특허법시행령 제10조 제1항), 특허청장은 신청이 있는 경우 우선심사 여부를 결정하여야 한다(특허법시행령 제10조 제2항).

4. 우선심사결정의 효과

우선심사의 결정이 있으면, 그 출원에 대해서는 심사청구의 순서에 관계없이 우선적으로 심사한다. 다만 우선심사신청의 결정은 행정처분이 아닌 내부적인 사무관리상의 문제이며 특허출원의 심사를 거부하는 것이 아니므로 우선심사신청이 거부된다고 하더라도 출원인의 불복은 허용되지 않는다고 해석된다.[77)]

[행정심판례] 통상산업부 재결 국행심 97-6054 (1997.11.24.);
특허출원 우선심사신청 거부처분취소청구

특허법 제61조 및 동법 시행령 제9조에 의하면 피청구인은 출원공개 후 긴급처리가 필요하다고 인정되는 것으로서 대통령령이 정하는 특허출원에 대하여는 심사관으로 하여금 다른 특허출원에 우선하여 심사하게 할 수 있다고 규정하고 있으며, 긴급한 처리의 필요여부에 대한 판단은 피청구인의 재량사항이라 할 것인 바, 이 건 발명보다 수년 전에 출원된 다수의 유사기술출원이 아직 심사를 기다리고 있는 점 등을 고려하여 행한 피청구인의 이 건 처분이 재량을 일탈·남용하였거나 기타 부당하게 처리하였다고 인정되지 아니하므로 이 건 처분이 위법·부당하다고 할 수 없다.

V. 심사 및 특허여부결정

1. 출원서류의 접수 및 방식심사

특허출원인이 특허출원서 등 출원에 관한 서류를 특허청에 제출하면, 특허청장은 특허에 관한 절차가 특허법 및 특허법에 의한 명령이 정하는 방식에 적합한지 여부를 심사하게 된다. 그 결과 당해 출원의 절차나 방식에 중대한 하자나 흠결이 있는 경우에는 소명의 기회를 부여한 후 당해 서류를 불수리처분하고(특허법시행규칙 제11조), 치유가 가능한 경미한 하자의 경우에는 특허법 제46조 규정에 따라 절차의 보정을 명하고 지정된 기간 이내에 흠결을 해소하지 못한 경우에는 당해 절차를 무효처분한다. 방식심사 결과 방식에 흠결이 없거나, 보정명령 후 지정된 기간이내에 흠결이 치유된 출원에 대하여는 심사청구순에 따라 실체심사를 진행하게 된다.

2. 실체심사의 착수 및 진행

(1) 심사관에 의한 심사

특허출원의 심사는 심사관이 한다. 심사관은 특허청장으로부터 독립하여 특허여부의 결정 및 기타 행정처분을 행하는 행정기관이다. 심사의 공정을 기하기

77) 통상산업부 재결 국행심 97-6054 (1997.11.24.).

위해 심사관에 대해서는 심판관의 제척규정이 준용되고(제68조 준용 제148조), 그 자격도 대통령령으로 정하도록 규정하고 있다(제57조).

심사관은 다음 각 호의 어느 하나에 해당하는 경우에는 그 심사 관여로부터 제척된다.

① 심사관 또는 그 배우자나 배우자이었던 자가 사건의 당사자 또는 참가인인 경우

② 심사관이 사건의 당사자 또는 참가인의 친족의 관계가 있거나 이러한 관계가 있었던 경우

③ 심사관이 사건의 당사자 또는 참가인의 법정대리인 또는 이러한 관계가 있었던 경우

④ 심사관이 사건에 대한 증인·감정인으로 된 경우 또는 감정인이었던 경우

⑤ 심사관이 사건의 당사자 또는 참가인의 대리인인 경우 또는 이러한 관계가 있었던 경우

⑥ 심사관이 사건에 관하여 직접 이해관계를 가진 경우

(2) 청구항별 심사

2007년 특허법은 제63조에 제2항을 신설하여 "심사관은 특허청구범위에 2 이상의 청구항이 있는 특허출원에 대하여 제1항 본문의 규정에 따라 거절이유를 통지할 때에는 그 통지서에 거절되는 청구항을 명시하고 그 청구항에 관한 거절이유를 구체적으로 기재하여야 한다."고 규정하였다. 종래에는 실무관행상 거절이유가 있는 모든 청구항에 대해 구체적인 거절이유를 지적하는 대신 거절이 용이한 청구항 위주로 거절이유를 통지하여 왔다. 그런데 심사관이 특허출원서의 특허청구범위에 2 이상의 청구항이 있는 특허출원에 대한 거절이유를 통지할 때에 거절이유가 있는 청구항 모두에 대하여 거절이유를 밝히지 아니할 경우 특허출원인으로서는 거절이유가 통지되지 아니한 일부 청구항의 거절이유를 알지 못하는 불편이 있을 수 있다. 이러한 불편을 해소하기 위해 2 이상의 청구항이 있는 특허출원에 대하여 거절이유를 통지할 때에는 거절이유가 있는 청구항 모두에 대하여 청구항별로 거절이유를 구체적으로 기재하도록 하였다. 이에 따라 특허출원인이 거절이유가 있는 모든 청구항의 내용을 알 수 있게 됨으로써 일부 청구항에 대한 권리 포기나 보완 조치 등을 쉽게 할 수 있다.

(3) 심사 또는 소송절차의 중지

특허출원의 심사에 있어서 필요한 때에는 심결이 확정될 때까지 또는 소송절차가 완결될 때까지 당해 심사의 절차를 중지할 수 있다. 마찬가지로 법원 또한 소송에 있어서 필요한 경우에는 특허출원에 대한 결정이 확정될 때까지 당해 소송절차를 중지할 수 있다. 이와 같은 심사절차나 소송절차의 중지에 대해서는 불복할 수 없다(특허법 제78조).

3. 거절이유 및 거절이유의 통지

우리나라의 특허제도는 심사주의를 채택하여 심사관이 특허성 여부를 심사하여 특허여부를 결정한다. 심사의 통일성을 유지하고 심사관의 자의성을 방지하여 심사에 대한 공정성과 객관성이 유지될 수 있도록 거절이유를 특허법에 명시하였으며, 특허출원에 대한 거절은 특허법 제62조에서 열거한 이유에 한정되고, 그 이외의 다른 이유로는 거절할 수 없다. 아울러 심사관은 특허거절결정을 하고자 할 때에는 그 특허출원인에게 거절이유를 통지하고 기간을 정하여 의견서를 제출할 수 있는 기회를 주어야 한다(제63조 제1항). 출원인은 의견서를 제출할 수 있는 기간 내에 보정서를 제출함으로써 거절이유의 극복을 강구할 수 있다(제47조 제1항). 심사관은 제출된 의견서 및 보정서에 의해 또 다시 심사하고 그 보정에 의하여 새로운 거절이유가 발생한 경우에는 최후거절이유를 통지하고 그래도 거절이유가 해소되지 않은 경우에는 보정각하결정을 한다(제51조). 그 주장에 이유가 있다고 인정될 때 또는 출원인이 제출한 의견서나 보정서에 의하여 처음의 거절이유가 없어진 때에는 달리 거절이유가 없는 한 특허결정을 하여야 한다. 의견서 제출의 기회를 주지 아니한 거절결정은 그 자체로 위법하고 거절결정취소사유가 된다.[78]

대법원 1994.2.8. 선고 93후1582 판결

[1] 출원인에게 거절이유 통지 없이 한 거절사정의 적부

구 실용신안법(1990.1.13. 법률 제4209호로 개정되기 전의 것) 제24조의2 제2항에 의하면, 심사관은 실용신안등록출원이 제1항 각호의 1에 해당하는 거절이유가

---

78) 대법원 1989.9.12. 선고 88후523 판결.

있다고 인정하여 거절사정을 하고자 할 때에는 출원인에게 거절이유를 통지하고 기간을 정하여 의견서 제출의 기회를 주어야 한다고 규정되어 있으므로 심사관이 출원인에게 거절이유를 통지하여 의견서를 제출할 기회를 주지 않고 거절사정을 하는 것은 일반적으로는 위 조항에 위반되어 위법하다.

[2] 항고심에서 원사정의 심사관이 통지하지 아니한 거절이유를 출원인에게 통지하지 아니하더라도 위법하지 아니한 경우

항고심의 심결에서 원사정의 심사관이 통지하지 아니한 거절이유를 들어 거절사정을 유지하는 경우가 아니라면 항고심에서 원사정의 심사관이 통지하지 아니한 거절이유를 출원인에게 통지하지 아니하였다고 하여 위법한 것이라고 할 수 없다.

특허법 제62조 각호에서 한정·열거하는 거절이유는 아래와 같다.

① 특허출원인이 권리능력이 없는 외국인인 경우(제25조), 특허출원된 발명이 산업상 이용가능성·신규성·진보성 등 특허요건을 충족시키지 못할 경우(제29조), 공공의 질서 또는 선량한 풍속을 문란하게 하거나 공중의 위생을 해할 염려가 있는 경우(제32조), 선원주의 위반(제36조), 공동출원의 요건에 위반된 경우(제44조)

② 제33조 제1항 본문의 규정에 의한 특허를 받을 수 있는 권리를 가지지 아니하거나 동조동항 단서의 규정에 의하여 특허를 받을 수 없는 경우

③ 조약의 규정에 위반된 경우

④ 명세서의 기재내용 중 발명의 상세한 설명과 특허청구범위의 기재요건에 흠결이 있는 경우(제42조 제3항, 제4항, 제8항), 1특허출원의 범위에 관한 요건에 흠결이 있는 경우(제45조)

⑤ 신규사항을 추가하는 보정일 경우(제47조 제2항)

⑥ 원 특허출원의 출원서에 최초로 첨부된 명세서 또는 도면에 기재된 사항의 범위를 벗어난 분할출원인 경우(제52조 제1항)

⑦ 원 특허출원의 출원서에 최초로 첨부된 명세서 또는 도면에 기재된 사항의 범위를 벗어난 변경출원인 경우(제53조 제1항)

거절이유는 무효사유(제133조 제1항)와 거의 동일하나 1특허출원의 범위위반(제45조)과 특허청구범위기재요령 위반(제42조 제8항)은 거절이유에는 해당하나 무효사유는 아니다. 해당 사항들은 발명의 실체에 대한 것이 아니라 절차에 관한 사항에 불과하기 때문이다.

4. 심사의 종료

(1) 특허결정

심사관은 특허출원에 대하여 거절이유를 발견할 수 없는 때에는 특허결정을 하여야 한다(제66조). 특허결정은 서면으로 하여야 하며 특허청장은 특허여부결정이 있는 경우에는 그 결정의 등본을 특허출원인에게 송달하여야 한다(제67조).

(2) 특허거절결정

특허출원이 특허법 제62조 각 호의 거절이유에 해당할 때는 반드시 거절결정을 하여야 하는데, 이때에는 그 특허출원인에게 거절이유를 통지하고 의견서를 제출할 수 있는 기회를 주어야 한다(제63조). 이는 심사관의 판단에 대한 항변의 기회를 줄 필요가 있기 때문이다. 출원인에게 거절 이유를 통지함에 있어서는 제62조 각호의 1에 열거된 해당 법조문은 반드시 명기하고 그를 근거로 한 거절이유를 명시하여야 한다.

출원인은 심사관이 한 특허거절결정의 이유가 되는 거절이유를 해소하기 위하여 의견서를 제출할 수 있고, 필요하면 보정서를 제출할 수 있다. 심사관에 의한 특허거절결정은 거절이유통지서상에 적시된 법적 근거 및 이유에서만 할 수 있고 다른 이유로는 특허거절결정을 할 수 없다. 기 통지한 거절이유와 다른 거절이유로 특허거절결정을 하기 위해서는 해당 거절이유를 다시 통지하여야 한다. 특허거절결정을 받은 자가 이에 대해 불복할 때에는 특허거절결정에 대한 등본을 송달받은 날로부터 30일 이내에 재심사청구를 하거나 거절결정불복심판을 청구할 수 있다(제67조의2, 제132조의3).

(3) 재심사청구제도

1) 취 지

2009.01.30 개정 전 구법하에서는 거절결정에 불복하는 심판의 청구가 있고 그 청구가 있는 날로부터 30일 이내에 특허출원서에 첨부된 명세서 또는 도면에 대한 보정이 있는 경우, 심판원장은 그 심판청구에 대해 심판을 하기 전에 특허청장에게 통지하고, 특허청장은 심사관에게 그 불복심판청구의 대상이 된 출원에 대해 다시 심사하게 하는 '심사전치제도'를 두고 있었다(구 특허법 제173조). 특허

거절결정에 대한 심판을 청구하면서 명세서 또는 도면에 대한 보정을 하는 것은 거의 대부분 거절결정의 이유를 해소하기 위한 것이므로 그 경우 심사관에게 다시 심사를 하게 한다면 기술내용의 파악에 많은 시간을 들이지 않고도 거절결정의 이유가 해소되었는지 여부를 용이하게 판단할 수 있을 뿐만 아니라 심판관으로서는 처리하여야 할 사건의 수가 경감됨으로써 심판의 촉진을 꾀할 수도 있다. 그러나 특허거절결정을 받은 경우 심사관에게 다시 심사를 받기 위하여는 반드시 특허거절결정 불복심판을 청구하도록 하고 있어 특허출원인으로서는 불가피하게 특허거절결정 불복심판을 청구하여야 하는 불편이 있어서 개정법에서는 특허거절결정 불복심판을 청구하지 아니하더라도 특허출원서에 첨부된 명세서 또는 도면의 보정과 동시에 재심사를 청구하면 심사관에게 다시 심사를 받을 수 있도록 하는 재심사청구제도를 도입하게 되었다(제67조의2). 그 결과 재심사청구를 하면서 등록가능한 청구항만으로 보정하는 경우 심판청구를 하지 않더라도 즉시 특허결정이 가능하게 되어 특허절차가 간소화되고, 불필요한 심판청구 수수료를 납부할 필요가 없어졌다.

2) 재심사 청구 요건

① 특허거절결정된 출원일 것

특허거절결정된 출원이어야 하고, 무효나 취하된 출원은 재심사청구의 대상이 되지 않는다. 다만, 재심사에 따른 특허거절결정이 있는 경우에는 다시 재심사를 청구할 수 없다.

② 특허거절결정에 대한 불복심판의 청구가 없을 것

특허법 제132조의3의 규정에 따라 특허거절결정불복심판을 청구한 후에는 재심사 청구를 할 수 없다.

③ 재심사 청구와 동시에 보정할 것

재심사 청구인은 재심사 청구와 동시에 특허출원서에 첨부된 명세서 또는 도면을 보정하여야 한다. 여기서 보정은 형식적 보정을 포함하므로 실질적 내용을 보정하지 않은 경우에도 재심사 청구의 대상이 된다.

3) 절 차

특허출원인은 그 특허출원에 관하여 거절결정등본을 송달받은 날부터 30일(제

15조 제1항에 따라 제132조의3에 따른 기간이 연장된 경우 그 연장된 기간을 말한다) 이내에 그 특허출원의 특허출원서에 첨부된 명세서 또는 도면을 보정하여 해당 특허출원에 관하여 재심사를 청구할 수 있다(제67조의2 제1항 본문).

다만, 재심사에 따른 특허거절결정이 있거나 제132조의3에 따른 심판청구가 있는 경우에는 그러하지 아니하다(제67조의2 제1항 단서). 즉, 이미 재심사청구를 하여 다시 거절결정이 된 경우에는 재심사절차의 반복으로 심사가 지연되는 것을 방지하기 위해 다시 재심사를 청구할 수는 없고 거절결정불복심판만을 청구할 수 있다. 특허출원인은 최초거절결정등본을 송달받은 경우에는 그로부터 30일이내에 재심사를 청구할 것인지 거절결정불복심판을 청구할 것인지를 선택하여 거절결정에 대해 다툴 수 있다.

4) 효 과

재심사의 청구가 있는 경우 해당 특허출원에 대하여 종전에 이루어진 특허거절결정은 취소된 것으로 보고(제67조의2 제2항), 심사관은 해당출원을 재심사한다. 먼저 보정의 적법여부를 판단하여 보정이 적법한 경우 보정된 명세서 또는 도면에 의해 심사를 진행하고, 보정이 부적법한 경우에는 보정각하하고 보정전 명세서 또는 도면을 재심사하여 특허여부결정을 하게 된다. 다만 재심사의 청구전 최후거절이유통지에 따른 의견서 제출기간 내에 한 보정이 부적법하였음에도 일반심사단계에서 심사관이 간과하고 보정각하를 하지 않고 이를 재심사단계에서 발견한 경우에는 보정각하를 하지 않고 최후거절이유를 통지하게 된다(제51조 제1항 단서). 재심사의 청구는 취하할 수 없다(제67조의2 제3항).

5. 등 록

특허등록이란 특허에 관한 권리의 설정·변경·소멸 기타 특허권에 관련된 일정한 사항을 특허원부에 기재하고 기록하는 일련의 행정행위를 말하는데, 특허권은 설정등록에 의하여 발생한다(제87조 제1항).

특허를 받을 수 있는 권리를 가진 자가 법정의 방식에 따라 특허출원을 하고 일정한 심사절차에 의해 심사를 한 결과 심사관이 거절이유를 발견할 수 없을 때에는 특허결정을 하여야 한다(제66조). 특허권의 설정등록을 받으려는 자는 특허결정등본을 송달받은 날부터 3월 이내에 최초 3년분의 특허료를 납부하여야 하고, 특허청장은 특허료를 납부하거나 법률의 규정에 의하여 그 특허료가 면제된 때에는 직권으로 특허권의 설정등록을 하여야 한다(제87조 제2항).

특허권의 발생은 제3에게도 중대한 관계가 있어서, 특허청장은 특허권의 설정등록이 있는 때에는 특허공보를 발행하여 등록공고를 하여야 한다(제87조 제3항). 다만 비밀취급을 요하는 특허발명에 대하여는 비밀취급의 해제시까지 등록공고를 보류하여야 하며, 그 비밀취급이 해제된 때에는 지체없이 등록공고를 하여야 한다(제87조 제4항).

특허청장은 등록공고가 있는 날부터 3월간 출원서류 및 그 부속물건을 공중의 열람에 제공하여야 하는데(제87조 제5항), 이는 제3자에게 특허권의 설정등록을 알려 특허이의신청이나 무효심판을 청구할 수 있도록 유도하기 위함이다.

■ **구법상의 특허이의신청제도**

2006년 개정(2006.3.3. 법률 제7871호)전 구법 하에서는 누구든지 특허권의 설정등록이 있는 날로부터 등록공고일 후 3월이 되는 날까지는 해당 특허가 거절이유에 해당(제42조 제5항(현행법은 제42조 제8항)의 특허청구범위의 기재요건, 제45조의 1특허출원의 범위 등 특허출원의 형식에 관한 것은 제외)함에도 불구하고 착오로 등록되었음을 이유로 특허이의신청을 제기할 수 있도록 하였다. 특허이의신청제도는 심사관에 의한 심사의 불완전성을 보완하고 공정성을 도모한다고 하는 취지에서 마련된 제도이다. 즉, 이의신청기회를 제공하여 하자가 있는 특허를 소급적으로 취소시킬 수 있게 함으로써 부실권리의 존속을 방지하고 궁극적으로는 특허에 대한 신뢰도를 높여 공익적 목적을 달성하기 위함이었다. 그런데 유사한 성격의 특허이의신청제도와 특허무효심판제도를 중복 운용함에 따라, 특허출원인의 권리확정이 지연되고, 시간과 비용의 낭비를 초래하는 불합리한 점이 있었다. 이에 개정법에서는 특허이의신청 관련 규정을 삭제하고, 특허이의신청에서 인정하고 있던 일반대중에 의한 심사기능을 특허무효심판에 도입하기 위하여 등록공고 후 3월까지는 이해관계인뿐만 아니라 누구든지 특허무효심판을 청구할 수 있도록 하였다.

[특허심사절차 흐름도][79]

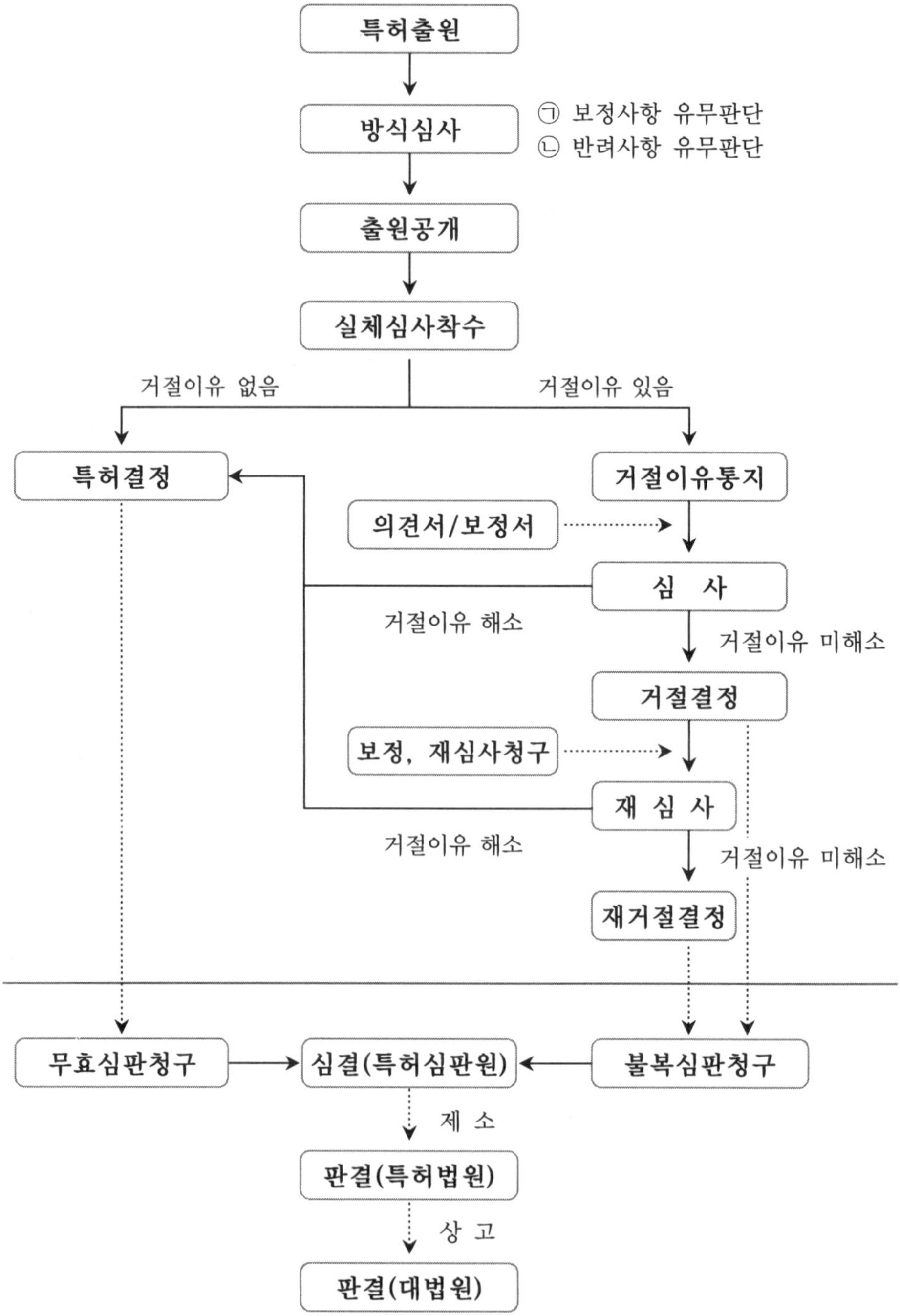

79) 특허청, 「특허법 및 실용신안법 개정경과 설명자료」, 2007, 225면.

Ⅵ. 특허출원의 취하와 포기

1. 의의 및 취지

특허출원의 '취하'란 출원인의 의사 또는 법률의 규정에 의해 출원계속의 효과를 소급적으로 소멸시키는 것을 말하고, 특허출원의 '포기'란 출원인의 의사 또는 법률의 규정에 의해 출원계속의 효과를 장래를 향해 소멸시키는 것을 말한다.

출원인 스스로 출원계속을 소멸시키고 싶거나 심사의 원활화를 위해 출원계속의 효과를 소멸시킬 필요가 있는 경우에 출원의 취하나 포기가 가능하게 함으로써 출원인의 의사를 존중하고 심사의 편의를 도모하기 위함이다.

2. 취하 또는 포기를 할 수 있는 자

특허출원인은 스스로 자신의 특허출원을 취하 또는 포기할 수 있다. 다만 공동출원의 경우에는 공유자 전원의 동의가 있어야 한다. 공동출원인 중 1인이 자신의 지분을 포기하는 경우에는 출원의 포기와 달리 다른 공동출원인의 동의가 없어도 가능하다.

특허출원의 취하·포기는 특별수권사항이므로 특허관리인을 제외한 임의대리인은 특별한 수권을 얻지 아니하면 특허출원을 취하하거나 포기할 수 없다(제6조).

3. 취하 또는 포기의 대상

원칙적으로 특허출원의 취하 또는 포기는 출원 전체에 대해 하여야 하고, 청구항별 취하나 포기는 인정되지 않는다. 다만 2 이상의 청구항이 있는 특허출원에 대한 특허결정을 받은 자가 특허료를 납부하는 때에는 청구항별로 이를 포기할 수 있다(제215조의2 제1항).

특허법원 2001.9.13. 선고 2001허89 판결

특허출원의 일부취하의 허용 여부(소극)

구 특허법(2000.2.3. 법률 제6411호로 개정되기 전의 것)은 1개의 특허출원에 대하여 전부 취하를 예정하여 이에 관한 여러 규정을 두고 있을 뿐(제6조, 제11조, 제65조 제6항), 특허출원의 일부취하에 대하여는 아무런 규정을 두지 않고 있는바, 출원의 일부취하를 인정하는 경우에는 아무런 시기적 제한 없이 청구항의 일부를 삭제하는 보정을 별도로 허용하는 것이 되어 보정에 대하여 엄격한 시기적 제한을 가함으로써 특허심사 절차의 신속을 도모하려는 같은 법 제47조의 취지에 반하여 심사를 부당하게 지연하고 절차의 안정성을 해치게 되므로, 구 특허법 제47조 제1항 각 호의 기간 내에 같은 조 제3항 제1호에 따라 특허청구범위를 감축하는 방법에 의하여 일부 청구항을 삭제하는 것은 별론으로 하고 출원의 일부취하는 특허법상 허용될 수 없는 것이다.

대법원 2003.3.25. 선고 2001후1044 판결

특허출원서의 보정기간 경과 후에 특허출원의 일부 취하가 허용되는지 여부(소극)

특허출원의 일부 취하는 취하하고자 하는 부분을 제외한 나머지 부분만으로 특허출원을 감축하여 그 효과를 특허출원시에 소급시킴으로써 감축된 부분만을 특허출원으로 삼고자 하는 것인바, 특허법에는 이와 같은 목적을 달성하기 위한 절차로 특허출원서에 첨부된 명세서와 도면의 보정이라는 제도 및 그 보정의 시기와 범위를 제한하는 규정을 두고 있을 뿐 특허사정이 되기 전에 특허출원의 일부를 취하할 수 있다고 규정해 놓은 바 없으며, 특허법에 정해진 보정기간 경과 후에도 특허출원의 일부 취하를 허용하는 것은 특허출원의 보정에 엄격한 시기적 제한을 두고 있는 특허법의 취지에도 반하므로 특허출원인이 출원의 일부 취하라는 이름의 서류를 제출하였다고 하더라도 보정과 같은 목적을 달성하고자 하는 것이라면 특허법상 보정과 마찬가지로 보아야 한다.

4. 법률의 규정에 의한 취하 또는 포기

(1) 국내출원의 경우

다음의 경우에는 해당 특허출원은 취하된 것으로 본다.

1) 특허청구범위 기재의 유예제도에 따른 취하간주

특허청구범위 기재유예제도의 도입에 따라 특허출원인은 특허출원시에 반드시 특허청구범위를 제출할 필요가 없으나 출원일(우선권 주장출원의 경우 최선일)로부터 1년 6월 전까지는 청구범위가 기재되도록 명세서를 보정하여야 하며, 제3자의 심사청구가 있는 경우에는 심사청구의 취지의 통지를 받은 날로부터 3개월 이내에 명세서 보정을 통하여 특허청구범위를 기재하여야 한다(특허법 제42조 제5항). 이 기한까지 명세서를 보정하지 아니하는 경우에는 그 기한이 되는 날의 다음

날에 해당 특허출원은 취하된 것으로 본다(특허법 제42조 제7항).

2) 변경출원에 따른 취하간주

변경출원이 있는 경우에는 그 변경출원의 기초가 된 특허출원 또는 실용신안등록출원은 취하된 것으로 본다(특허법 제53조 제4항, 실용신안법 제10조 제4항).

3) 심사청구기간 경과에 따른 취하간주

특허출원일로부터 5년 이내에는 누구든지 그 특허출원에 관하여 출원심사의 청구를 할 수 있고, 분할출원 또는 변경출원의 경우에는 5년의 기간이 경과된 후에도 분할출원을 한 날 또는 변경출원을 한 날부터 30일이내에 출원심사의 청구를 할 수 있으나, 이와 같은 출원심사를 청구할 수 있는 기간 내에 출원심사의 청구가 없는 때에는 그 특허출원은 취하된 것으로 본다(제59조 제5항).

4) 국내우선권주장에 따른 취하간주

국내우선권주장의 기초가 된 선출원은 그 출원일부터 1년 3개월이 지난 때에 취하된 것으로 본다. 다만, 그 선출원이 ㉠ 포기, 무효 또는 취하된 경우, ㉡ 특허여부의 결정, 실용신안등록여부의 결정 또는 심결이 확정된 경우, ㉢ 당해 선출원을 기초로 한 우선권주장이 취하된 경우에는 그러하지 아니하다(제56조 제1항).

(2) 국제출원의 경우

다음의 경우에는 해당 국제출원은 취하된 것으로 본다.

1) 국제출원에 대하여 법 제195조의 보정명령을 받은 자가 지정된 기간내에 보정을 하지 않은 경우

특허청장은 국제출원의 방식요건을 심사한 결과 국제출원일의 인정과 무관한 방식요건을 흠결한 경우[80]에는 출원인에게 보정을 명하여야 하는데(특허법 제195

---

80) 1. 발명의 명칭이 기재되지 아니한 경우
2. 요약서가 제출되지 아니한 경우
3. 특허법상 행위무능력자가 법정대리인에 의하지 않고 절차를 밟거나 선임된 대리인이 변리사가 아닌 경우
4. 지식경제부령이 정하는 방식에 위반된 경우

조) 보정명령을 받은 자가 지정된 기간 내에 보정을 하지 아니한 경우에는 해당 국제출원은 취하된 것으로 본다(특허법 제196조 제1항 제1호).

2) 국제출원에 관한 수수료를 수수료 미납부에 대한 보정명령을 받은 날부터 1월 이내(특허법시행규칙 제106조 제1항)에 납부하지 않은 경우 해당 국제출원은 취하된 것으로 본다(특허법 제196조 제1항 제2호).

3) 국제출원일이 인정된 국제출원에 대해 국제출원일로부터 4월 내(특허법시행규칙 제106조 제2항)에 그 국제출원이 국제출원일의 인정에 필요한 중요한 방식요건을 흠결한 것[81)]이 발견된 경우에는 그 국제출원은 취하된 것으로 본다(특허법 제196조 제1항 제3호).

4) 재외자인 국제특허출원의 출원인은 기준일까지는 특허관리인에 의하지 아니하고도 국제특허출원 절차를 밟을 수 있으나 기준일 경과 후 2월(특허법 시행규칙 제116조) 이내에 특허관리인을 선임하여야 하고(특허법 제206조 제2항), 기간 내에 선임신고가 없는 경우에는 그 국제특허출원은 취하된 것으로 본다(특허법 제206조 제3항).

5) 국내서면 제출기간(우선일로 부터 2년 7월) 내에 명세서 및 청구의 범위의 번역문의 제출이 없는 경우에는 그 국제특허출원은 취하된 것으로 본다(특허법 제201조 제2항).

81) 1. 출원인이 국제출원을 할 수 있는 자의 요건을 충족하지 못하는 경우
2. 국제출원이 소정의 언어로 작성되지 아니한 경우
3. 국제출원이 지식경제부령이 정하는 언어로 작성한 명세서 및 청구의 범위가 제출되지 아니한 경우
4. 「특허협력조약」에 의한 국제출원이라는 표시, 당해 출원한 발명의 보호가 요구되는 「특허협력조약」 체약국의 지정 및 출원인의 성명이나 명칭을 기재하지 아니한 경우를 말한다.

제4장 특 허 권

제1절 특허권의 의의

Ⅰ. 특허권의 발생

1. 등 록

앞서 살핀 바와 같이 특허권은 설정등록에 의하여 발생한다(제87조 제1항). 특허를 받을 수 있는 권리를 가진 자가 법정의 방식에 따라 특허출원을 하고 일정한 심사절차에 의해 심사를 받은 결과 특허결정이 있는 경우에 특허출원인이 설정등록을 위한 특허료를 납부하게 되면 설정등록에 의해 특허권이 발생하게 된다.

2. 특허권의 본질

특허권의 본질에 대해서는 인격권설, 소유권설, 무체재산권설 등이 있다. 인격권설은 가장 오래된 설로서, 발명자가 발명에 대해 갖는 권리는 하나의 인격권이며 인격과 구별해서 존재할 수 없다고 해석하는 것이다. 소유권설은 17세기 경 자연법 학설에 근거를 두고 제창된 설로서 유체물을 제작한 노동자가 유체물에 대해 소유권을 취득하는 것과 같이 발명자가 정신적 노고의 결과 발명을 하였다면 그에 대한 소유권을 인정하여야 한다는 것이다. 무체재산권설은 무체물에 대한 권리를 소유권의 일종으로 보는 것은 잘못이며 이에 대해서는 소유권과는 다른 새로운 권리, 즉 무체재산권으로 파악하여야 한다는 것이다. 무체재산권설에 따르면, 무체재산권은 ㉠ 시간적으로 유한하고, ㉡ 각국에서 별개의 권리가 부여되며, ㉢ 외형상의 소재지를 갖지 않고, ㉣ 점유가 불가능하다는 점에서 소유권과 구별된다.

3. 특허권의 성질

(1) 독점·배타권

특허권은 특허발명을 독점적으로 실시할 수 있는 독점권인 동시에 타인의 무단

실시를 저지할 수 있는 배타권이다.[1])

(2) 무형의 재산권

특허권은 발명이라는 기술적 사상에 대해 준물권적 권리를 인정하는 무형의 재산권이다. 따라서 특허권자에게는 권리의 사용·수익·처분권능이 인정된다. 즉 특허권을 스스로 사용할 수도 있고, 타인에게 실시를 허락함으로써 수익을 올릴 수도 있으며 타인에게 특허권을 양도할 수도 있고 타인의 무단실시에 대해서는 금지청구를 할 수도 있다. 다만 특허권의 대상이 되는 발명은 소유권의 대상이 되는 유체물과 달리 형체를 가진 것이 아니어서 점유가 불가능하므로 반환청구권은 있을 수 없고, 여러 사람이 동시에 사용할 수 있는 것이어서 타인의 모방과 도용이 용이한 반면, 침해사실의 발견이나 그 증명이 어렵다.

(3) 유 한 성

항구적인 권리인 소유권과 달리 특허권은 일정기간 동안만 존속하는 권리이다. 특허권자는 특허권의 존속기간 중에는 독점·배타권을 가지나 특허권의 존속기간이 만료되면 누구라도 해당 기술을 사용할 수 있다. 특허권이란 새로운 기술을 공개한 대가로 일정기간 동안만 해당기술을 독점적으로 실시할 권리가 부여된 것이기 때문이다. 또한 특허권은 무효심판에 의해 소멸될 가능성도 있고, 특허료를 납부하지 않거나 특허권자가 실시의무를 다하지 않는 경우 소멸될 수 있다는 점에서 소유권과 다르다.

(4) 공 익 성

소유권도 공공의 이익을 위해서 제약을 받을 수 있으나, 특히 특허권은 산업정책적 견지에서 공공의 이익을 위한 다양한 제약을 받게 된다. 특허권은 사권이기는 하나 산업발전을 위해 부여된 권리여서 일반사권과는 달리 공익성이 강

---

1) 우리 특허법은 제94조에서 "특허권자는 업으로서 그 특허발명을 실시할 권리를 독점한다."고 규정하여 특허권을 독점권으로 규정하고 있다. 한편 미국 특허법은 제154조에서 "특허권자는 제3자의 실시를 배제할 권리(the right to exclude others form making using...)를 가진다."고 하여 특허권을 배타권으로 규정하고 있다. 특허권은 타인의 위법한 실시를 배제함으로써 결과적으로 권리의 독점성이 보장되는 독점·배타권이라고 할 수 있다.

하기 때문이다.

Ⅱ. 특허권의 변동

1. 특허권의 이전

(1) 의 의

특허권은 재산권이므로 당연히 거래의 대상이 되고, 특허권은 이를 양도할 수 있다(제99조 제1항).[2] 따라서 특허권자는 특허권의 이전을 통해 수익을 얻고자 하는 경우에는 특허권을 양도할 수 있다. 다만 특허권이 공유인 경우에는 지분처분의 자유가 제한된다는 점에서 특이하다(제99조 제2항).

(2) 이전의 유형

1) 특정승계와 일반승계

특허권의 이전, 즉 이전적 승계에는 매매나 증여와 같이 개개의 권리가 개개의 취득원인에 의해 다른 사람에게 넘어가는 '특정승계'와 상속·포괄유증·회사의 합병과 같이 하나의 취득원인에 의해 다수의 권리가 일괄해서 취득되는 '일반승계'가 있다. 특정승계와 일반승계는 권리이전의 효력발생시기에 있어서 차이가 있다.

2) 전부승계와 일부승계

기존의 권리의 전부가 다른 사람에게 넘어가는 전부승계와 기존의 권리의 일부가 다른 사람에게 넘어가는 일부승계가 있다. 특허권의 일부승계의 경우에는 특허권의 공유관계가 발생하게 된다.

---

2) 승계는 기존의 권리가 다른 사람에게 넘어가는 것인데, 매매나 상속 등과 같이 전주(前主)가 가지고 있는 권리가 그대로 승계되는 이전적 승계와 특허권자 등으로부터 실시권·담보권 등을 설정받는 것과 같이 전주의 권리내용의 일부를 승계하는 설정적 승계가 있다. 권리의 이전은 승계의 한 형태로서 법률의 규정에 의한 경우도 있으나 당사자의 자유의사에 기한 경우가 원칙이다. 이전 가운데 의사에 기한 것을 특히 양도라고 한다.

(3) 이전의 효과

1) 권리의 변동과 등록과의 관계

특허권의 이전(상속 기타 일반승계에 의한 경우를 제외한다)·포기에 의한 소멸 또는 처분의 제한은 이를 등록하지 아니하면 그 효력이 발생하지 아니한다. 즉 이전등록은 특허권 이전의 효력발생요건이다. 공시의 원칙에 기한 결과이지만, 공신의 원칙은 성립하지 않는다. 다만, 공시의 원칙에 의해 등록사항이 일응 진실한 권리관계와 일치한다는 추정이 될 뿐이다. 한편 전용실시권의 설정·이전(상속 기타 일반승계에 의한 경우를 제외한다)·변경·소멸(혼동에 의한 경우를 제외한다) 또는 처분의 제한이나 특허권 또는 전용실시권을 목적으로 하는 질권의 설정·이전(상속 기타 일반승계에 의한 경우를 제외한다)·변경·소멸(혼동에 의한 경우를 제외한다) 또는 처분의 제한 또한 이를 등록하지 아니하면 그 효력이 발생하지 아니한다(제101조 제1항).

상속이나 회사의 합병 등과 같은 일반승계의 경우에는 당사자의 사망이나 회사의 합병이 있으면 권리는 당연히 상속인 또는 흡수법인에 포괄적으로 이전되어 버리므로 등록이 없어도 권리이전의 효력이 발생한다. 또한 혼동에 의한 소멸의 경우에도 민법의 일반원칙에 따라 등록하지 않아도 소멸의 효력이 발생한다고 본다. 다만 특허권·전용실시권 및 질권의 상속 기타 일반승계의 경우에는 지체없이 그 취지를 특허청장에게 신고하여야 한다(제101조 제2항).

한편 통상실시권에 관한 등록은 효력발생요건이 아니라 제3자 대항요건이다. 즉 통상실시권을 등록한 때에는 그 등록 후에 특허권 또는 전용실시권을 취득한 자에 대하여도 그 효력이 발생한다(제118조 제1항). 다만 선사용에 의한 통상실시권 등과 같은 법정실시권 및 발명진흥법에 따른 직무발명에 의한 통상실시권은 통상실시권이지만 법률의 규정에 의해 발생하므로 등록이 없더라도 그 이후에 특허권·전용실시권을 취득한 제3자에 대항할 수 있다(제118조 제2항). 통상실시권의 이전·변경·소멸 또는 처분의 제한, 통상실시권을 목적으로 하는 질권의 설정·이전·변경·소멸 또는 처분의 제한은 이를 등록하지 아니하면 제3자에게 대항할 수 없다(제118조 제3항). 따라서 통상실시권자로부터 실시사업과 함께 통상실시권을 양수한 경우 이를 등록하지 않으면 특허권자에게 자신이 적법한 통상실시권자임을 주장할 수 없다.

2) 절차의 효력의 승계 및 절차의 속행

특허권 또는 특허에 관한 권리에 관하여 밟은 절차의 효력은 그 특허권 또는 특허에 관한 권리의 승계인에게 미치며(제18조), 특허청장 또는 심판장은 특허에 관한 절차가 특허청 또는 특허심판원에 계속중에 특허권 또는 특허에 관한 권리의 이전이 있는 때에는 그 특허권 또는 특허에 관한 권리의 승계인에 대하여 그 절차를 속행하게 할 수 있다(제19조).

(4) 담보권의 설정

1) 의 의

특허권은 양도성 있는 재산권이고 그 권리의 행사에는 점유를 수반하지 아니하므로 특허권자 등은 그것을 사용수익하면서 동시에 자신의 권리를 담보로 제공하여 자금을 융통하여 쓸 수 있다. 특허권에 대한 질권의 설정은 특히 부동산과 같은 유형의 재산은 별로 보유하고 있지 않으나 우수한 기술력을 지닌 벤처기업의 경우 유용한 자금 조달수단이 될 수 있다.

특허권은 무형의 발명을 객체로 하므로 객체에 대한 점유는 있을 수 없고 따라서 특허권에 대한 질권은 유치적 작용이 없고 우선변제가 주된 내용이 된다. 특허권에 대한 질권은 권리질의 일종이지만 성질상 저당권에 가깝다고 할 수 있다.

2) 질권의 설정

질권은 질권설정계약과 등록에 의해 효력이 발생한다. 특허권 이외에 실시권에 대해서도 질권의 설정이 가능하나 전용실시권자는 특허권자의 동의를 얻지 아니하면 그 전용실시권을 목적으로 하는 질권을 설정할 수 없고(제100조 제4항) 통상실시권자는 특허권자(전용실시권에 관한 통상실시권에 있어서는 특허권자 및 전용실시권자)의 동의를 얻지 아니하면 그 통상실시권을 목적으로 하는 질권을 설성할 수 없다(제102조 제6항). 질권이 실행되는 경우 실시권의 설정과 같은 효과가 나타나므로 실시권의 양도에 특허권자 등의 승낙을 요하는 것과 마찬가지로 질권의 설정에도 특허권자의 승낙을 얻도록 한 것이다.

특허권 또는 전용실시권을 목적으로 하는 질권의 설정·이전 등은 등록이 효력발생요건이나(제101조 제1항) 통상실시권의 경우는 대항요건이다(제118조 제3항).

3) 질권의 효력

특허권·전용실시권 또는 통상실시권을 목적으로 하는 질권을 설정한 때에는 질권자는 계약으로 특별히 정한 경우를 제외하고는 당해 특허발명을 실시할 수 없다(제121조). 특허발명의 실시에는 적지 아니한 투자와 기술이 필요하고 질권설정에 의한 담보는 일시적이므로 질권자에게 특허권의 실시를 맡기기는 부적당하다. 따라서 특허법은 질권이 설정된 경우에도 특허권자가 계속해서 특허발명을 실시할 수 있도록 하고 있다.

한편 질권은 이 법에 의한 보상금 또는 특허발명의 실시에 대하여 받을 대가나 물건에 대하여도 이를 행사할 수 있다(질권의 물상대위). 다만, 그 지급 또는 인도전에 이를 압류하여야 한다(제123조). 특허법이 물상대위의 행사요건으로 압류를 요구하는 취지는 보상금이나 실시대가 등이 이미 질권설정자의 일반재산 속에 혼입된 후에도 질권자의 추급을 허용할 경우 질권설정자의 다른 재산과 구별이 곤란하여 질권의 실행에 어려움이 있고 다른 채권자의 이익을 해칠 우려가 있기 때문이다.

4) 질권의 실행과 특허권자의 법정실시권

특허권자는 특허권을 목적으로 하는 질권설정 이전에 그 특허발명을 실시하고 있는 경우에는 그 특허권이 경매 등에 의하여 이전되더라도 그 특허발명에 대하여 통상실시권을 가진다. 이 경우에는 특허권자는 경매 등에 의하여 특허권을 이전받은 자에게 상당한 대가를 지급하여야 한다(제122조).

채무자인 특허권자의 채무불이행으로 질권이 실행되어 특허권이 매각되면 특허권자는 특허권을 상실하게 되어 그동안 자본과 노력을 투자하여 설치한 사업설비 등을 폐기할 수밖에 없게 되는바, 이는 사회경제적으로 손실일 뿐만 아니라 특허권자에게도 가혹하다. 이에 특허법은 특허권자가 질권설정 이전에 그 특허발명을 실시하고 있었다면 특허권이 질권의 행사로 인해 이전되는 경우에도 상당한 대가의 지급을 조건으로 계속해서 해당 발명을 실시할 수 있도록 법정통상실시권을 인정하고 있다.

2. 특허권의 공유[3]

(1) 의 의

특허권의 공유란 하나의 특허권을 2인 이상이 지분권에 기해 공동으로 보유하는 것을 말한다. 특허권의 공유 또한 사권의 공동보유이므로 특허법에서 특별히 규정하고 있는 것을 제외하고는 민법의 일반규정이 적용될 수 있을 것이다. 특허권의 공유의 경우에는 일반적인 물건을 공유하는 경우와 달리 누가 공동보유자가 되는 지에 따라 공유지분이 가지는 가치나 기타 시장에서 나타나는 경쟁력형성에 큰 차이를 나타내기 때문에 특허법은 특허권의 공유에 대한 특별규정을 두고 있다.

(2) 발생원인

특허법은 "발명을 한 자 또는 그 승계인은 이 법에서 정하는 바에 의하여 특허를 받을 수 있는 권리를 가진다."고 규정하고 있어(제33조 제1항) 특허를 받을 수 있는 권리는 원시적으로 발명을 한 자에게 귀속되고, 그와 같은 권리는 양도가능하다는 점을 명확히 하고 있다. 아울러 "2인 이상이 공동으로 발명한 때에는 특허를 받을 수 있는 권리는 공유로 한다."고 규정하고 있어(제33조 제2항) 특허권의 공유는 공동발명이나 지분양도에 의해 발생할 수 있다는 것을 알 수 있다. 특허권의 공유는 상속에 의해서도 발생하고 상속인이 복수 존재하는 경우 상속인은 특허권을 공유하게 된다.

이처럼 특허권의 공유관계는 다양한 원인에 의해 발생할 수 있지만 특히 기술이 복잡화·첨단화함에 따라 '선택과 집중'을 경영전략으로 내세우는 기업이 증가하고 있고 산학연대의 중요성이 강조됨에 따라 공동연구개발이 많이 행해진 결과 공동연구의 성과인 발명에 대해 특허권을 공동으로 보유하는 경우가 많아지게 되었다.

(3) 법적성질

민법은 공동소유를 공동소유자 상호간의 인적결합정도에 따라 공유,[4] 합유,[5]

---

3) 자세한 내용은 신혜은, "특허권의 공유에 관한 비교법적고찰 및 실무상 유의점", 산업재산권 (2007.8), 313~348면 참조.

4) 공유란 여러 사람이 하나의 물건을 각자의 지분에 의하여 공동소유하는 경우를 가리킨다(민법 제262조 제1항). 공유자 사이에 하나의 물건에 관해 공유관계에 있다는 점 이

총유[6]의 세 유형으로 구별하고 있다.[7] 하지만 현실적으로는 훨씬 다양한 인적결합관계가 존재하고 민법상 인정되고 있는 세 가지 유형의 인적결합관계와 상이한 관계를 위한 특약이 존재하면 그러한 특약이 민법규정에 우선한다. 따라서 민법의 공동소유규정은 공동소유자 상호간에 명시적인 약정이 없는 경우에 공동소유자의 인적결합관계를 합리적으로 추정해서 유형화해 놓은 것이라고 볼 수 있다.[8] 한편 여러 사람이 공동으로 물건의 소유권 이외의 다른 재산권을 배타적으로 지배하는 경우를 가리켜 '준공동소유'라고 하는데 공동소유에 관한 민법규정은 소유권이외의 재산권에 준용한다. 그러나 다른 법률에 특별한 규정이 있으면 그에 의한다(민법 제278조). 따라서 특허권의 공유는 특허권의 특수성에 기한 특수한 공동보유관계라고 볼 수 있고 공유특허권자간의 권리관계는 일차적으로 계약에 의해, 당사자간에 계약이 없는 경우에는 특허법규정에 의해, 특허법에서도 정함이 없는 경우에는 발명을 장려하고 이용을 도모함으로써 산업발전을 이룩한다는 특허법의 목적에 따라 공동소유에 관한 민법규정을 준용하여 합목적적으로 해석되어야 할 것이다.[9]

외에 다른 단체적 결합이 없다. 각 공유자들은 각자의 지분에 따라 독립적인 지배권을 가지며, 객체가 공동이라는 특성으로부터 생기는 최소한의 결합만이 존재한다. 목적물이 동일하기 때문에 지분권의 행사에 제한을 받게 되는 데에 불과하다. 각 공유자는 다른 공유자의사에 관계없이 자기의 지분을 자유로이 처분할 수 있고, 다른 공유자에 대하여 분할을 청구하여 언제든지 공유관계를 종료시킬 수 있다.

5) 합유는 여러 사람이 조합을 결성하여 조합재산에 속하는 물건을 소유하는 공동소유의 유형이다(민법 제271조 제1항). 조합은 조합원들 사이의 계약에 의해 성립하고, 그 조합재산의 귀속, 조합사무의 처리 등도 계약에 의하여 정해짐이 원칙이다. 합유의 주체인 조합은 구성원의 개별성이 뚜렷하게 표면에 나타난다는 점에서 단체적 단일성이 강한 사단(법인소유 또는 총유의 주체)과 구별된다. 합유관계는 공동사업을 위하여 결합된 조합의 법률관계인 점에서 물건의 공동소유만을 위한 공유관계와 구별된다. 합유는 총유와 공유의 중간형태이다.

6) 총유는 법인 아닌 사단의 사원이 집합체로서 물건을 소유하는 공동소유의 형태이다(민법 제275조). 각 사원은 정관에 따라 물건을 사용·수익할 수 있지만, 그 물건의 처분과 관리는 사원총회의 결의에 의한다. 총유는 법인이 아닌 사단이라는 인적 결합체의 존재를 전제로 하고, 그 구성원이 그 인적결합으로부터 단체적 구속을 받는다는 점에 있어서 공유와 다르며 합유와 공통된다.

7) 이은영,「물권법 제4판」, 박영사, 2006, 503~504면 참조.

8) 정상조, "저작권의 공동보유", 서울대학교 법학 40권 2호 (1999.9), 209면.

9) 특허권의 공유는 합유라는 설도 있고 공유라는 설도 있어 논쟁이 있다. 대법원은 "특허법 제54조 제2항, 제3항(현행 특허법 제99조 제2항, 제4항)에 의하면 각 공유자는 다른 공유자의 동의를 얻지 아니하면 그 지분을 양도하거나 그 지분을 목적으로 하는 질권을

(4) 공유특허권의 권리관계

1) 공동출원

특허를 받을 수 있는 권리가 공유인 경우에는 공유자 전원이 공동으로 특허출원을 하여야 하고(제44조), 이에 위반되는 경우에는 해당 출원은 거절되고(제62조 제1호), 착오로 등록된 경우에는 무효사유로 하고 있다(제133조 제1항 제2호). 특허등록에 관해서는 특허를 받을 수 있는 권리 공유자 간에 합일적으로 확정할 필요가 있고, 특허를 받을 수 있는 권리의 공유자 중 1인에 대해서만 특허가 부여되는 사태는 생각할 수 없기 때문이다.

다만 특허법 제44조는 동법 제33조 제2항의 규정(2인 이상이 공동으로 발명을 한 때에는 특허를 받을 수 있는 권리는 공유로 한다)에 의한 공유의 경우에 적용되는 것이므로 단독으로 발명하여 공동출원하기로 약정하였으나 그 약정에 위반하여 단독으로 출원한 경우에는 거절이유나 무효사유에는 해당하지 않고 당사자 간의 채무불이행책임이 발생할 뿐이다.

특허법원 1998.10.1. 선고 98허2405 판결

특허법 제44조는 같은 법 제33조 제2항의 규정(2인 이상이 공동으로 발명한 때에는 특허를 받을 수 있는 권리는 공유로 한다)에 의한 특허를 받을 수 있는 권리가 공유인 경우에는 공유자 전원이 공동으로 특허출원을 하여야 한다고 규정하고 있어, 공유자 전원이 공동으로 특허(또는 실용신안)를 출원하기 위하여는 2인 이상이 공동으로 발명하여 특허(또는 실용신안)를 받을 수 있는 권리가 공유이어야 한다. 그런데 이 사건에 있어서 원, 피고 사이에 공동출원하기로 한 약정에 위반하여 피고 단독으로 이건 등록고안을 출원하여 등록을 받았다고 하더라도, 피고가 위 약정을 위반한데 대하여 원고에게 그에 따른 채무불이행책임을 지는 것은 별

설정할 수 없고, 그 특허권에 대하여 전용실시권을 설정하거나 통상실시권을 허락할 수 없는 등 특허권 또는 의장권의 공유관계는 민법 제273조에 규정된 합유에 준하는 성질을 가진다"고 판단한 바 있다(대법원 1987.12.8. 선고 87후111 판결; 대법원 1982.6.22. 선고 81후43 판결; 대법원 1999.3.26. 선고 97다41295 판결). 그러나 특허권은 재산적 정보를 대상으로 하고 점유가 불가능한 무형의 재산권이라는 점에서 특허법에서는 다양한 규정을 두어 공유자의 권리를 제한하고 있는 것이어서 특허권의 공동보유가 합유인지 공유인지에 관한 이론상 논의는 실무적인 실익은 없고 구체적 사례에 있어서 공유특허권의 권리관계를 어떻게 해결해야 할 것인지가 중요하다. 즉 각 공유자와 해당 특허발명을 실시하고자 하는 제3자의 이익을 비교형량하여 어떻게 권리관계를 규율하는 것이 발명을 장려하고 그 이용을 도모함으로써 산업발전에 기여하려는 특허법의 목적에 부합하는지를 구체적 사례별로 판단해야 할 것이다.

론으로 하고, 위와 같은 당사자 사이의 공동출원약정은 위 규정들 소정의 실용신안을 받을 수 있는 권리가 공유가 되어 공유자 전원이 공동으로 실용신안을 출원하여야 하는, 2인 이상이 공동으로 발명한 경우에 해당하지 아니함이 명백하므로 위 공동출원약정의 위반을 이유로 이건 등록고안의 등록이 무효라고 주장하는 이 부분 원고의 주장은 그 주장자체로서 이유 없다.

2) 권리의 이전 및 실시권의 허락

특허권이 공유인 경우에는 각 공유자는 계약으로 특별히 약정한 경우를 제외하고는 다른 공유자의 동의를 얻지 아니하고 그 특허발명을 자신이 실시할 수 있는 반면(제99조 제3항) 다른 공유자의 동의를 얻지 아니하면 그 지분을 양도하거나 그 지분을 목적으로 하는 질권을 설정할 수 없다(제99조 제2항). 아울러 다른 공유자의 동의를 얻지 아니하면 그 특허권에 대하여 전용실시권을 설정하거나 통상실시권을 허락할 수 없다(제99조 제4항).

소유권의 공유는 물건을 지분에 따라 사용·수익할 수 있는 권원이고, 타공유자가 누구이더라도 기본적으로는 관계가 없다. 이에 대해 특허권은 재산적 정보를 대상으로 하기 때문에 점유가 불가능하고 유체물과 달리 복수의 자가 동시에 사용할 수 있다. 현실적으로는 시장으로부터의 제약이 있고 사실상 한계는 있지만 이론상은 정보의 사용에는 양적 제한이 없으므로 특허법은 각 공유자는 지분에 관계없이 그 특허발명을 자유롭게 실시할 수 있다고 규정하고 있다. 특허권은 유체물인 소유권과 달리 지분만큼만 실시하는 것은 불가능하므로 공유특허권자는 지분의 비율에 관계없이 공유특허권을 전범위에 걸쳐 스스로 실시할 수 있게 되고 아울러 현행 특허법에 따르면 이 경우 다른 공유자에게 실시에 따른 이익을 분배할 필요도 없다.[10)]

특허권의 실시허락이나 지분의 양도, 질권의 설정 등에 대해 공유자 전원의 동의를 구하도록 한 것은 시장에서 약자의 입장에 있는 공유자를 보호하기 위한 것이다. 특허권의 가치는 실시하는 자의 경제력이나 기타 시장에서의 경쟁력 여하에 따라 큰 차이를 나타내므로 다른 공유자가 강한 경제력이나 경쟁력을 갖는

10) 그러나 이와 같은 경우 공유특허권자의 실시능력에 따라 1%의 지분권자가 사실상 99%의 실시를 하는 것으로 될 수도 있어 심히 부당한 결과로 된다. 따라서 입법론으로서는 각각의 공유특허권자가 자유롭게 실시하는 것은 허용을 하되 실시의 전제조건으로서 다른 공유자에게 자신의 실시에 따른 이익을 배분하는 것을 고려해봄직하다.

경쟁업자에게 지분을 양도하거나 실시권을 허락하는 경우 경쟁력이 약한 공유자로서는 자신의 특허발명의 실시가치가 떨어질 수밖에 없기 때문에 그와 같은 경쟁력이 약한 공유자를 보호하기 위해 특허법에서는 다른 공유자의 동의요건을 규정하고 있는 것이다.[11)]

각 공유자는 그 지분에 관계없이 해당 특허발명을 전범위에 걸쳐 자신이 실시할 수 있으나 어느 범위의 실시까지가 자신의 실시라고 말할 수 있을 것인지에 대한 문제가 남는다. 구체적으로는 하청이나 외부에의 발주가 공유자 자신의 실시에 해당하는 것인지 그렇지 않으면 실시허락에 해당하는 것인지의 문제로 된다. 공유자가 실시할 수 있는 범위를 너무 엄격히 해석하면 타당하지 않은 경우도 생길 수 있다. 예컨대 공유자와 하청기업은 형식적으로 법인격이 다르더라도 해당 특허발명의 실시라는 관점에서 보면 공유자의 일기관으로 보는 것이 타당한 경우도 있을 수 있기 때문이다.[12)] 한편 공유자의 실시의 범위를 너무 넓게 해석하면 특허법 제99조 제3항과 제4항의 구별이 없어지고 타공유자의 권리를 해하는 것이 될 수도 있다. 따라서 이 문제는 어떻게 조화를 이루는 것이 가장 형평에

11) 그러나 공유자 중에서는 대학이나 연구소와 같이 스스로는 특허발명을 실시할 수 없는 경우도 있다. 이 경우 공유자는 자신의 지분을 양도하거나 해당 특허권에 대한 실시권을 허락함으로써 공유특허권에 대한 이익을 향유할 수밖에 없는데, 그러기 위해서는 다른 공유자 전원의 동의가 필요하다는 문제가 있다. 이 때 공유자가 타 공유자들에 대해 충분한 교섭력을 가지고 있는 경우에는 제3자에게 실시권을 허락하기 위해 다른 공유자의 동의를 얻거나 해당 특허권으로부터 얻은 이익을 자신에게도 분배하도록 다른 공유자에게 요구함에 있어서 별 무리가 없겠지만 그렇지 않은 경우에는 그와 같은 공유자는 자신의 지분으로부터는 아무런 이득도 얻을 수 없게 되는 경우도 있을 것이다. 그와 같은 공유자를 보호하기 위한 하나의 방법으로 적어도 통상실시권에 대해서는 동의요건을 폐지하는 것을 고려해 볼 수 있다(メアリー・ラフランス, "日米の共同発明に関する法律の比較及び技術移転に与えるその影響について", 知財研紀要 14 (2005), 75면). 그와 같은 경우 공유자 중 누군가가 경쟁기업에 실시권을 부여해 버리는 경우도 있을 수 있겠지만 그와 같은 선택은 다른 공유자에게도 가능하고 다른 공유자에게 실시허락에 따른 이익을 배분하는 것을 제3자에게 실시권을 허락하는 전제조건으로 한다면 공평한 해결책이 될 수 있을 것으로 생각된다.

12) 공유자 중 1인이 스스로 실시하지 않고 하청을 준 경우라도 하청업자(제3자)가 공유자의 지휘감독 하에서 단순히 특허제품을 생산한 것에 불과하다면 제3자는 공유자의 일기관에 불과하여 공유자 본인의 실시로 보아도 무방할 것이다. 일본판례의 경향에 따르면, ㉠ 공유자 중 1인이 하청업자에게 공임을 지불하여 물건을 제작시키는 계약이 존재하고, ㉡ 하청업자는 실질적으로 공유자 중 1인의 지휘·감독을 받는 위치에 있으며, ㉢ 하청업자가 생산한 물건을 전부 공유자 중 1인에게 인도한다면 하청업자의 행위는 공유자 중 1인의 일기관의 행위에 불과하다고 한다.

맞는 것인지에 초점을 맞출 수밖에 없다.[13] 결국 형평에 맞는 문제의 해결은 공유지분에 대한 공평한 보상에 있다고 생각되므로 입법론으로서는 각 공유특허권자가 실시하거나 제3자에게 실시를 허락하는 것은 자유롭게 할 수 있도록 인정하되 그 이익은 다른 공유특허권자에게 공평하게 배분할 것을 전제조건으로 한다면 형평에 맞는 해결책이 될 수 있을 것으로 생각된다. 다만 이 경우에도 전용실시권의 허락은 특허권의 양도와 마찬가지로 처분행위로서의 성격을 가진다고 할 수 있으므로 공유자 전원의 허락을 요한다고 할 것이다.

3) 심판 및 소송

공유인 특허권의 특허권자에 대하여 심판을 청구하는 때에는 공유자 전원을 피청구인으로 청구하여야 하고(제139조 제2항) 특허권 또는 특허를 받을 수 있는 권리의 공유자가 그 공유인 권리에 관하여 심판을 청구하는 때에는 공유자 전원이 공동으로 청구하여야 한다(제139조 제3항). 공유특허권의 경우에는 각 공유자에 대해 그 심판결과를 합일적으로 확정할 필요가 있으므로 1973년 특허법 개정시에 공동심판에 관한 규정을 도입하였다. 이는 민사소송에 있어서의 고유필수적공동소송에 유사한 것이다.

이에 위반하여 청구한 심판사건은 부적법한 것이 되나 2009년 개정 특허법[14]에서 "당사자 중 특허권자의 기재를 바로잡기 위하여 심판청구서를 보정(추가하는 것을 포함한다)하는 것"은 요지변경으로 보지 않게 되었으므로, 심판 청구후에 공유자를 추가하는 것도 가능하다고 할 것이다(제140조 제2항). 따라서 공유자 중 일부에 대한 또는 공유자 중 일부가 제기한 심판은 부적법 각하할 것이 아니라 기간을 정하여 보정을 명해야 할 것이다.

저작권법과 달리[15] 특허법은 각 공유자가 단독으로 침해금지청구권이나 손해배상청구권을 행사할 수 있는지에 대한 명시적인 규정을 두고 있지 않다. 침해금지청구에 대해서는 보존행위라고 하여 각 공유자가 단독으로 할 수 있다고 해석하는 견해가 있다.[16] 그러나 금지청구를 보존행위로 인정하는 경우 그 금지소송

---

13) 中山信弘, 「第2版 增補版 工業所有權法(上) 特許法」, 弘文堂, 2000, 804면.

14) 법률 9381호, 2009.1.30, 일부개정 .

15) 저작권법 제129조는 "공동저작물의 각 저작자 또는 각 저작재산권자는 다른 저작자 또는 다른 저작재산권자의 동의 없이 침해금지청구권을 행사할 수 있고 그 저작재산권의 침해에 관하여 자신의 지분에 관한 손해배상을 청구를 할 수 있다"고 규정하고 있다.

에서 원고가 승소한 때에는 문제가 없으나 소송수행이 잘 되지 않아 패소한 때에는 그 기판력이 타공유자에게도 미치게 되어 일종의 처분행위를 한 것과 마찬가지의 결과로 될 수 있다. 따라서 공유자 중 1인이 금지청구를 하는 경우에는 보존행위로 볼 것이 아니라 각자의 지분권에 기초하여 할 수 있다고 해석해야 할 것이다.[17] 그와 같이 해석하면 공유자 중 1인이 행한 금지청구소송의 기판력은 타공유자에게 미치지 않고 설령 패소하더라도 타공유자는 독자적으로 금지청구를 행할 수 있게 된다. 그런데 피고로서는 타공유자로부터 재차 소송을 재기당할 우려가 있게 되므로 그것을 방지하고 싶다면 소송고지를 하여 타공유자를 최초의 소송에 참가시켜 두면 될 것이다(민사소송법 제84조). 특허권의 타공유자가 누구인지는 특허원부를 조사해 보면 명백히 알 수 있다.

손해배상의 청구에 관해서도 원칙적으로 이와 동일한 이유에서 다른 공유자의 동의를 받지 않고 손해배상청구의 소를 제기하는 것을 인정해야 할 것이고, 이 경우의 손해배상액은 만일 그 소송에 모든 공유자가 참가하였다면 얻을 수 있었을 손해배상액의 총액으로부터 자신에게 배분될 금액, 즉 자신의 지분에 상응하는 금액이 될 것이다.

(5) 공유특허권에 대한 실무상 유의점

기술이 복잡해질수록 하나의 발명에 다수의 인원이 참여하는 경우가 늘어난다. 다수의 인원이 참여하더라도 하나의 기업 등에서 이루어지는 직무발명의 경우에는 대부분 예약승계규정에 의해 권리가 사용자 등에게 승계되므로 공유특허권과 관련한 문제는 발생하지 않으나, 타기업이나 대학 또는 연구소와 공동으로 연구개발한 경우나 일방이 자금을 제공하고 타방이 기술을 제공하는 위탁연구 등의 경우에는 특허권의 공유로 인해 특허권을 자유롭게 활용할 수 없는 경우가 생길 수 있다. 특허권의 공유로 인한 제약이나 불합리는 대부분 계약에 의해 회피할 수 있는 것들이므로 이하에서는 공유특허권에 대해 실무상 유의할 점에 대해 살펴본다.

---

16) 정차호·이문욱, “공동발명자 결정방법 및 관련 권리의 연구”, 지식재산 21 통권 88호 (2005. 1), 78면.

17) 中山信弘, 앞의 책, 806면.

1) 사전계약의 중요성

공유특허권에 관한 특허법의 규정들은 임의규정이므로 각 공유자간에 합의나 계약이 존재하는 경우에는 그와 같은 합의나 계약이 우선한다. 따라서 공유특허권의 취급에 대해 법률에 명문의 규정이 있는 경우에도 각 공유자간에 별도의 합의나 계약이 존재하면 그와 같은 합의나 계약이 우선하게 된다. 공동연구개발을 계획하는 경우에는 사전에 그 결과 발생하는 특허권의 권리관계(예컨대 '특허권의 귀속', '특허발명의 실시', '실시권의 허락', '지분의 이전', '지분의 포기', '침해소송' 등)를 어떻게 규율할 것인지 명확히 결정해 두는 것이 후일의 불필요한 분쟁을 방지하고 공유특허권을 보다 효율적으로 활용할 수 있는 방안이 될 것이다.

2) 발명자의 확정 및 기여도의 산정

현실적으로 대부분의 출원이 양수인에 의해 행해지고 있기 때문에 공동발명자에 해당할 가능성이 있는 모든 자에 대해 특허를 받을 수 있는 권리를 출원인에게 양도시키도록 함으로써 발명자 확정에 관한 법적 불안정성을 어느 정도까지 완화시킬 수 있다. 직무발명에 참여한 모든 발명자가 동일한 회사의 종업원인 경우에는 대부분의 경우 예약승계규정을 마련하고 있으므로 문제가 발생할 우려가 없으나 발명이 복수의 기업간 또는 기업과 대학간의 공동연구에 의해 완성되는 경우에는 특별한 주의를 기울이지 않으면 안 된다. 이와 같은 경우 경쟁자는 공동발명자로서 충분한 공헌을 하였으나 공동발명자로 지정되어 있지 않은 자를 찾아냄으로써 해당 특허권을 무효로 하는 것도 가능하기 때문이다.[18)]

특허법원 1998.10.1. 선고 98허2405 판결

원, 피고 사이에 공동출원하기로 한 약정에 위반하여 피고 단독으로 이건 등록고안을 출원하여 등록을 받았다고 하더라도, 피고가 위 약정을 위반한데 대하여 원고에게 그에 따른 채무불이행책임을 지는 것은 별론으로 하고, 위와 같은 당사자 사이의 공동출원약정은 실용신안을 받을 수 있는 권리가 공유가 되어 공유자 전원이 공동으로 실용신안을 출원하여야 하는, 2인 이상이 공동으로 발명한 경우에 해당하지 아니함이 명백하므로 위 공동출원약정의 위반을 이유로 이건 등록고안의 등록이 무효라고 주장하는 원고의 주장은 그 주장자체로서 이유 없다 할 것이다.

---

18) 발명자가 정확하게 기재되지 않았다는 이유로 특허권이 무효로 된 일본의 판례로 자동보일새우의 성형장치사건(동경고등법원 평성3년 12월 24일 판결, 判例時報 제1417호 제108면)이 있다.

발명자를 확정하고 기여도를 산정하는 것은 직무발명에 따른 보상이나 추후 발생할 수 있는 손해배상과 관련해서도 중요하다. 특허를 받을 수 있는 권리에 대해 각각의 공동연구자의 지분을 어떻게 결정할 것인지에 대해 명시적인 법규정이나 판례는 없으나 최근에 개정된 발명진흥법 제15조[19]는 계약이나 근무규정에서 절차적으로 타당하게 보상에 대해 규정하고 있는 경우에는 정당한 보상으로 본다고 규정하고 있으므로 공동발명자의 기여도에 따라 합리적인 지분을 산정해 두는 것이 바람직하다. 제약회사의 전연구원이 제기한 직무발명보상금청구소송에서는 "보상금을 지급받을 수 있는 권리를 가진 발명자가 수인인 경우에는 발명자 개개인의 기여율에 따라 보상금을 지급하여야 할 것이므로, 법원은 변론의 전취지를 통해 나타난 이건 직무발명의 완성경위, 각 발명의 내용과 중요도, 각 발명에 참여한 연구원의 수, 원고와 다른 연구원들의 연구기간·직책·노력정도 등 제반사정을 감안하여 이건 직무발명에 참여한 발명자들 중 원고의 기여율을 30%로 인정한다"고 판단한 바 있다.[20]

미국의 경우 공동발명자의 확정은 발명의 우선순위와도 관련을 가지므로 미국 출원을 염두에 두는 경우에는 발명자의 확정은 권리취득 후의 특허권의 행사나 배분의 문제뿐만 아니라 권리취득과도 관련이 있으므로 보다 주의를 기울이지

---

19) 발명진흥법 제15조 (직무발명에 대한 보상)

① 종업원등은 직무발명에 대하여 특허 등을 받을 수 있는 권리나 특허권 등을 계약이나 근무규정에 따라 사용자등에게 승계하게 하거나 전용실시권을 설정한 경우에는 정당한 보상을 받을 권리를 가진다.

② 제1항에 따른 보상에 대하여 계약이나 근무규정에서 정하고 있는 경우 그에 따른 보상이 다음 각 호의 상황 등을 고려하여 합리적인 것으로 인정되면 정당한 보상으로 본다.

1. 보상형태와 보상액을 결정하기 위한 기준을 정할 때 사용자등과 종업원등 사이에 행하여진 협의의 상황
2. 책정된 보상기준의 공표·게시 등 종업원등에 대한 보상기준의 제시 상황
3. 보상형태와 보상액을 결정할 때 종업원등으로부터의 의견 청취 상황

③ 제1항에 따른 보상에 대하여 계약이나 근무규정에서 정하고 있지 아니하거나 제2항에 따른 정당한 보상으로 볼 수 없는 경우 그 보상액을 결정할 때에는 그 발명에 의하여 사용자등이 얻을 이익과 그 발명의 완성에 사용자등과 종업원등이 공헌한 정도를 고려하여야 한다.

④ 공무원의 직무발명에 대하여 제10조 제2항에 따라 국가나 지방자치단체가 그 권리를 승계한 경우에는 정당한 보상을 하여야 한다. 이 경우 보상금의 지급에 필요한 사항은 대통령령이나 조례로 정한다.

20) 서울지법 2003.7.3. 선고 2002가합3727 판결.

않으면 안 된다.

3) 연구노트의 작성

특허권의 공유는 상속이나 일반승계 그리고 지분의 일부양도 등에 의해서도 발생하지만 대부분의 경우 공동연구에 의해 특허권의 공유관계가 발생하게 된다. 지금까지 우리나라에서 공동발명에 관해 많은 문제가 실제로 발생한 것은 아니지만 추후 공동연구를 행하고자 하는 기업이나 대학들은 특허법 제44조의 공동출원 규정 위반이 문제가 되지 않도록 그리고 발명진흥법 제15조 위반이 문제가 되지 않도록 종업원들에게 연구노트의 작성을 의무화시키는 것이 바람직하다. 연구노트는 기업간이나 기업과 대학간에 행해지는 공동연구에 의해 발생한 직무발명의 권리귀속의 결정을 위해서도 중요하고 특히 미국출원의 경우에는 발명의 우선순위결정에도 중요한 역할을 한다.

4) 현지법과 제도의 이해

이제는 그 기업이 어느 나라의 기업이라고 말하는 것이 별 의미가 없을 만큼 기업은 점점 글로벌화되어 가고 있고 그에 따라 각국에서 현지기업과 공동연구를 하는 사례도 늘어나고 있다. 경제적 이익을 추구하는 기업에 의한 연구뿐만 아니라 대학에 있어서의 연구개발도 국경을 초월하여 공동연구를 행하는 경우가 늘어나고 있다. 그와 같은 공동연구의 결과 발생한 성과에 대해 공동으로 특허권을 취득하는 경우, 현지 기업과 원만한 관계를 유지하고 취득한 특허권을 유용하게 활용하기 위해서는 한국 내에서의 권리관계뿐만 아니라 각국의 법과 제도에 대해 알아 두는 것 또한 매우 중요하다.

특허권은 점유가 불가능한 무형의 재산권이라는 점에서 각국은 법률에 다양한 규정을 두어 공유자의 권리를 제한하고 있으나 이와 같은 제한은 공유특허권을 취득하는 각국의 법률에 따라 조금씩 상이하다. 예컨대 특허발명의 실시는 대부분의 나라에서 각 공유자가 다른 공유자의 동의 없이 실시할 수 있는 것으로 되어 있으나 프랑스나 베트남에서는 그 실시에 대해 타 공유자에게 상당한 보상을 해야 한다.

또한 공유특허권에 대해 실시권을 허락하는 경우에 대부분의 나라가 다른 공유자의 동의가 필요한 것으로 하고 있으나 프랑스의 경우에는 다른 공유자에게 공평하게 보상금을 지불할 것을 조건으로 그리고 다른 공유자에 대해 자신의 지분을 일정액으로 양도하는 신청과 함께 제3자에게 단독으로 비독점적 실시권을 허락할 수 있다. 미국의 경우에는 각 공유특허권자는 다른 공유자에게 실시권 허락에 따른 수익을 분배하지 않으면서 제3자에게 단독으로 자유롭게 통상실시권을 허락할 수 있다.

공유특허권의 지분을 양도하는 경우에도 실시권의 허락과 마찬가지로 다른 공유자의 동의를 필요로 하는 국가가 많으나 미국과 같이 다른 공유자의 동의 없이도 단독으로 양도할 수 있는 나라도 있다.21)

대법원 1999.3.26. 선고 97다41295 판결

[1] 특허권의 일부 공유지분의 이전청구권을 보전하기 위한 처분금지가처분결정에 기하여 가처분등록이 경료된 후 특허권이 전부 제3자에게 이전된 상태에서 가처분권자인 그 지분의 양수인이 본안소송에서 승소하여 그 지분에 대한 이전등록이 이루어졌다면, 위 가처분등록 이후의 특허권 이전은 양수인 앞으로 이전등록된 지분의 범위 내에서만 무효가 된다.

[2] 특허권을 공유하는 경우에 각 공유자는 다른 공유자의 동의를 얻지 아니하면 그 지분을 양도하거나 그 지분을 목적으로 하는 질권을 설정할 수 없고, 그 특허권에 대하여 전용실시권을 설정하거나 통상실시권을 허락할 수 없는 등 특허권의 공유관계는 합유에 준하는 성질을 가진다.

[3] 특허권의 일부 지분을 양수하기로 한 자는 그 지분의 이전등록이 있기까지는 특허권의 공유자로서 양수의 목적이 되지 아니한 다른 지분의 양도에 대하여 동의권을 행사할 수 없는 것이므로, 다른 지분의 처분을 저지할 수 있는 특약이 존재하는 등의 특별한 사정이 있는 경우가 아니라면 양수의 목적이 된 지분의 이전등록 이전에 그러한 동의권의 보전을 위한 가처분이나 다른 지분에 대한 처분금지의 가처분을 구하는 것은 허용되지 않는다.

[4] 특허권의 전용실시권자는 그 설정행위로 정한 범위 안에서 업으로서 그 특허발명을 실시할 권리를 독점하고 그 범위 내에서는 특허권자일지라도 그 특허권을 실시할 수 없는 것이므로, 특허권이 공유인 경우 각 공유자는 다른 공유자의 동의를 얻지 아니하면 그 특허권에 대하여 전용실시권을 설정할 수 없는 것인바, 공유자의 한 사람이 다른 공유자의 동의를 얻어 전용실시권을 설정하는 경우에도 그 전용실시권의 설정은 특허권의 일부 지분에 국한된 처분이 아니라 특허권 자체에 대한 처분행위에 해당하는 것이며, 전용실시권의 성질상

21) 国際委員会第1小委員会, "アジア・オセアニア諸国における共有特許権の取扱い", 知財管理 46巻9号 (1996.9), 1476면.

특허권의 일부 지분에 대한 전용실시권의 설정은 상정할 수 없는 것이므로, 특허권의 일부 지분에 대하여만 처분행위를 금하는 가처분등록이 경료된 후 제3자 앞으로 당해 특허권에 대한 전용실시권이 설정된 경우에, 가처분권자가 본안소송에서 승소하여 그 앞으로 위 일부 지분에 관한 이전등록이 이루어졌다면 그 전용실시권의 설정은 그 전부가 위 가처분의 취지에 반하는 것으로서 무효가 된다고 보아야 할 것이고, 이는 전용실시권 설정 당시 가처분권자가 그 설정에 대하여 동의를 할 지위에 있지 아니하였다고 하더라도 마찬가지이다.

(6) 입 법 론

민법 제278조에 따르면 다른 법률에 특별한 규정이 없는 한 소유권이외의 재산권에 대해서도 원칙적으로 민법상 공동소유의 규정을 준용하는 것으로 되어 있으나 특허법은 특허권의 공유에 관한 다양한 규정을 두어 공유자의 권리를 제한하고 있다. 특허법에서 공유특허권자의 권리를 제한하는 이유는, 점유가 불가능한 특허권특성을 고려한 정책적 판단의 결과이다.

그렇다면 공유특허권의 권리관계는 권리를 공동으로 보유하는 각각의 공유특허권자와 그 권리를 실시하고자 하는 제3자와의 사이를 어떻게 조화시켜나가는 것이 가장 형평에 맞으면서도 아울러 발명을 장려하고 이용을 도모함으로써 산업발전을 이루려는 특허법의 목적에도 부합하는 것인지에 초점을 맞출 수밖에 없다. 즉 각 공유특허권자가 공유특허권의 재산적 가치를 충분히 향유할 수 있도록 함으로써 발명의 인센티브로서 작용할 수 있도록 하고, 처음 공유관계의 형성시에는 예상하지 못했던 제3자가 공유관계에 끼어드는 것을 방지함으로써 시장에서 약자의 입장에 있는 공유자를 보호하고, 발명을 실시하고자하는 제3자가 보다 용이하게 공유특허권을 실시할 수 있도록 함으로써 발명의 이용을 촉진할 수 있도록 제도를 설계하는 것이 바람직할 것이다.

현행 특허법에 따르면 공유특허권자는 지분의 비율에 관계없이 공유특허권을 전범위에 걸쳐 스스로 자유롭게 실시할 수 있고 이 경우 다른 공유자에게 실시에 따른 이익을 분배할 필요가 없는 반면 실시허락과 관련해서는 그것이 통상실시권인지 전용실시권인지를 묻지 않고 다른 공유자의 동의가 없으면 실시허락을 할 수 없는 것으로 하고 있다. 이는 형평의 관점이나 발명의 이용의 원활화 관점에서 재고의 여지가 있는 것으로 생각된다. 이론상으로는 정보의 이용에는 한계가 없다고 할지라도 시장의 한계로 인해 공유특허권자의 실시는 다른 공유자의 지분의 가치감소를 가져올 수밖에 없기 때문이다. 따라서 입법론으로서 공유특허권자가 특허권을 실시하는 경우에도 다른 공유자에게 실시에 따른 이익을 배분하도록 하는 것을 고려해 봄직하다.

실시허락에 다른 공유자 전원의 동의를 구하도록 한 것은 시장에서 약자의 입장에 있는 공유자를 보호하기 위한 것이나 스스로는 실시능력이 없어 실시허락을 통해 재산권을 실현하고자 하는 경쟁력이 약한 공유자에게 오히려 불리할 수도 있고 발명의 원활한 실시를 방해하는 요인이 될 수도 있다. 따라서 입법론으로서 적어도 제3자에게 통상실시권을 허락하는 경우에는 각 공유특허권자가 단독으로 할 수 있도록 하고 그 실시허락에 따른 이익은 각 공유특허권자에게 지분의 비율로 배분하도록 하는 것을 고려해 봄직하다. 다만 전용실시권의 설정은 특허권의 양도와 마찬가지로 처분행위로서의 성격을 가진다고 할 수 있으므로 공유자 전원의 허락을 요한다고 할 것이다.

Ⅲ. 실 시 권

1. 의의 및 취지

실시권이란 특허권자 이외의 자가 업으로서 특허발명을 실시할 수 있는 권리를 말한다. 특허권자는 업으로서 그 특허발명을 실시할 권리를 독점하지만(제94조) 특허권자에게 특허발명을 실시할 의사가 없거나 자금의 부족이나 기타 상황 등으로 인해 스스로 실시할 수 없는 경우에는 특허권자 스스로 타인에게 실시를 허락함으로써 투하자본을 회수하고자 하는 경우가 있다. 또는 산업정책상의 이유로 특허권자의 의사와 관계없이 타인에게 그와 같은 권리를 인정할 필요가 있는 경우도 있다. 이에 특허법은 실시권 제도를 두고 있다.

2. 종 류

(1) 효력의 배타성에 따른 분류

실시권은 권리의 독점·배타성여부에 따라 전용실시권과 통상실시권으로 나눌 수 있다. 전용실시권은 특허발명을 업으로서 독점·배타적으로 실시할 수 있는 물권적 권리이다. 반면 통상실시권은 특허권자의 권리의 대항을 받지 않고 특허발명을 업으로서 실시할 수 있는 채권적 권리이다.

(2) 실시권의 발생원인에 따른 분류

실시권은 발생원인에 따라 허락에 의한 실시권, 법정실시권 및 강제실시권으로 분류할 수 있다. '허락에 의한 실시권'은 당사자의 의사에 의해 발생하는 실시권을 말하고, '법정실시권'은 법률에서 규정하는 요건을 만족하는 경우 법률의 규정에 의해 당사자의 의사와 무관하게 발생하는 실시권을 말하며, '강제실시권'은 법률에서 규정하는 요건을 만족하는 경우 특허심판원의 심판 또는 특허청장의 결정에 의해 발생하는 실시권을 말한다. 전용실시권은 당사자의 허락에 의해서만 발생할 수 있다. 당사자의 의사와 무관하게 제3자에게 특허발명을 독점적으로 실시할 수 있는 권리인 전용실시권이 발생되는 것은 특허권자의 권리에 대한 지나친 제한이 되기 때문이다.

[실시권의 종류]

- 실시권
  - 전용실시권 — 계약에 의해서만 발생
  - 통상실시권
    - 법정실시권
      - 직무발명에 대한 통상실시권 (발명진흥법 제10조 제1항)
      - 특허료의 추가납부기간 경과 후에 회복한 특허권 등에 대한 통상실시권 (특허법 제81조의3)
      - 선사용에 의한 통상실시권 (특허법 제103조)
      - 무효심판청구등록전의 실시에 의한 통상실시권(특허법 제104조)
      - 디자인권의 존속기간 만료 후의 통상실시권(특허법 제105조)
      - 질권행사로 인한 특허권의 이전에 따른 통상실시권(특허법 제122조)
      - 재심에 의하여 회복한 특허권에 대한 선사용자의 통상실시권(특허법 제182조)
      - 재심에 의하여 통상실시권을 상실한 원권리자의 통상실시권(특허법 제183조)
    - 허락에 의한 실시권
    - 강제실시권
      - 국방상 필요에 의한 통상실시권 (특허법 제106조)
      - 재정에 의한 통상실시권 (특허법 제107조)
      - 통상실시권 허여심판에 의한 통상실시권 (특허법 제138조)

3. 전용실시권

(1) 의 의

전용실시권이란 특허권자 이외의 자가 특허권자와의 계약에 의하여 설정행위로 정한 범위안에서 업으로서 그 특허발명을 독점적으로 실시할 수 있는 권리를 말한다(제100조 제2항). 전용실시권은 물권적 권리이므로 내용·지역·기간이 중복되는 2 이상의 전용실시권은 병존할 수 없다.

(2) 발 생

전용실시권은 설정계약과 등록에 의하여 성립한다. 특허권자는 그 특허권에 대하여 타인에게 전용실시권을 설정할 수 있다(제100조 제1항). 특허권이 공유인 경우에는 전용실시권 설정을 위해서는 다른 공유자의 동의를 얻어야 한다(제99조 제4항).

(3) 효 력

전용실시권자는 그 설정행위로 정한 범위안에서 업으로서 그 특허발명을 실시할 권리를 독점한다(제100조 제2항). 따라서 전용실시권이 설정되어 있는 범위에 대해서는 특허권자도 해당 발명을 실시할 수 없고(제94조 단서), 전용실시권자는 설정된 범위 내에서 정당한 권원없이 자신의 권리를 침해한 자에 대해 민·형사상 구제조치를 취할 수 있다(제126조 내지 제132조, 제225조).

사적자치의 원칙에 따라 전용실시권의 구체적인 내용은 당사자간의 계약에 의해 정해진다.[22] 전용실시권은 특허권의 전범위에 대해 설정될 수도 있지만 특허권자는 시간적·지역적·내용적으로 일정한 범위를 정하여 전용실시권의 설정계약의 범위를 정할 수 있다. 전용실시권자가 범위를 넘는 실시를 하는 경우에는 특허권 침해로는 되지 아니하고 채무불이행의 문제에 불과하다고 보아야 할 것이다.[23]

전용실시권의 등록은 효력발생요건이므로 전용실시권 설정계약만 이루어지고

22) 사회질서에 반하지 않는 한 실시권의 내용, 지역, 기간 등을 자유롭게 정할 수 있음이 원칙이나 경우에 따라 독점규제법위반이 문제로 될 수 있다. 이에 대해서는 「지적재산권의 부당한 행사에 대한 심사지침 (2000.08.30 공정거래위원회예규 제12호)」 참조.

23) 송영식외 6인 공저, 앞의 책, 455면; 임병웅, 앞의 책, 739면.

등록은 이루어지지 않은 경우 그 효력이 문제가 된다. 이에 대해서는 당사자 간에 독점적 통상실시권이 성립한 것으로 해석해야 할 것이다.

전용실시권은 특허권에 부수되는 권리이므로 특허권의 효력이 제한되는 경우에는 당연히 전용실시권의 효력 또한 제한된다. 아울러 전용실시권이 공유인 경우에는 특허권의 공유와 마찬가지로 공유자간에 특별한 약정이 없는 경우에는 다른 공유자의 동의가 없어도 스스로 특허발명을 실시할 수 있다(제100조 제5항).

(4) 변 동

1) 이 전

전용실시권자는 특허권자의 동의를 얻지 아니하면 그 전용실시권을 이전할 수 없다(제100조 제3항). 특허권자와 실시권자 사이에는 강한 신뢰관계가 있는 경우가 보통이고, 해당 특허권이 누구에 의해서 실시되는지 여부는 특허권의 가치에 큰 영향을 미치기 때문이다. 다만 실시사업과 같이 이전하는 경우 또는 상속 기타 일반승계의 경우에는 특허권자의 동의가 없더라도 전용실시권을 이전할 수 있다. 실시사업과 같이 이전하는 경우에도 특허권자의 동의가 없다면 전용실시권의 이전이 불가능하다고 한다면 실시사업의 설비를 가동할 수 없는 경우가 발생하여 실시장려를 통한 산업발전이라는 특허법의 목적에 반한다. 상속 기타 일반승계의 경우에는 승계인의 범위가 한정되어 특허권자가 불측의 손해를 입을 염려가 적고 피승계인의 권리·의무가 포괄적으로 이전되기 때문에 특허권자의 동의가 없더라도 전용실시권을 이전할 수 있다. 한편 전용실시권이 공유인 경우에는 각 공유자는 다른 공유자의 동의를 얻어야 그 지분을 양도할 수 있다(제100조 제5항).

2) 실시권 및 질권의 설정

전용실시권자는 특허권자의 동의를 얻지 아니하면 그 전용실시권을 목적으로 하는 질권을 설정하거나 통상실시권을 허락할 수 없다(제100조 제4항). 한편 전용실시권이 공유인 경우에는 각 공유자는 다른 공유자의 동의를 얻지 아니하면 질권을 설정하거나 통상실시권을 허락할 수 없다(제100조 제5항).

3) 특허권자의 변동에 의한 계약의 승계

특허권자는 전용실시권이 설정된 후에도 자신의 권리를 자유롭게 처분할 수 있는데 이 경우 전용실시권자는 새로운 특허권자에 대해 대항할 수 있음은 물론이다. 다만 전용실시권설정계약에서 정한 계약내용이 그대로 신특허권자에게 이전되는지에 대해서는 의문이 있을 수 있는데, 등록되어 있는 내용(예컨대 범위, 기간, 대가 등)에 대해서는 그대로 승계한다고 해석해야 할 것이다. 등록되어 있지 아니하거나 등록될 수 없는 조건들(예컨대 기술정보제공의무 등)은 승계될 수 없고 구특허권자와의 채무불이행문제로 해결해야 할 것이다.[24]

(5) 소 멸

전용실시권은 설정기간의 만료, 계약의 해제·취소·무효, 권리의 포기·혼동 등에 의하여 소멸하며, 전용실시권은 특허권에 부수적인 권리이므로 특허권이 소멸되면 전용실시권 또한 당연히 소멸된다. 따라서 특허법은 전용실시권자의 보호를 위해 특허권자는 전용실시권자의 동의를 얻지 아니하면 특허권을 포기할 수 없도록 하고 있다(제119조 제1항). 같은 이유로 전용실시권자가 그 권리를 포기함에 있어서는 그 전용실시권에 대한 질권자 또는 통상실시권자의 동의를 얻어야 한다(제119조 제2항). 또한 특허권의 내용에 변동이 생기는 경우 전용실시권자의 이익을 보호하기 위해 당해 특허권자는 전용실시권자의 동의를 얻지 아니하면 정정심판을 청구할 수 없도록 하고 있다(제136 제7항).

(6) 전용실시권 설정에 따른 권리·의무

1) 등록청구권

전용실시권은 등록이 효력발생요건이므로 특허권자는 등록의무를 부담하고 전용실시권자는 특허권자에게 등록청구권을 행사할 수 있다고 해석된다. 반면 통상실시권은 등록이 대항요건에 불과하므로 당사자간의 특약이 없는 한 특허권자는 등록의무를 부담하지는 않는다고 볼 것이다.

2) 특허료 및 실시료 납부의무

특허권자는 계약의 대상인 특허권을 유지시키기 위해 특허료를 제때에 납부하고 무효심판청구 등에 적절하게 대처해야할 의무를 부담한다. 반면 전용실시권자는 실시료 납부의무를 부담한다.

---

24) 中山信弘, 앞의 책, 440면 이하.

3) 부쟁의무의 인정여부

실시권자도 무효심판을 청구할 수 있는 이해관계인에 해당하는지, 즉 실시권자는 부쟁의무를 지는지에 대해서는 다툼이 있다. 이에 대해 독일과 일본의 통설은 무효원인을 가지는 특허를 유지하는 것은 특허제도의 목적에 반하고 실시료 지급의무를 면하는 이익을 가진다는 이유로 부쟁의무를 인정하지 아니한다. 즉 실시권자도 무효심판을 청구할 수 있다고 본다. 반면 영국과 미국은 실시권자는 신의칙에 기해 부쟁의무가 있다는 것이 종래의 통설이었다. 그런데 미국은 금반언의 원칙은 공공의 이익 앞에서는 양보되어야 한다는 판결[25]이래 이 의무를 부정하고 있으며 특허권의 유효성을 다투지 않겠다는 계약조항(부쟁조항)은 무효라고 한다.[26] 우리 대법원은 전용실시권자의 경우에는 이해관계를 부정하고[27] 통상실시권자의 경우에는 이해관계를 긍정하고 있다.[28]

계약상의 부쟁조항 자체는 특별한 사정이 없는 한 유효하다고 보아야 할 것이나, 특허권의 유·무효는 무효심결의 확정전에는 확신할 수 없는 경우도 있으므로 실시계약 후 무효사유를 발견한 경우에는 실시권자도 실시료 지급의무를 면할 수 있는 이해관계를 가지므로 무효심판을 청구할 이익이 있다고 보는 것이 타당할 것이다.

4. 통상실시권

(1) 의의 및 성질

통상실시권이란 법률의 규정 또는 설정행위에서 정한 범위안에서 업으로서 그

---

25) Lear v. Adkins 395 U.S. 653 (1969).

26) Bendix v. Balax 421 F.2d 809 (7th Cir. 1970).

27) 대법원 1981.7.28. 선고 80후77 판결; "특허권자로부터 그 특허권의 실시권을 허여받은 자는 그 허여기간 내에는 그 권리의 대항을 받을 염려가 없어 업무상 손해를 받거나 받을 염려가 없으므로 그 기간 중에는 그 특허에 관하여 무효확인을 구할 이해관계가 없다고 해석되는 바, 이 건이 항고심에 계속중 이 건 특허의 전용실시권을 허락받은 심판청구인은 위 특허의 무효확인을 구할 이해관계인이 아니고, 이와 같은 이해관계의 유무는 직권조사사항이다."

28) 대법원 1984.5.29. 선고 82후30 판결; "특허무효심판청구인이 특허청으로부터 본건 특허의 통상실시권을 허여받았다 하여도 동 허여처분에 제품순판매액의 3퍼센트에 해당하는 대가의 지급조건이 붙어 있어 통상실시권에 수반하는 의무이행을 하여야 한다면 위 실시권 허여 자체만으로 당사자간의 모든 이해관계가 소멸되었다고 볼 수 없으니 특허무효심판을 구할 이해관계가 있다."

특허발명을 실시할 수 있는 권리를 말한다(제102조 제2항). 통상실시권 또한 전용실시권과 마찬가지로 특허권에 부수적인 권리이나 통상실시권은 독점·배타적인 권리가 아니라 특허권자의 권리의 대항을 받지 않고 특허발명을 실시할 수 있는 채권적 권리에 불과하다. 따라서 통상실시권은 중복해서 허락하는 것도 가능하고 통상실시권을 허락한 후에도 특허권자는 계속해서 특허발명을 스스로 실시할 수 있다. 앞서 살핀 바와 같이 통상실시권은 발생원인에 따라 허락에 의한 실시권, 법정실시권 및 강제실시권의 3종류가 있다.

(2) 허락에 의한 실시권

'허락에 의한 실시권'은 특허권자 또는 전용실시권자와 특허발명을 실시하고자 하는 자와의 계약에 의해 발생하는 통상실시권을 말한다(제102조 제1항, 제100조 제4항). 소위 기술도입이나 기술제휴 등은 허락에 의한 통상실시권을 설정함으로서 이루어지는 경우가 많고 통상실시권 중 가장 많은 부분을 차지한다. 허락에 의한 통상실시권에 대한 등록은 제3자 대항요건이다. 따라서 등록이 없더라도 당사자간의 계약만으로 효력이 발생하나 등록을 한 때에는 그 등록후에 특허권 또는 전용실시권을 취득한 자에 대하여도 그 효력이 발생한다(제118조 제1항). 특허권이 공유인 경우에는 다른 공유자의 동의를 얻어야 통상실시권을 허락할 수 있고(제99조 제4항), 전용실시권자도 특허권자의 승낙이 있는 경우 타인에게 통상실시권을 허락할 수 있다(제100조 제4항).

실시권설정계약으로 계약상대방에게만 통상실시권을 허락한다고 하는 점을 분명히 하는 경우가 있다. 이를 독점적 통상실시권이라고 한다. 실시권자 입장에서는 실시료가 고액이더라도 독점적인 통상실시권을 원하는 경우가 적지 않고 특허권자 입장에서도 실시권 설정 후에도 스스로 계속해서 실시하기를 원하는 경우가 있으므로 독점적 통상실시권을 체결할 실익이 있다. 통상실시권은 채권적 이용권일 뿐이어서 일반적으로 금지청구권과 손해배상청구권이 인정되지 않는다. 그런데 독점적 통상실시권에 대해서는 견해가 대립한다. 독점적 통상실시권의 경우는 그 독점성을 침해하므로 고유의 손해배상청구권을 인정하여야 한다는 것이 일본의 다수설이다.[29] 손해배상청구권의 행사시에 손해액의 추정규정(제128조), 과실

29) 吉藤幸朔저, YOU ME 특허법률사무소 역, 「특허법개설 제13판」, 대광서림, 2003, 643면; 송영식외 6인 공저, 앞의 책, 462면.

추정규정(제130조) 등이 유추적용될 수 있을 것이다. 다만 독점적 통상실시권은 채권적 권리에 불과하여 물권과 같은 배타성을 가지는 것은 아니므로 금지청구권은 인정되지 않는다고 해석된다. 아울러 죄형법정주의 원칙상 독점적 통상실시권의 침해는 침해죄를 구성하지 않는다.

통상실시권은 특허권자로부터 금지청구나 손해배상청구를 당하지 아니하고 특허발명을 업으로서 실시할 수 있는 권리에 불과하므로 그 본질은 부작위청구권이라고 봄이 통설적 견해이다. 따라서 반대견해도 있으나,[30] 특허권자는 타인에게 통상실시권을 허락하더라도 계약상 특별히 정함이 없는 경우 타인의 무단실시를 배제할 의무를 부담하지 않는다. 다만 독점적 통상실시권의 경우에는 반대의 특약이 없는 한 침해배제의무를 부담하는 것으로 해석해야 할 것이다.[31]

▪ 실시권 계약시의 유의시항[32]

(가) 계약내용의 명확화

실시계약의 내용은 주로 전문·용어의 정의·실시계약의 대상과 범위·실시허락자의 의무·실시자의 의무·계약의 변경·해약·계약기간·준거법·중재조항·재판관할 등을 규정하게 된다. 계약상에는 장래 일어날 수 있는 사태를 면밀히 검토하여 당사자 사이에 합의한 바를 명백히 하여 두어야 하며 특히 독점규제 및 공정거래에 관한 법률이 금하는 부당한 거래제한·불공정한 거래행위에 해당하는 조항이 포함되지 않도록 주의하여야 한다. 이 밖에 특허법상 논란의 대상이 되고 있는 사항에 대해서는 계약에서 이를 명확히 밝혀 둘 필요가 있다.

(나) 설정등록에 관한 사항

실시권의 설정등록은 효력발생요건(전용실시권) 및 제3자 대항요건(통상실시권)이므로 실시권의 설정등록은 매우 중요하다. 특히 통상실시권의 경우 특약이 없는 한 실시허락자의 설정등록의무가 없다고 보는 것이 일반적이므로 이 점을 미리 규정해 둘 필요가 있다.

(다) 생산보증조항

제공된 기술에 의한 특허제품의 품질·성능·생산능력 등 생산에 관한 보증을 뚜렷이 하여 어떠한 경우에 해약·실시료감액·손해배상 등을 청구할 수 있는지에 대해 미리 정

30) 이수웅, 「특허법」, 한국교육문화원, 2006, 754면; 일본 하급심판결 중에는 "실시허락자는 통상실시권자에 대하여 발명의 실시를 실질적으로 안전하게 하여 줄 의무가 있으므로 제3자의 위법한 특허권침해를 금지케 할 의무를 부담하는 것으로 해석해야 하다" 고 하여 침해배제의무를 인정한 것이 있다(東京地判 1964.12.26.).

31) 송영식외 6인 공저, 앞의 책, 464면.

32) 송영식외 6인 공저, 앞의 책, 467~471면 참조.

하여 두어야 한다.

(라) 침해자 소추조항

통상실시권자는 침해에 대한 소권이 없으므로 제3자에 의한 특허권침해가 발생하는 경우 실시허락자가 이를 배제할 의무를 규정하여 둘 필요가 있다. 또한 소송비용의 부담, 소송수행방법 등에 대해서도 미리 정하여 두어야 한다.

(마) 최혜실시권자 대우조항

통상실시권을 설정한 실시허락자가 이후에 제3자에게 저렴한 실시료의 실시권을 남발하는 경우 애초의 통상실시권자가 경쟁상 불리한 지위에 빠질 우려가 있으므로 미리 최혜실시권자 대우조항(most favored licensee clause)을 마련해 둘 필요가 있다.

(바) 부쟁조항

실시권자의 부쟁의무에 대해서는 다툼이 있으므로 계약서에서 이를 명확히 해 둘 필요가 있다. 계약상의 부쟁조항 자체는 특별한 사정이 없는 한 유효하다는 견해가 유력하다.

(사) 개량발명의 취급

기술은 시간의 경과에 따라 개량되어 나가는 것이어서 실시허락 후 실시허락자 또는 실시권자가 개량발명을 한 경우 어떻게 취급할 것인지는 매우 중요한 문제이다. 실시권자가 한 개량발명은 모두 실시허락자에게 양도한다는 내용의 약정(exclusive grant back clause)은 원칙적으로 불공정한 거래행위에 속한다. 그러나 실시권자와 실시허락자가 각자가 이룬 이용발명 등에 관하여 상호실시허락하는 것을 내용으로 하는 계약(cross license)은 적법하다고 할 수 있다.

(아) 사후조항

기간만료로 계약이 종료하게 된 경우에는 더 이상 특허발명을 실시할 수 없게 되므로 계약기간 중에 제조한 물건의 판매, 제작중이거나 이미 주문을 받은 제품의 제조판매 등에 관하여 미리 규정하여 둘 필요가 있다. 이를 사후조항이라 한다.

(자) 실시의무에 관한 사항

전용실시권자나 독점적 실시권자가 특허발명을 실시하지 아니하면 특허권의 취소를 당할 우려가 있으므로(제107조) 이들은 특허발명을 실시할 의무가 있다는 견해도 있으나, 실시권자는 실시할 권리가 있는 것이지 의무는 없다고 보는 견해가 유력하므로(中山信弘, 「第2版 增補版 工業所有權法(上) 特許法」, 弘文堂, 2000, 438면) 미리 계약으로 분명히 해 둘 필요가 있다. 통상실시권자는 원칙적으로 실시의무가 없다고 할 수 있다.

(3) 법정실시권

'법정실시권'은 법률에서 규정하는 요건을 만족하는 경우 법률의 규정에 의해 당사자의 의사와 무관하게 발생하는 실시권을 말하며, ㉠ 직무발명에 의한 통상실시권, ㉡ 특허료의 추가납부기간 경과 후에 회복한 특허권 등에 대한 통상실시권, ㉢ 선사용에 의한 통상실시권, ㉣ 무효심판청구등록전의 실시에 의한 통상실시권, ㉤ 디자인권의 존속기간 만료후의 통상실시권, ㉥ 질권행사로 인한 특허권의 이전에 따른 통상실시권, ㉦ 재심에 의하여 회복한 특허권에 대한 선사용자의 통상실시권, ㉧ 재심에 의하여 통상실시권을 상실한 원권리자의 통상실시권의 8가지가 있다. 법정실시권은 법률에서 규정하는 성립요건이 완성한 때에 효력이 발생하고, 등록이 없더라도 제3자에게 대항할 수 있다(제118조 제2항).

1) 직무발명에 대한 통상실시권(발명진흥법 제10조 제1항)

'직무발명에 대한 통상실시권'이란 직무발명에 대하여 종업원등이 특허를 받았거나 특허를 받을 수 있는 권리를 승계한 자가 특허를 받았을 경우 사용자등에게 그 특허권에 대하여 인정되는 통상실시권을 말한다. 이는 종업원이 발명을 완성하기까지 사용자가 공헌한 바가 크므로 그에 대한 보상으로 법률의 규정에 의하여 당연히 발생하는 무상의 법정통상실시권이다. 따라서 종업원은 이에 대해 실시료나 보상금을 청구할 수 없다.

2) 특허료의 추가납부기간 경과 후에 회복한 특허권 등에 대한 통상실시권(제81조의3)

종전에는 특허료의 납부는 그 납부기간을 경과한 후라도 6월간에 한해 추가납부 특허료를 납부하는 것을 조건으로 하여 추가납부가 인정되었지만, 이 6월의 추가납부기간도 경과한 경우에는 특허권은 납부기간이 경과한 때에 소급하여 소멸한 것으로 되고 사정의 여하를 묻지 않고 실효한 특허권의 회복은 인정되지 않았다. 그런데 자신이 책임질 수 없는 사유 등으로 특허권을 상실한 경우 회복을 인정하지 않는 것은 권리자에게 가혹하고 미국, 일본 등 여러 국가에서도 일정한 경우 실효한 특허권의 회복을 인정하는 제도가 마련되어 있는 점을 감안하여 2001.2.3 개정법[33]은 일정한 요건 하에 특허료의 추가납부에 의한 특허출원 또는 특허권의 회복규정을 신설하였다. 또한 2005.5.3 개정법[34]에서는 추가납부기간 또는 보전기간 이내에 특허료를 납부하지 아니하여 실시중인 특허권이 소멸한 때에도 그 기간만료일로부터 3개월 이내에 특허료의 3배를 납부하고 그 소멸한

33) 법률 제6411호, 2001.2.3, 일부개정.
34) 법률 제7554호, 2005.5.31, 일부개정.

권리의 회복을 신청할 수 있도록 하여 권리구제를 확대하였다.

이 경우 그 특허권은 계속하여 존속하고 있던 것으로 보는데, 해당 특허권이 소멸된 것으로 생각하고 그 특허발명을 실시한 선의의 실시자를 보호하기 위해 효력제한기간[35] 중 국내에서 선의로 특허출원된 발명 또는 특허권에 대하여 그 발명의 실시사업을 하거나 그 사업의 준비를 하고 있는 자는 그 실시 또는 준비를 하고 있는 발명 또는 사업의 목적의 범위안에서 그 특허출원된 발명에 대한 특허권에 대하여 통상실시권을 가진다(제81조의3 제5항). 이 경우 통상실시권을 가진 자는 특허권자 또는 전용실시권자에게 상당한 대가를 지급하여야 한다(제81조의3 제6항).

3) 선사용에 의한 통상실시권(제103조)

'선사용에 의한 통상실시권'이란 특허출원시에 그 특허출원된 발명의 내용을 알지 못하고 그 발명을 하거나 그 발명을 한 자로부터 지득하여 국내에서 그 발명의 실시사업을 하거나 그 사업의 준비를 하고 있는 자에게 그 실시 또는 준비를 하고 있는 발명 및 사업의 목적의 범위안에서 인정되는 법정통상실시권을 말한다(제103조). 강학상 '선사용권'이라고 한다. 선출원제도하에서는 최선의 발명자가 아닌 최초의 출원인에게 보호가 주어지므로 선출원주의를 보완하여 공평의 이념을 추구하고 선사용자의 사업설비를 이용하지 못하게 하는 경우 발생할 수 있는 국민경제상의 불이익을 방지하기 위해 선사용권을 인정한다.

선의라 함은 특허출원된 발명의 내용을 알지 못하고 발명을 하거나 그 발명을 한 자로부터 지득한 것을 말한다. 타인으로부터 발명을 지득한 경우에 그것이 선의인한 그 발명의 지득경로는 문제되지 않으나, 선사용되는 발명의 과도한 보호를 방지하기위하여 특허출원한 발명자로부터 발명을 지득한 경우는 제외되는 것으로 해석함이 일반적이다. 한편 실시사업이란 사업자에게 계속의 의사가 있고 그 발명의 실시가 인정될 만한 객관적 사정이 있어야 하고 사업의 준비란 적어도 그 준비가 객관적으로 인정될 수 있는 정도의 것을 필요로 한다.

선사용권은 공평의 견지에서 인정되는 법정실시권이므로 선사용권자는 특허권자에게 대가의 지급없이 무상으로 특허발명을 실시할 수 있다.

---

35) 회복된 특허권의 효력은 특허료 추가납부기간이 경과한 날부터 납부하거나 보전한 날까지의 기간 중에 다른 사람이 특허발명을 실시한 행위에 대하여는 그 효력이 미치지 아니하는데 이를 '효력제한기간'이라 한다(제81조의3 제4항).

4) 무효심판청구등록전의 실시에 의한 통상실시권(제104조)

'무효심판청구등록전의 실시에 의한 통상실시권'이란 특허 또는 실용신안등록에 대한 무효심판청구의 등록전에 자기의 특허발명 또는 등록실용신안이 무효사유에 해당되는 것을 알지 못하고 국내에서 그 발명 또는 고안의 실시사업을 하거나 그 사업의 준비를 하고 있는 경우에 그 특허권자 등에게 그 실시 또는 준비를 하고 있는 발명 또는 고안 및 사업의 목적의 범위안에서 인정되는 통상실시권을 말한다(제104조 제1항). 강학상 '중용권'이라고 한다. 특허권을 받은 자기의 특허발명이 무효사유에 해당되는 것을 알지 못하고, 국가로부터 부여받은 특허권을 신뢰하여 실시사업을 하거나 실시 준비중인 자를 보호하기 위한 규정이다. 특허가 잘못 부여된 경우는 어느 의미에서 국가의 잘못이기도 하며 권리자로서도 예측하기 어렵기 때문에 자기의 권리를 신뢰하여 사업을 벌여 놓거나 사업준비를 갖춘 선의의 사용자를 보호하기 위한 제도이다.

선사용권은 특허권자와 선사용자간의 이익조정이라는 공평의 이념이 강하므로 무상이나, 중용권은 공평의 견지보다 산업설비보호라는 산업정책적인 견지에서 인정되는 것이므로 통상실시권자는 특허권자 또는 전용실시권자에게 상당한 대가를 지급하여야 한다(제104조 제2항).

5) 디자인권의 존속기간 만료후의 통상실시권(제105조)

특허출원일전 또는 특허출원일과 같은 날에 출원되어 등록된 디자인권이 그 특허권과 저촉되는 경우 그 디자인권의 존속기간이 만료되는 때에 그 원디자인권자, 그 디자인권에 대한 전용실시권자 또는 등록된 통상실시권자 등에게 원권리의 범위안에서 인정되는 통상실시권을 말한다(제105조).

디자인권이 특허권과 저촉되고 디자인권의 존속기간이 만료되는 경우에 디자인권자를 보호하기 위한 것이라고 할 수 있다. 특허권과 디자인권은 그 보호의 대상이 상이하지만 현실적으로 양자가 저촉될 수 있으며, 특허출원과 디자인출원에 대해서는 선·후출원의 심사가 이루어지지 아니하므로 저촉되는 2개의 출원에 모두 권리가 부여될 수 있다. 이 경우 디자인출원이 특허출원보다 먼저 이루어지거나 동일자 출원인 경우 그 디자인권자는 디자인권의 존속기간중에는 특허권의 존재에도 불구하고 당해 특허권에 의한 어떠한 제약도 받지 아니하고 자유롭게 그 디자인을 실시할 수 있다. 그러나 디자인권의 존속기간이 만료된 후에 그 디자인권과 저촉되는 특허권이 존속하고 있는 경우 그 디자인의 실시를 계속할 수 없다고 하면 디자인권자는 그 설비를 제거하여야 하므로 지극히 불합리한 결과를 초래하게 되므로, 디자인권의 존속기간이 만료된 후 법정의 통상실시권을 부여하고 있다.

특허권 존속기간 만료 후에 통상실시권을 갖기 위해서는 디자인 등록출원이 특허출원보다 선출원이거나 최소한 같은 날의 출원이어야 한다. 또한 원디자인권자의 기득권을 인정하기 위해서는 디자인권이 정상적인 디자인권 존속기간 만료에 의해 소멸된 것이어야 하며, 그 이외의 이유로 디자인권이 소멸한 경우에는 통상실시권이 인정되지 않는다. 원디자인권자에게 설정되는 통상실시권에 대하여는 공평의 견지에서 대가를 지급할 필요가 없으나, 소멸 당시 디자인권에 존재하던 전용실시권자, 등록한 통상실시권자 등에게 성립된 특허권에 대한 통상실시권에 대하여는 특허권자 또는 특허권의 전용실시권자에게 대가를 지급하여야 한다.

6) 질권행사로 인한 특허권의 이전에 따른 통상실시권(제122조)

특허권자는 특허권을 목적으로 하는 질권설정 이전에 그 특허발명을 실시하고 있는 경우에는 그 특허권이 경매 등에 의하여 이전되더라도 그 특허발명에 대하여 통상실시권을 가진다. 이 경우에는 특허권자는 경매 등에 의하여 특허권을 이전받은 자에게 상당한 대가를 지급하여야 한다(제122조). 질권의 실행으로 특허권이 경매되어 이전되는 경우 질권설정 이전에 특허발명을 실시하였던 특허권자는 그 발명의 실시권을 상실하게 되어 그동안 자본과 노력을 투자하여 설치한 사업설비 등을 폐기할 수밖에 없고, 특허권의 매수인은 발명의 실시를 위하여 새로이 생산설비를 갖추어야 한다. 이는 사회경제적으로 손실일 뿐만 아니라 특허권의 매수인이 발명을 실시할 준비를 갖출 때까지 발명의 실시가 중단되는 문제가 발생하며, 또한 발명을 실시중이던 특허권자에게는 매우 가혹한 결과이다. 따라서 특허권자가 질권설정 이전에 그 특허발명을 실시하고 있었다면 특허권이 질권의 행사로 인해 경매 등에 의해 이전되는 경우에 특허권자가 특허권을 이전받은 자에게 상당한 대가를 지급한다는 조건하에 특허권자가 그 특허권에 대해 계속 통상실시권을 가지도록 한 것이다.

7) 재심에 의하여 회복한 특허권에 대한 선사용자의 통상실시권 (제182조)

'재심에 의하여 회복한 특허권에 대한 선사용자의 통상실시권'이란 ㉠ 무효로 된 특허권 또는 존속기간의 연장등록의 특허권이 재심에 의하여 회복된 경우, ㉡ 특허권의 권리범위에 속하지 아니한다는 심결이 확정된 후 재심에 의하여 이와 상반되는 심결이 확정된 경우, ㉢ 거절한다는 취지의 심결이 있었던 특허출원 또는 특허권의 존속기간의 연장등록출원이 재심에 의하여 특허권의 설정등록 또는 특허권의 존속기간의 연장등록이 된 경우에 당해 심결이 확정된 후 재심청구의 등록전에 선의로 국내에서 그 발명의 실시사업을 하고 있는 자 또는 그 사업의 준비를 하고 있는 자에게 그 실시 또는 준비를 하고 있는 발명 및 사업의 목적의 범위안에서 인정되는 법정통상실시권을 말한다(제182조). 강학상 '후용권'이라고 한다.[36]

이 통상실시권은 사업설비의 유지라고 하는 사회경제적인 측면도 있지만 공평의 원칙에 입각하여 특허심판원의 확정된 심결이라는 공권적 판단을 신뢰한 선의의 실시자를 보호하는 측면이 강하기 때문에 통상실시권자는 무상으로 특허발명을 실시할 수 있다는 견해가 있다.[37] 그러나 법률에 무상이라는 명문의 규정이 없고, 재심에 의해 회복한 특허권은 원래 무효 등으로 되지 말았어야 할 권리가 무효로 되었다가 재심에 의해 회복된 것에 불과하다는 점을 고려해 볼 때 유상의 통상실시권으로 해석해야 할 것이다.[38]

8) 재심에 의하여 통상실시권을 상실한 원권리자의 통상실시권 (제183조)

'재심에 의하여 통상실시권을 상실한 원권리자의 통상실시권'이란 제138조의 규정에 의하여 통상실시권을 허여한다는 심결이 확정(강제실시권의 발생)된 후 재심에 의하여 통상실시권이 소멸된 경우, 재심청구 등록전에 선의로 국내에서 그

---

36) 선사용권은 출원전의 사실에 의해 발생하는 것이고, 중용권은 출원하고 특허권이 발생한 후에 생긴 사유에 의해 발생한 것인데 반해 이 통상실시권은 특허권이 소멸한 후에 생긴 일정한 사유에 의해 발생한 것이므로 후용권이라 한다.

37) 임병웅, 앞의 책 774면; 송영식외 6인 공저, 앞의 책 527면.

38) 윤선희교수는 유상으로 본다 (윤선희, 「지적재산권법 10정판」, 세창출판사, 2009, 120면).

발명의 실시사업을 하고 있는 자 또는 그 사업의 준비를 하고 있는 자에 대하여 원통상실시권의 사업의 목적 및 발명의 범위안에서 인정되는 통상실시권을 말한다(제183조 제1항). 확정된 심결을 신뢰하여 발명의 실시사업 등을 하고 있는 자를 보호하고 사업설비의 유지라고 하는 사회경제적 견지를 고려하여 선의의 실시자에게 통상실시권을 인정하여 주는 것이다. 실시권의 범위는 원통상실시권의 사업의 목적 및 발명의 범위에 한정되고, 특허권자 또는 전용실시권자에게 상당한 대가(실시료)를 지급하여야 한다(제183조 제2항).

(4) 강제실시권

'강제실시권'은 법률에서 규정하는 요건을 만족하는 경우 특허심판원의 심판 또는 특허청장의 결정에 의해 발생하는 실시권을 말한다. 특허권자는 특허발명을 스스로 실시하거나 타인으로 하여금 실시하도록 함으로써 특허발명의 원활한 실시를 도모하는 것이 일반적이므로 모든 발명에 대해 실시를 강제하는 조치는 불필요하다. 그러나 발명의 실시가 산업상 또는 공익상 필요한데도 불구하고 전혀 실시가 이루어지지 않거나 실시가 되고 있더라도 불충분한 경우, 또는 공공의 필요에 의해 특별히 특허발명을 실시할 필요가 있는 경우에는 특허발명의 실시를 담보하기 위한 수단이 필요한바 특허법은 강제실시권제도를 두고 있다. 현행 특허법 상의 특허발명의 강제실시를 위한 수단으로는 ㉠ 전시·사변 또는 이에 준하는 비상시에 있어서 국방상 필요하거나 공공의 이익을 위하여 특허발명을 비상업적으로 실시할 필요가 있을 때 정부의 결정에 의한 강제실시권(제106조), ㉡ 불실시, 불충분한 실시 또는 특허발명의 실시가 공공의 이익을 위하여 특히 필요한 경우 등을 위한 재정실시권(제107조) 및 선원권리자와 후원 권리자의 이용·저촉관계에 따른 통상실시권(제138조)을 들 수 있다.

1) 국방상 필요에 의한 통상실시권(제106조)

정부는 특허발명이 전시·사변 또는 이에 준하는 비상시에 있어서 ㉠ 국방상 필요한 때 또는 ㉡ 공공의 이익을 위하여 비상업적으로 실시할 필요가 있을 때에는 특허발명을 실시하거나 정부외의 자로 하여금 실시하게 할 수 있다(제106조 제1항). 즉 전시·사변 또는 이에 준하는 비상시에 있어서 국방상 필요하거나 공공의 이익을 위하여 특허발명을 비상업적으로 실시할 필요가 있을 때로 한정하여 특허청장의 결정에 의해 강제실시권이 설정될 수 있다. 공공의 이익을 위하여 비상업적으로 실시할 필요가 있는 때라 함은 특허발명을 실시함에 있어 영업적인 이익을 취하지 아니하고, 어느 특정한 단체나 개인이 아닌 다수인의 이익을 위하여 필요한 경우를 말한다.

특허법 제107조의 재정에 의한 강제실시권과는 별도로 제106조에 따른 강제실시권을 규정하는 이유는 ㉠ 재정에는 많은 시간이 소요될 수 있기 때문에 긴급을 요하는 비상사태에 효율적으로 대비할 수 있도록 하고, ㉡ 재정에 의한 강제실시권은 이전이 금지되어 있으므로 정부에 생산시설이 없는 경우 활용할 수 없는 문제가 있기 때문이다. 국방상 필요에 의한 통상실시권은 특허청장의 결정서 등본의 송달에 의해 발생하며 정부는 특허청장의 결정에 의해 정해진 범위 내에서 직접 실시하거나 정부 이외의 자로 하여금 실시하게 할 수 있다. 이 경우 정부 또는 정부외의 자는 특허권자 등에게 정당한 보상금을 지급하여야 한다(제106조 제3항).

2) 재정에 의한 통상실시권(제107조)

① 의의 및 취지

재정에 의한 통상실시권이란 ㉠ 특허발명이 정당한 이유없이 상당한 기간 동안 불실시되거나, ㉡ 불충분하게 실시되거나, ㉢ 특허발명의 실시가 공공의 이익을 위하여 특히 필요하거나, ㉣ 사법적 절차 또는 행정적 절차에 의하여 불공정거래 행위로 판정된 사항을 시정하기 위하여 특허발명을 실시할 필요가 있거나, ㉤ 수입국에 의약품을 수출할 수 있도록 특허발명을 실시할 필요가 있는 경우에 특허청장의 재정에 의해 발생하는 강제실시권을 말한다.

특허발명이 특허법의 목적에 따라 적절하게 실시될 수 있도록 하기 위해서는 그 실시가 담보되어야 하고, 특허발명의 실시가 공공의 이익이나 불공정거래행위를 시정하기 위해 필요한 경우에는 공익상 타인에게 실시케 할 필요가 있으므로 실시를 필요로 하는 제3자의 청구에 의해 강제실시권이 재정될 수 있도록 하고 있다.

② 조약의 규정

㈎ 파리조약

파리조약 제5조A(2)(3)에서는 각 동맹국은 불실시와 같은 특허에 의하여 부여되는 배타적 권리의 행사로부터 발생할 수 있는 남용을 방지하기 위하여 강제실시권의 부여를 규정하는 입법조치를 취할 수 있으며, 강제실시권의 부여가 그러한 남용을 방지하기에 충분하지 아니한 경우에는 특허의 몰수를 할 수 있도록 규정하여 특허발명의 불실시에 따른 재정 및 몰수제도를 두고 있다. 다만 최초의 강제실시권의 부여로부터 2년이 만료되기 전에는 특허의 몰수 또는 철회를 위한 절차를 진행시킬 수 없도록 하고 있다.

(나) WTO/TRIPS 협정

WTO/TRIPS 협정은 제31조(권리자의 승인없는 기타 사용) 및 제32조(취소 또는 몰수)에서 강제실시권 및 특허권의 몰수·취소에 대해 규정하고 있다. 강제실시권의 인정여부는 사안마다 개별적으로 그 이익을 비교 형량하여 결정한다. 특허발명을 사용하고자 하는 자가 합리적인 상업적 조건으로 특허권자로부터 승인을 얻기 위하여 노력했음에도 불구하고 그러한 노력이 상당한 기간내에 실패한 경우에만 강제실시권이 허용된다. 이러한 요건은 국가 비상사태, 극도의 긴급 상황 또는 공공의 비상업적 사용의 경우에 회원국에 의하여 면제될 수 있다. 강제실시권의 인정되는 범위와 기간은 그 실시가 인정되는 목적을 위해 필요한 범위에서만 인정되며, 특허권 실시 허여의 경제적 가치를 고려하여 적절한 보상금을 지급하는 유상의 형태이어야 한다.

특허권이 남용되는 경우뿐 아니라 국가긴급사태나 공공의 비상업적 사용을 위한 강제실시도 인정된다는 점에서 파리조약에 비해 강제실시의 범위가 넓어졌고, 보상에 관한 명시적 규정을 두고 있다는 점에 특색이 있다.

(다) TRIPS 협정과 공중보건에 관한 선언문
(도하선언문, 2001년 WTO 각료회의에서 채택)

WTO/TRIPS 협정으로는 의약품 생산이 불충분하거나 불가능한 개발도상국 및 최빈국에 의약품을 공급하는 것이 불가능하다는 문제점들이 지적되었고,[39] 이 문제는 아프리카를 비롯한 개발도상국의 지속적인 투쟁으로 「WTO/TRIPS 협정과 공중보건에 대한 도하선언」(이하, '도하선언'이라 한다)[40]에서 WTO/TRIPS 이사회가 해결해야만 하는 문제로 설정이 되었다. 이후 2003년 8월 30일 WTO/TRIPS

---

39) TRIPS 협정의 강제실시권 관련 조항인 제31조 (f)는 "강제실시권의 사용은, 동 사용을 승인하는 회원국의 국내시장에 대한 공급을 위해서만 승인된다."고 규정하고 있다.

40) DECLARATION ON THE TRIPS AGREEMENT AND PUBLIC HEALTH, 2001.

이사회에서 그동안 가장 문제가 되었던 TRIPS 협정의 강제실시권 관련 조항인 제31조 (f)항에 대한 적용 유예가 결정되었고,[41] 동 결정내용을 반영하기 위해 특허청은 2005년 5월 31일 특허법 제107조를 개정하여 수입국에 의약품을 수출할 수 있도록 특허발명을 실시할 필요가 있는 경우에도 통상실시권 설정을 위한 재정이 이루어 질 수 있도록 하였다.

③ 성립요건

㈎ 불실시 또는 불충분한 실시로 인한 재정실시권

㉠ 특허발명이 천재·지변 기타 불가항력 또는 대통령령이 정하는 정당한 이유[42]없이 계속하여 3년이상 국내에서 실시되고 있지 아니하거나, ㉡ 정당한 이유 없이 계속하여 3년이상 국내에서 상당한 영업적 규모로 실시되지 아니하거나 적당한 정도와 조건으로 국내수요를 충족시키지 못한 경우이어야 한다(제107조 제1항 제1호, 제2호). 계속하여 불실시되어야 하므로 연속하여 계속해서 3년 이상 불실시되어야 하고, 불실시된 기간의 총합계가 3년 이상이라는 의미가 아니다. 3년 이상 불실시한 경우에도 그 후 실시를 개시하여 현재 실시하고 있다면 이에 해당하지 않는다. 국내에서의 실시이므로 외국에서만 실시하는 경우에는 이에 해당하게 된다. 다만 수입도 실시의 일유형이므로 외국에서 제조된 물건을 수입만 하는

---

41) 이에 대해서는 지적재산권의 국제적인 보호는 WTO의 각 회원국이 자신의 의무를 충실히 수행할 때만 가능한 것이고 도하모델은 개발도상국의 공중보건문제를 지속적이고 적절하게 해결하지 못할 뿐 아니라 지적재산권의 보호제도를 왜곡하고 악화시킨다는 점에서 단 한 번의 예외로서만 머물러야 한다는 비판이 있다.

42) 특허권의 수용·실시 등에 관한 규정 제6조 제1항 제1호 내지 제5호에 따르면, 특허법 제107조 제1항 제1호에서 말하는 "대통령령이 정하는 정당한 이유"란 다음에 해당하는 경우를 말한다.

1. 특허권자가 심신장애로 인한 활동불능으로 그 특허발명을 실시하지 못한 경우. 다만, 의료기관의 장이 증명한 경우에 한한다.
2. 특허발명의 실시에 있어서 정부기관이나 타인의 허가·인가·동의 또는 승낙을 필요로 할 경우에 그 허가·인가·동의 또는 승낙을 받지 못함으로 인하여 그 특허발명을 실시하지 못한 경우
3. 특허발명의 실시가 법령에 의하여 금지 또는 제한되어 그 특허발명을 실시하지 못한 경우
4. 특허발명의 실시에 필요한 원료 또는 시설이 국내에 없거나 수입이 금지되어 그 특허발명을 실시하지 못한 경우
5. 특허발명의 실시에 따른 물건의 수요가 없거나 그 수요가 적어 이를 영업적 규모로 실시할 수 없어 그 특허발명을 실시하지 못한 경우

경우에도 불실시라고 할 수 없다.[43)]

그 특허발명의 특허권자 또는 전용실시권자와 합리적인 조건하에 통상실시권 허락에 관한 협의를 하였으나 합의가 이루어지지 아니하는 경우 또는 협의를 할 수 없는 경우여야 하고(제107조 제1항 본문), 특허발명이 특허출원일부터 4년을 경과한 것이어야 한다(제107조 제2항).

㈏ 공공의 이익을 위해 특히 필요하거나 불공정거래행위를 시정하기 위한 재정실시권

㉠ 특허발명의 실시가 공공의 이익을 위하여 특히 필요하거나 ㉡ 사법적 절차 또는 행정적 절차에 의하여 불공정거래행위로 판정된 사항을 시정하기 위하여 특허발명을 실시할 필요가 있는 경우 특허청장에게 실시권설정을 위한 재정을 청구할 수 있다(제107조 제1항 제3호, 제4호). 원칙적으로 그 특허발명의 특허권자 또는 전용실시권자와 합리적인 조건하에 통상실시권 허락에 관한 협의를 하였으나 합의가 이루어지지 아니하는 경우 또는 협의를 할 수 없는 경우에 해당해야 하나, 공공의 이익을 위하여 비상업적으로 실시하고자 하는 경우나 불공정거래행위를 시정하기 위한 경우에는 협의를 하지 아니하여도 재정을 청구할 수 있다(제107조 제1항 단서).

'공공의 이익'이란 국민의 생명, 건강과 같이 국민생활에 직접 관련 있는 분야로서 당해 특허발명의 통상실시권의 허락을 하지 않으면 그 결과 국민생활에 실질적인 폐해가 생긴다고 인정되는 경우를 들 수 있다. '특히 필요한 경우'란 실시를 필요로 하는 공공의 이익과 실시로 인해 받게 될 권리자의 이익을 비교형량하여 공공의 이익이 현저히 큰 경우로 이해된다. 해당요건을 너무 엄격하게 해석하게 되면 강제실시권제도의 실효성이 떨어지게 되고 반대의 경우에는 권리자의 이익이 침해될 우려가 있으므로 양자의 이익이 균형을 이룰 수 있도록 객관적이고 합리적인 기준이 필요하다.

반도체 기술에 대하여는 ㉠ 공공의 이익을 위하여 비상업적으로 특허발명을 실시할 필요가 있는 경우, ㉡ 사법적 절차 또는 행정적 절차에 의하여 불공정거래행위로 판정된 사항을 시정하기 위하여 특허발명을 실시할 필요가 있는 경우에 한하여 재정을 청구할 수 있다(법 107 제6항). 반도체산업이 국가 산업에서 차지하

43) 파리조약 제5조A(1); 특허는 특허권자가 어느 동맹국내에서 제조된 상품을 그 특허를 부여한 국가로 수입함으로 인하여 몰수되지 아니한다.

는 중요도를 고려하여 규정한 것이라 할 수 있는데, 이에 대해서는 기술분야에 의한 차별을 금지하는 WTO/TRIPS 제27조 제1항[44]에 저촉된다는 비판이 있다.

㈐ 수입국 국민의 보건을 위한 재정실시권

㉠ 자국민 다수의 보건을 위협하는 질병을 치료하기 위하여 의약품(의약품 생산에 필요한 유효성분, 의약품 사용에 필요한 진단키트를 포함한다)을 수입하고자 하는 국가(이하, 이 조에서 '수입국'이라 한다)에 그 의약품을 수출할 수 있도록 특허발명을 실시할 필요가 있을 것, ㉡ 해당 수입국이 일정한 요건을 갖춘 국가일 것,[45] ㉢ 해당 의약품이 일정요건에 해당할 것,[46] ㉣ 그 특허발명의 특허권자 또는 전용실시권자와 합리적인 조건하에 통상실시권 허락에 관한 협의를 하였으나 합의가 이루어지지 아니하는 경우 또는 협의를 할 수 없는 경우일 것을 필요로 한다.

수입국 국민의 보건을 위한 재정실시권은 2005년 특허법 개정시 도입된 것인데 개정 특허법에 따라 자국민 다수의 보건을 위협하는 질병을 치료하기 위하여 의약품을 수입하고자 하는 국가에 그 의약품을 수출하기 위해 특허청장에게 통상실시권 설정에 관한 재정을 청구할 수 있게 되었다. 그러나 우리나라는 '국가적 비상사태나 극히 긴급한 상황 하에서만' 제한적으로 수혜국 권리를 가질 것을 선언하였기 때문에 우리나라가 수입국의 위치에서 다른 나라로부터 불충분한 의약품을 공급받을 수 있는 경우는 극히 제한적일 수밖에 없다. 이에 대해서는 공중보건을 위한 주권을 스스로 포기했다는 비판이 있다.[47]

---

44) "제2항 및 제3항의 규정을 조건으로 모든 기술분야에서 물질 또는 제법에 관한 어떠한 발명도 신규성, 진보성 및 산업상 이용가능성이 있으면 특허획득이 가능하다. 제65조 제4항, 제70조 제8항 및 이 조의 제3항을 조건으로 발명지, 기술분야, 제품의 수입 또는 국내생산 여부에 따른 차별없이 특허가 허여되고 특허권이 향유된다."

45) 해당수입국은 세계무역기구회원국 중 세계무역기구에 다음 각 호의 사항을 통지한 국가 또는 세계무역기구회원국이 아닌 국가 중 대통령령이 정하는 국가로서 다음 각 호의 사항을 대한민국정부에 통지한 국가에 한한다. 1. 수입국이 필요로 하는 의약품의 명칭과 수량 2. 국제연합총회의 결의에 따른 최빈개발도상국이 아닌 경우 당해 의약품의 생산을 위한 제조능력이 없거나 부족하다는 수입국의 확인 3. 수입국에서 당해 의약품이 특허된 경우 강제적인 실시를 허락하였거나 허락할 의사가 있다는 그 국가의 확인(제107조 제7항).

46) 해당 의약품은 다음 각 호의 어느 하나에 해당하는 것을 말한다. 1. 특허된 의약품 2. 특허된 제조방법으로 생산된 의약품 3. 의약품 생산에 필요한 특허된 유효성분 4. 의약품 사용에 필요한 특허된 진단키트(제107조 제8항).

47) 경제자유구역폐기 및 의료시장개방저지를 위한 공동대책위, 8·30결정 반대선언, 2003.9.1.

④ 절 차

(가) 재정청구서 제출

특허발명을 실시하고자 하는 자는 특허발명이 재정청구의 요건을 갖춘 경우에는 특허청장에게 재정청구서를 제출함으로써 통상실시권 설정에 관한 재정을 청구할 수 있다(제107조 제1항).

(나) 부본송달 및 답변서제출

특허청장은 재정의 청구가 있은 때에는 그 청구서의 부본을 그 청구에 관련된 특허권자·전용실시권자 기타 그 특허에 관하여 등록을 한 권리를 가지는 자에게 송달하고 기간을 정하여 답변서를 제출할 수 있는 기회를 주어야 한다(제108조).

(다) 산업재산권분쟁조정위원회 및 관계 부처의 장의 의견청취

특허청장은 재정을 함에 있어 필요하다고 인정하는 경우에는 「발명진흥법」 제41조의 규정에 따른 산업재산권분쟁조정위원회 및 관계부처의 장의 의견을 들을 수 있고, 관계 행정기관이나 관계인에게 협조를 요청할 수 있다(제109조). 특허청장이 재정을 하고자 하는 경우, 재정요건에는 여러 가지 복잡한 문제가 포함되어 있으므로 산업재산권분쟁조정위원회의 의견 또는 관계인의 협조를 요청할 수 있도록 하고 있는데 이는 특허청장의 재량행위에 속한다.

(라) 재 정

재정은 서면으로 하고 그 이유를 명시하여야 하며, 재정에는 ㉠ 통상실시권의 범위 및 기간 ㉡ 대가와 그 지급방법 및 지급시기 ㉢ 수입국 국민의 보건을 위한 재정의 경우에는 그 특허발명의 특허권자·전용실시권자 또는 통상실시권자가 공급하는 의약품과 외관상 구분할 수 있는 포장·표시 및 재정에서 정한 사항을 공시할 인터넷 주소 ㉣ 그 밖에 재정을 받은 자가 그 특허발명을 실시함에 있어 법령 또는 조약에 규정된 내용을 이행하기 위하여 필요한 준수사항을 명시하여야 한다(제110조 제1항 제2항). 특허청장은 정당한 사유가 있는 경우를 제외하고는 재정청구일부터 6월 이내에 재정에 관한 결정을 하여야 한다(제110조 제3항).

특허청장은 재정을 함에 있어서는 매 청구별로 통상실시권 설정의 필요성을 검토하여야 하고(제107조 제3항), 불실시, 불충분한 실시 또는 특허발명의 실시가 공공의 이익을 위하여 특히 필요한 경우에 따른 재정을 함에 있어서는 통상실시권을 국내수요충족을 위한 공급을 주목적으로 실시할 것, 수입국 국민의 보건을

위한 재정의 경우에는 생산된 의약품 전량을 수입국에 수출할 것의 조건을 부과하여야 한다(제107조 제4항).

한편 수입국 국민의 보건을 위한 재정의 경우에는 ㉠ 법 제107조 제7항이 규정하는 수입국의 요건과 법 제107조 제8항이 규정하는 의약품의 요건을 만족하고 ㉡ 법 제107조 제9항의 규정에 따른 서류가 모두 제출된 경우에는 특허청장은 정당한 사유가 있는 경우를 제외하고는 통상실시권 설정의 재정을 하여야 한다(제110조 제4항).

또한 특허청장은 재정을 함에 있어서 상당한 대가가 지급될 수 있도록 하여야 한다. 이 경우 다음 각 호의 사항을 대가 결정에 참작할 수 있다(제107조 제5항).

㉠ 사법적 절차 또는 행정적 절차에 의하여 불공정거래행위로 판정된 사항을 시정하기 위한 재정의 경우에는 불공정거래행위를 시정하기 위한 취지

㉡ 수입국 국민의 보건을 위한 재정의 경우에는 당해 특허발명을 실시함으로써 발생하는 수입국에서의 경제적 가치

㈒ 재정서 등본의 송달 및 재정의 효과

특허청장은 재정을 한 때에는 당사자 및 그 특허에 관하여 등록을 한 권리를 가지는 자에게 재정서등본을 송달하여야 하며, 당사자에게 재정서등본이 송달된 때에는 재정서에 명시된 바에 따라 당사자 사이에 협의가 성립된 것으로 본다(제111조 제1항, 제2항). 따라서 통상실시권자는 재정에 의해 정해진 범위 내에서 특허발명을 실시할 수 있다. 이 통상실시권은 실시사업과 함께만 이전할 수 있으며, 실시권에 대한 질권을 설정할 수 없다(제102조 제3항, 제6항).

통상실시권자는 재정에서 정한 바에 따라 대가를 지급하거나 다음에 해당하는 경우에는 그 대가를 공탁하여야 한다(제112조).

㉠ 대가를 받을 자가 수령을 거부하거나 수령할 수 없는 경우

㉡ 대가에 대하여 제190조 제1항의 규정에 의한 소송이 제기된 경우

㉢ 당해 특허권 또는 전용실시권을 목적으로 하는 질권이 설정되어 있는 경우 (다만, 질권자의 동의를 얻은 때에는 그러하지 아니하다.)[48]

---

48) 질권이 설정되어 있는 경우에는 대가를 공탁하도록 한 이유는 질권자에게 물상대위의 기회를 주기 위해서이기 때문이다.

⑤ 재정의 실효 및 취소

재정을 받은 자가 재정에서 정한 지급시기까지 대가(대가를 정기 또는 분할하여 지급할 경우에는 최초의 지급분)를 지급하지 아니하거나 공탁을 하지 아니한 때에는 그 재정은 효력을 잃는다(제113조).

아울러 특허청장은 재정을 받은 자가 ㉠ 재정을 받은 목적에 적합하도록 그 특허발명을 실시하지 아니한 경우, ㉡ 통상실시권을 재정한 사유가 없어지고 그 사유가 다시 발생하지 아니할 것이라고 인정되는 경우 또는 ㉢ 정당한 사유 없이 재정서에 명시된 제110조 제2항 제3호[49] 또는 제4호[50]의 사항을 위반하였을 경우에는 이해관계인의 신청에 의하여 또는 직권으로 그 재정을 취소할 수 있다. 다만, ㉡의 경우에는 재정을 받은 통상실시권자의 정당한 이익이 보호될 수 있는 경우에 한한다(제114조 제1항).

재정의 취소절차에는 신중을 기하기 위해 답변서 제출(제108조), 산업재산권분쟁조정위원회 및 관계 부처의 장의 의견청취(제109조), 재정의 방식(제110조 제1항) 및 재정서 등본의 송달(제111조 제1항) 등 재정절차의 규정이 준용된다(제114조 제2항). 재정의 취소가 있는 때에는 통상실시권은 그때부터 소멸된다(제114조 제3항).

⑥ 재정에 대한 불복

재정은 특허청장의 처분이므로 이에 대해서는 행정심판법에 의한 행정심판을 제기하거나 행정소송법에 의한 취소소송을 제기하여 다툴 수 있다. 다만 재정에 대하여 행정심판법에 의하여 행정심판을 제기하거나 행정소송법에 의하여 취소소송을 제기하는 경우에는 그 재정으로 정한 대가를 불복이유로 할 수 없다(제115조). 대가에 대한 불복을 행정심판에서 다투는 것은 부적절하고, 그 대가산정의 어려움 등으로 인하여 행정절차가 지연되는 것을 방지하기 위한 취지에서 재정에 대한 불복의 이유를 제한하고 있는 것이다. 대가에 대해 불복이 있을 때에는 재정을 받은 자는 법원에 소송을 제기하여 다툴 수 있다(제190조).

---

49) 수입국에 그 의약품을 수출하기 위한 재정에는 그 특허발명의 특허권자·전용실시권자 또는 통상실시권자(재정에 의한 경우를 제외한다)가 공급하는 의약품과 외관상 구분할 수 있는 포장·표시 및 재정에서 정한 사항을 공시할 인터넷 주소를 명시하여야 한다.

50) 재정에는 재정을 받은 자가 그 특허발명을 실시함에 있어 법령 또는 조약에 규정된 내용을 이행하기 위하여 필요한 준수사항을 명시하여야 한다.

3) 통상실시권 허여심판에 의한 통상실시권(제138조)

'통상실시권 허여심판에 의한 통상실시권'이란 특허권자·전용실시권자 또는 통상실시권자가 당해 특허발명이 이용·저촉발명에 해당되어 실시의 허락을 받고자 하는 경우에 선출원 특허권자·실용신안권자·디자인권자 또는 전용실시권자가 정당한 이유없이 허락을 하지 아니하거나 허락을 받을 수 없는 때에 자기의 특허발명의 실시에 필요한 범위안에서 통상실시권 허여의 심판을 청구하여 심판절차를 거쳐 부여되는 실시권을 말한다(제138조 제1항).

선·후출원의 발명간에 이용·저촉관계가 있을 경우 후출원의 권리는 선출원의 권리에 의하여 그 실시가 제한되고, 후출원자가 선출원자의 동의 없이 자기의 특허발명을 실시하면 권리의 침해가 성립하게 된다. 선출원자 또한 후출원권리를 실시하고자 하는 경우가 있게 되는데 이 경우에도 후출원권리자의 동의가 없는 경우에는 실시할 수 없다. 이에 특허발명의 원활한 실시를 담보하기 위해 통상실시권허여심판제도가 마련되었다. 자세한 내용은 「통상실시권 허여심판」 부분에서 설명한다.

지금까지 재정에 의한 실시권이나 통상실시권 허여심판에 의한 통상실시권과 같은 강제실시권의 이용현황은 매우 저조하다. 그러나 당사자 간에 분쟁이 발생했을 경우 강제실시권 제도가 존재함으로 인해 당사자 간의 자주적인 실시계약을 촉구하는 역할을 할 수 있을 것이므로 강제실시권 제도의 존재의의는 그것으로 충분하다고 할 수 있을 것이다.

Ⅳ. 특허권의 소멸

1. 서

특허권의 소멸이란 유효하게 발생한 특허권이 일정한 사유에 의해 장래를 향해 효력이 상실되거나 소급하여 처음부터 없었던 것으로 보는 것을 말한다. 특허권은 새로운 기술을 공개한 대가로 일정기간만 존속하는 것이므로 존속기간의 만료로 인한 특허권의 소멸은 권리의 본질상 예정되어 있는 것이라 할 수 있다. 특허권은 ㉠ 존속기간의 만료이외에도 ㉡ 특허료의 불납 ㉢ 상속인의 부존재, ㉣ 권리의 포기, ㉤ 특허권의 취소, ㉥ 무효심판에 의한 무효 등의 사유로 소멸할 수 있다.

특허권의 수용은 특허권 자체의 소멸원인은 아니나 특허권자 입장에서는 상대적 소멸원인이라고 할 수 있다.

2. 존속기간의 만료

(1) 특허권의 존속기간

특허권은 특허권의 설정등록이 있는 날부터 특허출원일후 20년이 되는 날까지 존속하고 존속기간이 만료된 후에는 누구라도 자유롭게 해당 발명을 실시할 수 있다. 특허권의 존속기간을 어느 정도로 인정할 것인지는 해당발명을 공개하여 기술발전에 원동력을 제공한 특허권자의 사익과 해당발명의 실시를 원하는 일반공중의 공익을 조화시켜 산업발전에 기여할 수 있게 한다는 특허정책상의 문제로 귀결된다. 존속기간이 너무 짧은 경우 특허권자에 대한 충분한 보상이 이루어지지 않아 발명의욕을 감퇴시킬 우려가 있고, 반대로 존속기간이 지나치게 긴 경우에는 이미 식상한 기술에 대해서까지 독점권을 인정하는 폐단이 발생할 수 있으므로 특허권의 존속기간은 공·사익이 조화를 이룰 수 있도록 정하는 것이 중요하다.

우리 특허법은 특허권은 원칙적으로 특허권의 설정등록이 있는 날부터 특허출원일후 20년이 되는 날까지 존속하는 것으로 하고(제88조 제1항) 일정한 경우에는 5년의 기간내에서 당해 특허권의 존속기간을 연장할 수 있도록 하고 있다(제89조). 무권리자에 의한 출원이 무권리자에 의한 출원이라는 이유로 거절되거나 무효로 된 경우, 출원일을 소급 받은 정당한 권리자의 특허출원이 특허된 경우에는 당해 특허권의 존속기간은 무권리자가 한 특허출원의 다음날로부터 기산한다(제88조 제2항).

(2) 특허권 존속기간 연장등록제도

1) 의의 및 취지

특허권 존속기간 연장등록제도는 특허발명을 실시하기 위하여 다른 법령의 규정에 의하여 허가를 받거나 등록등을 하여야 하고, 그 허가등을 위하여 필요한 활성·안전성등의 시험에 장기간이 소요되는 경우에 해당 특허권의 존속기간을 연장해 주는 것을 말한다. 의약품 등의 경우에는 품목허가를 받아야 판매가 가능하고 이러한 품목허가를 위한 유효성·안전성 등의 시험에 장기간이 소요되어 실제로 특허권을 부여받고도 장기간 특허권을 실제로 행사하지 못하는 경우가 발생한다. 그래서 1986년 특허법 개정시에 존속기간연장등록제도를 신설하여 다른 발명에 비해 사실상의 존속기간이 단축되는 불합리를 해결하였다.

2) 대상이 되는 특허권

특허권의 존속기간의 연장제도의 대상 발명은 특허발명을 실시하기 위하여 다른 법령의 규정에 의하여 허가를 받거나 등록 등을 하여야 하고, 그 허가 또는 등록등(이하, '허가등'이라 한다)을 위하여 필요한 활성·안전성 등의 시험으로 인하여 장기간이 소요되는 대통령령이 정하는 발명이다(제89조). 특허법시행령 제7조에서는 ㉠ 특허발명을 실시하기 위하여 「약사법」에 따라 품목허가를 받아야 하는 의약품의 발명, ㉡ 특허발명을 실시하기 위하여 「농약관리법」에 따라 등록하여야 하는 농약 또는 원제의 발명을 특허권 존속기간의 연장등록출원 대상 발명으로 규정하고 있다.

3) 출원절차

특허권의 존속기간의 연장등록출원을 하고자 하는 자는 특허권의 존속기간의 연장등록출원서를 특허청장에게 제출하여야 한다(제90조 제1항).[51] 연장등록출원은 특허권자만이 할 수 있고(제91조 제1항 제4호), 특허권이 공유인 경우에는 공유자 전원이 공동으로 특허권의 존속기간의 연장등록출원을 하여야 한다(제90조 제3항). 특허권의 존속기간의 연장등록출원은 약사법에 의한 허가나 농약관리법에 의한 등록을 받은 날부터 3월 이내에 출원하여야 한다. 다만, 특허권의 존속기간의 만료 전 6월 이후에는 연장등록출원을 할 수 없다(제90조 제2항). 특허청장은 특허권의 존속기간의 연장등록출원이 있는 때에는 출원서에 기재된 사항을 특허공보에 게재하여 공시하여야 한다(제90조 제5항). 당해 특허권의 존속기간이 연장될 가능성이 있다는 것을 제3자에 알리기 위함이다.

---

51) 특허권의 존속기간의 연장등록출원서에는 1. 연장등록출원인의 성명 및 주소(법인인 경우에는 그 명칭 및 영업소의 소재지) 2. 연장등록출원인의 대리인이 있는 경우에는 그 대리인의 성명 및 주소나 영업소의 소재지(대리인이 특허법인인 경우에는 그 명칭, 사무소의 소재지 및 지정된 변리사의 성명) 3. 연장대상특허권의 특허번호 및 연장대상특허청구범위의 표시 4. 연장신청의 기간 5. 제89조의 허가등의 내용 6. 지식경제부령이 정하는 연장이유(이를 증명할 수 있는 자료를 첨부하여야 한다)를 기재하여야 한다(제90조 제1항 각호).

4) 심사절차

특허권의 존속기간의 연장등록출원에 대해서도 특허출원에 대한 심사방식이 그대로 적용되고 심사관은 특허권의 존속기간의 연장등록출원이 ㉠ 그 특허발명의 실시가 허가등을 받을 필요가 있는 것으로 인정되지 아니하는 경우, ㉡ 그 특허권자 또는 그 특허권의 전용실시권이나 등록된 통상실시권을 가진 자가 허가등을 받지 아니한 경우, ㉢ 연장신청의 기간이 그 특허발명을 실시할 수 없었던 기간을 초과하는 경우, ㉣ 연장등록출원인이 당해 특허권자가 아닌 경우, ㉤ 공동출원규정에 위반하여 연장등록출원을 한 경우에 해당하는 경우에는 그 출원에 대하여 연장등록거절결정을 하여야 한다(법 제91조 제1항). 이 때 특허권자에게 책임있는 사유로 인하여 소요된 기간은 "그 특허발명을 실시할 수 없었던 기간"에 포함되지 아니한다(제91조 제2항).

심사관은 특허권의 존속기간의 연장등록출원에 대하여 거절결정을 하고자 할 때에는 그 특허출원인에게 거절이유를 통지하고 기간을 정하여 의견서를 제출할 수 있는 기회를 주어야 한다(제93조 준용 제63조). 심사관은 특허권의 존속기간의 연장등록출원에 대하여 거절이유를 발견할 수 없는 때에는 연장등록결정을 하여야 하고(제92조 제1항), 특허청장은 연장등록결정이 있는 때에는 특허권의 존속기간의 연장을 특허원부에 등록하여야 한다(제92조 제2항).

5) 연장의 효과

특허권의 존속기간의 연장등록출원이 있는 때에는 그 존속기간은 연장된 것으로 본다. 다만, 그 출원에 관하여 연장등록거절결정이 확정된 때에는 그러하지 아니하다(제90조 제4항). 특히 의약품의 경우에는 연장등록출원시에 존속기간의 잔여기간이 얼마 남지 않은 경우가 있고, 이러한 경우에는 연장등록 전에 존속기간이 만료되는 사태가 생길 수 있으므로 이를 방지하기 위해 연장등록출원이 있는 때에는 그 존속기간은 연장된 것으로 보는 것이다. 그러나 거절결정이 확정된 때에는 본래의 존속기간의 만료에 의해 특허권은 소멸한다. 존속기간 연장등록출원에 의해 연장된 존속기간은 본래의 존속기간이 만료되는 날의 다음날부터 기산된다. 한편 특허권 존속기간에 대하여 별도의 제한을 하지 않으면 그 기간이 부적절하게 길어질 수 있으므로 연장기간은 5년의 기간 내로 제한하였다(제89조). 따라서 특허권의 존속기간은 연장되는 경우에도 최장 출원일로부터 25년이상은 될 수 없고 해당 기간이 지나면 특허권은 존속기간의 만료로 소멸하게 된다.

6) 연장된 특허권의 효력범위

특허권의 존속기간이 연장된 특허권의 효력은 그 연장등록의 이유가 된 허가등의 대상물건(그 허가 등에 있어 물건이 특정의 용도가 정하여져 있는 경우에 있어서는 그 용도에 사용되는 물건)에 관한 그 특허발명의 실시외의 행위에는 미치지 아니한다(제95조). 본래 특허권의 효력은 업으로서 특허발명을 실시하는 것 모두에 미치지만 존속기간이 연장된 경우의 특허권의 효력은 일정범위 내로 제한된다. 특허발명을 실시하기 위하여 허가 등을 받을 필요가 없었다면 특허권 존속기간 동안 충분히 실시할 수 있었기 때문에 허가 등의 대상물건에 대한 특허발명의 실시에 대해서만 특허권의 효력이 연장된 것으로 보는 것이다.

7) 연장등록거절결정불복심판 및 연장등록무효심판

특허권의 존속기간의 연장등록거절결정을 받은 자가 불복이 있는 때에는 그 결정등본을 송달받은 날부터 30일 이내에 심판을 청구할 수 있다(제132조의3). 특허권자의 권리구제에 만전을 기하기 위해 일반 출원절차에서와 마찬가지로 불복절차를 마련하고 있다.

아울러 연장되어서는 안되는 특허권에 대해 존속기간의 연장등록이 이루어진 경우에는 이를 바로잡기 위해 특허권 존속기간 연장등록 무효심판을 두고 있다(제134조). 자세한 내용은 「특허권존속기간연장등록무효심판」 부분에서 설명한다.

(3) 존속기간 만료의 효과

1) 특허발명의 자유로운 실시

특허권의 존속기간이 만료되면 특허권 및 특허권에 부수되는 모든 권리는 소멸되고, 누구라도 자유롭게 해당 발명을 실시할 수 있게 된다.

2) 존속기간 만료 후의 디자인보호법상 통상실시권

디자인등록출원일전 또는 디자인등록출원일과 같은 날에 출원되어 등록된 특허권이 디자인권과 저촉되는 경우 그 특허권의 존속기간이 만료하는 때에는 원특허권자는 원특허권의 범위안에서 그 디자인권에 대하여 통상실시권을 가진다. 원특허권의 만료 당시에 존재하는 원특허권에 대한 전용실시권자 또는 등록된 통상실시권자 또한 원권리의 범위에서 그 디자인권에 대하여 통상실시권을 가진다(디자인 보호법 제52조 제3항). 이때 특허권자는 무상으로 실시할 수 있으나 실시권자는 디자인권자 등에게 상당한 대가를 지급하여야 한다(디자인 보호법 제52조 제4항).

3) 존속기간 만료 후의 상표법상 통상사용권

상표등록출원일전 또는 상표등록출원일과 동일한 날에 출원되어 등록된 특허권이 그 상표권과 저촉되는 경우 그 특허권의 존속기간이 만료되는 때에는 원특허권자는 원특허권의 범위안에서 그 상표권에 대한 통상사용권을 가진다. 원특허권의 만료 당시에 존재하는 원특허권에 대한 전용실시권자 또는 등록된 통상실시권자 또한 통상사용권을 가진다. 다만, 부정경쟁의 목적으로 그 상표를 사용하는 경우에는 그러하지 아니하다(상표법 제57조의2 제1항, 제2항). 이때 특허권자는 무상으로 사용할 수 있으나 실시권자는 상표권자 등에게 상당한 대가를 지급하여야 한다(상표법 제57조의2 제3항).

3. 특허료의 불납

특허권자는 특허료 납부의무가 있고 이를 태만히 한 때에는 특허권은 소멸한다. 추가납부기간 이내에 특허료를 납부하지 아니한 때(추가납부기간이 만료되더라도 보전기간이 만료되지 아니한 경우에는 그 보전기간 이내에 보전하지 아니한 때를 말한다)에는 특허권의 설정등록을 받고자 하는 자의 특허출원은 이를 포기한 것으로 보며, 특허권자의 특허권은 납부된 특허료에 해당되는 기간이 만료되는 날의 다음 날로 소급하여 소멸된 것으로 본다(제81조 제3항).

4. 상속인의 부존재

특허권은 상속이 개시된 때 상속인이 없는 경우에는 소멸된다(제124조). 민법은 상속인이 없는 경우 상속재산의 국가귀속을 규정하고 있으나(민법 제1058조), 특허권의 경우 그 예외를 인정하여 상속인이 없는 때에 특허권은 소멸하는 것으로 규정하고 있다. 그 취지는 상속인이 없는 경우 특허권을 국가가 독점적으로 소유하는 것보다는 이를 일반 공중에 개방하여 자유로이 실시할 수 있도록 하는 것이 산업정책상 보다 유리하기 때문이다. 그러나 공유특허인 경우에는 공유자중 1인의 상속인이 없다고 해도 그 지분이 타 공유자에게 귀속할 뿐이고 특허권이 소멸하는 것은 아니다.

5. 특허권의 포기

특허권의 포기는 특허권을 소멸시키는 특허권자의 의사표시로 성립하는 단독행위이다. 포기의 의사표시가 언제 있었느냐는 불분명하므로 특허권의 포기에 의한 소멸은 이를 등록하지 아니하면 그 효력이 발생하지 아니한다(제101조 제1항).

권리의 포기는 권리자가 자유롭게 할 수 있는 것이 원칙이지만 그로 인해 다른 사람의 이익을 해쳐서는 아니되므로 특허법은 특허권자는 전용실시권자·질권자·약정통상실시권자·직무발명에 따른 통상실시권자의 동의를 얻지 아니하면 특허권을 포기할 수 없도록 하고 있다(제119조 제1항). 마찬가지 이유로 전용실시권자는 질권자 또는 약정통상실시권자의 동의를 얻지 아니하면 전용실시권을 포기할 수 없고, 통상실시권자는 질권자의 동의를 얻지 아니하면 통상실시권을 포기할 수 없다(제119조 제2항, 제3항). 특허권·전용실시권 및 통상실시권의 포기가 있는 때에는 특허권·전용실시권 및 통상실시권은 그때부터 소멸된다(제120조). 즉 포기에는 소급효가 없다.

6. 특허권의 취소

특허청장은 특허발명이 천재·지변 기타 불가항력 또는 대통령령이 정하는 정당한 이유없이 계속하여 3년이상 국내에서 실시되고 있지 않다는 이유로 재정이 있고, 그날부터 계속하여 2년이상 그 특허발명이 국내에서 실시되고 있지 아니하는 경우에는 이해관계인의 신청에 의하여 또는 직권으로 그 특허권을 취소할 수 있다(제116조 제1항).

특허제도의 목적은 특허발명의 실시를 통해 산업발전을 도모하려는 것인데 특허권자 등의 불실시로 인하여 국가가 개입하여 제3자에게 재정에 의한 통상실시권을 부여하였음에도 불구하고 그 이후에 재정실시권자는 물론 특허권자를 포함한 어느 누구도 특허발명을 실시하지 않는 경우에는 오히려 공중이 특허발명을 자유롭게 이용할 수 있도록 함이 산업발전에 이익이 되므로 특허권이 장기간 불실시될 경우에는 특허권을 취소할 수 있도록 한 것이다. 특허권자의 실시의무에 대한 제제조치라고 할 수 있다. 특허권의 취소절차에는 신중을 기하기 위해 답변서 제출(제108조), 산업재산권분쟁조정위원회 및 관계 부처의 장의 의견청취(제109조), 재정의 방식(제110조 제1항) 및 재정서 등본의 송달(제111조 제1항) 등 재정절차의 규정이 준용된다(제116조 제2항). 특허권의 취소가 있는 때에는 특허권은 그때부터 소멸된다(제116조 제3항). 즉 특허권의 취소에는 소급효가 없다.

7. 특허무효심판에 의한 특허권의 무효

특허권은 심사관의 심사를 거쳐 설정등록되는 것이지만 특허되어서는 안 되는 발명이 심사관의 착오로 잘못 등록되는 경우가 있다. 하자가 있는 특허권을 그대로 유지시킬 경우 특허권자를 부당하게 보호하게 되고, 그 결과 일반공중에게 피해가 발생하고 산업발달에 지장을 초래할 수 있으므로 특허법은 부실권리를 무효로 할 수 있도록 무효심판제도를 마련하고 있다. 특허무효심판에 의해 특허권이 무효로 되면 특허권은 처음부터 발생하지 않은 것으로 되고 소급하여 소멸한다. 자세한 내용은 「특허무효심판」 부분에서 설명한다.

8. 특허권의 수용

정부는 특허발명이 전시·사변 또는 이에 준하는 비상시에 있어서 국방상 필요한 때에는 특허권을 수용할 수 있다(제106조 제1항). 특허권의 수용은 전시·사변 또는 이에 준하는 비상시에 국방상 필요한 때로 한정되고 공익적 목적으로 특허권을 수용할 수는 없다. 특허권이 수용되는 경우 특허권이외의 권리(예컨대 질권이나 전용실시권)는 소멸한다(제106조 제2항). 이 경우 특허권은 국유로 된다. 특허권 자체의 절대적 소멸원인은 아니고 특허권자가 개인으로부터 국가로 바뀐다는 점에서 상대적 소멸원인이다. 이 경우 정부는 정당한 보상금을 지급하여야 한다(제106조 제3항).

제2절 특허권의 효력

I. 적극적 효력

특허권자는 업으로서 그 특허발명을 실시할 권리를 독점한다(제94조). 따라서 정당한 권원이 없는 자가 특허발명을 '업'으로서 실시하게 되면 특허권 침해에 해당하게 된다. 환언하면 특허발명을 실시하더라도 '업'으로서가 아니라 개인적, 가정적으로 실시하는 경우에는 특허권 침해에 해당하지 않는다. 예컨대 세제에 대해 특허권이 설정등록되어 있는 경우 세탁업자가 해당 세제를 사용하는 경우에는 특허권 침해에 해당하게 되나,[52] 가정주부의 경우에는 침해에 해당하지 않게 된다.

Ⅱ. 소극적 효력

타인이 정당한 권원없이 업으로 특허발명을 실시하는 경우 특허침해에 해당하게 되고 특허권자는 침해자에 대해 민·형사상 구제조치를 취할 수 있다. 이처럼 타인이 부당하게 특허발명을 실시할 수 있는 것을 금지할 수 있는 것을 소극적 효력이라고 한다.

Ⅲ. 특허권의 효력범위

1. 시기적, 지역적, 내용적 효력범위

특허권은 설정등록에 의하여 발생하여(제87조) 설정등록이 있는 날부터 특허출원일후 20년이 되는 날까지만 존속하는 유한한 권리이다(제88조). 또한 속지주의 원칙상 특허권의 효력은 그 권리를 인정하는 국가의 영토 내에만 미치고 특허권의 성립, 변동, 소멸 및 그 보호범위는 모두 그 권리를 인정한 나라의 법률에 의한다. 특허발명의 보호범위는 특허청구범위에 기재된 사항에 의하여 정하여지므로(제97조) 특허권의 효력은 특허청구범위에 기재된 발명과 동일성이 있는 범위에까지만 미친다.

---

52) 물론 이 경우에도 세탁업자가 정당하게 유통되는 특허제품을 구입하여 사용하는 경우에는 '소진이론'에 따라 특허침해를 구성하지 않게 된다. 그러나 세탁업자가 직접 세제를 만들어서 사용하는 경우에는 정당한 권원없이 특허제품을 생산 및 사용한 것이 되어 특허권침해에 해당하게 된다. 아울러 정당한 권원이 없는 자가 제조한 세제를 구입한 후 업으로 사용만한 경우에도 해당 세제에 대한 특허권 침해를 구성하게 된다(실시행위의 독립성).

2. 특허권의 효력과 병행수입

(1) 병행수입의 의의

특허독립의 원칙상 동일한 기술에 대해 여러 나라에 걸쳐 특허권이 설정등록되는 경우가 있다. 이 경우 동일한 제품에 대하여 국가별 가격차가 생기게 되는데 이러한 국내외 가격차가 클 경우에는 국내의 정당한 특허권자의 허락없이 제3자나 비정규의 루트를 통하여 외국으로부터 진정상품(genuine goods)[53]을 국내에 수입하는 행위가 나타나게 된다. 이러한 행위를 진정상품의 병행수입(Parallel Importation of Genuine Goods)이라고 한다.

(2) 문제의 제기

특허권자 자신이 원하는 방향으로 상품이 유통되어지는 시장을 백색시장(white market)이라 하고, 모조품·복제품이 불법유통되어지는 시장을 암시장(black market)이라 한다. 이에 대하여, 병행수입 상품은 특허권자 또는 그로부터 허락을 받은 제조업자로부터 나온 제품으로서 진정상품이기에 암시장에서 거래되는 상품과 다르고 또 통상적인 유통경로를 밟아서 거래되는 백색시장 상품이 아니라는 점에서 회색시장(grey market)에서 거래되는 상품이라고 한다. 이러한 표현에서도 나타나듯이 병행수입은 특허권을 침해하는 것인지 여부가 불분명하여 그 허용여부가 문제된다. 병행수입을 허용할 경우, 이는 특허권자의 독점적 권리를 경쟁질서 유지 내지 일반소비자의 이익보호 차원에서 제한하는 의미를 가지게 된다.[54]

병행수입의 허용여부는 주로 상표권과 관련하여 문제가 되어 왔는데, 상표권과 관련한 진정상품의 병행수입 허용여부는 관세청 고시나 공정거래위원회 고시에서 비교적 상세한 판단기준을 마련하고 있다고 할 수 있고, 대법원 판결 또한 상표권과 관련해서는 병행수입 그 자체는 위법성이 없는 정당한 행위로서 상표권 침해 등을 구성하지 아니한다고 일관되게 판단하고 있다.[55] 현재까지 국내에서 특허제품의 병행수입에 대해 구체적인 분쟁이 발생한 경우는 없는 것으로 판단되

---

53) 국내에서 권리자와 동일시할 수 있는 외국의 권리자가 적법하게 유통하고 있는 상품을 말한다.

54) 박태일, "병행수입의 특허권침해여부에 관한 일본의 BBS 사건 사례연구", 裁判實務研究 3권 (2006), 523~524면.

55) 대법원 2002.9.24. 선고 99다42322 판결 등.

나 특허권과 관련하여 병행수입을 허용할 것인지의 문제는 상표권에 있어서 병행수입의 허용문제와는 별개로 검토되어야 한다는 견해가 유력하다.[56]

(3) 소진이론

비록 특허법에 명문의 규정은 없으나, 특허권자 등으로부터 일단 적법하게 당해 특허에 관한 제품을 양도받은 후에 이를 양도하는 등의 행위는 특허권 침해를 구성하지 않는다는 것은 이의없이 받아들여지고 있다. 다만 이를 설명하기 위한 이론적 근거에 대해서는 견해가 갈린다. 소유권 이전설, 묵시의 실시허락설, 목적도달에 의한 권리소멸설 등이 있으나, 특허권자가 특허제품을 타인에게 양도하는 등 특허권을 정당하게 행사함으로써 특허권은 소진되었다는 권리소진이론이 유력하다. 다만 국내소진은 인정된다는 것이 통설이나 권리소진이론에 따라 권리의 국제적 소진도 인정되는 것인지에 대해서는 국제적으로 논쟁이 되고 있다.

(4) 병행수입의 허용여부

병행수입의 허용여부에 관해서는 먼저 그 대상은 진정상품이어야 하고, 권리자에 의해 적법하게 또 임의로 유통에 제공된 상품이어야 한다는 것이 전제된다. 병행수입을 허용해서는 안된다는 견해는 특허독립의 원칙상 특허권의 국제적 소진은 인정되지 않는다는 점, WTO/TRIPS 협정의 회원국이 국제적 소진을 취한다면[57] 당해 회원국에 출원이 이루어지지 않을 것이고 결국 국제적 소진은 개발도

56) 박태일, "병행수입의 특허권침해여부에 관한 일본의 BBS 사건 사례연구", 裁判實務硏究 3권 (2006), 526면; 특허제도는 새로운 발명에 대한 특허권자의 독점·배타적인 권리를 보장하기 위한 것인 반면, 상표제도는 상표가 가지는 자타식별기능을 보호하기 위한 것이라는 점에서 근본적인 차이가 있다. 상표권은 본래 그 기능보호를 통하여 상표권자의 신용과 경업질서를 보호하려는 제도이지 상표권자에게 국제적 시장의 독점, 지배를 인정하려는 제도는 아니므로, 외국에서 상표를 붙인 자와 권리를 행사하는 자가 동일인 또는 계약상·경제상의 결합관계에 있는 경우(상표권자와 독점판매업자로서 전용사용권자, 모자회사 관계 등)에는 진정상품의 병행수입은 상표의 출처표시기능을 해하지 아니하고 품질상의 차이가 없으면 공중에게 오인, 혼동을 생기게 할 위험성이 없어 상표권의 침해행위가 되지 않는다고 볼 수 있는 것이다.

57) GATT 우루과이라운드 교섭에서는 병행수입을 허용하여야 한다는 개발도상국들의 주장과 병행수입을 허용해서는 안된다는 선진국들의 견해대립이 있었다. 결국 WTO/TRIPS 제6조는 "이 협정을 위한 분쟁해결의 목적을 위하여 제3조(내국민대우)와 제4조(최혜국대우)의 규정을 조건으로, 이 협정의 어떠한 규정도 지적재산권의 소진문제를 다루기 위해 사용되지 아니한다."고만 규정하여 WTO의 분쟁해결절차에서는 권리

상국의 불이익으로 작용할 것이라는 점을 논거로 한다.

반면 병행수입을 긍정하는 견해는 첫째 오늘날 기업의 상품생산 거점이 자국내에 한정되기보다 전 세계적 관점에서 경제적으로 합리성 있는 지역에서 이루어지고 있어서 특허권을 이용한 세계시장의 분할과 내외가격차를 이용한 이윤확보를 보호하기 보다는 병행수입을 허용하는 것이 상품의 국제적 유통과 거래안전에 기여하며 국가 산업발전에 도움이 되고, 둘째 특허권자에게 한 번 이득의 기회가 주어진 이상 중복이득을 보장하여야 할 합리적인 이유도 없고 산업정책상 병행수입을 적극 인정하여 국내 시장의 경쟁을 활발히 하고 가격안정에 기여토록 할 필요성도 크다는 점 등을 논거로 한다.[58)]

결국 병행수입 허용여부는 각국의 산업발전 정도 등 제반사정을 참작하여 결정할 문제이므로 국가별로 상이한 결론에 이를 수 있는 문제이다. 또한, 특허제품의 병행수입 허용여부는 기본적으로 특허법이 특허권자에 대해 독점배타권을 부여하는 목적이 무엇인지를 고려하여 판단할 필요가 있다. 세계 각국은 각각의 국내에서 효력을 갖는 특허제도를 가지고 있고, 각국은 자신의 영역 내에서 새로운 기술을 공개하여 기술 진보와 산업 발전에 기여한 자에게 그 대가로서 특허권이라는 독점권을 인정하는 것이라 할 수 있다. 따라서, 동일 발명에 관하여 복수 국가에서 특허받기를 희망하는 자는 각국에 출원하여 각국에서 독립적으로 특허요건의 심사를 거쳐 특허를 받을 것을 요하고, 이에 따라 동일 발명에 관하여 복수 국가에서 특허권을 획득한 자는 그 국가의 기술진보와 산업발전에 기여하는 대가인 개별적인 복수의 특허권을 부여받는 것이다. 이런 관점에서 볼 때, 국내 특허권자의 의사에 반하는 병행수입을 허용함으로써 당해 특허권자의 독점배타권을 침해하는 것은 애초에 특허권을 부여하는 취지에 반하는 결과라고 생각된다. 만일 특허제품의 병행수입을 인정한다면, 국내의 기업들은 선진기술을 도입하여 발전시키기보다는 당해 제품을 값싸게 구입할 수 있는 해외 유통경로를 찾아 수입하는 데에 노력을 기울이게 될 것이다. 이는 "발명을 보호·장려하고 그 이용을 도모함으로써 기술의 발전을 촉진하여 산업발전에 이바지함"을 목적으로 하는 특허법의 취지에도 반한다. 따라서, 앞으로 우리나라에서 특허제품의 병행수입이 문제된다면 보다 신중하게 그 허용여부를 판단할 필요가 있다.[59)]

소진의 문제를 다루지 않기로 되었다.

58) 中山信弘, 앞의 책, 373면 이하.

3. 발명의 동일성

(1) 의의 및 취지

발명의 동일성이란 2 이상의 발명을 상호 대비하여 그 대비되는 발명의 기술적 사상이 동일한 것을 말한다. 발명이 형식적으로 완전히 동일한 경우는 거의 있을 수 없기 때문에 특허법은 신규성, 선출원주의, 확대된 선원주의 등 특허요건 판단과, 무권리자 출원에 대한 정당권리자 출원의 보호, 분할출원, 변경출원, 우선권주장출원 등 각종 제도의 소급효 인정을 위한 요건 판단을 위해 '발명의 동일성' 개념을 도입하고 있다. 따라서 발명의 동일성은 각 규정의 취지에 따라 합목적적으로 판단되어야 한다.

(2) 일반적인 판단기준

1) 판단의 전제

실무상 발명의 동일성은 카테고리별로 판단하다. 따라서 비교되는 양 발명의 카테고리가 다르다면 일반적으로는 동일하지 않은 발명으로 취급하나 발명의 내용이 실질적으로 동일한 경우에는 카테고리에 구애됨이 없이 동일한 발명으로 취급한다.

대법원 1990.2.27. 선고 89후148 판결

발명의 동일성 여부를 판단하기 위하여는 먼저 두 발명의 성격(물건에 관한 발명인지, 방법에 관한 발명인지)과 그 특허발명의 범위를 확정하여야 할 것이며 그 중 하나가 물건(장치)에 관한 발명으로 되어 있고 다른 하나가 방법에 관한 발명으로 되어 있을 때에는 그 발명의 실체를 파악하여 동일한 발명인데 표현양식에 따른 차이가 있는 것에 지나지 아니하는 것인지, 아니면 장치와 방법 양자에 관하여 각각 별개의 발명이 있었는지 여부를 먼저 확정하여 설시하고 이에 더잡아 두 발명의 동일성 여부를 판단하여야 할 것이다.

2) 동일성의 정도

대비되는 두 발명이 동일한지 여부는, 두 발명이 어느 정도까지 달라도 동일하

59) 박태일, "병행수입의 특허권침해여부에 관한 일본의 BBS 사건 사례연구", 裁判實務研究 3권 (2006), 536면.

다고 할 수 있는지의 문제로 볼 수 있다. 대법원 판례에 의하면 양 발명의 기술적 구성의 차이가 과제 해결을 위한 구체적 수단에 있어서의 미세한 차이(주지 관용기술의 부가, 삭제, 변경 등으로 새로운 효과의 발생이 없는 것)인 정도까지는 동일하다고 한다.[60)]

특허법원 2009.7.16. 선고 2008허8365 판결

특허법 제29조 제3항 본문은 "특허출원한 발명이 당해 특허출원을 한 날 전에 특허출원 또는 실용신안등록출원을 하여 당해 특허출원을 한 날 후에 출원공개되거나 등록공고된 타 특허출원 또는 등록공고된 실용신안등록출원의 출원서에 최초로 첨부된 명세서 또는 도면에 기재된 발명 또는 고안과 동일한 경우에 그 발명에 대하여는 제1항의 규정에 불구하고 특허를 받을 수 없다."라고 규정하고 있는바, 이를 적용하기 위한 전제로서 출원발명과 선출원된 명세서 또는 도면에 기재된 발명(고안을 포함한다. 이하 '선출원발명'이라고 한다)의 동일성 여부는 양 발명의 기술사상의 실질적 동일 여부에 의하여 판단하여야 하고, 구체적으로 양 발명의 기술적 구성이 동일한가 여부에 의하되 발명의 효과도 참작하여야 한다. 다만, 기술적 구성에 차이가 있더라도 그 차이가 과제해결을 위한 구체적 수단에서 주지·관용기술의 부가·삭제·변경 등으로 새로운 효과의 발생이 없는 정도에 불과하다면 양 발명은 서로 실질적으로 동일하다고 하여야 할 것이나, 출원발명이 선출원발명에 주지관용의 기술을 부가·삭제·변경한 것이라고 하더라도 그로 인하여 새로운 효과가 발생하는 경우에는 양 발명은 동일하다고 할 수 없다.

한편, 양 발명이 방법에 관한 발명인 경우에, 방법에 관한 발명은 시간 경과적 요소가 중요하고 공정 사이의 유기적 관련성이 크므로, 위 규정에 의한 동일성 여부의 판단에 있어서는 원칙적으로 양 발명의 전체 공정을 확정한 후 대응하는 공정을 시계열적으로 구분·추출한 다음 비교하여 기술적 이동(異同)을 판별함과 아울러, 추가, 삭제 또는 변경된 공정이 있는 경우에는 그로 인하여 양 발명의 기술사상이 실질적으로 달라질 만큼 기술적 의의가 있는지 여부도 함께 검토하여야 한다.

또한, 두 발명이 서로 동일한 발명인지 여부는 대비되는 두 발명의 실체를 파악하여 따져보아야 할 것이지 표현양식에 따른 차이에 따라 판단할 것은 아니므로, 대비되는 두 발명이 각각 물건의 발명과 방법의 발명으로 서로 발명의 범주가 다르다고 하여 곧바로 동일한 발명이 아니라고 단정할 수 없다(대법원 2007.1.12. 선고 2005후3017 판결).

60) 대법원 2001.6.1. 선고 98후1013 판결 등.

(3) 구체적인 판단기준

1) 신규성 판단

신규성은 청구항에 기재된 발명이 특허법 제29조 제1항 각호의1에 해당하는지 여부에 대한 판단이다. 따라서 출원발명의 특허청구범위에 기재된 발명이 ㉠ 특허출원전에 국내 또는 국외에서 공지되었거나 공연히 실시된 발명, ㉡ 특허출원전에 국내 또는 국외에서 반포된 간행물에 게재되거나 대통령령이 정하는 전기통신회선을 통하여 공중이 이용가능하게 된 발명과 동일성이 있는지의 여부를 판단하게 된다.

2) 선출원주의 판단

선출원발명의 특허청구범위에 기재된 발명과 동일성이 있는 후출원발명은 선출원주의에 위반되어 특허를 받을 수 없다. 따라서 선·후출원의 특허청구범위에 기재된 발명간의 동일성 여부를 판단하게 된다.

3) 확대된 선출원의 지위 판단

특허출원한 발명이 당해 특허출원을 한 날 전에 특허출원 또는 실용신안등록출원을 하여 당해 특허출원을 한 후에 출원공개되거나 등록공고된 타특허출원 또는 실용신안등록출원의 출원서에 최초로 첨부된 명세서 또는 도면에 기재된 발명 또는 고안과 동일성이 있는 경우에는 확대된 선출원주의에 위반되어 특허를 받을 수 없다. 따라서 선출원의 출원서에 최초로 첨부된 명세서 또는 도면에 기재된 발명 또는 고안과 후출원발명의 특허청구범위에 기재된 발명의 동일성여부를 판단하게 된다.[61]

4) 무권리자 출원에 대한 정당권리자 출원

정당권리자가 출원한 발명의 특허청구범위에 기재된 발명이 무권리자의 특허출원·특허청구범위에 기재된 발명과 동일성이 있어야 한다.

---

61) 확대된 선출원 규정을 적용함에 있어서 출원발명과 대비되는 대상은 선출원발명 전체이므로 그 청구범위에 기재되어 있지 않고 명세서의 상세한 설명이나 도면에 기재되어 있는 것도 포함된다. 다만, 이 경우에도 대비 대상인 발명은 단일한 발명이어야 하므로, 출원발명의 구성요소에 대한 대응 구성요소 중 어느 것은 청구범위에 기재된 발명에서 찾고 나머지는 상세한 설명이나 도면에 기재된 다른 발명에서 찾는 방식으로 대비하여서는 안될 것이다.

5) 분할출원, 변경출원

원출원의 출원서에 최초로 첨부된 명세서 또는 도면에 기재된 발명(고안)과 분할출원·변경출원의 명세서·도면에 기재된 발명의 동일성이 요구된다.

6) 우선권주장출원

선출원의 출원서에 최초로 첨부된 명세서 또는 도면에 기재된 발명과 동일성이 있는 범위 내에서 우선권주장이 인정된다.

Ⅳ. 특허권의 효력제한

1. 개 설

특허법 제94조는 "특허권자는 업으로서 그 특허발명을 실시할 권리를 독점한다."고 규정하고 있어 특허권의 효력은 특허발명을 업으로 실시하는 모든 행위에 미치고 정당한 권원없는 제3자가 '업'으로서 특허발명을 실시하는 행위는 원칙적으로 특허권 침해를 구성하게 된다. 그러나 독점은 폐해를 수반하기마련이어서 특허권에 근거한 독점에도 제한을 가할 필요가 있다. 또한 특허법의 목적은 궁극적으로 산업발전에 있으므로 산업정책적 견지에서도 특허권을 제한해야 할 경우가 있다. 따라서 비록 '업'으로서의 실시라고 하더라도 제한적인 예외를 인정해야 할 경우가 있는데 그와 같은 이유로 WTO/TRIPS 제30조는[62] 회원국은 특허권에 의하여 허여된 배타적 권리에 대해 제한된 예외를 규정할 수 있는 것으로 규정하고 있다. 다만 WTO/TRIPS 제30조는 단서에서 "단, 그와 같은 예외는 제3자의 정당한 이익을 고려하여, 특허권의 정상적인 이용에 불합리하게 저촉되지 아니하고 특허권자의 정당한 이익을 불합리하게 저해하지 아니하여야 한다."고 규정하고 있어 특허권의 효력을 제한하는 경우에는 특허권자의 정당한 이익 또한 고려되어야 한다. 현행 특허법 제96조는 비록 '업'으로서의 실시에 해당하더라도 일정한 경우에 해당하는 때에는 특허권의 효력이 미치지 않는 것으로 규정하고 있는

62) Members may provide limited exceptions to the exclusive rights conferred by a patent, provided that such exceptions do not unreasonably conflict with a normal exploitation of the patent and do not unreasonably prejudice the legitimate interests of the patent owner, taking account of the legitimate interests of third parties.

데 이는 WTO/TRIPS 규정에 의해서도 허용되는 예외이다.

2. 연구 또는 시험을 하기 위한 특허발명의 실시

특허권의 효력은 연구 또는 시험을 하기 위한 특허발명의 실시에는 미치지 아니한다(제96조 제1항 제1호). 그런데 특허법에는 연구 또는 시험을 하기 위한 특허발명의 실시에는 특허권의 효력이 미치지 아니하는 것으로만 규정하고 있을 뿐 구체적으로 어떠한 것들이 '연구 또는 시험'에 해당하는 것인지는 규정되어 있지 않다.

시험·연구를 위한 특허발명의 실시에 대해 예외를 인정하는 것에 대해서는 반대하는 견해도 있으나,[63] 특허법은 발명의 공개를 통해 개량발명을 촉진하여 결국 산업발전에 기여도록 하는 것을 목적으로 하므로 개량발명의 촉진을 위해서는 연구 또는 시험을 위한 실시에 대해서는 특허권의 효력이 미치지 않는 것으로 할 필요가 있다. 연구 또는 시험을 위한 실시에까지 특허권의 효력이 미치도록 하면 새로운 발명을 공개한 자에게 독점권을 부여함으로써 발명을 보호·장려하고 공개된 정보를 토대로 개량발명을 촉진시킴으로써 산업발전을 이루려는 특허법의 목적에 반하기 때문이다. 반면 연구 또는 시험을 위한 실시에 대해서는 특허권의 효력이 미치지 않는 것으로 하더라도 특허권자에게 크게 불리한 일은 없고 연구 또는 시험을 위한 실시에까지 권리가 미치게 하더라도 특허권자에게 크게 이익이 되는 경우도 많지 않을 것이다. 오히려 타인의 발명을 촉진시켜 이용발명에 대한 원발명자로서의 권리를 행사하는 것이 더 유리한 경우가 많다.

따라서 '연구 또는 시험을 하기 위한 특허발명의 실시'가 구체적으로 무엇을 의미하는지에 대해서는 위와 같은 특허법의 목적을 고려하여 특허권자와 해당 특허발명을 이용하고자 하는 자의 이익이 균형을 이룰 수 있도록 합목적적으로 판단하여야 할 것인데 일반적으로는 다음과 같은 것들을 상정해 볼 수 있다.[64]

(1) 특허성 조사

특허발명에 대해 신규성, 진보성 유무를 조사하기 위해 행해지는 시험으로 그

---

63) 이에 대해서는 中山信弘, 앞의 책, 675~676면 참조.

64) 染野啓子, "試験・研究における特許発明の実施 (I) ", AIPPI, Vol. 33, No. 3 (1988), 5면.

결과에 따라 무효심판의 청구가 가능해 진다. 이 같은 시험은 본래 특허성이 없는 발명이 특허권을 부여받는 것을 방지한다는 뜻에서 기술의 진보 및 발전에 이바지한다고 할 수 있다.

(2) 기능조사

매우 일반적으로 행해지는 시험으로 해당 특허발명이 실시가능한지, 명세서 기재대로 효과를 나타내는지, 경우에 따라서는 부작용 등과 같은 부차적 영향을 발생시키는지의 여부를 조사하기 위한 것이다. 이 시험은 또한 해당 특허발명이 가져오는 경제적 이익·불이익과 그 실시에 요구되는 비용 등의 확인도 포함한다. 그 결과에 따라서는 실시허락을 받을 가능성이 명백해지는 경우도 있다. 이 같은 시험은 특허발명이 갖는 기술적 지견의 범위를 넓혀 기술의 발전에 이바지한다고 볼 수 있다.

(3) 개량·발전을 목적으로 하는 시험

특허발명을 더 개량하여 보다 우수한 발명을 완성하기 위한 시험으로 법목적에 가장 적합한 시험이라고 할 수 있다. 개량발명은 특허발명과 이용관계를 형성하고 그 실시를 위해서는 특허권자의 승낙이 필요하므로 실시권이 설정되는 경우 특허권자의 이익으로 연결된다. 따라서 기술의 진보와는 관계가 없는 판매목적이나 시장조사를 위한 실시의 경우에는 연구라는 이름으로 행해지더라도 침해에 해당하게 된다.

(4) 의약품 판매허가를 위한 실시와 시험·연구의 예외

제약산업은 다른 산업에 비해 특수성을 지닌다. 우선 의약품은 다른 제품과 비교하여 연구개발에 막대한 비용과 시간이 소요된다. 또한 인체에 직접 적용하는 것이기 때문에 유효성·안전성 시험을 거쳐야하며 제조·판매를 위해서는 식약청의 품목허가를 받아야 한다. 신약을 개발하여 처음으로 제조·판매를 위한 허가를 얻은 자(이하, '선발의약품 제조업자'라 한다)는 해당 신약과 관련된 물질, 용도, 제조방법 등에 대한 특허권을 취득하여 일정기간 동안 해당 신약에 대한 독점권을 행사하는 것이 일반적이다. 그 이후 동일한 의약품 시장에 진입하고자 하는 자(이하, '후발의약품 제조업자'라 한다)는 선발의약품의 특허권 존속기간이 만료되면 선발의약품 제조업자가 얻은 허가에 근거하여 비교적 간단한 심사를 거쳐 의약품 시장에 진입할 수가 있게 된다.

이와 같이 의약품시장은 선발의약품과 후발의약품[65]으로 크게 나뉘어지는데 선발의약품 제조업자는 특허권을 통해 일정기간 동안 해당 의약품을 판매할 권리를 독점함으로써 투자한 막대한 연구개발비를 회수할 수 있고 이를 통해 새로운 연구를 진행할 수 있다. 한편 후발의약품 제조업자는 선발주자의 독점기간이 지난 후 복제약을 제조·판매함으로써 동일한 제품을 보다 저렴하게 공급하는 역할을 한다. 새로운 기술을 공개한 자에게 일정기간 독점권을 부여함으로써 발명을 보호·장려하고 그 이후에는 누구나 해당 기술을 사용할 수 있도록 함으로써 개량발명을 촉진시키고 산업발전을 이루려는 특허법의 목적은 제약산업에 있어서도 여전히 적용되어야 할 것이나 의약품의 경우에는 유효성·안전성의 확보를 위해 허가 등에 상당한 시간을 요하는 경우가 많다. 따라서 1986년 특허법을 개정하면서[66] 존속기간 연장등록제도를 신설하여 다른 발명에 비해 의약품의 경우에는 사실상의 존속기간이 단축되는 경우를 입법적으로 해결하였다. 그런데 후발의약품 제조업자의 경우에는 선발의약품 특허권의 존속기간이 만료함과 동시에 후발의약품을 시장에서 판매하기 위해 특허권의 존속기간 중에 제조승인을 위해 필요한 시험을 하는 것이 일반적인데 후발업자의 이와 같은 행위가 특허권의 침해에 해당하는지의 문제는 여전히 남아있다.

의약품 판매허가를 위한 실시행위가 특허법 제96조에서 규정하는 특허권의 효력이 미치지 않는 '연구 또는 시험'에 해당하는지에 대해서는 긍정설[67]과 부정설[68]이 있다. 긍정설에 따르면, 후발의약품의 판매허가를 위한 실시행위는 특허법 제96조에서 규정하는 특허권의 효력이 미치지 않는 '연구 또는 시험'에 해당하여 그와 같은 행위는 특허권을 침해하는 것이 아니라고 한다. 긍정설은 존속기간 만료후에는 누구라도 자유롭게 발명을 이용할 수 있어야 하는데 제조업자의 시험

---

65) '선발의약품'과 '후발의약품'을 '신약'과 '복제약'으로 부르기도 한다.

66) 법률 제3891호, 1986.12.31, 일부개정.

67) 土肥一史, "発明を実施した医薬品を特許権の存続期間満了後、製造·販売するための臨床試験と発明の実施である事業の準備行為(特許権侵害差止仮処分命令申立却下決定に対する即時抗告事件)", 発明 94巻12号 (1997), 86면 등.

68) 清水尚人, "医薬品の臨床試験と特許法69条1項に規定される「試験又は研究」との関係", 知財管理 46巻1号, (1996), 30면 등.

을 특허권 존속기간 만료 이후에만 가능하다고 한다면 특허권의 존속기간이 만료된 후에도 다시 상당한 기간동안 제3자가 당해 발명을 자유롭게 이용할 수 없게 되어버려 실질적으로 특허권 존속기간이 연장되어 버리는 결과를 초래하게 되는 바 이는 특허제도의 근간에 반한다는 것을 근거로 한다.

반면 부정설에 따르면, 후발의약품의 판매허가를 위한 실시행위는 특허법 제96조에서 규정하는 특허권의 효력이 미치지 않는 '연구 또는 시험'에 해당하지 않고 따라서 그와 같은 행위는 특허권 침해에 해당한다고 한다. 부정설의 근거로서는 후발의약품의 제조승인을 위한 각종 시험은 특허법 96조의 '연구 또는 시험'이 요구하는 '기술의 진보'를 목적으로 한다고 할 수 없으므로 본조에서 말하는 '연구 또는 시험'에는 해당하지 않는다는 것을 들 수 있다.

이와 관련해서 후발의약품 등의 판매허가를 위해 특허권 존속기간 중에 해당 특허권을 실시하는 행위는 특허권 침해에 해당하지 않는다는 지방법원의 판결[69] 및 특허심판원의 심결[70]이 있다. 그러나 위와 같은 법원의 판결이나 특허심판원의 심결에 따라 후발의약품의 판매허가를 위한 모든 실시행위가 특허법 제96조에서 규정하는 특허권의 효력이 미치지 않는 '연구 또는 시험'에 해당하고 따라서 의약품 판매허가를 위해 특허발명을 실시하는 행위에는 특허권의 효력이 미치지 않는다고 결론지을 수는 없다. 특허법 제96조는 특허권의 효력이 미치지 아니하는 예외적인 범위를 상정하고 있는 규정이고, 예외규정은 엄격하게 해석되어야하므로 현행법의 해석상으로는 오히려 침해에 해당하는 것으로 판단하는 것이 타당

---

69) 서울 남부지법 2001.6.15 선고 2001카합1074 판결 (특허권 침해금지가처분 사건); 제3자가 특허권 존속기간 만료 후에 제조, 판매할 목적으로, 특허권의 존속기간 중에 특허발명 농약품과 유효성분 등이 동일한 농약품을 제조하여 농약관리법 제8조 소정의 제조품목등록을 위한 등록신청서에 첨부할 시험성적서를 얻기에 필요한 시험을 의뢰하는 행위에 대해 "농약관리법에 의해 국내 제조품목 등록을 받기 위한 요건인 각종 시험성적서를 얻기 위하여 특허발명의디페노코나졸 약제를 제조하여 이용한 것은 특허법 제 96조 제1항의 시험적 사용에 해당하여 특허권의 침해가 되지 않는다"고 판시하였다.

70) 특허심판원 2008.3.24 선고 2007당2503 심결 (적극적 권리범위확인심판 사건); 특허권 존속기간 중에 제너릭 의약품의 허가를 위하여 행한 생물학적 동등성 시험에 대해 특허심판원은 "피청구인이 확인대상발명을 제조한 것은 생동시험을 실시하기 위한 것이고 이러한 생동시험은 제네릭 의약품이 기존 신약을 대체할 수 있는 정도로 생물학적으로 동등한지 여부를 확인하는 시험으로서 특허법 제96조 제1항 제1호의 시험에 해당하는 것으로 인정되므로 이를 위한 확인대상발명의 생산, 즉 제조 행위는 특허법 제96조 제1항 제1호에서 규정하는 '연구 또는 시험을 하기 위한 특허발명의 실시'라고 봄이 타당하다"고 하였다.

하기 때문이다.[71] 그럼에도 불구하고 법원이나 특허심판원이 위와 같이 판단한 이유는 선·후발 제조업자간의 형평성 측면에서나 특허권 존속기간이 사실상 부당하게 연장되는 효과를 방지하기 위해서나 존속기간연장등록제도가 존재하는 이상 비록 특허권 존속기간 중이라고 할지라도 의약품 제조승인을 위한 시험을 행하는 것은 특허권 침해에 해당하지 않는다고 판단하는 것이 합리적이라고 판단하였기 때문으로 생각된다.[72] 따라서 입법론적으로는 존속기간연장등록제도와의 균형을 고려하여 의약품 판매허가를 위한 특허발명의 시험적 실시행위에 대해서는 특허권을 침해하는 것이 아닌 것으로 명문으로 규정하는 것이 바람직할 것이다.

3. 국내를 통과하는데 불과한 선박·항공기·차량 또는 이에 사용되는 기계·기구·장치 기타의 물건

국내를 통과하는데 불과한 선박·항공기·차량 또는 이에 사용되는 기계·기구·장치 기타의 물건에는 특허권의 효력이 미치지 아니한다(제96조 제1항 제2호). 단순히 국내를 통과하는데 불과하므로 특허권에 대한 경제적 손실을 주지 아니할 뿐 아니라 여기에까지 특허권의 효력이 미치도록 하면 국제교통에 방해가 되기 때문이다.

4. 특허출원시부터 국내에 있는 물건

특허출원시부터 국내에 있는 물건에 대해서는 특허권의 효력이 미치지 아니한다(제96조 제1항 제3호). 특허출원시에 존재하는 물건에까지 특허권의 효력을 미치게 하는 것은 지나치게 가혹하고 법적 안정성을 해칠 우려가 있을 뿐 아니라 그로 인해 특허권자의 이익을 특별히 해치는 것도 아니기 때문이다. 다만 만일 특허출

71) 특허법 제96조에서 연구 또는 시험을 위한 실시행위를 비침해로 하고 있는 주목적은 기술적 진보에 있다고 생각되므로 특허법 제96조에 해당하는 시험·연구의 예외로 인정받기 위해서는 기술의 진보에 기여할 수 있는 것이어야 할 것이다. 그런데 후발 제조업자의 의약품제조승인신청을 위한 실시행위가 기술의 진보에 기여하는 것인지는 의문이다.

72) 의약품 판매허가를 위한 시험적 실시행위와 특허권의 침해에 대한 자세한 내용은 신혜은, "의약품 판매허가를 위한 특허발명의 시험적 실시행위와 특허권의 침해", 지식재산연구 제3권 제2호 (2008.12), 1~17면 참조.

원전 해당발명과 동일한 물건이 국내에 공연하게 존재했을 경우에는 신규성이 없어 특허되지 아니하거나 무효사유에 해당하고, 선사용자의 요건을 갖춘 경우에는 선사용권에 의해 보호받을 수 있으므로, 본 규정이 의미를 가지는 경우는 그 물건이 공지·공용의 상태가 아니었거나, 당해 물건을 비밀로 소지하고 그 소지하고 있는 것이 당해 발명의 실시 또는 실시의 준비에 해당하지 않는 것과 같은 경우이다.

5. 약사법에 의한 조제행위와 그 조제에 의한 의약

2이상의 의약(사람의 질병의 진단·경감·치료·처치 또는 예방을 위하여 사용되는 물건을 말한다. 이하 같다)을 혼합함으로써 제조되는 의약의 발명 또는 2이상의 의약을 혼합하여 의약을 제조하는 방법의 발명에 관한 특허권의 효력은 「약사법」에 의한 조제행위와 그 조제에 의한 의약에는 미치지 아니한다(제96조 제1항 제3호). 이 규정은 1986년 특허법 개정시[73] 물질특허제도를 도입하면서 그에 대한 보완규정으로 도입된 것이다. 특허법 개정에 따라 그동안 특허대상에서 제외되던 의약 또는 의약조제방법의 발명, 물질 또는 물질용도의 발명도 특허를 받을 수 있게 되었는데 의약 및 의약조제방법의 발명에 관한 특허권은 국민의 건강과 직결되므로 약사법에 의한 조제행위와 그 조제에 의한 의약에는 그 효력이 미치지 않도록 한 것이다.

6. 추가납부기간 경과후 납부 또는 보전에 의하여 회복한 특허권의 효력의 제한

회복된 특허권 등의 효력은 특허료 추가납부기간이 경과한 날부터 납부하거나 보전한 날까지의 기간(이하, '효력제한기간'이라 한다)중에 다른 사람이 특허발명을 실시한 행위에 대하여는 그 효력이 미치지 아니한다(제81조의3 제4항). 특허권이 이미 소멸한 것으로 믿고 실시한 선의의 실시자를 보호하기 위한 규정이다.

7. 재심에 의하여 회복한 특허권의 효력의 제한

㉠ 무효로 된 특허권 또는 존속기간의 연장등록의 특허권이 재심에 의하여 회

73) 법률 제3891호, 1986.12.31, 일부개정.

복된 경우, ㉡ 특허권의 권리범위에 속하지 아니한다는 심결이 확정된 후 재심에 의하여 이와 상반되는 심결이 확정된 경우, ㉢ 거절한다는 취지의 심결이 있었던 특허출원 또는 특허권의 존속기간의 연장등록출원이 재심에 의하여 특허권의 설정등록 또는 특허권의 존속기간의 연장등록이 된 경우에 특허권의 효력은 당해 심결이 확정된 후 재심청구의 등록전에 선의로 수입 또는 국내에서 생산하거나 취득한 물건에는 미치지 아니한다(법 제181조 제1항). 또한 ㉠ 당해 심결이 확정된 후 재심청구의 등록전에 한 당해 발명의 선의의 실시, ㉡ 특허가 물건의 발명인 경우에는 그 물건의 생산에만 사용하는 물건을 당해 심결이 확정된 후 재심청구의 등록전에 선의로 생산·양도·대여 또는 수입하거나 양도 또는 대여의 청약을 하는 행위, ㉢ 특허가 방법의 발명인 경우에는 그 방법의 실시에만 사용하는 물건을 당해 심결이 확정된 후 재심청구의 등록전에 선의로 생산·양도·대여 또는 수입하거나 양도 또는 대여의 청약을 하는 행위에는 특허권의 효력이 미치지 아니한다(제181조 제2항).

재심의 심결이 원심결과 상반될 경우, 확정된 원심결을 믿고 당해 발명의 물건을 생산하거나 실시 등을 한 자는 재심에 의하여 회복된 특허권자 등으로부터 침해소송 등 권리의 대항을 받게 될 수도 있다. 예를 들면 특허를 무효로 하는 심결이 확정되면 그 발명은 누구나 자유롭게 실시할 수 있게 되지만, 그 후 재심에 의하여 특허권이 회복되는 경우, 특허를 무효로 하는 취지의 심결이 확정된 시점부터 회복되기까지의 기간에 대하여도 특허권은 유효한 것으로 되기 때문에 그 사이에 특허발명을 실시한 것은 전부 특허권을 침해한 것으로 된다. 이와 같은 경우 특허발명이 무효된 것으로 믿고 발명을 실시하였던 자를 무조건 침해자로 인정하는 것은 공평의 원칙에 반하므로 선의의 자에 대하여는 회복된 특허권 등에 관한 효력 제한을 규정함으로써 선의의 자와 특허권자간에 법적 형평을 도모하고자 한 것이다.

8. 기 타

그 밖에 특허권의 효력이 제한되는 경우로는 실시권의 존재에 의한 제한, 공지기술에 의한 제한, 특허권의 공유에 의한 제한, 이용·저촉에 의한 제한 등을 들 수 있다.

V. 특허권자의 의무

1. 실시의무

특허권자는 업으로서 그 특허발명을 실시할 권리를 독점하므로(제94조) 특허권자가 특허발명을 적절하게 실시하지 않으면 발명의 공개의 대가로 특허권을 부여하고 그 공개된 발명의 적절한 실시를 통해 산업발전에 기여하도록 하는 특허법의 목적을 달성할 수 없게 된다. 따라서 특허권자는 특허발명을 적절하게 실시할 의무를 부담하고 해당 의무를 다하지 못한 경우에는 재정에 의해 강제실시권이 설정될 수도 있고, 경우에 따라서는 특허권이 취소될 수도 있다.

2. 정당실시의무

권리의 행사와 의무의 이행은 신의에 좇아 성실히 하여야 하고, 권리는 남용하지 못한다는 권리행사의 일반원칙(민법 제2조)은 특허권의 행사에도 당연히 적용된다. 특히 특허권은 남용될 경우 독점에 따른 폐해가 그 만큼 클 수밖에 없으므로 정당하게 행사되어야 한다.

3. 특허료 및 수수료 납부의무

(1) 특 허 료

1) 의 의

특허료란 특허권의 설정등록을 받고자 하는 자 또는 특허권자가 국가에 납부하여야 하는 일정한 금액을 말한다. 특허료 납부는 특허권의 설정등록 요건인 동시에 존속요건이다. 국가가 특허료를 징수하는 취지는 특허권자에게 특허권 설정등록의 범위내에서 독점배타권을 부여하는 대신 수익자부담의 원칙에 의거하여 특허료를 징수하는 것이다.

2) 납부방법

특허권의 설정등록을 받으려는 자는 특허결정등본송달일로부터 3개월 이내에 최초 1~3년분의 특허료(설정등록료)를 납부하여야 하고, 특허권자는 그 다음 연도분부터의 특허료(연차료)를 해당 권리의 설정등록일에 해당하는 날을 기준으로 매년 1년분씩 납부하여야 한다(제79조 제1항). 특허권자는 선택에 따라 수년분 또는 잔여 연차분을 일괄하여 납부할 수도 있다(제79조 제2항).

3) 특허료의 추가납부 및 특허료의 보전

특허권자가 기간 내에 특허료를 납부하지 않으면 해당 특허권은 소멸된다. 그러나 특허료를 기간 내에 납부하지 아니하였다고 그 즉시 특허출원을 포기한 것으로 보거나 특허권을 소멸시키는 것은 출원인이나 특허권자에게 가혹하므로, 특허권의 설정등록을 받고자 하는 자 또는 특허권자는 특허료 납부기간이 경과한 후에도 6개월이내에 해당금액의 2배의 범위 내에 해당하는 금액을 납부함으로써 특허료를 추가납부할 수 있도록 하고 있다(제81조 제1항, 제2항). 추가납부기간 이내에 특허료를 납부하지 아니한 때(추가납부기간이 만료되더라도 보전기간이 만료되지 아니한 경우에는 그 보전기간 이내에 보전하지 아니한 때를 말한다)에는 특허권의 설정등록을 받고자 하는 자의 특허출원은 이를 포기한 것으로 보며, 특허권자의 특허권은 납부된 특허료에 해당되는 기간이 만료되는 날의 다음날로 소급하여 소멸된 것으로 본다(제81조 제3항).

특허료 납부기간 또는 추가납부기간 내에 특허료의 일부를 납부하지 아니한 경우에는 특허청장은 특허료의 보전(補塡)을 명하여야 하고(제81조의2 제1항) 보전명령을 받은 자는 그 보전명령을 받은 날부터 1월 이내에 부족한 특허료를 보전할 수 있다(제81조의2 제2항).

4) 특허권의 회복

2001.2.3 개정법[74]은 출원인 또는 특허권자가 책임질 수 없는 사유로 인하여 특허료를 납부하지 못한 경우에도 특허출원 등이 포기되는 것으로 간주되는 것은 권리자에게 가혹하다는 헌법재판소의 판결[75]에 따라 일정한 요건 하에 특허료의 추가납부에 의한 특허출원 또는 특허권의 회복규정을 신설하였다. 특허권의 설정등록을 받고자 하는 자 또는 특허권자가 책임질 수 없는 사유로 말미암아 추가납부기간 이내에 특허료를 납부하지 아니하였거나 보전기간 이내에 보전하지 아니한 경우에는 그 사유가 종료한 날부터 14일 이내에 그 특허료를 납부하거나 보전할 수 있다. 다만, 추가납부기간의 만료일 또는 보전기간의 만료일중 늦은 날부터

74) 법률 제6411호, 2001.2.3, 일부개정.
75) 헌법재판소 2000.11.30. 선고 99헌마624 결정.

6월이 경과한 때에는 그러하지 아니하다(제81조의3 제1항). 특허료를 납부하거나 보전한 자는 그 특허출원을 포기하지 아니한 것으로 보며, 그 특허권은 계속하여 존속하고 있던 것으로 본다(제81조의3 제2항).

2005.5.3 개정법[76]에서는 추가납부기간 또는 보전기간 이내에 특허료를 납부하거나 보전하지 아니하여 실시중인 특허권이 소멸한 때에도 그 기간만료일로부터 3개월 이내에 특허료의 3배를 납부하고 그 소멸한 권리의 회복을 신청할 수 있도록 하여 권리구제를 확대하였다(제81조의3 제3항). 이 경우 그 특허권은 계속하여 존속하고 있던 것으로 보는데, 해당 특허권이 소멸된 것으로 생각하고 그 특허발명을 실시한 선의의 실시자를 보호하기 위해 특허권의 효력제한규정도 함께 신설하였다(제81조의3 제4항 내지 제6항).

회복된 특허권 등의 효력은 특허료 추가납부기간이 경과한 날부터 납부하거나 보전한 날까지의 기간(이하, '효력제한기간'이라 한다)중에 다른 사람이 특허발명을 실시한 행위에 대하여는 그 효력이 미치지 아니한다(제81조의3 제4항). 또한 효력제한기간 중 국내에서 선의로 특허출원된 발명 또는 특허권에 대하여 그 발명의 실시사업을 하거나 그 사업의 준비를 하고 있는 자는 그 실시 또는 준비를 하고 있는 발명 또는 사업의 목적의 범위안에서 그 특허출원된 발명에 대한 특허권에 대하여 통상실시권을 가진다(제81조의3 제5항).[77] 이 경우 통상실시권을 가진 자는 특허권자 또는 전용실시권자에게 상당한 대가를 지급하여야 한다(제81조의3 제6항).

5) 이해관계인에 의한 특허료의 납부

당해 특허권의 부등록 내지 소멸에 관하여 법률상·경제상의 이해관계를 가지는 이해관계인은 납부하여야 할 자의 의사에 불구하고 특허료를 납부할 수 있다(제80조 제1항). 이 경우 이해관계인은 납부하여야 할 자가 현재 이익을 받은 한도

---

76) 법률 제7554호, 2005. 5.31, 일부개정.

77) 특허법 제81조의3 제5항은 "효력제한기간중 국내에서 선의로 제2항 또는 제3항의 규정에 의한 특허출원된 발명 또는 특허권에 대하여 그 발명의 실시사업을 하거나 그 사업의 준비를 하고 있는 자는 그 실시 또는 준비를 하고 있는 발명 또는 사업의 목적의 범위안에서 그 특허출원된 발명에 대한 특허권에 대하여 통상실시권을 가진다."고 규정하고 있으나, 효력제한기간중 선의로 그 발명의 실시사업을 하거나 그 사업의 준비를 하고 있는 자는 그 실시 또는 준비를 하고 있는 발명 및 사업의 목적의 범위안에서 그 특허출원된 발명에 대한 특허권에 대하여 통상실시권을 가진는 것으로 보아야 타당할 것인바, 입법상의 착오로 판단된다.

에서 그 비용의 상환을 청구할 수 있다(제80조 제2항).

(2) 수 수 료

수수료란 특허에 관한 출원·청구 기타 절차를 밟는 자로부터 징수하는 것으로 국가의 역무제공에 대한 반대급부 또는 보수를 말한다. 특허에 관한 절차를 밟음에 있어 납부하는 요금 중 특허료 및 등록료를 제외한 모든 요금을 수수료라 할 수 있다. 특허법상 수수료에는 출원료, 심사청구료, 심판청구료, 보정료 등이 있고, 특허에 관한 절차를 밟는 자는 수수료를 납부하여야 한다(제82조 제1항). 특허출원인이 아닌 자가 출원심사의 청구를 한 후 그 특허출원서에 첨부한 명세서를 보정하여 특허청구범위에 기재한 청구항의 수가 증가한 때에는 그 증가한 청구항에 관하여 납부하여야 할 심사청구료는 특허출원인이 납부하여야 한다(제82조 제2항). 심사청구는 누구든지 할 수 있으므로 특허출원인이 아닌 타인이 심사청구료를 적법하게 납부하여 심사청구를 한 후 출원인이 한 명세서의 보정에 의하여 타인의 심사청구 당시에 비하여 청구항이 증가하게 되는 경우가 있는데, 그 경우 증가된 청구항에 대한 심사청구료는 출원인이 납부하도록 한 것이다.

4. 기타의무

특허청장은 특허권자·전용실시권자 또는 통상실시권자에게 특허발명의 실시여부 및 그 규모등에 관하여 보고하게 할 수 있는바(제125조), 특허권자는 실시보고의무를 진다고 할 수 있다. 다만 기존에는 특허발명의 실시보고의 명령에 정당한 이유없이 응하지 아니한 자는 50만원 이하의 과태료에 처하였으나 개정법[78] 에서는 행정적 편의를 위한 과도한 규제라는 이유로 이를 삭제하였다.

또한 기존에는 특허표시의무를 부여하였으나 1980년 12월 31일 개정법을 개기로 특허표시여부는 전적으로 권리자의 자유의사에 맡겨 특허권자·전용실시권자 또는 통상실시권자는 물건의 특허발명에 있어서는 그 물건에, 물건을 생산하는 방법의 특허발명에 있어서는 그 방법에 의하여 생산된 물건에 특허표시를 할 수 있으며, 물건에 특허표시를 할 수 없을 때에는 그 물건의 용기나 포장에 그 표시를 할 수 있도록 하고 있다. 따라서 특허표시여부는 의무사항이 아니고 권장사항

78) 법률 제7871호, 2006.3.3, 일부개정.

일 뿐이나 특허권침해에 관한 분쟁시 고의입증의 유력한 증거가 될 수 있다.[79]

국내에 주소 또는 영업소를 가지지 아니하는 자(이하, '재외자'라 한다)는 특허권의 설정등록 및 특허권 존속기간 중 특허관리인을 선임 등록 하여야 한다. 그렇지 않으면 특허에 관한 절차를 밟거나 특허법 등에 의하여 행정청이 한 처분에 대하여 소를 제기할 수 없다(제5조).

제3절 특허권 침해에 대한 구제

I. 특허권의 효력과 청구범위의 해석

1. 특허발명의 보호범위

특허법 제97조는 "특허발명의 보호범위는 특허청구범위에 기재된 사항에 의하여 정하여 진다"고 규정하고 있다. 특허법 제97조는 다음과 같이 해석될 수 있다. 즉 상세한 설명에 기재된 사항이라고 하더라도 특허청구범위에 기재되지 않는 한 특허로서 보호받을 수 없고, 아울러 특허청구범위에 기재된 구성요소 모두를 실시한 자에 대하여만 특허에 기한 권리행사를 할 수 있다는 것이다. 전자를 특허청구범위의 보호범위적 기능이라 하고, 후자를 구성요건적 기능이라고 한다.

특허청구범위는 특허출원인이 자신이 공개한 발명의 내용 중에서 권리로서 요구하는 부분을 기재하는 것이므로 특허권의 보호범위를 확정하기 위한 기준이 되는 것은 당연하다. 그런데 특허청구범위에 기재된 기술적 사항을 전부 그 기재 문언으로부터 객관적으로 파악할 수 있다면 특허발명의 보호범위는 그 기재 문언으로부터 즉시 확정할 수 있을 것이나 그러한 경우는 많지 않기 때문에 특허청구범위의 기재를 해석하기 위한 기준이 필요하다.

특허청구범위의 해석이 사실문제냐 법률문제냐에 대해 견해가 갈릴 수 있으나, 미국 연방대법원은 청구범위의 해석문제가 전적으로 법관의 판단에 맡겨지는 법률문제임을 분명히 하였고[80] 우리나라의 다수설과[81] 판례[82] 또한 특허청구범위

79) 특허표시유무를 불문하고 타인의 특허권 또는 전용실시권을 침해한 자는 그 침해행위에 대하여 과실이 있는 것으로 추정한다(제130조). 과실이 추정되는 이유는 출원의 공개 및 등록공고를 하는 한편, 등록원부를 조회할 수 있는 기회를 주었기 때문이다.

의 해석을 법률판단의 문제로 파악하고 있다. 다만, 특허청구범위의 해석문제를 법률판단의 문제로 파악하는 경우 당사자의 자백이 허용되는 범위에 관한 문제가 있다. 먼저, 민사소송인 침해소송에서 원칙적으로 당사자의 자백이 허용됨은 의문의 여지가 없다. 대법원은 심결취소소송에서도 원칙적으로 변론주의가 적용되고 따라서 자백 또는 의제자백도 인정된다고 하고 있으며 자백의 대상은 사실이고 이러한 사실에 대한 법적 판단 내지 평가는 자백의 대상이 되지 않는다고 판시하고 있다.[83] 특허청구범위의 해석은 법률문제로서 당사자의 자백이 허용되지 않지만, 확인대상발명[84]이 특허청구범위의 구성요소 중 어느 구성요소를 동일하게 가지고 있는지 혹은 구성요소 전부를 가지고 있는지 여부는 이를 사실확정의 문제로 파악하여 당사자에 의한 자백이 허용된다고 새기는 것이 타당할 것이다.[85]

2. 중심한정주의와 주변한정주의

(1) 중심한정주의

중심한정주의는 대륙법 계통의 직권주의적 성격이 강조된 해석방식으로 특허청구범위에 기재된 것은 발명의 추상적 사상이므로 특허청구범위에 기재된 구체적 문언은 물론, 해석을 통하여 그와 실질적으로 기술사상을 같이하는 범위에까지 발명의 보호범위를 확장할 수 있다고 한다. 최초 출원시에 특허청구범위를 완벽하게 기재하기곤란한 선출원주의와 어울리기 쉬운 반면에 특허권의 범위를 명확히 알 수 없어 해석을 둘러싼 분쟁의 여지가 많은 단점이 있다.

---

80) Markman v. Westview Instruments Inc., 517 U.S. 370 (1996).

81) 李明揆, "審決取消訴訟에 있어서 自白과 擬制自白", 특허소송연구 제2집 (2001), 102면; 李秀完, "特許請求範圍의 解釋", 특허소송연구 제2집 (2001), 151면.

82) 대법원 2000.7.4. 선고 97후2194 판결 등.

83) 대법원 2000.12.22. 선고 2000후1542 판결 등.

84) 종래에는 '(가)호 발명'이라는 용어를 사용하였으나 최근 대법원의 판결문이나 논문에서는 '확인대상발명'이라는 용어를 주로 사용하고 있다. 일본식 용어인 '(가)호 발명'과 비교하여 훨씬 순화된 용어라고 생각된다. 다만 확인대상물의 경우 발명에 해당하는 경우도 있겠으나 아직 발명에는 이르지 못한 미완성의 경우도 있을 수 있을 것이고 발명의 정의규정과 관련해서도 문제가 있을 수 있으므로 '확인대상물건' 또는 '확인대상방법'이라는 용어를 사용하는 것이 더 타당하지 않을까 하는 생각도 든다. 본서에서는 용어의 통일을 위해 인용을 위해 부득이한 경우를 제외하고는 '확인대상발명'이라는 용어를 사용한다.

85) 박성수, "특허청구범위의 해석에 관한 소고", 사법논집 제39집 (2004), 616~617면.

(2) 주변한정주의

주변한정주의는 영미법에서 발달한 해석방식으로 특허청구범위는 발명자 스스로 자기의 권리의 외연을 설정한 것이므로 발명자는 발명의 모든 구성요소(all element rule)를 특허청구범위에 기재하여야 하고 특허청구범위의 문언이 의미하는 내용에 따라 보호범위가 결정되는 것을 원칙으로 한다.[86] 특허청구범위의 해석여지를 좁게 인정하여 권리자에게 불리한 반면 일반 공중으로서는 특허권의 범위를 명확히 알 수 있어 지위가 안정적이다.

(3) 단항제 및 다항제와의 관계

중심한정주의나 주변한정주의는 특허청구범위의 작성방법과 관련된 단항제 또는 다항제와도 관련이 있다. 즉, '단항제' 하에서는 출원인은 자신의 발명을 하나의 청구항에 표현하여야 하므로 그 구체적 기술사상을 빠짐없이 기재하기가 어려울 수 밖에 없고, 발명의 내용을 파악하거나 특허의 권리범위를 설정함에 있어서도 '중심한정주의'에 따라 '발명의 요지' 또는 '핵심적인 기술사상'이라고 하는 추상적 기준을 먼저 추출한 후 그것이 동일한지, 전체 발명에서 차지하는 비중이 어떠한지 여부를 살피게 된다. 반면, '다항제' 하에서는 출원인은 자신의 발명을 복수의 독립항 및 종속항을 구사하여 얼마든지 세부적이고 구체적으로 표현할 수 있는 것이므로 굳이 '발명의 요지' 또는 '핵심적인 기술사상'이라는 추상적 개념을 동원할 필요가 없기 때문에 특허청구범위에 나타나지 않은 사항에 대해서는 원칙적으로 권리를 인정하지 않는 '주변한정주의'의 경향을 띠게 된다.[87]

---

86) 특허청구범위를 기재함에 있어서는 모든 구성요소를 필수적으로 기재하여야 하고, 따라서 발명에 대한 침해여부를 판단함에 있어서는 특허청구범위에 기재된 요소는 모두 필수구성요소이며 그 중 일부를 임의로 생략하거나 특허청구범위에 기재되지 아니한 내용을 포함시켜서는 안된다는 원칙을 구성요소완비의 원칙(all element rule)이라 한다. 구성요소완비의 원칙은 주변한정주의 및 균등론과 불가분의 관계를 가진다. 구성요소완비의 원칙에 따라, 분해된 특허청구범위의 구성요소와 침해대상물의 구성요소를 상호 대비하여 특허청구범위의 구성요소 중 하나라도 침해대상물에 없는 경우에는 비침해로 추정되고, 특허청구범위의 구성요소가 전부 침해대상물에 있을 때에는 침해로 추정된다. 다만 구성요소완비의 원칙에 의해 침해로 추정되는 경우에도 역균등론에 의해 침해가 인정되지 않을 수도 있고, 반대로 비침해로 추정되는 경우에도 균등론에 의해 침해가 인정될 수 있다.

87) 조영선, 앞의 책, 301~302면.

(4) 판례의 태도

우리나라의 이전 판례들의 대체적 경향은 "특허발명의 범위는 특허청구의 범위에 기재된 구체적인 문언의 범위뿐 아니라 발명의 상세한 설명과 도면의 간단한 설명의 기재 전체를 일체로 하여 그 발명의 성질과 목적을 밝히고 이를 참작하여 그 발명의 범위를 실질적으로 판단하여야 할 것이요 특허청구범위에 관한 기재에만 구애될 수 없다."라고 하여 중심한정주의적 입장을 취하고 있었다.[88] 그러나 점차 특허청구범위의 해석에 있어서의 명확성과 예측가능성에 중점을 두는 주변한정주의적 해석론에 접근하는 경향을 보여 오다가, 최근의 대법원 판례는 "특허권의 권리범위 내지 실질적 보호범위는 특허출원서에 첨부한 명세서의 청구범위에 기재된 사항에 의하여 정하여지는 것이 원칙이고, 다만 그 기재만으로 특허의 기술적 구성을 알 수 없거나 알 수 있더라도 기술적 범위를 확정할 수 없는 경우에는 명세서의 다른 기재에 의한 보충을 할 수가 있는데, 이 경우에도 명세서의 다른 기재에 의하여 특허범위의 확장해석이 허용되지 아니함은 물론 청구범위의 기재만으로 기술적 범위가 명백한 경우에 명세서의 다른 기재에 의하여 청구범위의 기재를 제한해석할 수는 없다."고 하여[89] 주변한정주의적 입장으로 돌아섰다. 또한 "특허발명의 청구항이 복수의 구성요소로 되어 있는 경우에는 그 각 구성요소가 유기적으로 결합된 전체로서의 기술사상이 보호되는 것이지, 각 구성요소가 독립하여 보호되는 것은 아니므로, 특허발명과 대비되는 (가)호 발명이 특허발명의 청구항에 기재된 필수적 구성요소들 중의 일부만을 갖추고 있고 나머지 구성요소가 결여된 경우에는 원칙적으로 그 (가)호 발명은 특허발명의 권리범위에 속하지 아니한다."고 하여 구성요소완비의 원칙을 취하고 있다.[90]

3. 특허청구범위 해석의 원칙

(1) 특허요건판단 및 특허침해판단

특허청구범위는 그것이 넓을수록 폭넓게 독점권을 행사할 수 있는 반면에, 특

88) 대법원 1972.5.23. 선고 72후4 판결; 대법원 1973.7.10 선고 72후42 판결; 대법원 1973.8.31. 선고 72후43 판결 등.

89) 대법원 1997.5.28. 선고 96후1118 판결.

90) 대법원 2001.6.15. 선고 2000후617 판결; 대법원 2001.6.1. 선고 98후2856 판결; 대법원 2001.9.7. 선고 99후1584 판결; 대법원 2006.11.23. 선고 2005후18 판결 등.

허를 획득하기 위한 심사나 무효심판 등을 통하여 일단 등록된 특허의 적격성이 도전받는 단계에서는 그 만큼 선행기술로부터 도전을 받게 될 가능성이 넓어진다는 의미에서 이율배반성을 가진다. 따라서 그와 같은 성질을 가지는 특허청구범위를 해석함에 있어서는 심사단계에서의 특허요건 판단기준과 권리행사단계에서의 보호범위 해석기준이 서로 달라야 한다는 논의가 유력히 전개되고 있다.[91]

특허요건 판단에서는 특허청구범위에 공지기술을 포함하고 있거나 명세서에 기재불비가 있다고 하더라도 공지기술을 제외하거나 기재불비가 되지 않는 범위 내에서 발명의 요지를 확정하는 것은 허용될 수 없다. 만일 이와 같이 발명의 요지를 인정하게 되면, 이는 출원인이 표시한 의사를 심사하는 측에서 임의로 변경하는 것을 허용하는 결과가 되고, 명세서에 기재불비가 있거나 특허요건을 구비하지 못한 발명이 특허되는 불합리가 발생한다.

그런데 특허발명의 보호범위를 정함에 있어서는 특허발명이 갖는 실질적 가치를 평가하고 공지기술 및 공지기술의 응용에 지나지 않는 침해태양에 특허권의 효력이 미치지 않게 하여야 한다.[92] 즉, 특허발명의 보호범위는 등록된 특허의 보호범위를 정하는 것이므로, 특허청구범위에 기재된 사항이라는 사정만으로 보호할 가치가 없는 사항이나 진실로 발명하지 아니한 부분까지 그 권리를 인정하는 것은 곤란하고 특허발명의 보호범위를 정당한 범위 내로 제한하여 해석함이 타당한바, 발명의 상세한 설명의 기재에 의하여 뒷받침되고 있지 않거나 출원인이 특허권의 권리범위에서 의식적으로 제외하고 있다고 보이는 경우에는 특허발명의 보호범위에 속하지 않는다고 보아야 하고, 여기에는 공지기술참작의 원칙, 출원경과 참작의 원칙 등 여러 가지 해석원리가 적용된다. 때로는 균등론 등에 의하여 특허발명의 보호범위가 확장되는 경우도 있다. 이러한 점에서 특허발명의 보호범위는 특허요건 판단에서의 발명의 요지확정과 달라질 수 있다.[93]

대법원 2003.7.11. 선고 2001후2856 판결

특허권의 권리범위는 특허출원서에 첨부한 명세서의 특허청구범위에 기재된 사항

91) 조영선, 앞의 책, 303면; 박성수, "특허청구범위의 해석에 관한 소고", 사법논집 제39집 (2004), 595면 이하.

92) 牧野利秋, "特許請求範圍의 解釋에 대하여", 특허소송연구 제1집 (1999), 92~93면; 윤선희, 「특허법」, 법문사, 2003, 646면 참조.

93) 한규현, "발명의 요지와 특허발명의 보호범위", 특허소송실무연구회 세미나자료, 2007.

> 에 의하여 정하여지고, 청구범위의 기재만으로 기술적 범위가 명백한 경우에는 원칙적으로 명세서의 다른 기재에 의하여 청구범위의 기재를 제한 해석할 수 없지만, 청구범위에 포함되는 것으로 문언적으로 해석되는 것 중 일부가 발명의 상세한 설명의 기재에 의하여 뒷받침되고 있지 않거나 출원인이 그 중 일부를 특허권의 권리범위에서 의식적으로 제외하고 있다고 보이는 경우 등과 같이 청구범위를 문언 그대로 해석하는 것이 명세서의 다른 기재에 비추어 보아 명백히 불합리할 때에는, 출원된 기술사상의 내용과 명세서의 다른 기재 및 출원인의 의사와 제3자에 대한 법적 안정성을 두루 참작하여 특허권의 권리범위를 제한 해석하는 것이 가능하다.

특허요건 판단에서만 적용되는 특허청구범위의 해석수법으로는 최광의 해석원칙(broadest reasonable interpretation)이 있다. 이 원칙은 특허심사 중에 있는 특허청구범위는 발명의 상세한 설명과 모순이 없으면서 최대한 넓게 해석하여야 한다는 것이다. 이는 출원인은 항상 심사 중에 특허청구범위를 보정할 수 있는 기회를 가지기 때문에 심사관이 특허청구범위를 넓게 해석하는 것이 특허등록 후에 정당한 범위보다 넓게 해석될 수 있는 가능성을 감소시킬 수 있기에 특허요건 판단에 채택되는 원칙이다.[94)]

특허청구범위 기준의 원칙이나 발명의 상세한 설명 참작의 원칙은 특허요건판단 및 특허침해판단 모두에서 적용되는 특허청구범위해석의 기본원칙이라 할 수 있다.

(2) 특허청구범위 기준의 원칙

'특허청구범위 기준의 원칙'이란 특허발명의 보호범위는 원칙적으로 특허청구범위에 기재된 사항에 의하여 결정된다는 것을 말한다. 다만, 특허발명의 보호범위를 특허청구범위에 기재된 사항에 의하여 정한다는 것은 특허발명의 보호범위가 반드시 특허청구범위가 기재된 그대로 정해진다는 것은 아니며, 발명의 상세한 설명, 도면의 참작과 출원 당시의 기술 수준 및 출원의 경과 등에 비추어 그 기술적 의미를 해석한 뒤에 그 해석된 특허청구범위가 특허발명의 보호범위결정의 기준이 된다는 의미이다.

---

94) USPTO, MPEP(Manual of Patent Examining Procedure) §2111.

(3) 발명의 상세한 설명 참작의 원칙

특허청구범위가 특허발명의 보호범위의 기준이 되는 것은 분명하지만, 특허청구범위에는 발명의 핵심적인 구성만을 기재하기 때문에 특허청구범위의 기재만으로는 발명의 기술적인 의미를 충분히 파악하기 어렵다. 그러므로 특허청구범위에 기재된 내용을 명확하게 하기 위해서는 보충적으로 명세서 중 발명의 상세한 설명 또는 도면의 기재 내용을 참작하여야 한다는 것이 '발명의 상세한 설명 참작의 원칙'이다.

우리나라 특허법에는 특허침해 판단단계에서 발명의 상세한 설명 참작의 원칙에 대한 명문의 규정은 없지만, 특허청구범위에 기재된 청구항은 '발명의 상세한 설명에 의하여 뒷받침될 것'을 요구하고 있기 때문에(제42조 제4항 제1호) 특허청구범위를 발명의 상세한 설명에 기재된 것의 범위를 넘어서 기재하는 것은 허용되지 않고, 특허침해판단시에는 특허청구범위에 기재되어 있는 실질적인 기술내용이 무엇인지를 판단하여야 하므로 특허발명의 특허청구범위를 해석함에 있어서도 발명의 상세한 설명이 참작되어야 한다.

이와 관련하여 유럽특허조약(EPC) 제69조 제1항은[95] "유럽특허 또는 유럽특허출원에 의하여 부여되는 보호범위는 특허청구범위의 기재에 의하여 정해진다. 다만, 특허청구범위를 해석함에 있어서는 상세한 설명과 도면이 사용되어야만 한다."라고 규정하여 특허요건의 판단과정 및 특허침해 여부의 판단과정에서 모두 발명의 상세한 설명 참작의 원칙이 적용됨을 분명히 하고 있다.

(4) 공지기술참작의 원칙

특허청구범위를 명확하게 이해하기 위해서는 출원당시의 기술수준(공지기술)을 참작해야 한다는 것이 공지기술 참작의 원칙이다. 명세서는 출원시의 기술수준을 전제로 하여 기재되어야 하고, 발명은 원래 출원당시의 기술수준을 초월하는 유용한 기술적 사상이어서 특허등록된 것이므로 공지기술의 참작은 당연하다. 공지기술참작의 원칙에 의하면 개량의 정도가 큰 발명은 보호범위를 넓게 해석하게

95) European Patent Convention Article 69 (Extent of protection): (1) The extent of the protection conferred by an European patent or an European patent application shall be determined by the terms of the claims. Nevertheless, the description and drawings shall be used to interpret the claims.

되고, 반대로 개량의 정도가 작은 발명은 좁게 해석된다. 이를 '작은 발명에는 작은 보호범위, 큰 발명에는 큰 보호범위'의 원칙이라고 한다. 판례 또한 "특허권의 권리범위를 정함에 있어 특허출원 당시의 기술수준을 고려하여야 한다"고 한다.[96)]

■ **공지기술 제외의 원칙과의 관계**

공지기술 제외의 원칙은 침해제외사유를 판단하는 원칙의 하나로서 특허발명의 특허청구범위에 출원시의 공지기술이 있는 경우에 이를 특허권의 보호범위에서 제외하여야 한다는 것이다. 그러나 공지기술 참작의 원칙에서 출원당시의 기술수준 내지 공지기술을 특허발명의 권리범위에 참작한다는 것은 특허청구범위에 기재된 특정의 기술적 사항을 해석함에 있어 참작한다는 것이고, 곧바로 특허청구범위로부터 공지기술을 제외한다는 것을 의미하는 것은 아니기 때문에, 공지기술 참작의 원칙과 공지기술 제외의 원칙은 완전히 일치하는 것은 아니다. 대법원은 특허발명의 전부가 공지된 경우[97)]뿐만 아니라, 일부가 공지되었으되 그것이 나머지 부분과 유기적으로 결합되지 않은 경우[98)] 그 공지된 부분은 특허의 기술적 범위에서 제외되는 것으로 해석하여야 한다고 한다. 다만, 이 원칙은 발명을 구성하는 구성요소의 일부가 공지된 선행발명에 존재하는 이른바 '구성요소 공지'의 경우에는 적용할 수 없다. 왜냐하면, 예를 들어 청구범위가 A+B+C로 되어 있는 특허발명의 B가 공지기술이라 하여 이를 청구범위의 구성요소에서 제외한다면, A+C만이 구성요소가 되므로, 발명으로서의 일체성이 파괴될 뿐만 아니라 A+D+C로 구성된 발명도 그 권리범위에 속할 수 있게 되는 등 특허발명의 보호범위가 오히려 확장되는 부당한 결과가 되기 때문이다.[99)]

대법원 2001.6.15. 선고 2000후617 판결

[1] 특허발명과 대비되는 (가)호 발명이 특허발명의 청구항에 기재된 필수적 구성요소들 중의 일부만을 갖추고 있는 경우, (가)호 발명이 특허발명의 권리범위에 속하는지 여부(소극)

특허발명의 청구항이 복수의 구성요소로 되어 있는 경우에는 그 각 구성요소가 유기적으로 결합된 전체로서의 기술사상이 보호되는 것이지, 각 구성요소가 독립하여 보호되는 것은 아니므로, 특허발명과 대비되는 (가)호 발명이 특허발명의 청구항에 기재된 필수적 구성요소들 중의 일부만을 갖추고 있고 나머지 구성요소가 결여된 경우에는 원칙적으로 그 (가)호 발명은 특허발명의 권리범위에 속하지 아니한다.

---

96) 대법원 1991.12.27. 선고 90후1857 판결.
97) 대법원 1983.7.26. 선고 81후56 판결.
98) 대법원 1964.10.22. 선고 63후45 판결.
99) 특허법원, 「특허재판실무편람」, 특허법원, 2002, 169면.

[2] 복수의 구성요소로 이루어진 특허발명에 있어서 그 중 일부구성이 공지된 경우, (가)호 발명과 대비함에 있어 공지된 부분을 제외하여서는 아니된다고 한 사례

복수의 구성요소로 이루어진 특허발명에 있어서 그 중 일부구성이 공지된 경우, 각 구성요소가 독립하여 별개의 발명이 되는 것이 아니라 그 구성요소들이 결합된 전체로서 하나의 발명이 되는 것이고, 또한 여기에서 이들 구성요소를 분리하게 되면 그 발명의 목적달성은 불가능하게 되고, 이러한 공지의 구성요소가 나머지 신규의 구성요소들과 유기적 결합관계를 이루고 있다고 하지 않을 수 없으므로, (가)호 발명이 특허발명의 권리범위에 속하는지 여부를 판단하는 데에도 공지된 부분을 제외하여서는 아니된다고 한 사례.

(5) 출원경과 참작의 원칙

'출원경과 참작의 원칙'이란 특허청구범위의 해석시 특허출원에서부터 특허등록될 때까지의 과정에서 출원인이 표시한 의도 또는 특허청이 제시한 견해를 참작해야 한다는 것을 말하며, '출원경과 금반언의 원칙'이라고도 한다. 이는 입법과정이 법령해석상 유력한 참고가 되는 것과 같은 취지에서 인정되는 원칙으로서, 판단의 공정과 신중을 기하는데 필요한 원칙이라 할 수 있다. 대법원은 뒤에서 보는 균등론의 소극적 요건으로서 출원경과금반언의 원칙을 인정하고 있는바, 균등론은 특허청구범위를 문언적인 범위보다 넓은 범위로 해석하기 위한 청구범위해석의 원칙임에 반하여 출원경과금반언의 원칙은 균등론의 적용을 제한하는 역할을 하는 청구범위해석의 원칙이라는 점에서 의의가 있다.[100)]

(6) 인식한도론

인식한도론이란 발명자가 인식한 발명의 한도 이상으로 특허청구범위의 권리범위를 정해서는 안된다는 이론이다. 발명자가 실제로 인식한 한도 이상으로 권리범위를 인정한다면 발명자가 실제로 발명을 하지 않은 사항에 대해 권리를 인정하는 것이 되기 때문이다. 여기서, 인식 한도는 원칙적으로 출원당초의 명세서, 도면에 의해 판단해야 하나, 출원인은 출원과정에서 의견서를 제출하거나 보정서를 제출할 수 있고, 그와 같은 서류들은 특허등록 후 일반인이 자유롭게 열람할 수 있으므로 특별한 사정이 있는 경우에는 출원에서 특허에 이르기까지 출원인이

---

100) 박성수, "특허청구범위의 해석에 관한 소고", 사법논집 제39집 (2004), 638면.

제출한 의견서 기타 출원서류에 의해서 판단할 수 있다.

인식한도론에 대해서는 부정설과 긍정설이 대립한다. 긍정설은 인식한도론을 상세한 설명 참작의 원칙이나 출원경과 참작의 원칙을 다른 각도에서 파악한 것으로 보아[101] 특허청구범위라는 것 자체가 출원인이 스스로 인식하고 있는 발명의 실체에 근거하여 보호받기를 원하는 외연을 나타내는 것이므로 특허청구범위를 해석함에 있어서도 당연히 출원경과에 의하여 파악되는 출원인의 기술내용에 대한 인식이나 보호를 구하는 범위에 대한 출원인의 의사를 넘지 말아야 하며, 출원인이 이에 반하여 특허청구범위를 폭넓게 주장하는 것은 허용되지 않는다고 한다.[102] 반면 부정설은 특허의 출원과 등록이라는 과정은 출원인과 특허심사관 사이이서 벌어지는 절차로서 계약 당사자의 관계에 견줄 수 있는 것인데, 계약에 있어서의 의사해석은 당사자 사이에서 상대적 효력이 있을 뿐이고, 주변한정주의를 따르는 이상 일단 적법하게 등록된 특허청구범위는 당사자의 주관적 의사와는 관계없이 그 객관적인 의미내용에 따라 객관적으로 해석됨이 원칙이라는 것을 근거로 한다.[103]

4. 특허청구범위의 해석과 균등론

(1) 의 의

균등론이란 침해대상물의 구성요소의 일부가 특허발명의 대응되는 구성요소와 문언상으로는 동일하지 않더라도 서로 등가관계에 있다면 특허발명의 침해에 해당한다고 보는 것을 말한다. 즉 제3자에게 불이익을 주지 않는 범위 내에서 특허의 실질적 가치를 보호하기 위하여 보호범위를 그 문언 이외의 사항에까지 넓히는 이론이다.

(2) 균등론과 중심한정주의 및 주변한정주의의 관계

중심한정주의에서는 특허청구범위에 기재된 구체적인 문언은 물론 해석을 통하여 그와 실질적으로 기술사상을 같이하는 범위에 까지 발명의 보호범위를 확장

---

101) 吉藤幸朔, 앞의 책, 565면.

102) 竹田稔, 「知的財産権侵害要論, 特許·意匠·商標編 第5版」, 発明協会, 2007, 71~77면.

103) 조영선, 앞의 책, 329면.

할 수 있다고 하므로 어떤 의미에서는 중심한정주의 자체가 균등론을 내포하고 있다고 볼 수 있다. 주변한정주의에서는 특허청구범위에 기재되지 아니한 사항은 원칙적으로 보호범위에서 배제된다는 것이므로 문언적으로 다른 구성요소에까지 권리범위를 확장하는 것은 어울리지 않지만, 특허권의 침해 여부를 판단함에 있어서 청구항의 모든 구성요소가 동일해야 한다고 하는 구성요소완비의 원칙을 지나치게 엄격하게 적용하면 미세한 부분의 개량이나 변형으로 특허권의 침해를 회피할 수 있게 되어 특허권의 실질적인 보호가 곤란하게 된다. 출원인이 모든 변환을 포괄할 수 있도록 특허청구범위를 기재하는 것은 어려우므로 주변한정주의에서도 균등론이 필요하다.

(3) 균등론의 적용요건

균등론은 미국의 판례에 의하여 발전하여 온 이론으로서[104] 우리나라는 학설에서만 긍정적으로 해석하여 오다가 특허법원 1998.9.17. 선고 98허2160 판결에서 최초로 균등론을 명시적으로 적용하였고, 대법원 2000.7.28. 선고 97후2200 판결에서 정면으로 균등론의 적용을 긍정하게 되었다.

위 대법원 판결에 따르면, 서로 균등 관계에 있다고 보기 위해서는 ① 양발명의 기술적 사상 내지 과제의 해결원리가 공통하거나 동일하고, ② (가)호 발명의 치환된 구성요소가 특허발명의 구성요소와 실질적으로 동일한 작용효과를 나타내며, ③ 또한 그와 같이 치환하는 것 자체가 그 발명이 속하는 기술분야에서 통상의 지식을 가진 자이면 당연히 용이하게 도출해 낼 수 있는 정도로 자명하고, ④ (가)호 발명이 당해 특허발명의 출원시에 이미 공지된 기술이거나 그로부터 당업자가 용이하게 도출해 낼 수 있는 것이 아니고(공지기술배제원칙), ⑤ 나아가 당해 특허발명의 출원절차를 통하여 (가) 발명의 치환된 구성요소가 특허청구의 범위로부터 의식적으로 제외되는 등의 특단의 사정이 없어야 한다(출원경과 금반언의 원칙). ①②③은 균등론 적용의 적극적 요건, ④⑤는 그 소극적 요건이라고 할 수 있다.

---

104) 균등론은 미국의 Graver Tank 판결에서 유래하였다; Graver Tank v. Linde Air Prods. Co. 339 U.S. 605(1950).

Ⅱ. 특허침해의 유형

1. 문언침해

특허청구범위를 기재함에 있어서는 모든 구성요소를 필수적으로 기재하여야 하고, 따라서 발명에 대한 침해여부를 판단함에 있어서는 특허청구범위에 기재된 요소는 모두 필수구성요소이며 그 중 일부를 임의로 생략하거나 특허청구범위에 기재되지 아니한 내용을 포함시켜서는 안된다는 원칙을 구성요소완비의 원칙(all element rule)이라 한다. 그에 따르면 침해대상물이 특허발명의 청구범위에서 가지고 있는 모든 구성요소를 그대로 가지고 있으면 문언침해에 해당한다. 하나라도 생략되거나 변형되어 있으면 문언침해에 해당하지 아니한다. 특허발명의 보호범위는 특허청구범위에 기재된 사항에 의하여 정하여지므로 특허청구범위에 기재된 모든 구성요소는 중요하고 필수적인 요소로 간주되어야 한다는 점에 그 근거를 찾아볼 수 있다. 만약 출원인이 무용하고 불필요한 구성요소를 특허청구범위에 포함시켰다면 이는 원칙적으로 출원인의 책임으로 돌려야 할 문제이지 특허된 후에 판단자가 특허청구범위를 임의로 해석하여 구성요소간의 경중을 판단하면 안된다.[105)]

2. 균등침해

(1) 의 의

침해대상물의 구성요소 중 일부가 특허발명의 대응되는 구성요소와 문언상으로 동일하지는 않지만 서로 등가관계에 있는 경우를 말한다.

(2) 적극적 요건

1) 과제의 해결원리가 공통될 것

과제의 해결원리가 동일하다는 것은 치환된 부분이 특허발명의 본질적 부분이 아니어서, 핵심적인 기술사상이 동일해야 한다는 것으로 이해된다.[106)] 판례[107)]에

105) 이수완, "특허청구범위의 해석", 특허소송연구 제2집 (2001).
106) 임병웅, 앞의 책, 664면.
107) 특허법원 2007.6.22. 선고 2007허1008 판결.

따르면, 과제의 해결원리가 공통되거나 동일하다는 것은 종래기술에서 상정되거나 해결되지 못했던 특유한 기술적 과제를 해결하기 위한 수단의 기초가 되는 기술적 사상 내지 해결원리 즉, 발명의 기술적 특징부분이 공통되거나 동일하다는 것을 의미하므로, 균등침해 여부를 판단함에 있어서 기술적 사상 내지 과제의 해결원리는 선행기술에 나타난 과제의 해결수단의 기초가 되는 기술적 사상 내지 과제의 해결원리와 중복되어서는 아니 되는 것이고, 따라서 어떠한 기술적 과제의 해결수단이 다수 밀집되어 있는 기술분야일수록 기술적 사상 내지 과제의 해결원리의 공통 내지 동일성의 폭은 당연히 좁아지게 된다. 즉 균등의 범위는 좁아지게 된다.

2) 치환가능성

(가)호 발명의 치환된 구성요소가 특허발명의 구성요소와 실질적으로 동일한 작용효과를 나타내는 것이어야 한다. 즉 확인대상발명의 구성요소를 다른 구성요소로 치환하더라도 그 치환된 구성요소가 특허발명의 구성요소와 실질적으로 동일한 기능(function)을, 실질적으로 동일한 방식(way)으로 수행하여 실질적으로 동일한 결과(result)를 얻을 수 있어야 한다. 이러한 치환가능성은 이른바 'Graver Tank 판결의 기능, 방식, 결과의 3요소 test'를 말하는 것이다.[108]

3) 치환용이성

그와 같이 치환하는 것 자체가 그 발명이 속하는 기술분야에서 통상의 지식을 가진 자이면 당연히 용이하게 도출해 낼 수 있는 정도로 자명한 것이어야 한다. 치환자명성의 판단시점과 관련하여 대법원판례는 아직 없으나, 특허법원 판례[109]는 침해시설을 택하고 있다. 미국, 유럽 및 일본[110]은 침해시(제조시)를 기준으로 치환자명성여부를 판단하고 있는데, 발명의 효과적인 보호를 위해서는 '침해시설'이 타당한 것으로 생각된다.

108) Graver Tank & Mfg. Co. v. Linde Air Products Co., 339 U. S. 605 (1950).

109) 특허법원 2007.6.22. 선고 2007허1008 판결.

110) 일본 최고재판소는 1998.2.24. 일명 '볼 스플라인'사건(民輯52-1-113(判時 1630-32))에서 균등론을 최초로 수용하면서 치환용이성의 판단시점을 종전의 통설이 지지하는 出願時가 아니라 製造時로 명시하였다

■ **진보성과의 관계**

균등론은 특허침해의 문제이기 때문에 특허요건의 문제인 진보성과는 개념상 명백히 구별된다. 그러나 균등론의 요건으로서의 치환용이성과 진보성에서 말하는 발명의 용이성을 동일한 것으로 보아야 할 것인지에 대해서는 견해의 대립이 있다. 즉, 진보성이 없는 영역은 모두 균등침해가 성립하는 영역으로 보는 견해(이하, '1설'이라 한다)와[111] 진보성이 없는 영역 중에서도 균등침해에 해당하지 않는 회색영역(gray zone)의 존재를 인정하는 견해(이하, '2설'이라 한다)가 있다.[112] 1설에 따르면 진보성이 없는 것은 모두 균등침해에 해당하게 되나 2설에 따르면 진보성이 없는 경우에도 균등침해에 해당하지 않는 경우도 생길 수 있는 차이가 있으나 어느 견해를 따르더라도 균등영역에 해당하면 모두 진보성이 없다는 점에서는 일치한다.

진보성은 없으나 침해에는 이르지 않는 회색영역을 인정하면 대부분의 (가)호가 여기에 속하게 되고, 이는 특허법이 제대로 기능하지 못하는 영역을 인정하는 것이라거나, 균등론에서 말하는 치환용이성과 진보성에서 말하는 발명의 용이성을 같은 정도의 것으로 보아야 특허청구범위의 한정사항의 의미가 특허심사와 특허침해소송을 통하여 보다 일관성을 갖게 되고, 또한 균등론 판단에 진보성에 대한 심결취소소송의 판결 및 각종 자료 등을 이용할 수 있게 되어 객관적인 판단을 기대할 수 있고 나아가서는 법적안정성에도 기여하게 된다는 주장도 있다.[113] 그러나 이러한 회색영역(gray area)은 자유이용이 허용되는 공중의 영역(public domain)으로서 제3자의 실시행위가 허용되는 한편, 독립된 특허로서는 성립할 수 없기 때문에 만일 실시자가 이를 자신의 권리로서 만들기 위하여 특허출원을 한다면 기본발명에 의하여 진보성이 부정되어 거절사정을 받게됨으로써 후원배제의 효과를 가지는 영역이므로 특허법상 의미가 없는 영역이 아니라고 할 것이어서 2설이 보다 타당하다고 생각된다.[114]

균등론에 관한 최초의 대법원 판례인 2000.7.28. 선고 97후2200 판결은 "그와 같이 치환하는 것 자체가 그 발명이 속하는 기술분야에서 통상의 지식을 가진

111) 青木高, "均等要件のいくつかに関する特許委員会有志の考察", パテント 52巻6号 (1999), 90면.

112) 류영일, "[判例評釋] 特許訴訟에서의 均等論의 體系的 發展方向 - 대법원 2000.7.28. 선고 97후2200 판결을 중심으로", 저스티스 第34卷 第5號 (2001.10), 242면.

113) 민병호, "일본의 균등론 성립요건에 관한 고찰", 창작과 권리 통권 제2호 (1996. 봄).

114) 류영일, "[判例評釋] 特許訴訟에서의 均等論의 體系的 發展方向 - 대법원 2000. 7. 28. 선고 97후2200 판결을 중심으로", 저스티스 第34卷 第5號 (2001.10), 27~28면.

자이면 당연히 용이하게 도출해 낼 수 있는 정도로 자명한 경우"라고 표현하고 있어서 2설의 입장을 취하고 있는 것으로 보인다.

[진보성과 균등침해와의 관계]

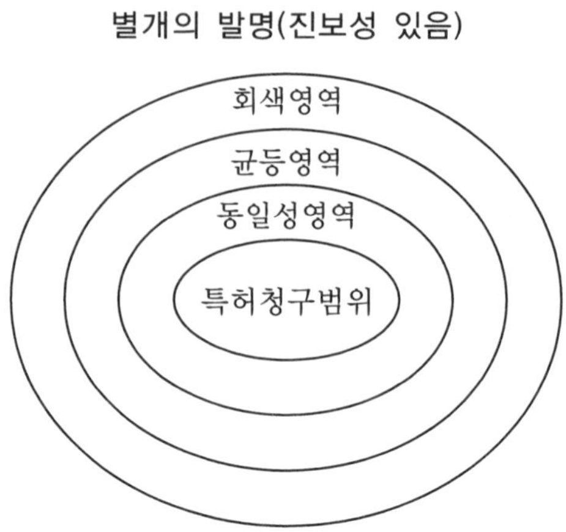

(3) 소극적 요건

1) 공지기술배제의 원칙

확인대상발명이 당해 특허발명의 출원시에 이미 공지된 기술이거나 그로부터 당업자가 용이하게 도출해 낼 수 있는 것이 아니어야 한다. 균등론이 특허청구범위의 권리범위를 확장하는 개념이라 하더라도 공지기술에까지 균등론을 적용하여서는 아니 된다. 공지기술 또는 이로부터 용이하게 생각할 수 있는 기술은 만인의 공유재산으로 어느 누구라도 자유로이 실시할 수 있어야 하기 때문이다. 공지기술인지의 판단시점은 특허발명의 출원시이다.

2) 출원경과금반언의 원칙

특허발명의 출원절차를 통하여 확인대상발명의 치환된 구성요소가 특허청구의 범위로부터 의식적으로 제외되는 등의 특단의 사정이 없어야 한다. '포대금반언의 원칙(file wrapper estoppel)' 또는 '출원경과참작의 원칙(prosecution history estoppel)'이라고도 한다. 출원인이 출원심사과정에서 명세서의 기재로부터 의식적으로 제외한 사항에 대해서는 균등론의 적용은 제외된다. 즉, 출원심사과정에서 인용례를 극복하기 위하여 출원인이 자신의 발명을 좁게 설명하거나 보정한 경우, 특허권 취득 후에 이에 반하여 그 제외된 부분도 자신의 발명범위에 포함된다는 등 균등의 주장을 하는 것은 허용되지 않는다.

적용범위와 관련하여 출원과정에서 선행기술과의 관계에서 신규성흠결이나 진보성결여를 회피하기 위하여 특허청구범위를 보정한 경우 출원경과금반언의 원칙이 적용된다는 점에는 이론의 여지가 없다. 그런데 출원과정에서의 보정이 신규성 등을 부정당하지 않기 위한 목적으로 이루어진 것이 아니라 기재불비 등 특허법이 정하는 다른 거절이유를 회피하기 위한 목적인 경우에도 출원경과금반언의 원칙이 적용될 수 있을 것인지에 대해서는 견해가 갈린다. 생각건대 명세서를 보정하는 목적은 대체로 발명의 신규성이나 진보성결여 또는 기재불비 등의 거절이유를 극복하기 위한 경우이므로 어느 경우라도 출원인은 그 감축된 부분에 관하여는 특허받을 의사를 포기한 것으로 볼 수 있으며, 제3자로서는 출원과정에서 출원인에 의해 제외된 부분은 자신이 자유롭게 사용할 수 있는 기술로 이해할 것이기 때문에 특허청구범위를 감축, 삭제하는 보정은 그것이 오기를 바로잡거나 불명료한 부분을 명확히 하기 위한 것임이 명백하지 않은 이상 원칙적으로 출원경과금반언의 원칙이 적용되어 균등론의 적용이 제한되어야 할 것이다.[115]

(4) 역균등론

역균등론이란 문언상으로는 특허청구범위에 기재된 구성요소가 모두 포함되어 있으나 실질적으로는 등록특허와 '명백히 다른 원리(so far changed in principle)'에 입각하여 실시되거나, '실질적으로 다른 방법(substantially different way)'에 의해 실시되는 경우에 이를 침해로 보지 않는 것을 말한다.[116] 예컨대 기능적 청구항의 경우와 같이 청구항의 기재 자체로는 넓은 권리범위로 해석되어 침해대상물이 문언상 침해에 해당되더라도 청구항의 보호범위를 청구항의 문언상 기재보다 더욱 축소하여 명세서나 도면에 나타난 구체적 실시예나 이로부터 합리적으로 해석되는 범위로 한정하는 경우를 들 수 있다.

또는 예컨대 발명의 상세한 설명에는 구리(Cu)만 기재되어 있고 청구범위에는

115) 조영선, 앞의 책, 343~344면; 강기중, 대법원판례해설 (제43호 2002년 하반기), 법원도서관, 498면 이하.

116) 발명의 실질적 보호를 위해 확장해석을 하는 균등론의 해석수법이 역으로 제3자 보호를 위해 축소해석을 하는데 사용되므로 역균등론이라고 부른다.

금속으로 기재되어 있는 경우, 제3자의 실시가 철(Fe)인 경우 문언적으로는 특허발명의 침해에 해당되나 실질적으로는 기술적 원리를 달리하는 경우로서 실질적인 침해로는 되지 않는 경우를 들 수 있다. 한편 특허청구범위의 기재가 상세한 설명의 기재보다 지나치게 넓어서 특허청구범위가 발명의 상세한 설명에 의하여 뒷받침되지 않는 경우에는 명세서 기재불비에 해당하여 특허무효사유가 된다.

3. 이용침해

특허법 제98조는 특허권자등은 특허발명이 그 특허발명의 특허출원일전에 출원된 타인의 특허발명을 이용하는 경우에는 해당 특허권자의 허락을 얻지 아니하고는 자기의 특허발명을 업으로서 실시할 수 없다고 하여 이른바 이용발명에 대하여 규정하고 있다. 이용발명이라 함은 통설인 '그대로설'에 의하면 후원발명이 선원발명의 특허요지에 새로운 기술적 요소를 가하는 것으로 후원발명이 선원발명의 요지를 전부 포함하고 이를 그대로 이용하는 경우를 말한다. 통상적으로 특허발명은 그 특허발명의 특허출원일전에 출원된 다른 특허발명 등을 개량하는 형식으로 이루어지고 개량부분에 특허성이 존재하는 경우에는 특허를 받을 수 있게 된다. 그런데 이러한 이용발명이 기본발명의 특허침해를 구성한다고 보는 이유는 기본발명의 특허청구범위의 구성요소를 모두 가지고 있음에도 불구하고 다른 부가적 요소로 인하여 특허성을 취득한다는 이유로 특허침해를 구성하지 아니한다고 보면 기본발명의 특허권자에게 너무 불합리한 결과를 초래하기 때문이다.

대법원 2001. 8.21. 선고 98후522 판결

[1] 특허발명과 (가)호 발명의 균등관계 여부의 판단 기준

(가)호 발명이 특허발명의 권리범위에 속한다고 할 수 있기 위하여는 특허발명의 각 구성요소와 구성요소 간의 유기적 결합관계가 (가)호 발명에 그대로 포함되어 있어야 할 것이고, 다만 (가)호 발명에 구성요소의 치환 내지 변경이 있더라도 양 발명에서 과제의 해결원리가 동일하며, 그러한 치환에 의하더라도 특허발명에서와 같은 목적을 달성할 수 있고 실질적으로 동일한 작용효과를 나타내며, 그와 같이 치환하는 것을 그 발명이 속하는 기술분야에서 통상의 지식을 가진 자(당업자)가 용이하게 생각해 낼 수 있을 정도로 자명하다면, (가)호 발명이 특허발명의 출원시에 이미 공지된 기술 내지 공지기술로부터 당업자가 용이하게 발명할 수

있었던 기술에 해당하거나 특허발명의 출원절차를 통하여 (가)호 발명의 치환된 구성요소가 특허청구범위로부터 의식적으로 제외된 것에 해당하는 등의 특별한 사정이 없는 한, (가)호 발명의 치환된 구성요소는 특허발명의 대응되는 구성요소와 균등관계에 있는 것으로 보아 (가)호 발명은 여전히 특허발명의 권리범위에 속한다고 보아야 한다.

[2] 이용발명의 성립요건 및 특허발명의 균등발명을 이용하는 경우에도 이용발명인지 여부(적극)

선 특허발명과 후 발명이 구 특허법(1990. 1. 13. 법률 제4207호로 전문 개정되기 전의 것) 제45조 제3항에서 규정하는 이용관계에 있는 경우에는 후 발명은 선 특허발명의 권리범위에 속하게 되고, 이러한 이용관계는 후 발명이 선 특허발명의 기술적 구성에 새로운 기술적 요소를 부가하는 것으로서 후 발명이 선 특허발명의 요지를 전부 포함하고 이를 그대로 이용하되, 후 발명 내에 선 특허발명이 발명으로서의 일체성을 유지하는 경우에 성립하는 것이며, 이는 선 특허발명과 동일한 발명뿐만 아니라 균등한 발명을 이용하는 경우도 마찬가지이다.

[3] 화학물질 제조방법의 발명에서 촉매의 부가로 인하여 그 수율에 현저한 상승이 있는 경우에도 이용발명에 해당하는지 여부(적극)

화학반응에서 촉매라 함은 반응에 관여하여 반응속도 내지 수율 등에 영향을 줄 뿐 반응 후에는 그대로 남아 있고 목적물질의 화학적 구조에는 기여를 하지 아니하는 것임을 고려하면, 화학물질 제조방법의 발명에서 촉매를 부가함에 의하여 그 제조방법 발명의 기술적 구성의 일체성, 즉 출발물질에 반응물질을 가하여 특정한 목적물질을 생성하는 일련의 유기적 결합관계의 일체성이 상실된다고 볼 수는 없으므로, 촉매의 부가로 인하여 그 수율에 현저한 상승을 가져오는 경우라 하더라도, 달리 특별한 사정이 없는 한 선행 특허발명의 기술적 요지를 그대로 포함하는 이용발명에 해당한다고 봄이 상당하다.

4. 생략침해 및 불완전이용침해

(1) 의 의

생략발명이란 침해대상물이 특허발명의 구성요소 중 비교적 중요성이 낮은 구성요소를 생략하여 특허발명의 소기의 작용효과보다 열악한 효과를 가져오는 발명을 말하고, 불완전이용발명은 위와 같은 생략발명에 일정한 구성요소를 부가한 발명을 말한다. 작용효과가 감소되었다는 점에서 개악발명이라고도 하는데, 반드시 열악한 효과를 가져오는 경우뿐만 아니라 특허발명과 같은 효과를 달성하고 있는 경우에도 불완전이용으로 보기도 한다.[117] 생략발명과 불완전이용발명은 구성요소가 생략되었다는 점에서 동일선상에서 취급되고 있고, 일본에서는 이를 불완전이용론으로 통합하여 논의하고 있다.[118]

(2) 취 지

생략발명 또는 불완전이용발명이 거론되는 이유는 구성요소 일부를 생략하는 방법으로 특허발명을 모방하는 경우 이를 특허침해로 인정할 필요성이 있기 때문이다. 구성요소 완비의 원칙에 따르면, 예컨대 A+B+C+D라는 요소로 구성된 발명이 있다고 가정할 때 A+B+C로 구성된 실시태양은 D라는 요소를 결여하고 있기 때문에 침해가 아닌 것으로 보고, 나아가 A+B+C+D'로 구성된 실시태양도 D'가 D의 균등물이라고 인정되는 경우와 같은 특별한 사정이 있는 경우를 제외하고는 침해로 되지 않는다고 보게 된다. 이와 같이 구성요소 일부를 생략하는 방법으로 특허발명을 모방하는 것을 방치하면 특허권의 실질적 보호를 도모할 수 없게 되는 경우가 생기므로 이를 특허침해로 인정할 필요성이 있다.

(3) 인정여부

우리나라에서 생략발명 내지 불완전이용론을 정면으로 특허침해의 한 형태로 긍정하는 견해는 쉽게 찾기 어렵다. 특허법의 제 규정에 비추어 볼 때 특허청구범위의 구성요소를 중요한 구성요소와 중요하지 않은 구성요소로 나누어 중요한 구성요소만 가지고 있더라도 특허침해가 될 수 있다는 사고는 특허법이 채용하고 있다고 할 수 없으므로 원칙적으로 불완전이용론은 인정되어서는 안 될 것이라고 한다. 다만 예외적으로 출원인이 특허청구범위를 작성함에 있어서 당업자에게 통상적으로 요구되는 주의의무를 다하였음에도 불구하고 뒤에 기술과제의 해결과는 아무런 관계가 없는 구성요소를 생략함으로써 실질적으로 당해 특허발명의 가치를 그대로 도용하고 있다고 판단되는 경우에는 불완전이용의 침해를 인정할 수 있다는 견해[119]가 있다. 위 견해에 의하면 구성요소로서 한정한 것이 당업자에게 요구되는 통상의 주의의무를 다하지 못한 것이라면 그로 인한 책임을 특허권

---

117) MINORU TAKEDA,「知的財産權侵害要論」, 發明協會, 1997, 113면 이하.
118) 金鐵煥, "省略發明과 不完全利用論에 관한 小考", 특허소송연구 제3집 (2005), 76면.
119) 이수완, "특허청구범위의 해석", 특허소송연구 제2집 (2001), 165면.

자에게 돌리더라도 아무런 하자가 없다고 한다.

또한, 생략발명이나 불완전이용발명을 침해의 한 유형으로서 거론하는 것은 구체적 타당성의 관점에서 등록권리의 보호범위를 보다 넓게 설정할 필요가 있다는 인식을 기초로 하는 것이고, 이러한 인식은 현재의 특허출원실무에 있어서 특허청구범위 기재의 수준이 그리 높지 않다는 현실에 비추어 그 타당성을 인정할 수는 있다는 견해도 있다.[120)]

한편, 부정적인 견해로는, 현행 특허법상 실질적인 다항제를 채택하여 발명을 여러 가지 각도에서 정의하여 주는 클레임 세트(claim set)에 의한 기재 방법도 가능하며 각 청구항은 독립된 발명으로 보게 되므로 비요부를 결여한 실시를 침해로 보지 않는다고 하더라도 발명자에게는 큰 불이익이 없다는 견해,[121)] 정책론으로서가 아닌 해석론으로 현행법상 인정된 이론인가 하는 자체에 의문이 있다는 견해가 있다.[122)]

특허법원 2001.3.23. 선고 2000허2279 판결

[1] 어느 고안이 실용신안의 권리범위를 벗어나기 위하여 실용신안의 구성요소 중 일부를 의도적으로 생략한 것에 불과하기 때문에 그 실용신안의 권리범위에 속하는 것으로 보는 이른바 생략고안이나 불완전 이용고안에 해당하기 위한 요건

하나의 청구항에 복수의 구성요소를 기재하고 있는 경우 그 중 하나라도 결여하면 원칙적으로 그 청구항의 권리범위에 속하지 않게 되나, 어느 고안이 실용신안의 권리범위를 벗어나기 위하여 실용신안의 구성요소 중 일부를 의도적으로 생략한 것에 불과하기 때문에 그 실용신안의 권리범위에 속하는 것으로 보는 이른바 생략고안이나 불완전 이용고안에 해당한다고 하려면, 실용신안과 동일한 기술 사상을 가지고 있으면서 등록청구범위 중 비교적 중요하지 아니한 구성요소를 생략하고 그와 같이 생략하더라도 당해 실용신안이 목적으로 하는 특별한 작용효과를 발휘할 수 있는 경우이어야 한다.

[2] 복수의 구성요소로 된 등록고안 중 하나의 구성요소를 결여한 (가)호 고안이 등록고안과 구성 및 그에 따른 작용효과가 다르다는 이유로 등록고안의 권리범위에 속하지 않는다고 한 사례.

---

120) 특허법원, 「특허재판실무편람」, 213면.

121) 오승종, "특허청구범위의 해석", 사법논집 제29집, 법원도서관, 1998, 270면.

122) 金鐵煥, "省略發明과 不完全利用論에 관한 小考", 특허소송연구 제3집 (2005), 83~84면.

(4) 구성요소와 관련된 문제

발명의 신규성이나 진보성 유무를 판단하거나 또는 특허침해 사건에서 문언침해, 균등론 등을 적용할 때 실무상으로는 청구항을 여러 구성요소로 분해한 다음 각 구성요소를 비교대상발명 또는 확인대상발명과 대비하여 대응되는 구성요소가 서로 동일한가 다른가의 측면에서 관찰하고 있다. 무엇을 대비 대상이 되는 구성요소(element)로 확정할 것인가에 대하여는 아무런 규정이 없으므로 해석에 의할 수밖에 없는데, 구성요소를 어느 단위로 묶느냐에 따라 확인대상발명의 대응 구성요소가 '치환'된 것으로 볼 수도 있고, '생략'된 것으로 볼 수도 있게 된다. 즉 구성요소를 세부적인 부분까지 쪼개어 대비할수록 구성요소가 '생략'된 것으로 볼 여지가 많아지는 반면 구성요소를 크게 나누어 대비할수록 구성요소의 '치환'에 불과한 것으로 판단될 여지가 많아질 것이다. 만일 지나치게 세부적인 요소 또는 한정사항별로 구성요소를 분해하여 이를 대조할 경우에는 문언침해가 성립하는 범위가 지나치게 좁게 되어 특허권자의 보호가 소홀해지는 결과가 되고 이와 반대로 너무 큰 단위로 분해할 경우에는 균등관계의 성립을 인정하기가 쉬워져 특허침해의 범위가 지나치게 확대될 수도 있다.[123]

5. 우회침해

우회침해란 특허침해책임을 벗어나기 위해 무용한 부가공정을 부가하는 방법(우회방법)으로 특허발명을 실시하는 행위에 대해 침해책임을 인정하는 것을 말한다. 예컨대 특허발명이 물질A에 반응수단 X(예컨대 축합)를 실시해서 물질B를 제조하는 방법발명인데 대해, A를 일단 A와는 균등치 않는 유사물질 A'로 바꾼(예컨대 산화한)후 X와 같거나 유사한 반응수단 X'를 실시하여 물질B'로 하고, 최후에 B'를 B로 바꾸는(환원하는) 방법이 우회발명의 전형적인 예라고 할 수 있다.[124]

우회침해를 긍정하는 견해는 우회발명은 특허발명과 균등하여 그 기술적 범위에 속한다고 한다.[125] 그 근거로는 만약 우회발명을 기술적 범위에 속하지 않는다고 하여 이것을 실시하는 행위를 침해가 아니라고 방치한다면 현저하게 정의와

---

123) 金鐵煥, "省略發明과 不完全利用論에 관한 小考", 특허소송연구 제3집 (2005), 95면.

124) 吉藤幸朔저, YOU ME 특허법률사무소 역, 「특허법개설」, 대광서림, 제13판, 2003, 603면.

125) 吉藤幸朔저, YOU ME 특허법률사무소 역, 앞의 책, 602면.

공평에 반하여 발명보호를 목적으로 하는 특허법의 취지에 반한다는 것을 드나 균등침해와의 관계정립이 필요하다.

대법원 2000.7.4. 선고 97후2194 판결

(가)호 발명의 출발물질, 반응물질 및 목적물질이 특허발명과 동일하고, 그 제조방법도 기술적 사상과 핵심적인 구성에 있어서 특허발명과 동일하며, 부가공정을 거치는 차이가 있으나 그 부가공정이 주지된 관용기술에 의하여 용이하게 부가할 수 있는 공정에 불과하고 그 작용효과도 주지된 관용기술을 부가함으로 인한 효과 이상으로 우월하거나 현저하게 향상되었다고 보기 어렵다는 이유로 (가)호 발명이 특허발명과 상이한 발명이라고 볼 수 없다고 한 사례.

(가)호 발명은 그 출발물질, 반응물질(피페라진) 및 목적물질이 이 사건 특허발명과 동일하고 그 제조방법도 반응물질인 피페라진을 출발물질의 C-7 위치에 결합시켜 목적물질을 만드는 이 사건 특허발명의 주반응의 반응기전(Reaction Mechanism)을 그대로 이용한다는 점에서 그 기술적 사상과 핵심적인 구성이 동일하며, 다만 (가)호 발명이 출발물질에 알루미늄클로라이드를 반응시켜 중간체를 거치는 구성을 부가한 차이가 있기는 하지만, 이 부가공정은 이 사건 양 발명이 속하는 기술분야에서 통상의 지식을 가진 자라면 주지된 관용기술(보호기의 사용)에 의하여 용이하게 부가시킬 수 있는 공정에 불과하다고 보여지고, 그 작용효과 역시 주지된 관용기술을 부가함으로 인한 효과 이상으로 우월하거나 현저하게 향상되었다고 보기 어려우므로, (가)호 발명은 이 사건 특허발명과 상이한 발명이라고 볼 수 없어 이 사건 특허발명의 권리범위에 속한다고 보아야 할 것이다.

6. 간접침해

(1) 의 의

특허발명의 직접적인 실시행위는 아니더라도, ㉠ 특허가 물건의 발명인 경우에는 그 물건의 생산에만 사용하는 물건을 생산·양도·대여 또는 수입하거나 그 물건의 양도 또는 대여의 청약을 하는 행위, ㉡ 특허가 방법의 발명인 경우에는 그 방법의 실시에만 사용하는 물건을 생산·양도·대여 또는 수입하거나 그 물건의 양도 또는 대여의 청약을 하는 행위를 업으로서 하는 경우에는 특허권 또는 전용실시권을 침해한 것으로 보는데(제127조) 이를 강학상 '간접침해'라고 한다.

(2) 취 지

간접침해규정은 특허권 보호의 차원에서 특허침해에 직결되는 예비적인 행위를 효과적으로 금지하기 위한 것이다. 이를 위해 현재 특허권을 직접적으로 침해하고 있지는 않으나 방치하면 직접침해로 이어질 개연성이 큰 일정한 예비적 행위를 직접적 침해행위와 동일한 침해행위로 간주하고 있다.

(3) 요 건

침해 행위의 전 단계에 있는 일정행위를 침해와 마찬가지로 취급하는 것이어서 경업을 부당하게 제한하거나 일반 거래에 뜻밖의 손해를 끼칠 염려가 있으므로 그 해석·운용은 좁혀 시행할 필요가 있다. 이에 특허법은 특허가 물건발명인 경우 '그 물건의 생산에만 사용하는 물건'과 방법발명인 경우 '그 방법의 실시에만 사용하는 물건'의 생산, 양도 등의 행위로 간접침해 범위를 한정하고 있다.

1) 그 물건의 생산에만 사용하는 물건

특허가 물건에 관한 발명인 경우 간접침해 행위 대상 물건은 특허된 물건의 생산에만 사용하는 것이어야 한다. 예컨대 텔레비전 수상기의 완성품에 대해 특허가 부여되어 있는 경우에 그 텔레비전 수상기의 조립에만 필요한 물건을 세트로 판매하는 경우를 들 수 있다. 텔레비전 수상기의 조립세트는 텔레비전 자체는 아니므로 이를 판매하더라도 바로 특허권의 침해라고는 할 수 없다. 그러나 해당 조립세트가 해당 텔레비전의 조립 외에 타용도를 생각할 수 없는 경우에는 언젠가는 그 조립세트에 의해 해당 텔레비전이 완성될 것으로 예상할 수 있으므로 침해의 전 단계에 있는 조립세트의 판매행위를 침해행위로 보아서 사전에 침해행위의 금지를 도모하는 것이다. 따라서 특허된 물건의 생산에만 사용하는 물건이어야 하고 다른 용도에도 사용될 수 있는 물건은 제외된다. 다른 용도가 인정되기 위해서는 그 물건이 단순히 다른 용도로 사용될 추상적 가능성 내지는 시험적인 사용가능성만으로는 부족하고 사회통념상 경제적·상업적 내지는 실용적이라고 인정되는 타용도의 사용가능성이 있어야 한다.

특허발명의 대상인 물건에 사용되는 소모품이 특허권의 간접침해에서 말하는 '특허 물건의 생산에만 사용하는 물건'에 해당할 수 있을 것인지가 문제인데, 판례는[126] "특허발명의 대상이거나 그와 관련된 물건을 사용함에 따라 마모되거나 소진되어 자주 교체해 주어야 하는 소모부품일지라도, 특허발명의 본질적인 구성요소에 해당하고 다른 용도로는 사용되지 아니하며 일반적으로 널리 쉽게 구할 수 없는 물품으로서 당해 발명에 관한 물건의 구입시에 이미 그러한 교체가 예정되어 있었고 특허권자측에 의하여 그러한 부품을 따로 제조·판매하고 있다면, 그러한 물건은 특허권의 간접침해에서 말하는 '특허 물건의 생산에만 사용하는 물건'에 해당한다."고 하였다.

2) 그 방법의 실시에만 사용하는 물건

특허가 방법에 관한 발명인 경우 간접침해 행위 대상 물건은 그 방법의 실시에만 사용하는 물건이어야 한다. 예컨대 DDT를 살충제로서 사용하는 방법에 대한 특허가 주어진 경우에 DDT가 살충방법으로만 사용되는 약제인 경우라면 DDT를 업으로 생산·양도·대여하는 경우가 이에 해당한다. 만약 DDT가 살충제 이외의 다른 용도(예, 염료의 제조원료)로도 사용된다고 한다면 DDT는 살충방법의 실시에만 사용되는 물건은 아니므로 DDT를 생산·양도·대여하여도 방법특허의 침해로는 되지 않는다.

대법원 1996.11.27. 자 96마365 결정

[1] 특허발명의 대상인 물건에 사용되는 소모부품이 특허권의 간접침해에서 말하는 '특허 물건의 생산에만 사용하는 물건'에 해당하기 위한 요건

특허발명의 대상이거나 그와 관련된 물건을 사용함에 따라 마모되거나 소진되어 자주 교체해 주어야 하는 소모부품일지라도, 특허발명의 본질적인 구성요소에 해당하고 다른 용도로는 사용되지 아니하며 일반적으로 널리 쉽게 구할 수 없는 물품으로서 당해 발명에 관한 물건의 구입시에 이미 그러한 교체가 예정되어 있었고 특허권자측에 의하여 그러한 부품을 따로 제조·판매하고 있다면, 그러한 물건은 특허권의 간접침해에서 말하는 '특허 물건의 생산에만 사용하는 물건'에 해당한다.

[2] 레이저 프린터에 사용되는 소모부품인 토너 카트리지가 '특허 물건의 생산에만 사용하는 물건'에 해당한다고 본 사례

레이저 프린터에 사용되는 소모부품인 토너 카트리지가 위 [1]항에서 설시된 이유에 기하여 '특허 물건의 생산에만 사용하는 물건'에 해당한다고 보아, 이를 간접침해에서 말하는 '생산'의 개념에 포함되지 않아 특허권을 침해한 것이 아니라고 본 원심판결을 파기한 사례.

126) 대법원 1996.11.27. 자 96마365 결정.

(4) 효 과

간접침해에 해당하는 행위를 하는 경우, 특허권 또는 전용실시권을 침해한 것으로 보기 때문에 특허권자 또는 전용실시권자에게 민사상 손해배상책임 등을 지게 되는 점에는 의문의 여지가 없다. 다만 간접침해행위자가 형사책임까지를 부담하는지와 관련하여서는 견해가 갈린다.

Ⅲ. 민사적 구제조치

1. 특허권 침해의 특수성

특허권자 또는 전용실시권자는 업으로서 그 특허발명을 실시할 권리를 독점(제94조)하기 때문에 정당한 권원없이 타인의 특허를 무단으로 실시하는 자는 불법행위에 따른 손해배상책임을 부담하게 된다. 그런데 특허권의 경우에는 유체물과 달리 점유가 불가능하여 성질상 권리가 침해되더라도 그 발견이 어렵고 설령 침해행위를 발견하더라도 침해사실을 입증하거나 침해행위로 인한 손해액을 입증하는 것이 극히 곤란하다. 이와 같은 상황을 감안하여 특허법은 타인의 특허권 또는 전용실시권을 침해한 자는 그 침해행위에 대하여 과실이 있는 것으로 추정하는 과실의 추정규정(제130조)과 손해액 산정에 있어서 권리자의 입증책임을 경감할 수 있는 손해액의 추정규정(제128조)을 둠으로써 특허권자 등을 두텁게 보호할 수 있도록 하고 있다. 또한 물건의 생산방법에 관한 특허에 있어서 특허권자의 입증책임을 경감시킬 목적으로 그 물건이 특허출원전에 공지된 물건이 아닐 경우에 그 물건과 동일한 물건은 특허된 생산방법과 동일한 방법에 의해 생산된 것으로 법률상 추정하는 규정을 두고 있다(제129조).

2. 침해금지 및 예방청구권

(1) 의의 및 취지

특허권자 또는 전용실시권자는 자기의 권리를 침해한 자 또는 침해할 우려가 있는 자에 대하여 그 침해의 금지 또는 예방을 청구할 수 있다(제126조 제1항). 특허권 또는 전용실시권은 소유권 등 물권에 유사한 독점·배타적 성질을 가지므로 그 침해행위를 금지시켜 특허발명에 대한 독점권을 신속히 회복시키기 위해서는 민법상의 물권적 청구권과 유사한 권리가 인정될 필요가 있다. 그와 같은 취지에서 소유권침해에 대한 민법상의 방해제거 및 방해예방청구권(민법 제214조)에 대응하여 특허권 침해금지 및 침해예방청구권을 규정하였다.

침해금지 및 예방청구권은 현재 또는 장래의 침해에 대하여 행사하는 점에서 과거의 침해에 대하여 행사하는 손해배상, 부당이득반환 등의 청구권과 다르고 특허권 침해에 대한 구제수단으로서 가장 유효하고 직접적인 것이다.[127)]

(2) 요 건

특허침해금지청구소송에 있어서 권리자인 원고는 ㉠ 자기가 정당한 권리자인 것, ㉡ 피고가 일정한 물건 또는 방법(대상물)을 업으로써 실시하고 있다는 것, ㉢ 피고가 실시하는 대상물은 원고의 권리(특허권, 실용신안권)를 침해한 것이라는 3가지 사실을 주장·입증하지 않으면 안 된다. 손해배상청구와는 달리 침해자의 고의·과실을 요하지 아니한다. 피고는 자기의 실시형태는 원고 특허권의 기술내용과는 다른 것이라거나(소송상 부인) 아니면 정당한 실시권한이 있다는 등 특허권의 제한사유가 있음을 주장(소송상 항변)하게 된다. 항변사유는 피고가 주장·입증하여야 한다.

(3) 부대청구

특허권자 또는 전용실시권자는 침해금지청구에 수반하여 ㉠ 침해행위를 조성한 물건(물건을 생산하는 방법의 발명인 경우에는 침해행위로 생긴 물건을 포함한다)의 폐기, ㉡ 침해행위에 제공된 설비의 제거, ㉢ 기타 침해의 예방에 필요한 행위를 청구할 수 있다(제126조 제2항). 침해행위에 제공된 설비의 소지는 그 자체가 특허권 침해는 아니라 할지라도 그 소지를 금지하지 않을 경우 향후 동일한 침해행위의 발생가능성이 높은 것이다. 따라서 침해금지 및 예방청구권의 실효성을 확보하기 위하여 침해금지청구를 할 때에는 침해행위를 조성한 물건등의 폐기와 같은 침해의 예방에 필요한 행위를 함께 청구할 수 있도록 규정한 것이다. 다만 폐기·제거 청구는 본청구인 금지청구의 부대청구적인 성격을 가지므로 단독으로는 행사할 수 없고 반드시 침해금지청구와 함께만 행사할 수 있다.

---

127) 임병웅, 앞의 책, 698면; 이종일, 「특허법 제4판」, 한빛지적소유권센터, 2001, 819면.

(4) 침해금지가처분

침해금지청구의 본안소송 확정 전 현저한 손해를 받거나 급박한 방해를 방지할 수 없는 등 긴급한 행위를 요하는 경우에 침해금지를 위한 임시적 지위설정을 위해 침해금지청구권을 피보전권리로 하여 침해금지가처분 신청을 할 수 있다. 특허권침해금지의 가처분은 본안소송재판에서 명하는 것과 같은 내용의 부작위 의무를 가처분채무자에게 과하는 이른바 만족적 가처분이며 임시의 지위를 정하기 위한 가처분(민사집행법 제300조 제2항)[128]에 속한다.

임시의 지위를 정하기 위한 가처분의 필요성 여부는 가처분신청의 인용 여부에 따른 당사자 쌍방의 이해득실관계, 본안소송에 있어서의 장래의 승패의 예상, 기타의 제반 사정을 고려하여 법원의 재량에 따라 합목적적으로 결정하여야 할 것이므로 가처분채권자가 신청 당시에 실체법상의 권리를 가지고 있다 하더라도 그 권리가 가까운 장래에 소멸하여 본안소송에서 패소판결을 받으리라는 점이 현재에 있어 충분히 예상되는 경우에는 필요성이 없다고 풀이하는 것이 상당하고, 더구나 특허권침해의 금지라는 부작위의무를 부담시키는 이른바 만족적 가처분일 경우에 있어서는 보전의 필요성 유무를 더욱 신중하게 결정하여야 할 것으로서 만일 가처분신청 당시 채무자가 특허청에 별도로 제기한 심판절차에 의하여 그 특허권이 무효라고 하는 취지의 심결이 있은 경우나, 무효심판이 청구되고 그 청구의 이유나 증거관계로부터 장래 그 특허가 무효로 될 개연성이 높다고 인정되는 등의 특별한 사정이 있는 경우에는 당사자간의 형평을 고려하여 보전의 필요성을 결한 것으로 보는 것이 합리적이라 할 것이다.[129]

가처분채권자가 본안소송에서 패소확정되었다면 그 가처분으로 인하여 채무자가 입은 손해에 대하여 과실이 없다는 특별한 반증이 없는 한 이를 배상할 책임이 있다.[130]

---

128) 당사자간에 현재 다툼이 있는 권리 또는 법률관계가 존재하고 그에 대한 확정판결이 있기까지 현상의 진행을 그대로 방치한다면 권리자가 현저한 손해를 입거나 급박한 위험에 처하는 등 소송의 목적을 달성하기 어려운 경우에 그로 인한 위험을 방지하기 위해 잠정적으로 권리 또는 법률관계에 관하여 임시의 지위를 정하는 보전처분이다.

129) 대법원 1993.2.12. 선고 92다40563 판결.

130) 대법원 1980.2.26. 선고 79다2138,2139 판결.

3. 손해배상청구권

(1) 의 의

특허권 침해는 민법상 불법행위를 구성하므로 특허권자는 민법 제750조에 근거하여 침해자에 대하여 손해배상을 청구할 수 있다. 이 경우 손해액의 입증책임은 손해배상 청구권자인 특허권자에게 있다. 그러나 특허권 침해에 있어서는 침해행위와 인과관계가 있는 손해액의 입증이 곤란한 경우가 많다. 이러한 손해액 산정의 현실적인 곤란을 구제하기 위하여 특허법은 손해액 산정을 위한 특별규정인 특허법 제128조 및 서류제출명령제도에 관한 제132조를 두고 있다.

(2) 요 건

불법행위 일반원리에 따라 ㉠ 침해자에게 고의·과실이 있을 것, ㉡ 침해행위가 있을 것, ㉢ 침해행위로 인해 손해가 발생하였을 것, ㉣ 침해행위와 손해발생 사이에 인과관계가 있을 것이 요구된다. 다만 특허법은 타인의 특허권 또는 전용실시권을 침해한 자는 그 침해행위에 대하여 과실이 있는 것으로 추정하므로(제130조) 침해자는 자신의 무과실을 입증하지 않으면 그 책임을 벗어날 수 없다. 아울러 침해와 손해발생 사이의 인과관계는 합리적인 개연성이 있으면 충분하다.[131)]

(3) 손해배상의 범위

손해배상의 범위는 침해행위와 합리적인 개연성이 있는 모든 손해로서 ㉠ 적극적 손해, ㉡ 소극적 손해(일실이익) 및 ㉢ 정신적 손해(위자료)를 모두 포함한다. 특허권 침해의 경우에는 적극적 손해는 침해사실의 조사비용정도 외에는 생각키 어렵고, 모조품이 조악하여 특허권자의 명예와 신용이 실추되는 특별한 경우를 제외하고는 정신적 손해가 인정되는 경우도 드물 것이어서 특허권침해에 따른 손해는 주로 침해행위가 없었더라면 특허권자가 얻을 수 있었던 이익, 즉 일실이익이 주를 이룬다고 할 수 있다. 특허법은 특허권침해에 따른 손해액 산정의 어려움을 고려하여 특허권자를 두텁게 보호하기 위해 손해액의 추정에 관한 규정을

131) 대법원 2006.10.12. 선고 2006다1831 판결; "손해의 발생에 관한 주장·입증의 정도에 있어서는 경업관계 등으로 인하여 손해 발생의 염려 내지 개연성이 있음을 주장·입증하는 것으로 충분하다."

두고 있다. 손해액의 추정 등에 관한 특허법 제128조는 민법 제750조의 특별규정이라 할 수 있다.

(4) 특허법 제128조의 손해액의 추정규정

1) 특허법 제128조 제1항(손해액 = 침해자의 판매수량 × 특허권자의 단위수량당 이익액)

특허권자 또는 전용실시권자는 고의 또는 과실로 인하여 자기의 특허권 또는 전용실시권을 침해한 자에 대하여 그 침해에 의하여 자기가 입은 손해의 배상을 청구하는 경우 당해 권리를 침해한 자가 그 침해행위를 하게 한 물건을 양도한 때에는 그 물건의 양도수량에 특허권자 또는 전용실시권자가 당해 침해행위가 없었다면 판매할 수 있었던 물건의 단위수량당 이익액을 곱한 금액을 특허권자 또는 전용실시권자가 입은 손해액으로 할 수 있다. 이 경우 손해액은 특허권자 또는 전용실시권자가 생산할 수 있었던 물건의 수량에서 실제 판매한 물건의 수량을 뺀 수량에 단위수량당 이익액을 곱한 금액을 한도로 한다. 다만, 특허권자 또는 전용실시권자가 침해행위 외의 사유로 판매할 수 없었던 사정이 있는 때에는 당해 침해행위 외의 사유로 판매할 수 없었던 수량에 따른 금액을 빼야 한다(제128조 제1항).

제1항은 침해자의 판매수량에 특허권자의 단위수량당 이익액을 곱한 금액을 손해액으로 할 수 있다는 것으로서, 침해자의 판매수량만 확인하면 특허권자의 원가계산 기준에 의해 손해액을 쉽고 적정하게 산정할 수 있도록 한 것이다. 위 규정은 손해배상액의 입증을 용이하게 하여 특허권자의 보호를 강화하기 위해 2001.2.3. 개정 특허법에서 신설한 것이다.

침해자의 판매수량은 파악하는 것이 어렵지 않고, 특허권자 자신의 이익액은 스스로 산정할 수 있으므로 입증이 매우 용이하다. 이익액은 제품판매가액에서 제조 및 판매비를 공제하는 방식으로 산정한다.[132] 이러한 산정방식에 의하는 경

---

132) '이익액'과 관련해서는 특허권자의 매출액 중 어떤 경비를 공제한 금액을 이익액으로 할 것인지에 관해 견해가 나뉜다. 총매출액에서 제조원가 또는 매입원가와 같은 직접비용만을 공제한 금액을 이익액으로 보아야 한다는 조이익설, 조이익에서 다시 당해 매출액을 얻기 위하여 필요한 일반관리비나 광고선전비 등의 일체의 경비를 공제한 금액을 이익액으로 보아야 한다는 순이익설, 매출액에서 변동경비는 공제하되 고정경비는 추가 생산의 경우라도 반드시 공제해야하는 것은 아니라는 한계이익설로 나뉠

우에도 특허권자는 특허발명을 실시하고 있고, 또 실시능력이 있을 것을 요하며, 만일 특허권자의 실시능력을 초과하는 경우 그 초과부분에 대해서까지 권리자가 판매할 수 있었다고 하는 것은 합리성이 없으므로, 제1항 2문은 손해액은 권리자가 생산할 수 있었던 물건의 수량에서 실제 판매한 물건의 수량을 뺀 수량에 단위수량당 이익액을 곱한 금액을 한도로 한다고 규정하고 있다. 또한 침해자의 판매수량 전부 또는 일부를 특허권자가 침해행위 외의 사유로 판매할 수 없었다고 하는 사정이 있는 경우, 예컨대 침해품의 기술적 우수성, 브랜드의 유명성, 침해자의 영업노력 등으로 침해품이 많이 팔렸다는 사정 등이 있는 경우에는 그에 상당한 수량에 상응하는 액은 손해액에서 공제되어야 할 것이다(제128조 제1항 단서). 그리고 이러한 사정은 감액요소로서 침해자가 주장, 입증하여야 할 사항이다.[133)]

수 있을 것이다. 조이익설은 권리자에 대하여 과도한 보호를 인정하게 되어 손해의 전보를 목적으로 하는 불법행위법 제도와 부합하지 않아 순수한 조이익설을 취하는 견해는 없는 것 같고 순이익설과 한계이익설로 견해가 나뉜다. 대법원 판례 중에는 "상표권자가 상표법 제67조 제1항에 의하여 상표권을 침해한 자에 대하여 손해배상을 청구하는 경우, 침해자의 판매액에 상표권자의 순이익률을 곱하는 방법으로도 침해자가 받은 이익의 액을 산출할 수 있다."고 한 것이 있어(대법원 1997.9.12. 선고 96다43119 판결) 대법원이 순이익설을 취한 것으로 해석하는 견해도 있고(윤선희, "特許權侵害에 있어 損害賠償額의 算定 -특허법 제128조 제1항의 이해-", 저스티스 통권 제80호 (2004), 119면) 우리나라의 학설과 판례는 대부분 순이익설을 취하고 있다는 견해도 있으나(손경한, 「신특허법론」, 전효숙 집필부분 "특허권 침해로 인한 손해배상", 박영사, 2005, 794면) 최근의 실무의 경향과 학설은 한계이익설이 유력하다(박성수, "特許侵害로 인한 損害賠償額의 算定에 관한 硏究", 서울대학교 박사학위논문, 2006, 226면.; 송영식/이상정/황종환, 「지적소유권법 9정판」, 육법사, 2005, 476면).

133) 특허법 제128조 제1항 제2문은 "이 경우 손해액은 특허권자 또는 전용실시권자가 생산할 수 있었던 물건의 수량에서 실제 판매한 물건의 수량을 뺀 수량에 단위수량당 이익액을 곱한 금액을 한도로 한다."고 규정하여 특허권자의 생산능력의 한도 내에서만 동조의 추정이 인정된다는 점을 명시하고 있다. 일본 특허법 제102조 제1항의 경우에는 침해자에게 공제의 부담을 지운 단서조항과는 별개로 이 문언이 본문에 삽입되어 있어 이 요건의 입증책임은 특허권자에게 있다고 해석되나 우리법은 제1항을 제1문과 제2문 그리고 단서규정으로 나누고 있어 누구에게 입증책임을 물을 것인지에 대해 의문이 있을 수 있다. 그러나 '특허권자의 생산능력'이나 '실제 판매한 물건의 수량' 등은 특허권자 측의 사정이기 때문에 우리 특허법의 해석으로서도 특허권자에게 입증책임을 부담시키는 것이 타당할 것이다. 그와 같이 해석하는 것이 증거로서는 침해자로부터나 특허권자로부터나 등거리에 있는 시장에 관한 사정도 침해에 대한 부분이라는 점에서 단서규정에서 침해자 측에게 부담시킨 법의 취지나 형평에 맞을 것이다. 일본 특허법 제102조 제1항; "특허권자 또는 전용실시권자가 고의 또는 과실에 의하여

2) 특허법 제128조 제2항(침해자의 이익을 권리자의 손해로 추정)

특허권자 또는 전용실시권자가 고의 또는 과실에 의하여 자기의 특허권 또는 전용실시권을 침해한 자에 대하여 그 침해에 의하여 자기가 받은 손해의 배상을 청구하는 경우 권리를 침해한 자가 그 침해행위에 의하여 이익을 받은 때에는 그 이익의 액을 특허권자 또는 전용실시권자가 받은 손해의 액으로 추정한다(제128조 제2항). 이 규정은 법률상의 사실 추정규정으로서 특허권자가 침해자가 침해행위로 인하여 얻은 이익액을 입증하면 위 규정에 의하여 그 이익액이 특허권자 자신이 입은 손해액으로 추정되고, 침해자로서는 특허권자가 입은 손해액이 자신의 이익액에 미치지 않음을 입증하여야 한다. 위 규정은 손해의 발생을 전제로 하여 침해자의 이익을 손해액으로 추정하는 규정에 불과하므로 침해자의 이익액으로부터 손해의 발생까지 추정하는 규정은 아니다. 따라서 특허권자가 스스로 실시하고 있지 않은 경우 추정의 전제인 손해의 발생 자체를 관념할 수 없으므로 이 규정은 적용되지 않는다. 원래 특허권자는 손해배상을 받기 위해서는 ㉠ 손해의 발생, ㉡ 손해와 침해행위 사이의 인과관계, ㉢ 손해액에 대하여 주장·입증을 하여야 하는데, 위 규정에 의하여 추정되는 것은 ㉡과 ㉢이므로, 특허권자는 위 추정 규정을 적용받기 위하여 ㉠을 입증하여야 한다.134)

3) 특허법 제128조 제3항(실시료 상당액에 의한 손해액의 산정)

특허권자 또는 전용실시권자가 고의 또는 과실에 의하여 자기의 특허권 또는 전용실시권을 침해한 자에 대하여 그 침해에 의하여 자기가 받은 손해의 배상을 청구하는 경우 그 특허발명의 실시에 대하여 통상 받을 수 있는 금액에 상당하는 액을 특허권자 또는 전용실시권자가 받은 손해의 액으로 하여 그 손해배상을 청구할 수 있다(제128조 제3항). 본 규정은 특허권자가 특허발명을 실시하고 있지 않

자기의 특허권 또는 전용실시권을 침해한 자에 대하여 그 침해에 의하여 자기가 받은 손해의 배상을 청구하는 경우에 그 자가 그 침해행위를 조성한 물건을 양도한 때에는 그 양도한 물건의 수량(이하, 이 항에서 '양도수량'이라 한다)에 특허권자 또는 전용실시권자가 그 침해행위가 없었다면 판매할 수 있었던 물건의 단위수량에 해당하는 이익액을 곱하여 얻은 금액을 특허권자 또는 전용실시권자의 실시의 능력에 상응하는 금액을 초과하지 아니하는 한도에서 특허권자 또는 전용실시권자가 받은 손해액으로 할 수 있다. 다만, 양도 수량의 전부 또는 일부에 상당하는 수량을 특허권자 또는 전용실시권자가 판매할 수 없는 사정이 있는 때에는 당해 사정에 상당하는 수량에 따른 금액을 공제하는 것으로 한다."

134) 특허청, 「우리나라 특허법제에 대한 연혁적 고찰」, 2007, 639면.

는 경우에도 실시료 상당액의 최소한의 배상은 청구할 수 있다는 점에 의의가 있다. 다만 실시료 상당액은 원래 침해자가 적법한 실시를 하였더라도 지급하였어야 할 금액이므로 특허권 창출을 위한 기술개발에는 오랜 시간과 비용이 소요되는데 반해 누구라도 어디서나 쉽게 실시할 수 있기 때문에 침해에 대한 유혹이 클 수밖에 없는 특허권의 특성을 감안하여 합목적적인 해석이 이루어져야 할 것이다.

예컨대 제128조 제3항은 특허권자는 '통상 받을 수 있는 금액에 상당하는 액'을 손해의 액으로 하여 손해배상을 청구할 수 있다고 규정하고 있으나 '통상'이라는 문언에 구애되어 일반적인 계약의 경우에 실시료를 산정하는 방식에 따라 실시료상당액을 결정할 것이 아니라 침해자의 이익률 등 구체적인 사정을 참작하면서 실질적인 특허발명의 가치에 따른 산정을 고려해야할 것이다. 그와 같은 의미에서 "특허법 제128조 제3항에 의하여 특허발명의 실시에 대하여 통상 받을 수 있는 금액에 상당하는 액을 결정함에 있어서는, 특허발명의 객관적인 기술적 가치, 당해 특허발명에 대한 제3자와의 실시계약 내용, 당해 침해자와의 과거의 실시계약 내용, 당해 기술분야에서 같은 종류의 특허발명이 얻을 수 있는 실시료, 특허발명의 잔여 보호기간, 특허권자의 특허발명 이용 형태, 특허발명과 유사한 대체기술의 존재 여부, 침해자가 특허침해로 얻은 이익 등 변론종결시까지 변론과정에서 나타난 여러 가지 사정을 모두 고려하여 객관적, 합리적인 금액으로 결정하여야 한다."고 판시한 최근의 대법원 판결[135]은 매우 합리적으로 생각된다.[136]

4) 특허법 제128조 제4항(손해액의 참작)

손해의 액이 해당 특허발명의 실시에 대하여 통상 받을 수 있는 금액을 초과하는 경우에는 그 초과액에 대하여도 손해배상을 청구할 수 있다. 이 경우 특허권 또는 전용실시권을 침해한 자에게 고의 또는 중대한 과실이 없는 때에는 법원은 손해배상의 액을 정함에 있어서 이를 참작할 수 있다(제128조 제4항).

실시료 상당액은 침해자가 배상할 손해액의 하한을 정한데 불과하므로 실제 손해가 실시료 상당액을 초과하는 경우에는 이를 입증하여 손해배상액을 청구할

---

135) 대법원 2006.4.27. 선고 2003다15006 판결.

136) 입법론으로서는 제128조 제3항에서 '통상'이라는 문언을 삭제하거나 '합리적인 실시료 상당액'으로 하는 방안을 고려해 봄직하다.

수 있다는 점을 명확히 한 것이다. 다만 특허권자가 통상 실시료 상당액을 초과하여 실제의 손해액으로 배상을 청구한 경우에 있어서 당해 침해행위가 경과실에 의하여 이루어진 때에는 침해자에게 이를 모두 배상케 하는 것은 가혹하므로 법원이 손해배상액을 정함에 있어서 그 사실을 참작할 수 있도록 하고 있다. '참작할 수 있다'는 '손해배상액을 경감할 수 있다'는 의미로 새겨야 할 것이고, 경감여부 및 정도는 법원의 재량에 속한다. 특허법 제128조 제3항 및 제4항의 입법취지에 비추어 법원이 손해배상액을 경감함에 있어서도 통상 실시료 이하로 경감할 수는 없다고 할 것이다.

5) 특허법 제128조 제5항(법원의 재량에 의한 상당한 손해액의 인정)

법원은 특허권 또는 전용실시권의 침해에 관한 소송에 있어서 손해가 발생된 것은 인정되나 그 손해액을 입증하기 위하여 필요한 사실을 입증하는 것이 해당 사실의 성질상 극히 곤란한 경우에는 제1항 내지 제4항의 규정에 불구하고 변론전체의 취지와 증거조사의 결과에 기초하여 상당한 손해액을 인정할 수 있다(제128조 제5항).

특허법 제128조의 입법취지는 침해행위와 인과관계에 있는 손해액의 주장·입증의 곤란성을 감안하여 특허권침해로부터 특허권자를 보호하는 입장에서 특허권자가 입은 손해에 대한 주장·입증책임을 경감하는 것에 있다. 특허권자의 손해는 일실이익이 주를 이룰 것이므로 동조 제1항에 의한 때에는 특허권자는 침해자에 의한 침해행위조성물의 양도수량에 그 침해행위가 없었다면 자신이 판매할 수 있었던 물건의 단위수량당 이익액을 곱한 금액을 자신의 생산능력에 따른 액을 넘지 않는 한도에서 주장·입증하면 자신의 손해액으로 할 수 있다. 또한 동조 제2항에 의한 때에는 침해행위에 의해 침해자가 얻은 이익액을 주장·입증하면 그 이익액은 특허권자의 손해액으로 추정된다. 또한 동조 제3항에 의해 특허권자는 최소한 특허발명의 실시에 대하여 통상 받을 수 있는 금액에 상당하는 액을 손해액으로 하여 손해배상을 청구할 수 있다. 아울러 손해의 액이 실시료상당액을 초과하는 경우에는 동조 제4항에 의해 그 초과액에 대해서도 손해배상을 청구할 수 있다.

그런데 예컨대 침해자가 매입·매출관계 서류를 전혀 작성치 않았거나 제출하지 아니한 경우와 같이 침해사실 및 손해발생사실은 인정되나 손해액의 입증이 극히 곤란한 경우가 있을 수 있다. 법원으로서는 손해액의 입증이 없다고 하여 손해배상 청구를 기각할 것이 아니라 증명을 완화하여 변론의 전취지 및 증거조사 결과로부터 적정하다고 판단하는 금액을 배상액으로 인정할 수 있도록 하기 위해 2001년 법개정에 의해 제5항이 신설되었다. 이로서 법원에 의해 '상당한 손해액'의 인정도 가능하게 되었다.[137]

6) 제128조 각 항의 관계

특허법 제128조의 규정이 존재함으로써 권리자는 특허권침해에 기초한 일실이익 상당손해에 관해서는, "㉠ 민법 제750조의 규정만에 의해 일실이익액을 청구한다. ㉡ 침해자의 양도수량에 권리자의 단위수량당 이익액을 곱한 액을 권리자의 실시능력에 따른 액을 초과하지 않는 한도에서 권리자가 받은 손해액으로 하여 청구한다(제128조 제1항). ㉢ 침해자가 얻은 이익액을 사기의 손해액으로 하여 청구한다(제128조 제2항). ㉣ 침해된 특허발명의 실시에 대해 통상 받을 수 있는 실시료상당액을 자기의 손해액으로 하여 청구한다(제128조 제3항)."라는 4종류의 주장을 선택적으로 또는 예비적으로 주장할 수 있다. 동조 1, 2, 3항에 의한 주장의 관계에 대해서는 1항에 의한 청구권, 2항에 의한 청구권, 3항에 의한 청구권이라는 상이한 청구권이 있는 것이 아니라 민법 제750조의 불법행위에 기초한 손해배상청구권으로서는 하나의 것이고 일실이익상당손해에 관한 손해액의 산정방법이 3종류 존재한다고 하는 것이다. 또한 권리자에 의한 손해액 입증의 곤란성을 고려한 조문으로서 동조 5항이 신설되어 법원에 의해 '상당한 손해액'의 인정도 가능하게 되었다.

즉 특허법 제128조는 특허권의 특성을 고려하여 민법상 불법행위에 따른 손해배상청구에 있어서의 손해액 산정의 특칙을 규정한 것이라고 할 수 있고 각 규정

137) 특허침해로 손해가 발생된 것은 인정되나 특허침해의 규모를 알 수 있는 자료가 모두 폐기되어 그 손해액을 입증하기 위하여 필요한 사실을 입증하는 것이 어렵게 된 경우에는 특허법 제128조 제5항을 적용하여 상당한 손해액을 결정할 수 있고, 이 경우에는 그 기간 동안의 침해자의 자본, 설비 등을 고려하여 평균적인 제조수량이나 판매수량을 가늠하여 이를 기초로 삼을 수 있다고 할 것이며, 특허침해가 이루어진 기간의 일부에 대해서만 손해액을 입증하기 어려운 경우 반드시 손해액을 입증할 수 있는 기간에 대하여 채택된 손해액 산정 방법이나 그와 유사한 방법으로만 상당한 손해액을 산정하여야만 하는 것은 아니고, 자유로이 합리적인 방법을 채택하여 변론 전체의 취지와 증거조사의 결과에 기초하여 상당한 손해액을 산정할 수 있다(대법원 2006.4.27. 선고 2003다15006 판결).

은 대등하게 위치한다고 할 수 있다. 따라서 특허권자는 제128조 각항에 규정되어 있는 산정방식 중 어느 것이나 자신에게 유리한 조항을 선택하여 선택적 또는 예비적으로 손해배상을 청구할 수 있다.

(5) 생산방법의 추정

물건을 생산하는 방법의 발명에 관하여 특허가 된 경우에 그 물건과 동일한 물건은 그 특허된 방법에 의하여 생산된 것으로 추정한다. 다만, 그 물건이 ㉠ 특허출원 전에 국내에서 공지되었거나 공연히 실시된 물건, ㉡ 특허출원 전에 국내 또는 국외에서 반포된 간행물에 게재되거나 대통령령이 정하는 전기통신회선을 통하여 공중이 이용가능하게 된 물건인 경우에는 그러하지 아니하다(제129조).[138]

방법특허의 권리자로서는 침해자가 실제로 사용하고 있는 제조방법을 입증하는 것이 곤란한 경우가 많으므로 물건의 생산방법에 관한 특허에 있어서 특허권자의 입증책임을 경감시킬 목적으로 그 물건이 특허출원전에 공지된 물건이 아닐 경우에 그 물건과 동일한 물건은 특허된 생산방법과 동일한 방법에 의해 생산된 것으로 법률상 추정하는 규정을 둔 것이다. 이 규정은 물질특허가 인정되지 않던 1986년 개정 전 구특허법 하에서는 매우 중요한 규정으로 활용되었으나, 화학물질에 대해서도 특허가 인정되는 현행법 하에서는 이 추정규정이 실제로 활용되는 사례는 별로 없을 것이다. 물건의 발명에 대한 특허권의 효력은 방법발명에 대한 특허권의 효력보다 훨씬 큰 것이어서 해당 물건이 신규하다면 출원인으로서는 당연히 먼저 물건에 대한 청구항을 작성하고, 그에 부수하여 방법에 관한 청구항을 작성하게 될 것이기 때문이다.

(6) 과실의 추정

불법행위의 일반원리에 따라, 손해배상청구시의 주관적 요건인 침해자의 고의·과실은 피해자가 주장·입증하는 것이 원칙이다. 그러나 타인의 특허권 또는

---

138) 특허법 제29조의 신규성 판단기준을 "1. 특허출원전에 국내 또는 국외에서 공지되었거나 공연히 실시된 발명 2. 특허출원전에 국내 또는 국외에서 반포된 간행물에 게재되거나 대통령령이 정하는 전기통신회선을 통하여 공중이 이용가능하게 된 발명"으로 하여 국제주의로 하고 있는 이상, 동법 제129조의 생산방법의 추정규정 또한 그와 동일하게 개정하는 것이 바람직할 것으로 생각된다.

전용실시권을 침해한 자는 그 침해행위에 대하여 과실이 있는 것으로 추정한다(제130조). 그 취지는 특허발명의 내용은 특허공보 또는 특허등록원부 등에 의해 공시되어 일반 공중에게 널리 알려져 있을 수 있고, 또 업으로서 기술을 실시하는 사업자에게 당해 기술분야에서 특허권의 침해에 대한 주의의무를 부과하는 것이 정당하기 때문이다. 타인의 특허발명을 허락 없이 실시한 자에게 과실이 없다고 하기 위해서는 특허권의 존재를 알지 못하였다는 점을 정당화할 수 있는 사정이 있다거나 자신이 실시하는 기술이 특허발명의 권리범위에 속하지 않는다고 믿은 점을 정당화할 수 있는 사정이 있다는 것을 주장·입증하여야 할 것이다.[139] 침해자는 무과실이라는 것을 입증하면 추정으로부터 벗어날 수 있다.

(7) 서류제출명령

법원은 특허권 또는 전용실시권의 침해에 관한 소송에 있어서 당사자의 신청에 의하여 타당사자에 대하여 당해 침해행위로 인한 손해의 계산을 하는 데에 필요한 서류의 제출을 명할 수 있다. 다만, 그 서류의 소지자가 그 서류의 제출을 거절할 정당한 이유가 있는 때에는 그러하지 아니한다(제132조).

손해의 계산을 하는 데에 필요한 서류로는 매상장부, 경비지출장부, 대차대조표, 손익계산서, 납품서 등을 들 수 있다. '정당한 이유'와 관련해서는 단순히 영업상의 비밀에 속한다는 이유만으로는 서류의 제출을 거부할 수 있는 정당한 이유에 해당하지 않는다는 것이 통설이다. 이를 정당한 이유로 보는 경우에는 이 조문의 실효성이 크게 감소되기 때문이다. 이 조문에 따른 서류제출명령이 있음에도 불구하고 당사자가 정당한 이유없이 제출을 거부하거나 상대방의 사용을 방해할 목적으로 서류를 훼손한 경우에는 법원은 서류에 대한 상대방의 주장사실을 진실한 것으로 인정할 수 있다는 것이 통설적 견해이다.[140] 이는 문서의 기재(즉 성질, 성립 및 내용)에 관한 상대방의 주장이 진실한 것으로 인정할 뿐이고 그 문서에 의하여 상대방이 증명하고자 하는 사실(요증사실) 자체를 진실한 것으로 인정하는 것은 아니다.[141]

---

139) 대법원 2006.4.27. 선고 2003다15006 판결.
140) 임병웅, 앞의 책, 704면.
141) 대법원 1993.11.23. 선고 93다41938 판결.

4. 신용회복청구권

(1) 의 의

법원은 고의 또는 과실에 의하여 특허권 또는 전용실시권을 침해함으로써 특허권자 또는 전용실시권자의 업무상의 신용을 실추하게 한 자에 대하여는 특허권자 또는 전용실시권자의 청구에 의하여 손해배상에 갈음하거나 손해배상과 함께 특허권자 또는 전용실시권자의 업무상의 신용회복을 위하여 필요한 조치를 명할 수 있다(제131조).

(2) 취 지

고의·과실의 특허권 침해로 인해 특허권자의 업무상 신용이 실추된 때에 침해자의 단순한 손해배상만으로는 실추된 업무상 신용을 회복시킬 수 없는 경우가 있을 수 있으므로 법원이 침해자에 대하여 업무상의 신용회복을 위하여 필요한 조치를 명할 수 있도록 한 것이다.

(3) 요 건

㉠ 고의·과실이 있을 것, ㉡ 특허권 또는 전용실시권을 침해할 것, ㉢ 업무상의 신용을 실추하게 하였을 것.

'업무상의 신용을 실추'란 예컨대 특허발명의 모조품이 품질이 조악하여 소비자가 특허권자가 생산한 특허품에 대하여도 품질이 조악한 것으로 믿게 된 경우가 이에 해당될 것이고, 침해사실이 있다는 것만으로 업무상의 신용이 실추되었다고 볼 수는 없으며 이에 대한 별도의 입증이 필요하다.

(4) 신용회복방법

과거에는 신용회복조치로서 사죄광고가 많이 사용되었으나, 민법 제764조의 명예회복에 적당한 처분에 사죄광고를 포함시키는 것은 양심의 자유를 침해하는 것이어서 이는 헌법에 위반된다는 헌법재판소의 한정합헌결정이 내려짐에 따라 판결에 의해 사죄광고를 명하는 것은 불가능해졌다.[142] 그러나 침해자의 비용으

---

142) 헌법재판소 1991.4.1. 선고 89헌마160 결정, 전원재판부【민법 제764조의 위헌여부에 관한 헌법소원】.

로 침해가 인정된 민·형사상 판결의 취지를 신문, 잡지 등에 게재하도록 하는 것은 가능하다.

5. 부당이득반환청구권

법률상 원인없이 타인의 재산 또는 노무로 인하여 이익을 얻고 이로 인하여 타인에게 손해를 가한 자는 그 이익을 반환하여야 한다(민법 제741조). 특허법은 부당이득반환청구권에 관한 별도의 규정을 두고 있지 않지만 특허권자 또는 전용실시권자는 법률상 원인없이 특허권을 침해하여 이익을 얻고 그로 인하여 자신에게 손해를 가한 자에 대하여 민법의 일반규정에 의해 자신의 손해액을 한도로 부당이득반환청구권을 행사할 수 있다. 손해배상청구권과 비교하여 침해자의 고의·과실을 입증할 필요가 없고, 손해배상청구권이 3년의 단기소멸시효로[143] 소멸하여 손해배상을 청구할 수 없는 경우에도 부당이득반환청구권의 소멸시효는 10년이므로 본 청구권으로 인해 특허권자 등이 실효적으로 보호될 수 있다.

Ⅵ. 형 사 벌

1. 개 설

특허권 및 전용실시권 등은 발명의 보호 및 이용을 도모하기 위하여 국가가 설정한 제도이지만, 그 보호 및 이용이 적정하게 행해지기 위해서는 단지 권리자에게 권리를 부여하는 것만으로는 부족하고 그 권리제도에 반하는 행위가 존재할 경우에 이것을 억제하여 배제하는 제도가 구비되지 않으면 안 된다. 특허법은 특허에 관한 범죄로 제225조 내지 제229조에서 '침해죄', '비밀누설죄', '위증죄', '허위표시의 죄' 및 '사위행위의 죄'에 대해 규정하고 있다. 특허범죄에 대해서는 특허법에서 특별히 규정하고 있는 것을 제외하고는 형법총칙의 규정이 그대로 적용된다.

---

143) 불법행위로 인한 손해배상의 청구권은 피해자나 그 법정대리인이 그 손해 및 가해자를 안 날로부터 3년, 불법행위를 한 날로부터 10년간 이를 행사하지 아니하면 시효로 인하여 소멸한다(민법 제766조).

2. 특허침해죄

(1) 의 의

특허권 또는 전용실시권을 침해한 자는 7년 이하의 징역 또는 1억원 이하의 벌금에 처한다(제225조 제1항). 2001년 개정전 구법에서는 특허권 또는 전용실시권을 침해한 자는 5년 이하의 징역 또는 5천만원 이하의 벌금에 처하는 것으로 규정하였으나 2001년 개정법(2001.2.3. 법률 제6411호)은 특허권보호를 강화하기 위하여 침해죄에 대한 벌칙을 7년 이하의 징역 또는 1억원 이하의 벌금으로 상향조정하였다.

(2) 요 건

특허권침해죄가 성립하기 위해서는 특허권이 유효해야 하고, 그 밖에 일반범죄 성립요건을 충족시켜야 한다. 즉, ㉠ 침해자에게 고의가 있을 것, ㉡ 침해대상물이 특허권의 보호범위에 속할 것, ㉢ 실시행위가 위법할 것, ㉣ 실시자에게 책임능력이 있을 것, ㉤ 위법성조각사유가 없을 것이 요구된다. 따라서 법률의 규정에 의한 실시권이 있는 경우나 특허권의 효력이 제한되는 경우에는 특허권의 침해로 인정되지 아니한다.

(3) 친 고 죄

특허권 침해죄는 친고죄이다. 특허권침해죄는 특허권자의 사익보호목적이 강하므로 형사소추를 할 것인지의 여부를 권리자의 의사에 맡기겠다는 이유에서이다. 따라서 특허권침해죄로 처벌하기 위해서는 권리자가 범죄사실을 구체적으로 신고하여 범인의 처벌을 요구한다는 고소가 있어야 한다. 고소에 관해서는 형사소송법상 고소에 관한 규정을 따르므로 고소는 범인을 알게 된 날로부터 6월 이내에 하여야 하고(형사소송법 제230조), 고소는 제1심 판결선고전까지 취소할 수 있으며 고소를 취소한 자는 다시 고소하지 못한다(형사소송법 제232조). 친고죄의 공범중 그 1인 또는 수인에 대한 고소 또는 그 취소는 다른 공범자에 대하여도 효력이 있다(형사소송법 제233조).[144)]

---

144) 대법원 1976.4.27. 선고 76도578 판결【실용신안법위반】; 실용신안침해죄는 고소가 있어야 이를 논하는 친고죄이므로 고소인의 이 고소취하의 효력은 형사소송법 제

(4) 양벌규정

'양벌규정'이란 업무주체인 법인 또는 개인의 대표자·대리인 또는 사용자 기타 종업원이 업무주체의 업무에 관하여 위법행위를 했을 때, 현실의 행위자를 벌하는 외에 업무주체인 법인 또는 개인에 대해서도 소정의 벌금형을 과한다는 취지의 규정이다. 범죄행위의 방지를 강화하고 법적 규제의 목적을 충분히 달성하기 위하여 '특허침해의 죄', '사위행위의 죄' 및 '허위표시의 죄'에 대해서는 그 행위자를 처벌하는 외에 범죄행위를 한 대표자·대리인·사용자 및 종업원을 고용한 법인이나 개인에 대하여도 벌금형을 과하는 것이다.

이는 사용자의 위치에 있는 법인 또는 개인에 대해서 사회적인 감독책임을 묻는 성격이 짙다고 하겠다. 사용자가 법인인 경우에는 해당조문의 벌금형에 비해 3배 가중된 벌금형을 가하는 것으로 하고 있고, 법인 또는 개인이 그 위반행위를 방지하기 위하여 해당 업무에 관하여 상당한 주의와 감독을 게을리하지 아니한 경우에는 책임을 면할 수 있는 것으로 하고 있다(제230조).

특허침해죄에 대하여서는 양벌규정이 적용된다. 즉 법인의 대표자, 법인 또는 개인의 대리인·사용자 기타 종업원이 그 법인 또는 개인의 업무에 관하여 특허침해죄를 범한 경우에 법인에 대해서는 3억원이하의 벌금형을, 개인에 대해서는 1억원이하의 벌금에 처한다(제230조).

(5) 필요적 몰수

침해행위를 조성한 물건 또는 그 침해행위로부터 생긴 물건은 이를 몰수하거나 피해자의 청구에 의하여 그 물건을 피해자에게 교부할 것을 선고하여야 한다(제231조 제1항). 특허권침해자의 침해행위에 의한 이득을 방지하고 피해자로 하여금 특허권침해물건의 교부를 청구할 수 있도록 하기 위해서이다. 다만 그 물건의 교부를 받은 경우에는 그 물건의 가액을 초과하는 손해의 액에 한하여 배상을 청구할 수 있도록 함으로써(제231조 제2항) 피해자와 침해자의 이익을 조절하는 장치를 마련하고 있다.

233조에 의하여 다른 공범으로 고소된 피고인에 대하여도 효력이 있다 할 것인즉 원심으로서는 위 고소취하의 적법여부를 심리한 연후에 그가 적법한 것이라면 판결로써 공소기각을 하였어야 옳았을 것인데 위의 고소취소에 대하여 가려보지 아니하고 본안에 대하여 판단하였음은 형사소송법 제233조의 해석을 그릇한 잘못이 있다.

몰수에 관한 특허법 규정은 형법총칙의 몰수에 관한 규정(형사소송법 제48조)의 특별규정이라고 할 수 있다. 형법 규정에 따르면 "범죄행위에 제공하였거나 제공하려고 한 물건 등은 전부 또는 일부를 몰수할 수 있다."고 규정하고 있어, 몰수여부는 법원의 재량에 속한다.[145] 그런데 특허법에 따르면 "침해행위를 조성한 물건 또는 그 침해행위로부터 생긴 물건은 이를 몰수하거나 피해자의 청구에 의하여 그 물건을 피해자에게 교부할 것을 선고하여야"하는 것으로 되어 있어 자칫 잘못하면 과잉조치로 될 우려가 있다. 이에 대하여는 특허권 등 침해죄로 유죄재판을 선고하는 경우에도 반드시 몰수형을 부가하여야 하는 것은 아니라는 견해도 있다.[146] 그러나 입법론으로서는 별론으로 하고, 현행법의 해석상으로는 특허권 침해품에 대한 몰수규정은 필요적 몰수규정으로 해석되는바, 과잉집행이 되지 않도록 해야 할 것이다. 예컨대 냉장고의 손잡이 부분에 대하여 특허 또는 실용신안 등록이 있는 경우에는 발명 또는 고안의 도용부분의 폐기 또는 손해배상 등의 문제로 해결하면 충분할 것이다.[147]

몰수는 원칙적으로 부가형으로 되어 있어 다른 형벌을 선고하는 경우에 한하여 이와 함께 과할 수 있다. 단, 행위자에게 유죄의 재판을 아니할 때에도 몰수의 요건이 있는 때에는 몰수만을 선고할 수 있다(형법 제49조). 따라서 예컨대 특허권 침해죄로 기소된 피고인에 대하여 법원이 형의 선고유예를 하는 경우에도 몰수의 요건이 있는 때에는 몰수형만의 선고를 할 수 있다.[148]

(6) 간접침해와 특허권침해죄

"침해로 보는 행위"(강학상의 간접침해행위)에 대해서도 형벌을 가할 수 있을 것인지에 대해서는 견해가 갈린다. 일본의 통설은 간접침해행위에 대해서도 특허권 침해죄가 성립한다고 본다.[149] 그러나 우리나라의 통설은 간접침해행위는 특허권 침해죄를 구성하지 아니하는 것으로 해석함이 타당하다고 하고,[150] 판례 또한

145) 대법원 1971.11.9. 선고 71도1537 판결.

146) 특허청, 「우리나라 특허법제에 대한 연혁적 고찰」, 2007, 1217면.

147) 송영식외 6인 공저, 앞의 책, 619면.

148) 대법원 1973.12.11. 선고 73도1133 판결 참고.

149) 일본의 통설은 "간접침해가 침해라는 것은 조문상 명확한바, 죄형법정주의에 반하지 않는다"고 하여 간접침해행위에 대해서도 특허권침해죄가 성립한다고 본다(中山信弘, 앞의 책, 379면).

150) 송영식외 6인 공저, 앞의 책, 617면 등.

"확장해석을 금하는 죄형법정주의의 원칙이나, 특허권 침해의 미수범에 대한 처벌규정이 없어 특허권 직접침해의 미수범은 처벌되지 아니함에도 특허권 직접침해의 예비단계행위에 불과한 간접침해행위를 특허권 직접침해의 기수범과 같은 벌칙에 의하여 처벌할 때 초래되는 형벌의 불균형성 등에 비추어 볼 때, 간접침해 규정은 특허권자 등을 보호하기 위하여 특허권의 간접침해자에게도 민사책임을 부과시키는 정책적 규정일 뿐 이를 특허권 침해행위를 처벌하는 형벌법규의 구성요건으로서까지 규정한 취지는 아니다."고 한다.[151)]

3. 비밀누설죄

특허청 직원·특허심판원 직원 또는 그 직에 있었던 자가 그 직무상 지득한 특허출원 중의 발명(국세출원 중의 발명을 포함한다)에 관하여 비밀을 누설하거나 도용한 때에는 5년 이하의 징역 또는 5천만원 이하의 벌금에 처한다(제226조). '직무상'이란 특허청직원 등이 그 지위에 기초하여 수행하는 일체의 공무집행을 의미하는 것으로 작위·부작위뿐만 아니라 직무와 밀접한 관계가 있는 모든 행위를 포함한다. '비밀'이란 일반에게 알려지지 않은 사실로써 출원중의 발명을 말한다. '누설'이라 함은 특정 또는 불특정의 제3자에게 비밀을 알리는 것이며 알리는 방법에는 제한이 없다. 또한 '도용'이라 함은 직무상 지득한 특허출원중의 발명을 업으로서 실시하거나 그 발명에 관련된 이용발명 등을 하고 이에 기하여 특허출원하는 것을 말한다.[152)]

일반적으로 공무원은 공무상 비밀누설금지의무를 지고, 공무원 또는 공무원이었던 자가 법령에 의한 직무상 비밀을 누설한 때에는 형법에 의해 처벌된다(형법 127).[153)] 그런데 특허출원은 공개전까지는 출원인의 영업비밀에 속한다고 볼 수 있어 비밀을 유지하는 것이 중요하고, 그것을 누설하거나 도용하는 경우 출원인의 이익이나 신뢰를 해칠뿐 아니라 산업기술유출에 따른 파급효과 또한 크다는 점에서 특허법은 비밀유지의무 위반자에 대해 더욱 무겁게 처벌하고 있다. 비밀

151) 대법원 1993.2.23. 선고 92도3350 판결.

152) 특허청, 「우리나라 특허법제에 대한 연혁적 고찰」, 2007, 1210면.

153) 형법 제127조 (공무상비밀의 누설); 공무원 또는 공무원이었던 자가 법령에 의한 직무상 비밀을 누설한 때에는 2년 이하의 징역이나 금고 또는 5년 이하의 자격정지에 처한다.

누설죄는 공익에 대한 침해에 해당하므로 비친고죄이다.

선행기술 등의 조사를 의뢰받은 전문기관 또는 특허문서전자화기관의 임원·직원 또는 그 직에 있었던 자는 비밀누설죄의 규정을 적용함에 있어서 특허청 직원 또는 그 직에 있었던 자로 본다(제226조의2).

4. 위 증 죄

이 법의 규정에 의하여 선서한 증인·감정인 또는 통역인이 특허심판원에 대하여 허위의 진술·감정 또는 통역을 한 때에는 5년이하의 징역 또는 1천만원 이하의 벌금에 처한다(제227조 제1항). 다만 위증죄를 범한 자가 그 사건의 심결의 확정전에 자수한 때에는 그 형을 감경 또는 면제할 수 있다(제227조 제2항). 위증죄는 행위의 주체가 "선서한 증인·감정인 또는 통역인"과 같은 일정한 신분을 가질 것을 요건으로 하는 신분범이다. 이러한 자가 특허심판원에 대하여 허위의 진술·감정 또는 통역을 하는 경우 위증죄가 성립한다. 위증죄는 공익에 대한 침해에 해당하므로 비친고죄이다.

5. 허위표시죄

(1) 의의 및 취지

제224조(허위표시의 금지)의 규정에 위반한 자는 3년이하의 징역 또는 2천만원 이하의 벌금에 처한다(제228조). 허위표시죄는 거래의 안전이라는 공익에 대한 침해에 해당하므로 비친고죄이다. 허위표시죄에 대하여서는 양벌규정이 적용된다. 즉 법인의 대표자, 법인 또는 개인의 대리인·사용자 기타 종업원이 그 법인 또는 개인의 업무에 관하여 허위표시죄를 범한 경우에 법인에 대해서는 6천만원이하의 벌금형을, 개인에 대해서는 2천만원이하의 벌금에 처한다(제230조).

(2) 허위표시의 유형

'허위표시'란 특허된 것이 아닌 물건이나 특허출원중이 아닌 물건 등에 특허표시 또는 특허출원표시를 하거나 이와 혼동하기 쉬운 표시를 하는 것을 말하는 것으로서, 특허법 제224조는 허위표시의 유형을 다음과 같이 규정하고 있다.

㉠ 특허된 것이 아닌 물건, 특허출원중이 아닌 물건, 특허된 것이 아닌 방법이

나 특허출원중이 아닌 방법에 의하여 생산한 물건 또는 그 물건의 용기나 포장에 특허표시 또는 특허출원표시를 하거나 이와 혼동하기 쉬운 표시를 하는 행위(제224조 제1호)

㉡ 제1호의 표시를 한 것을 양도·대여 또는 전시하는 행위(제224조 제2호)

㉢ 제1호의 물건을 생산·사용·양도 또는 대여하기 위하여 광고·간판 또는 표찰에 그 물건이 특허나 특허출원된 것 또는 특허된 방법이나 특허출원중인 방법에 의하여 생산한 것으로 표시하거나 이와 혼동하기 쉬운 표시를 하는 행위(제224조 제3호)

㉣ 특허된 것이 아닌 방법이나 특허출원중이 아닌 방법을 사용·양도 또는 대여하기 위하여 광고·간판 또는 표찰에 그 방법이 특허 또는 특허출원된 것으로 표시하거나 이와 혼동하기 쉬운 표시를 하는 행위(제224조 제4호)

6. 사위행위의 죄

사위 기타 부정한 행위로써 특허, 특허권의 존속기간의 연장등록 또는 심결을 받은 자는 3년이하의 징역 또는 2천만원 이하의 벌금에 처한다(제229조). 심사 및 심판과정에서 허위의 자료나 위조된 자료를 제출하는 등 심사관이나 심판관 등을 부정한 행위로써 착오에 빠뜨려 특허요건을 결여한 발명에 대하여 특허를 받거나 자기에게 유리한 심결을 받는 경우 등은 국가의 권위를 해하게 되므로 형벌규정을 두어 국가의 심사·심판권의 적정한 행사를 보장하려는 취지의 규정이다. 사위행위는 국가의 권위 또는 기능을 저해하는 행위로서 국가적 법익을 침해하는 것이므로 비친고죄이다. 사위행위죄에 대해서는 양벌규정이 적용된다. 즉 법인의 대표자, 법인 또는 개인의 대리인·사용자 기타 종업원이 그 법인 또는 개인의 업무에 관하여 사위행위죄를 범한 경우에 법인에 대해서는 6천만원이하의 벌금형을, 개인에 대해서는 2천만원이하의 벌금에 처한다(제230조).

V. 침해주장에 대한 대응방안

1. 서 설

특허권자는 정당한 권원없이 업으로서 자신의 특허발명의 보호범위에 속하는 확인대상발명을 실시하는 자에 대해 민·형사상 구제조치를 취할 수 있다. 그러나 특허권자의 주장이 언제나 정당한 것은 아니기 때문에 특허권자로부터 권리의 대항을 받은 상대방은 특허권자의 권리행사가 정당한 것인지를 판단한 후 그에 대한 대응책을 강구하여야 한다.

2. 침해여부에 대한 검토

특허권자의 권리행사에 대해 적절히 대처하기 위해 상대방은 우선 사전조사를 통해 침해주장의 진위여부를 파악할 필요가 있다. ㉠ 상대방이 정당한 권리자인지, ㉡ 권리가 현재 유효하게 존속하고 있는지, ㉢ 권리의 객체에 하자는 없는지, ㉣ 계쟁대상물이 상대방 권리의 보호범위에 속하는지, ㉣ 실시에 대하여 정당한 권원이 있는지에 대해 조사한다. 특허권에 흠결이 있는 경우에는 특허무효심판을 청구할 수 있다. 다만 특허법은 특허가 일정한 사유에 해당하는 경우에 별도로 마련한 특허의 무효심판절차를 거쳐 무효로 할 수 있도록 규정하고 있으므로, 특허는 일단 등록이 된 이상 이와 같은 심판에 의하여 특허를 무효로 한다는 심결이 확정되지 않는 한 유효한 것이며, 다른 절차에서 그 특허가 당연무효라고 판단할 수 없다.[154] 아울러 자신이 실시하고 있는 발명이 특허발명과는 다른 발명에 해당하는 경우에는 특허심판원에 소극적 권리범위확인심판을 청구할 수 있다. 다만 권리범위확인심판의 심결은 법원에 유력한 증거로서 활용될 수 있으나 법원을 기속하지는 못한다.

특허권자의 침해의 주장이 정당할 때에는 소송에 휘말려 시간과 비용을 낭비하는 것보다는 소송을 피하고 특허분쟁을 해결하기 위한 수단으로 당사자간의 협상이 나은 경우가 있다. 이 경우에는 실시행위를 즉시 중지하고 선의·무과실을 주장하는 것이 바람직하며 향후 계속해서 실시할 필요가 있는 경우에는 실시권설정계약을 체결하거나 권리를 양수하는 등의 조치를 취하여야 한다. 이용침해에 해당하는 경우에는 통상실시권허여심판의 청구를 고려해 볼 수 있다.

3. 일반적인 항변사유

특허침해가 성립하기 위해서는 제3자에 의한 특허발명의 위법한 실시행위가

154) 대법원 1998.12.22. 선고 97후1016,1023,1030 판결.

있어야 한다. 즉 특허권자는 업으로서 자기의 특허발명을 실시할 권리를 독점하므로 제3자가 정당한 권한없이 업으로서 해당발명을 실시하는 경우에는 특허침해에 해당하게 되나 특허권의 행사를 제한하는 사유가 있거나 상대방의 실시행위를 적법하게 하는 사유가 있는 경우에는 특허침해가 성립하지 않게 된다. 특허침해소송에 있어서 피고의 일반적인 항변사유로는 효력제한사유(제96조, 제181조, 제181조의3 제4항 등)와 실시권의 항변(허락에 의한 실시권, 직무발명의 경우, 법 제103조, 제104조, 제105조, 제122조, 제182조, 제183조, 제81조의3 제5항의 법정실시권)을 들 수 있다. 실시권에는 허락에 의한 실시권, 법정실시권, 강제실시권이 있고, 특허권에 대해 실시권이 존재하는 경우에는 침해자는 이를 주장·입증함으로써 침해의 책임을 면할 수 있다. 효력제한사유 및 실시권에 대한 자세한 내용은 해당부분을 참조하기 바란다.

4. 특허무효의 항변

특허발명이 신규성이 없거나 진보성이 없는 경우에는 그 특허는 무효로 되어야 하는바, 이러한 특허에 기한 권리행사는 부정되어야 함이 상당하다. 미국 특허법 제282조는 "특허를 부여받은 발명은 유효한 것으로 법률상 추정되고, 침해소송의 피고는 항변을 통해 위와 같은 추정을 깨고 특허가 무효임을 주장, 입증할 수 있다"고 규정하고 있다. 침해소송에서의 이러한 특허무효의 항변은 별도의 특허무효심판제도가 존재하지 아니하는 미국에서 특허의 유, 무효를 다투는 보편적인 방법이다.[155] 그러나 우리 특허법은 특허에 무효사유가 존재하는 경우에 특허심판원의 특허무효심판절차를 통해서만 당해 특허를 무효로 할 수 있도록 하고 있어서(제133조) 현행 특허법 하에서는 무효심판이 확정되지 아니한 상태에서 특허무효를 주장하는 것은 주장 자체로서 이유없는 것이 된다.

대법원은 신규성 결여의 특허인 경우 무효심결의 유무에 관계없이 그 권리범위를 인정할 수 없다고 하여 신규성 결여의 경우 사실상 특허무효의 항변을 인정하고 있다. 진보성 결여라는 무효사유에 대하여 심리판단 할 수 있는지 여부에 관하여는 이를 긍정하는 대법원 판결들도 있었으나,[156] 대법원 1998.10.27. 선고 97후

---

155) 다만, 특허의 무효를 다툴 이해관계가 있는 자는 연방지방법원에 특허의 무효, 침해의 불성립 등에 관한 확인을 구하는 특허무효확인소송을 제기할 수 있으나, 일정한 요건을 요구하고 있어서 잘 이용되지는 아니한다고 한다.

2095 판결 이래로는 신규성은 있으나 진보성이 없는 경우, 무효 심결의 확정 전에 다른 절차에서 그 권리범위를 부정할 수 없다는 입장을 유지하여 오고 있다.[157)]

신규성 결여의 특허인 경우에도 무효심결의 유무에 관계없이 그 권리범위를 인정할 수 없다고 한 것이지 무효심결이 확정되지 아니하는 한 등록특허권이 무효로 되는 것은 아니므로 현행법상 특허무효의 항변은 있을 수 없다. 대법원 또한 "특허법은 특허가 일정한 사유에 해당하는 경우에 별도로 마련한 특허의 무효심판절차를 거쳐 무효로 할 수 있도록 규정하고 있으므로, 특허는 일단 등록이 된 이상 이와 같은 심판에 의하여 특허를 무효로 한다는 심결이 확정되지 않는 한 유효한 것이며, 법원은 위와 같은 특허를 무효로 할 수 있는 사유가 있더라도 다른 소송절차에서 그 전제로서 특허가 당연무효라고 판단할 수 없는 것이다"라고 판시하여, 침해소송에서 무효의 항변이 허용되지 아니함을 명백히 하였다.[158)]

5. 자유기술(공지기술)의 항변

침해소송에서 무효의 항변이 허용되지 않는다면 특허청이 특허능력을 갖추지 못한 발명에 대해 잘못 특허를 부여한 경우 이러한 오인특허 때문에 자유기술(공지기술)의 이용에 관한 일반공중의 자유가 제한을 받게 된다. 이 경우 이러한 오인특허의 보호를 부정하여 형식적인 법적상태를 실질적인 법적상태와 일치시킬 필요가 있다. 따라서 특허침해소송단계에서 특허권 그 자체의 무효를 주장할 수는 없지만 특허권 침해자 또는 확인발명의 실시자가 자신은 등록된 특허발명을 실시하는 것이 아니라 그 특허발명의 출원이전에 공지되어 누구나 자유로이 실시할 수 있는 영역에 속하는 기술을 실시하고 있는 것에 불과하므로 침해를 구성하거나 특허발명의 권리범위에 속하지 않는다고 주장하는 것은 가능할 것인데 이를 자유기술의 항변 또는 공지기술의 항변이라고 한다. 자유기술의 항변은 실질적으로 무권리임에도 불구하고 형식적으로는 유효한 권리로 취급되는 오인특허의 권리행사를 저지케 할 수 있는 하나의 대항권이라는 개념으로 발전하여 온 것인

156) 대법원 1991.10.25. 선고 90후2225 판결, 대법원 1997.7.22. 선고 96후1699 판결, 대법원 1998.2.13. 선고 97후686 판결 등.

157) 대법원 2001.3.23. 선고 98다7209 판결, 대법원 2004.4.27. 선고 2002후2037 판결 등.

158) 대법원 1992.6.2. 자 91마540 결정.

데[159] 판례 또한 "특허발명과 대비되는 발명이 공지의 기술만으로 이루어지거나 그 기술분야에서 통상의 지식을 가진 자(당업자)가 공지기술로부터 용이하게 실시할 수 있는 경우에는 특허발명과 대비할 필요 없이 특허발명의 권리범위에 속하지 않게 된다."고 하여 자유기술의 항변을 유효한 것으로 인정해 오고 있다.[160]

6. 권리남용의 항변

특허권도 사권의 일종이므로 그 권리의 행사는 신의에 좇아 성실히 하여야 하며 권리의 남용은 허용되지 아니한다(민법 제2조). 그러나 실제 침해소송에서 무효사유를 가지는 특허권에 기한 권리행사에 대해 권리남용의 항변이 그대로 받아들여지는 경우는 없었다.

최근 대법원은[161] "특허의 무효심결이 확정되기 이전이라고 하더라도 특허권 침해소송을 심리하는 법원은 특허에 무효사유가 있는 것이 명백한지 여부에 대하여 판단할 수 있고, 심리한 결과 당해 특허에 무효사유가 있는 것이 분명한 때에는 그 특허권에 기초한 금지와 손해배상 등의 청구는 특별한 사정이 없는 한 권리남용에 해당하여 허용되지 않는 것이다"고 판시하였다.

위 판결은 특허권침해소송에서 특허에 무효사유가 있는 것이 분명한 때에는 특허권에 기한 침해금지 및 손해배상청구가 권리남용에 해당하여 허용되지 아니한다고 판시한 최초의 대법원 판결이다. 본 대법원판결로 인하여 하급심에서는 특허침해소송에서 명백한 경우에 한하여 진보성 여부를 판단할 것으로 예상된다. 실제로 서울고법 2005.1.25. 선고 2003나8802 판결은 위 대법원 판결을 인용하면서 진보성 결여의 무효사유가 있음이 분명한 특허권에 기초한 원고의 금지 및 손해배상 청구는 권리남용에 해당하여 허용되지 않는다고 하였다.[162]

---

159) 송영식외 6인 공저, 앞의 책, 614면.

160) 대법원 2001.10.30. 선고 99후710 판결, 대법원 2004.9.23. 선고 2002다60610 판결, 대법원 2006.5.25. 선고 2005도4341 판결 등.

161) 대법원 2004.10.28. 선고 2000다69194 판결.

162) 최성준, "무효사유가 명백한 특허권에 기초한 금지청구 등이 권리남용에 해당하는지 여부", 정보법 판례백선(Ⅰ) 박영사, 2006, 136면.

7. 실효의 항변

특허침해소송에서 실효의 항변은 가능한 것인가? 권리자가 오랜 기간 자신의 권리를 행사하지 않았기 때문에 상대방이 이제는 그 권리를 행사하지 않을 것으로 믿을만한 정당한 사유가 있게 된 경우에 새삼스럽게 그 권리를 행사하는 것이 신의성실의 원칙에 어긋난다고 인정되는 때에는 그 권리의 행사는 권리남용으로 허용되지 않는다는 것이 실효이론이다. 특허침해소송에서도 권리자가 특허발명의 실시를 오랫동안 묵인하여 상대방도 그 동안의 경위로 보아 권리자가 권리를 행사하지 않으리라고 믿어 사업의 확장을 꾀하여 온 경우 갑자기 침해소송을 제기한 경우에 이론상 이 원칙이 적용될 가능성은 있으나 현실적으로 특허의 경우 이 항변이 받아들여질 사안은 거의 없으리라 생각된다. 실효의 원칙은 상표법 분야에서 특히 문제가 된 경우가 많다.[163]

대법원 2003.3.11. 선고 2000다48272 판결

등록고안이 등록된 지 6년 가량 지난 후에 실용신안권을 행사하였다는 사유를 들어 침해행위로 인한 손해배상책임을 제한할 수 있는지 여부(소극)

등록고안이 등록된 지 6년 가량 지나서야 실용신안권을 행사하였다 하여 권리자가 고의로 그 권리행사를 게을리하였다고 단정하기도 어렵거니와, 가사 권리자가 권리행사를 게을리함으로써 실용신안권의 침해행위가 그 기간만큼 가능하게 되었다고 하더라도, 위 침해행위가 권리자가 권리행사를 게을리한 것에 의하여 유발된 것이 아니어서 그 권리행사를 게을리한 것이 침해행위로 인한 손해의 발생 또는 그 확대의 한 원인이 되었다고 볼 수는 없을 것이고, 권리자가 권리행사를 게을리하였다는 사유를 들어 침해행위로 인한 손해배상책임을 제한하는 것이 공평 또는 신의칙의 견지에서 타당하다고 할 것도 아니다.

163) 송영식외 6인 공저, 앞의 책, 612면.

제5장 특허심판 및 소송

제1절 특허심판

I. 서

1. 심판제도의 의의

특허심판이란 특허출원에 대하여 심사관이 행한 처분이나 그 처분에 의해 부여된 특허권에 관한 분쟁을 해결하기 위하여 행정기관인 특허심판원의 심판관합의체가 행하는 특별행정심판을 말한다. 원칙적으로 특허에 관한 분쟁을 종국적으로 심판하는 권한은 법원에 속하나 특허에 관한 쟁송은 그 대상의 특수성으로 인해 특허심판원의 심판을 거치는 것으로 하고 있다.

1995년 1월 5일 법률 제4892호로 개정되기 이전의 특허법에 따르면, 특허심판제도는 특허청 내의 심판소와 항고심판소에서 제1심과 제2심을 다루고 대법원에서 상고심을 다루는 심급구조를 갖추고 있었다. 대법원은 법률심이어서 이와 같은 종래의 심판제도는 법관에 의한 사실심리의 기회가 주어지지 않는다는 점에서 국민의 재판받을 권리(헌법 제27조 제1항)가 침해되어 위헌이라는 주장이 제기되었다. 이를 시정하기 위하여 법원조직법을 개정(1994.7.27, 법률 제4765호, 1998.3.1. 시행)하여 특허법원을 설치함과 동시에 특허법을 개정(1995.1.5., 법률 제4892호, 1998.3.1. 시행)하여 특허청 내의 심판소와 항고심판소를 통합한 특허심판원을 설치하여 1998년 3월 1일부터 특허심판은 특허심판원이, 특허심판원의 심결에 대한 불복은 특허법원이, 그리고 특허법원의 판결에 대한 불복은 대법원이 담당하게 되었다. 이로써 특허사건의 특수성을 감안하면서도 위헌의 소지를 없앨 수 있게 되었다.

2. 법적성질

심판절차는 형식적으로는 특허심판원의 심판관합의체에 의해 심리·결정되는 행정상의 쟁송절차라고 할 수 있지만 민사소송에 준하는 엄격한 절차를 거쳐 판단되는 준사법적 행정행위이다.

3. 심판의 분류

(1) 독립적 심판과 부수적 심판

독립적 심판이란 심판의 청구취지가 독립되어 있는 것을 말하고 통상 심판이라고 하면 독립적심판을 가리킨다. 특허거절결정에 대한 불복심판(제132조의3), 특허무효심판(제133조), 특허권존속기간연장등록무효심판(제134조), 권리범위확인심판(제135조), 정정심판(제136조), 정정무효심판(제137조), 통상실시권허여심판(제138조) 등이 있다. 독립적 심판은 다시 결정계 심판과 당사자계 심판으로 나눌 수 있다.

부수적 심판이란 그 자체만으로는 독립해서 심판의 대상이 되지 못하고 독립된 심판의 청구사항에 부수되거나 독립심판을 전제로 하여 청구하는 심판을 말한다. 심판관의 제척·기피 결정심판(제152조), 참가허부결정심판(제156조 제3항), 증거보전심판(제157조), 심판비용심판(제165조) 등이 있다.

독립적 심판은 독립적인 심결의 형식으로 판단되고 독립된 불복절차가 마련되어 있으나, 부수적 심판은 독립적 심판의 심결이유에서 판단되며 이에 대해서는 독립하여 불복할 수 없다. 부수적 심판에 대해 불복을 허용하는 경우 절차의 신속에 반하기 때문이다.

(2) 결정계 심판과 당사자계 심판

독립적 심판 중 청구인만이 존재하는 심판을 결정계 심판, 양 당사자의 대립구조를 취하는 심판을 당사자계 심판이라고 한다. 특허거절결정에 대한 불복심판(제132조의3)과 정정심판(제136조)은 결정계 심판이고, 특허무효심판(제133조), 특허권존속기간연장등록무효심판(제134조), 권리범위확인심판(제135조), 정정무효심판(제137조), 통상실시권허여심판(제138조)은 당사자계 심판이다.

결정계 심판에는 참가가 인정되지 않으나, 당사자계 심판에는 참가가 인정된다. 결정계 심판은 일사부재리가 적용되지 않으나 당사자계 심판에는 일사부재리가 적용된다. 한편 결정계 심판에서는 심판비용은 청구인이 부담하게 되나, 당사자계 심판의 심판비용은 통상실시권허여심판의 경우를 제외하고는 패심자가 부담하는 것이 원칙이다.

결정계 심판은 당사자계 심판과 달리 피청구인이 없기 때문에 부본송달 및 답변서 제출에 관한 규정(제147조 제1항, 제2항)이 적용되지 않으며 인용심결에 대해 불복할 수 없다. 따라서 결정계 심결의 인용심결은 심결문등본이 송달된 때에 확정된다. 그러나 당사자계 심판의 경우에는 심결문 등본이 송달된 날로부터 30일이 경과하여야 확정된다.

Ⅱ. 절차일반

1. 심판의 주체

(1) 특허심판원

1) 역 할

특허심판원은 행정관청인 특허청의 소속기관으로 특허·실용신안·디자인 및 상표에 관한 심판과 재심 및 이에 관한 조사·연구에 관한 사무를 관장한다(제132조의2 제1항). 특허심판원에는 원장과 심판관을 둔다(제132조의2 제2항). 특허심판원의 조직과 정원 및 운영에 관하여 필요한 사항은 대통령령으로 정하는 것으로 되어 있다(제132조의2 제3항).

특허심판원장은 심판청구가 있는 때에는 심판관으로 하여금 이를 심판하게 하는데(제143조 제1항), 심판관의 자격은 대통령령으로 엄격하게 정하여져 있고(제143조 제2항), 심판관은 직무상 독립하여 심판하도록 함으로써(제143조 제3항) 심판의 공정성을 도모하고 있다.

2) 심판관의 제척·기피·회피

심판관의 제척이란 심판사건과 특수한 관계에 있는 심판관이 그 사건과 관련된 직무집행의 자격을 법률상 당연히 상실하게 되는 것을 말한다(제148조). 심판관의 기피·회피와 함께 심판의 공정성을 확보하기 위한 것이다. 심판관의 제척은 그 원인이 법정되어 있고, 제척원인에 해당하면 당사자나 참가인의 신청이 없이도 당연히 심판관의 관여를 배제한다는 점에서 심판관의 기피와 상이하다. 따라서 당사자나 참가인의 제척신청을 인용하는 결정은 확인적인 성질을 가질 뿐이고, 제척사유가 있는 심판관이 관여한 심결은 관여한 당초부터 위법하게 된다. 제척사유가 있는 심판관이 심판에 관여한 경우에는 특허법원에 소를 제기하여 이를 다툴 수 있고, 심결이 확정된 후에는 재심사유이다(특허법 제178조 제2항, 민사소송법 제451조). 특허법 제148조에서 법정하는 제척사유는 다음과 같다.

① 심판관 또는 그 배우자나 배우자이었던 자가 사건의 당사자 또는 참가인인 경우
② 심판관이 사건의 당사자 또는 참가인의 친족의 관계가 있거나 이러한 관계가 있었던 경우
③ 심판관이 사건의 당사자 또는 참가인의 법정대리인 또는 이러한 관계가 있었던 경우
④ 심판관이 사건에 대한 증인·감정인으로 된 경우 또는 감정인이었던 경우
⑤ 심판관이 사건의 당사자 또는 참가인의 대리인인 경우 또는 이러한 관계가 있었던 경우
⑥ 심판관이 사건에 대하여 심사관 또는 심판관으로서 특허여부결정 또는 심결에 관여한 경우
⑦ 심판관이 사건에 관하여 직접 이해관계를 가진 경우

심판관의 기피란 심판관에게 심판의 공정을 기대하기 어려운 사정이 있는 때에 당사자 또는 참가인의 신청을 기다려 그 심판관을 심판합의체의 구성원에서 제외시키는 것을 말한다(제150조). 심판관의 제척이 법률상 당연히 발생하는 것과는 달리 심판관의 기피는 당사자 또는 참가인의 신청에 의하여 결정이 있을 때 비로소 이루어진다. 따라서 기피의 결정이 있기 전에 그 심판관이 행한 직무는 위법하다고 할 수 없고 기피의 결정은 형성적인 성질을 가진다. 당사자 또는 참가인은 사건에 대하여 심판관에게 서면 또는 구두로 진술을 한 후에는 심판관을 기피할 수 없다. 다만, 기피의 원인이 있는 것을 알지 못한 때 또는 기피의 원인이 그 후에 발생한 때에는 그러하지 아니하다(제150조 제2항).

제척의 경우에는 신청여부에 관계없이 법률상 당연히 심판관여로부터 배제되지만 당사자 또는 참가인은 직권발동을 촉구하는 의미에서 제척신청을 할 수 있다. 제척 및 기피신청을 하고자 하는 자는 그 원인을 기재한 서면을 특허심판원장에게 제출하여야 한다(제151조 제1항). 특허심판원장에게 제출토록 한 이유는 심판장도 제척·기피의 대상이 될 수 있기 때문이다. 다만, 구술심리에 있어서는 신청인의 편의를 도모하기 위해 예외적으로 구술로 할 수 있도록 하고 있다(제151조 제1항 단서). 구술에 의한 신청은 심리를 담당하는 심판관을 통하여 특허심판원장

에게 한 것으로 간주된다. 제척 또는 기피의 원인은 신청한 날부터 3일이내에 소명하여야 한다(제151조 제2항).[1)]

제척 또는 기피신청이 있는 때에는 심판에 의하여 이를 결정하여야 하고, 제척 또는 기피의 신청을 당한 심판관은 그 제척 또는 기피에 대한 심판에 관여할 수 없으며 다만 의견을 진술할 수 있을 뿐이다(제152조 제1항, 제2항). 제척 또는 기피의 신청이 있는 때에 이 신청에 대한 결정의 신뢰를 확보하기 위함이다. 제척·기피결정은 서면으로 하여야 하며 그 이유를 붙여야 한다(제152조 제3항). 제척·기피결정은 부수적 심판이므로 이에는 불복할 수 없다(제152조 제4항).

제척 또는 기피의 신청이 있는 때에는 그 신청에 대한 결정이 있을 때까지 심판절차를 중지하여야 한다. 다만, 긴급을 요하는 때에는 그러하지 아니하다(제153조). 예를 들면 증거조사를 미리 해두지 아니하면 증거소멸의 우려가 있는 경우와 같은 때에는 예외적으로 절차의 진행을 중지하지 않을 수 있다.

심판관은 제척·기피원인에 해당하는 경우에는 특허심판원장의 허가를 받아 당해 사건에 대한 심판을 회피할 수 있다(제153조의2). 회피란 심판관이 스스로 제척 또는 기피의 원인이 있다고 인정하여 자발적으로 직무집행을 피하는 것을 말한다.

(2) 당 사 자

1) 당사자능력

당사자능력이란 심판절차에서 그 주체가 될 수 있는 일반적인 능력을 말한다. 원칙적으로 권리능력을 가진 자는 당사자 능력이 있다(민사소송법 제51조). 다만, 비법인 사단·재단의 경우에는 권리능력이 없지만 일정한 경우 당사자능력이 인정된다. 법인이 아닌 사단 또는 재단으로서 대표자 또는 관리인이 정하여져 있는 경우에는 그 사단 또는 재단의 이름으로 심판의 청구인 및 피청구인 또는 재심의 청구인 및 피청구인이 될 수 있다(특허법 제4조).

---

1) "소명"이라 함은 증명에 비하여 저도의 개연성, 즉 심판관이 일응 확실할 것이라는 추측을 얻은 상태 또는 그와 같은 상태에 이르도록 증거를 제출하는 당사자의 노력을 의미한다. 반면에 "증명"이라 함은 심판관이 요증사실의 존재에 대하여 고도의 개연성, 즉 확신을 얻은 상태 또는 심판관으로 하여금 확신을 얻게 하기 위하여 증거를 제출하는 당사자의 노력을 뜻한다(이시윤, 「신민사소송법」, 박영사, 2009, 404~405면).

2) 당사자적격

당사자적격이란 당해 심판절차의 주체가 되어 정당한 당사자로서 심판을 수행하고 본안심결을 받기에 적합한 자격을 말한다. 당사자적격이 있는 자를 정당한 당사자라고 한다. 예컨대 거절결정불복심판에서 당사자적격을 가지는 자는 특허거절결정을 받은 출원인이고, 정정심판의 경우에는 특허권자가 당사자적격을 가진다. 한편 특허법은 심판청구의 난립방지, 심판사건의 적체해소 및 산업질서의 안정화도모를 위해 공중심판의 방지차원에서 일정한 이해관계를 가진 자만이 특허무효심판과 같은 당사자계 심판을 청구할 수 있도록 하고 있다. 이는 '이익없으면 소권없다'는 민사소송법상의 원칙과 일맥상통한다.

(3) 참 가

1) 의의 및 취지

참가란 심판의 계속중에 그 심결에 대해 이해관계가 있는 제3자가 자기의 법률상의 이익을 보호하기 위하여 일방 당사자의 심판을 보조하거나 또는 스스로 당사자가 되어 심판에 관여하는 것을 말한다. 이해관계가 있는 제3자에게 심판참가의 기회를 부여하여 심판의 적정과 공평을 도모하고 분쟁의 합일적인 해결을 도모하여 절차의 신속과 경제성을 도모하기 위함이다.

2) 종 류

특허법상 참가의 유형에는 당사자참가와 보조참가가 있다. 당사자참가란 공동으로 심판을 청구할 수 있는 자가 타인간의 계속중인 심판에 참가하는 것을 말하고, 심판청구인측에만 참가할 수 있다(제155조 제1항). 동일한 특허권에 관하여 특허무효심판(제133조), 특허권존속기간연장등록무효심판(제134조), 정정무효심판(제137조), 권리범위확인심판(제135조)을 청구하는 자가 2인이상이 있는 때에는 그 전원이 공동으로 심판을 청구할 수 있으나 일부만이 심판을 청구할 수도 있다. 이 경우 당사자적격이 있으나 심판을 청구하지 않은 자들은 당사자로서 그 심판에 참가할 수 있다. 즉 참가인은 독립하여 심판을 청구할 수 있는 자격을 가지는 자이지만 심판의 청구 대신에 참가를 하는 것이다.

보조참가란 심판의 결과에 대하여 이해관계를 가진 자가 심리가 종결될 때까지 당사자의 일방을 보조하기 위하여 그 심판에 참가하는 것을 말하고 당사자 중 어느 쪽에도 참가할 수 있다(제155조 제3항).

3) 요 건

주체적 요건으로는 당사자참가의 경우에는 공동으로 심판을 청구할 수 있는 자, 즉 독립하여 당사자적격을 가지는 자일 것이 요구되고, 보조참가의 경우에는 그 심판의 결과에 대해 구체적인 이해관계가 존재해야 한다.[2] 객체적 요건으로는 타인간의 당사자계 심판이 계속 중이어야 하고, 심리종결전이어야 한다(제155조 제1항, 제3항). 심리종결 후에 참가를 허용하면 심리를 재개해야 하는 등 절차지연의 문제가 발생하기 때문이다.

4) 절 차

심판에 참가하고자 하는 자는 참가신청서를 심판장에게 제출하여야 한다(제156조 제1항). 심판장은 참가신청이 있는 경우에는 참가신청서의 부본을 당사자 및 다른 참가인에게 송달하고 기간을 정하여 의견서를 제출할 수 있는 기회를 주어야 한다(제156조 제2항). 당사자 및 다른 참가인이 참가에 대해 의의를 가질 수 있기 때문이다. 참가신청이 있는 경우에는 심판에 의하여 그 참가여부를 결정하게 되는데(제156조 제3항), 참가허부결정은 서면으로 하여야 하며 그 이유를 붙여야 한다(제156조 제4항). 참가허부결정은 부수적 심판이기 때문에 그 결정에 관하여는 불복할 수 없다(제156조 제5항).

5) 효 과

당사자참가인은 당사자로서 심판에 참가하는 것이므로 피참가인(심판청구인)과 대등한 지위를 가진다. 따라서 피참가인의 행위와 모순되는 절차를 밟을 수도 있고, 피참가인이 그 심판의 청구를 취하한 후에도 심판절차를 속행할 수 있다(제155조 제2항).

보조참가인은 당사자적격이 없는 자로서 일방 당사자를 보조하기 위해 참가한 것이므로 피참가인에게 종속된다. 따라서 피참가인이 그 심판의 청구를 취하한 후에는 심판절차를 속행할 수 없고 참가인으로서의 지위를 상실한다(제155조 제2항 반대해석). 그러나 참가인은 피참가인의 대리인이 아니라 자신의 이익을 위해

---

2) 예컨대 실시권자는 당사자로서의 자격은 가지지 못하나 특허의 무효에 대해 중대한 이해관계를 가지므로 보조참가를 할 수 있다.

독자적인 권한으로 심판에 관여하므로 독자성이 인정되고 일체의 심판절차를 행할 수 있다(제155조 제4항). 따라서 피참가인의 행위와 저촉되는 행위도 할 수 있다.

참가인에 대하여 심판절차의 중단 또는 중지의 원인이 있는 때에는 그 중단 또는 중지는 피참가인에 대하여도 그 효력이 발생한다(제155조 제5항).

심결이 있는 때는 심결의 효력은 참가인에게도 미친다. 심판장은 심결 또는 결정이 있는 때에는 그 등본을 당사자, 참가인뿐만 아니라 심판에 참가신청을 하였으나 그 신청이 거부된 자에게도 송달하여야 한다(제162조 제6항). 참가인 또는 당해 심판에 참가신청을 하였으나 그 신청이 거부된 자에 대해서도 당해 심결에 대해 특허법원에 심결취소소송을 제기할 수 있도록 하기 위함이다(제186조 제2항). 참가여부에 대한 결정과 관련해서는 심판절차의 지연을 방지하기 위해 불복할 수 없도록 하고 있으나, 심판에 참가신청을 하였으나 그 신청이 거부된 자도 특허법원에 소를 제기할 수 있도록 하여 법원에서 이해관계를 인정받는 경우에는 본안까지도 직접 다툴 수 있도록 함으로써 참가신청의 거절에 대한 불복을 우회적으로 인정하고 있는 셈이다.

2. 심판의 청구

(1) 심판청구서

1) 일반적 기재사항

심판을 청구하고자 하는 자는 다음의 사항을 기재한 심판청구서를 특허심판원장에게 제출하여야 한다(제140조 제1항).

㉠ 당사자의 성명 및 주소(법인인 경우에는 그 명칭 및 영업소의 소재지)

㉡ 대리인이 있는 경우에는 그 대리인의 성명 및 주소나 영업소의 소재지(대리인이 특허법인인 경우에는 그 명칭, 사무소의 소재지 및 지정된 변리사의 성명)

㉢ 심판사건의 표시

㉣ 청구의 취지 및 그 이유

즉 심판을 청구하고자 하는 자는 당사자, 대리인, 심판사건의 표시, 청구의 취지 및 청구의 이유를 기재한 심판청구서를 특허심판원장에게 제출하여야 하는데, 청구의 취지란 심결주문에 대응하는 확정적 신청으로서 청구인이 심판을 통하여 바라는 법률효과를 적은 심판의 결론부분을 말하는 것이며, 청구의 이유란 청구의 취지를 뒷받침하기 위한 법률관계 또는 사실관계의 구체적인 주장을 말한다.

2) 추가적 기재사항

① 권리범위확인심판

권리범위확인심판을 청구할 때에는 특허발명과 대비될 수 있는 설명서 및 필요한 도면을 첨부하여야 한다(제140조 제3항).

② 통상실시권 허여심판

통상실시권 허여심판의 심판청구서에는 일반적인 기재사항 외에 다음 사항을 기재하여야 한다(제140조 제4항).

㉠ 실시를 요하는 자기의 특허의 번호 및 명칭
㉡ 실시되어야 할 타인의 특허발명·등록실용신안이나 등록디자인의 번호·명칭 및 특허나 등록의 연월일
㉢ 특허발명·등록실용신안 또는 등록디자인의 통상실시권의 범위·기간 및 대가

③ 정정심판

정정심판을 청구할 때에는 심판청구서에 정정한 명세서 또는 도면을 첨부하여야 한다(특허법 제140조 제5항). 아울러 전용실시권자·질권자 또는 통상실시권자의 동의가 필요한 경우에는 동의서를 첨부하여야 한다(특허법시행규칙 제57조의2 제3호).

④ 특허거절결정불복심판

특허거절결정에 대한 심판을 청구하고자 하는 자는 통상의 심판의 경우와 달리 다음의 사항을 기재한 심판청구서를 특허심판원장에게 제출하여야 한다(제140조의2 제1항).

㉠ 청구인의 성명 및 주소(법인인 경우에는 그 명칭 및 영업소의 소재지)
㉡ 대리인이 있는 경우에는 그 대리인의 성명 및 주소나 영업소의 소재지(대리인이 특허법인인 경우에는 그 명칭, 사무소의 소재지 및 지정된 변리사의 성명)
㉢ 출원일자 및 출원번호
㉣ 발명의 명칭
㉤ 특허거절결정일자
㉥ 심판사건의 표시
㉦ 청구의 취지 및 그 이유

(2) 심판청구서의 보정

1) 원 칙

심판청구서의 보정은 원칙적으로 그 요지를 변경할 수 없다(제140조 제2항, 제140조의2 제2항). 심판청구서의 요지란 심판의 당사자와 심판의 대상들을 의미하므로 ㉠ 당사자, ㉡ 사건의 표시, ㉢ 청구의 취지 부분이 이에 해당한다. 요지변경을 금지하는 이유는 심판절차의 지연방지와 피청구인의 방어권을 보호하기 위함이다.

2) 예 외

㉠ 당사자 중 특허권자의 기재를 바로잡기 위하여 보정(추가하는 것을 포함한다)하는 경우와, 특허거절결정불복심판에서 청구인의 기재를 바로잡기 위하여 보정(추가하는 것을 포함한다)하는 것은 허용된다(제140조 제2항 제1호, 제140조의2 제2항 제1호). 심판청구인의 실수로 공유특허권자 중 일부를 빠뜨리거나 특허권자를 잘못 기재한 경우 각하하기 보다는 보정을 허용하는 것이 심판경제나 당사자의 권리구제면에서 보다 합리적이기 때문에 2009년 개정법[3]에서 도입한 규정이다.

㉡ 심판청구의 이유는 그 요지가 변경되더라도 허용된다(제140조 제2항 제2호, 제140조의2 제2항 제2호). 특허심판에서는 당사자 또는 참가인이 신청하지 아니한 이유에 대하여도 이를 심리할 수 있기 때문에(제159조 제1항) 심판청구 이유에 대해서는 자유롭게 변경을 허용하고 있다.

㉢ 특허권자 또는 전용실시권자가 청구인으로서 청구한 권리범위확인심판에서 심판청구서의 확인대상 발명(청구인이 주장하는 피청구인의 발명을 말한다)의 설명서 및 도면에 대하여 피청구인이 자신이 실제로 실시하고 있는 발명과 비교하여 다르다고 주장하는 경우에 청구인이 피청구인의 실시 발명과 동일하게 하기 위하여 심판청구서의 확인대상 발명의 설명서 및 도면을 보정하는 경우는 요지변경여부에 상관없이 널리 허용된다(제140조 제2항 제3호). 특허권자 또는 전용실시권자가 권리범위확인심판을 청구하면서 대상물을 잘못 특정한 경우 이를 심결각하하기 보다는 보정을 인정하는 것이 신속한

---

3) 법률 제9381호, 2009.1.30, 일부개정.

분쟁해결이나 소송경제 측면에서 유리하다는 판단하에 2007년 개정법[4]에서 도입한 규정이다. 다만 권리범위확인심결에 대한 취소소송 절차에서 (가)호 발명에 대한 설명서 및 도면의 보완은 명백한 오기를 정정하거나 또는 불명확한 부분을 구체화하고 설명이 부족한 부분을 보충하는 등 그 발명의 동일성이 그대로 유지되는 경우에 한하여 허용된다고 할 것이다.

특허법원 1998.11.12. 선고 98허6162 판결

권리범위확인심결에 대한 취소소송 절차에서 특허발명의 권리범위에 속하는지 여부의 판단대상이 되는 (가)호 발명에 대한 설명서 및 도면의 보완은 명백한 오기를 정정하거나 또는 불명확한 부분을 구체화하고 설명이 부족한 부분을 보충하는 등 그 발명의 동일성이 그대로 유지되는 경우에 한하여 허용된다. (가)호 발명은 위 심결취소소송의 목적물인데 만일 그 목적물을 위 (가)호 발명과 동일성이 없는 다른 발명으로 변경한다면 소송물이 변경되는 셈이 되어 별개의 소가 되므로 결국 특허심판원의 심판절차를 경유하지 아니하고 심리하는 것이 되어 필요적 전치주의에 반하기 때문이다.

(3) 공동심판

공동심판이란 하나의 심판사건에 심판청구인 또는 심판피청구인이 2인 이상이거나 쌍방이 다같이 2인 이상인 심판을 말한다.

동일한 특허권에 관하여 무효심판(특허무효심판, 특허권존속기간연장등록무효심판, 및 정정무효심판) 또는 권리범위확인심판을 청구하는 자가 2인 이상이 있는 때에는 그 전원이 공동으로 심판을 청구할 수 있다(제139조 제1항). 이는 민사소송법상 유사필수적 공동소송에 해당하는 것으로서 동일한 특허권에 관하여 심판을 청구할 자가 2인 이상 있을 때 각각 개별적으로도 심판을 청구할 수 있지만 그 전원이 공동으로도 심판을 청구할 수 있도록 한 것이다.

한편 공유인 특허권의 특허권자에 대하여 심판을 청구하는 때에는 공유자 전원을 피청구인으로 하여 청구하여야 하고(제139조 제2항), 특허권 또는 특허를 받을 수 있는 권리의 공유자가 그 공유인 권리에 관하여 심판을 청구하는 때에는 공유자 전원이 공동으로 청구하여야 한다(제139조 제3항). 이는 민사소송법상 고유필수

4) 법률 제8197호, 2007.1.3, 일부개정.

적 공동소송에 해당하는 것으로서 특허권이 공유인 경우에는 반드시 공유자 전원이 심판의 피청구인 또는 청구인이 되어야 한다는 것을 의미한다.

공동심판의 청구인이나 피청구인중 1인에 관하여 심판절차의 중단 또는 중지의 원인이 있는 때에는 전원에 관하여 그 효력이 발생한다(제139조 제4항).

3. 심 리

(1) 방식심리

심판청구가 법령에서 정한 방식(제140조 제1항, 제3항, 제4항, 제5항, 제140조의2 제1항)에 위반한 경우 심판장은 기간을 정하여 그 보정을 명하여야 한다. 심판에 관한 절차가 미성년자의 행위능력규정(제3조 제1항) 또는 대리권의 범위(제6조) 규정에 위반되거나, 소정의 수수료를 납부하지 아니한 경우 또는 기타 법정방식에 위반된 경우에도 마찬가지이다(제141조 제1항).

심판장은 보정명령을 받은 자가 지정된 기간 이내에 보정을 하지 아니한 경우에는 결정으로 심판청구서를 각하하여야 한다. 이 결정은 서면으로 하여야 하며 그 이유를 붙여야 한다(제141조 제2항, 제3항). 민사소송법상 재판장의 소장심사권(민사소송법 제254조)과 같은 규정이다.

심판장의 심판청구서 각하결정에 대해서는 결정등본을 송달받은 날로부터 30일 이내에 특허법원에 소(각하결정취소청구의 소)를 제기할 수 있다(제186조).

(2) 적법성심리

심판장의 심판청구서 심사는 일정한 형식적 사항에 한정되어 있으므로 청구서로 방식을 갖추고 있으면 일단 수리하여 심리하여야 한다. 적법성심리란 심판관합의체가 심판청구자체의 적법성여부를 심리하는 것을 말한다. 심판청구가 부적법하고 그 흠결을 보정할 수 없는 때(예컨대 당사자능력이나 당사자적격이 없는 자의 심판청구, 일사부재리의 원칙에 위반된 심판청구 등)에는 피청구인에게 답변서 제출의 기회를 주지 아니하고 심결로써 이를 각하할 수 있다(제142조). 이 심결각하에 대해서는 심결등본을 송달받은 날로부터 30일 이내에 특허법원에 소를 제기할 수 있다(제186조). 한편 부적법한 심판청구라도 그것이 보정가능한 경우에는 심판청구인에게 보정을 명한 후가 아니면 각하할 수 없다. 예컨대 공동심판규정에 위반된 심판청구의 경우에는 부적법한 것이 되나, 보정에 의해 특허권자의 추가가 가능하므로 이 경우에는 바로 심결각하할 것이 아니라 보정을 명하여야 한다.

(3) 본안심리

심판장의 방식심리를 거친 후에 심판관합의체에 의해 심결각하되는 경우를 제외하고는 심판의 본안심리에 들어가게 된다. 본안심리란 당해 심판청구가 이유있는지의 여부를 심리하는 것을 말한다. 심판의 심리절차는 민사소송의 심리절차를 대부분 준용하나(제154조 제8항) 재판의 결과가 당사자 간에만 미치는 민사소송과 달리 특허심판의 결과는 대세효가 있으므로 직권주의적 요소가 가미되어 있다.

(4) 심리방식

1) 청구서부본의 송달과 답변서의 제출

심판장은 심판의 청구가 있는 때에는 청구서의 부본을 피청구인에게 송달하고 기간을 정하여 답변서를 제출할 수 있는 기회를 주어야 한다(제147조 제1항). 지정기간이 경과한 후라도 심리종결의 통지 전이라면 답변서를 제출할 수 있다. 심리의 촉진과 편의를 꾀하려고 답변서 제출의 기간을 정하는 것이지 지정기간 경과 후에 답변서제출을 금지하려는 취지는 아니기 때문이다. 심판장은 답변서를 수리한 때에는 청구인에게 방어의 기회를 제공하기 위해 그 부본을 청구인에게 송달하여야 한다(제147조 제2항).

2) 서면심리와 구술심리

심판은 구술심리 또는 서면심리로 한다. 다만, 당사자가 구술심리를 신청한 때에는 서면심리만으로 결정할 수 있다고 인정되는 경우 외에는 구술심리를 하여야 한다(제154조 제1항).

구술심리란 당사자의 심판행위(변론, 증거조사 등)가 구술진술에 의하여 이루어지는 것을 말하고, 서면심리란 서면에 의한 자료를 토대로 이루어지는 것을 말한다. 심판을 구술심리에 의하면 심리가 활기를 띄고 의문점을 즉시 석명할 수 있으며 당사자의 진의를 알아내기 쉬운 장점이 있다. 하지만 심리가 장기화됨에 따라 구술에 의한 진술은 누락 또는 망각되기 쉬우며 복잡한 사실관계인 경우에는 구술설명은 이해의 곤란과 청취결과의 정리를 어렵게 하여 판단자료의 명확성과

안정성을 저해하는 단점이 있다. 반면에 서면심리에 의하면 진술이 명확하고 언제나 재확인할 수 있도록 자료가 보존되어 있어서 편리한 장점이 있으나, 심판서류가 방대하여지고 매번 서면의 작성·교환·열람 등에 시간과 노력이 많이 드는 단점이 있다.

특허법은 이와 같은 사정을 감안하여 사건의 내용 및 성질에 따라 심판관 스스로 구술심리나 서면심리 중 바람직한 심리의 방식을 선택할 수 있도록 하고 있다. 다만, 당사자가 구술심리를 신청한 때에는 서면심리만으로 결정할 수 있다고 인정되는 경우 외에는 구술심리를 하도록 하였다.5)

구술심리는 이를 공개하여야 한다. 다만, 공공의 질서 또는 선량한 풍속을 문란하게 할 염려가 있는 때에는 그러하지 아니하다(제154조 제3항). 이는 심판의 공정성을 담보하기 위함이다. 심판장은 구술심리에 의한 심판을 할 경우에는 그 기일 및 장소를 정하고 그 취지를 기재한 서면을 당사자 및 참가인에게 송달하여야 한다. 다만, 당해 사건에 출석한 당사자 및 참가인에게 알린 때에는 그러하지 아니하다(제154조 제4항). 심판장은 구술심리에 의한 심판을 할 경우에는 특허심판원장이 지정한 직원에게 기일마다 심리의 요지 기타 필요한 사항을 기재한 조서를 작성하게 하여야 한다(제154조 제5항). 이 경우 조서에는 심판의 심판장 및 조서를 작성한 직원이 기명날인하여야 한다(제154조 제6항).

3) 합의 방법

심판은 3인 또는 5인의 심판관으로 구성되는 합의체에 의하여 행하여진다(제146조 제1항). 통상적으로 합의체는 3인의 심판관으로 구성되지만 종전의 판례를 따르기에 적합하지 아니하거나 종전의 심결을 변경할 필요가 있는 사건, 법률적·기술적 판단에 있어 매우 중요하고 또한 사회적 영향이 큰 사건, 또는 3인 합의체에 의하여 합의가 이루어지지 않는 사건에 대하여는 5인 합의체가 구성된다. 합의체의 합의는 과반수에 의하여 결정하며(제146조 제2항) 심판의 합의는 공개하지 아니한다(제146조 제3항).

---

5) 이 규정은 "행정심판의 심리는 구술심리 또는 서면심리로 한다. 다만, 당사자가 구술심리를 신청한 때에는 서면심리만으로 결정할 수 있다고 인정되는 경우 외에는 구술심리를 하여야 한다."는 행정심판법 제26조 제2항과도 조화를 이룬다.

4. 직권주의에 의한 심리

(1) 의의 및 취지

직권주의란 당사자주의에 대응하는 개념으로서 심판절차에 관한 주도권을 당사자가 아니라 심판관에게 인정하는 것을 말한다. 특허심판은 민사소송과 달리 공익적 성격이 강하고, 심판에는 대세효가 있으므로 직권주의를 취하고 있다.

(2) 직권진행주의

직권진행주의란 심판절차의 진행의 주도권을 심판관에게 인정하는 것을 말한다. 심판장은 당사자 또는 참가인이 법정기간 또는 지정기간내에 절차를 밟지 아니하거나 지정된 기일에 출석하지 아니하여도 심판을 진행할 수 있다(제158조). 민사소송에서도 절차의 진행에는 직권진행주의가 적용되나 사인간의 다툼을 개별적이고도 상대적으로 해결하는 민사소송에서는 당사자 쌍방의 출석이 없으면 절차를 진행할 수 없다(당사자 일방이 출석할 경우에는 소송이 진행된다).[6] 그러나 특허권은 그 성질상 광범위하게 일반에게 영향을 미치기 때문에 심판은 단지 청구인, 피청구인의 개인적인 이해를 넘어 공중의 이해득실과 밀접한 관계를 가진다. 이에 당사자 쌍방이 절차를 밟지 아니하거나 쌍방이 불출석한 경우라도 직권으로 심리를 진행할 수 있도록 한 것이다.

또한 심판관은 당사자 쌍방 또는 일방의 동일한 2이상의 심판에 대하여 심리 또는 심결을 병합하거나 분리할 수 있다(제160조). 동일한 쟁점이 있는 수 개의 심판사건을 사건마다 별도로 심판하여야 하는 번잡함을 피하고, 사건마다 별도로 심판함으로써 야기될 수 있는 심판의 모순 및 충돌을 피하기 위한 것이다.

아울러 심판장은 특허에 관한 절차를 밟을 기간을 정하거나 기일을 정한 때에는 청구에 의하여 또는 직권으로 그 기간을 연장할 수도 있고, 기일을 변경할 수도 있다(제15조 제2항, 제3항, 제154조 제4항). 또한 심판절차의 중지와 중단된 절차의 수계를 명할 수도 있다(제22조, 제23조).

---

6) 민사소송에서는 변론기일 불출석의 경우 의제자백(민사소송법 제150조 제3항), 취하간주(민사소송법 제268조 제2항) 등의 불이익처분을 받으나 특허심판에서는 그러하지 아니하다.

(3) 직권탐지주의

직권탐지주의란 심판관이 당사자의 주장에 구속되지 않고 심판에 있어서 필요한 사실을 적극적으로 탐지할 수 있는 것을 말한다. 민사소송은 당사자의 자유처분이 인정되는 사익에 관한 분쟁이 보통이므로 소송의 실체에 관한 자료의 주장과 제출은 당사자에게 일임하는 변론주의를 취하고 있으나 특허심판은 당사자뿐 아니라 널리 제3자의 이익과도 관계되는 것이어서 직권탐지주의를 취하고 있다. 그런데 직권탐지주의는 심판부의 권능이지 직권에 의하여 증거조사를 하여야 할 의무를 심판관에게 부여하고 있는 것이 아니므로 직권으로 탐지하거나 증거조사를 하지 않더라도 위법은 아니다.[7)]

1) 직권심리

심판에서는 당사자 또는 참가인이 신청하지 아니한 이유에 대하여도 이를 심리할 수 있다(제159조 제1항).[8)] 그러나 직권심리의 한계로서 당사자가 심판으로 신청하지 아니한 청구취지에 대해서는 심리할 수 없다(제159조 제2항).[9)] 아울러 직권심리를 하는 경우에는 당사자 및 참가인에게 기간을 정하여 그 이유에 대하여 의견을 진술할 수 있는 기회를 주어야 한다(제159조 제1항 단서). 이 규정은 심판의 공정성을 담보하기 위한 강행규정으로 해석하는 것이 타당한바 이에 위반한 심결은 위법하게 된다.[10)] 다만 형식적으로는 직권심리이유에 대하여 의견진술의 기회를

---

7) 대법원 1993.5.11. 선고 92후2090 판결; "심판에 있어서 직권으로 증거조사를 할 수 있다고 규정하고 있으나 이는 직권에 의하여 증거조사를 하여야 할 의무를 심판관에게 부여하고 있는 것이 아니므로 직권으로 사실조회를 하지 아니하였다 하여 채증법칙위배라고 할 수 없다."

8) 예컨대 무효심판에 있어서 무효사유를 진보성이 없다는 것으로 주장하는 것이 객관적으로 타당함에도 청구인이 착오로 신규성을 무효이유로 주장한 경우, 민사소송의 원칙하에서라면 신규성만을 조사하게 되므로 심판청구는 기각될 것이고, 진보성이 없는 상기 발명의 특허권은 여전히 유효하게 된다. 그러나 이것은 일반공중의 이익을 부당하게 해하기 때문에 특허심판에서는 당사자 또는 참가인이 신청하지 아니한 이유에 대하여도 심리할 수 있도록 하였다. 전술한 예의 경우에는 심판관은 신규성 이외의 무효이유에 관해서도 심리를 할 수가 있고 그 결과 진보성이 없음을 이유로 당해특허를 무효로 할 수 있다.

9) 대법원 1970.12.22. 선고 70후20 판결; "자기의 발명이 타인의 특허권리범위에 속하지 아니한다라는 소극적 확인의 심리청구에 대하여 그 청구이유가 없는 경우에 그것을 배척함에 그치지 아니하고 위 타인의 권리범위 내에 속한다고 심결함은 청구하지 아니한 것을 심결한 위법이 있다."

10) 대법원 1984.2.28. 선고 81후10 판결; "직권심리에 있어서 당사자나 참가인에게 의견

주지 아니하였더라도 실질적으로는 의견진술의 기회가 주어졌다고 보아야 하는 특별한 사정이 있는 경우에는 심판절차에 절차위반의 위법이 없다고 보아야 한다.

대법원 2006.6.27. 선고 2004후387 판결

특허심판원의 심판절차에서 당사자 또는 참가인에게 직권으로 심리한 이유에 대하여 의견진술의 기회를 주도록 한 구 특허법(2001.2.3. 법률 제6411호로 개정되기 전의 것) 제159조 제1항의 규정은 심판의 적정을 기하여 심판제도의 신용을 유지하기 위하여 준수하지 않으면 안 된다는 공익상의 요구에 기인하는 이른바 강행규정이므로, 특허심판원이 직권으로 심리한 이유에 대하여 당사자 또는 참가인에게 의견진술의 기회를 주지 않은 채 이루어진 심결은 원칙적으로 위법하여 유지될 수 없지만, 형식적으로는 이러한 의견진술의 기회가 주어지지 아니하였어도 실질적으로는 이러한 기회가 주어졌다고 볼 수 있을 만한 특별한 사정이 있는 경우에는 심판절차에서의 직권심리에 관한 절차위반의 위법이 없다고 보아야 한다. 특허심판원이 심판절차에서 직권으로 특허발명의 명세서의 기재불비 여부를 심리하면서 형식적으로는 직권심리이유에 대하여 원고에게 의견진술의 기회를 주지 아니하였더라도 실질적으로는 의견진술의 기회가 주어졌다고 보아야 하므로 심판절차에 절차위반의 위법이 없다.

2) 직권 증거조사 및 증거보전

심판에서는 당사자·참가인 또는 이해관계인의 신청에 의하여 또는 직권으로 증거조사나 증거보전을 할 수 있다(제157조 제1항). 직권증거조사는 원칙적으로 진실발견을 위한 권능을 부여한 것이지 의무는 아니라고 할 것이나 심판의 귀추에 영향을 주는 중요한 증거를 조사하지 아니하면 위법이 된다.[11] 한편 심판장은

진술 기회를 주어야 한다는 규정이나 직권증거조사나 증거보전시 그 결과를 당사자 참가인 또는 이해관계인에게 송날하고 상당한 기일을 지정하여 이에 대한 의견서 제출의 기회를 주어야 한다는 규정은 심판의 적정을 기하여 심판제도의 신용을 유지하기 위하여 준수하지 않으면 안된다는 공익상의 요구에 기인하는 강행규정이라고 해석함이 상당하다." 대법원 1995.2.24. 선고 93후1841 판결; "직권심리규정은 특허제도의 공익성을 고려하여 직권심리주의의 원칙을 채택함과 아울러 청구의 취지를 달성시킬 수 있는 새로운 이유에 대하여 직권으로 심리할 경우 당사자 등에게 의견진술의 기회를 부여토록 강제함으로써 직권심리주의의 한계를 규정하고 있는 것이다."

11) 대법원 1970.7.28. 선고 70후26 판결; "우리국내에 반포된 것이 언제인가 하는 점은 이 사건 특허무효심판의 귀추에 중대한 영향을 미친다 할 것이므로 이 점에 관하여 … 증거의 제시를 촉구하던가 아니면 직권으로 증거조사를 하여 이 책자가 우리국내에 반포된 날자가 언제인가 하는 점을 판단하였어야 할 터인데 … 당사자의 신청 또는 직권

직권으로 증거조사나 증거보전을 한 때에는 그 결과를 당사자·참가인 또는 이해관계인에게 송달하고 기간을 정하여 의견서를 제출할 수 있는 기회를 주어야 한다(제157조 제5항). 이 규정은 심판의 공정성을 담보하기 위한 강행규정으로 해석하는 것이 타당한바 이에 위반한 심결은 위법하게 된다.12)

증거보전신청은 심판청구전에는 특허심판원장에게, 심판계속중에는 그 사건의 심판장에게 하여야 한다(제157조 제3항). 특허심판원장은 심판청구전에 증거보전신청이 있는 때에는 증거보전의 신청에 관여할 심판관을 지정한다(제157조 제4항). 증거보전신청에 대해 증거보전을 하여야 한다고 판단될 때에는 증거보전을 한다는 취지의 결정을 하며, 이에 대해서는 부수적 심판이므로 불복할 수 없다.

5. 심판의 종료

심판은 심판청구의 취하(제161조), 심결(제162조) 등에 의해 종료된다.

(1) 심판청구의 취하

심판청구는 심결이 확정될 때까지 이를 취하할 수 있다. 다만, 당사자계 심판에서 답변서의 제출이 있는 때에는 상대방의 동의를 얻어야 하고(제161조 제1항) 동의가 없을 때에는 취하의 효력은 발생하지 아니한다. 민사소송에서 소취하의 제한(민사소송법 제266조 제2항)13)과 같은 취지라고 할 수 있다.

2이상의 청구항에 관하여 무효심판 또는 권리범위확인심판을 청구한 때에는 청구항마다 이를 취하할 수 있다(제161조 제2항). 취하가 있는 때에는 그 심판청구 또는 그 청구항에 대한 심판청구는 처음부터 없었던 것으로 본다(제161조 제3항).

에 의하여 증거조사를 하고 심리판단하는데까지 이르지 못한 것은 결국 심리미진 이유불비의 잘못이 있다."

12) 대법원 1987.3.24. 선고 86후20 판결; "심판장은 증거조사나 증거보전을 하였을 때에는 그 결과를 당사자 등에게 송달하고 상당한 기일을 지정하여 이에 대한 의견서 제출의 기회를 주어야 한다고 규정하고 있는 바, 위 규정은 심판의 적정을 기하여 심판제도의 신용을 유지하기 위하여 준수하지 아니하면 안된다는 공익상의 요구에 기인하는 강행규정이라고 해석된다."

13) 민사소송법 제266조 제2항; 소의 취하는 상대방이 본안에 관하여 준비서면을 제출하거나 변론준비기일에서 진술하거나 변론을 한 뒤에는 상대방의 동의를 받아야 효력을 가진다.

(2) 심 결

1) 심결에 의한 심판의 종료

심결은 합의체로서 심판관이 내리는 최종적인 판단이며 재판에 있어서 종국판결에 해당한다. 심판은 심판청구의 취하 등과 같은 특별한 경우를 제외하고는 심결로써 이를 종결한다(제162조 제1항).

심결은 다음 사항을 기재한 서면으로 하여야 하며 심결한 심판관은 이에 기명날인하여야 한다(제162조 제2항).

㉠ 심판의 번호

㉡ 당사자 및 참가인의 성명 및 주소(법인인 경우에는 그 명칭 및 영업소의 소재지)

㉢ 대리인이 있는 경우에는 그 대리인의 성명 및 주소나 영업소의 소재지(대리인이 특허법인인 경우에는 그 명칭, 사무소의 소재지 및 지정된 변리사의 성명)

㉣ 심판사건의 표시

㉤ 심결의 주문(제138조의 심판에 있어서는 통상실시권의 범위·기간 및 대가를 포함한다)

㉥ 심결의 이유(청구의 취지 및 그 이유의 요지를 포함한다)

㉦ 심결연월일

심판장은 사건이 심결을 할 정도로 성숙한 때에는 심리를 마치고 심리의 종결을 당사자 및 참가인에게 통지하게 되나(제162조 제3항), 필요하다고 인정할 때에는 심리종결을 통지한 후에도 당사자 또는 참가인의 신청에 의하여 또는 직권으로 심리를 재개할 수 있다(제162조 제4항). 심결은 심리종결통지를 한 날부터 20일 이내에 한다(제162조 제5항). 그러나 이는 심판의 지연을 피하기 위한 훈시규정에 불과하므로 이 규정에 위반하더라도 위법은 아니다. 따라서 심리종결통지를 하지 아니하거나,[14] 심리종결통지 후 20일이 경과한 후 또는 심리종결통지를 발한 즉시 심결을 하거나, 심리종결통지서와 심결문등본을 동시에 송달하더라도 그 심결을 위법이라 할 수 없다.[15]

심판장은 심결 또는 결정이 있는 때에는 그 등본을 당사자, 참가인 및 심판에 참가신청을 하였으나 그 신청이 거부된 자에게 송달하여야 한다(제162조 제6항). 심결에 불복이 있는 경우 법정기간 내에 특허법원에 제소할 수 있도록 하기 위함이다.

---

14) 대법원 1984.1.31. 선고 83후71 판결.

15) 대법원 1995.2.24. 선고 93후1841 판결 등.

2) 종류 - 각하심결, 기각심결, 인용심결

각하심결이란 심판청구요건이 불비한 경우 그 심판청구를 심결로서 각하하는 것을 말한다. 심판청구요건을 갖춘 심판에 대해서는 본안심리를 하여 청구인의 심판청구가 이유가 있는 경우에는 청구인의 주장이 인용되는 인용심결을, 그 반대의 경우에는 청구인의 주장이 배척되는 기각심결을 하게 된다.

(3) 심결의 효력

심결에 대해 불복이 있는 자는 법정기간(심결의 등본을 송달받은 날로부터 30일) 내에 특허법원에 소를 제기할 수 있고, 특허법원의 판결에 불복이 있는 자는 대법원에 상고할 수 있다. 법정기간 내에 불복절차를 밟지 아니하거나 불복절차를 밟았으나 심결이 종국적으로 지지를 받아 더 이상 다툴 수 없게 된 경우에는 당해 심결은 확정된다.

1) 일사부재리

① 의의 및 취지

일사부재리란 특허법에 의한 본안심결이 확정된 때에는 그 사건에 대하여는 누구든지 동일사실 및 동일증거에 의하여 다시 심판을 청구할 수 없는 것을 말한다(제163조). 확정심결의 효력의 하나로서 확정된 심결에 대한 법적 안정성을 유지하기 위함이다.

② 적용요건

일사부재리는 본안심결이 확정된 때에만 적용되고 각하심결에 대해서는 적용되지 아니한다(제163조 단서). 또한 누구든지 동일사실 및 동일증거에 의하여 다시 심판을 청구할 수 없게 되므로 당사자뿐만 아니라 제3자에게도 적용된다.

한편 '동일사실 및 동일증거'에 한하여 적용되므로 동일사실에 의한 심판청구라도 다른 증거에 의한 경우나 동일한 증거에 의한 것이라도 다른 사실에 관하여 새로운 심판청구를 하는 것은 허용된다. '동일사실'이라 함은 청구원인사실의 동일성, 즉 청구취지를 이유있게 하는 구체적인 사실의 동일성을 말한다. 예컨대 특허의 등록무효심판에 있어서 무효의 효과를 발생시키는 사유인 진보성의 결여와 기재불비는 각각 별개의 사실을 구성한다 할 것이므로 동일사실이 아니다. 따라서 진보성결여를 이유로 하는 등록무효심판청구에 대해 기각심결이 확정된 경우, 같은 이유로는 다시 무효심판을 청구할 수 없으나 해당 특허가 기재불비에 해당한다는 이유를 들어 무효심판을 청구하는 것은 가능하다.[16)]

'동일증거'라 함은 전 심결에서 제출·심리되었던 증거와 동일한 증거를 말하나 증거의 표시가 다르더라도 중요부가 동일하다면 동일증거로 본다. 따라서 전에 확정된 심결의 증거와 동일한 증거만이 아니라 그 심결을 번복할 수 있을 정도로 유력하지 아니한 증거가 '부가'되는 것도 동일증거에 포함된다.[17)]

특허법원 1999.2.11. 선고 98허1198 판결

구 특허법(1990. 1. 13. 법률 제4207호로 전문개정되기 전의 것, 이하 같다) 제147조는 심판 또는 항고심판의 심결이 확정등록되거나 판결이 확정되었을 때에는 누구든지 동일 사실 및 동일 증거에 의하여 그 심판을 청구할 수 없다고 하여 일사부재리의 원칙에 대하여 규정하고 있는바, 여기서 동일 사실 및 동일 증거라 함은 확정등록된 심결의 이유 중에서 거론되어 판단되었던 사실 및 증거에 한정된다 할 것이다.

대법원 판례에 따르면, 적극적 권리범위확인심판의 심결이 확정 등록된 경우 그 일사부재리의 효력은 소극적 권리범위확인심판 청구에도 그대로 미친다.[18)]

특허거절결정불복심판에 대한 심결이 확정된 후에는 다시 동일한 심판을 청구할 수 없는바 일사부재리의 원칙이 적용될 여지가 없고 정정심판은 특허권자만이 청구할 수 있고 정정한 명세서 또는 도면을 동일사실로 보기 어려우므로 일사부재리가 적용되지 않는다고 봄이 타당하다. 일사부재리의 원칙은 특허무효심판(제133조), 특허권존속기간연장등록무효심판(제134조), 권리범위확인심판(제135조), 정정무효심판(제137조), 통상실시권허여심판(제138조)과 같은 당사자계 심판의 심결이 확정된후 재심판을 청구하는 경우에 적용된다.[19)]

일사부재리의 적용시점은 심판청구시가 아니라 심결시이다.[20)] 따라서 심결시

---

16) 특허법원 2007.12.5. 선고 2007허1787 판결.

17) 대법원 2005.3.11. 선고 2004후42 판결, 특허법원 2006.9.28. 선고 2006허732 판결.

18) 대법원 1976.6.8. 선고 75후18 판결, 대법원 2006.5.26. 선고 2003후427 판결.

19) 특허법 제163조 (일사부재리)는 원래 무효심판을 기각하는 심결인 경우에 한하여 의미가 있는 조항이라고 하면서 권리범위확인심판은 당사자간의 특허침해를 둘러싼 분쟁이므로 그 심결의 확정에 의해 동일심판을 다시 청구할 수 없는 기판력과 같은 효력만 인정하면 충분하고 일사부재리의 효력을 인정할 필요가 없다는 견해도 있다(송영식외 6인 공저, 앞의 책, 742면).

를 기준으로 일사부재리의 원칙에 해당하면 해당 심판은 부적법 각하된다.

대법원 2000.6.23. 선고 97후3661 판결

특허법 제163조 소정의 '일사부재리의 원칙'에 해당하는지 여부의 판단기준시(=심결시)

특허법 제163조에 정한 일사부재리의 원칙에 해당하는지 여부는 심판의 청구시가 아니라 그 심결시를 기준으로 판단되어야 하는 것이므로, 일사부재리의 원칙은 어느 심결의 확정등록이 있거나 판결이 확정된 후에 청구되는 심판에 대하여만 적용되는 것은 아니고, 심결시를 기준으로 하여 동일사실 및 동일증거에 의한 심결의 확정등록이 있거나 판결이 확정된 경우에는 그 심판의 청구시기가 확정된 심결의 확정등록이나 판결의 확정 전이었는지 여부를 묻지 않고 적용되는 것이다.

③ 유사제도와의 비교

㈎ 기 판 력

민사소송의 판결이 확정되면 당사자는 그에 반하여 되풀이하여 다투는 소송이 허용되지 아니하며(不可爭) 어느 법원도 다시 재심사하여 그와 모순·저촉되는 판단을 해서는 안되는데(不可反) 이를 판결의 기판력이라고 한다.[21] 기판력과 일사부재리는 모두 판결의 모순·저촉을 방지하기 위한 것이라는 점에서 공통되나 ㉠ 일사부재리는 누구에게나 적용되는 반면 기판력은 당사자 사이에만 미친다는 점, ㉡ 일사부재리는 동일사실 및 동일증거에 기하여 다시 심판청구를 하는 것을 금지하기 때문에 사실 또는 증거 중 어느 하나가 다르면 재차 심판청구가 가능하나, 기판력은 소송물이 같은 한 다른 증거에 기한 경우라도 재차 소송을 제기할 수 없는 점에서 차이가 있다.

학설은 "원래 특허무효심판의 효력은 일반의 민사판결과 달리 대세적 효력을 가지고 있으므로 당해 심판절차에 직접 관여하지 아니한 일반 제3자도 일사부재리의 효력을 받는다. 따라서 제3자가 무효심판을 제기하고 나서야 비로소 자기 이외의 다른 자가 먼저 그러한 심판을 제기하였다가 패소확인된 사실을 알게 되는 수도 얼마든지 있고 더욱이 그 무효심판청구가 공지·공용사실을 이유로 삼는 것이었는데 입증자료의 불충분한 제시로 인하여(예컨대, 미국이나 일본문헌에 기재되

20) 대법원 2000.6.23. 선고 97후3661 판결.
21) 이시윤, 「신민사소송법」, 박영사, 2009, 550면.

어 있어 이미 간행물기재의 공지사실이 되어 있음이 명백한데도 전의 청구자가 이러한 외국 문헌을 미처 모르고 있었던 탓으로 증거로 제출하지 못한 경우) 패소확정되었다하여 이러한 문헌을 다시 갖추어 무효임을 충분히 입증할 수 있는 제3자의 심판청구를 봉쇄하는 것은 부당할 뿐만 아니라 특허제도의 본지에도 어긋나므로 특허법은 기판력의 객관적 범위를 동일사실, 동일증거에 국한시키고 사실이 같더라도 새로운 증거가 있는 경우에는 기판력의 적용을 배제함으로써 다시 심판을 청구할 수 있는 길을 마련해 놓은 것으로 보아야 한다"고 한다.[22]

㈏ 중복심판청구의 금지

특허심판원에 계속되어 있는 사건에 대해 당사자는 중복해서 다시 심판을 청구하지 못한다(제154조 제8항 준용 민사소송법 제259조). 중복심판청구의 금지는 심결의 모순·저촉을 피하고 심판의 경제성을 도모하기 위함이다. 중복심판청구의 금지는 ㉠ 전 청구의 계속 중에 후 청구를 제기하였을 것,[23] ㉡ 당사자가 동일할 것, ㉢ 청구가 동일할 것을 요건으로 하는바, 전심판이 계속 중이라는 점 및 심판청구의 당사자가 동일하다는 점 등에서 일사부재리의 원칙과 다르다.

2) 심결의 구속력

특허심판원이 행하는 심결은 준사법적 행위로서 그 절차, 불복방법, 효력 등이 법률에 엄격하게 규정되어 있는 행위이므로 심결이 일단 행하여진 경우에는 설사 그 심결에 어떤 흠이 있다고 하더라도 오기 기타 이에 유사한 잘못임이 명백한 것을 바로잡는 경우를 제외하고는 특허심판원 스스로도 이를 취소, 철회 또는 변경하는 것은 허용되지 않는다.[24]

3) 심결의 확정력

확정된 심결은 재심사유가 없는 한 소멸·변경되지 아니한다. 이 점에서 고도의 공익적 요구가 있을 때에는 취소·변경이 가능한 일반 행정처분보다 강한 확정력이 인정된다.

---

22) 송영식외 6인 공저, 앞의 책, 771면.

23) '전 청구의 계속 중'이란 특허심판원에 계속 중인 경우뿐만 아니라 특허법원(대법원)에 계속중인 경우도 포함하는 것으로 해석된다.

24) 특허법원 2005.4.22. 선고 2004허4693 판결.

4) 심판비용

심판비용이란 심판부와 당사자가 특정 심판사건의 수행을 위하여 지출한 비용을 말한다. 다만 심판사건의 수행을 위하여 쓰인 비용의 전부가 법률상의 심판비용이 되는 것은 아니고 권리의 신장 또는 방어에 필요한 비용에 한하여 법률상의 심판비용이 된다.[25]

당사자계 심판 중 특허무효심판(제133조), 특허권 존속기간연장등록 무효심판(제134조), 권리범위확인심판(제135조), 정정무효심판(제137조)에 관한 심판비용의 부담은 심판이 심결에 의하여 종결할 때에는 그 심결로써, 심판이 심결에 의하지 아니하고 종결할 때에는 결정으로써 정하여야 한다(제165조 제1항). 심결에 의하여 정할 때에는 심판관이 직권으로 주문에서 판단하게 되는데, 심판청구의 취지가 그 사건의 심판비용액의 결정을 요구하고 그 결정에 필요한 계산서와 증빙서류를 제출했을 때에는 금액까지도 결정할 수 있다. 비용을 누가 부담하는지에 대해서만 심결 또는 결정한 경우에는 심판비용액은 심결 또는 결정이 확정된 후 당사자의 청구에 의하여 특허심판원장이 이를 결정한다(제165조 제5항).

당사자계 심판의 경우 심판비용은 패심자가 부담하는 것이 원칙이나 권리를 늘리거나 지키는 데 필요하지 아니한 행위로 생긴 심판비용은 그 행위를 한 당사자에게 부담하게 할 수 있다(특허법 제165조 제4항 준용 민사소송법 제102조). 당사자계 심판 중 통상실시권허여심판의 심판비용과 결정계심판(특허거절결정 불복심판, 특허권존속기간연장등록거절결정 불복심판, 정정심판)은 언제나 청구인의 부담으로 한다(법 제165조 제3항). 이와 같은 심판은 청구인의 이익과 관련되기 때문이다. 공동심판의 심판비용은 균등하게 부담한다(특허법 제165조 제4항 준용 민사소송법 제102조).

---

25) 민사소송법은 소송비용에 관하여 개념이나 범위를 규정하지 아니하고 「민사소송비용법」에 따르고 있다. 민사소송비용의 범위에 관하여는 크게 재판상의 비용과 재판외 비용으로 나눌 수 있는데, 전자는 당사자가 법원에 납부한 비용을 말하는 것으로 수수료 등이 그 예이며, 후자는 당사자가 채무자로서 국고 이외의 자에 대하여 지급하는 비용을 말하며 민사소송비용법이 규정하는 당사자나 대리인 출석을 위한 여비, 일당, 숙박비, 서류나 도면작성료, 번역료 등이 그 예이다. 이는 후에 소송비용부담의 재판에 의하여 부담자가 정해지면 그 자로부터 상환을 받을 수 있다. 심판비용의 경우도 그 성질에 반하지 아니하는 한 「민사소송비용법」중 해당 규정의 예에 의하도록 하고 있다(특허법 제165조 제6항). 심판의 대리를 한 변리사에게 당사자가 지급한 또는 지급할 보수는 특허청장이 정하는 금액의 범위안에서 이를 심판비용으로 본다. 이 경우 수인의 변리사가 심판의 대리를 한 경우라도 1인의 변리사가 심판대리를 한 것으로 본다(특허법 제165조 제7항).

특허심판원장이 정한 심판비용액 등에 관하여 확정된 결정은 집행력 있는 집행명의와 동일한 효력을 가진다. 이 경우 집행력 있는 정본은 특허심판원 공무원이 이를 부여한다(제166조). 집행명의란 강제집행에 의해 실현되어야 할 급부청구권의 존재아 범위를 명확히 하여 집행기관에 의한 강제집행의 기본이 되는 문서를 말한다. 특허법은 심판비용액에 관한 확정된 결정을 집행권원으로 하여 강제집행을 할 수 있도록 함으로써 다시 집행을 위한 법원의 확인을 거쳐야 하는 번거로움을 피할 수 있게 하였다.

6. 재 심

(1) 의의 및 취지

재심이란 확정된 심결에 재심사유에 해당하는 중대한 하자가 있는 경우 그 심결 등의 취소와 사건의 재심판을 구하는 비상의 불복신청방법을 말한다. 심결이 확정되면 법적 안정성을 확보하기 위해 당해 심결에 대해서는 통상의 불복방법에 의해 더 이상 다툴 수 없게 된다. 그러나 심결에 중대한 하자가 있는 경우에도 법적 안정성만을 고집하는 경우에는 심판의 적정성과 신뢰성을 도모할 수 없을 뿐 아니라 사회정의나 구체적 타당성에 반하게 된다. 특허법은 법적 안정성의 바탕위에 구체적 타당성을 도모하기 위해 일정사유에 해당하는 경우에 한해 재심을 허용하고 있다.

(2) 재심사유

1) 일반재심사유(특허법 제178조 제2항 준용 민사소송법 제451조, 제453조)

① 특허법 제146조 제1항 및 제171조에 규정한 심판의 합의체를 구성하지 아니한 때

② 특허법상 그 심결에 관여하지 못할 심판관이 심결에 관여하였을 때

③ 출원·심사·심판절차에 있어서 대리행위에 하는데 필요한 권한의 수여에 흠이 있는 때. 다만, 당사자나 법정대리인의 추인이 있는 경우에는 그러하지 아니하다.

④ 심판에 관여한 심판관이 그 사건에 관하여 직무에 관한 죄를 범한 때

⑤ 형사상 처벌을 받을 다른 사람의 행위로 말미암아 자백을 하였거나 심결에

영향을 미칠 공격 또는 방어방법의 제출에 방해를 받은 때

⑥ 심결의 증거가 된 문서, 그 밖의 물건이 위조되거나 변조된 것인 때

⑦ 증인·감정인·통역인의 거짓 진술 또는 선서한 당사자나 법정대리인의 거짓 진술이 심결의 증거가 된 때

⑧ 심결의 기초가 된 민사나 형사의 판결, 그 밖의 재판 또는 행정처분이 다른 재판이나 행정처분에 따라 바뀐 때

⑨ 심결에 영향을 미칠 중요한 사항에 관하여 판단을 누락한 때

⑩ 재심을 제기할 심결이 전에 선고한 확정심결에 어긋나는 때

⑪ 당사자가 상대방의 주소 또는 거소를 알고 있었음에도 있는 곳을 잘 모른다고 하거나 주소나 거소를 거짓으로 하여 심판을 청구한 때

이상의 경우라도 당사자가 상소에 의하여 그 사유를 주장하였거나 이를 알고도 주장하지 않은 때에는 재심은 허용되지 않는다. 아울러 위 ④ 내지 ⑦의 경우에는 처벌받을 행위에 대하여 유죄의 판결이나 과태료부과의 재판이 확정된 때 또는 증거부족 외의 이유로 유죄의 확정판결이나 과태료부과의 확정재판을 할 수 없을 때에만 재심을 청구할 수 있다.

2) 사해심결에 관한 재심사유

심판의 당사자가 공모하여 제3자의 권리 또는 이익을 사해할 목적으로 심결을 하게 한 때에는 제3자는 그 확정된 심결에 대하여 재심을 청구할 수 있다(제179조 제1항). 심판의 당사자가 제3자의 권리 또는 이익을 사해하기 위하여 공모함으로써 심결이 이루어져 확정된 경우 그 제3자는 부당하게 자신의 권리 또는 이익이 침해당하므로 이를 구제하기 위한 수단으로서 확정된 사해심결에 대하여 재심을 청구할 수 있도록 하였다. 예컨대 특허권자 갑이 그의 특허권에 관하여 을에게 질권을 설정하고, 그 후 병이 무효심판을 청구하였을 때, 특허권자 갑이 병과 공모하여 거짓 진술 또는 거짓 자료로써 심판관을 기망하여 특허를 무효로 하는 취지의 심결을 얻어 확정되었을 경우, 이는 질권자 을의 이익에 해가 되므로 을에게 재심의 청구를 할 수 있도록 하는 것이다. 이는 특허법에 특유한 재심사유이다.

(3) 재심의 청구인 및 피청구인

일반재심의 경우에는 심결의 확정에 의해 불이익을 받는 자가 청구인이 된다.

따라서 결정계심판의 심결에 대한 재심의 경우에는 심판청구인이 재심청구인이 된다. 또한 당사자계 심판의 경우에는 확정된 기각심결에 대해서는 심판청구인이 그리고 확정된 인용심결에 대해서는 심판피청구인이 각각 재심청구인이 된다. 또한 심판에서의 상대방이 각각 재심피청구인이 된다.

사해심결의 경우에는 확정심결에 의해 권리 또는 이익을 침해받는 제3자가 재심청구인이 되고 심판의 당사자가 공동피청구인이 된다. 심판의 당사자가 공모함으로써 이루어진 것이므로 그 재심은 심판의 당사자를 공동피청구인으로 하도록 한 것이다.

(4) 재심청구기간

재심청구의 대상은 확정된 종국심결이다. 당사자는 심결 확정후 재심의 사유를 안 날부터 30일이내에 재심을 청구하여야 한다(제180조 제1항) 재심청구인이 책임질 수 없는 사유로 인해 재심의 청구기간을 준수할 수 없을 때에는 그 사유가 소멸한 날부터 14일이내에 지키지 못한 절차를 추후보완할 수 있다. 다만, 그 기간의 만료일부터 1년이 경과한 때에는 그러하지 아니하다(제17조). 심결 확정후 3년을 경과한 때에는 법적 안정성의 견지에서 재심을 청구할 수 없다(제180조 제3항). 이 3년의 기간은 제척기간으로서 불변기간이 아니므로 추후보완이 인정되지 않는다.[26)]

재심청구인은 대리권의 흠결을 이유로 하여 재심을 청구하는 경우에는 재심의 사유를 안 날부터 30일의 기간은 청구인 또는 법정대리인이 심결등본의 송달에 의하여 심결이 있는 것을 안 날의 다음날부터 기산한다(제180조 제2항). 또한 재심사유가 심결 확정후에 생긴 때에는 심결 확정후 3년의 기간은 그 사유가 발생한 날의 다음날부터 이를 기산한다(제180조 제4항). 그러나 당해 심결 이전에 행하여진 확정심결과 저촉한다는 이유로 재심을 청구하는 경우에는 재심의 사유를 안 날부터 30일이내 및 심결 확정후 3년 이내라는 기간의 제한이 없다(제180조 제5항). 이는 심결의 통일성을 확보하기 위한 특칙이라고 할 수 있다.

(5) 심리 및 심결

재심은 확정심결의 취소와 함께 그 확정심결에 갈음한 심결을 구하는 것이다.

---

26) 대법원 1988.12.13. 선고 87다카2341판결 참조.

즉 특허무효의 심결에 대한 재심에서는 특허무효의 심판과 같은 심리를 하고, 거절결정에 대한 재심에서는 거절결정불복심판과 같은 심리를 해야 한다. 따라서 심판에 대한 재심의 절차에 관하여는 그 성질에 반하지 아니하는 한 심판의 절차에 관한 규정을 준용한다(제184조). 다만 통상의 심판에서는 직권심리주의에 따라 당사자가 신청하지 아니한 이유에 대해서도 심리할 수 있는 것과 달리 재심은 재심청구이유의 범위 내에서 하여야 한다(특허법 제185조 준용 민사소송법 제459조). 재심은 비상의 불복구제수단이기 때문이다.

재심이 청구되면 심판장·심판관합의체는 재심청구의 일반적 절차요건과 적법요건을 심사하고, 그 요건에 흠결이 있는 경우 보정하지 않거나 보정을 할 수 없는 경우에는 결정 또는 심결로서 각하한다. 재심청구가 적법한 것으로 인정되면 재심사유의 존부를 조사하게 되는데 이는 직권조사사항이다. 조사결과 재심사유가 없는 것으로 인정되면 재심청구를 기각하여야 한다. 재심사유가 존재할 때에는 원심결을 취소하고 새로운 심결을 하여야 한다.

재심에 불복하는 경우에는 재심에 대한 심결등본을 송달받은 날로부터 30일 이내에 특허법원에 심결취소소송을 제기할 수 있다(제186조 제1항).

(6) 효 과

재심에 의해 원심결과 다른 심결이 내려진 경우에는 공평의 원칙에 따라 회복된 특허권의 효력이 제한되는 등 일정한 제한이 가해진다.

1) 재심에 의하여 회복한 특허권의 효력제한

㉠ 무효로 된 특허권 또는 존속기간의 연장등록의 특허권이 재심에 의하여 회복된 경우, ㉡ 특허권의 권리범위에 속하지 아니한다는 심결이 확정된 후 재심에 의하여 이와 상반되는 심결이 확정된 경우, ㉢ 거절한다는 취지의 심결이 있었던 특허출원 또는 특허권의 존속기간의 연장등록출원이 재심에 의하여 특허권의 설정등록 또는 특허권의 존속기간의 연장등록이 된 경우에 특허권의 효력은 당해 심결이 확정된 후 재심청구의 등록전에 선의로 수입 또는 국내에서 생산하거나 취득한 물건에는 미치지 아니한다(제181조 제1항). 또한 ㉠ 당해 심결이 확정된 후 재심청구의 등록전에 한 당해 발명의 선의의 실시, ㉡ 특허가 물건의 발명인 경우에는 그 물건의 생산에만 사용하는 물건을 당해 심결이 확정된 후 재심청구의

등록전에 선의로 생산·양도·대여 또는 수입하거나 양도 또는 대여의 청약을 하는 행위, ㉢ 특허가 방법의 발명인 경우에는 그 방법의 실시에만 사용하는 물건을 당해 심결이 확정된 후 재심청구의 등록전에 선의로 생산·양도·대여 또는 수입하거나 양도 또는 대여의 청약을 하는 행위에는 특허권의 효력이 미치지 아니한다(제181조 제2항).

재심의 심결이 원심결과 상반될 경우, 확정된 원심결을 믿고 당해 발명의 물건을 생산하거나 실시 등을 한 자는 재심에 의하여 회복된 특허권자 등으로부터 침해소송 등 권리의 대항을 받게 될 수도 있다. 예를 들면 특허를 무효로 하는 심결이 확정되면 그 발명은 누구나 자유롭게 실시할 수 있게 되지만, 그 후 재심에 의하여 특허권이 회복되는 경우, 특허를 무효로 하는 취지의 심결이 확정된 시점부터 회복되기까지의 기간에 대하여도 특허권은 유효한 것으로 되기 때문에 그 사이에 특허발명을 실시한 것은 전부 특허권을 침해한 것으로 된다. 이와 같은 경우 특허발명이 무효된 것으로 믿고 발명을 실시하였던 자에 대하여 무조건 침해자로 인정하는 것은 공평의 원칙에 반하므로 선의의 자에 대하여는 회복된 특허권 등에 관한 효력 제한을 규정함으로써 선의의 자와 특허권자간에 법적 형평을 도모하고자 한 것이다.

2) 재심에 의하여 회복한 특허권에 대한 선사용자의 통상실시권

㉠ 무효로 된 특허권 또는 존속기간의 연장등록의 특허권이 재심에 의하여 회복된 경우, ㉡ 특허권의 권리범위에 속하지 아니한다는 심결이 확정된 후 재심에 의하여 이와 상반되는 심결이 확정된 경우, ㉢ 거절한다는 취지의 심결이 있었던 특허출원 또는 특허권의 존속기간의 연장등록출원이 재심에 의하여 특허권의 설정등록 또는 특허권의 존속기간의 연장등록이 된 경우에는, 당해 심결이 확정된 후 재심청구의 등록전에 선의로 국내에서 그 발명의 실시사업을 하고 있는 자 또는 그 사업의 준비를 하고 있는 자에게 그 실시 또는 준비를 하고 있는 발명 및 사업의 목적의 범위안에서 법정통상실시권이 인정된다(제182조).

3) 재심에 의하여 통상실시권을 상실한 원권리자의 통상실시권

통상실시권을 허여한다는 심결이 확정(강제실시권의 발생)된 후 재심에 의하여 통상실시권이 소멸된 경우, 재심청구 등록전에 선의로 국내에서 그 발명의 실시사업을 하고 있는 자 또는 그 사업의 준비를 하고 있는 자에 대하여 원통상실시권의 사업의 목적 및 발명의 범위안에서 그 특허권 또는 재심의 심결의 확정이 있는 당시에 존재하는 전용실시권에 대하여 통상실시권을 가진다(제183조 제1항). 확정된 심결을 신뢰하여 발명의 실시사업 등을 하고 있는 자를 보호하고 사업설비의 유지라고 하는 사회경제적 견지를 고려하여 선의의 실시자에게 통상실시권을 인정하여 주는 것이다. 실시권의 범위는 원통상실시권의 사업의 목적 및 발명의 범위에 한정되고, 특허권자 또는 전용실시권자에게 상당한 대가(실시료)를 지급하여야 한다(제183조 제2항).

Ⅲ. 심판의 종류 및 내용

1. 특허거절결정에 대한 불복심판(제132조의3)

(1) 의 의

특허거절결정 또는 특허권의 존속기간의 연장등록거절결정을 받은 자가 불복이 있는 때에는 그 결정등본을 송달받은 날부터 30일 이내에 심판을 청구할 수 있다(제132조의3). 당사자에게 권리구제의 기회를 주는 한편 특허청 내의 특허심판원에서 심사관의 행정처분에 대한 적정성을 다시 한 번 확인함으로써 자기시정의 기회를 부여하기 위함이다.

(2) 요 건

1) 청구인

특허거절결정을 받은 출원인 또는 특허권의 존속기간의 연장등록거절결정을 받은 특허권자가 거절결정에 대해 불복심판을 청구할 수 있다. 공동출원이나 공유특허권에 대해서는 공유자 전원이 공동으로 심판을 청구하여야 하고(제139조 제3항), 재외자의 특허관리인을 제외한 임의대리인은 특별수권이 있어야 해당 심판을 청구할 수 있다(제6조).

2) 청구대상

거절결정을 받은 특허출원 또는 특허권의 존속기간의 연장등록출원이 그 대상이다. 특허결정에 대해서는 특허권자로서는 불복할 까닭이 없을 것이고 제3자는 별도의 무효심판제도가 마련되어 있기 때문이다.[27] 한편 최후거절이유통지 이후의 보정(최후거절이유통지에 따른 보정 또는 재심사청구시의 보정)이 부적법하여 보정각하된 경우 이에 불복하고 할 때에는 심판청구이유에 이를 기재하여야 한다. 심판청구이유에 이를 기재하지 않은 경우에는 심판관은 심사관의 보정각하결정이 정당한 것으로 인정하고 보정 전의 명세서 또는 도면에 의해 심판을 진행하게 된다.

3) 청구기간

특허거절결정 또는 특허권존속기간연장등록거절결정에 대한 심판청구를 제기할 수 있는 기간은 그 결정등본을 송달받은 날로부터 30일 이내이다(제132조의3). 다만, 청구에 따라 또는 직권으로 1회에 한하여 30일 이내에서 연장할 수 있으며, 교통이 불편한 지역에 있는 자의 경우에는 그 횟수 및 기간을 추가로 연장할 수 있다(제15조). 또한 특허에 관한 절차를 밟은 자가 책임실 수 없는 사유로 인하여 전술한 심판청구기간을 준수할 수 없을 때에는 그 사유가 소멸한 날부터 14일, 그 기간의 만료일부터 1년 이내에 한하여 지키지 못한 절차를 추후보완할 수 있다(제17조).

4) 심판청구서의 제출

특허거절결정에 대한 심판을 청구하고자 하는 자는 법에서 규정하는 심판청구서를 특허심판원장에게 제출하여야 한다(특허법 제140조의2 제1항). 결정계심판이므로 피청구인은 존재하지 않아 피청구인에 대한 청구서 부본의 송달 및 답변서의 제출은 이루어지지 않는다. 특허심판원장은 심판을 위하여 필요한 경우 특허청장에게 해당 심판청구서의 부본을 송부하고, 관계심사관의 의견을 제출하도록 특허청장에게 요청할 수 있다(특허법시행규칙 제64조).

(3) 심리 및 심결

1) 심리의 범위

심사에서 밟은 특허에 관한 절차는 심판에서도 그 효력이 있고(제172조) 심판은

27) 대법원 2006.10.26. 선고 2004두14274 판결; "특허법은 제132조의3에서 '거절사정을 받은 자가 불복이 있는 때에는 심판을 청구할 수 있다'고 규정하고 있으나 특허사정을 받은 자에게는 별도의 불복절차를 두지 않고 있는바, 이는 특허사정이 그 출원인에게 불이익이 없기 때문이다."

심사를 계속하는 속심으로서의 성격을 가진다. 따라서 심사단계에서 제출되지 아니하였던 새로운 증거의 제출도 무제한 허용된다. 심판에 있어서 심리의 대상은 거절결정의 당부가 아니라 당해 출원에 대해 특허를 허용할 것인지의 여부이다. 따라서 거절결정과 다른 이유로 거절결정을 하는 것도 가능하다. 다만 이 경우에는 심판청구인에게 거절이유를 통지하고 기간을 정하여 의견서제출기회를 주어야 한다.

한편, 심사단계에서 최후거절이유통지 이후의 보정(최후거절이유통지에 따른 보정 또는 재심사청구시의 보정)이 부적법하여 보정각하되고 거절불복심판에서 함께 불복한 경우에는 그 타당성 역시 심리범위에 포함된다(제51조 제3항). 심판관의 심리결과 심사단계에서의 보정각하가 부당하다고 판단한 경우에는 보정을 인정하고 거절이유의 해소여부를 판단하게 된다. 다만 재심사의 청구가 있는 경우 그 청구 전에 한 각하결정은 거절결정불복심판에서 다툴 수 없다(제51조 제3항 단서). 재심사청구전의 각하결정에 대해서는 이미 재심사단계에서 충분히 다툴 기회를 부여하였기 때문이다.

2) 심 결

심판관은 심리결과 심판청구가 이유있다고 인정한 때에는 심결로써 특허거절결정 또는 특허권의 존속기간의 연장등록거절결정을 취소하여야 하고(제176조 제1항), 이 경우 심사에 붙일 것이라는 심결을 할 수 있다(제176조 제2항). 이 경우 심결에 있어서 취소의 기본이 된 이유는 그 사건에 대하여 심사관을 기속한다(제176조 제3항).

심판관은 취소심결을 하는 경우 심사에 환송할 수도 있고 자판을 하여 특허결정을 할 수도 있다. 실무적으로는 환송하는 경우가 대부분이라고 한다.[28] 그러나 환송심결은 특별한 이유가 없는 한 절차지연만 초래하므로 부적당하다. 심판관이 심리를 진행하여 새로운 거절이유를 발견한 때에는 거절이유를 통지하여(제170조 제2항 준용 제63조) 의견서 제출 및 보정의 기회를 주고, 거절이유를 발견할 수 없을 때에는 거절결정을 취소하고 곧바로 특허를 한다는 내용의 심결을 하는 것이 타당하다는 견해가 있다.[29] 심사단계의 경과를 보았을 때 취소의 원인이 된 이유

28) 특허청, 「우리나라 특허법제에 대한 연혁적 고찰 - 조문별 특허법 해설」, 2007, 942면.
29) 송영식외 6인 공저, 앞의 책, 724면.

이외에 다른 이유가 없는 것이 확실하고, 절차의 경제상 굳이 심사국에 환송하는 것이 바람직하지 않다고 판단되는 경우에는 자판을 하는 것이 바람직할 것이다.

(4) 효 과

심판에 의해 심사국으로 환송할 경우 심결에 있어서 취소의 기본이 된 이유는 그 사건에 대하여 심사관을 기속한다(제176조 제3항). 기속력은 취소심결의 실효성을 도모하기 위하여 인정된 효력이므로 심결의 주문 및 그 전제로 된 요건사실의 인정과 효력의 판단에만 미친다. 따라서 취소의 원인이 된 이유 외의 다른 이유가 있는 경우에는 다시 거절결정을 할 수 있다.

인용심결의 결과 특허결정 또는 심결이 확정되고 특허료를 납부하면 특허권이 발생한다. 한편 거절결정에 대한 심판을 기각하는 심결에 대하여 불복이 있는 경우 심결의 등본을 송달받은 날부터 30일 이내에 특허법원에 소를 제기할 수 있다(제186조 제3항).

2. 특허무효심판(제133조)

(1) 의 의

특허무효심판이란 일단 유효하게 성립된 특허권이 특허법에서 규정하는 일정한 무효사유에 해당하는 것을 이유로 이해관계인 또는 심사관의 청구에 의한 심판절차에 의해 그 특허권의 효력을 소급적으로 소멸시키는 것을 말한다. 특허권은 엄격한 심사를 거쳐 특허요건을 모두 갖춘 발명에 대해서만 설정등록되는 것이지만 심사단계에서 하자를 발견하지 못하거나 특허권이 설정등록 된 후 새로운 사유로 인해 하자가 있는 부실권리가 존재할 수 있다. 이러한 특허권을 그대로 유지시킬 경우 특허권자를 부당하게 보호하게 되고 산업발달에 지장을 초래할 수 있으므로 특허무효심판제도를 마련한 것이다. 한편 특허이의신청제도가 폐지됨에 따라 동제도가 가지던 공중심사기능을 무효심판절차에 추가하여 특허권의 설정등록이 있는 날부터 등록공고일 후 3월 이내에는 누구든지 무효사유(제33조 제1항 본문의 규정에 의한 특허를 받을 수 있는 권리를 가지지 아니하거나 제44조의 규정에 위반된 경우를 제외한다)의 어느 하나에 해당한다는 이유로 무효심판을 청구할 수 있도록 하고 있다.

우리 특허법은 특허의 유·무효 판단은 특허권을 부여한 행정관청인 특허청의 권한으로, 특허권을 둘러싼 사법적인 분쟁에 대한 판단 즉 특허권의 해석은 일반 민사법원의 관할로 권한을 분배하고 있다. 따라서 특허에 무효사유가 존재한다고 하여 그 자체로서 특허가 당연히 무효로 되는 것은 아니고 특허무효의 인용심결의 확정에 의해서만 특허권은 무효가 된다.[30] 특허무효심판은 특허법에서 무효사유를 제한적으로 열거하고 있고(제133조 제1항) 법정무효사유에 해당하는 경우에는 반드시 무효로 하여야 한다는 점에서 기속적 행정행위이며 사법절차에 준하는 엄격한 절차에 의하는 준사법적 행정행위이다. 무효심결이 확정되면 특허권은 소급적으로 소멸되어(제133조 제3항) 형성적·대세적 효력이 발생하고 재심사유가 없는 한 누구도 더 이상 다툴 수 없게 되는바 형성소송에 있어서 형성판결과 유사한 성질을 가진다.

(2) 특허무효사유

특허법에서는 무효사유를 아래와 같이 제한적으로 열거하고 있고(제133조 제1항) 국제특허출원의 경우 특례를 두고 있다(제213조). 따라서 아래에 기재된 이유 이외의 다른 이유에 의하여서는 특허를 무효로 할 수 없다.

한편 이의신청제도가 폐지됨에 따라 이해관계가 없는 자도 특허권의 설정등록이 있는 날부터 등록공고일 후 3월 이내에는 무효심판을 청구할 수 있지만 이때에는 제33조 제1항 본문규정에 위반된 무권리자 출원이라는 이유 또는 제44조의 공동출원규정에 위반된 것을 이유로는 무효심판을 청구할 수 없다. 이 경우는 개인 간의 권리귀속에 관한 다툼의 성격이 강하기 때문이다.

1) 제25조(외국인의 권리능력)·제29조(특허요건)·제32조(특허를 받을 수 없는 발명)·제36조 제1항 내지 제3항(선출원) 또는 제42조 제3항 및 제4항(특허출원)의 각 규정에 위반된 경우(제133조 제1항 제1호)
2) 제33조 제1항 본문(특허를 받을 수 있는 자)의 규정에 의한 특허를 받을 수

---

30) 대법원 1992.6.2. 자 91마540 결정 【특허권침해금지가처분】; "특허법은 특허가 일정한 사유에 해당하는 경우에 별도로 마련한 특허의 무효심판절차를 거쳐 무효로 할 수 있도록 규정하고 있으므로, 특허는 일단 등록이 된 이상 이와 같은 심판에 의하여 특허를 무효로 한다는 심결이 확정되지 않는 한 유효한 것이며, 법원은 위와 같은 특허를 무효로 할 수 있는 사유가 있더라도 다른 소송절차에서 그 전제로서 특허가 당연무효라고 판단할 수 없는 것이다."

있는 권리를 가지지 아니하거나 제44조(공동출원)의 규정에 위반된 경우(제133조 제1항 제2호)

3) 제33조 제1항 단서(특허를 받을 수 있는 자)의 규정에 의하여 특허를 받을 수 없는 경우(제133조 제1항 제3호)

4) 특허된 후 그 특허권자가 제25조(외국인의 권리능력)의 규정에 의하여 특허권을 향유할 수 없는 자로 되거나 그 특허가 조약에 위반되는 사유가 발생한 경우(제133조 제1항 제4호)

5) 조약의 규정에 위반되어 특허를 받을 수 없는 경우(제133조 제1항 제5호)

6) 범위를 벗어난 보정·분할·변경출원인 경우(제133조 제1항 제6호)

7) 국제특허출원의 특례

외국어로 출원된 국제특히출원의 경우 ㉠ 국제출원일에 제출된 국제출원의 명세서·청구의 범위 또는 도면(도면중 설명부분에 한한다)과 그 출원번역문에 다같이 기재되어 있는 발명 또는 ㉡ 국제출원일에 제출된 국제출원의 도면(도면중 설명부분을 제외한다)에 기재되어 있는 발명에 해당하지 않는 경우가 무효사유에 추가된다(제213조). 국제특허출원은 번역문을 기준으로 심사하기 때문에 원문과 번역문에 모두 기재되지 않은 발명에 대해서는 특유의 무효사유로 한 것이다.

(3) 요건 및 절차

1) 청 구 인

이해관계인 또는 심사관은 특허무효심판을 청구할 수 있다. 이해관계인뿐 아니라 심사관에게도 무효심판을 청구할 수 있도록 한 것은 공익의 대표자로서 부실권리를 정리할 수 있도록 한 것이다. 심사관은 반드시 해당 특허권의 특허결정을 한 심사관일 필요는 없다. 다만 특허권의 설정등록이 있는 날부터 등록공고일 후 3월 이내에는 누구든지 무효심판을 청구할 수 있다. 비법인 사단 또는 재단이라도 대표자 또는 관리인이 정하여져 있는 경우에는 그 사단 또는 재단의 이름으로 무효심판을 청구할 수 있고(제4조), 동일한 특허권에 관하여무효심판을 청구하는 자가 2인이상이 있는 때에는 그 전원이 공동으로 심판을 청구할 수 있다(제139조 제1항).

이해관계인[31]이란 특허권의 존부로 인해 이득을 보거나 손해를 면하는 자를 말하며 특허권자로부터 그 권리의 대항을 받을 염려가 있으므로 인하여 현재 업무상 손해를 받거나 후일 손해를 받을 염려가 있는 자를 포함한다.[32] 무효심판의 청구인적격을 이해관계인으로 제한한 것은 공중심판을 방지함으로써 심판청구의 난립을 방지하기 위함이나 하자있는 특허권의 존재는 공익에 반하므로 무효심판 청구에서의 이해관계는 권리범위확인심판에서의 이해관계와 달리 널리 해석하는 것이 타당하다. 따라서 예컨대 피청구인 측에서 이해관계가 없음을 주장하여 다투거나[33] 특허사냥꾼과 같은 특별한 경우를 제외하고는 심판관이 이해관계의 유무를 적극적으로 심리할 필요는 없다고 해석하는 것이 타당할 것이다.[34]

이해관계의 유무는 심결시를 기준으로 판단하고, 이해관계 없는 자에 의한 심판청구는 보정불능한 것이므로 부적법한 것으로서 심결로서 각하한다(제142조).

2) 피청구인

무효심판의 피청구인은 특허권자이다. 공유인 특허권에 대해 무효심판을 청구하는 경우에는 공유자 전원을 피청구인으로 하여 청구하여야 한다(제139조 제2항). 전특허권자를 피청구인으로 하는 심판청구나 공유자 중 일부를 빠뜨린 심판청구는 부적법하나 특허권자의 기재를 구특허권자에서 신특허권자로 바로잡기 위하여 보정을 할 수 있고 공유자 중 일부를 누락한 경우에는 공유자를 추가하는 보정

---

31) 실시권자도 이해관계인에 포함될 수 있는지, 즉 실시권자는 부쟁의무를 지는지에 대해 견해가 갈린다. 독일과 일본의 통설은 무효원인을 수반하는 특허를 유지하는 것은 특허제도의 목적에 반하고 실시권자도 실시료지급의무를 면하는 이익을 가지므로 부쟁의무를 인정하지 않는다. 즉 실시권자도 무효심판을 청구할 수 있다고 본다. 반면 영국과 미국에서는 실시권자는 신의칙에 기하여 부쟁의무가 있다는 것이 종래의 통설이었다. 그러나 미국은 금반언의 원칙은 공공이익의 요구 앞에서는 양보되어야 한다는 판례(Lear v. Adkins 395 U.S. 653 (1969)) 이래 이 의무를 부정하고 있으며 특허권의 유효성을 다투지 아니하겠다는 계약조항(부쟁조항)도 무효라고 한다(Bendix v. Balax 421 F.2d 809 (7th Cir. 1970)). 우리 판례의 경우 전용실시권자의 경우에는 이해관계를 부정하고(대법원 1981.7.28. 선고 80후77 판결) 통상실시권자의 경우에는 이해관계를 긍정하고 있다(대법원 1984.5.29. 선고 82후30 판결). 부쟁조항에 관해서는 우월적 지위의 남용 등 사정이 있으면 무효로 하되 일반적으로는 공서양속 또는 강행법규위반이 있다고 보기 어려워 유효하다고 보아야 한다는 견해가 유력하다(中山信弘, 앞의 책, 440면; 송영식외 6인 공저, 앞의 책, 731면).

32) 대법원 1987.7.7. 선고 85후46 판결.

33) 대법원 1970.9.17. 선고 68후28 판결; "피심판 청구인이 심판청구인은 이해관계인이 아니므로 심판청구권이 없다고 주장하면서 입증으로 참고자료를 제출하였음에도 불구하고 이에 대한 판단을 유탈한 위법이 있다."

34) 일본의 경우 무효심판청구에서 이해관계인이라는 요건을 삭제하였다.

이 가능하다(제140조 제2항 제1호).[35]

심판계속중에 특허권의 이전이 있는 경우에는 피심판청구인의 당사자로서의 지위에는 아무런 영향이 없고 당초의 피청구인이 당사자로서의 지위를 유지한다. 이 경우 심판장은 권리의 승계인에 대하여 그 절차를 속행하게 할 수도 있다(제19조).

3) 청구기간

무효심판은 청구의 이익이 있는 한 언제라도 청구할 수 있다. 따라서 특허권의 존속기간 중에는 물론 특허권이 소멸된 후에도 청구할 수 있다(제133조 제2항). 특허권자는 특허권이 존속기간 만료에 의하여 소멸된 후라 하더라도 존속기간 중의 침해행위에 대하여 손해배상을 청구할 수 있는데 특허의 무효에는 소급효가 있으므로 특허권이 무효로 된 경우에는 손해배상을 할 필요가 없게 되어 무효심판청구의 실익이 있기 때문이다.

4) 청구대상

현행법은 다항제를 채택하고 있는바, 특허청구범위의 청구항이 2 이상인 때에는 청구항마다 무효심판을 청구할 수 있다(제133조 제1항).

5) 부본송달 및 답변서의 제출

특허무효심판을 청구하고자 하는 자는 법에서 규정하는 심판청구서를 특허심판원장에게 제출하여야 한다(제140조 제1항). 심판장은 심판의 청구가 있는 때에는 청구서의 부본을 피청구인에게 송달하고 기간을 정하여 답변서를 제출할 수 있는 기회를 주어야 하며(제147조 제1항) 그 취지를 당해 특허권의 전용실시권자 기타 특허에 관하여 등록을 한 권리를 가지는 자에게 통지하여야 한다(제133조 제4항). 피청구인(특허권자)의 방어권을 보장하고 등록권리자 등에게 참가의 기회를 부여하며 나아가 이 심결에 대하여 불복이 있을 때에는 제186조 제2항의 규정에 의하여 소를 제기할 수 있도록 함으로써 권리자들을 보호하기 위함이다.

---

35) 민사소송법 및 행정소송법에서 소송경제를 위해 피고의 경정을 허용하는 것과 같이(민사소송법 제68조, 행정소송법 제14조) 특허법에서도 심판의 경제를 위해 2009.1.30 개정 법률 9381호에서 도입한 규정이다.

(4) 심리 및 심결

직권주의가 적용되므로 청구인이 신청한 청구취지의 범위 내에서 당사자 또는 참가인이 신청하지 않은 이유에 대해서도 심리할 수 있다. 예컨대 청구인이 "청구항 1 내지 3항은 진보성이 없어서 무효로 되어야 한다"는 취지의 무효심판을 청구한 경우 청구취지에 포함되지 않는 청구항 4항 내지 5항을 무효로 할 수는 없지만 청구항 1 내지 3항은 기재불비에 해당한다는 이유로 무효심결을 할 수 있다. 다만 당사자 또는 참가인이 신청하지 아니한 이유에 대하여도 심리하는 경우에는 당사자 및 참가인에게 기간을 정하여 그 이유에 대하여 의견을 진술할 수 있는 기회를 주어야 한다(제159조 제1항).

심판관은 심판청구가 이유가 없는 경우(특허무효사유에 해당하지 않는 경우)에는 기각심결을, 심판청구가 이유가 있는 경우(특허무효사유에 해당하는 경우)에는 인용심결을 하여야 한다. 복수의 청구항에 대해 무효심판이 청구된 경우에는 일부기각, 일부인용심결을 하는 것도 가능하다. 심판의 당사자, 참가인 또는 당해 심판에 참가신청을 하였으나 그 신청이 거부된 자는 심결에 대하여 불복이 있는 경우 심결의 등본을 송달받은 날부터 30일 이내에 특허법원에 소를 제기할 수 있다(제186조 제1항, 제2항, 제3항).

(5) 특허무효의 효과

1) 소 급 효

특허를 무효로 한다는 심결이 확정된 때에는 그 특허권은 처음부터 없었던 것으로 본다(제133조 제3항). 무효심결에는 소급효가 있으므로 보상금청구권도 처음부터 발생하지 않은 것으로 되고(제65조 제5항) 특허권에 부수하는 권리(전용실시권 등)도 모두 소멸하게 된다. 다만, 후발적 사유에 의하여 무효가 된 경우에는 특허권은 그 특허가 후발적 무효사유에 해당하게 된 때부터 없었던 것으로 본다(제133조 제3항 단서).

2) 무효심결과 관련된 법률관계

무효심결확정 전의 특허권 침해에 관한 민·형사 사건의 유죄판결이나 손해배상판결에 대해서는 재심을 청구할 수 있다(민사소송법 제451조 제1항, 형사소송법 제420조 제6호). 또한 무효심결확정전에 특허권을 행사하여 고의 또는 과실로 타인에게 손해를 입힌 경우에는 그 손해를 배상하여야 하고 고의 또는 과실이 없는 경우에도 부당이득은 반환하여야 한다.

무효심결확정전 지급된 실시료에 대해서는 누구나 실시할 수 있는 자유기술영역의 실시로 인해 얻은 이익이므로 부당이득에 해당하고 따라서 반환하여야 한다는 견해[36]와 실시료를 지불한 자는 실시권에 의한 보호와 이익을 얻었으므로 손해를 입은 것은 아니므로 부당이득의 법리를 적용할 것이 아니라는 견해로 나뉜다.[37] 실시권 설정계약에 특허가 무효로 된 경우 이미 지급한 실시료를 반환한다는 특약이 있는 경우에는 특허권자는 계약의 내용에 따라 반환의무를 가지나 이러한 특약이 없는 경우라면 실시료반환의무는 없다고 보는 것이 타당할 것이다.

특허를 무효로 한다는 심결이 확정된 연도의 다음 연도부터의 특허료 해당분은 납부한 자의 청구에 의하여 이를 반환한다(제84조 제1항). 다만, 특허청장으로부터 반환대상의 통지를 받은 날부터 3년을 경과한 때에는 이를 청구할 수 없다(제84조 제2항, 제3항).

(6) 특허무효심판에서의 특허의 정정

1) 의의 및 도입배경

특허의 정정이란 무효심판의 피청구인(특허권자)이 특허무효심판 또는 정정무효심판의 계속 중에 일정범위 내에서 특허발명의 명세서 또는 도면의 정정을 청구하는 것을 말한다.

종래 구법(2001.2.3. 법률 제6411호로 개정되기 이전의 법)하에서는 이의신청기간이 경과한 후에는 등록된 특허의 명세서 또는 도면에 대한 정정은 제136조의 정정심판을 통해서만 가능하였다. 정정심판은 무효심판에 대한 방어수단으로 활용되는 경우가 많은데, 무효심판과 정정심판이 함께 계속 중인 경우 정정심판의 심결에 의하여 무효심판의 심리대상인 특허청구범위 등이 변경되는 일도 생기게 되어, 통상 그 확정시까지 무효심판에 대한 심리를 중지하는 경우가 많고 그에 따라 무효심판의 처리가 지연되는 문제점이 발생하였다. 이에 특허법을 개정하여 특허무효심판이 특허심판원에 계속되고 있는 경우에는 정정심판을 청구할 수 없도록 하는 한편(제136조 제1항 단서) 무효심판절차 내에서 정정을 청구할 수 있도록 하였다.

---

36) 임병웅, 앞의 책, 902면.

37) 천효남, 특허법, 법경사21c, 2009, 804면.

2) 요 건

① 정정청구를 할 수 있는 자

특허의 정정은 특허권자만이 청구할 수 있다. 특허권이 공유인 경우에는 공유자 전원이 하여야 한다(제133조의2 제4항 준용 제139조 제3항, 제137조 제4항 준용 제133조의2 제4항). 특허권자는 전용실시권자, 허락에 의한 통상실시권자, 직무발명에 의한 통상실시권자, 질권자의 동의가 없으면 정정을 청구할 수 없다(제133조의2 제4항 준용 제136조 제7항, 제137조 제4항 준용 제133조의2 제4항).

② 정정청구기간

특허무효심판절차에서의 정정청구는, ㉠ 심판장이 정한 심판청구서에 대한 답변서 제출기간(제147조 제1항), ㉡ 직권심리사유에 대하여 부여된 의견진술기간(제159조 제1항), ㉢ 심판청구인의 새로운 증거서류의 제출로 인하여 정정청구를 허용할 필요가 있다고 심판장이 인정한 경우에 거기에서 정한 기간(제133조의2 제1항)[38] 내에만 허용된다(제133조의2 제1항). 정정청구기간 내에 수개의 정정청구를 한 경우 전에 한 정정청구는 후정정청구에 의하여 취하된 것으로 보므로(제133조의2 제2항), 최후의 정정청구만이 유효하다.

③ 정정청구의 범위

정정청구의 허용범위는 원칙적으로 정정심판에서 허용되는 정정의 범위와 동일하다(제133조의2 제4항). 따라서 ㉠ 특허청구범위를 감축하는 경우, ㉡ 잘못 기재된 것을 정정하는 경우, ㉢ 분명하지 아니하게 기재된 것을 명확하게 하는 경우 중 어느 하나에 해당하여야 한다(제133조의2 제1항).

또한 명세서 또는 도면의 정정은 특허발명의 명세서 또는 도면에 기재된 사항의 범위 이내에서 이를 할 수 있다. 다만, 잘못된 기재를 정정하는 경우에는 출원

---

38) 2007.1.3 법률 제8197호로 개정되기 전 구법에서는 ㉠ 심판장이 정한 심판청구서에 대한 답변서 제출기간 및 직권심리사유에 대하여 부여된 의견진술기간 내에만 정정청구를 인정하였다. 개정법에서 심판청구인의 새로운 증거서류의 제출로 인하여 정정청구를 허용할 필요가 있다고 심판장이 인정한 경우에 기간을 정하여 정정청구를 할 수 있도록 한 이유는, 무효심판 청구인은 특허법 제140조 제2항에 의하여 요지변경 여부에 관계없이 청구이유를 자유롭게 보정할 수 있어 무효심판 청구시 제출하지 않았던 새로운 무효증거를 청구서의 보정 또는 의견서를 통해 제출할 수 있으므로 특허권자도 특허의 정정청구를 할 수 있도록 하여 당사자간에 공격·방어기회를 평등하게 부여할 필요가 있기 때문이다.

서에 최초로 첨부된 명세서 또는 도면에 기재된 사항의 범위로 한다(제133조의2 제4항 준용 제136조 제2항).

아울러 명세서 또는 도면의 정정은 특허청구범위를 실질적으로 확장하거나 변경할 수 없고(제133조의2 제4항 준용 제136조 제3항) 특허청구범위를 감축하는 경우와 잘못된 기재를 정정하는 경우인 때에는 정정후의 특허청구범위에 기재된 사항이 특허출원을 한 때에 특허를 받을 수 있는 것이어야 한다(제133조의2 제4항 준용 제136조 제4항). 다만 특허무효심판에 대한 정정청구에 있어서 특허무효심판이 청구된 청구항을 정정하는 경우에는 "특허출원시를 기준으로 특허를 받을 수 있는 것이어야 한다"는 소위 독립특허요건은 적용되지 아니한다(제133조의2 제5항). 이는 무효심판절차에서의 정정청구에서 "특허출원시를 기준으로 특허를 받을 수 있는 것이어야 한다"는 요건을 판단한 후 무효심판대상 청구항에 대해 다시 무효사유를 판단하게 되면 중복판단의 문제가 발생하기 때문이다.[39] 결과적으로 특허무효심판절차에서의 정정청구가 무효심판이 청구된 청구항을 정정하는 경우이거나, 분명하지 아니한 기재를 명확하게 하는 경우인 때에는 독립특허요건은 요구되지 않는다.

3. 특허권존속기간연장등록무효심판(제134조)

(1) 의 의

특허권존속기간연장등록무효심판이란 존속기간이 연장된 특허권이 특허법에서 규정하는 연장무효사유에 해당하는 것을 이유로 이해관계인 또는 심사관의 청구에 의한 심판절차에 의해 그 연장등록의 효력을 소급적으로 소멸시키는 것을 말한다(제134조). 특허를 무효로 할 수 있도록 하는 특허무효심판과 마찬가지로 과오에 의하여 특허권의 존속기간연상등록이 된 경우 그 특허권을 존속시키는 것은 타당하지 아니하므로 존속기간 연장등록만을 무효로 할 수 있는 심판제도를 두고 있다.

---

39) 정정을 인정하지 않는 경우에는 정정불인정 통지를 하게 됨에 따라(제133조의2 제4항 준용 제136조 제5항) 무효심판의 결과를 미리 알려주는 결과가 되는 문제점이 발생한다.

(2) 연장등록무효사유

특허법에서는 특허권의 존속기간연장등록무효사유를 아래와 같이 제한적으로 열거하고 있는데(제134조 제1항) 이는 연장등록거절이유(제91조 제1항)와 실질적으로 동일하다.

1) 그 특허발명을 실시하기 위하여 제89조의 허가 등을 받을 필요가 없는 출원에 대하여 연장등록이 된 경우
2) 그 특허권자 또는 그 특허권의 전용실시권 또는 등록된 통상실시권을 가진 자가 제89조의 허가 등을 받지 아니한 출원에 대하여 연장등록이 된 경우
3) 연장등록에 의하여 연장된 기간이 그 특허발명을 실시할 수 없었던 기간을 초과하는 경우
4) 당해 특허권자가 아닌 자의 출원에 대하여 연장등록이 된 경우
5) 제90조 제3항(공유특허권)의 규정에 위반한 출원에 대하여 연장등록이 된 경우

(3) 요건 및 절차

1) 청 구 인

이해관계인 또는 심사관은 특허권의 존속기간연장등록무효심판을 청구할 수 있다. 이해관계인뿐 아니라 심사관에게도 청구인 적격을 인정한 것은 공익의 대표자로서 부실권리를 정리할 수 있도록 한 것이다.

2) 피청구인

존속기간연장등록무효심판의 피청구인은 특허권자이다. 공유인 특허권에 대해 존속기간연장등록무효심판을 청구하는 경우에는 공유자 전원을 피청구인으로 하여 청구하여야 한다(제139조 제2항).

3) 청구기간

존속기간연장등록무효심판은 청구의 이익이 있는 한 언제라도 청구할 수 있다. 따라서 특허권의 존속기간 중에는 물론 특허권이 소멸된 후에도 청구할 수 있다. 특허무효심판과 마찬가지로 소급효가 있으므로 특허권이 소멸된 후에도 심판청구의 실익이 있기 때문이다(제134조 제2항 준용 제133조 제2항, 제4항).

4) 청구대상

특허무효심판은 특허청구범위의 청구항이 2 이상인 때에는 청구항마다 청구할 수 있으나(제133조 제1항 단서) 특허권의 존속기간연장등록무효심판의 청구대상은 연장등록 자체이다.

5) 부본송달 및 답변서의 제출

존속기간연장등록무효심판을 청구하고자 하는 자는 법에서 규정하는 심판청구서를 특허심판원장에게 제출하여야 한다(제140조 제1항). 심판장은 심판의 청구가 있는 때에는 청구서의 부본을 피청구인에게 송달하고 기간을 정하여 답변서를 제출할 수 있는 기회를 주어야 하며(제147조 제1항) 그 취지를 당해 특허권의 전용실시권자 기타 특허에 관하여 등록을 한 권리를 가지는 자에게 통지하여야 한다(제133조 제4항). 피청구인(특허권자)의 방어권을 보장하고 등록권리자 등에게 참가의 기회를 부여하며 나아가 이 심결에 대하여 불복이 있을 때에는 제186조 제2항의 규정에 의하여 소를 제기할 수 있도록 함으로써 권리자들을 보호하기 위함이다.

(4) 심리 및 심결

심판관은 심판청구가 이유가 없는 경우(연장등록무효사유에 해당하지 않는 경우)에는 기각심결을, 심판청구가 이유가 있는 경우(연장등록무효사유에 해당하는 경우)에는 인용심결을 하여야 한다. 심판의 당사자, 참가인 또는 당해 심판에 참가신청을 하였으나 그 신청이 거부된 자는 심결에 대하여 불복이 있는 경우 심결의 등본을 송달받은 날부터 30일 이내에 특허법원에 소를 제기할 수 있다(제186조 제1항, 제2항, 제3항).

(5) 연장등록무효의 효과

연장등록을 무효로 한다는 심결이 확정된 때에는 그 연장등록에 의한 존속기간의 연장은 처음부터 없었던 것으로 본다. 다만, 연장등록이 그 실시할 수 없었던 기간을 초과하여 연장되었다는 이유로 무효로 된 경우에는 그 특허발명을 실시할 수 없었던 기간을 초과하여 연장된 기간에 대하여만 연장이 없었던 것으로 본다(제134조 제3항). 이 경우에도 다른 이유에 의하여 무효로 된 경우와 마찬가지로 존속기간의 연장이 처음부터 없었던 것으로 본다면 이는 특허권자에게 너무 가혹하게 될 것이므로 그 초과한 기간에 대해서만 연장이 없었던 것으로 보는 것이다. 따라서 예컨대 실시할 수 없었던 기간은 2년이었는데 5년의 기간이 연장된 경우는 3년의 기간은 연장이 없었던 것으로 본다. 그 밖의 효과는 특허무효의 효과와 거의 동일하다.

4. 권리범위확인심판(제135조)

(1) 의의 및 취지

권리범위확인심판이란 특허권자 또는 이해관계인이 특허발명의 보호범위를 확인하기 위하여 청구하는 심판을 말한다. 특허권은 기술적 사상에 관한 것이어서 일반 유체재산권과 달리 그 권리의 보호범위를 명확하게 정의하기가 극히 어렵고, 따라서 특허권에 관한 분쟁이 발생한 경우 양 당사자는 특허발명의 보호범위를 합리적으로 해석하기 보다는 자기에게 유리하게 해석하려는 경향이 있다. 권리범위확인심판은 특허권에 관한 분쟁이 발생하였을 경우, 기술전문가로 구성된 공신력 있는 국가기관이 특허권의 보호범위를 객관적으로 공정하게 해석함으로써 소송절차에 앞서 당사자 간의 분쟁을 신속히 해결하고 침해소송에서 법원에 판단기준을 제공하는데 그 취지가 있다.

(2) 법적 성질

권리범위확인심판의 법적성질에 대해서는 기술적 범위에 관한 감정 내지는 사실관계의 확정에 그치는 것이라는 '사실관계확정설'과, 발명의 기술적 범위의 확정뿐만 아니라 이를 기초로 하여 그 권리의 효력이 미치는 범위까지 확정하는 제도라고 보는 '권리관계확정설'이 대립한다. 판례는 일관되게 권리관계확정설의 입장을 취하고 있다. 즉 "권리범위확인심판은 기술적 범위를 확인하는 사실관계의 확정을 목적으로 하는 것이 아니고 그 기술적 범위를 기초로 하여 구체적으로 문제된 실시형태와의 관계에 있어서 권리의 효력이 미치는 여부를 확인하는 권리관계의 확정을 목적으로 하는 것"이라고 한다.[40]

---

40) 대법원 1991.3.27 선고 90후373 판결 등.

(3) 종 류

심판청구의 방식에 따라 제3자가 실시하는 기술이 자신의 권리범위에 속한다는 심결을 구하는 적극적 권리범위확인심판과 자신이 실시하고 있거나 실시하고자 하는 기술이 특허발명의 권리범위에 속하지 않는다는 심결을 구하는 소극적 권리범위확인심판이 있다.

적극적 권리범위확인심판은 "확인대상발명은 특허 제OOO호의 권리범위에 속한다"라는 심결을 구하는 형식으로 청구된다. 한편 소극적 권리범위확인심판은 "확인대상발명은 특허 제OOO호의 권리범위에 속하지 아니한다"라는 심결을 구하는 형식으로 청구된다.

(4) 요건 및 절차

1) 청구인 및 피청구인

적극적 권리범위확인심판은 특허권자, 전용실시권자가 청구인이고 해당 특허발명을 실시하고 있는 이해관계인이 피청구인이다.[41] 소극적 권리범위확인심판의 경우에는 현실적으로 확인대상발명을 실시하고 있거나 실시할 것이 예정되는 이해관계인이 청구인이 되고, 특허권자 등이 피청구인이 된다.[42]

권리범위확인심판에서의 이해관계인은 무효심판청구에서의 이해관계인보다

---

41) 전용실시권자가 적극적권리범위확인심판의 청구인이 될 수 있는지에 대해 기존의 대법원판례(대법원 2003.5.16. 선고 2001후3262 판결)는 실용신안법 제50조는 "실용신안권자 또는 이해관계인은 등록실용신안의 보호범위를 확인하기 위하여 실용신안권의 권리범위확인심판을 청구할 수 있다."고 규정하고 있고, 이 중 이해관계인에 실용신안권의 전용실시권자가 포함되는 것으로 볼 수는 없다는 이유로 전용실시권자의 청구인 적격을 부정하였다. 그러나 ㉠ 전용실시권자에게 특허발명의 독점적 실시가 보장되며, ㉡ 독자적인 금지청구권, 손해배상청구권이 인정되며, ㉢ 청구인 적격을 부정하였을 경우 특허권자가 재외자이거나 분쟁개입에 소극적인 경우 전용실시권의 권리행사가 제한되는 점을 고려하면 특허관련 분쟁해결수단의 하나인 권리범위확인심판의 청구인 적격을 인정하는 것이 타당하다. 이에 개정법(2006.3.3.개정 법률 제7871호)에서 전용실시권자의 청구인 적격을 인정하여 입법적으로 해결하였다.

42) 특허발명의 보호범위를 객관적으로 공정하게 해석함으로써 분쟁을 신속히 해결하려는 권리범위확인심판의 취지상 전용실시권자는 소극적 권리범위확인심판의 피청구인적격을 부정함이 타당하다는 견해가 있다. 오히려 전용실시권자의 피청구인 적격을 인정할 경우 전용실시권자와 확인대상발명의 실시자가 담합하여 권리범위확인심판을 제기하여 특허권자에게 불리한 결과를 초래하는 경우도 있을 수 있다는 것이다(임병웅, 앞의 책, 921면).

는 범위를 좁게 보는 것이 타당하다. 무효인 특허권의 존재는 공익에 반하는 것이므로 널리 이해관계를 인정할 실익이 있으나 권리범위확인심판은 특정의 특허를 둘러싼 침해유무를 확정짓기 위한 것이므로 그러한 법률상 분쟁을 즉시 확정할만한 구체적인 이익이 필요하기 때문이다. 따라서 적극적 권리범위확인심판의 경우 피청구인이 실시하지 않고 있는 물품을 대상으로 한 심판청구는 확인의 이익이 없어 부적법하고 각하되어야 한다.[43] 반면 소극적 권리범위확인심판의 경우에는 현실적으로 확인대상발명을 실시하고 있지 않더라도 실시할 것이 예정되는 자도 특허발명의 보호범위에 속하는지의 여부를 확인할 실익이 있기 때문에 이해관계인에 포함된다.[44]

2) 청구기간

판례는 특허권의 권리범위확인의 심판청구는 현존하는 특허권의 범위를 확정하는 것을 목적으로 하는 것이므로, 일단 적법하게 발생한 특허권이라 할지라도 그 특허권이 소멸되었을 경우에는 그 소멸 이후에는 그 권리범위확인의 이익이 없다고 하여 특허권의 존속기간 중에만 권리범위확인심판을 청구할 수 있다고 한다.[45] 이에 대해서는 특허권이 소멸하기 이전에 있어서의 권리·의무관계를 확정하기 위하여 필요하다면 비록 특허권이 소멸된 이후라고 하더라도 권리범위확인의 이익이 있을 수 있기 때문에 판례의 태도는 타당하지 않다는 비판이 있다.[46]

3) 청구대상

특허권의 권리범위확인심판을 청구하는 경우에 특허청구범위의 청구항이 2이상인 때에는 청구항마다 청구할 수 있다(제135조 제2항). 특허권은 하나의 특허등록번호로 권리가 설정 및 등록되지만 실질적으로는 청구항마다 권리가 개별적으로 존재하므로 권리범위확인심판도 무효심판과 마찬가지로 청구항별로 청구할

---

43) 대법원 2003.6.10. 선고 2002후2419 판결.

44) 대법원 2000.4.11. 선고 97후3241 판결; "소극적 권리범위확인심판에 있어서의 심판을 청구할 수 있는 이해관계인이라 함은 등록권리자 등으로부터 권리의 대항을 받아 업무상 손해를 받고 있거나 손해를 받을 염려가 있는 자를 말하고, 이러한 이해관계인에는 권리범위에 속하는지 여부에 관하여 분쟁이 생길 염려가 있는 대상물을 제조·판매·사용하는 것을 업으로 하고 있는 자에 한하지 아니하고 그 업무의 성질상 장래에 그러한 물품을 업으로 제조·판매·사용하리라고 추측이 갈 수 있는 자도 포함된다."

45) 대법원 1996.9.10. 선고 94후2223 판결 등.

46) 임병웅, 앞의 책 923면.

수 있도록 한 것이다.

권리범위확인심판에서 심판의 대상은 특허발명의 효력이 미치는 범위를 확인대상발명과의 관계에서 구체적으로 확정하는 것이므로, 확인대상발명의 특정은 심판의 대상을 명확히 하는 심판청구의 적법요건에 해당한다.[47] 만약 확인대상발명이 불명확하여 특허발명과 대비대상이 될 수 있을 정도로 구체적으로 특정되어 있지 않다면, 특허심판원으로서는 요지 변경이 되지 아니하는 범위 내에서 확인대상발명의 설명서 및 도면에 대한 보정을 명하는 등의 조치를 취하여야 하고, 그럼에도 불구하고 그와 같은 특정에 미흡함이 있다면 심판청구를 각하하여야 한다.[48] 특허발명과 대비할 수 있을 정도로 구체적으로 특정되지 않았음에도 보정을 명하는 등의 조치를 취함이 없이 본안에 나아가 심결을 하고, 특허발명의 권리범위에 속한다고 판단하는 것은 위법이다.[49]

한편 특허권자 또는 전용실시권자가 청구인으로서 청구한 권리범위확인심판에서 심판청구서의 확인대상 발명(청구인이 주장하는 피청구인의 발명을 말한다)의 설명서 및 도면에 대하여 피청구인이 자신이 실제로 실시하고 있는 발명과 비교하여 다르다고 주장하는 경우에 청구인이 피청구인의 실시 발명과 동일하게 하기 위하여 심판청구서의 확인대상 발명의 설명서 및 도면을 보정하는 경우에는 요지변경이 되더라도 상관없다(제140조 제2항 제2호).

4) 부본송달 및 답변서의 제출

권리범위확인심판을 청구하고자 하는 자는 법에서 규정하는 심판청구서를 특허심판원장에게 제출하여야 한다(제140조 제1항). 이때 특허발명과 대비될 수 있는 설명서 및 필요한 도면을 첨부하여야 한다(제140조 제3항). 심판장은 심판의 청구가 있는 때에는 청구서의 부본을 피청구인에게 송달하고 기간을 정하여 답변서를 제출할 수 있는 기회를 주어야 한다(제140조 제1항).

---

47) 대법원 2006.4.28. 선고 2004후2826 판결; "등록실용신안의 권리범위확인심판을 청구함에 있어서 확인대상이 되는 고안은 당해 등록고안과 서로 대비할 수 있을 만큼 구체적으로 특정되어야 하는바, 그 특정을 위하여 대상물의 구체적인 구성을 전부 기재할 필요는 없고, 등록고안의 구성요소에 대응하는 부분의 구체적인 구성을 기재하면 되며, 그 기재는 등록고안의 구성요소와 대비하여 차이점을 판단함에 필요한 정도면 된다."

48) 특허심판원, 「심판편람 제8판」, 2006, 566면.

49) 대법원 2001.8.21. 선고 99후2372 판결.

(5) 심리 및 심결

심판관은 사실관계를 기초로 확인대상발명이 특허발명의 보호범위에 속하는지의 여부를 결정하여야 한다. 심리결과 심판청구의 이유가 타당하지 않다고 인정된 때에는 기각심결을, 심판청구가 이유가 있는 경우에는 인용심결을 하여야 하고, 청구취지에 반하는 심결을 하여서는 안된다. 예컨대 심판청구인이 소극적 권리범위확인심판을 청구한 경우 확인대상발명이 권리범위에 속한다고 인정되면 심판청구를 기각하면 되는 것이지 확인대상발명이 상대방의 권리범위에 속한다는 심결은 할 수 없다.[50)]

(6) 효 과

권리범위확인심판의 심결이 확정되면 전문관청에 의한 특허발명의 보호범위가 공적으로 확인된다. 법원은 특허심판원의 판단을 사실상 존중하고 있으나 법원이 이에 구속되는 것은 아니다. 따라서 권리범위에 속한다는 권리범위확인심결이 확정된 후 법원이 침해소송에서 그와 상반되는 판결을 하더라도 위법한 것은 아니다. 권리범위확인심판의 심결은 침해소송에 대한 기속력이 없어 분쟁의 근본적 해결수단이 되지 못하는 반면 실무상 침해소송을 담당하는 법원은 권리범위확인심판의 결과를 기다리느라 소송절차가 지연되는 문제가 있다는 점을 들어 권리범위확인심판의 폐지론을 주장하는 견해도 있다.[51)] 그러나 권리범위확인심판 제도는 침해금지청구나 손해배상청구에 이르지 아니하고 화해가 성립하는 등 분쟁을 해결하는 수단으로 이용되어 왔고 심판사건의 수가 상당한 등 현실에서 실제 담당하는 역할을 결코 무시할 수 없다고 생각되는바, 운영의 묘를 살리는 것이 중요하다고 생각된다.[52)]

---

50) 대법원 1992.6.26. 선고 92후148 판결.

51) 최성준, "권리범위확인심판의 폐지의 타당성에 관하여", 법조 43권 10호(통권 457호) (1994), 47면.; 박정희, "권리범위확인심판제도의 폐지 필요성에 대한 고찰", 특허소송연구 제3집 (2005), 440면.; 김철환, "심결취소소송에서의 소의 이익", 사법논집 39집 (2004.12.), 567면.

52) 일본의 경우에는 어떤 기술이 특허발명의 기술적 범위에 속하는지의 여부에 대해 다툼이 있는 경우 특허부여의 전문기관인 특허청에 공평한 입장에서 감정을 하여 달라고 청구하는 이른바 '판정제도'를 마련하고 있다. 일본도 우리나라와 같이 권리범위확인심판제도가 있었으나 그 법적 성격이 애매하여 1959년 이를 폐지하고 판정제도를 두게 되었다(일본 특허법 제71조). 판정은 특허청이 행하는 감정이며 법적 구속력이 없고

(7) 관련문제

1) 권리 대 권리의 권리범위확인심판

권리범위확인심판은 권리 대 비권리의 대립구조로 이루어지는 경우가 일반적이나 권리 대 권리의 관계에서 다툼이 발생하는 경우가 있을 수 있다. 판례는 권리 대 권리간의 소극적 권리범위확인심판은 적법한 것으로 인정하고 있으나, 적극적 권리범위확인심판은 부적법하다는 이유로 대부분 각하하고 있다.[53] 적극적 권리범위확인심판의 경우에는 인용심결을 하는 경우 무효심판의 심결없이 타방의 권리를 부정하는 것이 되어 타당하지 않다는 것이다. 다만 예외적으로 양발명이 이용관계에 있는 경우에는 후출원권리의 등록의 효력을 부정하지 않고 권리범위의 확인을 구할 수 있어서 권리 대 권리 간의 적극적 권리범위확인심판의 청구가 허용된다고 한다.[54]

2) 간접침해와 권리범위확인심판

특허법 제135조는 특허권자 또는 이해관계인은 특허발명의 보호범위를 확인하기 위하여 특허권의 권리범위확인심판을 청구할 수 있다고 규정하고 있고, 특허법 제127조는 특허가 물건의 발명인 때에는 그 물건의 생산에만 사용하는 물건을 생산·양도·대여 또는 수입하거나 그 물건의 양도 또는 대여의 청약을 하는 행위를 업으로서 하는 경우에, 그리고 특허가 방법의 발명인 때에는 그 방법의 실시에만 사용하는 물건을 생산·양도·대여 또는 수입하거나 그 물건의 양도 또는 대여의 청약을 하는 행위를 업으로서 하는 경우에 특허권 또는 전용실시권을 침해한 것으로 본다는 취지로 규정하고 있으므로, 특허권자 또는 이해관계인은 그 방법의 실시에만 사용하는 물건 등(간접침해에 해당하는 물건)에 대해서도 권리범위확인심판을 청구할 수 있다고 보아야 할 것이다.[55]

따라서 판정에 대하여 불복을 신청할 수도 없다. 또한 법원에서 판정과 다른 판단을 하는 것도 자유이다.

53) 대법원 1996.12.20. 선고 95후1920 판결 등.

54) 대법원 2002.6.28. 선고 99후2433 판결.

55) 대법원 2005.7.15. 선고 2003후1109 판결 참조.

5. 정정심판(제136조)

(1) 의의 및 취지

정정심판이란 특허권이 설정등록된 후 특허발명의 명세서 또는 도면에 잘못된 기재 또는 불명료한 점이 있거나 특허청구범위가 너무 광범위하게 기재되어 있는 경우 이를 바로 잡기 위해 특허권자가 제기하는 심판을 말한다(제136조).

특허권이 설정등록되면 명세서에 기재된 내용대로 대세적 효력이 발생하므로 특허발명의 명세서는 임의로 변경되어서는 안 되나 명세서나 도면에 흠이 있는 경우 제한적 범위 내에서 이를 치유할 기회를 부여하는 것이 권리내용의 불명확화로 인한 분쟁이나 특허권의 무효를 미연에 방지할 수 있다. 이에 제3자의 예기치 못한 손해를 방지하고 특허권자를 보호하기 위해 정정심판제도를 두고 있다.

(2) 요 건

1) 청 구 인

정정심판은 특허권자만이 청구할 수 있다. 특허권이 공유인 경우에는 공유자 전원이 하여야 한다(제139조 제3항). 특허권자는 전용실시권자, 허락에 의한 통상실시권자, 직무발명에 의한 통상실시권자, 질권자의 동의가 없으면 정정심판을 청구할 수 없다(제136조 제7항).

2) 청구기간

정정심판은 특허권이 소멸된 후에도 이를 청구할 수 있다. 다만, 심결에 의하여 특허가 무효로 된 후에는 그러하지 아니하다(제136조 제6항). 아울러 특허의 무효심판이 특허심판원에 계속되고 있는 경우에는 절차의 신속한 진행을 위해 정정심판은 청구할 수 없고 특허무효심판 절차 내에서의 정정청구만 가능하다. 그러나 무효심판의 심결에 대해 특허법원이나 대법원에 절차가 계속 중인 경우에는 정정심판을 청구할 수 있다.

3) 정정의 범위

㉠ 특허청구범위를 감축하는 경우, ㉡ 잘못 기재된 것을 정정하는 경우, ㉢ 분명하지 아니하게 기재된 것을 명확하게 하는 경우 중 하나에 해당하여야 한다(제136조 제1항).

또한 명세서 또는 도면의 정정은 특허발명의 명세서 또는 도면에 기재된 사항의 범위 이내에서 이를 할 수 있다. 즉, 출원서에 최초로 기재된 명세서 또는 도면이 아니라 최종적으로 확정된 명세서 또는 도면의 범위 내에서 할 수 있다. 다만, 잘못된 기재를 정정하는 경우에는 출원서에 최초로 첨부된 명세서 또는 도면에 기재된 사항의 범위 내에서 할 수 있다(제136조 제2항).

아울러 명세서 또는 도면의 정정은 특허청구범위를 실질적으로 확장하거나 변경할 수 없고(제136조 제3항) 특허청구범위를 감축하는 경우와 잘못된 기재를 정정하는 경우인 때에는 정정후의 특허청구범위에 기재된 사항이 특허출원을 한 때에 특허를 받을 수 있는 것이어야 한다(제136조 제4항). 즉 독립특허요건이 요구된다.

(3) 절 차

1) 심판청구서의 제출

정정심판 청구인은 소정의 심판청구서를 특허심판원장에게 제출하여야 한다(제140조 제1항). 아울러 정정심판을 청구할 때에는 심판청구서에 정정한 명세서 또는 도면을 첨부하여야 하고(제140조 제5항) 전용실시권자 등의 동의서를 첨부하여야 한다.

2) 심리 및 심결

심판관은 심리결과 정정심판의 청구가 정정의 범위를 벗어나거나 특허청구범위를 실질적으로 확장 또는 변경하거나 정정 후 특허청구범위에 기재된 사항이 특허출원시 특허를 받을 수 없는 것일 때에는 청구인에게 그 이유를 통지하고 기간을 정하여 의견서를 제출할 수 있는 기회를 주어야 한다(제136조 제5항). 청구인은 심리종결의 통지가 있기 전까지 심판청구서에 첨부된 정정한 명세서 또는 도면에 대하여 보정할 수 있다(제136조 제9항).

심판청구의 이유가 타당하지 않은 경우에는 기각심결을, 타당한 경우에는 인용심결을 하여야 한다. 특허발명의 명세서 또는 도면에 대한 정정을 한다는 심결이 있는 경우에 특허심판원장은 그 내용을 특허청장에게 통보하여야 하고(제136조 제9항) 특허청장은 이를 특허공보에 게재하여야 한다(제136조 제10항).

정정심판은 일체불가분의 하나의 정정사항에 대해 심판을 청구한 것으로 보므로 명세서의 일부에 대해 정정을 인정하고 일부에 대해서는 불인정하는 일부인용, 일부기각심결은 허용되지 않는다.

기각심결에 대해 불복이 있는 경우 특허권자는 심결등본을 송달받은 날로부터 30일 이내에 특허법원에 심결취소소송을 제기할 수 있다(제186조 제1항, 제3항). 특허권자는 인용심결에 대해서는 불복할 수 없고, 이해관계인 또는 심사관은 인용심결에 대해 불만이 있는 경우 정정무효심판을 청구할 수 있다(제137조 제1항).

(4) 효 과

1) 소급효

정정인용심결이 확정된 때에는 그 정정후의 명세서 또는 도면에 의하여 특허출원·출원공개·특허결정 또는 심결 및 특허권의 설정등록이 된 것으로 본다(제136조 제8항).

2) 정정심결 이전의 심결 및 판결의 효력

정정전 명세서 또는 도면에 의해 행해진 심결 또는 판결은 재심의 대상이 될 수 있다. 예컨대 특허권침해에 대한 손해배상판결이 확정된 후 행사대상 청구항이 정정심판에 의해 삭제된 경우에는 손해배상판결은 재심사유에 해당한다. 이 경우 특허권자에게 고의 또는 과실이 있는 경우 손해배상책임을 부담해야 할 것이나 특허권자가 무과실배상책임을 지는 것은 아니다.

정정심결의 소급효는 침해판단에 있어서도 적용될 수 있을 지가 문제이다. 예컨대 정정 후의 특허청구범위를 기준으로 정정 전에 행한 행위에 대해 침해죄를 물을 수 있을 것인지 여부이다. 이에 대해서는 부정하는 것이 "모든 국민은 행위시의 법률에 의하여 범죄를 구성하지 아니하는 행위로 소추되지 아니한다"는 헌법 제13조 제1항과 "범죄의 성립과 처벌은 행위시의 법률에 의한다"는 형법 제1조 제1항의 입법 취지 및 특허발명의 특허청구범위는 특허권자가 독점하여 실시할 수 있는 영역과 제3자가 침해해서는 아니 되는 영역을 객관적으로 확정하여 대외적으로 공시하는 규범적 효력이 있는 점에 비추어 타당할 것이다. 따라서 피고인의 행위가 특허권 침해죄에 해당하는지 여부를 판단함에 있어 정정 후의 특허청구범위를 침해대상 특허발명으로 삼는 것이 피고인에게 불리한 결과를 가져오는 경우까지도 정정의 소급적 효력이 당연히 미친다고 할 수는 없다.[56]

---

56) 대법원 2005.10.14. 선고 2005도1262 판결.

6. 정정무효심판(제137조)

(1) 의의 및 취지

정정무효심판이란 특허무효심판에서의 정정청구 또는 정정심판에 의한 특허발명의 명세서 또는 도면에 대한 정정이 부적법한 경우 이해관계인 또는 심사관의 청구에 의한 심판절차에 의해 그 정정을 무효로 하는 것을 말한다(제137조). 특허권의 권리범위가 부적법하게 사후적으로 확장되거나 특허될 수 없는 것이 유효한 특허로 됨으로써 일반공중이 입게 될 불측의 손해를 방지하는데 그 취지가 있다.

(2) 정정무효사유

적법한 정정의 범위를 벗어나는 경우가 정정무효사유에 해당한다. 즉 명세서 또는 도면의 정정이 ㉠ 특허청구범위를 감축하는 경우, 잘못 기재된 것을 정정하는 경우, 분명하지 아니하게 기재된 것을 명확하게 하는 범위를 벗어난 때, ㉡ 특허청구범위를 실질적으로 확장하거나 변경하는 경우, ㉢ 특허청구범위를 감축하는 경우와 잘못된 기재를 정정하는 경우에 정정후의 특허청구범위에 기재된 사항이 특허출원을 한 때에 특허를 받을 수 없는 경우 정정무효사유에 해당한다.

(3) 요건 및 절차

1) 청구인 및 피청구인

정정무효심판은 이해관계인 또는 심사관 청구할 수 있으며 피청구인은 특허권자이다. 공유인 특허권에 대해 정정무효심판을 청구하는 경우에는 공유자 전원을 피청구인으로 하여 청구하여야 한다(제139조 제2항).

2) 청구내상 및 기간

정정무효심판의 청구대상은 특허무효심판절차에서의 특허의 정정(제133조의2)과 정정심판에서의 정정(제136조)이다. 정정무효심판은 정정심결이 확정된 후라면 특허권의 존속기간 중은 물론 특허권이 소멸된 후에도 청구할 수 있다(제137조 제2항 준용 제133조 제2항).

3) 부본송달 및 답변서의 제출

정정무효심판 청구인은 소정의 심판청구서를 특허심판원장에게 제출하여야 한다(제140조 제1항). 심판장은 심판의 청구가 있는 때에는 청구서의 부본을 피청구인에게 송달하고 기간을 정하여 답변서를 제출할 수 있는 기회를 주어야 하며(제147조 제1항) 그 취지를 당해 특허권의 전용실시권자 기타 특허에 관하여 등록을 한 권리를 가지는 자에게 통지하여야 한다(제134조 제2항 준용 제133조 제4항).

4) 특허의 정정청구

정정무효심판 절차에서도 피청구인은 ㉠ 심판장이 정한 심판청구서에 대한 답변서 제출기간(제147조 제1항), ㉡ 직권심리사유에 대하여 부여된 의견진술기간(제159조 제1항)에 명세서 또는 도면의 정정을 청구할 수 있다(제137조 제3항). 이에 대해서는 무효심판절차에서의 정정에 관한 일반규정이 준용된다(제137조 제4항).

(4) 심리 및 심결

심판관은 심판청구의 이유가 타당하지 않은 경우에는 기각심결을, 타당한 경우에는 인용심결을 하여야 한다. 심판의 당사자, 참가인 또는 당해 심판에 참가신청을 하였으나 그 신청이 거부된 자는 심결에 대하여 불복이 있는 경우 심결의 등본을 송달받은 날부터 30일 이내에 특허법원에 소를 제기할 수 있다(제186 제1항, 제2항, 제3항).

(5) 심결의 효과

정정을 무효로 한다는 심결이 확정된 때에는 명세서 또는 도면의 정정은 처음부터 없었던 것으로 본다(제137조 제2항 준용 제133조 제3항). 기각심결이 확정된 경우에는 정정은 유지되고, 누구든지 동일사실 및 동일증거에 의해 동일한 무효심판을 청구할 수 없다(제163조).

7. 통상실시권 허여심판(제138조)

(1) 의의 및 취지

'통상실시권 허여심판'이란 자기의 특허발명이 타인의 선출원인 특허발명·실용신안등록·등록디자인과 이용관계에 있거나 또는 디자인권, 상표권과 저촉관계에 있을 때 자기의 특허발명을 실시하기 위하여 청구하는 심판을 말한다(제138조 제1항).

선·후출원 권리간에 이용·저촉관계[57]가 있을 경우 후출원 권리자가 선출원 권리자의 동의 없이 자기의 특허발명을 실시하면 권리의 침해가 성립되므로 원칙적으로 후출원 권리자는 선출원 권리자의 동의를 얻지 못하면 자신의 특허발명을 실시할 수 없다(제98조). 반대로 선출원 권리자 또한 후출원 권리를 실시하고자 하는 경우가 있게 되는데 이 경우에도 후출원 권리자의 동의가 없는 경우에는 실시할 수 없다. 이 경우 이용·저촉발명을 실시할 수 있는 방안으로 통상실시권허여심판제도를 둔 것이다. 통상실시권허여심판은 선원우위의 원칙을 따르면서도 개량발명의 원활한 실시를 도모함으로써 선후원 권리자간의 형평을 도모하고 산업발전에 기여케 하기 위해 마련된 제도이다.

(2) 요 건

1) 청구인 및 피청구인

일반적으로 이용·저촉관계에 있는 후특허권자·전용실시권자 또는 통상실시권자가 통상실시권허여심판의 청구인이 되고, 선출원특허권자, 전용실시권자, 실용신안권자 또는 디자인권자가 심판피청구인이 된다. 그러나 심판에 의하여 통상실시권을 허여한 선특허권자 등도 후권리를 실시하고자 하는 경우 통상실시권허여심판을 청구할 수 있는데[58] 이 경우에는 선권리자 측이 심판청구인이 되고 후권리자 측이 피청구인이 된다.

2) 이용·저촉 관계가 있을 것

특허발명이 그 특허발명의 특허출원일전에 출원된 타인의 특허발명·등록실용신안 또는 등록디자인이나 이와 유사한 디자인을 이용하거나 타인의 디자인권과 저촉관계에 있어야 한다(제138조 제1항). 상표권과 저촉하는 경우에는 통상실시권

57) "이용관계"란 후출원발명이 선출원발명의 모든 구성요소를 포함하고 있음으로 해서 후출원발명을 실시하는 경우 선출원발명의 전부를 실시하게 되는 경우를 말함이 일반적이며, "저촉관계"란 어느 한 쪽의 권리를 실시할 경우에 다른 한 쪽의 권리를 그대로 실시하는 것과 같게 되는 소위 권리간의 충돌관계가 성립되는 경우를 말한다. 특허권 상호간 또는 특허권과 실용신안권간에는 저촉관계는 발생할 수 없고 이용관계만이 존재한다. 만일 저촉되는 두 권리가 병존하는 경우 하나는 무효사유에 해당한다. 그런데 특허권과 디자인권 또는 상표권은 보호의 객체가 상이하므로 병존하는 두 개의 권리간에 상호 저촉관계가 발생할 수 있다.

58) 이와 같은 실시권을 소위 교차실시권(Cross Licence)이라고 한다. 선후원 권리자간의 공평을 꾀하기 위함이다.

허여심판을 청구할 수는 없는 것으로 해석된다. 상표법에는 상표의 강제적인 사용을 위한 통상사용권허여심판제도가 존재하지 않고 통상실시권의 대가에 대한 특허법 제138조 제4항에서 "통상실시권자는 특허권자·실용신안권자·디자인권자 또는 그 전용실시권자에 대하여 대가를 지급하여야 한다."고 규정하고 있어 상표권자가 제외되어 있기 때문이다. 따라서 상표권과 저촉되는 경우에는 상표권자의 허락을 얻어야 할 것이나 특허발명의 실시가 상표법상 사용에 해당하는 경우가 아니라면 상표권의 침해에 해당하지 않기 때문에 자유롭게 실시 할 수 있다고 볼 것이다.

3) 정당한 이유없이 허락하지 아니하거나 허락을 받을 수 없을 것

그 타인이 정당한 이유없이 허락하지 아니하거나 그 타인의 허락을 받을 수 없어야 한다(제138조 제1항). 이에는 특별한 이유 없이 협의에 불응하는 경우뿐만 아니라 지나치게 많은 실시료를 요구함으로써 협의가 결렬되는 경우 등도 포함된다. 협의를 위한 노력없이 바로 심판을 청구하는 경우에는 부적법한 심판청구로서 심결각하될 수 있다(제142조).

4) 선출원된 타인의 특허발명 또는 등록실용신안에 비하여 상당한 경제적 가치가 있는 중요한 기술적 진보를 가져오는 것일 것

심판의 남용을 방지하고 선권리자를 보호하기 위해 타인의 선출원 특허발명에 비하여 상당한 경제적 가치가 있는 중요한 기술적 진보가 있는 경우에 한해 통상실시권허여심판청구를 허용하고 있다.

5) 청구기간

통상실시권허여심판은 타인의 권리를 실시하기 위한 것이므로 선출원된 권리가 존속하고 있는 경우에만 청구할 수 있다. 타인의 선출원된 권리가 소멸하면 자유롭게 실시할 수 있기 때문이다.

(3) 절 차

1) 청구서제출

통상실시권허여심판을 청구하고자 하는 자는 소정의 심판청구서를 특허심판원장에게 제출하여야 한다(제140조 제1항). 통상실시권 허여심판의 심판청구서에는 일반적인 기재사항 외에 다음 사항을 기재하여야 한다(제140조 제4항).

㉠ 실시를 요하는 자기의 특허의 번호 및 명칭

㉡ 실시되어야 할 타인의 특허발명·등록실용신안이나 등록디자인의 번호·명칭 및 특허나 등록의 연월일

㉢ 특허발명·등록실용신안 또는 등록디자인의 통상실시권의 범위·기간 및 대가

2) 부본송달 및 답변서의 제출

심판장은 심판의 청구가 있는 때에는 청구서의 부본을 피청구인에게 송달하고 기간을 정하여 답변서를 제출할 수 있는 기회를 주어야 한다(제147조 제1항).

(4) 심리 및 심결

심판관은 그 특허발명이 타인의 선출원된 권리와 이용·저촉관계에 있는지의 여부 및 선출원된 타인의 특허발명 또는 등록실용신안에 비하여 상당한 경제적 가치가 있는 중요한 기술적 진보를 가져오는 것인지의 여부를 심리하여야 한다. 아울러 통상실시권의 범위·기간 및 그에 따른 대가에 대하여도 심리하여야 한다.

심판청구의 이유가 타당하지 않은 경우에는 기각심결을, 타당한 경우에는 심결의 주문에 통상실시권의 범위, 기간 및 대가를 명시하여 인용심결을 하여야 한다. 심판의 당사자, 참가인 또는 당해 심판에 참가신청을 하였으나 그 신청이 거부된 자는 심결에 대하여 불복이 있는 경우 심결의 등본을 송달받은 날부터 30일 이내에 특허법원에 소를 제기할 수 있다(제186조 제1항, 제2항, 제3항).

(5) 심결의 효과

1) 통상실시권의 발생

통상실시권허여심결이 확정되면 심결의 내용대로 통상실시권이 발생한다. 통상실시권을 허여받은 자는 심결에 의해 정해진 범위 내에서 이용·저촉관계에 해당하는 자신의 특허발명을 업으로서 실시할 수 있다. 통상실시권허여심결에 의한 실시권은 그 통상실시권자의 당해 권리와 함께 이전되고 당해 권리가 소멸된 때에는 함께 소멸되며(제102조 제4항), 이 실시권에는 질권을 설정할 수 없다(제102조 제6항).

2) 대가의 지급

통상실시권자는 특허권자·실용신안권자·디자인권자 또는 그 전용실시권자에 대하여 대가를 지급하여야 한다. 다만, 자기가 책임질 수 없는 사유에 의하여 지급할 수 없는 때에는 그 대가를 공탁하여야 한다(제138조 제4항). 대가를 지급하지 아니하거나 공탁을 하지 아니하면 그 특허발명·등록실용신안 또는 등록디자인이나 이와 유사한 디자인을 실시할 수 없으므로(제138조 제5항) 대가의 지급이나 공탁없이 한 실시는 특허권 침해를 구성한다고 보아야 할 것이다.

제2절 심결취소소송

I. 서 설

1. 의 의

특허법이나 민사소송법 등 법률상의 용어는 아니나 특허소송이라는 용어가 자주 사용된다. 특허소송은 광의로는 특허권, 실용신안권, 디자인권, 상표권과 같은 소위 산업재산권에 관한 소송전부를 포함하는 것으로 사용된다. 즉, ㉠ 특허법원의 관할로 되어 있는 소송(특허법 제186조 제1항, 실용신안법 제56조, 디자인보호법 제75조 및 상표법 제86조 제2항 등이 규정하는 소위 심결취소소송을 말한다), ㉡ 특허권 침해와 관련된 민·형사소송,[59] ㉢ 특허청이 한 행정상의 처분에 대한 행정소송 등이 모두 포함된다.

한편 협의로는 그 중에서도 특허심결취소소송만을 지칭하는 것으로 사용되는데 특허법상 특허소송이라함은 일반적으로 협의의 의미로 사용된다. 특허법에 규정된 심결취소소송에 관한 규정은 실용신안법, 디자인보호법 및 상표법에서도 대체로 준용된다.

59) 특허법 제126조의 금지청구소송, 민법 제750조와 특허법 제128조의 손해배상청구소송과 같은 민사소송과 특허법 제12장 벌칙에서 규정하는 죄를 범한 자를 처벌하기 위한 형사소송을 포함한다.

2. 법적 성질

심결취소소송은 기본적으로 행정소송의 일종으로 보는 것이 통설·판례의 입장이다. 심결취소소송 중 특허청장을 피고로 하는 결정계 사건은 행정소송법 제3조 제1호 소정의 항고소송이라는데에 다툼이 없으나, 특허권자 또는 이해관계인을 상대로 하는 당사자계 사건에 대해서는 결정계 사건과 마찬가지로 항고소송이라고 보는 견해와 당사자 소송에 속한다고 보는 견해로 나뉘는데, 다수설은 항고소송의 실질을 가지는 형식적 당사자소송이라고 한다.

당사자계 사건은 소송의 외양을 보면 양당사자가 서로 대립하는 민사소송의 구조와 다를 바 없으나 당사자의 대립구조는 편의상의 것에 불과하고 그 실질을 보면 특허청장의 위법성을 다투는 것이어서 민사소송과 다른 특수성을 인정할 필요가 있으므로 이를 항고소송으로 보아도 무방하다.[60] 판례[61] 또한 당사자계 사건이라 하더라도 심판은 특허심판원에서의 행정절차이고 심결은 행정처분이며, 그에 대한 불복의 소송인 심결취소소송은 항고소송에 해당한다고 하고 있다.

3. 특허소송과 특허심판과의 관계

(1) 특허법원

1) 특허법원의 설치 및 관할

종전의 특허심판제도는 특허청 내의 심판소에서 1심에 해당하는 심판을 다루고, 항고심판소에서 2심에 해당하는 항고심판을 다루며, 최종 3심으로서의 상고심을 대법원이 다루었었다. 하지만 이러한 제도는 국민의 법관에 의한 재판을 받을 수 있는 헌법상 권리를 박탈하는 것이라는 위헌문제가 제기되었고, 이에 법원조식법을 개정(1994.7.27, 법률 제4765호, 1998.3.1. 시행)하여 특허법원을 설치함과 동시에 특허법을 개정(1995.1.5. 법률 제4892호, 1998.3.1. 시행)하여 특허사건의 특수성을 감안하면서도 위헌의 소지를 없앨 수 있도록 제도를 개선하였다.

개정전 구법에서는 당사자계 심판은 특허청 심판소 → 항고심판소 → 대법원의 순으로 그리고 결정계심판은 특허청 항고심판소 → 대법원의 순으로 절차가 진행

60) 특허법원 지적재산소송실무연구회, 「지적재산소송실무」, 박영사, 2006, 4면; 임병웅, 앞의 책, 958면; 조영선, 앞의 책, 517면.

61) 대법원 2002.6.25. 선고 2000후1306 판결.

되었으나, 현행법 하에서는 당사자계, 결정계 사건의 구별없이 특허심판원 → 특허법원 → 대법원의 순으로 진행되어 사실관계 및 법률관계를 법원에서 충분히 심리할 수 있게 되었다.

특허심판원의 심결에 대한 소 및 심판청구서나 재심청구서의 각하결정에 대한 소는 특허법원의 전속관할이다(제186조 제1항).

2) 특허법원의 구성과 권한

특허법원은 고등법원급으로 설치·운영된다(법원조직법 제28조의2). 특허법원은 이미 행하여진 심결의 취소소송을 담당하는 기관이므로 취소소송이 제기된 경우 그 청구가 이유있다고 인정되는 경우에는 판결로써 당해 심결 또는 결정을 취소하여야 하고(제189조) 특허청으로 하여금 일정한 행위를 하도록 이행판결을 할 수는 없다.

3) 기술심리관

특허법원 설립당시 논란이 되었던 독일식 기술법관제도는[62] 도입되지 않았고 대신 특허소송의 특수성을 감안하여 기술심리관제도를 도입하였다.

특허법원에는 기술심리관을 둔다. 법원은 필요하다고 인정하는 경우 결정으로 기술심리관을 특허법, 실용신안법 및 디자인보호법 규정에 의한 소송의 심리에 참여하게 할 수 있다. 이 경우 기술심리관은 재판장의 허가를 얻어 기술적인 사항에 관하여 소송관계인에게 질문을 할 수 있고, 재판의 합의에서 의견을 진술할 수 있다.

기술심리관은 특허소송의 심리 및 합의에 관여하므로 업무의 공정성을 유지하기 위해 심판관이나 법관에 준하여 제척, 기피 및 회피 제도가 마련되어 있다. 기술심리관에 대한 제척·기피의 재판은 그 소속법원이 결정으로 하고, 기술심리관은 제척 또는 기피의 사유가 있다고 인정할 경우에는 특허법원장의 허가를 얻어 회피할 수 있다(제188조의2).

---

62) 독일은 연방특허법원을 설립, 운영하고 있고 (1심, 특허청) → (2심, 연방특허법원) → (3심, 연방대법원(BGH))의 구조를 가진다. 연방특허법원에는 법률전문가인 일반법관 이외에 기술전문가인 기술판사제도를 도입하였다. 법률판사는 독일법관법에 의한 법관의 자격이 있는 자여야 하고 기술판사는 기술부분에 전문지식이 있는 자로 국가기술시험 등에 합격한 자여야 하는데 통상 7년 이상 특허청 근무경력을 가진 자 중에서 연방대통령이 임명한다.

(2) 심결전치주의

심판을 청구할 수 있는 사항에 관한 소는 심결에 대한 것이 아니면 이를 제기할 수 없다(제186조 제3항). 따라서 심판을 청구할 수 있는 사항에 대해서는 반드시 심판절차를 거쳐야만 하고 바로 법원에 소를 제기할 수 없으며 심결에 대한 취소소송을 제기할 수 있을 뿐이다. 이는 특허심판원에서의 심판이 고도의 전문적 기술지식을 가진 특허전문가에 의하여 준사법적 절차에 따라 이루어지기 때문에 사실상 1심으로서의 역할을 부여하는 것이다. 예컨대 특허무효를 구하는 자는 특허심판원에 특허무효심판을 청구해야하고 법원에 특허무효소송을 제기할 수는 없다. 또한 거절결정에 대하여 불복하는 경우에는 특허심판원에 거절결정에 대한 심판을 청구한 후 그 심결에 대하여 특허법원에 그 취소를 구하는 소를 제기할 수 있을 뿐, 특허법원에 직접 출원발명의 특허를 구하는 소를 제기할 수 없다. 그와 같은 소는 부적법하여 각하된다.[63]

(3) 기록의 송부 및 절차의 중지

특허심판원은 특허법원의 하급심법원이 아니므로 심결취소소송이 제기되었다고 하여 특허심판원의 심판기록이 특허법원에 당연히 송부되는 것은 아니다. 따라서 당사자는 특허심판단계에서 제출한 것과 동일한 자료라고 하더라도 특허법원에 다시 제출하여야 한다. 다만 특허법원은 필요한 경우 심판서류의 송부를 촉탁하거나 당사자에게 그 등본을 제출하게 할 수 있을 것이다.

각종 심판절차와 소송절차는 상호 연관되는 경우가 많으므로 이들 절차의 합리적이고 원활한 진행을 위해서는 상호 조정을 할 필요가 있다. 예컨대 특허침해소송과 특허무효심판, 정정심판, 권리범위확인심판 등은 밀접한 관련을 가지는데 계속 중인 다른 절차를 무시하고 별개로 진행되는 경우 판결이나 심결의 모순·저촉이 발생하고 때에 따라서는 재심사유가 되기도 한다. 이에 특허법은 조정규정을 마련하고 있다.

심판에 있어서 필요한 때에는 그 심판사건과 관련되는 다른 심판의 심결이 확정되거나 소송절차가 완결될 때까지 그 절차를 중지할 수 있다(제164조 제1항). 한편 소송절차에 있어서 필요하다고 인정된 때에는 법원은 특허에 관한 심결이 확

63) 특허법원 2000.11.3. 선고 2000허2620 판결.

정될 때까지 그 소송절차를 중지할 수 있다(제164조 제2항). 심판이나 소송의 중지는 재량사항이므로 이에 대해서는 불복할 수 없다.

한편 2001년 개정법[64]은 법원과 특허청간의 원활한 정보교환을 위한 규정을 신설하였다. 그에 따르면, 법원은 특허권 또는 전용실시권의 침해에 관한 소가 제기된 경우에는 그 취지를 특허심판원장에게 통보하여야 하고, 그 소송절차가 종료된 때에도 또한 그 취지를 통보하여야 한다(제164조 제3항). 또한 특허심판원장은 특허권 또는 전용실시권의 침해에 관한 소에 대응하여 그 특허권에 관한 무효심판 등이 청구된 경우에는 그 취지를 해당 법원에 통보하여야 하고, 그 심판청구서의 각하결정·심결 또는 청구의 취하가 있는 때에도 그 취지를 통보하여야 한다(제164조 제4항).

Ⅱ. 특허소송일반

1. 심결취소소송의 종류

심결취소소송역시 그 대상이 되는 불복심판의 종류에 상응하여 특허거절결정불복소송, 정정소송과 같은 결정계 소송과, 특허무효소송, 특허권존속기간연장등록무효소송, 권리범위확인소송, 정정무효소송과 같은 당사자계 소송으로 분류할 수 있다.

2. 심결취소소송의 소송물

통설 및 판례는 항고소송의 소송물은 행정처분의 위법성 일반(행정처분의 주체, 내용, 절차, 형식의 모든 면에서 위법)이라고 하고 있다. 즉 항고소송은 하나의 행정처분을 전체로 하여 그 위법성을 다루는 불복소송이고 그 소송물은 심결의 실체적·절차적 위법 여부이므로, 당사자는 심결에서 판단되지 아니한 것이라도 심결취소소송 단계에서 주장·입증할 수 있다고 한다.[65]

---

64) 법률 제6411호, 2001.2.3, 일부개정.

65) 대법원 2002.6.25. 선고 2000후1306 판결, 대법원 2003.8.19. 선고 2001후1655 판결, 대법원 2004.7.22. 선고 2004후356 등.

3. 심결취소소송의 소의 이익

소의 이익은 당사자가 소송을 이용할 정당한 이익 또는 필요성을 말하는 것으로서 중요한 소송요건이다. 심결취소소송 역시 소의 이익이 있어야 하고, 소의 이익이 없다면 그 소송은 부적법한 것으로서 소각하 판결을 받을 것임은 다른 행정소송과 마찬가지이다. 다만 심결취소소송은 그 취소를 구하는 대상이 일반적인 행정처분이 아니라 심결이라고 하는 준사법적 판단이라는 점에서 그 소의 이익이 일반 행정소송의 경우와 다른 면이 있다. 왜냐하면 심결취소소송이 실질적으로는 특허심판원의 심결에 대한 항소심의 역할을 한다고도 볼 수 있기 때문에 심결취소송에서의 소의 이익은 결국 민사소송법 상의 소의 이익보다는 항소의 이익이라는 측면이 강하다.

일반적으로 심결취소소송에 있어서는 심결의 효력이 존속되고 있는 한 그 취소를 구할 소의 이익이 있다고 할 것이나, 예외적으로 심결의 효력이 존속하고 있기는 하나 다른 사정에 의해 심결자체가 무의미하게 되거나 또는 심결을 취소하지 않고 내버려 두더라도 더는 법률상 불이익이 없게 된 경우, 심결을 취소하더라도 더는 유리한 심결을 받을 가능성이 없게 된 경우 등에는 심결취소소송으로 심결의 취소를 구할 법률상의 이익이 없다고 하여야 한다. 예컨대 거절결정불복심판의 심결취소소송 중에 특허출원이 취하되거나 포기되는 경우에는 소의 이익은 없다고 할 것이다.[66]

특허법 제136조 제6항은 정정심판은 특허권이 소멸된 후에도 청구할 수 있으나, 심결에 의해 특허가 무효로 된 후에는 청구할 수 없다고 규정하고 있다. 따라서 정정심판 또는 정정무효심판의 심결에 대한 취소소송의 계속 중에 존속기간의 경과, 특허료 불납 등으로 특허권이 소급효없이 소멸한 경우에는 소의 이익이 없어진다고 할 수 없으나, 당해 특허권이 소급적으로 소멸한 경우에는 소의 이익이 없다.[67] 권리범위확인심판에 대해서는 명시적인 규정이 없어 권리가 소급효없이 소멸한 경우 소의 이익이 있는지에 대해 견해가 갈릴 수 있으나, 판례는 일관되게 권리범위확인심판의 청구는 현존하는 특허권의 범위를 확정하려는 데에 그 목적이 있으므로, 일단 적법하게 발생한 특허권이라 할지라도 그 권리가 소멸된

66) 특허법원 지적재산소송실무연구회, 「지적재산소송실무」, 박영사, 2006, 9~10면.
67) 특허법원 2003.8.29. 선고 2002허4989 판결.

이후에는 소급효에 무관하게 그에 대한 권리범위확인을 구할 이익은 없어진다고 하여 소의 이익을 부정하고 있다.68)

4. 특허소송의 당사자적격

(1) 원고적격

1) 원고적격의 제한

특허소송에서 원고적격을 가지는 자는 심판사건의 당사자, 참가인 또는 당해 심판이나 재심에 참가신청을 하였으나 그 신청이 거부된 자로 제한된다(제186조 제2항). 일반적으로 행정소송에서는 처분 등의 취소를 구할 법률상의 이익이 있는 자가 원고적격을 가지므로 행정처분의 직접 상대방 이외의 제3자라도 당해 행정처분에 의하여 법률상의 이익이 침해되는 때에는 그 처분의 취소를 청구할 수 있다. 그러나 특허소송에서는 심결에 의하여 자기의 법률상 이익이 침해되는 자라도 그 모두에게 원고적격이 인정되는 것이 아니고 앞서 살핀 바와 같이 원고적격이 제한된다. 특허권은 대세효가 있기 때문에 이해관계가 있는 제3자의 범위가 너무 넓어서 이들 모두에게 원고적격을 인정하면 소송이 지연될 우려가 있기 때문이다.

2) 공유자의 원고적격(공유자 중 1인의 소제기)

공유인 특허권의 특허권자에 대하여 심판을 청구하는 때에는 공유자 전원을 피청구인으로 하여 청구하여야 하고, 특허권 또는 특허를 받을 수 있는 권리의 공유자가 그 공유인 권리에 관하여 심판을 청구하는 때에는 공유자 전원이 공동으로 청구하여야 한다(제139조 제2항, 제3항). 그런데 공유자에 대한 또는 공유자가 제기한 심판청구결과에 대한 취소소송의 제기에 대해서는 특허법의 명시적인 규정이 없어 문제가 된다. 즉 특허권의 공유자가 패소한 경우 그 심결취소소송 또한 심판청구와 같이 공유자 전원이 공동으로 제기하여야 하는지의 문제이다.

이에 대해 기존의 판례 중에 "상표권 공유자가 그 상표권의 효력에 관한 심판에서 패소한 경우에 제기할 심결취소소송은 그 소송의 목적이 공유자 전원에게

68) 대법원 2002.2.22. 선고 2001후2474 판결, 대법원 2002.4.23. 선고 2000후2439 판결, 대법원 2006.2.9. 선고 2003후2690 판결 등.

합일적으로 확정될 필요가 있는 고유필수적 공동소송으로 공유자 전원이 공동으로 제기하여야만 한다."고 한 것도 있으나,[69] 최근 대법원은 패소판결에 대한 심결취소소송은 보존행위로서 공유자 중 1인이 단독으로도 제기할 수 있다고 판결하였다.[70] 그에 따르면, "상표법 제77조는 상표권이 공유자 전원에게 합일적으로 확정되어야 할 필요에서 심판절차에 관하여 고유필수적 공동심판을 규정한 특허법 제139조를 준용하고 있으나, 그 심결취소소송절차에 대하여는 아무런 규정을 두고 있지 아니하다. 그러나 심결취소소송절차에 있어서도 공유자들 사이에 합일확정의 요청은 필요하다고 할 것인데, 이러한 합일확정의 요청은 상표권의 공유자의 1인이 단독으로 심결취소소송을 제기한 경우라도 그 소송에서 승소할 경우에는 그 취소판결의 효력은 행정소송법 제29조 제1항[71]에 의해 다른 공유자에게도 미쳐 특허심판원에서 공유자 전원과의 관계에서 심판절차가 재개됨으로써 충족되고, 그 소송에서 패소하더라도 이미 심판절차에서 패소한 다른 공유자의 권리에 영향을 미치지 아니하므로, 어느 경우에도 합일확정의 요청에 반한다거나 다른 공유자의 권리를 해하지 아니하는 반면, 오히려 그 심결취소소송을 공유자 전원이 제기하여야만 한다면 합일확정의 요청은 이룰지언정, 상표권의 공유자의 1인이라도 소재불명이나 파산 등으로 소의 제기에 협력할 수 없거나 또는 이해관계가 달라 의도적으로 협력하지 않는 경우에는 나머지 공유자들은 출소기간의 만료와 동시에 그 권리행사에 장애를 받거나 그 권리가 소멸되어 버려 그 의사에 기하지 않고 재산권이 침해되는 부당한 결과에 이르게 된다. 따라서 상표권의 공유자가 그 상표권의 효력에 관한 심판에서 패소한 경우에 제기할 심결취소소송은 공유자 전원이 공동으로 제기하여야만 하는 고유필수적 공동소송이라고 할 수 없고, 공유자의 1인이라도 당해 상표등록을 무효로 하거나 권리행사를 제한·방해하는 심결이 있는 때에는 그 권리의 소멸을 방지하거나 그 권리행사방해배제를 위하여 단독으로 그 심결의 취소를 구할 수 있다 할 것이고, 위와 같이 공유자 1인에 의한 심결취소소송의 제기를 인정하더라도 위에서 본 바와 같이 다른 공유자의 이익을 해한다거나 합일확정의 요청에 반하는 사태가 생긴다고 할 수 없다.

---

69) 특허법원 2002.3.14. 선고 2001허5237 판결.

70) 대법원 2004.12.9. 선고 2002후567 판결.

71) 행정소송법 제29조 (취소판결등의 효력)
① 처분등을 취소하는 확정판결은 제3자에 대하여도 효력이 있다.

그렇다면 피고가 제기한 이 사건 등록상표에 관한 권리범위확인심판에서 패소한 원고들로서는 이 사건 등록상표권의 권리행사를 방해하는 위 심결의 확정을 배제하기 위하여 보존행위로서 이 사건 심결취소소송을 제기할 수 있다"고 한다.

(2) 피고적격

1) 피고적격자

거절결정불복심판과 같은 이른바 결정계 심판의 심결에 대한 취소소송 및 심판청구서나 재심청구서의 각하결정에 대한 취소소송의 피고는 특허청장이다(제187조 본문). 특허무효심판, 특허권존속기간연장등록무효심판, 권리범위확인심판, 정정무효심판, 통상실시권허여심판의 심결 또는 그 재심의 심결에 대한 취소소송의 피고는 심판 또는 재심의 청구인 또는 피청구인이다(제187조 단서).

2) 공유자의 피고적격

특허권자를 피고로 하는 특허소송은 공유자 전원을 피고로 하여야 하는 고유필수적 공동소송이라는 점에 이론이 없다. 판례 또한 "공유인 특허권 등에 관한 심결에 관하여 특허권자 등을 상대로 심결취소소송을 제기할 때에는 공유자 전원을 피고로 하여야 한다"고 한다.[72] 그렇게 하더라도 공유자가 원고로 되는 경우와 달리 특별히 부당한 결과가 발생하는 것이 아니기 때문이다. 만일 원고가 공유자 중 일부를 피고에서 누락한 경우 민사소송법 제68조(필수적 공동소송인의 추가)에 의하여 제1심 변론종결시까지 피고를 추가할 수 있다.[73]

(3) 소송참가

특허법에 명문의 규정은 없으나, 심결취소소송은 기본적으로 행정소송적인 성질을 가지므로 소송의 결과에 따라 권리 또는 이익의 침해를 받을 제3자는 소송에 참가할 수 있다(행정소송법 제16조). 예컨대 전용실시권자는 특허무효심결의 취소소송에서 원고 측에 공동소송적 보조참가를 할 수 있을 것이다. 이 때 참가인은 피참가인과 독립하여 공격방어방법을 제출할 수 있고 피참가인이 자기에게 불이익한 소송행위를 하는 것을 저지할 수 있다. 보조참가도 허용된다고 보고, 원고적

---

72) 특허법원 2005.4.22. 선고 2004허4693 판결.

73) 특허법원 지적재산소송실무연구회, 「지적재산소송실무」, 박영사, 2006, 30면.

격이 인정되고 제소기간 내라면 공동소송참가도 허용된다.

Ⅲ. 소송의 제기

1. 소장의 제출 및 심사

특허소송은 당사자가 특허법원에 소장을 제출함으로써 개시된다. 특허심판원의 심결 등에 불복이 있는 자는 심결 또는 결정의 등본을 송달받은 날부터 30일이내에 특허법원에 소장을 제출하여야 한다(제186조 제3항). 이 기간은 불변기간이지만 심판장은 원격 또는 교통이 불편한 지역에 있는 자를 위하여 직권으로 부가기간을 정할 수 있다(제186조 제4항, 제5항).

소장에는 필요적 기재사항을 기재하여야 하고 재판장은 필요적 기재사항의 누락이 있거나 소장에 첨부된 인지가 부족한 경우에는 보정을 명하고 보정기간 내에 그 흠결을 보정하지 않는 경우에는 명령으로 소장을 각하하여야 한다. 민사소송등인지규칙 제17조의2에 따르면, 특허법원의 전속관할에 속하는 소송의 소가는 재산권상의 소로서 그 소가를 산출할 수 없는 것으로 보고 있고, 동법 제18조의2에 따라 소송의 소가는 5,000만 100원으로 된다.

2. 특허심판원장에게 통지

법원은 특허심판원의 심결 등에 대해 특허법원에 소가 제기되거나 대법원에 상고가 있는 때에는 지체없이 그 취지를 특허심판원장에게 통지하여야 하고 아울러 소송절차가 완결된 때에는 지체없이 그 사건에 대한 각 심급의 재판서 정본을 특허심판원장에게 송부하여야 한다(제188조 제1항 제2항).

Ⅵ. 심 리

1. 특허소송의 심리범위

(1) 문제의 제기

일반행정처분의 취소를 구하는 소송의 소송물은 심결의 실체적·절차적 위법성 일반으로 보는 것이 통설·판례이므로 취소소송의 법원은 그 사실심리에 아무런 제한없이 스스로 심리하여 판결할 수 있게 된다. 그러나 특허소송에 있어서의 심판은 일반 행정사건과 달리 기술전문가로 구성된 특허심판원에서 준사법적 절차에 의해 행해지고 사실상 1심으로서의 역할을 하고 있어 심판과 소송과의 관계에 대한 논쟁이 있다. 심결취소소송에서의 심리범위에 관한 이른바 속심논쟁이다.

(2) 학설의 대립

1) 무제한설

통상의 항고소송과 마찬가지로 사실심리의 범위에 제한이 없고 당사자는 심결에 포함되지 않았던 위법사유를 주장·입증할 수 있고 법원도 이를 채용하여 판결의 기초로 할 수 있으며 새로운 증거를 포함한 일체의 증거를 제출할 수 있다는 견해이다.

2) 제 한 설

심결취소소송에 심판전치구조를 취하고 있는 점에 특별한 의미를 두어 법원의 심리판단의 대상을 제한하려는 견해이다.

(3) 판례의 태도

1) 당사자계 사건의 경우

판례는 권리범위확인심결이나 무효심결의 취소소송과 같은 당사자계 사건의 경우에는 무제한설을 취하고 있다.[74)]

대법원 2002.6.25. 선고 2000후1290 판결은 무제한설을 인정한 최초의 대법원 판결인데, "심판은 특허심판원에서의 행정절차이며 심결은 행정처분에 해당하고, 그에 대한 불복의 소송인 심결취소소송은 항고소송에 해당하여 그 소송물은 심결의 실체적, 절차적 위법성 여부라 할 것이므로 당사자는 심결에서 판단되지 않은 처분의 위법사유도 심결취소소송단계에서 주장·입증할 수 있고 심결취소소송의 법원은 특별한 사정이 없는 한 제한 없이 이를 심리·판단하여 판결의 기초로 삼

74) 특허법원 1998.7.3. 선고 98허768 판결, 대법원 2003.10.24. 선고 2002후1102 판결, 특허법원 1999.12.23. 선고 99허871 판결, 대법원 2002.6.25. 선고 2000후1290 판결 등.

을 수 있는 것이며 이와 같이 본다고 하여 심급의 이익을 해한다거나 당사자에게 예측하지 못한 불의의 손해를 입히는 것이 아니다. 따라서 원심이 심판절차에 제출되지 않았던 공지기술에 관한 자료를 증거로 채택하여 심리·판단한 것은 정당하고, 거기에 심급에 관한 이익이나 심결취소소송의 심리범위에 대한 법리오해의 위법이 없다."라고 판시하였다.

무제한설이라고 하더라도 아무런 제한없이 새로운 주장이나 청구를 할 수 있는 것은 아니다. 심판단계에서 주장하지 않았던 주장이나 증거를 제출할 수 있을 뿐이다. 즉 동일한 소송물의 범위 내에서 새로운 공격방어방법만을 추가할 수 있을 뿐 특허무효심판단계에서 주장하지 않았던 새로운 청구항에 대한 등록무효를 주장하는 것은 허용될 수 없다.[75]

2) 결정계 사건의 경우

거절결정불복심판의 심결에 대한 취소소송과 같은 결정계 사건에서는 취소소송절차에서 새로운 주장 및 그 증거를 제출할 수 없다는 제한설을 취하고 있다.[76] 그 이유는 심사나 심판 단계에서는 새로운 거절이유가 통지되는 경우 출원인은 의견서 제출기간 내에 명세서 또는 도면을 보정함으로써 거절이유를 해소할 수 있는 기회를 가지게 되나 심결취소소송단계에서는 보정의 기회가 없으므로 취소소송단계에서 새로운 공지기술을 들면서 이에 의해 거절결정 및 심결이 정당하다고 주장할 수 있다면 출원인에게 보정의 기회를 박탈하는 결과가 되기 때문이다.

따라서 예컨대 거절이유에 기재되지 아니한 새로운 비교대상발명을 들면서 출원발명이 진보성이 없다고 하는 것은 인정될 수 없다.[77] 다만 이미 심판에서 제출된 증거를 보강하는 새로운 증거의 제출은 인정된다고 볼 것이나 그 한계가 명백한 것은 아니다.[78]

---

75) 특허법원 지적재산소송실무연구회, 「지적재산소송실무」, 박영사, 2006, 42면.

76) 특허법원 1999.7.1 선고 98허9871 판결, 특허법원 2006.9.6. 선고 2005허4713 판결, 대법원 2003.10.10. 선고 2001후2757 판결 등.

77) 특허법원 1999.7.1. 선고 98허9871 판결.

78) 특허법원 1999.8.8. 선고 99허55 판결은 "거절결정에 대한 심결취소소송에서는 원칙적으로 거절사정에서 들고 있지 않은 새로운 거절이유를 주장하거나 새로운 공지기술에 관한 증거를 제출하는 것은 허용되지 않지만, 거절결정에 대한 심결취소소송에서 특허출원 당시 해당 기술분야에서 널리 알려진 주지·관용의 기술과 동일하다는 주장 및 그 예시자료의 제출은 새로운 거절이유의 주장 또는 새로운 공지기술에 관한 증거제출이라고 볼 수 없다"고 하여 허용된다고 한다.

2. 주장·입증책임

(1) 서 설

특허심판에서는 당사자 또는 참가인이 신청하지 아니한 이유에 대하여도 이를 심리할 수 있고(제159 제1항) 직권으로 증거조사나 증거보전을 할 수 있으나(제157조 제1항) 특허소송에 대해서는 명문의 규정이 없어 이와 같은 직권주의가 특허소송에서도 적용될 수 있을지가 문제이다. 그런데 특허소송은 행정소송의 일종이므로 특허법에 특칙이 있는 경우를 제외하면 행정소송법이 적용되는데 행정소송법 제26조는 “법원은 필요하다고 인정할 때에는 직권으로 증거조사를 할 수 있고, 당사자가 주장하지 아니한 사실에 대하여도 판단할 수 있다.”고 규정하고 있어 특허소송에서도 심판에서와 마찬가지로 직권주의가 적용된다.

판례는[79] “행정소송법 제26조가 법원은 필요하다고 인정할 때에는 직권으로 증거조사를 할 수 있고, 당사자가 주장하지 아니한 사실에 대하여도 판단할 수 있다라고 규정하고 있지만, 이는 행정소송의 특수성에 연유하는 당사자주의, 변론주의에 대한 일부 예외규정일 뿐 법원이 아무런 제한 없이 당사자가 주장하지 아니한 사실을 판단할 수 있는 것은 아니고, 일건 기록에 현출되어 있는 사항에 관하여서만 직권으로 증거조사를 하고 이를 기초로 하여 판단할 수 있을 따름이고, 그것도 법원이 필요하다고 인정할 때에 한하여 청구의 범위 내에서 증거조사를 하고 판단할 수 있을 뿐이다”고 하고 있고, 특허소송에서도 같은 원칙이 적용된다.

(2) 특허소송에서의 주장책임

행정소송에 있어서 직권주의가 가미되어 있다고 하여도 여전히 변론주의를 기본 구조로 하는 이상 행정처분의 위법을 들어 그 취소를 청구함에 있어서는 직권조사사항을 제외하고는 그 취소를 구하는 자가 위법사유에 해당하는 구체적인 사실을 먼저 주장하여야 한다.[80] 따라서 특허소송에서 심결의 취소를 구하는 자는 그 심결을 취소하여야 하는 위법사유에 해당하는 구체적인 사실을 주장하여야 한다.

---

79) 대법원 1994.10.11. 선고 94누4820 판결.
80) 대법원 2000.3.23. 선고 98두2768 판결.

(3) 특허소송에서의 입증책임

1) 입증책임분배의 일반원칙(법률요건분류설)

판례는 행정소송에 있어서 입증책임에 대해 "민사소송법의 규정이 준용되는 행정소송에 있어서 입증책임은 원칙적으로 민사소송의 일반원칙에 따라 당사자 간에 분배되고 항고소송의 경우에는 그 특성에 따라 당해 처분의 적법을 주장하는 피고에게 그 적법사유에 대한 입증책임이 있다"고 하여 법률요건분류설의 입장을 취하고 있다. 따라서 권리의 존재를 주장하는 자가 권리근거규정의 요건사실을, 그 부존재를 주장하는 자가 권리장애규정과 권리소멸규정의 요건사실을 입증해야 한다.

2) 권리발생사유 및 권리장애사유

발명의 성립성(제29조 제1항 본문, 제2조 제1호), 산업상이용가능성(제29조 제1항 본문), 특허출원이 명세서 기재요건을 충족하고 있다는 사실(제42조 제3항, 제4항), 1발명 1출원이라는 사실(제45조), 출원인이 발명자가 아닐 때에는 그 발명에 대하여 특허를 받을 수 있는 권리를 승계한 사실(제38조 제1항), 특허를 받을 수 있는 권리가 공유인 때에는 공유자 전원이 공동으로 출원한 사실(제44조), 신규성 상실사유(제29조 제1항 각호)가 있는 때에는 그에 대한 예외사유(제30조 제1항 각호)가 존재한다는 사실 등은 권리발생사유에 해당한다.

반면, 특허출원 전 공지된 발명이어서 신규성이 없다는 사실(제29조 제1항), 특허출원 전 그 발명이 속하는 기술분야에서 통상의 지식을 가지는 자가 용이하게 발명할 수 있는 것이어서 진보성이 없다는 사실(제29조 제2항), 동일한 발명에 대해 선출원이 존재한다는 사실(제36조), 당해 발명이 특허출원 후 출원공개 또는 등록공고된 선출원에 첨부된 원명세서 또는 도면에 기재된 발명 또는 고안과 동일한 발명에 해당한다는 사실(제29조 제3항 본문), 당해발명이 공공의 질서 또는 선량한 풍속을 문란하게 하거나 공중의 위생을 해할 염려가 있는 발명에 해당한다는 사실(제32조) 등은 권리장애사유에 해당한다.

3) 거절결정 심결취소소송의 주장·입증책임

거절결정 불복심판에 대한 심결취소소송에서는 거절결정이 부당함을 다투는 출원인이 권리발생사실을, 특허청장이 권리장애사유를 각각 주장·입증하여야 한다.

4) 무효심결취소소송의 주장·입증책임

등록무효심판에 대한 심결취소소송에서는 특허권자 측에서 권리발생사실을, 무효를 주장하는 측에서 특허청에 대신하여 권리장애사유를 각각 주장·입증하여야 한다.

3. 자백과 자백간주

대법원 판례[81]에 따르면, 행정소송인 심결취소소송에서도 원칙적으로 변론주의가 적용되므로 자백 또는 의제자백도 인정되나, 자백의 대상은 사실이고, 이러한 사실에 대한 법적 판단 내지 평가는 자백의 대상이 되지 아니한다. 따라서 발명의 신규성, 진보성, 특허청구범위의 해석과 같이 사실에 대한 평가를 거친 것은 자백의 대상이 되지 않으나 예컨대 특허발명의 진보성 판단에서 선행발명이 어떤 구성요소를 가지고 있는지는 주요사실로서 자백의 대상에 해당한다.[82]

대법원 2006.6.2. 선고 2005후1882 판결

행정소송인 심결취소소송에서도 원칙적으로 변론주의가 적용되므로 주요사실에 대한 당사자의 불리한 진술인 자백이 성립할 수 있지만, 자백의 대상은 사실에 한하는 것이어서, 사실에 대한 법적 판단 내지 평가는 자백의 대상이 되지 않는다.

V. 소송의 종료

1. 당사자에 의한 종료

(1) 소의 취하

특허소송에서도 원고의 소취하는 가능하고, 소취하에 의해 소송은 소급적으로 소멸된다. 소의 취하는 일부에 대해서도 가능하므로 예컨대 수개의 청구항에 대하여 소송이 계속되고 있는 경우에는 일부 청구항에 대한 소취하도 가능하다.

---

81) 대법원 2000.12.22. 선고 2000후1542 판결.
82) 대법원 2006.8.24. 선고 2004후905 판결.

(2) 재판상 화해, 청구의 포기·인낙의 허용여부

판결의 대세효가 있는 특허소송에서는 소송상 화해[83]나 청구의 포기·인낙[84]은 할 수 없다고 보는 것이 일반적이다. 권리범위확인심판에 대한 것은 사실상 침해여부를 확정하는 것이므로 화해 등도 가능하다고 보아야 한다는 견해도 있다.[85]

2. 판결에 의한 종료

(1) 심결 또는 결정의 취소

법원은 특허소송이 제기된 경우 그 청구가 이유가 없는 경우에는 청구기각판결을 하여야 하고 이유있다고 인정되는 경우에는 판결로써 당해 심결 또는 결정을 취소하여야 한다(제189조). 특허청으로 하여금 일정한 행위를 하도록 이행판결을 할 수는 없다. 권한배분의 원칙에 반하기 때문이다.

(2) 확정된 판결의 기속력

1) 의 의

특허소송에서 심결 또는 결정의 취소판결이 확정된 때에는 심판관은 다시 심리를 하여 심결 또는 결정을 하여야 하고, 이때 판결에 있어서 취소의 기본이 된 이유는 그 사건에 대하여 특허심판원을 기속하는 것을 확정판결의 기속력이라고 한다(제189조).

2) 기속력의 범위

기속력은 그 취소의 기본이 된 이유에만 미친다(제189조 제3항). 따라서 위법이라고 판단된 이유와 동일한 이유로 종전의 심결과 동일한 결론의 심결을 할 수는 없으나[86] 예컨대 새로운 거설이유나 무효사유에 의하여 다시 거설심결이나 무효

---

83) 당사자 쌍방이 소송물인 권리관계의 주장을 서로 양보하여 소송을 종료시키기로 하는 합의를 말한다.

84) 청구의 포기는 원고가 자기의 소송상의 청구가 이유없음을 자인하는 법원에 대한 일방적인 의사표시를 말하고, 청구의 인낙은 피고가 원고의 소송상 청구가 이유있음을 자인하는 법원에 대한 일방적인 의사표시를 말한다.

85) 송영식외 6인 공저, 앞의 책, 789면.

86) 대법원 2002.11.26. 선고 2000후2590 판결.

심결을 하는 것은 가능하다.

3. 불 복

특허법원의 판결에 대하여는 대법원에 상고할 수 있다(제186조 제8항). 상고심은 원심의 사실인정을 전제로 재판하는 법률심이므로 상고는 판결에 영향을 미친 헌법·법률·명령 또는 규칙의 위반이 있다는 것을 이유로 하는 경우에 한하여 할 수 있다(민사소송법 제423조).[87]

상고의 제기는 특허법원의 판결이 송달된 날로부터 2주 이내에 원심법원인 특허법원에 상고장을 제출하는 것으로 한다(민사소송법 제425조, 제396조, 제397조).

---

87) 민사소송법 제424조 제1항이 들고 있는 절대적 상고이유는 다음과 같다.

1. 법률에 따라 판결법원을 구성하지 아니한 때
2. 법률에 따라 판결에 관여할 수 없는 판사가 판결에 관여한 때
3. 전속관할에 관한 규정에 어긋난 때
4. 법정대리권·소송대리권 또는 대리인의 소송행위에 대한 특별한 권한의 수여에 흠이 있는 때
5. 변론을 공개하는 규정에 어긋난 때
6. 판결의 이유를 밝히지 아니하거나 이유에 모순이 있는 때

제6장 조 약

제1절 특허에 관한 국제조약

Ⅰ. 파리조약

1. 개 요

교통·통신의 발달로 국가 간의 교류가 활발해짐에 따라 산업재산권에 관한 여러 문제를 국제적으로 해결할 필요가 생겼으나, 국가별로 법제가 상이하여 산업재산권의 효율적 이용 및 보호에 많은 지장을 초래하게 되어 이에 대한 대책수립이 필요하게 되었다. 그리하여 산업재산권에 대하여 국제적으로 통일된 법규를 제정할 움직임이 일어났고, 때마침 국제박람회가 개최된 것이 계기가 되어 최초의 국제 특허회의에서 통일된 법규가 필요하다는 의결이 이루어졌다(1873년 비인 국제회의). 그러나 국가별로 사회적·경제적 기반이 서로 달라 국제적 통일법규의 제정에는 이르지 못하고, 결국 각국 법제의 독자성을 인정하면서, 적당한 범위에서 통일적 보호를 하기 위하여, 국제협약을 체결하고 체약국 상호관계를 강화하기 위하여 동맹을 조직하였다(1883년 파리 국제회의). 이 때 체결된 조약을 '파리조약'이라고 하며,[1] 그 후 1900년 브뤼셀, 1911년 워싱턴, 1925년 헤이그, 1934년 런던, 1958년 리스본 및 1967년 스톡홀름에서 개정(revised)되었다.

2. 협약의 정신

파리조약은 제1조부터 제30조까지로 구성되어 있고, 각 국이 독자적인 특허법 등을 갖는 것을 인정하면서 각국이 기본적으로 지켜야 할 중요한 원칙을 제시하고 있다. 특히, 특허 제도와 관련하여 파리조약은 3가지 기본원칙을 제시하고 있는데, 내·외국인 평등의 원칙, 우선권제도 및 특허독립의 원칙을 들 수 있다.

---

1) 정식명칭은 '산업재산권의 보호를 위한 파리조약(Paris Convention for the Protection of Industrial Property)'이다.

(1) 내·외국인 평등의 원칙

내·외국인 평등의 원칙이란 동맹국의 국민 등에 대해 산업재산권의 보호에 관하여 내국민과 같은 보호를 하는 것을 말한다(파리조약 제2조). 동맹국의 국민은 내국민에게 과하는 조건 및 절차에 따를 것을 조건으로 내국민과 동일한 보호를 받으며 또한 권리의 침해에 대하여 내국민과 동일한 법률상의 구제를 받을 수 있다. 한편 비동맹국의 국민으로서 어느 동맹국의 영역내에 주소 또는 진정하고 실효적인 공업상 또는 상업상의 영업소를 가진 자[2]는 동맹국의 국민과 같이 취급된다(파리조약 제3조). 무국적자의 경우에도 어느 동맹국의 영역내에 주소 또는 진정하고 실효적인 산업상 또는 상업상의 영업소를 가지는 경우에는 동일하게 해석해야 할 것이다.

(2) 우선권제도

우선권이란 어떠한 동맹국에서 최선의 정규출원을 한 자 또는 그 승계인이 일정 기간 내에 다른 동맹국에 동일목적물에 대해 출원하는 경우 출원의 순위 및 특허성을 판단함에 있어서 그 최선출원의 출원일을 기준으로 할 수 있는 출원에 부수되는 권리를 말한다.

어떠한 동맹국에서 정식으로 특허출원을 하거나 실용신안, 의장 또는 상표의 등록출원을 한 자 또는 그 승계인은 타 동맹국에서 출원의 목적상 일정한 기간 중 우선권을 향유한다(파리조약 제4조A(1)).

(3) 특허독립의 원칙

특허독립의 원칙이란 동맹국의 국민이 여러 동맹국에 출원한 특허는 그 권리의 발생, 변경, 소멸 및 효력에 있어서 타국에서 취득한 특허와는 독립적이고 종속되어서는 안된다는 원칙을 말한다(파리조약 제4조의2(1)). 특허독립의 원칙상 동일발명에 대해 특허권을 부여한 나라의 수만큼의 특허권이 성립하게 되고, 동일발명이 1국에서 무효 또는 취소되더라도 타국의 특허권에는 아무런 영향을 미치지 않는다.

---

2) 소위 준동맹국민이라 한다.

Ⅱ. 특허협력조약(PCT)

동일한 발명에 대해 여러 나라에서 보호받기를 원하는 경우 출원인은 파리조약에 의한 우선권제도를 이용함으로써 출원 시간의 차이에 따른 불이익을 해소할 수 있게 되었지만 특허독립의 원칙상 각각의 나라에 개별적인 별도의 출원을 하여야 한다는 문제는 여전히 남는다. 특허협력조약(PCT)은 이와 같은 문제를 해결하여 특허출원절차를 간소화하기 위한 다자간 국제조약이다. PCT에 의한 국제특허출원이란 출원인이 수리관청에 하나의 국제출원서류를 제출하면서 다수의 체약국을 지정하면, 지정된 모든 체약국에 있어서도 출원인이 일정한 기간 내에 번역문을 제출하고 국내수수료(별도의 국내수수료가 있는 경우에 한함)를 납부할 것을 조건으로 PCT에 의하여 인정되는 국제출원일에 직접 출원한 것과 동일한 효과를 인정하여 주는 것을 말한다.

우리나라는 1984년 5월 10일에 동 조약에 가입하여 36번째 가입국이 되었으며 수리관청 및 지정관청으로서의 업무를 수행하고 있다. 또한 특허청이 1997년 10월 국제사무국과 국제조사기관 및 국제예비심사기관으로서의 기능수행에 관한 협정[3])을 체결함에 따라 1999년 12월 1일부터 국제조사기관 및 국제예비심사기관으로서의 업무도 수행하고 있다. 2007년 10월 WIPO(World Intellectual Property Organization) 총회에서 한국어가 PCT 국제공개어로 채택되었다.

PCT에 의한 국제특허출원 절차에 대해서는 제2절에서 별도로 설명한다.

Ⅲ. WIPO 설립조약

1883년에는 '산업재산권보호를 위한 파리조약'이, 그리고 1886년에는 '문학 및 예술 저작물 보호를 위한 베른협약'이 체결되어 지적재산권의 국제적 보호를 위한 양대규범으로 자리잡게 되었다. 이 두 조약을 운영하기 위해 산업재산권기구와 저작권기구가 각각 설립되었는데 1893년부터 지적재산권보호를 위한 국제사

3) Agreement between the Korean Industrial Property Office and the International Bureau of the World Intellectual Property Organization in relation to the functioning of the Korean Industrial Property Office as and International Searching Authority and International Preliminary Examining Authority under the Patent Cooperation Treaty

무국(BIRPI)으로 통합되어 운영되어왔다. WIPO는 BIRPI가 모태가 되어 설립된 지적재산권 보호를 위한 국제기구이다.

WIPO 설립조약은 1967년 스톡홀름에서 개최된 외교회의에서 체결되었고, 전문 21조로 이루어져 있다. 기관의 목적 및 임무, 가맹국의 지위, 일반총회, 체약국회의, 조정위원회 및 국제사무국 등의 WIPO의 내부기구, 재정 등에 관한 규정으로 이루어져 있다. 우리나라는 1979년 3월 1일에 가입하였다.

WIPO는 1974년에 국제연합(UN)의 특별기구 중 하나가 되었고 지적재산권 보호를 위한 국제규범을 마련하고 조약의 체결을 주도하는 등 지적재산권의 효과적인 국제적 보호를 위해 노력하고 있다. WIPO가 주도한 대표적인 지적재산권관련 조약으로는 무역관련 지적재산권에 관한 협정(WTO/TRIPS), WIPO 저작권조약(WCT), WIPO 실연음반조약(WPPT), 특허법조약(PLT) 등이 있으며 현재 특허실체법조약(SPLT)을 체결하기 위한 논의가 진행 중이다.

한편 WIPO는 파리조약, 특허협력조약, 미생물기탁의 국제적 승인에 관한 부다페스트조약, 특허법조약 등 23가지 조약을 관장하고 있다.

Ⅳ. WTO/TRIPS 협정

1. 개 요

WTO/TRIPS 협정은 '관세 및 무역에 관한 일반협정(The General Agreement on Tariffs and Trade; GATT)'[4]의 8차협상인 우루과이라운드(Uruguay Round)의 타결과 함께 세계무역기구(World Trade Organization; WTO) 체제로 이행되는 과정에서 WTO 설립협정의 부속서 형태로 채택된 것이다. 지적재산권의 국제적 보호를 국제무역의 측면에서 규율하고 있으며 1995년 1월 1일 발효되었다.

2. 기본원칙

(1) 최소보호의 원칙

WTO/TRIPS는 소위 '국제협정 플러스 방식'을 채택하고 있다. 즉 파리조약이

4) '관세 및 무역에 관한 일반협정(GATT)'은 관세 기타 무역장애의 경감 및 무역에서의 차별적 취급금지를 목적으로 한다.

나 베른협약과 같은 국제협정을 최저보호수준으로 하여 그 이상의 보호를 해 주도록 하자는 것이다. 이 원칙은 지적재산권의 보호수준을 일정수준 이상으로 향상시키는데 기여하고 있다.

(2) 내국민대우

각회원국은 지적재산권보호에 관하여 다른 동맹국국민에게 자기나라 국민보다 불리한 대우를 하여서는 아니된다(TRIPS협정 3.1) 파리조약에서도 내국민대우를 규정하고 있으나 WTO/TRIPS에서 규정하는 불리하지 않은 대우(treatment no less favorable than)는 유리한 대우로도 해석될 수 있기 때문에 파리조약의 자국민과 동등한 이익(same advantage)보다 과보호한다고도 할 수 있다.

(3) 최혜국대우

최혜국대우란 지적재산권의 보호와 관련하여 일방 회원국이 다른 회원국의 국민에게 부여하는 이익, 혜택, 특권 또는 면제는 즉시, 그리고 무조건적으로 다른 모든 회원국의 국민에게 부여되는 것을 말한다. 지적재산권관련 협약에서 최혜국대우의 원칙이 규정된 것은 WTO/TRIPS 협정이 처음이다.

(4) 권리소진의 원칙

권리소진의 원칙이란 특허권자 등에 의해 일단 적법하게 양도된 제품에 대해서는 더 이상 특허권 침해가 성립하지 않는다는 원칙을 말하는데 WTO/TRIPS 협정은 권리소진과 관련하여 인정 또는 금지한다는 명시적 규정을 두고 있지 않다. 협상시 병행수입과 관련하여 이견이 많았기 때문이다.[5] WTO/TRIPS 협정 제6조는 "이 협정을 위한 분쟁해결의 목적을 위하여 제3조(내국민대우)와 제4조(최혜국대우)의 규정을 조건으로, 이 협정의 이띠힌 규정도 지적재신권의 소진문제를 다루기 위해 사용되지 아니한다."고만 규정하고 있어서 권리소진문제는 각 회원국들이 자유로이 결정할 수 있는 것으로 해석된다.

---

5) 권리소진과 관련하여 국내소진은 인정된다는 것이 통설이나 권리의 국제적 소진에 대해서는 견해가 갈린다.

3. 특 색

기존의 지적재산권조약은 조약의 해석이나 적용에 관해 체약국간에 다툼이 생긴 경우 국제사법재판소에 부탁할 수 있다는 취지를 규정하고 있을 뿐 독자적인 분쟁처리절차를 가지고 있지 않다. WTO/TRIPS 협정은 기존 조약의 미비점인 집행절차와 분쟁해결절차를 갖춤으로써 보호의 실효성을 한층 높였다는 점에 특색이 있다. 아울러 기존의 조약들이 산업재산권, 저작권 등으로 나뉘어져 있는데 반해 WTO/TRIPS 협정은 지적재산권분야를 총망라하는 조약이라는 점이 특징이다.

V. 특허법조약(PLT)

1. 연 혁

PCT에 따라 하나의 국제출원으로 여러 지정국에 출원한 효과가 발생하나 국내단계에 진입한 국제출원의 절차 및 각국 특허청 내에서의 특허절차는 각국마다 속지주의의 원칙에 따라 각국 국내법에 따라 수행되도록 하고 있는 문제점이 있다. 따라서 1985년에 들어서서 WIPO를 중심으로 파리조약을 보충하는 조약을 체결하는 방법에 의한 체약국간의 특허법 통일화 작업을 시도하였다. 86년 6월부터 94년 1월까지 8차에 걸친 전문가 회의를 통해 기본안(Draft Patent Harmonization Treaty, PHT)이 작성되었으나 미국의 선발명주의 입장 고수로 조약체결을 위한 외교회의 개최가 무산되고 95년 이후 실체에 관한 부분을 제외하고 절차에 관한 사항에 한하여 논의를 진행한 끝에 2000년 6월 특허법조약(PLT)이 체결되었다.[6)]

2. 주요 내용

각국 특허 절차법의 통일화 및 단순화를 통하여, 출원인에게 예측 가능하고 일관되며 간소한 특허절차를 제공하기 위하여 총 27개의 조문(Article)과 부속하

6) 1995년 12월이래 약 5년에 걸쳐 5회의 전문가 회의 및 3회의 특허법상설위원회에서 각국 특허법의 절차적 내용에 한정하여 통일화를 도모하기 위한 구체적인 검토가 되어, 2000년 6월 스위스 제네바 세계지적재산권기구(WIPO)에서 개최된 「특허법조약 채택을 위한 외교회의」에서 타결되었다.

는 21개의 규칙(Rule) 및 6항의 합의선언문(Agreed Statement)으로 구성되어 있으며, 주요내용은 출원일 요건의 완화(제5조), 출원서식의 표준화(제6조), 출원서 기재요건의 완화(제6조), 전자출원제도의 도입(제8조), 실수에 의한 권리의 상실 방지(제11조, 제12조, 제13조) 등을 규정하고 있다.

PLT는 특허와 관련된 절차적 사항의 통일화와 단순화를 모토로 하고 있고, 절차에 관하여 규율할 뿐 신규성, 진보성, 명세서 기재요건 등과 같은 특허실체법과 관련된 사항은 규율하지 않는다.

3. PLT에의 가입시기 검토

우리나라는 현재 논의되고 있는 특허실체법조약(SPLT)이 2~3년 내에 타결될 경우 SPLT의 타결을 기다려 PLT와 SPLT에 동시에 가입함으로써 잦은 법개정 및 전산시스템 수정에 따르는 출원인 등의 불편을 최소화하되 SPLT 논의가 장기화될 경우에는 특허3극[7]의 가입상황을 보아가며 PLT의 가입을 우선 추진할 예정이다.

Ⅵ. 특허실체법조약(SPLT)

1. 연 혁

앞서 살핀 바와 같이 1985년부터 WIPO를 중심으로 특허법 통일화 작업을 시도하여 왔고, 현재 특허실체에 관한 사항을 통일화시키기 위한 논의가 진행 중에 있다.

2. 주요내용

현재 논의되고 있는 특허 실체에 관한 사항은 특허를 받을 수 있는 권리, 출원의 내용, 명세서의 내용 및 순서, 청구범위 기재방법, 1출원의 범위, 선행기술, 특허요건(특허대상, 산업상 이용가능성, 신규성, 진보성), 청구범위 및 보호범위, 보정 및 정정, 의견 및 재심 등에 관한 문제이다. 논의되고 있는 특허 실체에 관한 사항

7) 강학상의 용어는 아니나 미국, 일본, 유럽연합(EU)을 특허3극이라고 한다.

중 선출원주의 채택(미국의 선발명주의 포기), 특허대상의 확대(기술분야 → 인간의 모든 활동분야), 유예기간(신규성 의제 기간)의 확대, 선행기술의 국제주의채택, 청구범위해석 등에 관한 사항이 주요쟁점이 되고 있다.

3. 조약체결 전망

선진국은 선행기술, 유예기간, 신규성, 진보성은 특허법상설위원회에서 우선 논의하고, 명세서 기재요건과 유전자원의 명세서 개시는 정부간 위원회에서 분리 논의할 것을 주장하고 있으나, 개도국은 공공의 이익, 기술이전, 유전자원의 명세서 개시도 특허법상설위원회에서 함께 논의할 것을 주장하고 있어 선진국과 개도국의 대립이 심화되고 있다. 따라서 특허법 통일화의 최대요인인 미국의 선발명주의 포기 여부와, 선진국과 개도국간의 대립구도 형성으로 당분간 특허 실체법의 조기 타결은 어려울 것으로 전망된다.

Ⅶ. FTA와 지적재산권제도

1. 자유무역협정(Free Trade Agreement; FTA)

자유무역협정(Free Trade Agreement; 이하, 'FTA'라 한다)이란 특정국가간에 배타적인 무역특혜를 서로 부여하는 협정을 말한다. 이는 최혜국대우의 원칙에 정면으로 배치되지만 WTO 규범은 일정한 요건을 충족할 경우 적법한 예외로 인정하고 있다. FTA는 오늘날 국제경제를 특징짓는 뚜렷한 조류가 되고 있으며, WTO 출범 이후 오히려 확산 추세에 있다. 우리나라는 미국 및 유럽과 FTA를 체결한 바 있고, 케나다와 멕시코를 비롯한 여러 나라와 FTA를 체결하기 위해 협상중이다.

2. 한·미 FTA가 특허제도에 미치는 영향[8)]

미국은 최근 다자간 협상을 통해 지적재산권의 보호범위를 확대하고 집행수준을 강화하는 것에 한계를 느끼고 양자간 자유무역협정을 통해 지적재산권의 보호를 강화함으로써 자국민의 이익을 보호하려고 하고 있다.

---

8) 자세한 내용은 특허청, 「한·미 FTA 지적재산권 분야 이행방안에 관한 연구」, 2007.10. 참조.

한·미 FTA를 통하여 특허분야에서 법 또는 제도의 개정을 요하는 사항은 크게 ㉠ 등록지연을 보전하는 특허권 존속기간 연장제도의 도입, ㉡ 신규성 의제 적용기간의 확대, ㉢ 특허 불실시로 인한 취소제도의 폐지, ㉣ 시험·연구예외 제도의 명확화(이른바 Bolar 조항의 도입)이다.

(1) 등록지연을 보전하는 특허권 존속기간 연장제도

특허권은 등록에 의해 발생하고, 그 후 출원일로부터 20년이 되는 날까지 존속하므로 심사지연 등으로 인해 등록이 지연되면 특허권의 존속기간도 그만큼 단축되게 된다. '등록지연을 보전하는 특허권 존속기간 연장제도'란 심사, 심판 또는 소송으로 인해 특허권이 설정 등록된 때가 '등록지연의 기준시점'[9]보다 늦을 때, 기준시점부터 지연된 기간만큼(출원인에 기인한 지연기간은 제외) 특허권의 존속기간을 연장해 주는 제도를 말한다.

동 제도는 특허등록지연에 대해 발명자 또는 출원인에게 합리적인 보상책이 될 수 있다는 판단 하에 제도 선진화 차원에서 도입된 것이나, 이 제도로 인한 로열티의 증가를 우려하는 견해가 있다. 그러나, 최근 우리 특허청의 심사처리기간이 획기적으로 단축됨에 따라 로열티 증가도 우려할 정도의 것은 아니라고 판단되고[10] 총체적으로 평가하여 우리 업계에 미치는 부정적인 영향은 제한적일 것이라는 견해가 우세하다.

(2) 신규성 의제 적용기간의 확대

신규성 의제 적용기간이 현행 6개월에서 12개월로 확대된다. 발명자에게 자기기술을 공개한 후라도 특허출원할 수 있는 기간의 선택폭을 넓혀주어 발명자의 편익을 증진시키고 신기술의 자발적 조기공개로 해당 기술분야의 발전을 촉진하기 위함이다. 신규성 의제 적용기간을 현행 6개월에서 12개월로 연장하는 경우 제도의 변화에 따른 장점과 단점이 혼재할 것으로 생각되고 전체적으로 보아서 제도에 미치는 영향은 크지 않을 것으로 판단된다.

---

9) '출원후 4년' 또는 '심사청구 후 3년' 중 늦은 날을 말한다.

10) 특허청에 따르면, 2007년 2월 등록된 특허를 분석한 결과, 등록지연으로 존속기간이 연장될 수 있는 건은 0.3%에 불과하고, 최근 특허청의 심사처리기간 단축으로 동 제도가 적용되는 연장대상 건은 더욱 축소될 것으로 예상된다고 한다(특허청, 「한미 FTA 산업재산권 Q&A」, 2007.6, 8면).

(3) 특허 불실시로 인한 취소제도의 폐지

특허청장은 특허발명이 천재·지변 기타 불가항력 또는 대통령령이 정하는 정당한 이유없이 계속하여 3년이상 국내에서 실시되고 있지 않다는 이유로 재정이 있고, 그날부터 계속하여 2년이상 그 특허발명이 국내에서 실시되고 있지 아니하는 경우에는 이해관계인의 신청에 의하여 또는 직권으로 그 특허권을 취소할 수 있다(제116조 제1항). 이는 특허발명의 성실한 실시를 담보하기 위한 수단이라고 할 수 있으나 통상실시권 불이행의 책임이 특허권자와 재정실시권자 모두에게 있는 경우에도 특허권을 취소하여 특허권자에게만 불이익을 주는 불평등한 제도라는 이유로 폐지하기로 합의하였다. 1963년 동 제도가 도입된 이래 실제로 특허권이 취소된 사례는 전무한바, 그 제도의 폐지로 인한 영향도 거의 없을 것으로 생각된다.

(4) 시험·연구예외 제도의 명확화(이른바 Bolar 조항의 도입)

Bolar 조항이란 후발업자의 의약품 판매허가와 관련된 자료를 얻기 위한 특허발명의 실시행위는 침해를 구성하지 않는다는 미국특허법 제271조(e)(1)의 규정을 말한다. Bolar 조항은 1984년에 제정된 Hatch-Waxman 법에 의해 도입된 것인데, 동법은 크게 두 부분으로 나누어진다. 첫 번째 부분은 의약품 판매 허가로 인하여 소요된 기간으로 인하여 특허권을 실질적으로 행사하지 못한 기간만큼 특허권 존속기간을 연장하는 것에 관한 것이고, 두 번째 부분은 소위 'Bolar 조항'에 관한 것으로 의약품 판매허가와 관련된 자료를 얻기 위한 특허발명의 실시는 침해를 구성하지 않으며, 오히려 의약품 판매허가를 위해 신청을 하는 행위를 침해로 본다는 것이다.[11] Hatch-Waxman 법이 제정됨으로써 후발의약품의 승인 신청에 필요한 임상시험은 특허권 침해에 해당하지 않는다는 명문의 규정이 미국특허법에 추가되게 되었다.[12]

---

11) Hatch-Waxman 법에 관한 자세한 내용은 정차호, "식약청 판매허가와 특허권의 연계를 위한 특허심판의 당사자 적격", 산업재산권 25호 (2008), 161~202면 참고.

12) 35 U.S.C. §271(e)(1) ("It shall not be an act of infringement to make, use, offer to sell, or sell … a patented invention … solely for uses reasonably related to the development and submission of information under a Federal law which regulated the manufacture, use, or sale of drugs …"). (2)(A) ("It shall be an act of infringement to submit an application under section 505(j) of the Federal Food, Drug and Cosmetic Act or described in section 505(b)(2) of such Act for

우리 특허법의 해석에 의하더라도 의약품 판매허가를 위한 실시행위는 침해가 아니라는 견해도 있지만, 앞서 "시험·연구의 예외" 부분에서 살핀 바와 같이 견해가 갈리므로 입법론적으로는 존속기간연장등록제도와의 균형을 고려하여 의약품 판매허가를 위한 특허발명의 시험적 실시행위에 대해서는 특허권을 침해하는 것이 아닌 것으로 명문으로 규정하는 것이 바람직할 것이다. 다만 법 개정을 한다고 하더라도 기존의 법 해석을 명확하게 하는 정도에 그칠 것으로 예상되므로 큰 영향을 미치지는 않을 것으로 생각된다.

Ⅷ. 조약과 국내법의 관계

조약과 국내법의 효력에 관하여는 국제법우위설, 국내법우위설 및 효력동등설이 있으나, 헌법(제6조 제1항) 및 우리나라 다수설에 따르면 국제법과 국내법은 동등한 효력을 갖는다. 그러나 특허법 제26조는 "특허에 관하여 조약에 이 법에서 규정한 것과 다른 규정이 있는 경우에는 그 규정에 따른다"고 규정하여 특허에 관하여는 조약이 국내법에 우선한다는 취지를 명확히 하고 있다.

제2절 특허협력조약(PCT)에 따른 국제특허출원 절차

Ⅰ. 개 요

PCT 절차는 국제단계에서의 절차와 국내단계에서의 절차로 구분된다. 국제단계에서의 절차는 ㉠ 국제출원절차, ㉡ 국제조사, ㉢ 국제공개, ㉣ 국제예비심사 등 일련의 절차를 말하며, 국내단계에서의 절차는 각국에서의 심사절차를 뜻한다. 국제단계에서의 절차 중 국제출원절차, 국제조사 및 국제공개는 출원인이 국제출원을 하면 특별한 하자가 없는 한 당연히 거쳐야 하는 절차이지만 국제예비심사는 출원인이 국제예비심사를 청구한 경우에 한하여 진행되는 임의적 절차이다.

---

a drug claimed in a patent or the use of which is claimed in a patent.").

Ⅱ. 국제단계

1. 국제출원절차

체약국의 국민 또는 거주자는 체약국의 특허청을 수리관청으로 하여 국제출원을 할 수 있다. 2인 이상의 출원인이 있는 경우에는 출원인 중 적어도 1인이 체약국의 국민 또는 거주자로서 국제출원을 할 수 있는 자격을 가지는 때에는 국제출원을 할 수 있다. 따라서 대한민국 국민이나 국내에 주소 또는 영업소를 가진 외국인은 우리나라 특허청을 수리관청으로 하여 국제출원을 할 수 있다. 아울러 대한민국 국민이 아니거나 국내에 주소 또는 영업소를 가진 외국인이 아닌 경우에는 대한민국 국민이나 대한민국 내에 주소 또는 영업소를 가진 자를 대표자로 하여 국제출원을 할 수 있다(제192조).

특허청장은 국제출원의 방식요건을 심사하여 국제출원일의 인정에 필요한 중요한 방식요건을 흠결한 경우[13]에는 출원인에게 기간을 정하여 서면으로 절차를 보완할 것을 명하여야 하고(제194조 제2항), 국제출원일의 인정과 무관한 방식요건을 흠결한 경우[14]에는 출원인에게 보정을 명하여야 한다(제195조).

특허청장이 국제출원의 방식요건을 심사한 결과, 국제출원일의 인정에 필요한 방식요건을 충족하고 있는 경우에는 국제출원의 접수일을 국제출원일로 인정하고, 중요한 방식요건을 흠결하였으나 출원인이 보완을 한 경우에는 당해 보완서의 도달일을 국제출원일로 인정한다. 국제출원일이 인정되면, 국제출원서상의 모든 지정국에 있어서도 국제출원일과 동일한 날에 당해 출원이 있었던 것으로 간주된다. 보정명령을 받은 자가 지정된 기간내에 보정을 한 경우에는 해당 국제출

---

13) 1. 출원인이 국제출원을 할 수 있는 자의 요건을 충족하지 못하는 경우
2. 국제출원이 소정의 언어로 작성되지 아니한 경우
3. 국제출원이 지식경제부령이 정하는 언어로 작성한 명세서 및 청구의 범위가 제출되지 아니한 경우
4. 「특허협력조약」에 의한 국제출원이라는 표시, 당해 출원한 발명의 보호가 요구되는 「특허협력조약」 체약국의 지정 및 출원인의 성명이나 명칭을 기재하지 아니한 경우를 말한다.

14) 1. 발명의 명칭이 기재되지 아니한 경우
2. 요약서가 제출되지 아니한 경우
3. 특허법상 행위무능력자가 법정대리인에 의하지 않고 절차를 밟거나 선임된 대리인이 변리사가 아닌 경우
4. 지식경제부령이 정하는 방식에 위반된 경우

원은 원래 출원한 때에 출원한 것으로 인정되나 보정명령을 받은 자가 지정된 기간내에 보정을 하지 아니한 경우에는 해당 국제출원은 취하된 것으로 본다(제196조 제1항 제1호). 국제출원에 관한 수수료를 지식경제부령이 정하는 기간내에 납부하지 아니하는 경우에도 국제출원은 취하간주된다(제196조 제1항 제2호). 또한 국제출원일이 인정된 국제출원에 관하여 지식경제부령이 정하는 기간(국제출원일로부터 4월)내에 그 국제출원이 보완명령사유에 해당되는 것이 발견된 경우 해당 국제출원은 취하된 것으로 본다(제196조 제1항 제3호).

국제출원이 도면에 관하여 기재하고 있으나 그 출원에 도면이 포함되어 있지 아니한 경우에는 그 취지를 출원인에게 통지하여야 한다(제194조 제3항). 통지를 받은 자가 지식경제부령이 정하는 기간내에 도면을 제출한 경우에는 그 도면의 도달일을 국제출원일로 인정하고, 통지를 받은 자가 해당 기간내에 도면을 제출하지 아니한 경우에는 그 도면에 관한 기재는 없는 것으로 본다(제194조 제4항).

수리관청으로서의 특허청은 수리관청용 사본(home copy) 1부를 보관하고, 사본을 각각 국제조사기관 및 국제사무국에 송부한다. 국제조사기관에 송부된 국제출원의 사본은 조사용 사본(search copy)이라 하며, 국제사무국에 송부된 사본은 기록원본(record copy)이라고 한다. 이 때 국제사무국에 송부된 기록원본(record copy)이 국제출원의 원본(true copy)에 해당한다. 국제사무국은 소정의 기간(우선일로부터 13개월) 이내에 기록원본을 송부 받지 못한 경우에는 그 취지를 수리관청에 통지하여 송달을 촉구하여야 하고, 재촉일로부터 1월이 지나도록 기록원본이 도달하지 않으면 그 사실을 출원인에게 통지한다. 이러한 취지를 출원인에게 통지한 날로부터 3월 이내에 국제사무국이 기록원본을 수리하지 아니한 경우에는 당해 국제출원은 취하된 것으로 간주된다(PCT 제12조).

2. 국제조사

국제조사기관은 국제출원한 발명에 대해 관련 선행기술을 조사하여 그 결과를 국제조사보고서로 작성하고 이를 출원인 및 WIPO 국제사무국에 송부한다. 모든 국제출원은 국제조사의 대상이므로 국제조사를 위하여 출원인이 국제출원과 별도로 국제조사를 청구하여야 할 필요는 없다. 국제조사기관은 관련이 있는 선행기술을 조사하여 국제조사보고서를 작성한다(PCT 제18조).

2004년부터는 선행기술조사가 주기능이었던 국제조사기관의 기능이 확대되어 국제조사보고서의 작성과 동시에 신규성, 진보성 및 산업상 이용가능성에 관한 견해를 제시하는 견해서를 작성한다(PCT규칙 제43조의2). 국제조사기관의 견해서는 국제예비심사기관의 견해서와 유사하나 국제예비심사기관의 견해서는 국제예비심사보고서 작성 전에 특허성에 의문이 있는 경우 출원인에게 통보하여 출원인과 의견을 교환할 수 있는 수단으로 활용되는 반면, 국제조사기관의 견해서는 출원인과의 의견교환없이 작성된다는 점에서 차이가 있다.

국제출원인은 국제조사기관의 보고서와 견해서를 참조하여 출원발명을 권리화하기 어렵다고 판단하는 경우에는 국제출원을 취하하거나 국내단계로 진입하지 않음으로서 출원비용을 절감할 수 있다. 한편 보정에 의해 문제를 해소할 수 있다고 판단하는 경우에는 출원인은 소정의 기간 내에[15] 국제사무국에 보정서를 제출함으로써 청구의 범위에 대하여 일회에 한해 보정을 할 수 있다(PCT 제19조). PCT 제19조의 규정에 의한 보정은 보정의 대상이 청구의 범위에 한정되며, 횟수 또한 1회로 한정된다는 점, 그리고 국제사무국에 대하여 보정하여야 한다는 점에서 PCT 제34조에 따른 국제예비심사기관에서의 절차에서의 보정과 구별된다.

3. 국제공개

국제사무국은 국제출원의 우선일로부터 18개월이 경과한 후 국제출원을 국제공개하며, 18개월 경과전이라도 국제출원인의 신청이 있으면 국제출원을 즉시 공개한다. 국제공개는 종전에는 팸플릿 형태로 공개되었으나, 2006년 4월 1일 이후 WIPO웹사이트를 통해 전자적 형태로 이루어지고 있다.

WIPO 국제사무국은 국제출원, 국제조사보고서 및 국제조사보고서부작성 선언서 등을 공개한다. 국제공개는 영어, 일어, 불어, 독일어, 러시아어, 스페인어, 중국어 및 아랍어등 8개국 언어가 지정되어 있었으나 2007년 10월 한국어 및 포르투갈어(이하, '국제공개언어'라 한다)가 추가로 채택되었다. 국제출원이 국제공개언어로 작성되지 아니한 경우에는 국제조사를 위하여 출원인이 국제공개언어로 번역한 번역문 또는 국제조사기관의 책임 하에 영어로 번역된 번역문이 공개된다.

국제공개의 효과는 원칙적으로 지정국의 국내법에 따른 출원공개의 효과와 동

15) '국제조사기관이 국제사무국 및 출원인에게 국제조사보고서를 송부한 날부터 2월과 우선일부터 16월 가운데 늦게 도달하는 날 이내'

일하다. 다만 해당지정국에서 국제공개의 효과가 발생하는 시점에 대해서는 각 지정국이 선택하여 정할 수 있다.

4. 국제예비심사

국제예비심사라 함은 출원인의 선택에 의해 청구의 범위에 기재되어 있는 발명이 신규성, 진보성(자명한 것이 아닌 것) 및 산업상 이용가능성이 있는지의 여부에 대한 예비적이고 구속력이 없는 견해를 표시하는 것을 목적으로 하는 국제단계에서의 절차를 말한다(PCT 제33조). 국제예비심사는 국제단계에서의 기타 절차와 달리 출원인이 선택하는 임의적 절차이므로 국제예비심사를 받고자 하는 출원인은 당해 국제예비심사기관에 이를 청구하여야 한다. 국제예비심사보고서의 결과가 사용되기를 원하는 체약국(이하, '선택국'이라 한다)은 예비심사의 청구와 동시에 자동으로 모든 체약국이 선택된다.

국제출원인은 ㉠ 국제조사보고서 및 국제조사기관의 견해서 또는 조약 제17조(2)(a)의 규정에 따라 국제조사보고서를 작성하지 아니한다는 취지의 선언서를 출원인에게 송부한 날로부터 3월, ㉡ 우선일부터 22월의 기간 중 늦게 만료되는 날 이내에 국제예비심사를 청구할 수 있다. 국제예비심사는 청구의 범위에 기재되어 있는 발명이 규칙에 정의된 선행기술에 의하여 예상되지 아니한 경우에는 신규성을 가지는 것으로 본다. 또한 청구의 범위에 기재되어 있는 발명이 규칙에 정의된 선행기술을 고려할 때 소정의 기준일에 당해 기술분야의 전문가에게 명백한 것이 아닌 경우에는 진보성을 가지는 것으로 한다. 아울러 청구의 범위에 기재되어 있는 발명이 어떠한 종류의 산업분야에서든지 동 발명의 실정에 따라 기술적인 의미에서 생산되고 사용될 수 있는 것일 경우에는 산업상의 이용가능성을 가지는 것으로 한다. "산업"은 산업재산권의 보호를 위한 파리조약에 있어서와 같이 가장 광의로 해석된다. 이러한 기준은 국제예비심사에만 사용되고 체약국은 청구의 범위에 기재되어 있는 발명이 자국에서 특허를 받을 수 있는 발명인지의 여부를 결정함에 있어서는 추가 또는 다른 기준을 적용할 수 있다. 국제예비심사는 국제조사보고서에 인용된 모든 문헌을 참고로 하고, 해당사안에 관련이 있다고 인정되는 문헌도 참고할 수 있다(PCT 제33조).

국제예비심사단계에서 출원인은 국제예비심사기관과 구두와 서면으로 연락할 권리를 가진다(PCT 제34조(2)(a)). 또한 출원인은 국제예비심사보고서가 작성되기 전에 소정의 방법으로 소정의 기간내에 횟수에 관계없이 청구의 범위, 명세서 및 도면을 보정할 권리를 가진다. 다만 이 보정은 출원시에 있어서 국제출원에 기술된 범위를 넘어서는 아니된다(PCT 제34조(2)(b)).

출원인은 예비심사결과를 토대로 출원발명에 대해 검토한 결과 출원발명을 권리화하기 어렵다고 판단하는 경우에는 국제출원을 취하하거나 국내단계로 진입하지 않음으로서 출원비용을 절감할 수 있다.

Ⅲ. 국내단계

1. 국제특허출원에 의한 특허출원

「특허협력조약」에 의하여 국제출원일이 인정된 국제출원으로서 특허를 받기 위하여 대한민국을 지정국으로 지정한 국제출원은 그 국제출원일에 출원된 특허출원으로 본다(제199조 제1항). 출원인이 국제출원서에서 대한민국을 지정국으로 지정하고 당해 국제출원에 관하여 PCT 제11조의 규정에 의한 국제출원일을 인정받은 경우에는 국내법상 절차가 없어도 국내법상 그 국제출원일에 특허청에 출원된 국제출원으로 간주된다. 이는 PCT에 의한 국제출원의 기본적인 특성에 해당된다. 하지만 국내단계가 개시되기 위해서는 지정된 기간 내에 번역문을 제출하고 수수료를 납부하는 등 소정의 절차를 거쳐야 한다.

2. 국제특허출원의 번역문

국제특허출원을 외국어로 출원한 출원인은 우선일로부터 2년 7월(이하, '국내서면제출기간'이라 한다) 이내에 국제출원일에 제출한 명세서·청구의 범위·도면(도면 중 설명부분에 한한다) 및 요약서의 국어 번역문을 특허청장에게 제출하여야 한다(제201조 제1항).[16] 국내서면제출기간내에 명세서 및 청구의 범위의 번역문의 제출

16) 외국어로 출원된 국제특허출원의 출원인이 번역문을 제출하여야 하는 자이다. 특허법에서 외국어로 출원된 국제특허출원의 출원인에 한하여 번역문을 제출하도록 한 취지는 국어로 출원된 국제출원의 출원인이 대한민국을 지정국으로 지정(또는 선택국으로 선택)하여 대한민국의 국내단계에 진입하고자 하는 경우에는 국어에 의한 번역문이 있을 수 없으므로 국어출원에 있어서는 번역문 제출을 요구하지 않는다는 것이다. 한편, 출원서는 번역문을 제출하지 않고 국내서면제출기간내에 특허법 제203조의 서면 (1. 출원인의 성명 및 주소(법인인 경우에는 그 명칭 및 영업소의 소재지) 2. 출원인의 대리

이 없는 경우에는 그 국제특허출원은 취하된 것으로 본다(제201조 제2항). 한편 우선일로부터 2년 7월이 경과하여 번역문을 제출한 경우에는 번역문은 불수리된다(특허법시행규칙 제11조).

번역문을 제출한 출원인은 국내서면제출기간내에 그 번역문에 갈음하여 새로운 번역문을 제출할 수 있다. 다만, 출원인이 출원심사의 청구를 한 후에는 그러하지 아니하다(제201조 제3항). 즉 출원인이 출원심사의 청구를 한 후에는 그 날이 기준일이 되어 국내단계에서의 심사가 진행되므로 더 이상 새로운 번역문을 갈음하여 제출할 수 없게 되고 번역문이 확정된다. 국제출원일에 제출된 국제특허출원의 명세서나 청구의 범위에 기재된 사항 및 도면중의 설명부분으로서 기준일내에 제출된 번역문에 기재되지 아니한 것은 국제출원일에 제출된 국제특허출원의 명세서 및 청구의 범위에 기재되지 아니한 것으로 보거나 도면중의 설명이 없었던 것으로 보고(제201조 제4항) 번역문을 기준으로 심사가 진행된다.

특허청장은 ㉠ 특허법 제203조 제1항 전단의 규정에 의한 서면(국제출원의 국내단계에서의 출원서와 같은 역할을 한다고 할 수 있다)을 국내서면제출기간내에 제출하지 아니한 경우, ㉡ 당해 서면이 이 법 또는 이 법에 의한 명령이 정하는 방식에 위반되는 경우에는 기간을 정하여 보정을 명하여야 하며, 보정명령을 받은 국제출원인이 지정된 기간내에 보정을 하지 아니한 경우에 특허청장은 당해 국제특허출원을 무효로 할 수 있다(제203조 제2항, 제3항).

한편 국제단계에서 보정을 한 경우에는 국내단계에서 해당 보정서의 번역문을 제출하여야 한다. 국제특허출원의 출원인이 PCT 제19조(1)에 따라 국제조사보고서를 받은 후에 청구의 범위에 관하여 보정을 한 경우에는 기준일까지 해당 보정서의 국어 번역문을 제출하여야 하고(제204조), PCT 제34조(2)(b)에 따라 명세서, 청구의 범위 및 도면에 대하여 보정을 한 경우 기준일까지 해당 보정서의 국어 번역문을 제출하여야 한다(제205조). 다만 해당 국제출원이 국어로 이루어진 경우에는 해당 보정서의 사본을 제출하면 되고, 국제특허출원을 외국어로 출원한 출원인이 「특허협력조약」 제19조 (1)의 규정에 의하여 청구의 범위에 관한 보정을 한 때에는 국제출원일에 제출한 청구의 범위에 대한 국어 번역문을 보정 후의 청구의

인이 있는 경우에는 그 대리인의 성명 및 주소나 영업소의 소재지(대리인이 특허법인인 경우에는 그 명칭, 사무소의 소재지 및 지정된 변리사의 성명) 3. 삭제 〈2001.2.3〉 4. 발명의 명칭 5. 발명자의 성명 및 주소나 영업소 6. 국제출원일 및 국제출원번호)을 제출하여야 한다.

범위에 대한 국어 번역문으로 대체하여 제출할 수도 있으므로(제201조 제1항) 이 경우에는 별도로 보정서에 대한 번역문을 제출할 필요가 없다(제201조 제7항).

Ⅳ. 국제특허출원의 특례

1. 공지 등이 되지 아니한 발명으로 보는 경우의 특례

특허를 받을 수 있는 권리를 가진 자에 의하여 그 발명이 신규성을 상실하게 된 경우에는 신규성을 상실한 날부터 6월 이내에 특허출원을 하면 신규성을 의제 받을 수 있는데 이 경우 출원인은 그 취지를 기재한 서면을 특허출원과 동시에 특허청장에게 제출하고 이를 증명할 수 있는 서류를 특허출원일부터 30일 이내에 특허청장에게 제출하여야 한다(제30조 제2항). 그런데 국제출원의 경우에는 그 취지를 기재한 서면 및 이를 증명할 수 있는 서류를 기준일 경과 후 30일 이내에 특허청장에게 제출할 수 있다(제200조, 특허법 시행규칙 제111조).

2. 재외자의 특허관리인의 특례

국내에 주소 또는 영업소를 가지지 아니하는 자(이하, '재외자'라 한다)는 특허권의 설정등록 및 특허권 존속기간 중 특허관리인을 선임 등록 하여야 한다. 그렇지 않으면 특허에 관한 절차를 밟거나 특허법 등에 의하여 행정청이 한 처분에 대하여 소를 제기할 수 없다(제5조). 그런데 재외자인 국제특허출원의 출원인은 기준일까지는 특허관리인에 의하지 아니하고 특허에 관한 절차를 밟을 수 있다(제206조 제1항). 따라서 재외자인 국제특허출원의 출원인은 기준일까지는 특허관리인에 의하지 아니하고도 번역문의 제출 등 특허에 관한 절차를 밟을 수 있다. 다시 말하면 국제특허출원의 경우에는 기준일전까지 재외자가 특허관리인에 의하지 않고 절차를 밟더라도 불수리되지 않는다. 국제출원의 번역문을 제출한 재외자는 일정기간 내에 특허관리인을 선임하여 신고하여야 하고(제206조 제2항), 기간 내에 선임신고가 없는 경우에는 그 국제특허출원은 취하된 것으로 본다(제206조 제3항).

3. 출원공개시기 및 효과의 특례

국제특허출원에 대한 국내공개는 원칙적으로 국내서면제출기간(번역문의 제출기한)이 경과한 때에 하지만, 국내서면제출기간(번역문의 제출기한)이내에 출원인이 출원심사의 청구를 하고, 국제공개가 된 국제특허출원에 대한 국내공개는 우선일부터 1년 6월을 경과한 때 또는 출원심사의 청구일 중 늦게 도달하는 날이 경과한 때에 한다(제207조 제1항). 우선일부터 1년 6월 전이라도 출원인이 번역문을 제출한 후라면 국제특허출원에 대한 조기공개의 신청을 할 수 있다(특허법 시행규칙 제44조 제2항).

국내서면제출기간 경과 전이라도 출원심사의 청구가 있으면 심사업무 등 국제출원에 대한 국내절차가 개시되고 출원인은 새로운 번역문을 제출할 수 없으며(제201조 제3항), 그 때까지 제출된 번역문에 기재되지 아니한 사항은 기재되지 아니한 것으로 간주하여(제201조 제4항) 번역문의 내용이 확정되게 되므로 이 경우에는 국내서면제출기간 경과 전이라도 국내공개를 하도록 규정하고 있는 것이다. 다만 국어로 출원한 국제특허출원으로서 국내공개전에 이미 국제공개가 된 경우에는 그 국제공개 시에 출원공개가 된 것으로 본다(제207조 제2항).

국제특허출원의 출원인은 국제특허출원에 관하여 국내공개가 된 후, 국어로 출원한 국제특허출원의 경우에는 국제공개가 있은 후 국제특허출원된 발명을 업으로 실시한 자에게 국제특허출원된 발명인 것을 서면으로 경고한 때에는 그 경고후부터 특허권의 설정등록전에 그 발명을 업으로서 실시한 자에게 그 특허발명의 실시에 대하여 통상 받을 수 있는 금액에 상당하는 보상금의 지급을 청구할 수 있으며, 경고를 하지 아니하는 경우에도 국내공개된 국제특허출원된 발명인 것을 알고 특허권의 설정등록전에 업으로서 그 발명을 실시한 자에 대하여도 보상금의 지급을 청구할 수 있다. 즉 발명의 공개에 따른 효과(보상금청구권의 발생)는 통상의 국내출원과 동일하다고 할 수 있으나, 출원공개에 따른 효과의 발생시기(보상금청구권의 발생시기)는 국어로 된 국제출원을 제외하고는 국제공개후가 아니라 국내공개후이다. 다만, 그 청구권은 당해 특허출원이 특허권의 설정등록된 후가 아니면 이를 행사할 수 없다는 점에서는 통상의 국내출원과 동일하다(제207조 제3항).

4. 특허의 무효심판의 특례

외국어로 출원된 국제특허출원의 특허에 대하여는 제133조 제1항 각 호에 규정된 통상의 무효사유 이외에 발명이 국제출원일에 제출된 국제출원의 원문과 번역문에 다 같이 기재된 발명에 해당하지 아니한다는 이유로 특허의 무효심판을 청구할 수 있다(제213조). 국제출원의 심사는 번역문을 기준으로 이루어지므로, 원문에는 기재되어 있지 않고 번역문에만 기재된 발명에 대해서 특허가 되는 경우가 발생할 수 있어서 이 경우에는 국제특허출원에 대한 특허의 무효심판의 특례규정에 의해 무효로 할 수 있도록 한 것이다.

5. 결정에 의해 특허출원으로 되는 국제출원

수리관청에 의해 국제출원일이 인정되지 않아 국제조사나 국제공개가 이루어지지 않은 국제출원이더라도 해당 수리관청의 국제출원일 인정 거부 등에 잘못이 있는 경우에는 대한민국에서 일정한 절차 및 특허청장의 결정을 거쳐 국내법상의 특허출원으로 구제할 수 있는 길을 열어두고 있다.

대한민국을 지정국에 포함한 국제출원(특허출원만 해당한다)이 ㉠ 수리관청에 의해 국제출원일 인정이 거부된 경우, ㉡ 수리관청에 의해 국제출원 취하간주 선언된 경우, ㉢ 국제사무국에 의해 소정기간 내에 기록원본의 불수리가 인정된 경우에는 국제출원인은 지식경제부령이 정하는 소정의 기간 내에 지식경제부령으로 정하는 바에 따라 특허청장에게 결정을 하여줄 것을 신청할 수 있다(제214조 제1항).

신청을 하는 자는 명세서·청구의 범위 또는 도면(도면중의 설명부분에 한한다) 기타 지식경제부령이 정하는 국제출원에 관한 서류의 국어에 의한 번역문을 특허청장에게 제출하여야 하고(제214조 제2항), 신청이 있는 때에는 특허청장은 그 신청에 관한 거부·선언 또는 인정이 「특허협력조약」 및 동규칙의 규정에 따라 정당하게 된 것인지에 관하여 결정을 하여야 한다(제214조 제3항). 특허청장은 그 거부·선언 또는 인정이 「특허협력조약」 및 동규칙의 규정에 따라 정당하게 된 것이 아니라고 결정을 한 때에는 그 결정에 관한 국제출원은 그 국제출원에 대하여 거부·선언 또는 인정이 없었다면 국제출원일로 인정할 수 있었던 날에 출원된 특허출원으로 본다(제214조 제4항).

V. PCT에 의한 국제특허출원의 장·단점

국제특허출원은 출원인 입장에서는 하나의 수리관청에 출원한 것만으로 그 수리관청에서 인정되는 국제출원일에 각 지정국(또는 선택국)에 모두 출원한 것과 동일한 효과를 얻을 수 있어서 편리하고, 출원인은 각 지정국에서의 출원일을 일단 확보해 둔 후 실제로 각 지정국에서의 절차를 진행할 것인지의 여부는 번역문 제출기한(우선일로부터 30개월 또는 31개월) 내에 결정하면 되므로 시간적 여유를 갖게 된다는 장점이 있다. 또한 각국의 특허청은 국제조사보고서 및 국제예비심사보고서를 참고하여 심사할 수 있으므로 중복조사 및 중복심사의 불합리를 없앨 수 있어 인적자원의 낭비를 줄일 수 있고 심사결과의 객관성 및 신속성을 높일 수 있어 심사의 부담을 줄일 수 있다. 아울러 개발도상국은 국제사무국으로부터 제공되는 새로운 발명에 대한 선진기술정보를 활용함으로써 기술 및 경제발전의 기틀로 삼을 수 있는데 이는 PCT의 또 다른 목적이기도 하다.

반면, 국제출원의 국내단계진입시 비용이 과다하다는 점, 그 내용이 난해한 점, 국내단계의 절차지연에 따라 존속기간이 단축된다는 점 등을 단점으로 들 수 있다.

제7장 실용신안법

Ⅰ. 실용신안제도

1. 실용신안제도의 의의

특허제도와 가장 밀접한 관련이 있는 것으로 실용신안제도가 있다. 실용신안제도는 특허제도를 보완하는 역할을 한다. 실용신안제도는 인간의 생활에 유용한 실용적인 창작을 하였으나 특허부여에 필요한 기술수준에는 이르지 못하는 소발명을 단기간에 신속하게 보호하기 위해 도입되었다. 실용신안제도는 높은 수준에는 이르지 못하는 발명일지라도 효율적으로 보호받을 수 있도록 함으로써 중소기업 및 개인발명가의 발명을 촉진, 유인하는 역할을 한다. 또한 특허제도의 보호대상인 발명의 수준저하를 방지하는 역할을 담당하기도 한다.

실용신안제도에 대해서는 기술의 비약적인 발전을 이룬 지금에 와서는 시대에 뒤떨어진 법이라고 하는 폐지론도 거론되고 있으나, 실용신안법은 오늘에도 중요하며, 특히 기술투자를 위한 인적·물적 자원이 부족한 중소기업의 보호 및 육성을 위해 담당하는 역할이 크다고 생각되는 바, 특허제도와는 또 다른 존재의의가 있는 것으로 생각된다. 다만 같은 기술보호법인 특허법과의 차이를 이해하고, 합리적인 법의 해석과 적용을 통해 그 역할을 다 할 수 있도록 해야 할 것이다.

2. 실용신안 보호객체의 본질

실용신안의 보호객체는 "물품의 형상·구조 또는 조합에 관한 고안"인바(실용신안법 제4조 제1항), 보호객체의 본질을 형상에서 구할 것인지 고안에서 구할 것인지에 대한 논의가 있다.

(1) 형설(形說)

'형설'은 실용신안의 보호대상은 물품의 형태이며 기술사상(실용성)이 물건(공간적 형태성)에 구체화된 것이라는 견해이다. 형설에 의하면 실용신안법의 보호객체의 본질은 특허와 달리 기술적 사상 자체가 아닌 기술사상이 구현된 물품의 유형적 형태이다. 따라서 권리로서 보호되는 범위도 디자인과 마찬가지로 도면에 나타난 형태의 유사성 여부에 한정되므로,[17] 권리범위가 좁아져 권리자의 보호에 미흡하다.

(2) 고안설(考案說)

'고안설'은 발명과 고안의 구분표준을 기술적 사상의 창작에 있어서 고도성의 차이에 두고 실용신안법의 보호객체는 구체적인 형태가 아니라 추상적인 자연법칙을 이용한 기술적 사상의 창작이라는 견해이다. 고안설에 의하면 발명과 고안은 정도의 차이에 그치고 다른 질적 차이가 있는 것은 아니다. 출원인으로서는 장기간 보호를 원하면 특허로, 저렴한 비용으로 빠른 시간 내에 권리화하여 단기간 보호받는 것으로 만족하려면 실용신안으로 임의로 선택할 수 있을 것이고 통상 전자가 대발명, 후자가 소발명의 지위에 서게 된다.

고안설에 의하면 고안의 침해여부를 판단함에 있어 형의 유사성 여부보다는 특허와 마찬가지로 발명사상 즉, 기술이론의 도용여부가 중요하고 형태가 다소 다르더라도 작용효과가 동일하면 침해가 긍정되므로 그 권리범위가 형설보다 넓다고 할 수 있다.[18]

(3) 정 리

방법이나 물질을 실용신안의 보호대상에서 제외하는 것은 논리필연적인 결과가 아니라 연혁적인 이유에 기인한다는 사실과, 특허부여에 필요한 기술수준에는 이르지 못하지만 보호의 필요성이 있는 소발명을 단기간에 신속하게 보호하기 위한 실용신안제도의 취지를 고려해 볼 때, 고안설이 타당하다고 생각된다. 대법원 판례 또한 "실용신안법이 정하는 실용적 고안이라 함은 물품의 형상, 구조 또는 조합에 관한 자연법칙을 이용한 기술적 사상의 창작으로서 특허법이 정하는 자연을 정복하고 자연력을 이용하여 일정한 효과를 창출하고 이에 따라 인간의 수요를 충족하는 기술적 사상의 고도의 창작인 발명과 그 성질에서는 같으나 다만 고도의 것이 아닌 점에서 다를 뿐이다."라고 한다.[19]

---

17) 작용효과의 동일여부는 중시되지 아니한다.
18) 송영식외 6인 공저, 앞의 책, 822면.
19) 대법원 1983.11.22. 선고 83후42 판결.

Ⅱ. 연 혁

우리나라의 실용신안제도는 일제강점기에 일본법을 그대로 시행하여 오다가 1946년 해방 후 군정법령에 의해 특허법 내에서 실용특허로 규정되어 보호되었고, 1961년 실용신안법을 제정함으로써 독자적인 법체계를 이루게 되었다. 실용신안법은 심사주의를 취하고 있던 1998년 개정[20] 이전 구법하에서는 특허법과 큰 차이가 없었다. 그러나 특허 및 실용신안출원건수가 크게 늘어남에 따라 심사적체현상이 나타나게 되었고, 기술의 주기가 빠른 소발명에 대해서는 조기권리화의 필요성이 대두되게 되어 1998년 특허법 개정시 실용신안무심사선등록제도를 도입하게 되었다. 아울러 출원인의 편의를 도모하기 위해 이중출원제도를 도입하게 되었다.

실용신안무심사선등록제도하에서는 실용신안등록출원에 대해 실체심사는 하지 않고, 출원인 등이 제출한 서류가 법령이 정한 방식상의 요건을 충족하는지의 여부에 대한 방식심사와 기초적인 요건만을 심사하여 해당 요건을 모두 만족하는 경우 등록된다. 이중출원제도는 출원단계에서는 특허출원과 실용신안등록출원을 함께 할 수 있도록 하고, 설정등록 단계에서 먼저 등록된 권리를 포기하는 경우에 한하여 나머지 권리의 등록을 허용함으로써 출원인이 유리한 권리를 선택할 수 있도록 하는 제도이다. 이중출원제도의 도입에 따라 출원인은 동일한 기술에 대하여 특허출원 외에 실용신안등록출원을 함께할 수 있게 되어 우선 실용신안권을 설정등록하여 활용하고, 추후 특허출원에 대한 심사가 완료되어 특허권의 설정등록이 가능하게 되면 실용신안권과 특허권중 하나를 선택하는 방법을 택할 수 있었다.

실용신안무심사선등록제도와 그에 따른 이중출원제도는 조기권리화가 필요한 출원인의 권리행사시점을 단축시켜주고, 출원인이 특허출원과 실용신안 등록출원을 동시에 할 수 있도록 함으로써 권리 선택의 폭 내지 권리확장의 길을 넓혀주었다는 점에서 장점도 있었지만 무심사등록된 실용신안권은 향후 무효 또는 취소될 가능성이 높아 권리로서 불안정하여 안정적 사업실시가 곤란하고, 권리행사가 제한되는 무심사선등록권리를 특허권처럼 오용하거나 남용하는 경우 선의의 제3자가 피해를 볼 수 있다는 문제가 있었다. 게다가 특허청의 특허출원에

20) 법률 제5577호, 1998.9.23, 전부개정.

대한 심사처리기간이 대폭 단축됨에 따라 실용신안선등록제도의 효용성이 저하되어 더 이상 이 제도를 유지할 실익이 없어지게 되었다. 이에 따라 실용신안법을 다시 개정[21]하여 심사후 등록제도로 전환하는 한편, 특허제도와의 통일된 절차를 통한 제도운영을 위해 이중출원제도를 폐지하는 대신 특허와 실용신안 간에 출원 종류를 변경할 수 있도록 하는 변경출원제도를 도입하게 되었다.

Ⅲ. 특허제도와 실용신안제도의 차이점

1. 보호대상

특허법의 보호대상인 발명은 "자연법칙을 이용한 기술적 사상의 창작중 고도한 것"인데 비하여 실용신안법의 보호대상인 고안은 "자연법칙을 이용한 기술적 사상의 창작"을 말한다(특허법 제2조, 실용신안법 제2조). 고안도 "자연법칙을 이용한 기술적 사상의 창작"이라는 점에서는 발명과 동일하므로, 자연법칙 자체나, 발견, 자연법칙에 반하는 것 등은 실용신안법에 의한 보호를 받을 수 없다. 이 경우 자연법칙을 이용하고 있는지 여부는 청구항 전체로 판단하여야 하며 청구항에 기재된 고안의 일부에 수학공식 등이 포함되어 있더라도 청구항을 전체로 파악했을 때 자연법칙을 이용하고 있으면 고안으로 보아야 한다.

특허법의 보호대상인 발명과의 차이점은 발명은 창작으로서 고도한 것일 필요가 있는 반면, 고안은 창작이기만 하면 충분하며 고도한 것일 필요가 없다는 점이다. 또한, 특허법의 보호대상은 모든 기술적 사상의 창작인데 비하여, 실용신안법의 보호대상은 "물품의 형상, 구조 또는 조합에 관한 고안"으로 한정되기 때문에(실용신안법 제4조 제1항) 일정한 물품형태에 기술적 사상이 구체화될 것을 필요로 한다. 따라서 방법(예, 제조방법·사용방법·통신방법·처리방법 등)이나, 동물품종, 식물품종은 물품에 속하지 아니하여 실용신안법의 보호대상이 될 수 없다. 또한 예컨대 기체상태·액체상태·분말형태의 물질이나 재료 자체는 실용신안법의 보호대상이 되지 아니한다. 다만, 물질이 일정한 형상을 갖는 물품의 일부로서 다른 부분과 유기적인 관련을 갖고 일정한 효과를 이루는 경우에는 물질이 포함된 물품으로 등록이 가능하다.[22]

---

21) 법률 제7872호, 2006.3.3, 전부개정.

실용신안으로 등록받을 수 있는 대상인지의 여부는 청구항에 기재된 고안을 대상으로 판단하여야한다. 예컨대, 상세한 설명에 방법에 관한 고안과 물품의 형상·구조 또는 조합에 관한 고안이 기재되어 있더라도 청구항에 물품의 형상·구조 또는 조합에 관한 고안을 기재한 경우에는 등록될 수 있다. 또한 상세한 설명에 물품의 구성을 방법으로 기재하고 있다하더라도 청구항의 기재가 물품의 형상·구조 또는 조합인 경우에는 등록될 수 있다.

2. 등록요건

(1) 적극적 등록요건

실용신안도 특허와 마찬가지로 출원, 심사 및 등록을 통하여 권리가 설정등록되고, 발명이 특허를 받기 위해서 산업상 이용가능성, 신규성 및 진보성과 같은 특허요건을 모두 갖추어야 하는 것과 마찬가지로 고안이 실용신안으로서 보호를 받을 수 있기 위해서는 실용신안법이 요구하는 등록요건을 모두 갖추어야 한다. 실용신안등록요건은 특허등록요건과 대체로 동일하고, 다만 진보성의 정도가 특허와 차이가 있다. 즉 실용신안법 제4조 제2항에 따르면, 실용신안등록출원 전에 그 고안이 속하는 기술분야에서 통상의 지식을 가진 자가 공지·공용 또는 간행물에 기재된 고안에 의하여 '극히' 용이하게 고안할 수 있는 것일 때에는 그 고안에 대하여는 비록 신규성이 있더라도 실용신안등록을 받을 수 없다.

특허법의 진보성 요건과 비교하면 특허법은 '용이하게 발명할 수 있는 정도'에 대해서 특허성을 부정하는 반면, 실용신안법은 '극히 용이하게 고안할 수 있는 정도'에 대해서만 등록을 허용하지 않는다는 점에서 차이가 있다. 예컨대 1875년 미국에서는 종래 연필과 고무지우개가 각각 별개의 독립된 물품으로서 사용되고 있던 상황에서 '지우개 달린 연필'에 대한 특허는 무효라는 판결이 있었다. 판결의 요지는 연필과 고무지우개를 결부시킨 물품은 편리한 것이기는 하나 양자 모두 종래대로 개개의 기능을 다하고 있을 뿐이고 두 개의 물품을 결부시킨 것이 따로 사용하는 것 보다 분실의 염려도 적고 편리하기는 하나 그것만으로는 특허성이 생기지 않고, 결론적으로 단순 모으기에 불과해 무효라는 것이다. 진보성

22) 예컨대 수은이나 모래 자체는 형상을 확정할 수 없어 실용신안의 보호대상이 될 수 없으나, 수은온도계나 모래시계는 실용신안으로 등록될 수 있다.

판단기준은 해당 분야의 기술수준이 높아져 감에 따라 올라가겠지만, 예컨대 '지우개 달린 연필'이 출원시를 기준으로 해당 분야의 평균적 기술자가 공지기술로부터 용이하게 생각해 낼 수 있는 것이어서 특허성이 부정되는 경우에도 당업자가 공지기술로부터 당연히 생각해 낼 수 있을 정도의 자명의 영역을 넘는 수준의 고안이라면 실용신안으로서는 보호받을 수 있을 것이다. 다만 실용신안법의 목적이 낮은 기술도 보호하는 것에 있다고는 하나, 그 기준이 너무 낮아지면 권리가 난립하게 되어 오히려 산업계에 혼란을 초래할 수 있으므로, 실용신안법의 목적이 달성되고 특허제도와의 조화를 이룰 수 있도록 실용신안법에서의 진보성 판단을 위한 합리적이고 구체적인 판단기준을 세워나가야 할 것이다.

(2) 소극적 등록요건

특허법이 산업상 이용할 수 있는 신규하고 진보적인 발명이라 하더라도 공익적 이유에서 일정한 발명을 특허의 대상에서 제외하고 있는 것처럼 실용신안법 또한 일정한 경우를 부등록 사유로 규정함으로써 공익과 사익의 조화를 꾀하고 있다.

실용신안법상 부등록 사유는 ㉠ 국기 또는 훈장과 동일하거나 유사한 고안, ㉡ 공공의 질서 또는 선량한 풍속을 문란하게 하거나 공중의 위생을 해할 염려가 있는 고안이다(실용신안법 제6조). 특허법에서 규정하고 있는 "공공의 질서 또는 선량한 풍속을 문란하게 하거나 공중의 위생을 해할 염려가 있는 발명"에 더하여 "국기 또는 훈장과 동일하거나 유사한 고안"을 부등록사유로 한 이유는 국기 또는 훈장이 상징하는 국가, 훈공자 등의 존엄성을 유지하기 위해 이와 동일하거나 유사한 고안은 등록을 받을 수 없도록 하고 있다.

3. 출원 및 절차

실용신안등록을 받고자 하는 자는 그에 필요한 서류를 양식에 맞게 작성하여 특허청에 제출하고 필요한 요금을 납부하여야 한다. 실용신안등록출원서 및 명세서는 특허출원서와 대동소이하다. 다만, 특허출원의 경우에는 도면은 필요한 경우에 첨부할 수 있으나 실용신안등록출원서의 경우에는 도면이 필수적으로 첨부되어야 한다는 점에서 차이가 있다. 특허출원의 경우 방법의 발명이나 화학물질 발명은 도면을 작성할 필요가 없겠으나, 실용신안은 물품의 형상·구조 또는 조합에 관한 것이어서 도면만으로도 고안의 내용을 용이하게 파악할 수 있는 경우가 많아 도면을 반드시 제출하도록 하고 있다. 실용신안등록출원서에 명세서 또는 도면이 첨부되지 않은 경우에는 출원서 반려사유에 해당한다.

국제출원의 경우에도 도면의 제출은 필수적이나, 국제실용신안등록출원의 출원인은 국제출원일에 제출한 국제출원이 도면을 포함하지 아니한 경우에는 기준일까지 도면(도면에 관한 간단한 설명을 포함한다)을 특허청장에게 제출하여야 하고, 이날까지 도면의 제출이 없는 때에는 특허청장은 상당한 기간을 정하여 도면의 제출을 명할 수 있으며, 도면의 제출명령을 받고도 그 지정된 기간 이내에 도면을 제출하지 아니한 때에는 당해 출원을 무효로 할 수 있다(실용신안법 제36조). 이와 같이 제출된 도면은 실용신안법 제11조의 규정에 의하여 준용되는 특허법 제47조 제1항의 규정에 의한 보정으로 본다.

실용신안등록출원에 대한 심사절차 또한 특허출원의 경우와 유사하나, 특허출원에 대한 심사청구기간은 5년인데 비해, 실용신안출원은 3년이다(실용신안법 제12조 제2항). 그 이유는 고안은 발명에 비해 간단한 기술적 사상이어서 기술의 라이프 싸이클이 상대적으로 짧기 때문이다.

4. 권리의 존속기간

실용신안권도 설정등록에 의해 발생하고(실용신안법 제21조 제1항), 실용신안권자는 업으로서 그 등록실용신안을 실시할 권리를 독점한다는 점(실용신안법 제23조)에서는 특허권과 기본적으로 동일하다. 다만 실용신안권은 설정등록을 한 날부터 실용신안등록출원일 후 10년이 되는 날까지 존속한다(실용신안법 제21조 제1항). 따라서 특허권 보다 권리의 존속기간이 단기간이고, 특허법에서 인정되는 존속기간 연장제도가 실용신안법에는 없다.

5. 권리의 행사

1999년 7월 1일부터 2006년 9월 30일 까지의 실용신안무심사선등록제도하에서는 실체심사를 하지 않고 기초심사만 거친 후 실용신안권이 설정등록되었기 때문에 실용신안권자 또는 전용실시권자는 기술평가를 청구하여 실용신안등록유지결정의 등본을 제시하고 경고한 후가 아니면 자기의 실용신안권 또는 전용실시권의 침해자등에 대하여 그 권리를 행사할 수 없었다(구 실용신안법 제44조). 실용신안 기술평가는 특허에 있어서의 실체심사와 같은 성격을 가지고, 구법에 따른 권리의 행사를 위해서는 반드시 기술평가를 청구하여(구 실용신안법 제21조) 등록유지결정을 받아야만 적법한 권리행사를 할 수 있도록 의무화한 것이다.

그러나 2006년 실용신안법이 전면개정되어 다시 심사주의로 복귀함에 따라 실용신안권도 특허권과 마찬가지로 실체심사를 거쳐 설정등록되고, 그에 따라 권리의 행사면에서 특허권과 차이가 없어지게 되었다.

6. 침해에 대한 구제

권리침해에 대한 민, 형사상 구제조치 또한 특허권과 동일하다. 실용신안침해죄에 대해서는 특허침해죄보다 경미하게 처벌하는 입법례도 있으나 우리법은 특허법과 동일한 처벌규정을 두고 있다. 위증죄 등에 대한 처벌규정 또한 특허와 실용신안을 구별하지 않고 동일한 처벌규정을 두고 있다. 죄의 성질상 차등을 둘 필요가 없기 때문이다.

Ⅳ. 특허제도와 실용신안제도의 상호조정장치

1. 변경출원제도

특허법의 보호대상인 발명과 실용신안법의 보호대상인 고안은 모두 '자연법칙을 이용한 기술적 사상의 창작'이라는 점에서 동일하다. '자연법칙을 이용한 기술적 사상의 창작'을 한 자는 자신의 판단에 따라 특허출원을 하거나 실용신안등록출원을 하게 되는데, 출원인이 선출원주의하에서 출원을 서두르거나, 제도에 대한 오해 또는 대상물에 대한 판단의 곤란성 등으로 인해 출원의 형식을 잘못 선택한 경우가 있다. 변경출원제도란 출원의 형식을 잘못 선택한 경우 출원 후에 출원일시를 그대로 유지한 채 원출원의 형식을 보다 유리한 다른 형식(특허, 실용신안)으로 변경하는 제도를 말한다.

2006.3.3. 법개정으로 실용신안 무심사선등록제도가 심사후 등록제도로 전환됨에 따라 이중출원제도가 폐지되고 종전의 변경출원제도로 환원하여 특허출원과 실용신안등록출원간에는 출원변경을 인정하고 있다(실용신안법 제10조, 특허법 제53조 제1항). 다만 방법발명은 실용신안등록출원으로 변경할 수 없고, 특허출원시

도면이 필요 없었던 경우에도 실용신안등록출원으로 변경할 때에는 도면을 작성하여 첨부하여야 한다.

특허출원인은 그 특허출원의 출원서에 최초로 첨부된 명세서 또는 도면에 기재된 사항의 범위 안에서 그 특허출원을 실용신안등록출원으로 변경할 수 있다. 다만, 그 특허출원에 관하여 최초의 거절결정등본을 송달받은 날부터 30일이 경과한 때에는 실용신안등록출원으로 변경할 수 없다(실용신안법 제10조). 실용신안등록출원인 또한 그 실용신안등록출원의 출원서에 최초로 첨부된 명세서 또는 도면에 기재된 사항의 범위 안에서 그 실용신안등록출원을 특허출원으로 변경할 수 있는데, 이 경우에도 실용신안등록출원에 관하여 최초의 거절결정등본을 송달받은 날부터 30일이 경과한 때에는 특허출원으로 변경할 수 없다(특허법 제53조). 국제출원의 경우에는 수수료를 납부하고 번역문(국어로 출원된 국제실용신안등록출원의 경우를 제외한다)을 제출한 후라야 변경출원을 할 수 있다(실용신안법 제37조, 특허법 제209조).

2. 특허출원과 실용신안등록출원 상호간의 선출원주의의 적용

중복특허를 배제하기 위해 가장 먼저 출원한 최선출원인에게만 권리를 부여하는 선출원주의는 동일한 내용의 특허출원과 실용실안등록출원간에도 적용된다. 따라서 동일한 발명과 고안에 대하여 다른 날에 특허출원과 실용신안등록출원이 있는 때에는 먼저 출원한 자만이 그 발명 또는 고안에 대하여 등록을 받을 수 있고, 같은 날에 출원한 경우에는 협의에 의하여야 하고, 협의가 성립하지 아니하거나 협의를 할 수 없는 때에는 어느 출원인도 그 발명 또는 고안에 대하여 등록을 받을 수 없다(실용신안법 제7조, 특허법 제36조).

그런데 동일 출원인이 같은 날 동일발명을 2 이상 출원한 경우도 위 규정이 적용될 수 있을지가 문제인데, 중복특허배제를 위한 법의 취지상 선출원주의는 동일 출원인간에도 당연히 적용된다. 다만 실무상 같은 사람이 같은 날 동일한 발명에 대하여 2 이상 출원한 경우에는 하나의 출원을 제외한 나머지 출원은 취하하도록 함으로써 문제를 해결하고 있고, 경합된 출원중의 하나가 무효 또는 취하되었거나, 무효심판청구절차에서 무효로 확정된 경우에는 경합이 해소되어 위 조항의 적용이 없다고 할 것이다.[23]

대법원 1990.8.14. 선고 89후1103 판결

동일인이 동일고안에 대하여 같은 날에 경합출원을 하여 모두 등록이 된 경우에 그 후 어느 한쪽의 등록이 무효로 확정되었다면 나머지 등록을 유지, 존속시켜 주는 것이 타당하고 당초에 경합출원이었다는 사실만으로 나머지 등록까지 모두 무효로 볼 것이 아니다.

반면 최근 특허법원 판례 중에는 "동일인이 특허와 실용신안으로 동시에 출원하여 등록된 경우 특허무효심판 제기 전에 실용신안권을 포기하는 경우 특허무효사유가 치유되었는지의 여부"가 문제된 사건에 대해 포기의 경우에는 소급효가 없어 포기하기 전까지는 권리가 유효하게 중복된 상태였다는 것을 이유로 "같은 날 동일인에 의하여 동일발명이 특허와 실용신안으로 동시에 출원되고 모두 등록된 경우 특허발명은 무효이고, 그 중 등록된 실용신안권이 그 권리자에 의하여 포기된 경우에도 특허발명의 무효사유가 치유되지 않는다"고 한 것이 있다.[24]

23) 대법원 1990.8.14. 선고 89후1103 판결 참조.

24) 특허법원 2005.9.30. 선고 2004허7005 판결.

[특허제도와 실용신안제도의 비교]

		특 허 법	실용신안법
목 적		발명의 보호·장려를 통한 산업발전	실용적인 고안의 보호·장려를 통한 산업발전
보호대상		물건 또는 방법발명	물품의 형상·구조 또는 조합에 관한 고안
성립요건		자연법칙을 이용한 기술적 사상의 창작으로서 고도한 것	자연법칙을 이용한 기술적 사상의 창작
등록요건	진 보 성	당업자가 '용이하게' 발명할 수 있는 것일 경우 진보성이 부정	당업자가 '극히 용이하게' 고안해 낼 수 있는 것일 경우 진보성이 부정
	부등록사유	공공의 질서 또는 선량한 풍속을 문란하게 하거나 공중의 위생을 해할 염려가 있는 발명	1. 국기 또는 훈장과 동일하거나 유사한 고안 2. 공공의 질서 또는 선량한 풍속을 문란하게 하거나 공중의 위생을 해할 염려가 있는 고안
도 면		필요한 경우에 한해 첨부	필수적으로 첨부
심사청구기간		출원일로부터 5년	출원일로부터 3년
권리의 존속기간		특허권의 설정등록이 있는 날부터 특허출원일후 20년이 되는 날까지	실용신안권의 설정등록을 한 날부터 실용신안등록출원일 후 10년이 되는 날까지
존속기간연장		가 능	불 가
출원료 등 수수료		고 액	저 액

판례색인

사항색인

(ㄴ)

(ㄷ)

(ㅁ)

(ㅅ)

(ㅇ)

(ㅊ)

(ㅋ)

(ㅌ)

(ㅍ)

(ㅎ)

저 자 약 력

신 혜 은

서울대학교 약학대학 제약학과 졸업.
고려대학교 지적재산권법학과 석사, 법학박사.
변리사 시험합격.
특허법인 코리아나 및 원전 근무.
서울대학교 벤처아카데미, 고려대학교 법무대학원 및 생명과학대학,
광운대학교 법과대학, 인하대학교 법과대학 강사역임.
변리사 시험위원 및 채점위원 역임.
現 충북대학교 법학전문대학원 특허법 교수.

[주요논문]

- 각국 직무발명제도의 비교법적 연구를 통한 직무발명제도 개선방안
- 유전공학관련발명의 특허성과 그 효율적 보호방안에 관한 연구
- 대학에서의 연구성과인 소위 대학발명에 대한 소고
- 의료방법발명의 특허법에 의한 보호
- 특허권의 공유에 관한 비교법적고찰 및 실무상 유의점
- 특허권침해에 대한 손해배상액의 산정
- 일본의 디지털 방송 프로그램 보호를 위한 제도
- 선택발명인 거울상 이성질체 발명의 신규성 판단
- 의약품 판매허가를 위한 특허발명의 시험적 실시행위와 특허권의 침해
- 특허발명의 원활한 이용과 시험·연구의 자유를 담보하기 위한 리서치툴 특허에 관한 연구
- 의약용도발명의 효율적 보호방안에 관한 연구

특허법의 이론과 실무

저 자	신 혜 은	2010년 3월 2일 초판 1쇄 인쇄
발행인	양 진 수	2012년 2월 15일 초판 3쇄 인쇄
발행처	진 원 사	2012년 2월 22일 초판 3쇄 발행

서울시 노원구 공릉동 493-33
전화 : 02)916-1850 / 팩스 : 02)916-3442
등록번호 제2005-6호
http://www.jinwonsa.co.kr
http://www.lawbookstore.co.kr

저자와의 협의하에 인지생략

ISBN : 978-89-6346-043-7 94360
978-89-6346-044-4 94360 (세트)

정가 30,000원